Sein Gesicht möchte ich sehen
Die Jesus-Doku

Luke Gasser

Sein Gesicht möchte ich sehen

Die Jesus-Doku

Das Buch zum Film
The Making of Jesus Christ

Weltbild

Weltbild Buchverlag
– Originalausgaben –
© 2013 Weltbild Verlag GmbH, Industriestraße 47, CH-4609 Olten
© 2013 Fotos Luke Gasser, Silvio Gerber

ISBN: 978-3-8289-5776-3

Gestaltung: Uhl + Massopust, Aalen
Umschlaggestaltung: Silvio Gerber / Luke Gasser / uhlig coverdesign
Lektorat: Elisabeth Zurgilgen, Peter Ming, Susanne Dieminger

Das Werk einschließlich aller seiner Teile ist urheberrechtlich
geschützt. Jede Verwertung außerhalb des Urhebergesetzes
ist ohne Zustimmung des Verlages unzulässig und strafbar.
Dies gilt insbesondere für Vervielfältigungen, Übersetzungen,
Mikroverfilmungen und der Einspeicherung und Verarbeitung
in elektronischen Systemen.

Mehr über den Film unter: www.the-making-of-jesus-christ.com

Besuchen Sie uns im Internet: www.weltbild.ch, www.weltbild.de, www.weltbild.at

You don't want to walk
and talk about Jesus,
You just want to see
His face.

The Rolling Stones

Inhalt

Einleitung	10
Norbert Bischofberger	10
Doro Resch	11
Albert Gasser	11
Prolog	13

Erster Teil

Eine kontroverse Geschichte	16
Eine folgenschwere Geschichte	16
Ein großer Film	16
Mensch, Messias oder Revoluzzer?	20
Facts and Figures	22
Der größte Schwindel der Menschheitsgeschichte?	22
Die Grammatik des Glaubens	24
Der historische Jesus	26
Brandaktuell	26
Die Glaubwürdigkeit der Schriften	29
Die Apokryphen	30
Die Gnostiker	30
Die Arianer	30
Kindheitsgeschichten	31
Die Johannes-Offenbarung	33
Fazit	33
Jesus war anders	34
Superstar	34
Just want to see His face	35
Kontroverse Standpunkte	38

Zweiter Teil

Kann denn aus Nazareth etwas Gutes kommen?	46
Sternenkönig	46
Ein Dorf und eine Stadt	50
Herrscher, Bonzen, Schuldenbauern	52
Statistiken und andere Lügner	52
Ein zorniger Prophet	53
Drei religiöse Strömungen	56
Mit Wasser und Freuer	58
Kaschmir, Indien, Nazareth	60
Ein Jugend in Nazareth: Einige Mutmaßungen	61

Der Widersacher	64
Wie ein Blitz vom Himmel	64
Der historische Teufel	65
Hiob	67
Luzifer	67
Sympathy for the Devil	70
Jesus und die Achtundsechziger	75
Hexenjagd	77
Die Abschaffung des Teufels	78
Blick ins Jenseits	81
Tumult im Tempel	83
Dämonen der Wüste	83
Der Evangelist Johannes	84
Wo wohnst du, Rabbi?	85
Mission Impossible	87
Exorzist und Wunderdoktor	90
Wettstreit am Jordan?	90
Der Prophet im eigenen Land	92
Böse Geister und Besessene	92
Der Herr der Fliegen	94
Wehe den Gesetzeslehrern	98
Jesus und die rituellen Gesetze	98
Der strukturierte Glaube	99
Shimon, Jochanan und Mirjam	102
Mirjam	102
The World Is Not Enough	105
Der Zwölferkreis	108
Auf Tuchfühlung	110
Zeit der Wunder	111
Wundersame Ereignisse	111
Wunder und Wissenschaft	113
Der Kopf des Propheten	116
Brot für Brüder	117
Die Wucht eines Ereignisses	118
Enttäuschte Erwartungen	119
Walking on Water	121
Neubeginn	122
Das Zerwürfnis	122
Kurze Synopsis: Was bisher geschah	123
Am Mittelmeer	124
In geheimer Mission	126
Ein seltsames Gespräch	126
On The Road Again	129
Das Gleichnis der anvertrauten Talente	130
Das Bekenntnis	133

Die Verklärung	134
Der zweite Petrusbrief	138
Dunkle Vorahnungen	139
Blut, Schweiß und Tränen	140
Der Weg nach Jerusalem	140
Madonna: Die Mutter Jesu	140
When do we ride into Jerusalem?	142
Die enge Tür	144
Rückblick ins Alte Testament	145
Besuch in Jericho	148
In der Höhle des Löwen	149
Die Zerstörung Jerusalems	152
Weitreichende Konsequenzen	154
Lazarus	156
Josef Kaiphas	158
Die Ankunft des Königs	159
Jesumania	159
Messianischer Einzug	160
Judas Iskarioth	161
Prophezeiungen	163
Die letzte Nacht	167
Das letzte Mahl	167
Gethsemane	168
Jesus vor dem Hohen Rat	171
Der Prozess	174
Pontius Pilatus	174
Herodes Antipas	176
Ein korrektes Verhör	177
Eine Katze mit neun Schwänzen	179
Kein Freund des Kaisers	181
Das Wasser der Unschuld	182
Die Schuldfrage	183
Der Tod am Kreuz	185
Die grausamste aller Strafen	185
Weissagungen	188
Der Tod am Kreuz	192
Der Zeuge	195
Der heiligste Ort	197
Die Grablegung	198
Der heilige Gral	199
Schuld und Sühne	200
Warum?	200
Satisfactionslehre	203
Oder ein kosmisches Duell?	204

Das Ende. Oder nicht?	205
Und die Jünger?	205
Mysteriöse Begegnungen	206
Gebrandmarkt	208
Ein leeres Grab	210
Spiritistische Ansätze	211
Auf der Straße nach Emmaus	213
Aufbruch der Jünger	215
Alternativen	217
Offene Fragen	220
Das Vermächtnis	224
Der Mann aus Tarsus	224
Augen- und Ohrenzeugen	226
Eine neue Idee	228
Im Zeichen des Fisches	231
Eine Inszenierung Gottes	233
Spurensuche	236
Gott ist nur zum Teil ein Innerschweizer	238
Das Kreuz mit dem C	239
Motivation und Verantwortung	240
Personal Jesus	241

Dritter Teil

Der Blutfaktor	248
The Passion of the Christ	248
Zwei Seiten einer Medaille	249
Das Zeichen des Tiers	250
Das Kind im Bad	251
Die andere Seite	253
Die Freiheit des Geistes	255
Der anfechtbare Glauben	255
Der Jesus der Geschichte	256
Eine bessere Welt	258
Was würde Jesus heute sagen?	258
Ein Blick zurück	259
Unheilvolle Tendenzen	261
Die Welt ist eine Brücke	264
Menschensohn	266
Epilog	268
Literatur	270
Dank	271

Einleitung

Das Thema Religion spielt in der öffentlichen Debatte eine immer wichtigere Rolle. Das Interesse für Jesus von Nazareth ist enorm, seit Jahren und saisonunabhängig. Dies bestätigt ein Blick auf den Buchmarkt mit Werken des Theologen Hans Küng bis hin zu den auflagenstarken Jesusbüchern von Papst Benedikt XVI. Filme wie «Jesus Christ Superstar», Mel Gibsons «The Passion of the Christ» oder «The Da Vinci Code – Sakrileg» von Dan Brown sind einprägsame Kinobegegnungen mit der Figur Jesus von Nazareth.

Nur: Was wissen wir eigentlich über Jesus von Nazareth? Wer war Jesus von Nazareth? Historische Zeugnisse belegen lediglich die Existenz Jesu und seinen Tod. Diese Tatsache eröffnet einen weiten Interpretationsspielraum und lädt ein zu Spekulationen. Bereits in den Evangelien und in den Briefen des Neuen Testaments legen die Verfasser verschiedene Interpretationen der Geschehnisse vor. Der Tod Jesu beispielsweise wird als Folge seines Engagements für seine Freunde und die Menschen oder aber als Sühneopfer für die Schuld der Menschheit dargestellt.

Luke Gasser interessiert sich für das Making Of dieser Figur Jesus von Nazareth, welche die Menschheitsgeschichte geprägt hat. Er sucht nach dem Urimpuls des Christentums, nach dem Erfolgsrezept dieser faszinierenden Persönlichkeit, die sich unauslöschlich in das Gedächtnis der Menschheit gebrannt hat. Luke Gasser nimmt erst einmal die Bibel in die Hand und stösst bei der Lektüre des Neuen Testaments auf so manche (Neu-) Entdeckung und auch auf so manche Ungereimtheit. So stellt er beispielsweise fest, dass die sogenannte Tempelreinigung im Johannesevangelium weit vorne und nicht erst am Ende der Geschichte nach dem Einzug in Jerusalem beschrieben wird und damit der ganzen Geschichte Jesu von Nazareth eine weitaus dramatischere und politischere Note gibt. Luke Gasser konfrontiert Expertinnen und Experten mit seinen Recherchen und geht an die Orte des damaligen Geschehens in Palästina. Er begegnet in Jesus von Nazareth einer sperrigen Persönlichkeit, einem Menschen mit Ecken und Kanten. Jesus von Nazareth erweist sich ihm als Kind seiner Zeit und gleichzeitig als Visionär für die heutige Gesellschaft.

Der Autor bleibt nicht beim Tod Jesu stehen, wie dies die christliche Ikonographie mit der (mehr oder weniger blutigen) Darstellung Jesu am Kreuz nahelegt. Luke Gasser rückt die Auferstehung Jesu ins rechte Licht und lässt damit einen hellen Sonnenstrahl in die heutige Zeit leuchten.

Luke Gasser will zum Nachdenken anregen und Diskussionen auslösen. Dies möge ihm mit diesem Buch und mit seinem Film «The Making of Jesus Christ» gelingen.

Dr. theol. Norbert Bischofberger
Redaktionsleiter «Sternstunde»
des Schweizer Fersehens

Luke Gassers Buch liest sich wie ein Krimi und lässt die berühmte Geschichte anschaulich und lebendig werden. Der Autor beschränkt sich jedoch nicht allein auf die Spurensicherung. Er reflektiert, hinterfragt und findet zwischen den Zeilen immer wieder erstaunliche Dinge, die überraschen und beeindrucken.

Luke Gasser ist für mich einer der spannendsten und herausragendsten Künstler überhaupt.

Das Faszinierende an seinem Buch ist nicht nur die spannende Reise durch die Zeit, die man mit diesem Buch unternimmt; faszinierend sind auch die Verknüpfungen, die da gemacht werden. Eindrücklich stellt Luke Gasser den Menschen Jesus von Nazareth in einen historischen, aber auch in einen weltgeschichtlichen und kulturellen Zusammmenhang, der bist in die heutige Zeit reicht, von AC/DC über Ben Hur bis Che Guevara fügt sich alles wie ein Mosaik zusammen. Plausibel werden Brücken geschlagen, und auf einmal erkennt man, wie sehr alles mit allem zusammenhängt. Und welche ungeheure Bedeutung Jesus von Nazareth bis heute in unserer Welt hat.

Luke Gassers Buch schöpft aus dem Vollen, es schenkt ein und ist eine ungeheure Bereicherung für alle, die «Sein Gesicht sehen möchten». Und überdies etwas vom Spannendsten und Klügsten, das ich über dieses Thema je gelesen habe.

Doro Pesch, Rock-Musikerin

In seinem Jesus-Film nimmt Luke Gasser, soweit dies in einem solchen Rahmen möglich ist, das ganze Corpus der vier Evangelien auf. Er selektiert nicht nach einer bestimmten Vorliebe oder Intention. Er lässt nicht weg, was angeblich eigentlich nicht sein dürfte, was unwahrscheinlich oder gar unmöglich erscheint oder gewissen Optionen nicht ins Konzept passt. Es ist sein Anliegen, eine Gesamtschau zu vermitteln, den Weg Jesu zu verfolgen, von den Anfängen bis zum Tod am Kreuz.

Luke Gasser vertraut den biblischen Berichten über das Leben Jesu und zapft diese Quellen unmittelbar an. Er geht davon aus, dass sich die Ereignisse im Wesentlichen so zugetragen haben, wie sie erzählt werden. Das ist sein gutes Recht. Es ist auch nicht Aufgabe eines Filmschaffenden, mit dem Raster der heute auch nicht mehr unangefochtenen historisch-kritischen Methode den Evangelien zu Leibe zu rücken. Darüber hinaus räumt er auch den Zweiflern und Skeptikern im Sinne einer konstruktiven Gegenüberstellung genug Platz ein.

Luke Gasser lässt sich von den Evangelien unmittelbar ansprechen und will seinerseits mit seinem Film Menschen ansprechen, sich vom Ereignis des Jesus von Nazareth anstecken zu lassen.

Prof. Dr. theol. Albert Gasser

Prolog

You have set them all on fire
They think they found the new Messiah
Judas in «Jesus Christ Superstar»

«Guter Kaiphas, der Rat wartet auf dich. Die Pharisäer und Priester sind versammelt.»

Josef Kaiphas, amtierender Hohepriester in Jerusalem, ein Mann mit finsterem Blick, wallendem Bart und dunkler Bassstimme, wendet sich an den Sanhedrin:

«Meine Herren; ihr wisst, weshalb wir hier und heute zusammengekommen sind. Wir haben leider wenig Zeit, aber dafür ein ziemliches Problem.»

Es ist nicht zu überhören: Draußen auf der Straße ruft und schreit der aufgepeitschte Pöbel:

«Hosanna Superstar! Hosanna Superstar!»

Annas, Kaiphas' Freund und Vertrauter, ärgert sich und zischt, man solle ihm nur zuhören, diesem heulenden Mob – wegen eines einzigen kleinen Tricks mit einem Leprakranken sei die ganze Stadt auf den Beinen. Der Rat ist sich einig: Der Mann, der da kommt, ist brandgefährlich.

Aufgeregt und sichtlich nervös betritt ein Priester die Ratsversammlung:

«Er ist in der Stadt! Und bald schon stehen sie draußen im Hof!»

Und ein anderes Ratsmitglied schlägt vor, sofort die römische Garde zu alarmieren. Der Hohepriester winkt ab:

«Wir brauchen keine Garde! Wir brauchen eine finale Lösung des Problems!»

Kaiphas spricht aus, was in dieser Situation gesagt werden muss: keine Pflästerchenpolitik mehr, kein Aufschieben des Problems! Nein, jetzt braucht es endlich Nägel mit Köpfen. Eine endgültige Lösung in dieser gleichfalls leidigen wie ärgerlichen Angelegenheit.

«Was gedenkst du zu tun mit diesem Jesus von Nazareth, diesem wundertätigen Helden, der das Land ohne Armee und ohne Kampf verzückt und erschüttert?» Die Massen seiner Fans geraten außer Kontrolle. Der Mann ist ein Ärgernis. Aber wie bloß kann man ihn stoppen? «Eins muss man ihm lassen: Er ist cool, hip, hat durchaus den Glamour eines Popstars und seine Umfragewerte sind spitzenmäßig», gibt der Hohepriester zu und runzelt die Stirn: «Ich sehe schlimme Dinge aufziehen. Das Volk wird ihn zum König ausrufen! Und was dann? Die Römer werden das nicht zulassen. Ich sehe Blut und Zerstörung! Unser Untergang, und das wegen eines einzigen Mannes!»

«Also, was tun wir nun gegen diese Jesumania?», fragt einer der Priester. Was sollte man gegen diesen Zimmermannkönig unternehmen, der nun größer geworden ist als Johannes, als dieser in der Wüste noch sein Taufding durchzog? Was würde aus dem Einfluss des Klerus? Und was würden sie in Zukunft unter diesem Jesus noch gelten, die Traditionen und Gesetze, mit denen dieser Emporkömmling so schamlos locker und gleichgültig umgeht? Kaiphas platzt der Kragen; hatten es denn seine Priester noch nicht begriffen?

«Ihr Narren, wo habt ihr denn euren Verstand? Wir spielen um einen sehr hohen Einsatz! Darum müssen wir den Kerl endgültig vernichten! So wie Johannes vor ihm – und zum Wohl der Nation – dieser Jesus muss sterben!»

Der Beifall der Ratsherren geht im Geschrei der Menge draußen auf der Straße unter. Der Zimmermannskönig zieht, begleitet von einer begeistert johlenden und verzückten Menge in der Stadt ein:

«Hosanna, Heysanna, Sanna Sanna Ho!
Hey JC, JC, won't you fight for me?
Sanna Ho, Sanna Hey Superstar!»

«Zum Wohl der Nation – dieser Jesus muss sterben!»

Erster Teil

Eine kontroverse Geschichte

Im Frühjahr des Jahres 29 sucht ein etwa fündunddreißigjähriger Baumeistersohn aus dem nordisraelischen Nest Nazareth den weit herum berühmten Bußprediger und Untergangspropheten Jochanan auf und lässt sich von ihm taufen. Kaum mehr als ein Jahr später ist der Mann aus Nazareth tot, von den Römern am Kreuz brutal hingerichtet: Jeschua Ben Josef, Jesus von Nazareth. Von da an wird die Welt nicht mehr dieselbe sein.

Eine folgenschwere Geschichte

Die Geschichte ist weltbekannt: Der Getaufte überflügelt nach wenigen Wochen den Ruhm seines Täufers. Mit charismatischer Rhetorik und klugen Parabeln macht er von sich reden – zuerst in Galiläa im Norden Israels, dann in den umliegenden Gebieten und schließlich auch im Zentrum des Judentums: in Jerusalem. Und immer wieder, beginnt man sich zu erzählen, habe er unglaubliche Dinge getan: Menschen geheilt und Dämonen ausgetrieben, von wundersamen Brotvermehrungen und sogar von einem Gang über das Wasser des Sees Genezareth wird berichtet. Eine Schar von rund siebzig Gefolgsleuten zieht mit ihm und aus dieser Schar formt der Rabbi aus Nazareth einen engeren Zirkel aus zwölf Männern, der ihn von da an auf seiner Mission ständig begleitet – bis zum tragischen Ende des Meisters in Jerusalem: Jesus von Nazareth wird am 7. April des Jahres 30 – kaum fünfzehn Monate nach seinem ersten öffentlichen Auftreten – von den römischen Besatzern, offenbar unter Anstiftung des Priesteradels, in Jerusalem gekreuzigt.

Damit wäre die Geschichte eigentlich zu Ende. Was folgen könnte, wäre allenfalls noch die Legendenbildung. Doch diese Geschichte nimmt einen anderen Verlauf: Statt im schrecklichen und damaligen Verständnis äußerst schmachvollen Tod ihres Rabbi das Ende der hoffnungsvollen Bewegung zu erkennen (und mehr oder weniger unbehelligt zu ihren teils florierenden Geschäften zurückzukehren), bleibt die Gruppe der Jünger zusammen; der Meister habe sich ihnen drei Tage nach seiner Hinrichtung wieder gezeigt, behaupten sie. Zuerst eher schemenhaft, schließlich, Tage und Wochen später, leibhaftig und materiell, habe sich berühren lassen, sogar mit ihnen gegessen. Die Berichte dieser Auferstehung widersprechen sich, muten bisweilen beinahe chaotisch an – ein Umstand, der immerhin darauf hinweisen mag, dass nicht spätere Redakteure Hand an die Texte legten, um gerade in diesen auch für damalige Leserschaften nicht unproblematischen (weil auch damals unglaublich anmutenden) Passagen die Schilderungen auf Linie zu bringen. Was immer geschehen sein mag, der Tod des Rabbi aus Nazareth war nicht das Ende, sondern der Anfang einer Bewegung, die sich rasend schnell ausbreitete.

Was bescheiden, nahezu provinziell begann, schreibt beispiellos schnell Geschichte, zwingt schließlich alsbald das römische Reich nicht minder in die Knie als die Völkerwanderung mit den Vandalen, den Germanen und den Hunnen und wird unbestreitbar zur größten Glaubensbewegung der Welt.

Ein großer Film

Besonders interessant und geheimnisvoll erscheint der Prolog des Johannes-Evangeliums:

Am Anfang war das Wort. Und das Wort war bei Gott. Und Gott war das Wort...

Dann macht der Autor klar, dass eben dieses Wort Fleisch wurde und unter uns Menschen lebte. «Das Wort» heißt im griechischen Urtext «Logos», was eigentlich auch mit dem Begriff «Idee» oder «Konzept» übersetzt werden könnte. Und dieser Logos hat im griechischen Urtext nicht einfach nur unter uns gewohnt; vielmehr,

> *Was immer geschehen sein mag, der Tod des Rabbi aus Nazareth war nicht das Ende, sondern der Anfang einer Bewegung, die sich rasend schnell ausbreitete.*

so heißt es dort, hat «er» auf unserer Welt sein Zelt aufgeschlagen («eskenosen»). Diesem griechischen Verb, so bemerkt der Theologe und Historiker Albert Gasser in seinem Buch «Kleine Kirchengeschichten», entstammt das Wort «Szene». Sinngemäß und wörtlich ausgefaltet, so Albert Gasser, heiße das nichts anderes, als dass gemäß Johannes der Sohn Gottes die Szene der Welt betreten habe, dass sich Gott in der Gestalt von Jesus von Nazareth selbst in Szene gesetzt hat.

Eine Inszenierung Gottes? Da müssen mit einem Filmemacher die Pferde ja durchgehen.

Schnell taucht da die Jesus-Geschichte vor dem geistigen Auge als gewaltiger Film auf und Szene setzt sich an Szene. Und der Plot, wie ihn uns die vier Evangelien liefern, ist in dramaturgischer Hinsicht kaum zu überbieten: Kaum könnte eine Biografie interessanter gestrickt, ein Film spannender inszeniert werden: Die Geschichte eines Mannes, der als anfänglich einsamer Mann aus wahrscheinlich einfachen und eher unbedeutenden Verhältnissen eine Mission beginnt und der schließlich – und das erst noch durch den Verrat eines seiner Getreuen – in einer tragischen, dramatisch blutrünstigen Katastrophe heroisch untergeht. Und gerade jene letzte Szene in Jesu irdischem Leben böte einem Filmemacher sowohl dramaturgisch wie visuell eindrückliche Bilder. Schon das Bild mit den drei Gekreuzigten mit Jesus in der Mitte, sogar das Kreuz als Marterwerkzeug selber, ist nicht nur ein unglaublich wirksames, sondern auch symbolbeladenes Zeichen. Und tatsächlich wird das Kreuz, das die endgültige Vernichtung des Mannes hätte herbeiführen sollen, zum Zeichen des Sieges und gleichzeitig zum wohl wichtigsten und bestbekanntesten Symbol der gesamten Menschheit. «The Life of Jesus» als reale Film-Reportage wäre in der Tat großes Kino und der Erfolg an der Kinokasse wäre den Produzenten sicher: Es gibt wohl kaum jemand, der den realen Jesus-Film nicht sehen wollte.

Wenn wir nun die Geschichte um Jesus von Nazareth umgangssprachlich einmal als «großen Film» bezeichnen wollen, so bleibt die Feststellung, dass man es damals leider versäumt hat, ein entsprechendes Making Of zu drehen. Das hat mich unter anderem dazu bewogen, dieses Unterfangen nun knapp 2000 Jahre später nachzuholen und dabei gleichzeitig eine umfangreiche Auslegeordnung vorzunehmen.

Wer also war der Star dieses Films? Wer war er, der Protagonist der größten Geschichte aller Zeiten? Die Meinungen über Jesus von Nazareth sind geteilt und Autoren, Journalisten und Filmer werden nicht müde, Agumente zu wälzen, Theorien zu verfassen und Reflexionen zu liefern. Die Liste der Autoren ist beinahe unendlich und auf Doku-Kanälen werden unermüdlich neue Verschwörungstheorien untersucht, die sich um den Mythos Jesus von Nazareth ranken. Die Meinungen sind kontrovers, stehen sich bisweilen sogar unversöhnlich gegenüber. Während die einen mit den Mitteln der Geschichtswissenschaft die Echtheit der Quellen und den Wahrheitsgehalt der Evangelien zu beweisen suchen, sehen die anderen in den Geschichten um Jesus von Nazareth vor allem eines: Die Geschichte eines wohl klugen, aber grenzenlos naiven Charismatikers, den seine Jünger und später seine Anhänger erst posthum zur heilsbringenden Christusfigur stilisierten.

Es ist kaum übertrieben, wenn ich die Jesus-Story als die berühmteste und bedeutendste Geschichte der Menschheit bezeichne und nicht nur die heute rund 2,2 Milliarden Christen sprechen

Eine Inszenierung Gottes? Da müssen mit einem Filmemacher die Pferde ja durchgehen.

für diese Tatsache. Dass fast der gesamte Erdball das Geburtsjahr Jesu als das Jahr Null mehr oder weniger akzeptiert hat, unterstreicht zusätzlich die offensichtliche Bedeutung Jesu. Man überlege sich, wie unglaublich stark die jüngere Menschheitsgeschichte durch Jesus von Nazareth geprägt wurde.

> Das Christentum ist eine Religion, deren Entstehung historisch ziemlich genau betrachtet und verfolgt werden kann.

Wie wäre die Geschichte verlaufen ohne ihn, Jesus von Nazareth? Wie würde die Welt heute aussehen, wenn Jesus nicht existiert hätte? Und woran würden die Menschen heute glauben, welcher Religion würden sie folgen? Dem Islam als Alternative mit Sicherheit nicht: Die Entstehung des Islams in der vorherrschenden Form ist ohne die Existenz Jesu und seinen Lehren nicht vorstell-

bar. Hätte uns die jüdische Religion geprägt? Hätten östliche Religionen wie der Buddhismus oder der Hinduismus in Europa und später in den USA Fuß fassen können oder wäre die westliche Welt nach den Wirren der Völkerwanderung von den germanischen Naturreligionen beeinflusst worden? Wäre vielleicht eine ganz andere Philosophie, sogar eine neue Religion entstanden? Würde heute die «Macht» mit uns sein («Star Wars») oder wäre ein ansehnlicher Teil der Menschheit materialistisch und atheistisch geworden? Eine nicht zu beantwortende Frage. «The Greatest Story Ever Told» nennt denn auch ein Film aus dem Jahre 1966 die Jesus-Geschichte. Es ist einer dieser Hollywood-Streifen mit viel unbeholfenem Kitsch, in dem Max von Sydow als verklärter Christus ikonenhaft durch ein kaum authentisches Dekor wandelt. Die Dialoge sind feierlich und spröd – kaum vorstellbar, dass Jesus mit einer solch gestelzten Sprache bei seinem Publikum gepunktet hätte.

Der eigentliche «Film» aber ist vor knapp zweitausend Jahren gelaufen. Und seit damals sind weder Interesse noch Diskussionen verebbt. Menschen haben deswegen durchgedreht, es wurde gefoltert und getötet. Kriege wurden im Namen Christi geführt, Völker verfolgt und hingeschlachtet. Doch Jesus brachte nicht bloß Feuer und Schwert. Seine Geschichte war und ist auch Quelle der Inspiration, des Trostes, der Hoffnung. Und eine der wichtigsten Grundlagen (ich behaupte, Widerspruch riskierend, sogar die wichtigste Grundlage) unserer heutigen Vorstellung von Moral, Ethik und Menschenwürde. Fromme, selbstlose und heroische Taten und grandiose Zeugnisse von Kunst und menschlicher Kultur zeigen den Einfluss dieses Mannes aus Nazareth, der selber keine Schrift, keinen einzigen eigenen Buchstaben hinterlassen hat.

Das Christentum ist eine Religion, deren Entstehung historisch ziemlich genau betrachtet und verfolgt werden kann. Mehr noch, das Christentum versteht sich als historische Religion und verweist, ähnlich wie der Islam, auf die historischen Wurzeln, und es hat sich deshalb einer historischen Betrachtungsweise ohne Schonung und Vorbehalte zu stellen. Entgegen immer wieder geäußerten Behauptungen wissen wir heute tatsächlich viel über Jesus von Nazareth, seine Anhänger der ersten Stunde und über die Zeit, in der er öffentlich auftrat. Ob Jesus der auserwählte Sohn Gottes war oder nur ein weiser Lehrer und Prophet, ob er ein an schierer Hybris leidender Exzentriker war oder zu den größten Genies der Menschheitsgeschichte zählt – dies alles ist Sache der persönlichen Meinung oder des persönlichen Glaubens und entzieht sich jedem Versuch einer Beweisführung. Aber eines ist klar: Jesus von Nazareth hat während seines äußerst kurzen Auftretens die Welt verändert und bis heute geprägt wie kein Zweiter. Und das Chris-

tentum bildet eine der wesentlichsten Grundlagen unserer Kultur. Ich betrachte es deshalb als lohnendes Unterfangen, einen Blick auf diesen «großen Film» des Lebens Jesu zu werfen und den Versuch zu wagen, quasi in einem verspäteten *Making Of* (so nennt man die Reportagen, die das Entstehen eines Films dokumentieren) einen Blick auf jene dramatische Geschichte zu werfen, die unsere Welt und unser Menschsein gleichermaßen radikal wie nachhaltig geprägt hat.

Es bleibt die berechtigte Frage, ob man nach all den zahllosen Publikationen überhaupt noch etwas Neues zu diesem Thema beisteuern kann. Die Antwort lautet: Ja. Man kann. Anfänglich bestand das Ziel meines Filmprojektes vorwiegend darin, eine umfangreiche Auslegeordnung vorzunehmen und die recherchierten Fakten mit den Einschätzungen von Fachleuten kontrovers zu kommentieren. Eine Filmdokumentation allerdings hat andere Gesetzmäßigkeiten als eine Dokumentation in Buchstabenform, denn es geht in einem Film nicht darum, während hundert Minuten das Publikum mit Informationen vollzupumpen. Vielmehr ist der Film ein visuelles Medium, das andere Qualitäten hat, ein Thema oder eine Geschichte zu vermitteln, weswegen ich auch großen Wert auf die nachgestellten Szenen – die authentischen Reenactments – und den Soundtrack legte.

Bei den Recherchen zum Film und dem Erarbeiten des Drehbuchs war mir bald klar, dass der Film mit einer Buchpublikation ergänzt werden sollte, die den Film auf der Informationsebene in adäquater Weise ergänzt. Und um die vorhin gestellte Frage zu beantworten, muss ich zugeben, dass ich selber überrascht war, wie viel es zum Thema Jesus von Nazareth immer noch zu sagen gibt, vor allem dann, wenn man es nicht nur in einen historischen und theologischen, sondern auch in einen kulturellen Kontext stellt. Denn am Ende hat alles mit allem zu tun und die Ereignisse in der Weltgeschichte sind verknüpft, bedingen einander sogar.

Dass mich als leidenschaftlichen Filmemacher die Arbeit an dieser Jesus-Dokumentation in größtem Ausmaß begeisterte, war für mich zu erwarten. Dass aber die Arbeit an diesem Buch zu einer der intensivsten Erfahrungen meines Kulturschaffens gehört, hat mich dann allerdings überrascht. Das mag zeigen, wie ungeheuer spannend und vielfältig dieses Thema nach bald zwei Jahrtausenden und Millionen von Publikationen immer noch ist.

Im Gegensatz zu früheren Zeiten stehen glücklicherweise allen Interessierten die Ergebnisse von zweitausend Jahren Forschung, Reflektion und Interpretation offen, und dies in so großer Fülle, dass man vor lauter Bäumen tatsächlich

> Jesus von Nazareth hat während seines äußerst kurzen Auftretens die Welt verändert und bis heute geprägt wie kein Zweiter.

EINE KONTROVERSE GESCHICHTE

den Wald aus den Augen verlieren könnte. Es reizte mich deshalb, mir und den Interessierten mit einem Film und einem Buch einen Überblick zu verschaffen und die Ereignisse von damals aus meiner Sicht zu ordnen, sie zu reflektieren, mithilfe von kritischen Geistern zu hinterfragen, wenn nötig zu relativieren oder zu bestätigen und sie, sowie die Entwicklung des Christentums, in einen politischen und kulturellen Kontext zu stellen.

> Der radikale Ansatz in Paul Verhoevens Buch hat mich beeindruckt.

Mensch, Messias oder Revoluzzer?

Ein Großteil der angesagten Autoren zeigt sich heute fast immer betont kritisch und präsentiert sich damit – es erscheint wie ein Paradoxon – in wissenschaftlicher Hinsicht eher konservativ, stehen sie doch in der Tradition der historisch-kritischen Methode, einer seit etwas über hundert Jahren praktizierten und etwas über fünfzig Jahren populären Form der Exegese, die Bibel und Evangelien allein in historischem Kontext betrachtet: Will heißen, was nicht historisch einwandfrei beweisbar ist (was immer man unter «beweisbar» versteht), wird lediglich als Mythos interpretiert, höchstens als Legende akzeptiert. Ein Ansatz, dem sich auch das berühmt-berüchtigte Bibelseminar in Kalifornien verschrieben hat. Beim Jesus-Seminar handelt es sich um eine Gruppe von rund zweihundert Theologen, die sich zweimal jährlich zu meist dreitägigen Symposien trifft, um nach der kritisch-historischen Methode Exegese zu betreiben. Paul Verhoeven, der bekannte niederländische Regisseur zahlreicher Hollywood-Blockbusters wie «Basic Instinct», «Total Recall», «RoboCop», «Hallow Man» oder «Starship Troopers», der sich als bekennender Atheist immerhin fünfundzwanzig Jahre mit dem intensiven Studium der Evangelien befasst hat, sieht als ehemaliges Seminarmitglied und als ebenso leidenschaftlicher wie streitbarer Exeget die Evangelien in erster Linie als «Public Relation», als eine Propagandaschrift, die einer neuen Bewegung, einer neuen Religion zum Durchbruch verhelfen sollte. In seinem 2008 veröffentlichten und viel beachteten Buch «Jesus of Nazareth» (in der deutschen Übersetzung unter dem Titel «Jesus – Die Geschichte eines Menschen» erschienen) steht Verhoeven den Berichten der Evangelien mehr als skeptisch gegenüber und als promovierter Physiker und Mathematiker braucht man ihm mit irgendwelchen Wundergeschichten nicht zu kommen:

LUKE GASSER

> *Man kann sogar argumentieren, dass sie diese Art von Übermalung immer dann anwandten, sobald sie politisch gefährliche oder andere unangenehme Dinge kaschieren wollten... Wenn Jesus ein uneheliches Kind war, breitete man den Mantel der Jungfrauengeburt darüber. Sein äußerst demütigender Tod wurde mit der Auferstehung weggewischt.*

Der Autor zweifelt nicht an der Authentizität der Jesus-Worte oder den guten Ansätzen, die in Jesu Lehre liegen. Im Gegenteil, hält er Jesus sogar für eines der größten Genies der Menschheitsgeschichte, denn seine Ideen von Moral und Rechtschaffenheit waren, so Verhoeven, in dieser Zeit tatsächlich neu und revolutionär. Und genau dieser revolutionäre Ansatz, so ist der Autor überzeugt, sei letztlich ein politischer Anspruch gewesen und habe Jesus unvermeidbar in den Kreuzestod getrieben.

Der radikale Ansatz in Paul Verhoevens Buch hat mich beeindruckt. Sein Konzept besteht darin, alle Stellen der Evangelien so miteinander zu verknüpfen, dass am Ende mit Jesus von Nazareth kein heiliger Mann, kein Messias, kein göttliches Wesen dasteht, sondern ein politisiertes Kind seiner Zeit: Ein Mann, dessen Botschaft zu seinen Lebzeiten nicht greift, der sich nach diversen Enttäuschungen radikalisiert, scheitert und wie ein gewöhnlicher Aufrührer an einem römischen Kreuz stirbt. Verhoevens Argumentationskette ist stringent und plausibel und es ist offensichtlich: Da kennt einer die Materie, weiß, wovon er schreibt. Kurz: Paul Verhoevens Buch hat mich von den ersten Seiten an in seinen Bann gezogen und es stürzte mich in der Folge tatsächlich in eine tiefe Glaubenskrise.

Während dieser Zeit war ich nach einem Besuch bei Stephan Eicher auf dem Rückweg aus der Camargue. Dort hatte ich mir unterwegs nach dem Genuss einer Portion Muscheln in einem Restaurant eine veritable Lebensmittelvergiftung eingefangen. In der Nacht lag ich schweißgebadet und mit Fieberschüben in einem Motelbett irgendwo an der Loire. Fiebrige Träume suchten mich heim und meine Glaubenszweifel visualisierten sich in intensiven Szenen. Keine klaren Geschichten waren das, eher aufblitzende Gedanken-Flashes: Ich sah eine verblassende Christusfigur vor mir, einen Mythos, der in meinen Fieberträumen in sich zusammenbröckelte, und ich hörte mich im Traum sagen: «Wenn du mich reingelegt hast und da nichts ist, dann lass es mich verdammt noch mal wissen!»

Heute scheint es – zumindest in populärwissenschaftlichen Publikationen – in Mode gekommen zu sein, aus der Christusfigur einen *Che Guevara* zu machen. Jesus, der Revoluzzer, der eigentlich politisch auf ganzer Linie geschei-

> War Jesus im Grunde genommen gar nicht auf einer göttlichen Mission, sondern als gesuchter Terrorist mit einem trostlosen Häuflein von Anhängern auf der Flucht?

tert ist, der bloß durch den Zufall der Geschichte eine unverdient immense Ausstrahlung erlangte. War Jesus von Nazareth am Ende tatsächlich nur einer der vielen jüdischen Rebellen, die das Joch der römischen Fremdherrschaft abschütteln wollten? War Jesus im Grunde genommen gar nicht auf einer göttlichen Mission, sondern den größten Teil seines öffentlichen Wirkens als gesuchter Terrorist mit einem trostlosen Häuflein von Anhängern auf der Flucht, bis sie ihn schließlich erwischten und ohne jedes Pathos an ein einsames Kreuz vor den Mauern Jerusalems nagelten, von dem an jenem Freitag vor Pessach im April des Jahres 30 noch nicht einmal jemand Notiz nahm? «Eloi, eloi, lama sabachtani?» – «Mein Gott, warum hast du mich verlassen?»

EINE KONTROVERSE GESCHICHTE

Facts and Figures

Es stimmt: Religiöse Themen eignen sich besonders für jede Art von Manipulation und sind immer wieder Wurzeln von Intoleranz und Fanatismus. Und tatsächlich wurde unvorstellbar viel Leid durch Religionen und insbesondere durch das Christentum verursacht. Aber das ist zu kurz gegriffen, denn Glaubensvorstellungen und Philosophien haben uns Menschen nicht nur geprägt, sondern auch vorangebracht. Ohne Philosophie und ohne religiöse Vorstellungen hätten wir weder eine Aufklärung noch die Deklarierung von Menschenrechten erhalten. Und die Welt wäre um unsagbar viele kulturelle Errungenschaften ärmer. Religionen und Glaubensvorstellungen sind Teil der Menschheitskultur, Teil der menschlichen Selbstreflexion.

Der größte Schwindel der Menschheitsgeschichte?

Seit gut hundert Jahren fokussiert sich die Diskussion auf den möglichen Wahrheitsgehalt der Quellen: Inwieweit ist ihnen überhaupt zu trauen? Die Meinungen gehen auseinander. «Wir bezeugen es», so hatten die Apostel ihre Aussagen unterschrieben, «weil wir es gesehen haben.» Und auch der Evangelist Lukas lässt im Prolog seines Berichts keine Zweifel aufkommen:

Was lief damals vor 1980 Jahren für ein Film? War dieser «Film» ein geschickt inszeniertes Drama, eine Tatsachen-Doku oder eine fulminante Reality-Soap?

Verehrter Theophilius! Schon viele haben versucht, die Ereignisse darzustellen, die Gott unter uns geschehen ließ und die wir durch die Berichte der Augenzeugen kennen, die von Anfang an alles miterlebt hatten und den Auftrag erhalten haben, die Gute Nachricht weiterzugeben. Darum habe auch ich mich dazu entschlossen, alles bis hin zu den Anfängen sorgfältig zu erforschen und es dir, verehrter Theophilius, der Reihe nach zu berichten. Ich tue das, damit du die Zuverlässigkeit der Lehre erkennst, in der man dich unterwiesen hat.

Zweitausend Jahre später, schreibt der Schriftsteller und Journalist Peter Seewald in seiner im Jahr 2009 erschienen Jesus-Biografie, entstehe die seltsame Meinung, dass Fakten über die Gestalt Jesu kaum zu bekommen seien. «Zerfleddert, vollgekritzelt, durchgestrichen und zerrissen», schreibt Seewald, «galt das Evangelium plötzlich als Sammelsurium von Lügen, Tricks und Gaunereien. Selbst Gläubige nehmen heute an, die Darstellung der Verkündigung Jesu, seines Todes und insbesondere seiner Auferstehung sei das Ergebnis nachträglicher Formung.» Während nun einige Historiker oder Exegeten den Wahrheitsgehalt der Evangelien leidenschaftlich verteidigen, sehen Skeptiker in den Evangelien vor allem einen ausgemachten Schwindel, den sie mit allerhand historischen Verweisen zu untermauern wissen.

Seit ich denken kann, hat mich die Frage beschäftigt: Wer war dieser Mann, der unsere Welt, unsere Kultur, unser ganzes Menschsein in nur gut einem, höchstens zwei Jahren dermaßen geprägt hat und dessen Einfluss auf die Geschichte ohne jede Parallele ist, wie das Nachrichtenmagazin «Newsweek» einmal geschrieben hat? Dass es ihn gab, diesen Jesus von Nazareth, steht heute außer Zweifel. Aber wer und – vor allem – was war er? War er der, für den ihn seine Anhänger und Augenzeugen hielten? War er einfach ein Weiser und Lehrer oder war er wirklich der wahrhaftige Sohn Gottes, für den sich der Mann aus Nazareth allem Anschein nach selber hielt? Oder aber war und ist er nur eine Projektionsfläche spiritueller Sehnsüchte? Und sind die Berichte über seine Taten und Worte bloß pure Fiktion einer geschickt gestrickten Propagandaschrift eines seit über tausendfünfhundert Jahren bestens funktionierenden Machtapparats, der sich «Kirche» nennt? Was lief damals vor 1980 Jahren für ein Film und wer war der Protagonist dieses monumentalen Streifens? War dieser «Film» ein geschickt inszeniertes Drama, eine Tatsachen-Doku oder eine fulminante Reality-Soap?

Eines steht zu Beginn dieser Spurensuche jedenfalls einwandfrei fest: Die historische Existenz Jesu und das Faktum seiner Kreuzigung. Aber was und wie viel wissen wir darüber hinaus? Die Evangelien sagen, dass Jesus von Nazareth der Sohn Gottes war. Und die Evangelien sagen, dass Jesus sagte, dass er der Sohn Gottes sei. Wenn dem aber so sein sollte, dann schreit dies eigentlich nach ungeheuren Konsquenzen. Und es wird dann kaum mehr reichen, einfach die Bergpredigt ein bisschen cool zu finden.

Und wenn es nicht stimmt? Dann war der Mann aus Nazareth ein Schwindler. Und seine Jünger waren auch Schwindler. Und die ganze Geschichte, das ganze Christentum, alles beruhte auf einem Schwindel. Auch wenn positive Einflüsse nicht zu leugnen wären, es beruhten dennoch Kirchen, Kathedralen, Kunstwerke, auch diese devote Verehrung und dieser immense Glaube zahlloser Menschen während Jahrhunderten auf nichts als einem einzigen Schwindel, dem größten der Menschheitsgeschichte! Und man hätte zweitausend Jahre einem Menschen göttliche Verehrung gezollt, obwohl dieser doch in Wahrheit nichts weiter als ein gewöhnlicher Mensch war. Das Gleichnis vom verlorenen Sohn minderte diesen gewaltigen Irrtum nicht und die Parabel vom barmherzigen Samariter machte diesen Jahrtausendschwindel nicht genießbarer. Es wäre eine Tragödie und ein Witz zugleich, eine unüberbietbare, allerdings nicht besonders göttliche Komödie!

Weil sowohl diese Geschichte selbst als auch deren Einfluss so vielschichtig ist, lässt sie mannigfache Interpretationen und Reflexionen zu und es scheint unendlich viele Möglichkeiten eines Ansatzes zu geben, wie unzählige Kunstwerke, Artikel, Bücher oder Filme eindrücklich beweisen. Mit zahlreichen Publikationen, Interpretationen und historischen Werken im Gepäck möchte auch ich aufbrechen und im Kontext einer thematischen Auseinandersetzung den «Drehort» von damals besuchen, um den Versuch eines «Making Ofs» zu wagen, ein Making Of «the greatest story ever told»: Die Geschichte des Jeschua Ben (oder, in aramäischer Schreibweise) Bar Josef, des Wanderpredigers, Wundertäters und Gottessohnes Jesus von Nazareth.

> Dies schreit nach ungeheuren Konsequenzen. Es wird dann kaum mehr reichen, einfach die Bergpredigt ein bisschen cool zu finden.

Angeblich scheuen die zuständigen Wissenschaftler Spekulationen und Mutmaßungen mit der Begründung der Nichtwissenschaftlichkeit. Dies gilt – ich habe das bei meinen Recherchen immer wieder erlebt – freilich nur, wenn es darum geht, quasi den nicht historischen Christus des Glaubens aus den Jesus-Quellen herauszufiltern. Bei der kritischen Betrachtung der historischen Komponenten ist man hingegen weit spekulationsfreudiger: Ob nun Pilatus als historisch ausgewiesener Schurke tatsächlich einen letzten Funken Mitgefühl besaß, ob die Gattin des Pilatus möglicherweise bereits vor den Passionsereignissen mit der Jesus-Bewegung sympathisierte, ob der Apostel Matthäus als ehemaliger Zöllner Stenografie beherrschte und die Worte des Meisters vorweg notiert hat – über all das wollte man bei meinen Recherchen nicht gerne spekulieren. Spekulationen seien, so hieß es immer wieder, dem Historiker, dem Theologen oder Exegeten nicht wissenschaftlich genug. Darüber aber, ob jede Art von Prophezeiung als wissenschaftliches Faktum ausgeschlossen werden kann oder nicht (was, wie wir sehen werden, einen entscheidenden Einfluss auf die Datierung der Evangelien hat), gab man sich ohne Zögern puren Mutmaßungen hin. Und diese Mutmaßung bedeutet: Jesus von Nazareth

> *Oft genug war es das viel zitierte «Bodenpersonal», das vielen jeglichen Appetit auf religiöse und christliche Inhalte genommen hat.*

habe niemals die Zerstörung des Tempels und den Untergang Jesusalems voraussagen können, denn Prophezeiungen seien kein wissenschaftliches Faktum. Diese Weissagungen Jesu, so die wissenschaftliche Spekulation weiter, müssten demnach erst nach dem eingetroffenen Ereignis und damit erst Generationen später entstanden bzw. niedergeschrieben worden sein.

Die Grammatik des Glaubens

Auch wer selber keine Forschung am urtümlichen Original-Textmaterial vornimmt, verfügt letztlich dennoch über dieselben Mosaiksteine wie der promovierte Experte oder studierte Exeget, aber auch wie jeder andere Interessierte, der sich auf diese packende Materie einlässt. Und genau da mag der Nichtwissenschaftler vielleicht etwas freier und hemmungsloser verfahren, zumal er ja weder einen wissenschaftlichen noch ein akademischen Ruf zu verlieren hat. Und schließlich glauben und glaubten auch kluge Köpfe wie der große deutsche Dichter Theodor Fontane an die Kraft des nicht zertifizierten Wissens:

Alles, was mit Grammatik und Examen zusammenhängt, ist nie das Höhere. Waren die Patriarchen examiniert oder Moses oder Christus? Die Pharisäer waren examiniert. Und da sehen Sie, was dabei herauskommt.

Der Objektivität in der Behandlung eines Themas oder einer Disziplin wenig zuträglich sind hingegen schlechte Erfahrungen. Und es stimmt: Viele, wenn nicht die meisten von uns, haben offenbar schlechte Erinnerungen an die religiöse Bildung während der Kindheit und Jugend. Und oft genug war es das viel zitierte «Bodenpersonal», das vielen jeglichen Appetit auf religiöse und christliche Inhalte genommen hat.

Mit großem Erstaunen las ich beim Theologen und Schriftsteller Eugen Drewermann, wie er als junger Theologiestudent die Kirche als Macht- und Stasiapparat erlebte. Aber das war eine Generation früher; in meiner Kindheit war die Macht und Omnipräsenz der Kirche bereits auf dem Rückzug. Weder erlebte ich – obwohl in (wenn auch nicht strenger) katholischer Umgebung aufgewachsen – jeden Sonntag den Kirchenbesuchsterror, von dem andere erzählen, noch war ich Zeuge irgendwelcher himmelschreiender Heucheleien oder Verlogenheiten, die sich im Umfeld von Kirche und Religion abgespielt hätten. Auch widerfuhren mir glücklicherweise als externem Klosterschüler keine körperlichen Übergriffe seitens der Patres. Die Grenzen der Toleranz in Bezug auf die Kirche erlebte ich als Kind eigentlich nur einmal, als vor über dreißig Jahren der Schweizer Theologe Hans Küng Papst Johannes Paul II. wegen der päpstlichen Unfehlbarkeit kritisierte; man war in der Verwandtschaft zumindest verunsichert, ob sich solche offene Kritik am Oberhaupt der katholischen Kirche wirklich zieme.

Unser Dorfpfarrer, Domherr Josef Halter, ein physisch präsenter und ab und zu auch durchaus streitbarer Mann, war seiner Zeit in vielen Belangen voraus; seine Messen waren «reduced to the max» und hatten einen dynamischen Drive. Hinzu kam bereits in der Grundschule ein Religionsunterricht, der weder mit stupidem Auswendiglernen zu tun hatte, noch sich auf das infantile Ausmalen von Symbolen – von Kreisen und Dreiecken – beschränkte. Da wurde uns von den Menzinger-Nonnen die (historische und biblische) Faktenlage vermittelt; historisch-kritischer Grundlagenunterricht sozusagen, und das erst noch anschaulich und spannend. Ich bin deshalb den kirchlichen Lehrkräften, die in Lungern wirkten, bis heute unendlich dankbar, dass sie mein Interesse für Glauben, Religion und für das Christentum nicht versaut haben.

Mein Projekt folgt im Buch wie im Film den vier Evangelien nach Matthäus, Markus, Lukas und Johannes. Es werden diese historisch, theologisch und kulturell beleuchtet. Ebenso finden sich vorgefundene Widersprüche, aber auch bisweilen spektakuläre Bestätigungen dieser Quellen durch die entsprechenden Wissenschaften. Die knapp und stringent abgefassten Evangelien lassen allerdings schon wegen deren Kürze unzweifelhaft Platz für Interpretation und Deutung. Spekulationen und Mutmaßungen indessen sind spannend, hilfreich und darüber hinaus wissenschaftlich meiner Ansicht nach sehr wohl gestattet, solange Spekulationen als solche deklariert werden.

Ich will es in einer Zeit, in denen sich Plagiatsskandale von hochgestellten Persönlichkeiten des öffentlichen Lebens häufen aber unmissverständlich deutlich machen: Es ist gut möglich, dass irgendwo auf dem Globus das eine oder andere bereits gedacht und der eine oder andere Gedanke bereits publiziert worden ist, der sich auch in diesem Buch finden lässt – wen wundert's, nach zwei Jahrtausenden, in denen diese Geschichte unsere Kultur geprägt hat wie kaum eine andere. Ich habe jedoch versucht, bereits bekanntermaßen Gedachtes als solches nach bestem Wissen und Gewissen zu kennzeichnen, doch wird es keinem Autoren, Theologen, Historiker oder Exegeten je möglich sein, hier einen vollständigen Überblick zu gewinnen.

In einem Interview in der «Neuen Luzerner Zeitung» zu diesem Projekt brachte ich im Juli 2011 meine Überzeugung zum Ausdruck, dass Kunst und Kultur immer einen religiösen oder spirituellen Ansatz hätten und verfolgen würden. Die Reflexionen zu diesem Thema bleiben und blieben deshalb glücklicherweise nicht bloß den Wisenschaftlern und Klerikern vorbehalten; Filmregisseure wie Paul Verhoeven, Mel Gibson oder Martin Scorsese, Schriftsteller wie Ernest Hemingway, Heinrich Böll oder die Autorin Luise Rinser, Künstler wie Marc Chagall oder Josef Beuys oder Musiker wie Johann Sebastian Bach und zeitgenössische Musikgrößen wie Bob Dylan, Bono oder Johnny Cash haben sich innerhalb und außerhalb ihrer effektiven Kulturdisziplin ernsthaft und ausdauernd mit der Person Jesus von Nazareth und ihrer Bedeutung auseinandergesetzt und damit dem einen oder anderen einen neuen, einen anderen Zugang zu dieser Thematik ermöglicht. Ich hoffe deshalb, dass sich auch hier in diesem Buch und in meiner Filmdokumentation neue Aspekte, Ideen, Gedanken und Reflexionen finden lassen. Zudem habe ich in diesem Buch versucht, meine Gedanken und Betrachtungen nicht nur in einen historischen und theologischen, sondern auch in einen kulturgeschichtlichen Zusammenhang zu stellen, bin ich doch überzeugt, dass nur durch eine vernetzte Betrach-

> *Jesus selbst hat sich in Parabeln immer wieder mit einem Hirten, seine Anhänger mit Lämmern verglichen. Als dumme Schafe jedoch hat er uns Menschen nie bezeichnet.*

tung einem Phänomen wie Jesus von Nazareth oder der Entstehung des Christentums begegnet werden kann. Und natürlich werde ich nun versichern, beim Filmen und Schreiben einen neutralen Standpunkt eingenommen zu haben und nur der Objektivität verpflichtet gewesen zu sein, was natürlich barer Unsinn ist, denn tatsächliche Objektivität gibt es im menschlichen Denken nicht. Es besteht schließlich immer die Versuchung, eine spezifische Theorie zu verfolgen: Und tatsächlich wird man bei der «Beweisführung» dann auch meistens fündig: Die entsprechenden Hinweise stehen glasklar und einleuchtend da, zumindest wenn man den ganzen anderen Rest kurzerhand ausblendet, sollte dieser nicht dazu passen. Mit dieser Methode kann eigentlich zu jedem historischen Ereignis eine Verschwörungstheorie konstruiert werden, die für sich selbst und isoliert betrachtet einleuchtend funktioniert.

Subjektivität ist selbstverständlich unvermeidbar und sie macht das Ganze wahrscheinlich auch noch spannender. Doch macht es einen Unterschied, ob man zu seinen Tendenzen steht oder ob man seine Betrachtungen oder Behauptungen tendenziös gestaltet. Dies ist denn auch der Grund, dass ich sowohl den Film als auch das Buch aus meiner eigenen, persönlichen Warte aus realisiert habe und meine eigenen Reflexionen zur Diskussion stelle. Das Puzzle zusammensetzen muss jedoch am Ende jeder selbst. Dies zumindest ist ratsamer, zumindest spannender, als Belehrungen einfach verabreicht zu bekommen. Jesus selbst hat sich in Parabeln immer wieder mit einem Hirten, seine Anhänger mit Lämmern verglichen. Als dumme Schafe jedoch hat er uns Menschen nie bezeichnet.

Der historische Jesus

Oft wird heute behauptet, der Einfluss dieses Jesus von Nazareth und überhaupt des Christentums werde womöglich überschätzt und Freidenker versuchen inzwischen weltweit, Religion – insbesondere die Mehrheitsreligion in Europa und den USA, das Christentum – infrage zu stellen. In Deutschland und in der Schweiz ist der Kruzifix-Krieg in den Schulzimmern in vollem Gang und im Oktober 2010 sagten Freidenker im Namen der Glaubensfreiheit sogar den auf Schweizer Alpengipfeln in den katholischen Landesteilen fast omnipräsenten Bergkreuzen den Kampf an. Offenbar scheint das Thema Religion doch nicht so ganz auf dem Abstellgleis gelandet zu sein, denn ansonsten könnten sich Atheisten, Agnostiker und Freidenker bequem zurücklehnen und der Dinge harren, die da kommen: Dem allgemeinen Niedergang von Religionen und Christentum, die sie für nichts weiter als baren und tumben Aberglauben halten.

Brandaktuell

Das Interesse an Religion und Spiritualität und insbesondere an der Person Jesus von Nazareth ist auch auch bei weniger glühenden Eiferern keineswegs erloschen. Eine 2011 am World Economic Forum WEF in Davos präsentierte Studie besagte, dass sogar vier von fünf Schweizer Jugendlichen an Gott, zumindest eine höhere Macht glauben. Stapelweise erscheinen Bücher und Publikationen über das Phänomen «Jesus von Nazareth». Sendungen wie «Sphynx», «Welt der Wunder», «Galileo» oder «Terra X» behandeln dieses Thema oft und regelmäßig; das Fernsehen kommt da einem Trend und einem offensichtlich wachen und wachsenden Interesse nach. Und dennoch befassen sich die meisten TV-Dokus oder Feuilletons in Magazinen wie «Spiegel», «Stern» oder «PM» formatbedingt lediglich im Schnellwaschgang mit der Materie, allerdings meist mit dem Versprechen, Ungeheuerliches zu enthüllen. Alle diese Feuilletons warteten beispielsweise zu Ostern 2011, als wir mit den Dreharbeiten zu unserer Jesus-Dokumentation gerade begannen, mit angeblich neuen, sensationellen Erkenntnissen zur Person Jesu auf, die sich dann aber einmal mehr doch eher als warme Luft, vor allem aber als zumindest eher abwegige Spekulationen erwiesen. Diese Beiträge vermitteln üblicherweise in geraffter Form lediglich eine Kurzabhandlung, ein «Grundlagen-Surfen», weil sechs bis acht Seiten oder vierzig Minuten kaum viel mehr erlauben. Ich habe mir in der Vergangenheit verschiedene populärwissenschaftliche Sendungen zum Thema «Jesus» angesehen und ich stellte immer wieder fest, dass diese Dokumentationen zwar enorm aufwendig gemacht waren, jedoch – ihrem Format geschuldet – kaum wirklich neue Erkenntnisse für jene brachten, die mehr als bloß an der Oberfläche schnuppern wollen. Oder aber, und das ist die zweite Kategorie von populärwissenschaftlichen Erzeugnissen, sie ziehen sensationshungrig und für meinen Geschmack etwas voreilige, wenig fundierte Schlüsse, worauf ich im zweiten Teil verschiedentlich noch zurückkommen werde. Noch heikler werden derlei populärwissenschaftliche Dokumentationen, wenn sie auch noch auf hanebüchenen Recherchen basieren: Neulich etwa behauptete ein solches Fernsehmagazin tatsächlich, die Evangelien besagten, dass Jesu Todeskampf am Kreuz drei Tage gedauert habe! Man muss weder Theologie noch Geschichte studiert haben, um festzustellen, dass der gekreuzigte Jesus in den Evangelien sechs Stunden mit dem Tod ringt.

> *Neulich behauptete ein Fernsehmagazin, dass Jesu Todeskampf am Kreuz drei Tage gedauert habe!*

Die Problematik bei der historisch-kritischen Methode (wie überhaupt in der Historie) liegt allerdings darin, dass die Geschichtsforschung streng genommen nicht wie etwa die Mathematik eine exakte Wissenschaft ist; allenfalls gewonnene Erkenntnisse (z. B. archäologische Artefakte) müssen geordnet und interpretiert und schließlich als Theorie oder These formuliert werden. Oft müssen Theorien und Thesen dann allerdings zu einem späteren Zeitpunkt durch neu gewonnene Fakten wieder korrigiert, angepasst oder ergänzt werden. Der 2004 verstorbene Historiker und Papyrologe Carsten Peter Thiede bemerkt dazu:

Die Felder erhitzter Kontroversen sind allgemein bekannt: Hier sei nur an das Turiner Grabtuch erinnert, das selbstverständlich im Fall der Echtheit kein indirekter, sondern ein direkter Beweis wäre und nicht zuletzt auch deswegen so heftig bekämpft wird... Wir sind heute durchaus in der Lage, uns ein nachvollziehbares Bild von Jesus und seiner Zeit zu machen. Die Behauptung, dass der Jesus der Bibel nicht der Jesus der Geschichte ist, ist falsch und dass sie immer noch wiederholt wird, macht sie nicht richtiger... Oder anders gesagt: Was wir uns heute vorstellen oder nicht vorstellen können, ist kein Kriterium dafür, ob es geschehen ist oder nicht geschehen ist.

DER HISTORISCHE JESUS

Paul Verhoeven erwähnt die Problematik des Populismus: Inwiefern waren die Berichterstatter dem Geschmack und der Sensationsgier ihrer Zeitgenossen verpflichtet? Er notiert hierzu in seinem Buch:

Auch das Neue Testament ist eine Art Entertainment; die Evangelisten überlegten sich: Wie halte ich den Leser bei der Stange? Wie kann ich den Zuhörer für die Sicht der Dinge gewinnen? Wie gefalle ich meinem Publikum? Und was könnte ich besser weglassen, weil es «unangenehm» ist oder – politisch betrachtet – gefährlich?... Dass Jesus gelebt hat, bezweifle ich nicht. Alles andere steht zur Diskussion... Vom Menschen «Jesus» wurden während der langen Perioden der mündlichen Überlieferung und aufgrund vielfältiger Überarbeitungen sehr viele «irdische» Dinge weggeschnitten. Was übrig bleibt, ist eine reduzierte Wirklichkeit; wir sind in den zweitausend Jahren Abnehmer, sagen wir mal, von zehn Prozent von Jesus geworden. Diese zehn Prozent haben wir dann in diesem Sinne weiterentwickelt zu einem ganzen, teilweise göttlichen Wesen. So wurde eine nicht existierende Person geschaffen.

> Jeder historische Bericht ist in gewisser Weise subjektiv.

Es gibt jedoch auch breite Kreise von Theologen und Exegeten, die sich wieder zunehmend vom Alleinanspruch dieser Betrachtungsmethode verabschieden und versuchen, die Texte der Evangelien genau so zu nehmen, wie sie möglicherweise gemeint sind: als historische Berichte von historischen Ereignissen. Nicht glaubwürdiger als die Schriften eines Cäsar, Tacitus oder Josephus Flavius. Aber eben auch nicht weniger glaubhaft.

Jeder historische Bericht ist in gewisser Weise subjektiv. Den Evangelisten vorzuwerfen, sie hätten vor allem Propaganda und Polemik geschrieben und gleichzeitig Cäsars Schrift «Vom Gallischen Krieg», Josephus' «Jüdische Altertümer» oder Tacitus «Annalen» wertfrei und als historisch unbestreitbare Zeugnisse anzuerkennen, ist ebenso unehrlich wie naiv. Als ob die genannten Herren mit ihren Schriften nicht einen Zweck verfolgt hätten und ihre Schilderungen nicht subjektiv oder im Solde eines Herrn verfassten und damit selbstredend, ganz nach dem Motto «Wes Brot ich ess', des Lied ich sing», die Meinung oder den Status ihres Auftraggebers vertreten oder zementiert hätten! Auch der ständig vorgebrachte Verdacht, die Evangelien seien erst Generationen nach den Ereignissen um Jesus von Nazareth entstanden und darüber hinaus später immer wieder manipuliert und überarbeitet worden, wird durch ständiges Wiederholen nicht richtiger, wie der Historiker und Papyrologe Carsten Peter Thiede bemerkt; Eine wachsende Zahl von Forschern beginne zu akzeptieren, so Thiede, dass die neutestamentlichen Schriften vielleicht doch wesentlich älter und womöglich eben doch von Augenzeugen (oder zumindest gemäß den Berichten von Augenzeugen) geschrieben worden seien.

Welche Bedeutung ist den Evangelien nun also beizumessen? Und welchen Anspruch stellen sie? Die Meinungen gehen da selbstverständlich auseinander. Die Autoren der Evangelien suggerieren, sich auf Augen- und Ohrenzeugen zu berufen und der Evangelist Lukas behauptet dies unmissverständlich zu Beginn seines Berichts. Eine Auseinandersetzung mit den effektiven Fakten ist deshalb Fundament des christlichen Glaubens, der sich ja gerade als historisch verbürgte Religion versteht. Und genau dies macht es so spannend, die Ereignisse von damals in diesem Kontext zu betrachten: Quasi eine Art *Making Of* dieses monumentalen «Films», der unsere Kultur seit tausendneunhundertachtzig Jahren – willentlich oder nicht – prägt und beschäftigt.

Der Historiker und Papyrologe Carsten Peter Thiede schreibt von der Schwierigkeit, eine Fülle von Informationen zusammenzufügen:

Wir wissen durchaus, dass uns viele Mosaiksteine fehlen. Das gilt für alle Ereignisse der Antike, nicht nur für die Taten und Personen, von denen das Neue Testament berichtet. Umso mehr sind wir dazu verpflichtet, die Steine, die wir heute noch haben, alle zu benutzen. Wer freiwillig auf wichtige Mosaiksteine verzichtet, weil sie nicht in das Gesamtbild passen, kann als Künstler, vielleicht auch als Philosoph mitdiskutieren, jedoch nicht mehr als Wissenschaftler auf der Suche nach Realien.

Die Glaubwürdigkeit der Schriften

Der Journalist und Schriftsteller Peter Seewald vergleicht ebenfalls die Problematik, andere antike Texte für historisch verlässlich zu halten, um gleichzeitig in den Evangelien zweifelhafte Zeugnisse zu erkennen. Er bemerkt dazu, dass die Berichte über Alexander den Großen, die viele Jahrzehnte nach dessen Tod erst niedergeschrieben wurden, seltsamerweise nie im Zweifel der Verfälschung oder der Überhöhung gestanden seien. Dasselbe gilt aber auch für Julius Cäsar: Vieles über ihn wissen wir von den beiden römischen Historikern Sueton und Plutarch, die ihr Wissen aber erst hundert Jahre nach Cäsar niedergeschrieben haben. Dennoch wird diesen römischen Chronisten als Cäsar-Biografen durchaus historische Glaubwürdigkeit attestiert.

Noch brisanter wird es, wenn die Berichte über diesen Jesus von Nazareth vielleicht doch viel früher entstanden sein sollten als bisher angenommen: Wurde früher die Entstehung der Evangelien auf die Jahre 70 bis 90 n. Chr. und damit zwei Generationen nach Jesu Leben angesetzt, so werden heute von der Forschung diesbezüglich wieder zunehmend Zweifel laut. Eine ganze Anzahl von Forschern geht inzwischen sogar davon aus, dass diese Schriften womöglich einige Zeit vor der Zerstörung Jerusalems im Jahr 70 entstanden sein dürften. Prominente Forscher datieren die uns heute vorliegenden Evangelien inzwischen in die Fünfzigerjahre, zum Teil sogar in die Vierzigerjahre, also nur gut zehn Jahre nach Jesu Kreuzigung. In diesem Fall aber schieben sich diese Schriften immer näher an die von ihnen beschriebenen Ereignisse. Dies würde bedeuten, dass die Evangelisten nicht nur jede Menge Augenzeugen – darunter auch Jesu Mutter – befragen konnten, sondern sich auch dem Urteil der in großer Zahl noch lebenden Zeitzeugen Jesu zu stellen hatten. Die Frage drängt sich dann natürlich auf, inwieweit irgendwelche Wunder behauptet werden konnten, wenn sie von Zeitgenossen – etwa von damals mehr als genug vorhandenen Skeptikern und Christenhassern – problemlos hätten widerlegt werden können. Paul Verhoeven geht in seinen Zweifeln

> Noch brisanter wird es, wenn die Berichte über diesen Jesus von Nazareth vielleicht doch viel früher entstanden sein sollten als bisher angenommen.

an den Evangelien sogar so weit, in seinem Buch zu behaupten, dass Jesus nicht mit zwei weiteren Delinquenten, sondern wahrscheinlich vielmehr mit einem ganzen Haufen gewaltbereiter Aufständischer nach kurzem Prozess hingerichtet worden sei. Es bliebe dann aber die Frage, wie das beargwöhnte, erst zaghaft aufkeimende Christentum eine Kreuzigung derart kreuzfalsch berichten konnte, wenn doch höchstwahrscheinlich angesichts des Pessachfestes, bei dem Jerusalem vor Pilgern jeweils förmlich aus allen Nähten platzte, Hunderte, vielleicht sogar Tausende von Zeugen, dazu noch die christusfeindliche Priesterkaste Jerusalems, diesem blutigen Schauspiel beigewohnt haben dürften. Eine in diesem Fall derart falsche Behauptung hätte wenigstens von der bei der Kreuzigung anwesenden Priesterschaft problemlos und glaubhaft widerlegt werden können.

Die Apokryphen

Es seien an dieser Stelle die apokryphen Evangelien erwähnt, die vor allem in jüngster Zeit immer wieder von sich reden machen. Dabei handelt es sich immerhin um über 170 Schriften, die von den Kirchen nicht oder nur unter Vorbehalten anerkannt werden, die sich vorwiegend auf die vier (kanonischen) Evangelien nach Matthäus, Markus, Lukas und Johannes berufen.

Die Gnostiker

Es versteht sich, dass immer wieder Verdächtigungen auftauchen, die apokryphen Evangelien seinen deswegen aus dem Kanon gestrichen worden, weil sie Ungeheuerliches und damit den Glaubensinstitutionen nicht Zuträgliches berichteten; es werden Skandale, Manipulation und Verschwörungen vermutet.

Deswegen sollten in diesem Zusammenhang diese apokryphen Evangelien kurz etwas genauer betrachtet werden. Grundsätzlich bleibt festzuhalten, dass sie – oder zumindest die allermeisten von ihnen – tatsächlich erst viele Jahrzehnte, sogar Jahrhunderte nach Jesu Leben niedergeschrieben wurden, etwa das erst um 180 n. Chr. entstandene und zurzeit immer wieder erwähnte Judas-Evangelium, das aus dem Verräter Judas den Primus unter den Aposteln macht. In jener Zeit, aus der dieses Judas-Evangelium stammt, tobte bereits ein zum Teil erbitterter Streit unter den Christen, wie Jesu Worte ausgelegt und Jesu Leben interpretiert werden müsse und viele der apokryphen Schriften untermauern und verteidigen die Standpunkte der jeweiligen Fraktionen. So steht das Judas-Evangelium – im Übrigen genauso wie das heute nicht minder populäre Thomas-Evangelium – im Geiste der Gnosis. Bei den Gnostikern handelte es sich um eine Glaubensgemeinschaft (oder Sekte), deren Ziel es war, indivduelle Selbsterkenntnis und Weisheit («Gnosis») zu erlangen. Jesus taucht in diesen Schriften weniger als Opferlamm Gottes auf denn als jener Mensch, der die vollkommene Weisheit besitzt, weswegen ein mit Selbsterkenntnis und Weisheit gesegneter Mensch Christus gleichkommt, sich quasi selber christifiziert.

In jener Zeit, aus der dieses Judas-Evangelium stammt, tobte bereits ein zum Teil erbitterter Streit unter den Christen.

Die Arianer

Die wahrscheinlich heftigste Meinungsverschiedenheit im jungen Christentum war der sogenannte «arianische Streit»; Arius, einer der Ältesten von Alexandria, verwarf die Idee von einem dreieinigen Gott und stellte sich auf den Standpunkt, dass Jesus als Sohn Gottes nicht immer war, sondern ebenfalls von Gott geschaffen worden sei, es also eine Zeit gab, in der Jesus noch nicht war, sondern aus dem Nichts von Gott erschaffen wurde. Der einflussreiche Bischof Athanasius stellte sich vehement gegen diese Auffassung: Jedes geschaffene Wesen bedürfe der Erlösung, weshalb ein von Gott geschaffener Christus den ebenfalls geschaffenen Menschen nicht zu erlösen vermöge. Arius erhielt Unterstützung durch ihrerseits einflussreiche Bischöfe wie Eusebius von Nikodema und Eusebius von Cäsarea. Der Streit eskalierte dergestalt, dass sich Kaiser Konstantin genötigt sah, persönlich zu intervenieren, um die Einheit innerhalb der Christenheit wieder herzustellen. Er lud deshalb im Jahr 325 rund 1800 Bischöfe zum Konzil von Nicäa in der Nähe von Konstantinopel ein, wobei nur gerade 318 Bischöfe der Einladung des oströmischen Kaisers folgten. In einer hitzigen Debatte wurde schließlich die arianische Auffassung als Irrlehre verurteilt und man einigte sich auf die theologische Formel, dass «Christus gezeugt wurde aus dem Wesen des Vaters, gezeugt und geschaffen wesensgleich und von gleicher Substanz wie der Vater», wobei festgehalten wurde, dass Christus ein Teil der göttlichen Trinität und nicht Teil der Schöpfung sei. Arius wurde in die Verbannung geschickt und den Anhängern der arianischen Lehre mit Exkommunikation gedroht. Damit war der Streit aber nicht beigelegt, sondern beschäftigte die Kirche weiterhin über die nachfolgenden Jahrzehnte. Von großer Tragweite indessen war ein anderer Beschluss des Konzils: In Nicäa wurde der Kanon für die Kirche verbindlich festgelegt; nunmehr waren allein die vier Evangelien nach Matthäus, Markus, Lukas und Johannes die für die Kirche allein verbindlichen Bücher, die Jesu Leben gültig erzählten.

Kindheitsgeschichten

Zur Sammlung der verborgenen Schriften zählen jedoch nicht nur Geschichten und Berichte über das Leben Jesu; sie enthalten auch zahlreiche Legenden über alttestamentliche Figuren wie Adam und Eva, Hennoch, Salomon, Esra, die Makkabäer oder über die Himmelfahrt des Propheten Jesaja. In unserem Zusammenhang besonders spannend aber bleiben die apokryphen Evangelien: das Petrus-Evangelium, das Nikodemus-Evangelium, das Protevangelium des Jakobus.

Hinzu kommen noch diverse Kindheitsgeschichten über Jesus, die von zum Teil geradezu haarsträubenden Kindheitsepisoden Jesu zu berichten wissen, Geschichten, die mit Gewissheit ins Reich frommer, in manchen Fällen sogar abstrusen Legenden verwiesen werden können, etwa wenn das Jesus-Kind als fünfjähriger Knirps aus Lehm geformte Vögel zum Leben erweckt haben soll. Als der Vater des Jungen sah, so berichtet uns das Kindheitsevangelium des Thomas, dass Jesus an einem Sabbat Lehmvögel machte, tadelte er ihn, mit seinem Tun die Sabbatruhe verletzt zu haben. Der kleine Jesus soll darauf in die Hände geklatscht haben und sogleich sollen die zwölf Lehm-Sperlinge davongeflogen sein. Auch soll Jesus als Knabe den Fuß eines Holzhackers geheilt haben und einen vom Dach gestürzten Kameraden wieder zum Leben erweckt haben, damit dieser Jesu Unschuld am Unfall bezeugen konnte. Besonders problematisch sind die apokryphen Anekdoten, die eine angeblich reichlich dunkle Seite des Jesus-Kindes offenbaren:

Der Sohn des Schriftgelehrten Hannas formt mit einem Weidenzweig einen Kanal zur Wassergrube, die der kleine Jesus geformt hat. Damit lässt er das Wasser auslaufen.

Als Jesus das sah, was da geschah, wurde er böse und sagte zu ihm: «Du gottloser und unvernünftiger Schlingel! Was haben dir denn die Gruben und Wasser zuleide getan, dass du sie austrocknen lässt? Siehe, jetzt sollst auch du wie ein Baum, wenn er ohne Wasser ist, austrocknen und sollst weder Blätter noch Wurzeln noch Frucht tragen!» Und sogleich verdorrte jener Knabe ganz und gar.

Ein Junge, der den Jesus-Knaben anrempelt, wird von Jesus verflucht und bricht sogleich tot zusammen. Die Menschen in Nazareth packt die nackte Angst:

«Mit einem solchen Knaben kannst du nicht mit uns zusammen im Dorf wohnen. Er lässt unsere Kinder ja sterben.»

Der kleine Jesus zeigt sich im besagten Kindheitsevangelium weder beeindruckt noch einsichtig und schlägt all jene, die Anschuldigungen gegen ihn vortragen, mit Blindheit. Später heißt es, dass Joseph seinen Sprössling nicht mehr vor die Tür lassen will,

«... denn die, die seinen Zorn erregen, sind des Todes.»

> Hinzu kommen Kindheitsgeschichten, die von geradezu haarsträubenden Kindheitsepisoden Jesu zu berichten wissen.

DIE APOKRYPHEN

Solche Geschichten lassen nicht gerade auf einen Messias und Erlöser schließen, der Liebe und Rücksichtnahme predigen wird. Der Satansbraten, der uns im Kindheitsevangelium des Thomas präsentiert wird, gemahnt eher an den Sohn des Leibhaftigen, etwa an «Demien» in Richard Donners Horror-Filmklassiker «Omen» mit Gregory Peck aus dem Jahr 1976, in dem der von einer Schakalin geborene Sohn des Teufels als vermeintlicher Sonnenstrahl in der Familie eines hohen Diplomaten aufwächst und skrupellos alle aus dem Weg räumt, die ihm und seiner satanischen Mission in die Quere kommen.

> Der Satansbraten, der uns im Kindheitsevangelium des Thomas präsentiert wird, gemahnt eher an den Sohn des Leibhaftigen.

Man könnte jetzt monieren, dass andere Wunder in den Evangelien, eine wunderbare Brotvermehrung oder ein Gang über das Wasser beispielsweise, in einer ähnlichen Preislage stehen wie jene, die in den Kindheitsevangelien erzählt werden, Wundertaten nämlich, die offensichtlich im Widerspruch zur physikalischen Realität unserer Welt stehen. Wo also liegt der Haken der Glaubwürdigkeit?

Einerseits, wie bereits erwähnt, ist es deren Inhalt, der weder in einer Relation zur späteren Persönlichkeit Jesu noch zu einem in der jüdischen Tradition erwarteten Erlöser stehen. Andererseits werden wir beim Betrachten von Jesu öffentlichem Wirken zu Beginn seiner Mission verschiedentlich feststellen, wie überrascht die Menschen in Jesu Umgebung (und namentlich in Jesu Geburtsort Nazareth) sind, als sie Jesus predigen hören und offenbar Zeugen seiner Heilungen und Geisteraustreibungen werden. Es ist kaum anzunehmen, dass die Menschen in Nazareth den bösartigen Wunderbengel vergessen hätten, hätte dieser in seinen Kindheitstagen seine Kameraden verhext oder sogar getötet.

Selbst wenn die Angaben in den vier kanonischen Evangelien wissenschaftlich ebenso wenig zu hundert Prozent verifizierbar sind wie alle anderen antiken Chroniken, so überrascht doch deren Übereinstimmung. Die vier Evangelisten, deren Jesus-Biografien am nächsten an die reale Person des Jesus von Nazareth heranreichen, beschreiben ihren Protagonisten zwar als bisweilen ambivalenten Charakter, jedoch als Menschen ohne Argwohn und Boshaftigkeit. Aber auch der große und viel zitierte jüdisch-römische Historiker des ersten Jahrhunderts, Flavius Josephus, beschreibt als Nichtchrist Jesus als einen guten Menschen und weisen Lehrer und selbst der römische Christenhasser Tacitus bezeichnet zwar das Christentum als schlimmen Aberglauben, geht aber nicht so weit, diesen «Crestus» als Schurken und Hexer zu verunglimpfen. (Von beiden Autoren wird später noch die Rede sein.) Wären die geschilderten Kindheitsepisoden aber zuverlässige und verlässliche Berichte gewesen, die Gegner der Christen hätten sich wahrscheinlich mit Hochgenuss ihrer bedient.

Die Johannes-Offenbarung

Unsicher waren sich die Kirchenväter, wie mit der Offenbarung des Johannes – der *Apokalypse* – verfahren werden soll, ein Buch, das den Untergang der Welt und das Weltengericht Gottes in gleichermaßen dramatischen wie kryptischen Worten beschreibt. Einer der Gründe, die Offenbarung ins Neue Testament aufzunehmen, mag gewesen sein, dass man diesen Johannes, dem die Offenbarungsvision anfangs der Neunzigerjahre des ersten Jahrhunderts in dessen Exil auf der Insel Patmos zuteilgeworden sein soll, für einen der Original-Apostel, sogar für den Lieblingsjünger Jesu hielt. Die Johannes-Offenbarung ist allerdings schwere Kost, unverständlich zum Teil in ihren Bildern und in jedem Fall von immenser Symbolik, einer Symbolik, die uns heute nur schwer zugänglich ist. Die Johannes-Apokalypse faszinierte und fasziniert mit ihren rauschhaften Bildern und sie beflügelte zu allen Zeiten die Phantasie der Menschen. Doch wie jede Prophezeiung, wie jede von Symbolik und Zahlenmystik durchdrungene Weissagung, ist auch die Johannes-Offenbarung ein Herd für vorschnelle Interpretationen. Relativ harmlos ist das, wenn einige Heavy Metal-Bands mit diesen Symbolen spielen und die Zahl 666 als Teufelszeichen, als die «Zahl des Tieres» (Iron Maiden: «The Number of the Beast») besingen, ohne sich wahrscheinlich überhaupt für die theologischen Zusammenhänge zu interessieren. Heikler wird die Angelegenheit, wenn die Apokalypse vor allem in religiös fundamentalistischen, namentlich evangelikalen Kreisen, wie sie in den USA zahlreich zu finden sind, immer wieder einen wichtigen, zum Teil geradezu beherrschenden Platz einnimmt.

Fazit

Was aber macht nun die vier kanonischen Evangelien nach Matthäus, Markus, Lukas und Johannes attraktiver, verlässlicher und für die Glaubensinstitutionen weniger suspekt? Zum einen der Zeitpunkt, in denen sie verfasst wurden. Selbst wenn unter den Forschern heute Uneinigkeit herrscht, wann die kanonischen Evangelien tatsächlich geschrieben wurden, so erfolgte deren Niederschrift in jedem Fall vor den theologisch erbitterten Grabenkämpfen, die das sich stetig etablierende Christentum später erfassten.

Zur Zeit der kanonischen Schriften standen die Urchristen bei den Machthabern allerdings unter Generalverdacht; zuerst beim jüdischen Klerus, bald darauf auch bei den Römern. Eine erste Christenverfolgung beginnt im Jahr 64 unter Kaiser Nero. Die Christen sind für die Römer schon deswegen suspekt, weil sie sich im Verborgenen und im Untergrund treffen. Dass sie bei ihren geheimen Zusammenkünften angeblich auch noch den Körper und das Blut ihres Propheten essen und trinken, machte diesen Kult besonders verdächtig. Dass Matthäus, Markus, Lukas und Johannes Jesus nicht nur als außergewöhnlichen Menschen beschreiben, sondern ihn sogar zum Sohn Gottes, zum Messias, zum Erlöser und Christus proklamierten, machte zudem die Situation für die beargwöhnten und vefolgten Christen auch nach dem ersten Jahrhundert nicht unbedingt leichter

Doch wie jede Prophezeiung ist auch die Johannes-Offenbarung ein Herd für vorschnelle Interpretationen.

Was spricht nun also abschließend für die kanonischen, was gegen die apokryphen Evangelien?

Erstens: Die kanonischen sind wahrscheinlich tatächlich älter als die meisten apokryphen Jesus-Berichte, und der Evangelist Lukas erwähnt in seinem Prolog sogar ausdrücklich, dass bereits vor seinem Evangelium verschiedene Berichte über Jesu Leben verfasst worden seien, worauf wir im zweiten Teil dieses Buches noch ausführlicher zu sprechen kommen.

Zweitens: Auch bei kritischster Betrachtung der Entstehungsjahre der kanonischen Evangelien dürfte es sich bei diesen, zumindest aber bei deren uns heute unbekannten Vorläufern eindeutig um Augenzeugenberichte gehandelt haben.

Es sei abschließend erwähnt, dass die verborgenen Schriften in den kirchlichen Institutionen als nicht kanonische Bücher immer wieder Beachtung fanden, sogar eine gewisse Rolle spielen. Auch wenn doch eher zweifelhaft ist, dass Pilatus später zum Christentum konvertierte, wie es in apokryphen Schriften erzählt wird, so erfahren wir beispielsweise dort den Namen der Gattin des Pilatus: Dass ihr Name tatsächlich Procula war, wie im apokryphen Petrus-Evangelium berichtet wird, kann durchaus den historischen Fakten entsprechen.

Dass auch die bekannten vier Evangelien hinsichtlich ihrer historischen Verlässlichkeit Zweifel und Skepsis provozieren, ist kein Novum. Grundsätzlich aber, so wurde mir während den Vorbereitungen zu diesem Projekt von einem Theologen gesagt, gelte auch in Kreisen von Historikern und Exegeten der Grundsatz: Solange keine mindestens ebenso glaubwürdige Quelle die Evangelien inhaltlich widerlege, seien diese auch in wissenschaftlicher Hinsicht als durchaus klar historisch zu wertende Berichte zu akzeptieren.

Jesus war anders

Ich war elf oder zwölf Jahre alt und es war irgendwann nach Mitte der Siebzigerjahre, als mich der Sound aus dem Kassettenrecorder meines Bruders in schier unglaublicher Weise elektrisierte. Bis dato vor allem mit klassischer Musik aufgewachsen, erklang da etwas, das alles bisher von mir Gehörte an Intensität und Wahrhaftigkeit in den Schatten stellte. Es war der Soundtrack eines Films und als ich den Film dann Ende der Siebzigerjahre das erste Mal sah, lag die Welt allfälliger frommer Ikonen und Heiligenbildchen definitiv und für immer hinter mir. Das Erlebnis dieser Musik und dieses Films haben mich in meinen Glaubensvorstellungen für immer geprägt. Und bis heute denke ich mir: So muss es gewesen sein. Und genau so muss er ausgesehen haben, der Mann aus Nazareth. Genauso wie in der Rockoper «Jesus Christ Superstar».

Superstar

Ich weiß, der Film von Norman Jewison wird mindestens so kontrovers kritisiert und gescholten wie gerühmt und verteidigt. Und es sind nicht nur verbohrte Frömmler, sondern auch intellektuelle Freidenker, die sich an der Darstellung der Geschichte stören, und zwar in künstlerischer wie theologischer Hinsicht. Aber dies liegt wohl einfach am Thema, dem auch in den kommenden zweitausend Jahren kaum jemand wirklich gerecht werden kann. Vielleicht, weil jeder sich schon längst sein eigenes Christus-Bild gemacht hat.

Als ich den in Hollywood erfolgreichen niederländischen Starregisseur Paul Verhoeven nach der für ihn cinematografisch gültigsten Jesus-Verfilmung fragte, nannte er zu meinem Erstaunen dieselbe, die ich meinerseits genannt hätte: Pier Paolo Pasolinis «Das 1. Evangelium nach Matthäus» aus dem Jahr 1964 (mit einem charismatischen, jungen Enrique Irazoqui in der Rolle des Jesus) und die 1972 in der Wüste Negev gedrehte Rockoper «Jesus Christ Superstar». Dass man Jewisons Jesus-Darsteller Ted Neeley vorwarf, er habe blass agiert und lächerlich gewirkt (er wurde sogar als schlechtester Christus-Darsteller aller Zeiten bezeichnet), ist für mich gänzlich unverständlich, denn Neeley gibt einen temperamentvollen Jesus, der trotz dominanter Autorität spürbar an inneren Zweifeln leidet, was insbesondere in seinem fulminanten Auftritt im Garten Gethsemane grandios und eindrücklich zum Ausdruck kommt. Und dann, als die Dinge ihren Lauf nehmen, wird Norman Jewisons Jesus zur leidenden Figur aus Fleisch und Blut, die – ohne schwülstige Überhöhungen – ein schreckliches, stundenlanges Martyrium zu erleiden hat.

Wenn ich sage, dass es so gewesen sein muss, dann ist mir natürlich klar, dass die damaligen Römer weder mit GI-Helmen noch MPs ausgestattet waren, Herodes nicht in Shorts am Rande eines modernen Swimmingpools residierte, der Tempel in Jerusalem nicht aus Gerüststangen bestand und Jesus bestimmt nicht mit einer Kalaschnikow die Marktstände im Tempelhof demolierte, wie es die Filmversion der Rockoper von Andrew Lloyd Webber und Tim Rice zeigt. Auf einer viel wichtigeren Ebene ist der Film für mich absolut stimmig und authentisch: Bei der Schilderung der sozialen Situation und der in den Songtexten sehr exakten und lyrisch gekonnten Beschreibung der politischen Umstände im damaligen Palästina, vor allem aber bei der Portraitierung der Figuren; Judas Iskarioth, der fanatische Zweifler, die leidenschaftlich liebend skizzierte Maria Magdalena und die politisch-historischen Figuren: Der dekadente und durch und durch gelangweilte Herodes, der unbedingt ein Wunder erleben möchte; der finstere Pläne

> *Als ich den Film dann Ende der Siebziger das erste Mal sah, lag die Welt allfälliger frommer Ikonen und Heiligenbildchen definitiv und für immer hinter mir.*

schmiedende Hohepriester Kaiphas; oder der rational wirkende und offensichtlich gebildete Pilatus. Die Protagonisten der Geschichte hätten kaum besser gezeichnet werden können und entsprechen durchaus der damaligen Faktenlage nach den heutigen Erkenntnissen. Absolut gekonnt und gemäß den heute verfügbaren Fakten historisch und theologisch korrekt ist meiner Ansicht nach aber die Beschreibung der Hauptfigur, der zum Superstar aufgestiegene Provinzler aus Galiläa: Jesus von Nazareth. Nicht nur die Stimme des Jesus-Darstellers Ted Neeley war 1972 bei der Verfilmung des Stoffs ein echter Glücksfall; seine samtige und nach Bedarf kreischende, jedoch nie effekthascherisch eingesetzte Stimme jedenfalls rührt mich bis ins Mark und das dargestellte energische Temperament Jesu erinnert glaubhaft an die Schilderungen der Evangelien. Dieser Film und dessen Soundtrack haben, wie mir inzwischen klar ist, mein Leben, zumindest meine religiösen Vorstellungen, tiefgreifend beeinflusst und für immer geprägt. Den Filmsoundtrack dieser Rockoper zu hören ist für mich auch heute noch immer wieder ein – ich kann es nicht anders beschreiben – ein religiöses Erlebnis.

Just want to see His face

Wir wissen indessen nicht, wie Jesus aussah. Keine einzige Zeile der Evangelien gibt Auskunft über sein Äußeres und über sein Wesen und über seinen Charakter können wir anhand seines Handelns und seiner Worte nur spekulieren. War er der bärtige Mann mit schulterlangem Haar, wie ihn die frühesten christlichen Ikonen zeigen, oder trug er sein Haar kurz – so wie in jener Zeit die Römer und Griechen, die ihre Bärte weniger durch scharfe Rasiermesser als durch Ausreissen ihrer Barthaare loswurden? Das war allerdings eine höllisch schmerzhafte Prozedur, weshalb, wie zeitgenössische Quellen berichten, die entsprechenden kosmetischen Behandlungsstätten vom schmerzerfüllten Gebrüll der vornehmen Kundschaft dauerhaft beschallt worden seien.

Oder gibt das Turiner Grabtuch Aufschluss über Jesu Aussehen?

Das Turiner Artefakt ist jedoch punkto Echtheit noch immer umstritten. Namhafte Wissenschaftler vertreten entgegengesetzte Meinungen: Während die einen behaupten, beim Tuch handle es sich um eine Fälschung und es stamme aus dem Mittelalter, stellen sich die anderen (darunter auch Carsten Peter Thiede) auf den Standpunkt, dass das Tuch zu 99 Prozent aus jenen Jahren stamme, in denen Jesus gekreuzigt wurde. In diesem Fall könnte es sich tatsächlich um ein –

> *Wir wissen indessen nicht, wie Jesus aussah. Keine einzige Zeile der Evangelien gibt Auskunft über sein Äußeres.*

zumindest schemenhaftes – Negativ-Bild Christi handeln, das uns Hinweise auf eine groß gewachsene Person mit markantem Gesicht und langem Haar gibt.

In den 1980er Jahren wurde das 4,36 Meter lange und 1,10 Meter breite Turiner Grabtuch umfangreichen wissenschaftlichen Untersuchungen unterzogen. Am Rand des Tuches wurde ein Stück herausgeschnitten und mittels der C14-Methode auf sein Alter untersucht. Das Ergebnis war für viele eine Enttäuschung: Das eruierte Alter des Tuches betrug gemäß dem Untersuchungsergebnis 600 bis 700 Jahre. Das Artefakt war also eine Fälschung aus dem 13. oder 14. Jahrhundert und hatte nichts mit dem wirklichen Grabtuch zu tun, in das Jesus von Nazareth bei seiner Bestattung gewickelt wurde. Damit wäre eigentlich alles geklärt gewesen. Doch dann tauchte eine Zeichnung auf, die um einige Hundert Jahre älter war als das ermittelte Alter des Tuchs. Und diese Zeichnung zeigte eben jenes Grabtuch, das eigentlich damals noch gar nicht hätte existieren dürfen. Die Parallelen zwischen Zeichnung und Tuch waren so offensichtlich, dass das vermeintlich klare Untersuchungsergebnis ins Wanken geriet. Und vermehrt meldeten sich Wissenschaftler zu Worte, die das Untersuchungsergebnis der besagten Altersbestimmung anzweifelten, zumal man feststellen musste, dass das Tuch im Verlaufe der Jahrhunderte geflickt, ausgebessert und mit Stoffteilen ergänzt worden war. Und darüber hinaus wird die ansonsten anerkannte und verlässliche C14-Methode ungenau, wenn das zu untersuchende Objekt mit fremden Materialien und Elementen in Verbindung kommt; man kann sich nur ausmalen, durch wie viele Hände dieses Tuch im Verlaufe seiner Geschichte gegangen sein mag. Hinzu kommen die Spuren eines Brandes, der das Tuch stark beschädigt hatte. Erneute Rätsel gaben weitere Untersuchungen auf, die zeigen, dass das abgebildete Antlitz offenbar eine sonst noch nie gesehene Reliefstruktur aufweist. Überhaupt, so einige Wissenschaftler, bleibe das Bild rätselhaft, da es sich um eine Art fotografische Abbildung handle – so, als hätte eine gewaltige Licht- und Energiequelle dieses Bild in das Tuch eingebrannt. Dass dabei mitunter sofort Parallelen zu Jesu Auferstehungsakt auftauchen, überrascht kaum.

Nach wie vor ist das Rätsel um das Turiner Grabtuch also nicht gelöst. Um eine verlässliche Altersbestimmung vornehmen zu können, müsste ein Stoffteil aus dem Herzen des Tuches geschnitten werden. Dies zu gestatten obliegt allein der katholischen Kirche und in letzter Instanz dem Papst. Ob und wann die Echtheit des Turiner Grabtuches definitiv und verlässlich ermittelt werden kann, bleibt also offen. So lange bleibt das Tuch ein Mysterium: Für die einen das anbetungswürdige Abbild Christi, für andere ein faszinierendes Phänomen, für Dritte womöglich ein ärgerliches Objekt, das an die Reliquien-Hysterie des Mittelalters erinnert. Eher unverständlich hingegen erscheint, dass der Versuch eines New Yorker Grafikers, das Gesicht des Turiner Grabtuches dreidimensional zu rekonstruieren, als Blasphemie gebrandmarkt wurde. Wer möchte es nicht sehen, das Gesicht des Erlösers und Sohn Gottes, zumindest das Gesicht des wohl berühmtesten Menschen, der je auf Erden lebte? Zwei faszinierend ehrliche Zeilen singen die Rolling Stones auf ihrem 1972 erschienenen Album «Exile on Main St»:

*I don't want to walk and talk about Jesus,
I just want to see His face!*

Diese Songzeilen haben mich stets sehr bewegt, denn sie treffen irgendwie den Kern und offenbaren einen tiefen Wunsch, den wohl nicht bloß ich hege: Sein Gesicht möchte ich sehen. Anders jedoch als Jesu Zeitgenossen ist es uns nicht vergönnt, Jesu Gesicht zu sehen, seine Gestalt, seine Art zu gehen, zu handeln, seine Art zu lachen und zu trauern. Was und wer Jesus von Nazareth auch immer war, eines wissen wir mit Gewissheit: Er war ein Mensch. Ein Mensch mit einem Gesicht, einem Körper, einer Stimme. Dem Gesicht jenes Mannes nachzuspüren ist weder falsch noch blasphemisch. Es ist vielmehr folgerichtig – immerhin leben wir in einer durch und durch visuell geprägten und funktionierenden Gesellschaft.

> Wer möchte es nicht sehen, das Gesicht des wohl berühmtesten Menschen, der je auf Erden lebte?

Wie also sah nun Jesus aus? Zeigen uns Ikonen und frühchristliche Darstellungen mit einem bärtigen Christus mit wallendem, langem Haar ein falsches Bild? Der Völkerapostel findet es immerhin bereits ein, zwei Jahrzehnte nach Jesus schicklich, dass die Männer ihr Haar kurz, die Frauen aber lang tragen (womit bereits Vorschriften erlassen oder Weisungen erteilt werden, wie es Jesus selbst nie getan hat). Auch wird behauptet, dass im ersten nachchristlichen Jahrhundert Kurzhaarschnitte en vogue gewesen seien. Es bleibt jedoch die Frage, ob sich die von Natur aus rebellischen und größtenteils sowohl antirömisch wie antihellenistisch gesinnten Galiläer tatsächlich der Mode ihrer Besatzer anpassten. Und es stellt sich weiter die Frage, wie es kam, dass gerade die frühesten Christus-Darstellungen Jesus so zeigen, wie er sich in die kollektive Imagination der Welt eingebrannt hat. Haben wir also durch diese frühen Darstellungen eine authentische Vorstellung vom Mann aus Nazareth? Vielleicht ist es gerade das, dass wir nichts über sein Aussehen wissen, was einen Teil der Faszination und des Geheimnisses ausmacht. Es war der heute legendäre Sioux-Häuptling Crazy Horse, einer der Anführer und Sieger bei der Schlacht am Little Big Horn (25. Juni 1876), welcher der Legende zufolge selbst darum besorgt war, dass von ihm keine Bilder – weder Fotografien, noch Malereien, noch Zeichnungen – angefertigt wurden. Umgibt deshalb diesen Sioux-Krieger, der zu den populärsten Indianerlegenden überhaupt gehört, heute eine so geheimnisvolle Aura?

Es entsprach offensichtlich nicht den Gepflogenheiten antiker Autoren, das Äußerliche bedeutender Menschen zu beschreiben. So bleibt auch das Aussehen Alexanders, Hannibals, Cäsars oder Kleopatras – wenn sie nicht posthum auf Münzen im Profil abgebildet, in Marmor gehauen oder in Mosaiken gegossen die Zeiten überdauerten – unklar und geheimnisvoll, in jedem Fall unpräzise. Ob sich die Evangelisten um dieses Geheimnisvolle bemühten und sich deshalb über physiognomische Äußerlichkeiten ausschwiegen, oder ob sie das Verbot, Gott im Bild darzustellen, auf Jesus übertrugen, wissen wir nicht. Es ist aber eher zu vermuten, dass sie auf Äußerlichkeiten schlicht keinen Wert legten. Auch von den Aposteln, von Jesu Mutter Maria oder von Maria Magdalena fehlen jegliche Hinweise auf ihr Aussehen. Möglicherweise trägt genau dies dazu bei, dass die Evangelien so glasklar und stringent die Handlung erzählen, ohne sich in irgendwelchen Details zu verlieren.

Wie dem auch sei: Es ist an der Zeit, sich vom süßen Christus auf katholischen «Helgeli» der Romantik, vom militanten Sozialrebellen der Achtundsechziger-Bewegung, aber auch vom pazifistischen Jesus der Hippies zu verabschieden. Weder war Jesus der «neue Mann», wie der Theologe Franz Alt zu glauben weiß, noch halte ich ihn für den zwar klugen und charismatischen, aber gänzlich irregeleiteten Naivling, als den ihn Paul Verhoeven in seinem 2008 veröffentlichten Jesus-Buch charakterisiert.

Mehr Aufschlüsse geben uns die Evangelien über sein Wesen. Dieser Jesus von Nazareth muss unbestreitbar über ein unglaubliches Charisma verfügt haben. Dass er durchaus exzentrischer Natur war und absolut nicht über einen ausgeglichenen und sanften Charakter verfügte, wird selbst in den Evangelien klar und deutlich zum Ausdruck gebracht. Nicht nur die viel zitierte Tempelreinigung ist beispielhaft für die von den Evangelisten immer wieder berichteten Temperamentsausbrüche des Rabbi aus Nazareth. Die offenbar cholerischen Tendenzen gingen sogar so weit, dass Jesus einen Feigenbaum verfluchte, weil dieser keine Früchte trug, «obwohl es nicht die Zeit der Feigen war», wie der Evangelist Markus vermerkt (Mk. 11.12–14). Exegeten sehen in dieser Episode eher eine nachträglich eingefügte literarische Episode, ein Gleichnis, in dem der Feigenbaum als Symbol für das Volk Israel steht, das seine Propheten nicht erkennt. Diese Interpretation ist allerdings im Grunde genommen eine vollkommen willkürlichen Spekulation: Jesus spricht zwar bisweilen in Gleichnissen, seine Handlungen werden uns aber in den Evangelien nicht als literarische Parabeln aufgetischt, weshab man sich fragen muss, warum inmitten der reportageähnlichen Jesus-Biografie auf einmal unvermittelt und isoliert eine solche symbolhafte Geschichte auftauchen soll; eine Geschichte, die Jesus nicht in den Mund gelegt wird, sondern die ihn in Aktion zeigt. Und selbst wenn diese Geschichte bloß symbolhafte Gültigkeit haben sollte, so gibt allein schon die Idee, Jesus hätte im Affekt durchaus einen Baum verfluchen können, Aufschluss über den Charakter, den man ihm attestierte.

Jesu Ton war mitunter sanftmütig und zuvorkommend, doch konnte er bei Gelegenheit durchaus rabiat, abweisend und polemisch werden. Vor allem mit theologischen Autoritäten lag er allem Anschein nach in ständigem Clinch. Und der Rabbi aus Nazareth ließ es in diesen Fällen ganz offensichtlich durchwegs an der heute kaum

> Dass er durchaus exzentrischer Natur war und absolut nicht über einen ausgeglichenen und sanften Charakter verfügte, wird selbst in den Evangelien klar und deutlich zum Ausdruck gebracht.

ALBERT GASSER

> Jesu Ton war mitunter sanftmütig und zuvorkommend, doch konnte er bei Gelegenheit durchaus rabiat, abweisend und polemisch werden.

mehr wegzudenkenden Political Correctness fehlen, wenn er den Klerikern die Meinung geigte, sodass sich der Theologe und Kirchenhistoriker Albert Gasser in einem Essay durchaus in berechtigter Weise fragt, ob denn dieser schroffe Ton wirklich überall nötig war. Auch wenn Jesus die Sanftmütigen preist, er gehörte, folgen wir den Evangelien, ganz gewiss nicht zu ihnen. Und er verlangte von den Menschen in gleicher Weise Feuer und Temperament:

«Salz ist etwas Gutes», sagte er etwa in einer Parabel, «doch wenn es seine Kraft verliert, wozu soll es dann noch nützen?» (Mt. 5,13/Lk.14,34–35)

Kontroverse Standpunkte

Jesus von Nazareth ist eine kontroverse Figur. Er polarisierte bei seinen Zeitgenossen, ein Umstand, der allerdings kaum gegen ihn spricht. Nicht ganz falsch dürfte das Bonmot liegen, das besagt, dass jener, der am Ende seines Lebens keine Feinde habe, eigentlich nie richtig gelebt hat. Jesus von Nazareth überraschte und überforderte die Menschen seiner Zeit. Und das hat sich bis heute kaum geändert. Seine Persönlichkeit erscheint komplex und sein Wesen vereinigt mannigfache Charakterzüge. Der amerikanische Autor und Franziskanermönch Richard Rohr hebt die für ihn unübersehbaren androgynen Tendenzen Jesu hervor, die in krassem Widerspruch zur damaligen patriarchalen Sozialstruktur standen. Und Richard Rohr merkt an, dass er in Jesus die beispiellose Vereinigung der vier menschlichen Archetypen erkennt: Jesus ist für ihn «König», «Krieger», «Liebhaber» und «Magier» in ein und derselben Person. Und genau das macht Jesus von Nazareth so unendlich kontrovers, so spannend, so unglaublich faszinierend.

Die Krux aber liegt in Jesu eigenem Selbstverständnis, wobei die Meinungen hierüber bei den zuständigen Wissenschaften weit auseinandergehen. Jesus zweifelt meiner Ansicht nach in den Evangelien keine Sekunde daran, der Messias, der Retter der Menschheit, der Sohn des lebendigen Gottes, der Erstgeschaffene aller Geschaffenen zu sein. Und er proklamiert klar und unmißverständlich: «Keiner kommt zum Vater außer durch mich.» Was für ein Anspruch! Ein Anspruch, der wiederum zu unglaublichen und nicht enden wollenden Kontroversen Anlass gibt und einem eine eigene Position abverlangt.

Wenn er aber das alles nicht war oder ist, was er von sich behauptete, dann hatte er gelogen. Oder er hatte sich im allergünstigsten Fall in einem Anfall von Selbstüberschätzung, Hybris oder Größenwahn ungewöhnlich hoch verstiegen. Was aber ist, wenn es wahr sein sollte und dieser Mensch aus Nazareth wirklich derjenige war, für den er sich ausgab? Die Vorstellung, dass der Allmächtige seinen «Sohn», sein liebstes und teuerstes Wesen, ein paar verbohrten Klerikern und einer wütenden Soldateska überlässt, um ihn buchstäblich nach Strich und Faden abzuschlachten, verlangt unserem rational funktionierenden, postaufklärerisch geprägten Intellekt schon einiges ab.

Natürlich, so antworten verschiedene Theologen und Exegeten, sei dieser messianische Anspruch Jesus von Nazareth erst viel später in den Mund gelegt worden. Nicht nur Paul Verhoeven ist überzeugt, dass Jesus zu keiner Zeit die Stiftung einer Religion, schon gar nicht die Gründung einer Kirche im Sinne gehabt habe: Der göttliche Anspruch sei ganz allein den Vorstellungen seiner

Nachfolger zuzuschreiben. Beweisen lässt sich jedoch weder das eine noch das andere. Perry Schmidt-Leukel, Professor an der reformierten Fakultät der Universität Münster, machte mich beim Film-Interview darauf aufmerksam, dass ein Titel wie «Sohn Gottes» damals nicht unbedingt das bedeutete, was man heute nach zweitausend Jahren Christentum darunter verstehe; im Orient habe jeglicher offensichtlich Gerechte als ein «Sohn Gottes» gegolten, genauso wie der notorische Lügner zum «Sohn der Lüge» wurde.

Von einem Anspruch Jesu auf eine Gottessohnschaft will auch der streitbare deutsche Theologe und Psychoanalytiker Eugen Drewermann nichts wissen. Er ist überzeugt, dass Jesus niemals auf die Idee gekommen sei, für sich zu beanspruchen, in besonderem Maße der «Sohn Gottes» zu sein. Jesus, so Drewermann beim Film-Interview, habe sich lediglich als Fenster zu Gott gesehen, oder als jemanden, der ein bestehendes Fenster zum Himmel klar und transparent machen wollte, damit wir Menschen Gott sehen und erkennen würden. Als Beispiel nennt der Theologe die Passage bei Markus, 10,17–22, in der ein reicher Mann Jesus um Rat fragt und ihn mit «Guter Meister» anspricht. Das Markus-Evangelium lässt Jesus antworten:

«Was nennst du mich gut? Nur einer ist gut.»

Für Eugen Drewermann ist diese Stelle Beweis, dass sich Jesus nicht auf einer göttlichen Stufe sah. Diese Annahme unterschlägt jedoch gleichzeitig, dass in zahlreichen anderen Passagen in den Evangelien sich Jesus von Nazareth sehr wohl mit einer übermenschlichen, sogar göttlichen Aura umgibt: Er widerspricht Petrus nicht, als dieser ihn in Cäsarea Philippi (Mt. 16, 13–20) zum Messias, zum Christus, proklamiert, und der Samariterin am Jakobsbrunnen gibt sich Jesus im 4. Kapitel des Johannes-Evangeliums klar und unmissverständlich als der versprochene Retter zu erkennen. Das Lukas-Evangelium schließlich lässt Jesus vor dem Hohen Rat zu den Anklägern sogar sagen:

PERRY SCHMIDT-LENKEL

«... Aber von jetzt an wird der Menschensohn an der rechten Seite des allmächtigen Gottes sitzen.»

Das klingt kaum nach jemandem, der sich bloß als gewöhnlicher Mensch oder spiritueller Fensterputzer versteht. In allen Stellen in den Evangelien, in denen sich Jesus zum Heilsbringer und Messias proklamiert oder proklamieren lässt, eine spätere Beifügung zu vermuten, ist eine für meinen Geschmack etwas wohlfeile Art, die Texte nach eigenem Gusto zurechtzulegen und zu filtern, damit sie dem Betrachter in dessen eigenes Konzept passen. Für die immer wieder erhobenen Verdächtigungen, die Evangelien strotzten vor späteren Einfügungen, bleiben uns die Skeptiker die stichhaltigen Beweise nämlich bis heute schuldig.

Eugen Drewermann räumt immerhin ein, dass Jesus für sich den Titel des «Menschensohns» beansprucht haben könnte. Dieser Ausdruck aber geht auf das alttestamentliche Buch Daniel zurück, in welchem dem Messias das Aussehen eines Menschen attestiert wird. Diese Prophezeiung besagt, dass «der, der aussah wie ein Menschensohn» (Dan. 7,13–14) zum Vermittler und Vertreter der Menschheit werde, dem nach dem endzeitlichen Gericht die Herrschaft des Gottesreichs übertragen werden wird. In der jüdischen Apokalyptik der beiden letzten vorchristlichen Jahrhunderte wurde dieser «Menschensohn»

> *Das klingt kaum nach jemandem, der sich bloß als spiritueller Fensterputzer versteht.*

EUGEN DREWERMANN

also klar mit dem göttlichen Erlöser und Messias gleichgesetzt. Es taucht nun in diesem Zusammenhang natürlich die Frage auf, warum sich Jesus von Nazareth, der offensichtlich in den alten Schriften und Weissagungen bewandert war, ausgerechnet als «Menschensohn» bezeichnete und damit eigentlich eindeutig den Messias-Anspruch

> Die Tatsache, dass er aus eigener Autorität die Sünden vergab, verweise auf einen Anspruch, der weit über den eines Propheten hinausging.

implizierte; ein seltsamer Umstand, wenn Jesus doch angeblich von einer effektiven Gottessohnschaft nichts gewusst haben will.

Professor Holger Strutwolf, Leiter des weltweit renommierten Instituts für neutestamentliche Textforschung an der westfälischen Wilhelms-Universität in Münster, sieht die Thematik ambivalent: er räumte im Film-Interview zwar ein, dass sich Jesus selbst nie einen Titel wie «Sohn Gottes» zugelegt habe, doch relativiert er diesen Umstand mit Nachdruck: Jesu Verhalten, seine Taten, seine gesamte Attitüde ließen kaum Zweifel offen: Jesus von Nazareth habe sich mit Sicherheit nicht einfach nur als Rabbi, auch nicht bloß als einer der Propheten gesehen. Ganz offensichtlich habe Jesus sogar im Bewusstsein gelebt und gewirkt, mit seinem Handeln und mit seiner Existenz die Schrift zu erfüllen und damit der verheißene Messias zu sein. Schon die Tatsache, dass er offenbar den Menschen aus eigener Autorität die Sünden vergab, so Holger Strutwolf weiter, verweise auf einen Anspruch, der auch für die damaligen Zeitgenossen weit über den eines Propheten hinausging.

Es stellt sich schließlich auch die Frage, wie und warum die Apostel – allen voran Petrus, Johannes und Jakobus, immerhin nicht nur Augenzeugen, sondern sogar enge Weggefährten Jesu – auf die Idee kamen, aus der Person Jesus später aus eigener Motivation die Figur des «Christus» zu schaffen, die sie auch noch sich selbst zum Sohn des Allerhöchsten proklamieren ließen. Waren die Jünger tatsächlich zu dieser Überzeugung gekommen oder war ihnen im Fall einer nachträglichen Manipulation sogar bewusst gewesen, dass sie zugunsten einer neuen Philosophie ein wenig an der Sensationsschraube gedreht hatten?

Keiner von uns Heutigen war damals dabei, als Jesus von Nazareth sprach, wirkte und starb. Und die Worte «Selig, die glauben, ohne zu sehen!» vermögen unsere Informations- und Wissensgesellschaft vielleicht zu trösten, jedoch kaum mehr zu überzeugen. Dass Jesus gelebt hat, auch dass er getauft und gekreuzigt wurde, auch dass er eine große Anhängerschaft mobilisierte, ist historisch belegt. Aber was war, was ist darüber hinaus?

Vor rund vier Jahren entdeckte ich die Bücher des 2004 leider verstorbenen Historikers Carsten Peter Thiede. Anders als von der kritisch-historischen Methode ließ er sich mit der Akribie eines Historikers und Papyrologen von den Methoden eines Sherlock Holmes führen und beleuchtete lieber das Vorhandene bis auf die kleinsten verfügbaren Krümel von Partikeln, statt über allfällige «missing links» zu spekulieren. Auch wenn Thiede sich zum Teil etwas krampfhaft um den Beweis der historischen Glaubwürdigkeit der Evangelien bemüht – seine Schlüsse sind erstaunlich und beeindrucken durch zum Teil bestechende innere Logik.

Im Sommer 2009 entdeckte ich, ich erwähnte es bereits, ebenfalls durch Zufall, ein Buch mit ganz anderen Intentionen: Der niederländische Starregisseur Paul Verhoeven, der zu Hollywoods Top-Liga gehört und mit «Basic Instinct» (mit Michael Douglas und Sharon Stone) einen der bedeutendsten und prägendsten Filme der Neunzigerjahre schuf, mit dem Arnold Schwarzenegger-Vehikel «Total Recall» einen spannenden und unterhaltsamen Blick in die Zukunft warf und mit «Starship Troopers» einen der vielleicht besten Science Fiction-Filme überhaupt drehte, veröffentlichte anstelle eines geplanten Jesus-Films, dessen Finanzierung nicht zustande kam, schließlich in einem Buch die Erkenntnisse seiner langjährigen theologischen und historischen Studien, die er im Hinblick, die Jesus-Biografie zu verfilmen, absolvierte.

Als Filmemacher waren mir Verhoevens Arbeiten natürlich bekannt und ein Großteil seiner Filme hat mich fasziniert und begeistert. Nachdem es der Filmregisseur, als promovierter Mathematiker und Physiker und ebenso versierter Theologe dann auch noch fertigbrachte, wenigstens für einige Wochen meine Glaubensvorstellungen bis in die Grundfeste zu erschüttern, erschien es mir angezeigt, zu versuchen, mich mit diesem interessanten Mann zu treffen und zu unterhalten, vor allem aber ihn im Rahmen des geplanten Film-Projekts zu interviewen. Paul Verhoeven fand mein Projekt spannend. Er lud mich im August 2010 zum Gespräch zu sich in seine Zweitwohnung nach Den Haag ein. Eine große Ehre und eine Überraschung zugleich, vor allem wenn man die Mechanismen Hollywoods kennt, die nicht gerade für eine unkomplizierte Kommunikation sprechen. Mir war

> Paul Verhoeven fand mein Projekt spannend. Er lud mich zum Gespräch nach Den Haag ein.

PAUL VERHOEVEN

überdies bei unserer ersten Begegnung sofort klar, dass ich mit diesem weltberühmten Filmregisseur für mein Filmprojekt einen nicht nur sehr prominenten Bibel-Skeptiker, sondern in der Person dieses äußerst gebildeten und disitinguierten Mannes auch einen attraktiven, versierten und eloquenten «Advocatus Diaboli» bei der kritischen Beurteilung der Evangelien gefunden hatte. Klar interessierte mich die Begegnung mit einem so großen Filmemacher; doch ging es mir in erster Linie weniger um die Prominenz seiner Person als um die Bedeutung seines Buches – eine ebenso kühne wie unkonventionelle Publikation, die entsprechenderweise international auch auf ein großes Echo gestoßen ist.

Paul Verhoeven selbst kümmerten die Vorgaben seines eigenen Büros wenig, etwa jene, die Interview-Zeit von einer Stunde auf keinen Fall zu überschreiten, denn unser Gespräch dauerte schließlich über drei Stunden. Noch ungewöhnlicher erschien mir, dass er sich keinerlei Kontrolle oder Anspruch auf Zensur ausbedingte, sondern mir für das gesamte Interview und das, was ich daraus machen würde, volle Handlungsfreiheit zusicherte. Wer Exponenten aus der Traumfabrik interviewt, hat für gewöhnlich vor und nach dem Interview mehr mit Pressestellen, Agenten und Zensurpersonal, womöglich sogar mit Anwälten zu tun als mit den Interviewten selbst. Paul war da offensichtlich locker. Das Interview im August 2010 indessen verlief konzentriert und wir folgten Schritt um Schritt der Jesus-Geschichte, wie sie die Evangelien schildern, und reflektierten die Passagen sowohl in historischer als auch in theologischer Hinsicht.

Anders als Carsten Peter Thiede erkennt – stark vereinfacht – Paul Verhoeven in den Evangelien vor allem eins: Eine fast von A bis Z manipulierte, immer wieder redigierte Propagandaschrift, die aus einem durchaus klugen, aber maßlos naiven, irregeleiteten Charismatiker schließlich den Christus des Glaubens bastelte. Doch eines machte Paul Verhoeven in unserem Gespräch deutlich: Er missbillige oder verachte Jesus von Nazareth in keiner Weise; vielmehr halte er Jesus für eines der größten Genies der Menschheitsgeschichte – einem Mozart oder Einstein durchaus und in jedem Fall ebenbürtig. Mindestens. Doch sei es Jesu Ethik gewesen, die er in genialen Sprachbildern und Parabeln zu vermitteln gewusst habe, die in der Tat etwas derart Neues und Epochales darstellten. Dies mache Jesus von Nazareth seines Erachtens zu einem der ganz Großen der Menschheitsgeschichte. Dass man schließlich ihn selbst und nicht seine Lehre vergöttlicht habe, sei das Schlimmste und Schlechteste, das man Jesus von Nazareth habe antun können. Man habe damit nicht die Lehre Jesu, sondern seine Person in den Mittelpunkt gestellt und damit ihn und seine Intentionen geradezu vergewaltigt. Ein Fehler, so Paul Verhoeven, welcher der Islam nicht begangen habe, da dieser

DER AUTOR IM GESPRÄCH MIT PAUL VERHOEFEN

den Propheten Mohamed nie zu einem Gottwesen erklärte habe. «Gott hat einen Sohn?», stellt Paul im Film-Inteview die rhetorische Frage. «Wie? Ich meine, wie hat er diesen Sohn denn gezeugt? Hat Gott mit einer Frau geschlafen?» Mit einer Gottessohnschaft kann der Filmregisseur, Mathematiker und autodidaktische Theologe definitiv nichts anfangen. «Der Sohn Gottes?! Was soll das sein? Eine absurde Vorstellung und eine idiotische Definition!», meinte er in seiner pointierten und engagierten Sprechweise.

Ich fragte ihn am Schluss unseres Gespräches, wie er denn nun Jesus darstellen werde, falls er doch noch seinen Jesus-Film realisierte? Paul lächelte versonnen; Das sei eine gute Frage. «Mein Jesus würde ein kämpferischer, bärtiger Mann mit feurigem Temperament sein; ein Mann in der Art eines palästinensischen Freiheitskämpfers … Ein kluger und temperamentvoller Mann … ein Mann wie der seit Jahren in einem israelischen Gefängnis inhaftierte Arzt und Hamas-Führer Barguti vielleicht.» Paul lächelte und bekräftigte: «Ja, genau. Ein Mann wie Marvan Barguti.»

Wie dem auch sei: Dieser komplexen und bedeutsamen Materie ist nur dadurch gerecht zu werden, wenn wir ihr mit aller Offenheit begegnen und zu Leibe rücken. Es gibt tatsächlich einiges, was wir heute wissen und nicht wenige Historiker halten Jesus von Nazareth inzwischen sogar für eine der bestbelegten Persönlichkeiten der Antike. Dies trifft natürlich nur zu, wenn die Evangelien als historische Quelle akzeptiert werden, wovon im zweiten Teil noch ausführlicher die Rede sein wird.

Es geht also eigentlich um nichts anderes als um das Häuten der Zwiebel. Umberto Eco glaubt in seinem brillanten Mystery-Roman «Das Foucaultsche Pendel», dass bei Mysterien und übersinnlichen Phänomenen das Zwiebelhäuten zwangsläufig dazu führe, dass am Ende, wenn Schicht um Schicht wegfällt, vom Geheimnis nichts mehr übrig bleibe. Ich persönlich ziehe andere Schlüsse: Das Phänomen Jesus von Nazareth ist eher eine harte Knacknuss, deren Inneres real ist und darüber hinaus sogar durchaus bekömmlich sein kann, wobei grundsätzlich über Geschmack – etwa, ob man Nüsse überhaupt mag – freilich gestritten werden kann.

«Gott hat einen Sohn? Wie? Ich meine, wie hat er diesen Sohn denn gezeugt?

«The greatest story ever told», «the biggest mystery in mankind» und «the most thrilling blockbuster ever shown» – mit diesen Schlagworten kündigt der Teaser-Trailer unseren Film «The Making of Jesus Christ» an. Marktschreierische Slogans gehören zu Teasern und Trailern, doch scheinen mir die von uns gewählten Schlagzeilen kaum übertrieben: Die Geschichte um Jesus von Nazareth dürfte die berühmteste und meisterzählte Geschichte aller Zeiten sein und das Mysterium der Menschwerdung Gottes und der Auferstehung eines Hingerichteten ist wahrscheinlich wirklich das populärste Mysterium der Menschheitsgeschichte. Und damit wäre der reale Jesus-Film mit Gewissheit der größte Blockbuster, den man jemals zeigen könnte.

Eine spannende Reise durch die Geschichte und durch die Landschaft Israels – durch Plot und Locations – kann beginnen.

Zweiter Teil

Kann denn aus Nazareth etwas Gutes kommen?

«Der Weg mit Jeus ist keine einfache Reise; es ist die einzige Reise.»
Bob Dylan

Sternenkönig

Ich war schon immer davon überzeugt: Landschaften prägen Menschen, so wie die Menschen die Geschichte prägen. Um also historische Zusammenhänge zu verstehen, sollte man an die Orte des Geschehens reisen. Entsprechend beeindruckt hat mich 1998 meine erste Israel-Reise. Es gibt wohl keinen Landstrich auf der gesamten Weltkugel, auf dem sich dermaßen viel und gleichermaßen bedeutsame Historie ereignete, Geschichte, die die gesamte Menschheitsgeschichte tief und nachhaltig beeinflusste. Jericho – die ersten Siedlung wurde vor über achttausend Jahren erbaut – gilt als die älteste heute bekannte Stadt der Menschheit und alle drei monotheistischen Weltreligionen – Judentum, Islam und Christentum – haben ihre Wurzeln zwischen dem Libanon und dem Sinai. Und wer durch den noch in weiten Teilen unberührten Norden Israels mit den im Frühling tiefgrünen Hügeln und dem idyllisch anmutenden See Genezareth reist, findet zahlreiche Orte noch fast unverändert vor und an manchen Plätzen scheint die Zeit stehen geblieben zu sein. Es ist, behält man die Geschichte dieses Landes im Auge, äußerst schwierig, sich der Faszination dieser Landschaft und deren Bedeutung zu entziehen.

Nichts deutete darauf hin, dass aus diesem bedeutungslosen Nest die einflussreichste Persönlichkeit der Weltgeschichte kommen würde.

In dieser Landschaft wächst Jesus im kleinen Dorf Nazareth auf. Und nichts deutete damals darauf hin, dass aus diesem eher bedeutungslosen Nest in den Hügeln Galiläs die berühmteste und zugleich einflussreichste Persönlichkeit der Weltgeschichte kommen würde.

Jesus wächst zwar in Nazareth auf, seine Geburt soll sich aber offenbar in der Davidstadt Bethlehem, unweit von Jerusalem, ereignet haben. Doch der Reihe nach.

Zu jener Zeit ordnete Kaiser Augustus an, dass alle Bewohner des Reichs in Steuerlisten erfasst werden sollten. Es war das erste Mal, dass so etwas geschah. Damals war Quirinius Statthalter der Provinz Syrien.

So beginnt im Lukas-Evangelium die Weihnachtsgeschichte von der Geburt Jesu. Gemäß den Evanglien wird Jesus zur Zeit Herodes des Großen geboren. Da Herodes im Jahre 4 vor unserer Zeitrechnung stirbt, muss Jesus also mindestens vier Jahre vor seiner offiziellen Geburt zur Welt gekommen sein. Grund für dieses falsche Geburtsdatum ist bekanntlich ein Rechenfehler des im 6. Jahrhundert wirkenden Mönchs Dionysius Exiguus.

Eine weitere Angabe zum möglichen Geburtsjahr Jesu liefert uns die Astronomie: Laut Bibel sahen drei Weise aus dem Morgenland einen neuen Stern aufgehen. Sie werden in den Evangelien als *magoi* bezeichnet, was bedeutet, dass es sich um Berufsastronomen – womöglich Angehörige einer Priesterkaste – handelte. Sie stammten vermutlich aus Babylon, also aus dem heutigen Irak. Bereits 1606 vermutete der berühmte Astronom Johannes Kepler, dass es sich beim neuen Stern um eine Konjunktion der beiden Planeten Jupiter und Saturn handelte, die für den Herbst des Jahres 7 v. Chr. errechnet wurde. Interessant hierbei ist die Symbolik: in der damaligen Zeit herrschte in der als Wissenschaft verstandenen Sterndeutung des Orients Konsens darüber, dass der Planet Jupiter als das Symbol des Weltenherrschers galt, der Saturn war Symbol für das Gebiet, das die Römer Palästina nannten. Die von den babylonischen Sterndeutern errechnete Begegnung der beiden Planeten fand im Zeichen der Fische statt, welche bei Astronomen, aber auch in der rabbinischen Literatur das Siedlungsgebiet der Juden symbolisierte. Offenbar war also ein neuer großer Herrscher in Judäa geboren worden. Und für uns – folgen wir den Evangelien – steht demnach fest, dass Jesus aller Wahrscheinlichkeit nach wohl sieben Jahre vor seinem heute angenommenen Geburtsjahr zur Welt gekommen ist.

Nur Matthäus erwähnt die drei Magoi und berichtet, dass sie sich in Jerusalem bei König Herodes nach dem neu geborenen König erkundigt hätten, worüber der König offenbar in große Aufregung geriet. Herodes fordert die Sterndeuter auf, nach dem Kind zu forschen, um ihm nachher zu berichten. Offenbar merken die Magoi aber, dass etwas faul ist im Staate Judäa und kehren nicht mehr in den Palast des Königs zurück. Matthäus berichtet von den finsteren Plänen des Despoten:

Als Herodes merkte, dass die Sterndeuter ihn hintergangen hatten, wurde er sehr zornig. Er befahl, in Bethlehem und in der Umgebung alle kleinen Jungen bis zu zwei Jahren zu töten...

Viele Bibelwissenschaftler halten diese Episode für eine Erfindung oder Ausschmückung und behaupten mit guten Gründen, dass es sich dabei um eine Entlehnung des Kindermords in der Mosesgeschichte handelt, wurde doch damit eine direkte Verbindung zum großen Propheten und Gesetzgeber Moses impliziert, der die Hebräer aus der ägyptischen Gefangenschaft befreit hatte. Dem widerspricht Carsten Peter Thiede in zweierlei Hinsicht: auch wenn im Buch Exodus ein Kindermord am Anfang stehe, so heiße das nicht, dass der Evangelist die Geschichte einfach aus dem Alten Testament abgekupfert habe, denn in der Geschichtsforschung gelte grundsätzlich: Selbst wenn ein Ereignis bereits einmal stattgefunden habe, so bedeute das keineswegs, dass sich etwas Ähnliches nicht mehr zutragen könne. Und selbst wenn der jüdische Historiker Flavius Josephus, so Thiede, den Kindermord von Bethlehem nicht erwähnt habe, so bedeute das nicht zwangsläufig, dass es nicht stattgefunden oder Flavius Josephus es nicht gewusst habe. Josephus habe, so Thiede weiter, auch die zahlreichen Grausamkeiten des Herodes nicht alle geschildert. Dass ein Massenmord an unschuldigen Kindern diesem Tyrannen durchaus zuzutrauen war, zeigt sich in der Geschichte Herodes des Großen immer wieder: Der paranoide König lässt aus Eifersucht sogar seine geliebte Gemahlin Mariamne töten und schreckt schließlich noch nicht einmal davor zurück, seine beiden Söhne hinrichten zu lassen. Abgesehen davon, vermerkt Thiede, dürfte damals die Zahl der Kinder unter zwei Jahren im kleinen Bethlehem unter einem Dutzend gelegen haben, weshalb es

> Der paranoide König lässt aus Eifersucht sogar seine geliebte Gemahlin töten und schreckt nicht davor zurück, seine beiden Söhne hinrichten zu lassen.

Josephus vielleicht nicht wichtig genug erschien, darüber zu berichten.

Carsten Peter Thiede erwähnt ein anderes Ereignis, das interessanterweise ebenfalls nicht in die Annalen der Geschichte eingegangen ist: In Askelon, nördlich des heutigen Gaza-Streifens, fand man die Skelette von immerhin zweihundert männlichen Kleinkindern, die in etwa zum selben Zeitpunkt aus unbekannten Gründen ermordet wurden. In Zahlen ein weit schlimmeres Drama als der eventuelle Kindermord in Bethlehem. Thiede weist darauf hin, dass selbst über zweihundert ermordete Kinder in Askelon in Josephus' Aufzeichnungen nicht erwähnt würden und er schließt daraus: Nur weil Josephus oder ein anderer zeitgenössischer Autor also über dieses (oder ein anderes) Ereignis nicht berichtet, bedeutet dies in wissenschaftlicher Hinsicht nicht, dass der Autor es nicht wusste oder dass es überhaupt nicht stattgefunden habe. Selbiges gelte selbstredend auch für die Evangelien: Auch wenn ein Ereignis nur von einem oder von zwei der Evangelisten berichtet werde, sage das nichts über den Wahrheitsgehalt aus. Ich stimme dem zu; es wäre meiner eigenen Ansicht nach im Gegenteil sogar suspekt, wenn alle vier Evangelien deckungsgleich von denselben Ereignissen berichteten; man müsste dann sogar eine nachträgliche redaktionelle Gleichschaltung vermuten.

In der folgenden Nacht erschien Josef im Traum ein Engel Gottes und sagte: «Steh auf und nimm dein Kind und flieh nach Ägypten.» ... Da brach Josef mit dem Kind und seiner Mutter mitten in der Nacht nach Ägypten auf. Dort lebten sie bis zum Tod des Herodes.

So berichtet Matthäus im zweiten Kapitel seines Evangeliums den Fortgang der Geschehnisse. Es versteht sich, dass in diesem Zusammenhang abenteuerliche Theorien und abstruse Ideen existieren, wonach der kleine Jesus bei ägyptischen Zauberern eine Ausbildung genossen habe, eine Ausbildung, die ihm bei seinem späteren, spektakulären Wirken sehr nützlich gewesen sei. Davon wissen weder die Evangelien noch

> Unterschiedliche Meinungen herrschen darüber, ob Jesus Einzelkind blieb, oder ob er leibliche Geschwister hatte.

CHRISTINA AUS DER AU

andere Quellen. Matthäus nennt lediglich den Zeitpunkt der Rückkehr: Josef und seine Familie verlassen Ägypten nach Herodes' Tod im Jahr 4 v. Chr. (Mt 2.19–21) und kehren ins nordisraelische Galiläa zurück, wo Jesus mit großer Wahrscheinlichkeit unauffällig in der galiläischen Kleinstadt Nazareth aufwächst.

Es muss an dieser Stelle betont werden, dass hier die Evangelien widersprüchlich sind und lediglich der Evangelist Matthäus von einer Flucht nach Ägypten und einer Rückkehr nach dem Tod des Tyrannen Herodes weiß. Während die Berichte von Markus und Johannes erst bei Jesu Taufe im Jordan ansetzen, berichtet Lukas von einer mehr oder weniger normalen Kindheit, die Jesus im unbedeutenden, kleinen Kaff Nazareth in den Bergen Nordisraels verbrachte.

Unterschiedliche Meinungen herrschen darüber, ob Jesus Einzelkind blieb, oder ob er leibliche Geschwister hatte. In der jüdischen Vorstellung spielen Kinder eine wichtige Rolle und die Zeugungspflicht ist Teil des religiösen Verständnisses. Es ist zumindest davon auszugehen, dass Jesus in einem größeren Haushalt aufwuchs; immerhin werden bei Markus und Matthäus Brüder und Schwestern Jesu erwähnt, Markus nennt sogar die Namen der Brüder: Jakobus, Joses, Judas und Simon. Auch Paulus nennt einen der beiden der Apostel mit Namen Jakobus «den Bruder des Herrn». Ob es sich bei ihnen um die Kinder Josefs und Marias handelt oder ob Josef sie in die Ehe mit Maria gebracht hat, lässt sich nicht schlüssig beantworten. Die reformierte Theologin Christina Aus der Au glaubt im Film-Interview, dass Letzteres eher dem Dogma von Mariä Jungfräulichkeit geschuldet sei. Die katholische Kirche indessen pocht auf die jungfräuliche Geburt Jesu und entzieht im Oktober 1991 dem deutschen Theologen und Priester Eugen Drewermann die katholische Lehrbefugnis, nachdem dieser eine Jungfrauengeburt in Abrede gestellt hat.

Doch vielleicht ist dies alles am Ende auch nicht wirklich wichtig. Auf jeden Fall darf man wohl endgültig Abschied nehmen von den frommen Darstellungen des heiligen Paares Maria und Josef mit ihrem Einzelkind Jesus. Immerhin widerspricht diese Einkind-Familie den Angaben in den Evangelien.

Zu den frommen Darstellungen gehört auch der brave Schreinermeister und Zimmermann Josef; überliefert jedoch ist, dass dieser Josef ein «Tekton», ein Baumeister war. Demnach dürften Jesus und seine Brüder wohl denselben Beruf gelernt und ausgeübt haben, sogar die Firma «Josef & Söhne» gebildet haben.

Ein Dorf und eine Stadt

Eine wichtige Bedeutung spielt in diesem Zusammenhang die Stadt Sepphoris, die heute allerdings nur noch als Ruine besteht. Die Stadt Sepphoris, eine knappe Stunde Fußmarsch von Nazareth gelegen, wurde beim jüdischen Aufstand im Jahr 4. v. Chr. von den Römern vollständig zerstört.

Der Befehlshaber der Römer, der den Aufstand blutig niederschlug und Tausende Rebellen kreuzigen ließ, war übrigens kein Geringerer als der legendäre Publius Quinqtilius Varus, der dreizehn Jahre später, also im Jahr 9 n. Chr., im Teutoburger Wald – (das letzte Gefecht dürfte beim heutigen Kalkriesen stattgefunden haben) – durch Verrat in einen germanischen Hinterhalt geriet und vom Cheruskerfürsten und vermeintlichen Verbündeten Arminius und einem Verbund aus germanischen Stämmen vernichtend geschlagen wurde. Es war die größte Niederlage, die die römische Armee jemals erlitten hatte. Kaiser Augustus soll über den Verlust dreier ganzen Legionen außer sich gewesen sein: Nach Abzug von dispensierten und im Hauptquartier zurückgelassenen Soldaten immerhin stattliche 15 000 Mann. Sein zorniger Ausspruch bleibt bis heute unvergessen: «Quinitili Vare, legiones redde!» – «Varus, bring mir meine Legionen wieder!» Allein, der Zorn des Imperators ereilte den glücklosen Feldherrn nicht mehr: Er und seine Granden stürzten sich, ganz nach römischer Gepflogenheit, noch vor Ort in

> *Die Vergewaltigungswelle im Jahre 4 vor unserer Zeitrechnung gab schon zu Beginn des Christentums Anlass zu kontroversen Gerüchten.*

ihre Schwerter. Ein Jahr später suchte und sammelte eine römische Expedition die sterblichen Überreste der Gefallenen, um sie ehrenvoll zu bestatten, denn auf eine würdige Bestattung legten die Menschen der Antike allergrößten Wert. Die Nummer der aufgeriebenen Legionen, XVII, XVIII und XIX indessen wurden nie mehr wieder vergeben.

Varus wird beauftragt, den Aufstand in Galiläa niederzuschlagen. Die Truppen der Besatzungsmacht zogen nach einer fehlgeschlagenen Revolte plündernd, mordend und vergewaltigend durch Galiläa. Die Vergewaltigungswelle, die im Jahre 4 vor unserer Zeitrechnung über Galiläa hereinbrach, gab schon zu Beginn des Christentums Anlass zu kontroversen Gerüchten und wilden Spekulationen. Vor allem die Gegner der neuen christlichen Bewegung interpretierten später die zweifelhafte familiäre Herkunft, die seltsamen Geschichten über die angebliche Jungfrauengeburt nämlich, aus der der Nazarener hervorgegangen sei, und die Tatsache, dass Jesus keinen leiblichen Vater gehabt haben soll. Ihre Mutmaßungen besagten, dass Jesus das Ergebnis einer eben dieser zahlreichen Vergewaltigungen gewesen sei und bereits in den ersten Jahrhunderten kursierte mit Panthera auch der Name des römischen Soldaten, der Maria, der Mutter Jesu, angeblich gewaltsam beigewohnt haben soll.

Auch das apokryphe Nikodemus-Evangelium, das allerdings erst viel später entstanden ist und entsprechend nur mit Vorbehalten betrachtet werden sollte, enthält Anspielungen auf eine unehrenhafte Geburt Jesu während des Prozesses am Hof des Pilatus:

Da gaben die Ältesten der Juden zur Antwort und sagten zu Jesus: «Was heißt: Wir werden selbst zusehen müssen? Erstens bist du aus unzüchtigem Verkehr geboren worden. Zweitens hat deine Geburt in Bethlehem zu einem Kindermord geführt. Drittens sind dein Vater und deine Mutter Maria nach Ägypten geflohen, weil sie im Volk keinen guten Leumund besessen haben.

Die Episode einer unzüchtigen Zeugung bildet auch bei Marianne Fredriksens Bestseller «Maria Magdalena» den familiären Hintergrund Jesu, nur passiert dort die Schwängerung als romantischer Akt und nicht als Akt einer Schändung. Auch Paul Verhoeven misst dieser Spekulation durchaus historische Glaubwürdigkeit bei und tatsächlich ist diese Geschichte eigentlich durchaus plausibel. Es existiert jedoch kein Beweis, der sie historisch wirklich stützen würde und sie kann auch ihrerseits als reine Propaganda damaliger christenfeindlicher Kreise interpretiert werden, um mit einer unehrenhaften Abstammung diesen «Christus» zu kompromittieren. Schon die Tatsache, dass sich der Name eines gewöhnlichen Legionärs erhalten haben soll, erscheint etwas suspekt, einmal abgesehen davon, dass Jesu Zeitgenossen eine solche Geschichte bekannt gewesen sein dürfte, denn die ehrlose Stellung, die eine vergewaltigte Frau in der damaligen jüdischen Gesellschaft hatte, wäre wie ein Schatten über dem Prediger und Wunderheiler Jeschua aus Nazareth gelegen. Eine Vergewaltigung war nämlich für eine Frau, die in der antiken jüdischen Gesellschaft kaum Rechte besaß, nicht nur bloß eine schändliche Entehrung: konnten Zeugen nicht bestätigen, dass das Mädchen oder die Frau beim erzwungenen Geschlechtsakt geschrien und sich gegen ihren Peiniger gewehrt hatte, so hatte sie Unzucht begangen und sie wurde nach der mosaischen Gesetzgebung gesteinigt. Dass man den Umstand, dass der Rabbi aus Nazareth in einem Gewaltakt gezeugt sein soll, im kleinen Nest Nazareth mit seinen engen familiären und verwandschaftlichen Banden gänzlich hätte verschleiern können, erscheint kaum vorstellbar. Die Vorstellung schließlich, man habe später Jesu angeblich unehrenhafte Zeugung mit einer mystischen Jungfrauengeburt zu übertünchen versucht, erscheint doch ziemlich weit hergeholt, sogar grotesk: Die Juden und Römer in der Antike waren weder dumm noch naiv und hätten sich wahrscheinlich kaum von einer solchen Mystery-Geschichte ablenken oder täuschen lassen.

Als Jesus ein Teenager war, pulsierte die Ökonomie. Herodes Antipas, der Sohn Herodes des Großen, ließ Sepphoris glanzvoll und in griechischem Stil wieder aufbauen. Die Stadt war darum eine Großbaustelle, bei der auch Josef und seine Söhne mitgewirkt haben dürften. Dass im Zuge der Arbeit und nach der Fertigstellung der Stadt der junge Jesus mit der hellenistischen Kultur in Berührung kam, ist zu vermuten, lag doch Sepphoris keine fünf Kilometer von Nazareth in Sichtweite entfernt.

Ich gehe davon aus, dass diese pulsierende Stadt für junge Männer wie Jesus und seine Brüder eine durchaus magische Anziehungskraft ausübte. Während das Leben im kleinen Nazareth wohl eher beschaulich und wenig aufregend war, in Sepphoris tanzte der Bär und man kann sich ausmalen, was diese verlockend schöne und spannende Kleinmetropole einem heranwachsenden Teenager oder Twen zu bieten hatte. Ich kann es mir gar nicht anders vorstellen, als dass Jesus, seine Brüder und seine Freunde die Stadt auch außerhalb ihrer Arbeitstätigkeit besuchten, sich auf den Straßen und Märkten tummelten, vielleicht später auch Tavernen und Gaststätten besuchten. Ziemlich sicher dürfte Jesus, wie die meisten anderen seiner Bekannten, seiner Freunde und seiner späteren Gegner, nebst der damaligen Umgangssprache Aramäisch und der Schriftsprache Hebräisch auch Griechisch gesprochen haben, war doch Griechisch – analog zum heutigen Englisch – vor allem im östlichen Mittelmeerraum die angesagte und alles beherrschende Weltsprache. In Markus 7,24–30 wird sogar eine Szene berichtet, in der Jesus in Tyros mit einer Nichtjüdin wahrscheinlich in Griechisch über religiöse Fragen disputiert.

Wenig spricht außerdem dagegen, dass Jesus als junger Mann in Sepphoris im über viertausend Zuschauer fassenden Theater Aufführungen griechischer Dramen und Komödien besucht haben dürfte. Peter Carsten Thiede weist auf eine in diesem Kontext interessante Episode hin, die Christus sogar ein Stück griechische Literatur zitieren lässt: Laut der Apostelgeschichte nach Lukas sagt später Paulus vor Gericht aus, dass der ihm erscheinende Jesus bei Damaskus offenbart habe, «es werde ihm», Paulus, »schwerfallen, wider den Stachel auszuschlagen». Dass es sich hierbei um ein Zitat aus dem damals populären griechischen Klassiker «Agamemnon» von Aischylos handelt, soll gemäß Apostelgeschichte den offenbar gebildeten Prokurator Festus schwer beeindruckt haben.

> Während das Leben im kleinen Nazareth wohl eher beschaulich und wenig aufregend war, tanzte in Sepphoris der Bär.

Carsten Peter Thiede fasst die kulturelle und soziale Situation Galiläas prägnant zusammen:

Der alte Irrtum, Jesus sei im hintersten Winkel des römischen Reichs aufgewachsen, wo sich Fuchs und Hase gute Nacht sagten, in einer kleinen Welt, von der keiner Notiz nahm, ist längst korrigiert. Auch die Landschaft, in der Jesus aufwuchs, gehörte zu den kulturell, landwirtschaftlich und religiös lebendigsten Gebieten der damaligen Welt. Sie wurde durchquert von der wichtigsten Handelsstraße des östlichen Mittelmeerraums, der «Via Maris», die internationale Waren, Gedanken und Menschen bis vor die Haustür Jesu brachte. Es war eine lebendige Welt, voller ungewöhnlicher Erfahrungen und Konflikte. Ideal für einen Heranwachsenden.

Dennoch war das Image der Galiläer eher zweifelhaft; ihnen wurde immer wieder vorgeworfen, es mit den religiösen Gesetzen nicht allzu streng zu nehmen. Und überhaupt war man sich in Jerusalem nie sicher, ob es sich bei den Galiläern um echte Juden oder nicht sogar schon um Heiden handelte. Darüber hinaus genoss Nazareth offenbar keinen besonders guten Ruf, wie eine Stelle im Johannes-Evangelium griffig illustriert: Philippus sucht seinen Freund Nathaniel auf, um vom neuen Messias zu schwärmen:

«Wir haben ihn gefunden, über den Moses im Gesetz geschrieben hat... Es ist Jesus aus Nazareth.» «Kann aus Nazareth etwas Gutes kommen?», fragte Nathaniel. Philippus aber sagte zu ihm: «Komm mit und überzeuge dich selbst.»

Herrscher, Bonzen, Schuldenbauern

Jesus ist tot. Sein Geist ist vernichtet, genau wie der Geist Einsteins und Mozarts.
Paul Verhoeven

Statistiken und andere Lügner

Jesus ist Mitte Dreißig, als er öffentlich aufzutreten beginnt. Mit fünfunddreißig Jahren war man in der damaligen Zeit gewiss kein junger Mann mehr, wenn man auch von fortgeschrittenem

Es gibt Lügner, verdammte Lügner und Statistiken.

Alter keinesfalls sprechen darf. Ich halte wenig von Statistiken, die über die Lebenserwartungen in den verschiedenen Epochen Auskunft geben wollen. Man soll schließlich, so der britische Jahrhundertpolitiker Winston Churchill, lediglich jenen Statistiken vertrauen, die man auch selber gefälscht hat. Der amerikanische Schriftsteller Mark Twain teilt Churchills Misstrauen gegenüber Statistiken: «There are liars, goddamned liars and statistics.»

Selbst kluge Köpfe wie der Erfinder und Zukunftsforscher Raymond Kurzweiler argumentieren mit statistischen Lebenserwartungen, wenn sie festhalten, dass um das Jahr 1000 die Lebenserwartung der Menschen bei lediglich dreiundzwanzig Jahren und noch um 1800 bei nur siebenunddreißig Jahren gelegen habe. Fakt ist, dass derlei Statistiken durch die damals hohe Geburtensterblichkeit entscheidend beeinflusst werden. Hinzu kommen die in früheren Zeiten zahlreich vorkommenden Krankheiten oder andauernden Kriegszustände, die eine Erhebung der Lebenserwartung vielleicht mathematisch richtig angeben, jedoch nicht gesellschaftsrelevant machen. Überlebte man zu Jesu Zeiten Geburt und Kindheit und fiel weder einer Krankheit noch gewaltsamen Einflüssen zum Opfer, so konnte man auch zur Zeitenwende ein durchaus ansehnliches Alter erreichen.

Einige Beispiele der Geschichte illustrieren diesen Umstand: Zahlreich sind in der Geschichtsschreibung Personen überliefert, die es auf siebzig oder achtzig Lebensjahre oder noch mehr brachten. Veranschaulichen wir uns, dass der berühmte Feldherr Gaius Julius Cäsar (100–44 v. Chr.) seinen rasanten politischen Aufstieg erst mit knapp fünfzig Jahren begann: Als er mit seinen Legionen den Aufstand der Gallier niederschlug und danach den sprichwörtlichen ‹Rubicon› Richtung Rom überschritt, zählte er bereits achtundvierzig Jahre. Folglich hätte er aber statistisch gesehen bereits tot sein müssen oder – zumindest – an

der Schwelle des Greisenalters gestanden haben. Und dass sich die umtriebige und kluge Kleopatra ganz offensichtlich und kaum bloß aus politischem Kalkül in den damals weit über fünfzigjährigen Cäsar verliebte, weist den legendären Machtpolitiker eher als charismatische Saftwurzel aus denn als senilen Tattergreis, der er gemäß Statistik eigentlich hätte sein müssen. Cäsars Adoptivsohn und erster Kaiser, Octavianus Augustus, erreichte übrigens immerhin das stattliche Alter von siebenundsiebzig Jahren, sein Neffe und Nachfolger auf dem Kaiserthron, der 37 n. Chr. ermordete Claudius Tiberius, wurde mit neunundsiebzig Jahren sogar noch zwei Jahre älter. Vespasian indessen, jener Kaiser, der durch seinen Sohn und späteren Kaiser Titus Jerusalem zerstören ließ, brachte es immerhin auf siebzig Jahre. Dass die Imperatoren Claudius vierundvierzigjährig, Calligula mit bereits neunundzwanzig und Nero mit einunddreißig Jahren gewaltsam ums Leben kamen, kann kaum zur statistischen Feststellung führen, ein römischer Kaiser sei im ersten Jahrhundert nicht älter als fünfundfünfzig Jahre geworden. Und wenn offenbar noch um 1800 die effektive Lebenserwartung tatsächlich bei bloß siebenunddreißig Jahren gelegen hätte, so hätte anno 1492 Spaniens Königin Isabella mit dem damals einundvierzigjährigen Christoph Kolumbus die Führung über die wagemutige und kostspielige Mission, einen neuen Seeweg nach Indien zu finden, eigentlich bereits einem «Toten», zumindest einem «Scheintoten» übertragen.

Warum aber spielt die Lebenserwartung eines Menschen in diesem Zusammenhang überhaupt eine Rolle? Es macht einen gewaltigen Unterschied im Lebensgefühl, vor allem aber in der Lebensplanung der Menschen aus, ob ihre Lebenszeit effektiv auf zwanzig, dreißig oder maximal vierzig Jahre beschränkt bleibt oder ob ein Mensch in der Hoffnung lebt, doppelt so alt, sogar über achtzig Jahre alt zu werden. Es mag beispielsweise wesentlich einfacher erscheinen, seine Habe mit zwanzig Jahren zu verschenken, wenn mit maximal dreißig Jahren sowieso Schluss ist. Und es ist einfacher, mit fünfunddreißig Jahren ein kompromissloses Leben zu beginnen, wenn man sich des Umstands hätte bewusst sein müssen, keinesfalls älter als Vierzig zu werden. Doch genau wie wir heute, lebte auch der antike Mensch nach dem Prinzip Hoffnung und ging wahrscheinlich – genau wie wir heute – davon aus, irgendwann sogar ein Greisenalter zu erreichen. Die Hoffnung, sogar die Erwartung, ein sinnvolles, möglichst sorgenfreies und genauso langes Leben zu führen wie wir heute, dürfte auch auf Jesu Zeitgenossen zugetroffen haben.

Ein zorniger Prophet

Jesus war also im besten Mannesalter, als er und seine Mutter, womöglich die gesamte Familie, von Verwandten in einem kleinen Ort unweit von Nazareth zu einer Hochzeitsfeier eingeladen wa-

Genau wie wir heute, lebte auch der antike Mensch nach dem Prinzip Hoffnung.

ren. In Kana, an einem Hochzeitsfest eines Verwandten, soll Jesus auf Drängen seiner Mutter sein erstes Wunder gewirkt haben. Doch vorher ereigneten sich zwei wichtige Dinge, die für den Prediger und Lehrer aus Nazareth entscheidend gewesen sein dürften.

Es war das fünfzehnte Regierungsjahr des Kaisers Tiberius…

… schreibt der Evangelist Lukas. Wir befinden uns also im Jahr 29 unserer Zeitrechnung. In Galiläa herrscht Herodes Antipas, König von Roms Gnaden. Pontius Pilatus regiert die Provinz Judäa mit starker Militärpräsenz und eiserner Hand. Im Tempel in Jerusalem lenken die Hohepriester Hannas und Kaiphas die Geschicke ihres Volkes und arbeiten sehr eng mit der römischen Besatzungsmacht zusammen. Vergleiche mit dem seinerzeit mit den Nazis kollaborierenden Vichy-Regime in Frankreich sind nicht ganz abwegig.

> Vergleiche mit dem seinerzeit mit den Nazis kollaborierenden Vichy-Regime in Frankreich sind nicht ganz abwegig.

Die Wirtschaft floriert, Handel und Bauwesen boomen. Martin Ebner, Professor für Neues Testament an der Universität in Münster, bestätigt die Aussagen von Carsten Peter Thiede, wonach in Galiläa durchaus ein ansehnlicher Wohlstand geherrscht hat:

Herodes Antipas kurbelte die Wirtschaft kräftig an und setzte sozusagen das Bauprogramm seines Vaters Herodes des Großen fort... Und soweit wir sehen können, scheint die Fischerei am See Genezareth zur Zeit des Antipas nicht nur floriert, sondern auch rentiert zu haben. Unter ökonomischem Gesichtspunkt betrachtet ist in Galiläa die Marktwirtschaft im Vormarsch, gekennzeichnet durch Spezialisierung und Gewinnmaximierung... Im Kreislauf von Produktion, Weiterverarbeitung und Verkauf der Landesgüter ist nicht mehr die Abdeckung des Eigenbedarfs das Ziel, sondern die Vergrößerung des eigenen Betriebs.

Tatsächlich zeigen die Ruinen, die Archäologen für das Haus des Simon Petrus halten, dass im Fischerstädtchen Kafarnaum am See Genezareth ein gewisser Wohlstand geherrscht hat. Der Fisch des Sees Genezareth ist ein Exportschlager, der sich, eingepökelt, sogar in den vornehmen Villen Roms einer großen Nachfrage erfreut. Petrus und die anderen Fischer sind keine armen Tagelöhner, sondern vielmehr kleinere und sogar mittlere Fischereiunternehmer. Allerdings zwingt die Steuerlast die Menschen förmlich zur Leistungssteigerung: Nicht nur Herodes treibt immer happigere Steuern ein; Palästina ist als römische Provinz selbstverständlich darüber hinaus dem Kaiser in Rom tributpflichtig. Überhaupt wird die gesamte Wirtschaft durch enorme Steuern und Zölle belastet. Martin Ebner verweist auf die Risiken einer solchen Ökonomie:

Wirtschaftlicher Aufschwung verbunden mit erzwungener Leistungssteigerung hat immer auch seine Schattenseiten. Es ist eine offene Frage, wer hinter den «Lohnarbeitern» und Mittellosen steckt. Verarmte Fischer, die ihre Selbstständigkeit verloren hatten?... Besonders auffällig in diesem Gewinnmaximierungssystem waren aber die Kleinbauern, die es in Galiläa neben den Großgrundbesitzern immer noch gab. Die Kleinbetriebe... waren gegenüber dem Abgabedruck besonders anfällig... Im Falle einer Missernte oder eines Krankheitsfalls geriet eine Familie schnell an die Grenzen ihrer Möglichkeiten. Der Teufelskreis der Verarmung war vorgezeichnet: aus den freien Bauern wurden Pächter...; wenn sie mit der Pacht im Rückstand blieben, drohte der Abstieg in die Lohnarbeit oder die Schuldenhaft.

Die Steuerlast ist erdrückend und die wirtschaftliche Lage beginnt sich für viele zu verschlechtern, was in diversen Szenen in den Evangelien durchschimmert. Jesus kennt sich aus in diesem zunehmend kapitalistischen Wirtschaftssystem, das sich etabliert hat. Zahlreiche Gleichnisse erzählen aus der Welt der Banken, erzählen von Krediten, Schuldbriefen, Pfändungen und Schuldenhaft. Auch im damaligen Israel läuft die kapitalistische Spirale, die die Kluft zwischen Arm und Reich immer größer werden lässt, wobei immer weniger in den Genuss des Reichtums kommen, während die Mittelschicht zusehends ausdünnt. Schwierige Zeiten – ökonomisch wie politisch. Endzeitstimmung herrscht. Es liegt etwas in der Luft und man erwartet oder erhofft zumindest, dass sich die Dinge ändern – auch wenn keine Scharen von Propheten predigend durchs Land ziehen, wie es uns Monty Python in ihrem geistreichen Kultstreifen «The Life of Brian» zeigen. Der Bibelwissenschaftler Holger Strutwolf, Leiter des Instituts für neutestamentliche Textforschung an der Universität Münster, wies beim Film-Interview darauf hin, dass man in diesen Jahren eine Wende zum Besseren, ein großes, sogar göttliches Ereignis erwartete. Der Journalist Peter Seewald konkretisiert in seiner umfangreichen, 2009 erschienenen Jesus-Biografie die Situation:

HOLGER STRUTWOLF

Um das Jahr 27 bekommen die Zeitläufe in Israel etwas Fieberhaftes. Schriftgelehrte durchwühlen die heiligen Bücher nach möglicherweise unentdeckten Hinweisen auf die Ankunft des Messias. Dass sich der Messias nicht zeigt, noch nicht zeigt, macht die Aufregung nicht geringer.

Heute, bedingt durch die starke landwirtschaftliche Nutzung, mäandert der einst imposante Fluss Jordan fast bedeutungslos vor sich hin. Damals bildete das Flusstal eine wilde, grüne Landschaft mit Wasser und Sümpfen, Sträuchern und Palmen, in der Scharen von Fliegen und Mücken hausten.

Gehen wir nun also zurück zum Jahre 29, wo der eigentliche «Film» über Jesus von Nazareth im Jordantal seinen Anfang nimmt. Der Evangelist Lukas schreibt, was sich zugetragen hat:

Johannes, der Sohn des Zacharias, hielt sich in der Wüste auf. Dort erreichte ihn der Ruf Gottes. Da machte er sich auf, durchzog die ganze Gegend am Jordan und verkündete: «Ändert euch, und lasst euch taufen, dann wird Gott eure Schuld vergeben.»... Und die Menschen kamen in Scharen, um sich von ihm taufen zu lassen.

Die Figur des Johannes des Täufers hat zu allen Zeiten die Gemüter bewegt. Die Evangelisten schildern ihn als markanten Asketen mit einem Gewand, das er aus Kamelhaaren gefertigt hatte. Aber was war das für ein Mann, der sich von Heuschrecken und wildem Honig ernährte und den Menschen ein fürchterliches Weltengericht ankündigte? Wer war der Rufer in der Wüste, von dem Jesus sagt, er sei der größte aller Propheten, also größer noch als Moses, als Jesaja oder Elias? Paul Verhoeven äußert sich über den Täufer in gewohnt pointierter Weise:

> Jesus kennt sich aus in diesem zunehmend kapitalistischen Wirtschaftssystem, das sich etabliert hat.

Der «Tag des Herrn» ist seiner Ansicht nach nicht gerade fröhlich, und der neue Prophet, Johannes der Täufer, behauptet auch nichts anderes mit seiner Vorhersage eines gnadenlosen Abschlachtens, wobei all die Spreu ins Feuer geworfen wird und nur ein kleiner Teil des jüdischen Volkes überleben wird. Dann kommt die Krux: Um zu diesem Rest zu gehören, ist es absolut notwendig, von Johannes getauft zu werden. Dieser Johannes hatte also ein ziemlich aufgeblasenes Ego. Nur wenn ihr von mir untergetaucht werdet, könnt ihr gerettet werden. Absurd, besonders wenn man bedenkt, dass dieser Tag des Herrn nie gekommen ist, weder zur Zeit des Johannes noch in den zwanzig Jahrhunderten danach.

Wer war Jochanan Ben Zecharya? Ein Eiferer? Ein Verrückter? Ein Fanatiker vielleicht?

Es erscheint sinnvoll, kurz die religiösen Strömungen in der jüdischen Welt zur Zeit Jesu zu beschreiben. Vergessen wir nicht: Israel war weder eine Demokratie noch eine Republik. Zwar war das Land als römische Provinz unter der Fuchtel eines von Rom eingesetzten Marionettenkönigs in Galiläa und eines despotischen römischen Statthalters in Judäa, doch verfügte Israel über große Autonomie und die Römer hatten grundsätzlich nichts gegen die Eigenheiten der jüdischen Religion einzuwenden – wenigstens so lange die Pax Romana und das Fließen der Steuern nicht gestört oder beeinträchtigt wurden. Der jüdische Alltag wurde deshalb vor allem durch religiöse Vorschriften geprägt; die Thora allein kennt 613 Gesetze, die zu beachten sind, weshalb der damalige jüdische Staat durchaus als Theokratie bezeichnet werden kann. Die Religion prägte damals den Alltag der Menschen genauso, wie sie es heute etwa im mitunter brutalen Stil im Mullah-Staat Iran oder im wahhabitischen Saudi-Arabien tut.

> *Die Religion prägte damals den Alltag genauso, wie sie es heute im Mullah-Staat Iran oder im wahhabitischen Saudi-Arabien tut.*

Drei religiösen Strömungen

Zur Zeit Jesu prägten vor allem drei Richtungen das religiöse Leben in Israel:

Sadduzäer
Tonangebend war die zur Oberschicht gehörende Gruppe der Sadduzäer. Sie war es auch, die jeweils den Hohepriester stellte, zur Zeit Jesu Kaiphas und dessen Schwiegervater Hannas. Die Sadduzäer waren als Oligarchen im jüdischen Gottesstaat politische Pragmatiker und kollaborierten durchaus gut und im Grunde genommen nicht einmal unangenehm mit der römischen Besatzungsmacht. Die Haltung der Sadduzäer dürfte den Prediger und Wundertäter aus Nazareth wohl am meisten herausgefordert haben: Diese Priesterkaste verkörperte die lebende Rechtschaffenheit und sie lehnte mehrheitlich – im Gegensatz zu den anderen beiden religiösen Strömungen – die Vorstellung eines Weiterlebens der menschlichen Seele nach dem irdischen Leben ab.

Interessanterweise, so zeigte eine archäologische Entdeckung, ließ sich aber der Oberpriester und Chefankläger Jesu, Josef Kaiphas, später dennoch so bestatten, dass nach jüdischem Ritus zumindest theologisch «funktional» die Möglichkeit eines jenseitigen Lebens gewährleistet war. Ob ihn die anderen beiden jüdischen Strömungen am Ende doch beeinflussten? Oder hat ihn sogar die bei seinem Tod bereits stark angewachsene Christenbewegung verunsichert? Vielleicht ist es viel banaler: Irgendwie passte das zum Schlaumeier und Privilegiensammler Kaiphas und in gewissem Sinn waren die Sadduzäer Pragmatiker, wenn es um ihren eigenen Vorteil ging: Nützt es nichts, so schadet es nicht. Und am Ende hält doppelt genäht erst noch besser.

Pharisäer
Die zweite prägende Strömung war die Gruppe der *Pharisäer*. Sie gehörten dem Mittelstand an und waren eine Laienbewegung, deren Mitglieder sich durch besondere Frömmigkeit verdient zu machen suchten. Dass von ihnen eine übertriebene Frömmigkeit oft und gern zur Schau gestellt wurde, mag Jesus veranlasst haben, die Pharisäer angewidert als «Hypocriti», als «Schauspieler», im übertragenen Sinn als Heuchler zu bezeichnen. Dass der neue Rabbi aus Nazareth bei den arroganten Sadduzäern in Jerusalem gut ankam, darf bezweifelt werden. Unter den Pharisäern aber hatte Jesus durchaus Sympathisanten, sogar Freunde und Gönner, und zwei werden als Jesu Anhänger in den Evangelien sogar namentlich erwähnt: Nikodemus und Josef von Arimathäa, wobei es nicht ganz klar ist, ob die beiden genannten Herren der höheren oder niederen Priesterschaft angehörten. Ersteres ist anzunehmen.

Es gibt Vermutungen, dass Jesus selbst anfänglich der Bewegung der Pharisäer angehört haben könnte. Die Teilnahme an üppigen und geselligen Gastmählern trägt durchaus pharisäerische Züge. Dass Jesus sich am Ende so vehement gegen die Pharisäer stellte, muss keineswegs bedeuten, dass es keine Berührungspunkte mit ihnen gab. Werden oftmals nicht jene, die konvertieren oder sich von einer Gruppe abwenden, zu den erbittertsten, oft sogar zu den polemischsten Gegnern der vormaligen Genossen? Religiöse Menschen, die ihren Glauben verlieren, werden oft zu den verbiestertsten Atheisten und einstige Raucher, die dem Tabak abgeschworen haben, sind meistens die schlimmsten Antiraucher und treten bisweilen mit an Peinlichkeit grenzendem Eifer jenem angeblichen Laster entgegen, dem sie einst und meistens aus freien Stücken entsagten.

Essener
Die dritte Strömung, die jedoch den jüdischen Alltag kaum prägte, war die der Essener. Bei den Essenern handelt es sich um eine Mönchsgruppie-

rung, die eigentlich als Sekte bezeichnet werden muss. Die Essener lebten im Geist der Apokalypse und waren überzeugt, dass das Ende der Welt unmittelbar bevorstand. Im Zusammenhang mit den Essenern und ihrem Zentrum in Qumran unweit des Toten Meeres wurden und werden immer wieder Behauptungen laut, Jesus sei selbst ein Essener gewesen oder sei zumindest stark unter ihrem Einfluss gestanden.

Entsprechend grassieren die Spekulationen: Michael Baigent und Richard Leigh vermuten in ihrem Verschwörungsbuch «Verschlusssache Jesus» («The Dead Sea Deeception», 1991) hinter den Evangelien einen groß angelegten Schwindel, was eben die Schriften von Qumran beweisen würden. Dies werde deshalb aber von der Machtzentrale im Vatikan mit allen Mitteln unter Verschluss gehalten. Die 1947 in einer Höhle beim Toten Meer gefundenen Qumran-Rollen seien eine «Verschlusssache» und nicht einmal Gelehrten, geschweige gewöhnlichen Interessierten zugänglich. Dies allerdings ist eine Behauptung, die jeder Realität entbehrt. Die Schriften sind der Wissenschaft sehr wohl zugänglich und im Gegenteil steht heute fest: Die Schriftrollen vom Toten Meer wurden in ihrer Bedeutung (zumindest im Zusammenhang mit dem Entstehen des Christentums) weit überschätzt, so wie überhaupt die ganze Bewegung der Essener und deren Einfluss auf die Entstehung des Christentums.

Es soll an dieser Stelle vermerkt werden, dass die eben genannten Verschwörungsautoren immer wieder mit wildesten und abstrusesten Spekulationen aufwarteten und diese den Lesern auch noch als wissenschaftliche Erkenntnisse aufgetischt haben. Ihre Theorie der «Blutlinie Jesu», die besagt, dass die Merowinger Königsdynastie direkte Nachfahren einer angeblichen Tochter Jesu und Mariä Magdalena mit Namen *Sara* sei, ist ein derart hanebüchenes Konstrukt, dass einer wissenschaftliche Beweisführung schon nach kurzen Recherchen die Luft ausgeht und die angeblichen Fakten in sich zusammenbrechen. Wie populär solche Konspirationsgeschichten inzwischen sind, zeigt das immense Echo auf den Roman «Da Vinci-Code» von Dan Brown, der eben diese Idee von Leigh und Baigent aufnimmt oder klaut, und uns mit pseudowissenschaftlichen Mutmaßungen verklickern will, dass das Christentum auf Lug und Trug und mutwilligen Verschleierungen basiere. Jahrelang führten Baigent und Leigh Plagiatsprozesse gegen Brown, die erstaunlicherweise für die beiden Herren keinen positiven Abschluss fanden. Der «Da Vinci Code» indessen verkaufte sich millionenfach und die aufwendige, aber dramaturgisch unbeholfene Hollywood-Verfilmung von Ron Howard erwies sich als Blockbuster. Angesichts des enormen kommerziellen Erfolges des «Da Vinci Codes» aber dürfte der angerichtete Bildungsschaden kaum zu beziffern sein.

> Es gibt Vermutungen, dass Jesus selbst anfänglich der Bewegung der Pharisäer angehört haben könnte.

Die Essener waren eine Splittergruppe, die abseits und abgesondert lebte und im jüdischen Alltag zwar zugegen war, aber dennoch nicht offensichtlich in Erscheinung trat. Die Essener-Mönche lebten als «auserwählte Söhne des Lichts» nach ihren eigenen, strengen Regeln, die einen gewöhnlichen Alltag gar nicht mehr zuließen. Einen ganz besonders wichtigen Platz nahm dabei in ihrem zeremoniell durchgestalteten Tagesablauf der Ritus der Reinigung ein. Vermutungen, Jesus habe einige Zeit den Essenern angehört, erscheinen auch deshalb eher unwahrscheinlich, sogar abwegig: Jesus hätte dann nämlich bei seinem öffentlichen Wirken eine radikale Kehrtwende vorgenommen, lehnte er es doch in seinen öffentlichen Reden, aber auch in seinem Handeln strikt ab, wiederholten Reinigungsritualen erlösenden Charakter zuzusprechen. Nicht ganz abwegig hingegen ist der Gedanke, Johannes der Täufer könnte, zumindest eine Zeit lang, in Qumran gelebt haben. Dass er in essenischer Endzeitstimmung geradezu schwelgte, ist allen vier Evangelien zu entnehmen.

> Angesichts des enormen kommerziellen Erfolges des «Da Vinci Codes» dürfte der angerichtete Bildungsschaden kaum zu beziffern sein.

Die ständigen Wasch- und Baderituale bekamen im Übrigen möglicherweise durch ihre suggestive Wirkung der Psyche gut, jedoch ganz eindeutig nicht der physischen Gesundheit: Das in Zisternen gesammelte Wasser – oftmals nur durch die seltenenen Niederschläge gespeist – blieb in den Wasserbecken, bis es schließlich unweigerlich zu einer faulenden Brühe wurde, in der sich allerlei Keime und Krankheitserreger vermehren konnten. Von Keimen und Krankheitserregern indessen wusste man damals freilich noch nichts und so waren es, wie wir heute wissen, schließlich genau diese gewiss gut gemeinten Reinigungsrituale, die das hohe Gesundheitsrisiko mindern und die Quelle vielfältiger Krankheiten eindämmen sollten.

Johannes der Täufer – so er denn wirklich ein Essener gewesen sein sollte – entwickelte das tägliche Taufbad weiter und setzte dieses auf eine ganz andere und bedeutsamere Ebene: Nicht ein täglich vollzogenes Baderitual soll die Reinigung bewirken, vielmehr sollte sich der entschlossene und bußfertige Mensch in einem einzigen und bewusst einmalig vollzogenen Reinigungsbad nicht nur äußerlich, sondern vor allem innerlich reinigen. Im als Täufer wirkenden Johannes deshalb nun einfach einen zu weit gelaufenen Essener zu erblicken, dürfte der Sache aber kaum gerecht werden.

Mit Wasser und Feuer

Johannes ist ein donnernder Endzeitprediger, der verkündet, dass die Axt bereits am Baum angesetzt sei; er fordert die Menschen zur Umkehr auf und warnt die ihm zuströmende Menge vor dem endzeitlichen Gericht. Und der Gott des Johannes ist ein durchaus eifernder und zürnender Gott.

Die Menschen fragten Johannes: «Was sollen wir denn tun?» Seine Antwort war: «Wer zwei Hemden hat, soll dem eins geben, der keines hat. Und wer zu essen hat, soll es mit anderen teilen.» Auch Zöllner kamen und wollten sich taufen lassen. Sie fragten Johannes: «Und was sollen wir tun?» Zu ihnen sagte Johannes: «Verlangt nicht mehr, als festgesetzt ist.» Zu den Soldaten, die ihn fragten, sagte er: «Beraubt und erpresst niemanden und seid mit eurem Sold zufrieden.» Die Menschen waren voll Erwartungen

und fragten sich, ob Johannes vielleicht der versprochene Retter sei. Da erklärte er allen: «Ich taufe euch mit Wasser. Aber es kommt einer, der ist viel mächtiger als ich... Er wird euch mit heiligem Geist und dem Feuer des Gerichts taufen.»

Dies ist die Situation, wie sie Lukas im 3. Kapitel seines Evangeliums schildert. Johannes beginnt nach Lukas sein Wirken als Täufer im Jahr 29. Und wenn man die Chronologie der kommenden Ereignisse betrachtet und die Zeitangaben im Lukas-Evangelium stimmen, so erscheint schon sehr bald Jesus aus Nazareth am Jordan und lässt sich von seinem Verwandten – möglicherweise ein Sohn seiner Tante Elisabeth – taufen. Eine Begebenheit, die auch bei den hartgesottensten Bibel-Skeptikern als historisch gesichert angesehen wird.

Alle Evangelien berichten, dass der Täufer die Bedeutung Jesu sogleich erkannte. Der Evangelist Matthäus beschreibt die Begebenheit wie folgt:

Um diese Zeit kam Jesus von Galiläa her an den Jordan, um sich von Johannes taufen zu lassen. Aber Johannes versuchte, ihn davon abzubringen, und sagte: «Du kommst zu mir? Eher hätte ich es nötig, mich von dir taufen zu lassen.» Aber Jesus antwortete: «Lass es geschehen! Damit tun wir, was Gott von uns jetzt verlangt.» Da gab Johannes nach.

Das Johannes-Evangelium unterstreicht die Bedeutung des Ereignisses:

Johannes machte auch folgende Aussage: «Ich sah den Geist Gottes wie eine Taube vom Himmel kommen und bei ihm bleiben.»

Paul Verhoeven macht im Film-Interview auf einen interessanten Umstand aufmerksam, der sich in der christlichen Theologie als ein ernst zu nehmendes und theologisch schwieriges, fast unlösbares Problem erweist: Paul Verhoeven hält fest, dass der Taufe eine öffentliche Beichte voranging. Der Taufwillige hatte sich laut Matthäus und Markus vor dem Ritual an alle Anwesenden zu wenden, um seine Sünden und Verfehlungen freimütig vor aller Welt zu bekennen.

Stellen wir uns als Making Of-Team die Szene vor, in der Jesus von Nazareth an den Jordan kommt, in dem der donnernde Prophet einigen Dutzend, vielleicht sogar einigen Hundert Leuten die Taufe spenden will. Ob auch Frauen zur Taufe

am Jordan zugelassen waren, bleibt offen, ist aber kaum wahrscheinlich: Die Bekenntnisse einer Frau hätten wahrscheinlich eine andere Wirkung auf die frommen Jordan-Pilger gehabt, drohte damals doch etwa nach mosianischem Gesetz einer Frau im Falle eines Ehebruchs unweigerlich die Steinigung.

Ein Mann – nennen wir ihn einmal ebenfalls Jeschua, da dies einer der damals häufigsten Namen in Palästina war – steht, seines Gewandes entledigt und nur mit einem Lendentuch bekleidet, bis zu den Hüften im Wasser des Flusses, neben ihm der struppige Endzeit-Prophet mit seinen feurigen Augen. Der Täufling breitet seine Arme aus und wendet sich an die Anwesenden:

«Ich bekenne, wiederholt weder die Sabbatruhe noch die anderen Gesetze des Herrn gehalten zu haben. Und ich bekenne, verschiedentlich gelogen und in einer Erbsache vor Gericht eine falsche Aussage wider meinen Bruder gemacht zu haben.»

Stille. Nur das Zirpen der Grillen und das Zwitschern der Vögel sind zu hören. Die Anwesenden schweigen, sind beeindruckt von der mit Reue vorgetragenen Beichte und solidarisieren sich mit dem Sünder, wissen sie doch, dass auch sie ihre Verfehlungen vor Gott und den Menschen zu bekennen haben, wollen sie durch die Taufe dieses Propheten vor Gottes Zorngericht errettet werden. Der Täufer mag womöglich nichts mehr gesagt haben, keine Floskeln, keine salbungsvollen Worte, keinen Moralexkurs; dieser Mann hatte bereut und seine Sünden bekannt. Mit einem Ruck ergreift der Prophet den Täufling und drückt

> *Alle Evangelien berichten, dass der Täufer die Bedeutung Jesu sogleich erkannte.*

ihn mit rabiater Bewegung ins reinigende Wasser des Jordans. Der Getaufte taucht auf, schüttelt das Wasser aus den Haaren und schreitet geläutert an das Ufer zurück in die Menge, die offenbar von diesem Ritual nicht genug bekommen kann.

Und dann tritt der Mann aus Nazareth aus den Reihen der zum Teil dem Täufer bekannten, zum Teil für ihn auch namelosen Gesichter. Es ist sein Verwandter Jeschua, der Sohn des vor einiger Zeit verstorbenen Josef und der Maria, der mit vielen Geschwistern in Nazareth lebt. Die Evangelien berichten uns, dass Jochanan (hebräische Form

> Jesus von Nazareth taucht kurz vor dem Jahr 30 scheinbar aus dem Nichts auf, fegt in einer sehr kurzen Zeitperiode als spiritueller Sturm durch das Land, stirbt gewaltsam und hinterlässt eine Spur, die ihresgleichen sucht.

von Johannes) davor zurückschreckte, seinen Verwandten zu taufen: Er, Jochanan, so sagt der Täufer, habe es nötig, von ihm, Jesus, getauft zu werden.

Holger Strutwolf, Leiter des Instituts für neutestamentliche Forschung in Münster bezweifelt im Gespräch, dass dem Taufritual zwingend eine öffentliche Beichte vorangehen musste, doch berichtet sowohl das Matthäus-, als auch das Markus-Evangelium ganz klar von einem publiken Schuldbekenntnis vor dem Taufbad am Jordan (Mt. 3,6 und Mk. 1,5). Hinter einem Bereuen der Sünden verbirgt sich jedoch eine theologische Krux: Was mochte der Sohn des lebendigen Gottes denn schon zu beichten, zu bereuen haben? Wie konnte der Sohn des Ewigen und Allmächtigen denn überhaupt eine Sünde begangen haben? Und wenn er keine Sünde beging, nie zuvor etwas auf seinem Kerbholz hatte und reinsten Herzens war – wieso hätte er denn überhaupt der Taufe bedurft, die doch allein dem Sünder zur Rettung vorbehalten war? Fühlte sich Jesus als Sünder, dass er sich von Johannes taufen lassen will? «Jesus», so Paul Verhoeven im Film-Interview, «muss sich allem Anschein nach schuldig gefühlt haben.»

Das Problem der Menschwerdung Gottes verfolgt uns auf Schritt und Tritt und erweist sich als kaum zu lösendes Paradoxon: Wenn nun Jesus wahrer Gott und zugleich wahrer Mensch war, wie uns die Kirchen lehren, musste er als Gottessohn nicht ohne Fehl und Tadel sein? Aber als Mensch andererseits, will man diese Bezeichnung ohne doppelten Boden deuten, müsste Jesus doch zwangsläufig wie alle anderen Menschen den Versuchungen und der Sünde unterworfen gewesen sein, etwa wenn er mit den anderen Kindern von Nazareth den Dorfdeppen hänselte, wenn er dann und wann seine Eltern belog, wenn er unerlaubt nach Sepphoris ging. Oder wenn er als Teenager vielleicht einem lästigen Nachbarjungen schon mal die Fresse polierte.

Kaschmir, Indien, Nazareth

Natürlich existieren zahlreiche Mutmaßungen über jene gut dreißig Jahre im Leben Jesu, über die sich die Evangelien mehr oder weniger ausschweigen. Auch in anderen, nichtchristlichen Schriften und Berichten finden wir nichts, das uns etwas Erhellendes über Jesu Kindheit und Jugend, noch nicht einmal über sein Leben als junger Mann erzählen würde. Jesus von Nazareth taucht kurz vor dem Jahr 30 scheinbar aus dem Nichts auf, fegt in einer sehr kurzen Zeitperiode als spiritueller Sturm durch das Land, stirbt gewaltsam und hinterlässt eine Spur, die ihresgleichen sucht.

Es versteht sich, dass diese dunklen Jahre zu allerhand Vermutungen und Spekulationen einladen und für viele kann es

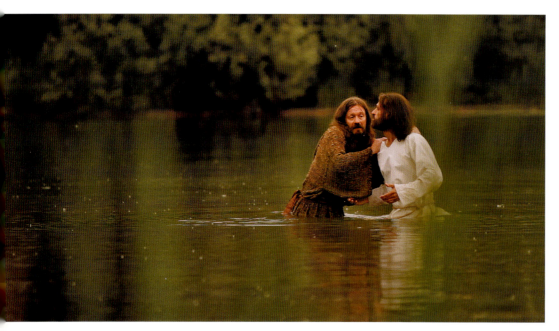

schlicht nicht sein, dass ein einfacher Handwerker aus einem kleinen, unbedeutenden Bergdorf in Galiläa scheinbar aus dem Unbekannten heraus für einen großen Teil der Menschheit die vielleicht wichtigsten, zumindest prägendsten Lehren und Lebensweisheiten verkündete. Gerade deshalb laden die über dreißig unbekannten Jahre Jesu zu zahlreichen Spekulationen ein. Deren populärste ist vielleicht jene, dass Jesus als Jüngling nach Indien gegangen sei und dort bei Weisen, Gurus und Brahmanen eine spirituelle Ausbildung genossen habe.

Beweise, die eine solche Vermutung widerlegen, gibt es zwar nicht, doch erscheint es, sollte der junge Jesus tatsächlich Bildungsaufenthalte in Indien absolviert haben, einigermaßen verwunderlich, dass sich die Evangelien darüber gänzlich ausschweigen: Es hätte kaum an Jesu Autorität gerüttelt, hätte man erzählt, dass er weit herumgekommen und in geheimnisvolle Lehren unterwiesen worden sei. Zudem sind in Jesu Botschaft zwar universelle Gedanken, die sich sowohl bei Hinduisten als auch bei Buddhisten finden lassen. Doch Jesus zeigt sich uns in den Evangelien nicht bloß als Ethiker, Sozialreformer und spiritueller Lehrer; ganz eindeutig vertritt er eine Theologie, die über all seinen Worten, Gedanken und Werken zu stehen scheint. Die Theologie Jesu indessen hat theologisch nichts mit dem hinduistischen Pantheon und letztlich nur wenig mit den buddhistischen Nirvana-Vorstellungen zu tun, die von kosmischen Kreisläufen, aber nicht von einer Gottvater-Figur ausgehen. Und dass schließlich jahrelange Bildungsreisen durch fremde Kulturen und Religionen in Jesu Worte und Wirken keine merklichen, zumindest als außerjüdische Einflüsse eindeutig verifizierbaren Spuren hinterließ, erscheint verwunderlich und macht einen jahrelangen Bildungstrip Jesu nach Indien doch eher unwahrscheinlich.

Als ich mit einem Freund über die Auffahrtstage 2012 in Irland Drehorte für unseren geplanten Bronzezeit-Abenteuerfilm «Anuk – Die dunkle Flut» suchte, tankten wir das Auto in irgendeinem verschlafenen Nest beim Burren Nationalpark an der wilden Atlantikküste. Beim Anblick dieses kleinen Dorfes feixte ich, dass von hier aus wohl keine Weltrevolution zu erwarten sei. Doch sogleich hielt ich inne: Oder vielleicht doch? Wie war das damals mit Nazareth, dem kleinen und völlig unbedeutenden Kaff, aus dem laut Zeitgenossen angeblich nichts Gutes kommen konnte? Das Fehlen jeglicher Hinweise über Jesu Leben vor seinem Wirken – abgesehen von den Berichten über seine Geburt – muss aber nicht bedeuten, dass etwas verschwiegen oder unterschlagen wird. Vielleicht müssen wir uns einfach an einen seltsam anmutenden Gedanken gewöhnen: Dieser Jesus von Nazareth kam möglicherweise tatsächlich aus dem Nichts der Geschichte und wurde vom Sohn eines einfachen Baumeisters zum bedeutendsten und einflussreichsten Menschen in der gesamten Geschichte unseres Planeten.

Eine Jugend in Nazareth: Eigene Mutmaßungen

Nur eine einzige Episode über Jesu Jugend wird im Lukas-Evangelium überliefert:

Josef geht mit seiner Familie zum Pessachfest nach Jerusalem und der zwölfjährige Jesus darf sie (möglicherweise zu seiner Bar Mizwa) begleiten. Im Pulk der Heimkehrer schließlich vermissen die Eltern ihren Sohn. Vielleicht wähnen die Eltern ihren Sprössling bei Bekannten oder Verwandten, jedenfalls bemerken sie erst einige Zeit später, dass ihr Sohn offenbar gar nicht unter den Heimkehrenden ist. Sie gehen zurück nach Jerusalem:

Nach drei Tagen endlich entdeckten sie ihn im Tempel. Er saß bei den Gesetzeslehrern, hörte ihnen zu und stellte ihnen Fragen. Alle, die ihn hörten, staunten über sein Verständnis und seine Antworten.

Jesus antwortet den äußerst besorgten Eltern:

«Warum habt ihr mich denn gesucht? Habt ihr nicht gewusst, dass ich im Haus meines Vaters sein muss?»

Kryptisch. Oder einfach nur vorlaut? Die wahrscheinlich verdutzten Eltern können mit der seltsamen Antwort wenig anfangen:

Aber sie verstanden nicht, was er damit meinte.

Soll man aus dieser Szene schließen, dass sich Jesus bereits als Zwölfjähriger seiner Aufgabe, sogar seines göttlichen Status' bewusst gewesen war? Oder war er lediglich ein gewitzter, vielleicht sogar neunmalkluger Jüngling an der Schwelle zum Erwachsenenalter, der sich einfach für theologische Themen interessierte? Vielleicht wurde er sogar vom Verwandten Zacharjas, dem Vater des Täufers, belehrt und ermuntert, sich selber Gedanken über die Schrift und deren Bedeutung zu machen; immerhin war der Gatte der möglichen Tante seiner Mutter (Lukas nennt Zacharjas Frau Elisabeth einfach eine Verwandte) selbst ein Pharisäer, wahrscheinlich sogar ein Priester, der im Jerusalemer Tempel verkehrte. Es gibt keine schlüssigen Antworten und der Evangelist Lukas schweigt sich darüber aus.

Woher aber wissen wir von den Kindheits- bzw. Jugendgeschichten? Im 51. Vers des 2. Kapitels seines Berichts vermerkt Lukas, dass Jesu Mutter alles in ihrem Gedächtnis behielt. Diese Aussage korrespondiert wiederum auffällig mit der als Prolog dem Lukas-Evangelium vorangestellten Widmung: Dort versichert der Autor dem römischen Beamten Theophilius (vielleicht ein enger Freund oder sogar ein Gönner), dass der Schreibende mit Augenzeugen gesprochen hat. Dass unter diesen auch Jesu Mutter Maria war, dürfte in diesem Fall beinahe logisch sein. Und dass Maria noch lebte, als Lukas sein Evangelium schrieb, ist sehr gut möglich, und, falls die Evangelien tatsächlich älter sind als früher angenommen, sogar wahrscheinlich. Dennoch gibt es – und das gerade im Hinblick auf den möglichen Umstand, dass der Evangelist tatsächlich Jesu Mutter interviewte, bevor er seinen Jesus-Bericht verfasste – über Kindheit und Jugend Jesu offenbar nichts Nennenswertes zu berichten. Die Geschichte des Zwölfjährigen im Tempel endet knapp und unspektakulär:

Jesus kehrte mit seinen Eltern nach Nazareth zurück und gehorchte ihnen willig.

Doch was mag, was soll das heißen?

«Pueri sunt pueri et pueri puerilia tractant» – «Kinder sind Kinder und sie treiben Kinderhaftes» – eine Weisheit, die als Sprichwort bereits im alten Rom kursierte. Oder zählen klauen, lügen, tricksen, sich fetzen oder Lehrer zur Weißglut bringen nicht zu den üblichen Dingen, die Kinder und Jugendliche eben so tun, ohne dass man darüber viel Aufhebens machen müsste? Die Evangelien erzählen jedenfalls unverblümt davon, wie überrascht die Leute in Nazareth waren, als Jesus zu Beginn seiner Laufbahn in der Dorfsynagoge spricht. Markus berichtet, dass sich die Männer zuflüstern:

> Dass Maria noch lebte, als Lukas sein Evangelium schrieb, ist sehr gut möglich.

NAZARETH

«Von wem hat er diese Weisheit? Wie kann er solche Wunder tun? Er ist doch der Zimmermann, der Sohn von Maria und der Bruder von Jakobus, Joses, Judas und Simon. Und leben nicht alle Schwestern hier bei uns?»

«Er ist doch der Zimmermann!» Nichts deutet darauf hin, dass Jesus von einer jahrelangen Bildungsreise in den mittleren Osten oder einem längeren Aufenthalt in Qumran oder sonstwo zurückgekehrt wäre. Die Männer von Nazareth kennen also Jesus, den Sohn der Witwe Maria, die mit Söhnen und Töchtern in Nazareth lebt. Doch wären sie denn von den Weisheiten und Fähigkeiten ihres Dorfgenossen überrascht gewesen, wäre er bereits von frühester Kindheit an im Ruf der Heiligmäßigkeit gestanden? Im Gegenteil vermitteln uns gerade diese Zeilen, dass Jesus ein ganz und gar unspektakuläres, unauffälliges Leben in einem eher armen galiläischen Bergnest führte, (wenn man davon absieht, dass er mit seinem Vater und seinen Brüdern wahrscheinlich auf der Großbaustelle von Sepphoris arbeitete und mit der Dorfjugend von Nazareth vielleicht gelegentliche Ausflüge dorthin machte, um den Markt oder sogar Theatervorstellungen zu besuchen). Und ebenso unverblümt schreibt Lukas, dass Jesus weder klug noch wissend geboren wurde:

Jesus nahm weiter zu an Jahren wie an Verständnis, und Gott und die Menschen hatten ihre Freude an ihm.

Das mag etwas idealisiert klingen. Doch macht dieser Satz zwei Aussagen: Zum einen war Jesus gemäß Lukas offenbar nicht verhaltensauffällig und im Kreis des Dorfes und der Kinderschar wohlgelitten, vielleicht sogar mit seinem Charisma der Anführer der Dorfjugend. Aber das ist natürlich reine Mutmaßung. Zum anderen «nahm er an Jahren und Verständnis zu». Das bedeutet nichts anderes, als dass er, Jesus, dieses Verständnis offenbar nicht in die Wiege gelegt bekam, sondern mit den Jahren erworben hat. Dass das noch verständnisarme Kind Jesus also kleinere und grössere Sünden und Fehler machte, wäre deshalb eigentlich nur folgerichtig. Und wenn der junge Jeschua, wenn er später als Teenager mit seinen Kameraden um die Häuser zog, in besserwisserischer Weise abseits gestanden wäre, so hätte ihm dies gewiss nicht den Ruf eingebracht, im Dorf beliebt, zumindest akzeptiert und integriert gewesen zu sein. Streber und Besserwisser sind nämlich – wo auch immer – selten willkommen und wohlgelitten.

Jesus, ein wahrer Mensch?

Dies war er aber nur dann, wenn er ebenso Versuchungen, Irrtümern, Fehlern, Anmaßungen und den Gemeinheiten des Lebens unterworfen war wie jeder andere auch. Wer dies in Abrede stellt, beschreibt keinen Menschen, sondern einen Halbgott griechischer Prägung. Jesu Menschsein würde zur reinen Farce, wäre er in seiner Kindheit und Jugend bar jeder Verfehlung gewesen, liegt doch der Sinn von Jesu Menschwerdung im christlichen Verständnis gerade darin, dass er als Gottessohn aus eigener Erfahrung von den menschlichen Fehlern und Zweifeln weiß; dass er wusste, wie und wodurch Menschen zu Gemeinheiten neigen, die sie sogar zu bösen Taten befähigen. Hinzu kommt das kaum ausgeglichene Wesen, das Jesus in den Evangeliumsberichten an den Tag legt: Ganz offensichtlich war Jesus diversen und mitunter schnell umschlagenden Stimmungsschwankungen unterworfen. In den Evangelien zeigt sich uns mit Jesus ein Mensch, der nicht stets über allen Dingen zu stehen scheint und die Schilderungen lassen uns sogar einen widersprüchlichen Charakter vermuten, der es den Mitmenschen nicht immer einfach machte.

Das Wort habe sein Zelt unter den Menschen aufgeschlagen, heißt es im Prolog des Johannes-Evangeliums. Der Menschensohn lebte unter den Menschen. Nicht als Spukgestalt oder Geist, sondern als wahrer und biologisch echter Mensch mit allen positiven und negativen Aspekten, die das Menschsein beinhaltet. Und dieses Wissen befähigte den Menschensohn zur Empathie, zum Verständnis für die Gestrauchelten, zur Liebe zu den Sündigern, den Zöllnern und Huren.

Ob nun auch Jesus am Jordan ein umfangreiches Sündenbekenntnis vor Gott und der Welt ablegte, bevor ihn der Täufer ins Wasser tauchte, wissen wir nicht. Und ob der erwähnte sichtbare Geist Gottes nur von Johannes oder auch von den anderen Anwesenden gesehen wird, wird aus den Evangelien auch nicht klar, und selbstverständlich verlassen wir bei diesem Ereignis sowieso den empirischen Erfahrungshorizont. Fakt aber ist, dass dieses Taufereignis gewissermaßen den Startschuss der Mission Jesu darstellt, sozusagen den Drehstart eines spannenden und zweifelsfrei spektakulären Roadmovies, bei dem sich die Ereignisse sehr bald überschlagen werden. Fakt ist überdies allen vier Evangelien zufolge, dass die Begegnung an den Wassern des Jordans und das anschließende Taufritual bei allen Anwesenden einen großen Eindruck hinterlassen haben muss, von dem man offenbar zu reden begann. Und das Ereignis scheint auch Jesus in seinem Bewusstsein einer Bestimmung maßgeblich bestärkt zu haben.

Der Widersacher

**Es gibt wirklich nur eine Stelle in der Welt, wo ich kein Dunkel sehe.
Das ist die Person Jesu Christi.**
Albert Einstein

Wie ein Blitz vom Himmel

1932 veröffentlicht der katholische Priester Johannes Greber seine spiritistischen Erfahrungen. Dessen Aussagen stehen allerdings in einem übersinnlichen Zusammenhang, weshalb ihnen mit empirischer Wissenschaft kaum begegnet werden kann. Selbst wenn Grebers Aussagen in diesem Kontext (und später in anderen Zusammenhängen) kaum auf eben jener uns gewohnten wissenschaftlicher Basis stehen, sollten wir bei unserer Spurensuche dennoch keines der Puzzleteile außer Acht lassen. Zu viele Dinge werden mit dem Auftreten Jesu in den Evangelien geschildert und von nichtchristlichen Autoren seiner Zeit bestätigt oder zumindest angedeutet, denen mit rein wissenschaftlichen Betrachtungen nicht beizukommen ist, weshalb wir leider weder von der historischen Forschung noch von den Naturwissenschaften befriedigende Antworten erhalten. Anzumerken bleibt, dass sich der Spiritismus grundsätzlich nie gegen die Naturwissenschaft stellt, sondern stets betont, immer – beispielsweise im Bereich materieller Manifestation – ganz und gar den materiellen Gesetzmäßigkeiten, also den Naturgesetzen, unterworfen zu sein.

Johannes Greber – gemäß seinen Aussagen wurde er in diversen spiritistischen Sitzungen durch ein Trance-Medium von einer hohen geistigen Himmelsautorität unterrichtet – schreibt in seinen Publikationen über wissenschaftliche Phänomene, die nachweislich erst dreißig oder vierzig Jahre später entdeckt worden sind. Überdies zählt Grebers Werk, namentlich sein Buch «Der Verkehr mit der Geisterwelt Gottes, seine Gesetze und sein Zweck», heute zu den bedeutendsten christlich-spiritistischen Werken der Welt und hat weltweit, wenn auch eher im «Untergrund», ein nachhaltiges Echo hinterlassen.

Lassen wir deshalb Johannes Greber zu Wort kommen, dessen angeblich hohe geistige Autorität dieses Taufereignis kaum überbietbar dramatisch beurteilt:

Der Zeitpunkt, wo Johannes der Täufer als Bußprediger auftrat, sollte auch für Christus von entscheidender Wichtigkeit werden. Denn bis dahin wusste er noch nicht, dass er der verheißene Messias war ... Jetzt war auch der Zeitpunkt, wo die Geisterwelt Gottes Christus über seine Lebensaufgabe aufklärte. Es wurde ihm gesagt, dass er der höchste der geschaffenen Geister, der erstgeborene Sohn Gottes sei. Er wurde belehrt, dass er die Wahrheit Gottes zu verkünden habe, dass er gegenüber den Angriffen Satans standhaft bleiben müsse, dass Satan in seinem Kampfe gegen ihn bis zum Äußersten gehen und ihn in den Kreuzestod hineintreiben werde, wie es von den Propheten vorausgesagt wurde. Worin jedoch der endgültige Sieg über Satan bestand, erfuhr Christus erst, als sein Geist sich im Kreuzestod vom irdischen Leib getrennt hatte ...

Doch was hat es nun mit diesem ominösen Satan auf sich? Wie ordnen wir die Figur des dunklen Widersachers in den Kontext ein? Um sich ein Bild machen zu können, müssen wir in der Geschichte etwas zurückblenden:

Dass nicht nur auf der Erde Dinge passierten, die Gott missfielen, sondern auch bei den himmlischen Wesen, erzählt die Bibel bereits im Alten Testament zu Beginn im Buch Genesis im 6. Kapitel: Das Menschengeschlecht beginnt sich auf Erden zu vermehren.

«Und die Gottessöhne sahen, dass die Menschentöchter zu ihnen passten und sie nahmen sich Frauen aus allen, die ihnen gefielen.» (Gen. 6,2)

Jahweh – (der Name bedeutet so viel wie «Ich bin der, der ich bin») befürchtet, dass die Menschen zu mächtig würden und er beschließt, ein Menschenleben von fünf- bis siebenhundert Jahren auf maximal hundertzwanzig Jahre zu beschränken. Die Mischlinge aus Himmelssöhnen und Erdentöchtern werden zwar zu Helden der Vorzeit (Gen. 6,1–4), allerdings scheinen sie wenig Gutes bewirkt zu haben:

> Zu viele Dinge werden in den Evangelien geschildert, denen mit rein wissenschaftlichen Betrachtungen nicht beizukommen ist.

Als Jahweh sah, dass die Bosheit der Menschen auf Erden groß war und alles Gedankengebilde ihrer Herzen allzeit nur auf das Böse gerichtet war, da reute es Jahweh, dass er die Menschen auf Erden gemacht hatte, und er grämte sich in seinem Herzen.» (Gen. 6.5).

Gott wird vom Schöpfer zum «Master of Desaster»: Er ist des Übels und der Menschen überdrüssig und er beschließt, alle Kreaturen auf Erden in einer alles verschlingenden Sintflut untergehen zu lassen. Bekanntlich ist es nur ein einziger Gerechter namens Noah, den Gott eine Arche bauen lässt. Nur ihn und seine Angehörigen und je ein Paar aller Tiere lässt Gott der Katastrophe entkommen.

Dass in der alttestamentlichen Theologie in Gottes Schöpfung bereits am Anfang der Wurm drin zu sitzen scheint, zeigt sich schon kurz nach der Erschaffung des Menschen: Die Schlange verführt die erste Menschenfrau Eva, entgegen der strikten Anordnung Gottes, von den Früchten des Baums der Erkenntnis zu kosten. Listenreich fordert das Reptil Eva auf, von den Früchten zu essen, würden sie und ihr Mann doch wie Götter, da sie nachher Gut von Böse unterscheiden könnten. Der Mensch offenbart bereits zu Beginn der Bibel sein Wesen: Er begnügt sich nicht mit dem, was er hat, er sucht die Grenzen und er ist neugierig genug, sich sogar den Anordnungen seines Schöpfers zu widersetzen. Dabei stellt sich in dieser mythologischen Geschichte eine interessante Frage: Will der Gott der Genesis den Menschen tatsächlich dumm und beschränkt halten oder ist die Schlange jenes berühmte Werkzeug, das das Böse will und dabei das Gute schafft – genauso, wie es in der christlichen Theologie am Schluss offenbar sogar eines Verräters bedarf, um das Erlösungswerk Gottes zu vollenden?

Gleich zu Beginn dieses Mythos wird also klar, dass es da neben Gottes Allmacht noch etwas anderes zu geben scheint: Die Dunkle Materie – die Antimaterie, das rigorose Antikonzept, zumindest eine Kraft, die sich dem allmächtigen Willen Gottes zu widersetzen sucht. Aber woher hat in der Adam- und Eva-Geschichte die Schlange diese Hinterlist? Und woher kommt schließlich dieses Böse, wenn doch Gott als Ursprung des Guten eine Welt nach seinem eigenen Wesen erschaffen hat? Haben wir hier einen klassischen Konzeptionsfehler vor uns? War es am Ende bloß ein stümperhafter Untergott, der Demiurg, der herumpfuschte und die Welt unvollkommen und defekt erschuf, wie es die Gnostiker glaubten? Oder war es der freie Wille eines der bereits erwähnten Himmelssöhne, der sich, wie das apokryphe Buch Hennoch und die Jesaja- und Ezechiel-Schriften zu berichten wissen, aus freien Stücken für das andere, nicht Göttliche entschied und sich sein eigenes Imperium des Bösen schuf?

Der historische Teufel

Nicht in allen alten Kulturen figuriert ein böses Antikonzept, in fast allen antiken Kulturen aber besteht bereits das Konzept einer Unterwelt. Die Griechen in Homers «Ilias» und «Odyssee» erwartet nach ihrem Ableben ein düsteres und trostloses Schattenreich, das allen zuteilwird, egal mit welchen Taten oder Geisteshaltungen sich ein Mensch im irdischen Dasein ausgezeichnet hat. Ähnlich sahen es die Römer, die – parallel zum Großteil des hellenistischen Pantheons – wahrscheinlich auch diese Vorstellung in ihre Kultur integrierten. Doch selbst die Götter dürfen sich ihrer ewigen Herrschaft nicht sicher sein: Der griechische Götterhimmel kennt nämlich auch die Antigötter des Olymps: Die Titanen werden von den olympi-

> **Will der Gott der Genesis den Menschen tatsächlich dumm und beschränkt halten oder ist die Schlange jenes berühmte Werkzeug, das das Böse will und dabei das Gute schafft?**

schen Göttern gestürzt und in die Unterwelt verwiesen und Zeus und seine Clique müssen in der Folge stets wachsam bleiben, auf dass die Titanen nicht wieder die Macht an sich reißen.

Im Alten Ägypten herrscht der schakalköpfige, bisweilen gehörnte und geschweifte Gott Anubis über die Unterwelt *Tuat* und er ist es, der Gericht hält über die verstorbenen Menschen. Jene, die auf Erden anständig lebten, gehen ein in die Gefilde der Glückseligkeit. Die Bösen aber bleiben in der Unterwelt gefangen und werden von Feuer und Dämonen gequält. Die bösen Geister werden im Ägyptischen Totenbuch, das zwischen 1580 und 1090 v. Chr. entstanden sein dürfte, genauer umschrieben und deren Namen lassen in der jenseitigen Unterwelt des Alten Ägyptens einen wenig einladenden Ort vermuten: «Der, der das Feuer hält» heißt einer der Dämonen, «Eingeweidevertilger», «Bluttrinker» oder «Schattenvertilger» nennen sich andere Quälgeister und als definitiv ungemütlicher Kerl erscheint auch jener Dämon mit der Bezeichnung «Knochenbrecher, der in einer Grube haust». Überhaupt ist die altägyptische Mythologie alles andere als eine statische Angelegenheit: Das zerstörerische Element in der Götterfamilie ist der Gott Seth, der im ständigen Streit mit dem Himmelsgott Horus steht und diesem nach dem Leben trachtet.

> In Mesopotamien wird der eigentliche Prototyp eines Teufelswesens bereits um 2100 v. Chr. im weltberühmten Gilgamesch-Epos beschrieben.

In Mesopotamien wird der eigentliche Prototyp eines Teufelswesens bereits um 2100 v. Chr. im weltberühmten Gilgamesch-Epos beschrieben: Die diabolische Figur ist hier Huwawa, und die Helden Gilgamesch und Enkidu reisen zum finsteren Zedernwald, wo das schreckliche Wesen haust:

Im Wald haust der böse Huwawa.
Wir wollen beide ihn erschlagen
Und so das Land von allem Bösen befreien.

Der Journalist und Teufelsforscher Peter Standford umschreibt in seinem Buch «Der Teufel. Eine Biografie» die Entwicklung des mesopotamischen Teufels:

Im Verlauf der Überlieferung von Generation zu Generation nahm der Kampf mehr und mehr den Charakter einer kosmischen Entscheidung an, die Figur des Huwawa wurde immer dämonischer, eine Entwicklung, welche die spätere Verwandlung des tückischen, aber keineswegs unzähmbaren alttestamentlichen Satan in den allgegenwärtigen Bösen schlechthin, wie er uns in der späteren Literatur entgegentritt, vorwegnimmt.

Im alten Orient gab es nicht bloß zahlreiche Migrationsbewegungen, auch Kriegszüge und Handelsverkehr sorgten für einen regen Austausch von Ideen und Vorstellungen und dass sich auch die Hebräer davon beeinflussen ließen, versteht sich von selbst. Die Bibel verschweigt nicht, dass etwa der Baalskult der Kanaaniter eine nicht unwesentliche Rolle in der religiösen Entwicklung im alten Israel spielte. Der kanaanitische Fruchtbarkeitsgott Baal erscheint im Alten Testament als Feind Jahwehs, denn der Gott Israels duldete keine anderen Gottheiten neben sich. Jedoch erschien vielen Hebräern der Baalskult mit seinen handfesten und verführerischen Fruchtbarkeitskulten (Sex und Erotik inklusive) offenbar mindestens so attraktiv wie der Glaube an einen den menschlichen Intellekt herausfordernden, ganz und gar transzendenten Gott, der es darüber hinaus auch noch untersagt, dass die Menschen sich von ihm ein Bildnis machen. So gehörte der Kampf wider den Baal zu den Hauptaufgaben der Propheten zur Zeit der Könige (um 900–700 v. Chr.) und die Ereignisse erleben einen dramatischen und blutigen Höhepunkt, als der Prophet Elja nach einem gewonnenen Opferstreit auf dem Berg Karmel mit der kanaanitischen Priesterschaft kurzen Prozess macht: Erbarmungslos lässt der zornige Prophet vierhundertfünfzig Baalpriester am Bach Kischon abschlachten (Erstes Buch der Könige, 18,20–40).

Einen deutlichen Einfluss auf die Entwicklung des Teufels als Antikonzept des Guten übte wahrscheinlich auch der persische Prophet Zarathustra aus, der zwischen der ersten Hälfte des 7. und der Mitte des 6. Jahrhunderts v. Chr. im heutigen Iran lebte. Bei ihm ist die Welt ganz klar in ein duales System aufgeteilt. Ahura Mazda, der Gott des Lichts, will das Gute und strebt eine Ordnung in der Natur an. Sein böser Gegenspieler ist Angra Manyu oder Ahriman, der stets das Chaos und den Krieg in der Natur anstrebt und schafft. Doch gibt es in Zarathustras Konzept einen entscheidenden, großen Unterschied zum jüdischen und christlichen: Bei Zarathustra sind die beiden Gegenspieler gleich stark und halten damit die Welt in Bewegung. Bei Zarathustra, dem ersten bekannten Dualisten der Geschichte, ist die Welt entweder gut oder böse, schwarz oder weiß. Eine übergeordnete Macht oder Instanz gibt es im Gegensatz zur Bibel nicht. Der Gott der Bibel hat zwar einen Gegenspieler oder Spielverderber, doch letztlich ist auch dieser der Allmacht Gottes unterstellt.

Hiob

Der Teufel, wie wir ihn kennen, erscheint als Individuum im Alten Testament spärlich und vor allem spät: In der Form des Satans erst im ersten Kapitel des Buches Hiob. Dort ist Satan weder das Gegenkonzept zur Güte Gottes, noch das personifizierte Böse. Bei Hiob fungiert Satan als einer im Kreis des Rats, den Gott um sich versammelt, und in der Hiob-Geschichte spielt er die Rolle des Advocatus Diaboli: Er wettet anlässlich einer himmlischen «Ratsversammlung» mit Gott, dass der gerechte und fromme und zudem offensichtlich sehr wohlhabende Hiob alsbald seinen tiefen Glauben verlieren werde, wenn er nur genug hart auf die Probe gestellt würde. Um Hiobs Glauben zu testen, erlaubt Gott dem Satan, dem Mann zuzusetzen; alles darf er ihm nehmen, nur nicht dessen Leben. Von da an zeigt der Gottesminister seine hässliche Fratze: Hiob verliert nach und nach alles, was er hat – Besitz, Reichtum, Familie, Gesundheit. Hiob ist zwar begreiflicherweise bis aufs Äusserste verzweifelt, bleibt aber dem Glauben an seinen Gott treu. Und Gott lohnt es ihm reichlich: Hiob erlangt wieder Reichtum und Ansehen in nicht gekannter Fülle und auch ein neues Familienglück ist ihm beschieden.

Die Hiob-Geschichte ist populär und wird vor allem wegen der Sinnfrage des Leidens vielerorts geschätzt, weshalb über die Hiobsgeschichte auch zahlreiche Bücher geschrieben wurden. Ich persönlich halte sie für eine der geschmacklosesten Geschichten der Bibel: «Wenn Gott nicht würfelt», wie Albert Einstein einst meinte, so wird er auch nicht wetten, schon gar nicht um die Seelen der schwachen Menschen. In der Hiobsgeschichte aber schachert ein zynisch anmutender Gott mit einem seiner Minister von offensichtlich äusserst zweifelhaftem Charakter – (es bleibt die Frage, wie ein von Gott geschaffener Engel überhaupt zu einem solch lausigen Charakter kommt!) – um die Gunst eines Menschen. Dabei spielen offenbar weder Menschen noch Tiere eine Rolle. Hiobs Kinder sterben weg wie die Fliegen, seine Herden sowieso, und dies bloss, weil der Glaube eines Mannes auf die Probe gestellt werden soll. Auch nachdem Satan die Wette verliert, wird nirgends erwähnt, dass er aus dem Kreis des Engelrats ausgeschlossen worden wäre. Gott hatte die Wette gewonnen. Basta. Und damit konnte man sich offenbar wieder den himmlischen Alltagsgeschäften zuwenden.

Es ist für mich nur schwer vorstellbar, dass die Hiobsgeschichte mit einer Antwort auf den Sinn des Leidens aufwarten kann. Sie präsentiert uns hier einen erschreckend zynischen Gottvater, der weit mehr mit den allzu menschlichen Götterfiguren des griechischen Olymps gemein hat als mit der Vaterfigur, von der uns Jesus von Nazareth in Worten und Gleichnissen später erzählen wird. Interessant ist übrigens auch, dass in der Hiobsgeschichte das von Gott erstgeschaffene Wesen, Jesus, mit keinem Wort erwähnt wird. Jesus scheint im himmlischen Rat offenbar nicht anwesend zu sein. Dies erscheint seltsam, ist Christus doch in der Glaubensvorstellung der Erstgeschaffene Gottes, in einer noch weitergehenden christlichen Auffassung sogar Teil der göttlichen Persönlichkeit.

> Der Gott der Bibel hat zwar einen Gegenspieler oder Spielverderber, doch letztlich ist auch dieser der Allmacht Gottes unterstellt.

Luzifer

Eine andere Geschichte über den Teufel – sie berichtet vom Ursprung Satans und der Hölle – erzählt das apokryphe (d.h. in der mehrheitsfähigen christlichen Theologie offiziell nicht anerkannte) Buch Hennoch, das zu Zeiten Jesu in Israel sehr populär war. Im Buch Hennoch verschwört sich der Lichtträger – Luzifer –, einer der schönsten und höchsten Engel, mit anderen Engeln gegen Gott. Ist in anderen alttestamentlichen Anspielungen Luzifers Stolz und Hochmut der Anstoss seines Sturzes, verrät uns das Buch Hennoch, dass es Sex und Lust waren, die Luzifer zum Verhängnis wurden: Bei der Erschaffung des Gartens Eden verliebt sich der Lichtträger und mit ihm eine Gruppe von Engeln in die Menschentöchter und zeugen – es wurde vorhin erwähnt – Kinder von allem Anschein nach hünenhafter Gestalt, das Riesengeschlecht der Nephilim. Das scheint Gott zu missfallen und die freienden Engel machen das Mass voll, als sie den Menschen die Geheimnisse des Himmels zu offenbaren beginnen. Der Zorn Gottes trifft die Abtrünnigen mit kosmischer Wucht.

Die Parallele zur Figur des Prometheus aus der griechischen Mythologie ist augenfällig: Prometheus gehört zum Geschlecht der Titanen und bringt den Menschen – entgegen den Anordnungen von Göttervater Zeus – das Feuer. Zur Strafe wird er von den Olympiern an einen Felsen im Kaukasus geschmiedet, wo ihm täglich ein Adler die Leber frisst, die nachts wiederum nachwächst. Alles Flehen um Gnade fruchtet nichts: Zeus bleibt unerbittlich. Erst nach jahrhundertelanger Qual wird Prometheus endlich vom mitleidserfüllten Helden und Halbgott Herakles befreit. Fortan aber muss Prometheus einen Halsring mit einem kaukasischen Stein tragen. Zeus nämlich möchte auch weiterhin behaupten können, dass der Titanensohn an den Kauksus geschmiedet sei.

Wie Zeus in der griechischen Mythologie zeigt

sich Gott auch im Buch Hennoch unerbittlich: Als Strafe für ihre Rebellion werden Luzifer und seine Getreuen aus dem Himmel geschleudert. Eine Anspielung auf dieses Ereignis ist auch im alttestamentlichen Buch Jesaija zu finden:

Hinab in die Scheol (Hölle) fuhr deine Pracht, das Rauschen deiner Harfen. Aus Moder bist du jetzt gebettet, Gewürm ist deine Decke. Wie bist du vom Himmel gefallen, Glanzgestirn, Sohn der Morgenröte! Wie bist du zu Boden geschmettert, du, der alle Völker versklavte? Du plantest in deinem Herzen: «Zum Himmel will ich steigen, meinen Thron über Gottes Sterne setzen, auf dem Versammlungsberg im höchsten Norden will ich wohnen. Ich will zu Wolkenhöhen mich erheben, gleich sein dem Allerhöchsten.» Doch hinabgestürzt bist du in die Scheol, in die allertiefste Tiefe. (Jes. 14. 9–15)

> In der biblischen Geschichte des Luzifer-Aufstandes fehlt erstaunlicherweise jeder Hinweis auf die Existenz des laut Neuem Testament nach Gott mächtigsten Himmelswesen: Jesus.

In seinem Fluch gegen den König von Tyros macht auch der alttestamentliche Prophet Ezechiel eine ähnliche Anspielung, die auf den Sturz Luzifers hindeutet:

Durch die Menge deiner Verschuldungen, durch die Unredlichkeit deines Handelns entweihtest du dein Heiligtum. Da ließ ich Feuer aus deiner Mitte hervorgehen, das verzehrt dich, und ich mache dich zu Asche auf der Erde vor den Augen aller, die dich sahen. Alle, die dich kannten unter den Völkern, sind entsetzt über dich, zum Schrecken bist du geworden; aus ist es mit dir für immer. (Ez. 28,18–19)

Bezog sich also Jesus in seiner Blitz-Vision nicht, wie meistens in der heutigen Theologie interpretiert, auf den Endsieg über das Böse, sondern auf jenen Engelssturz? Steht dieses im Buch Hennoch geschilderte Ereignis hinter der Vision, in der Jesus den Teufel wie einen Blitz vom Himmel fallen sah (Lk. 10,18)?

Nach dem biblischen Sturz des einstigen Engels und seinen Getreuen hatte sich eine grundlegend neue Situation ergeben: Von nun an existierten ein Teufel und die Dämonen und sie fristeten in der Abgeschiedenheit Gottes ihr erbärmliches Dasein. Und da sie die Güte des Allmächtigen weder sahen noch spürten, verkehrte sich ihr Wesen ins Gegenteil: in das ultimative Gegenkonzept von allem Erhabenen, Schönen und Guten.

Der Spiritist Johannes Greber lässt keinen Zweifel daran, dass das Buch Hennoch vom wahren Ursprung des Teufels und des Bösen berichtet und er zitiert seine Himmelsautorität, welche die himmlische Revolution beschreibt, die vor Äonen geschah, noch bevor unser Universum entstanden sein soll:

Leider kam die Trennung eines großen Teiles der Geisterwelt von dem Reiche Gottes durch die Auflehnung gegen das Königtum Christi. Es war nicht, wie ihr lehrt, eine direkte Auflehnung gegen Gott selbst, sondern gegen den von ihm eingesetzten Statthalter. Es war die erste Revolution. Ihr könnt euch die Vorgänge nicht menschlich genug vorstellen. Sie waren dieselben, wie sie bei euren irdischen Revolutionen eintreten... Alle Revolutionen werden von langer Hand vorbereitet. Sie entstehen nicht plötzlich. Sie gehen von einem Rädelsführer aus, der eine möglichst große Anzahl Gleichgesinnter auf seine Seite bringt, sie in seine Pläne einweiht und ihnen für den Fall des Gelingens hohe Ämter und Machtstellungen in Aussicht stellt... Der Rädelsführer bei der Revolution im Geisterreich Gottes war Luzifer, der zweite Sohn des Allerhöchsten, der Lichtträger, der nach Christus höchste und schönste Geist der Schöpfung Gottes. Und was wollte er? – Er wollte höher hinauf. Er wollte als Erster regieren... Er wollte seinen Bruder stürzen.

Zumindest in der biblischen Geschichte des Luzifer-Aufstandes fehlt erstaunlicherweise wiederum jeder Hinweis auf die Existenz des laut Neuem Testament nach Gott mächtigsten Himmelswesen: Jesus.

Und es bleibt eine andere dringliche Frage, nämlich, ob der Allmächtige und Allwissende von den sich anbahnenden Ereignissen einer Himmelsrevolution nichts wusste. Johannes Greber schreibt dazu:

Gott griff nicht ein, um die Auflehnung im Keime zu ersticken und mit Gewalt zu verhindern, wie er es gekonnt hätte. Er lässt dem freien Willen der Geschöpfe seinen Weg, wie er ja auch bei den Menschen nicht eingreift, sobald ihr Frevel plant und eure Vorbereitungen zur Ausführung trefft... Es war die große Probe, auf die Gott die ganze geschaffene Geisterwelt stellen wollte. Mit freiem Willen sollte sie sich entscheiden, ob sie auf der Seite Christi als dem von ihm eingesetzten rechtmäßigen König bleiben oder zu Luzifer übertreten wollte... Als nun der Kampf begann und sich die Scheidung der Geister für oder gegen Christus vollzogen hatte, griff Gott ein. Die Prüfung war vorüber. Der innere und äußere Abfall war vollendete Tatsache. Nun folgte die Strafe… Furchtbar war das Schicksal, das zunächst den einstigen Lichtträger und die mit ihm vereinten Miträdelsführer traf. Sie wurden in die tiefsten Sphären der Schöpfung verwiesen, von deren Finsternis und ihren Schrecken ihr euch auch nicht ein annäherndes Bild machen könnt.»

Das ist allerdings schwer zu verstehen, denn Gott bestraft die Rebellen ohne Gnade und er bemüht sich noch nicht einmal um die verlorenen Söhne. Er kann nicht verzeihen, sondern weist sie von sich und schafft damit einen Gegenpart, den es vorher nicht gab. Dies passt ebenso wenig zur neutestamentlichen Gottesvorstellung wie die (angeblich auf Geheiß Gottes geschehenen) alttestamentlichen Abschlachtungen heidnischer Völker. Und schließlich passt es schon gar nicht zu den Gleichnissen Jesu, bei denen das Verzeihen und das Vergeben zweifelsfrei im Mittelpunkt stehen. Während der Hirte in Jesu Gleichnis vom verlorenen Schaf alle neunundneunzig Schafe im Stich lässt, um ein einziges Lamm zu retten, und Jesus an anderer Stelle verlangt, nicht sieben Mal, sondern siebenundsiebzig Mal zu verzeihen, kennt der Allmächtige hier offenbar kein Pardon.

Hätte sich Gott, so fragt man sich beim Betrachten der Hennoch-Geschichte, diesen wohl etwas exzentrischen Sohn, den extravaganten Luzifer, nicht einfach zur Brust nehmen können, um ihm in seiner allumfassenden Güte die Folgen seines Tuns aufzuzeigen, bevor dieser seinen Plan umsetzte? Als liebender Vater hätte Gott ihm und seinen aufbegehrenden Komplizen doch die unausweichlichen Konsequenzen aufzeigen können. Die himmlischen Halbstarken hätten dann die Situation neu überdenken, die Risiken abwägen können. Ein permanet aufbegehrendes und unwissendes Kind einmal an die Kandarre zu nehmen, heißt noch lange nicht, dass man damit dessen Willen bricht. Und einen Freund, der sich zusehends auf die schiefe Bahn begibt, zur Seite zu nehmen, um ihm zuzureden, heißt ja noch lange nicht, dass man damit dessen freien Willen nicht anerkennt.

In Grebers Interpretation kann man Gott dafür rühmen, dass er seinen Geschöpfen tatsächlich den absolut freien Willen lässt. Aber man könnte Gott auch unterschieben, dass er diese durchaus offen ins Verderben rennen lässt. Und das will nicht zum liebenden Vater im Himmel passen, wie ihn uns Jesus in seiner Bergpredigt beschreibt: Ein Vater, der sich nicht nur um jeden Menschen, sondern auch um jede Blume, um jeden Spatz am Himmel sorgt und kümmert. Doch muss man anfügen, dass es in Jesu Gleichnissen offenbar so etwas wie einen «point of no return» zu geben scheint, einen

> In Gleichnissen ermahnt Jesus die Zuhörer deshalb immer wieder eindringlich, wachsam zu sein.

DER WIDERSACHER

Moment, an dem die Wiedergutmachung und das Bereuen keinen Platz mehr haben. Beim finalen Gericht, warnt Jesus immer wieder, ist es zu spät, seine Missetaten zu bereuen. In Gleichnissen ermahnt Jesus die Zuhörer deshalb immer wieder eindringlich, wachsam zu sein, sich vom Dieb in der Nacht nicht überraschen zu lassen (Lk. 12,39–40) und sich mit seinen Feinden zu einigen, bevor die Angelegenheit vor das finale bzw. jenseitige Gericht kommt (Mt. 5,25–26). Und sosehr er die Güte des Vaters und die Herrlichkeit des Himmels rühmt, sosehr bezeichnet er den Ort der Verdammnis als einen Ort des «Heulens und Zähneknirschens» und weist in Joh. 8.44 darauf hin, mit wem man es beim Satan zu tun hat:

Warum versteht ihr nicht, was ich sage? Weil ihr es nicht ertragen könnt, meine Worte anzuhören. Ihr seid Kinder des Teufels, der ist euer Vater, und nach seinen Wünschen handelt ihr. Er ist von Anfang an ein Mörder gewesen und hat niemals auf der Seite der Wahrheit gestanden, weil es für ihn keine Wahrheit gibt. Wenn er lügt, so entspricht das seinem Wesen; denn er ist ein Lügner und alle Lüge stammt von ihm.

Das klingt schon beinahe verzweifelt: Jesus selbst, sollte er diese Aussage tatsächlich gemacht haben, fürchtet den Einfluss und die verheerende Macht seines Widersachers und die Worte verbergen nicht die Ambivalenz in Jesu Denken und in seiner Lehre über Gottes Allmacht.

Dass Gott nun in der christlichen Theologie gegen eine Antikraft kämpfen muss, die er offenbar auch noch selbst geschaffen hat, bringt die Menschheit seit jeher ins Grübeln. Der schottische Philosoph David Hume beschreibt im 18. Jahrhundert dieses Dilemma von Gut und Böse im Kontext der Allmacht Gottes:

> Das klingt schon beinahe verzweifelt: Jesus fürchtet die verheerende Macht seines Widersachers.

Will Gott Böses verhindern und kann es nicht? Dann ist er ohnmächtig. Kann er es und will es nicht? Dann ist er nicht gütig. Er kann es und will es? Wie ist denn das Böse möglich?

Peter Standford zitiert in seinem Buch «Der Teufel. Eine Biografie» den britischen Schriftsteller Daniel Defoe (1660–1731), der in seinem damals populären und heute weltberühmten Abenteuerroman «Robinson Crusoe» eine bemerkenswerte Szene beschreibt, in der Robinsons Diener Freitag, ein Eingeborener, den Robinson zuvor gerettet hatte, seinen Herrn mit der Frage verblüfft:

Wenn Gott doch die Macht hat, den Teufel zu vernichten, und auch den Willen dazu, warum wartet er damit bis ans Ende der Welt?

Wie schwierig und kontrovers der Umgang mit der Figur des Teufels in der heutigen Theologie ist, beschreibt der Journalist und Teufelsforscher Peter Stanford in seiner Teufelsbiografie pointiert:

Das Neue Testament berichtet vom Krieg zwischen Jesus und dem Teufel, zwischen Gut und Böse. Unter modernen Theologen und Kirchenoberen herrscht die Neigung vor, den Teufel erst gar nicht zu erwähnen; man fürchtet, als Anhänger mittelalterlichen Aberglaubens verschrien zu werden. Allenfalls räumen sie ein, dass die wiederholten Auftritte des Leibhaftigen im Neuen Testament metaphorisch zu verstehen seien, er sei lediglich das Symbol für das Böse – wenn man freilich in Anwendung ebendieses Erklärungsprinzips zu bedenken gibt, dass dann in analoger Weise Jesus auch nur als ein Symbol aufgefasst werden könnte, als Symbol des Guten eben, so stößt man auf erbitterten Widerspruch. In der Konsequenz dieser Inkonsequenz liegt es, dass die moderne Betrachtung des Neuen Testaments den Teufel weitgehend ignoriert.

Sympathy for the Devil

Es ist nicht zu bestreiten: Das Böse und Düstere scheint eine immense Faszination auszuüben. Wer möchte sich an der Fasnacht nicht lieber als Teufel austoben, statt als adretter, süßer Engel am wilden Kostümfest zu partizipieren? Und warum wird in Passions- und Mysterienspielen gerade die Teufelsfigur stets so originell und extravagant ausgestaltet, während die Christusfigur meist steif einherschreitet, salbungsvoll und teilnahmslos spricht und in ihrer Erscheinung unspektakulär, sogar langweilig auftritt? Hinzu kommt die offensichtliche und exzessive Lust, die Künstler bereits im Mittelalter entwickelten, wenn es darum ging, den Teufel und die Hölle mit all ihren Ausgeburten in Stein zu schlagen oder auf Holz und Leinwand zu pinseln, wobei der phantasiebegabte, spätmittelalterliche Maler Hyronimus Bosch zwar ein herausragendes Talent, jedoch bei Weitem keine Ausnahme war. Die Darstellungen des Jüngsten Gerichts an den Eingangsportalen von Kathedralen und Kirchen gaben den Künstlern des Mittelalters hinreichend Möglichkeiten, dem Schreckenspotenzial ihrer Phantasie freien Lauf zu lassen.

Der Teufel scheint omnipräsent und auch in unseren Sagen figuriert der «Hörnlimann» immer wieder als Versucher der Menschen; er bietet sich an, den Berglern zu Diensten zu stehen, fordert dafür aber meist die Seele desjenigen, der sich durch des Teufels Hilfe einen Vorteil zu verschaffen weiß. Besonders bemerkenswert ist die Urner Sage, wonach der Teufel für das Erbauen einer Brücke über die grimmige Schöllenenschlucht die Seele desjenigen Wesens beansprucht, das als Erstes über die von ihm erbaute Brücke geht. Wie so oft sind die Bergler pragmatisch, vor allem aber durchtrieben und schlau, wenn es um ihren eigenen Vorteil geht: Sie schicken dem Teufel, der am anderen Ende der Brücke in leibhaftiger Gestalt seinen versprochenen Lohn erwartet, einen Ziegenbock, der beim Anblick des Gehörnten auch sofort seine eigenen Hörner senkt und auf diesen zustürmt. Interessant ist übrigens dabei, dass die Bergler-Logik dem Ziegenbock offenbar durchaus eine Seele zubilligt!

Auch wenn die frommen und gottesfürchtigen Bergbewohner den Teufel und die Höllenstrafe fürchten, in ihren Sagen erscheint der Teufel selbst oft als der für dumm Verkaufte und auf der ganzen Linie Geprellte, eine Schreckensgestalt zwar, aber ein Wesen, das man mit ein paar Taschenspielertricks ziemlich einfach übertölpeln kann.

Selbstredend, dass der Teufel auch in der Literatur seit dem Mittelalter immer wieder auftaucht, etwa bei Dante oder Boccaccio. Im vielleicht bekanntesten Stück Literatur über den Teufel erzählt Johann Wolfgang von Goethe von einem «Doktor Heinrich Faust», der dem Mephisto (Teufel) die Seele verkauft für den Erwerb des unüberbietbaren Glücks, für die Befreiung von Fausts ständiger Unzufriedenheit und Ruhelosigkeit.

In der aufgeklärten Moderne verschwindet der Teufel keineswegs aus Kunst und Literatur. Im Gegenteil. Die Faszination für alles Mystische und Okkulte geisterte durch die Neuzeit und das Interesse daran ist bis heute ungebrochen. Ende der Sechzigerjahre und in den Siebzigern waren Mystisches und Archaisches geradezu im Schwange und die Popkultur tat sich nicht schwer, Religiöses und Mythologisches in ihre Arbeiten einzubauen. Die Erfahrungen spiritueller Abstecher nach Indien – (wobei dies nicht bloß die Beatles taten) – flossen in die Musik und in die Popkultur ein und auch die alten europäischen Kulte und Mythologien feierten wieder Urständ: Die neolithische Steinkreisanlage von Stonehenge prangten auf Plattencovern (Ten Years After), Uriah Heep sangen von «Demons & Wizards» und Led Zeppelin bewegten sich irgendwo zwischen hartem Rock, Blues und keltischer Folkmusik, wobei sie mit Songs wie «The Battle of Evermore» und insbesondere dem legendären «Stairway to Heaven» textlich kryptische und zugleich grandiose Meisterwerke schufen. Die Geschichten, die sich um «Stairway to Heaven» ranken, sind fast so mysteriös wie der Text des Songs selber und es wird bisweilen behauptet, die Ballade enthalte geheime, sogar satanische Botschaften. Robert Plant, Sänger der Gruppe und Texter des Songs,

> In der aufgeklärten Moderne verschwindet der Teufel keineswegs aus Kunst und Literatur.

winkt, darauf angesprochen in einem Interview, müde ab und erwidert, er könne nur versichern, er, Plant, habe den Song mit den besten und positivsten Intentionen geschrieben. Das ist ihm zu glauben, etwa wenn man den Rock-Sänger mit Inbrunst einen christlichen Traditional interpretieren hört:

I heard the voice of Jesus say
Satan, your kingdom must come down

Nichtsdestotrotz waren die Siebzigerjahre eine Zeit, in der Mystisches und Esoterisches die jungen Menschen stark zu interessieren begann. In jener Zeit pilgerten Freaks in Massen nach Glas-

DER WIDERSACHER

tonbury in Südengland, wo sich der Artus-Sage nach einst das mythologische Feenland Avalon befunden haben soll. J.R.R. Tolkiens 1954 veröffentlichter monumentaler Fantasy-Roman «The Lord of the Rings» wurde neu entdeckt und in der Folge mit rund 150 Millionen verkauften Exemplaren eines der erfolgreichsten und meistgelesenen Bücher der Welt. Man frönte der gesamten Palette von Mystik und heidnischen Mythen so offensiv, dass es für gewisse Kreise klar war, dass selbst in den gesellschaftspolitischen Entwicklungen Ende der Sechzigerjahre womöglich der Teufel seine Hand im Spiel hatte.

Der Teufel in «Sympathie for the Devil» indessen zeigt Manieren: Mit der Floskel «gestatten Sie, dass ich mich vorstelle?», beginnt der zeitlose Rocksong von 1968. Dabei wird im Rolling Stones-Klassiker der Teufel als «man of wealth and taste», als Mann von Welt und mit Geschmack vorgestellt. Als Vorlage für den berühmten Stones-Song diente allerdings keine britische Gentleman-Figur, sondern eine russische Satire: Michael Bulgakovs großartiger satirischer Roman «Der Meister und Margarita». In diesem überaus unterhaltsamen Buch kommt der Teufel mitsamt seiner Entourage von seltsamen Gestalten (worunter sich auch ein dreister sprechender Kater befindet) nach Moskau und bringt die Stadt völlig durcheinander, wobei er es vor allem auf Moskaus höhere Gesellschaft abgesehen hat; sie soll in ein hoffnungsloses Chaos gestürzt werden. Der Autor übte in den Dreißigerjahren natürlich in versteckter Weise Kritik am despotischen Stalin-Regime, doch ist dieser Roman eine Art Welttheater, eine Allegorie auf die Folgen von Machtmissbrauch, Verlogenheit und Geltungsdrang. Mick Jagger indessen anglifiziert in seinem phänomenal starken Songtext den Teufel und macht aus Bulgakovs distinguiertem Ekelpaket einen feinen Pinkel, ganz nach der legendären Formel: «The Prince of Darkness is a Gentleman».

Die Vorstellung, dass der Fürst der Finsternis als vornehmer Dandy auftritt, kam vor allem im 19. Jahrhundert im Mode. Sie entspringt dem selbst in den adeligen Klassen des British Empires als engmaschig und bigott empfundenen Spießertum und einer Gesellschaftsstruktur, die durch und durch von der sprichwörtlichen «stiff upper lip» geprägt war und – namentlich im viktorianischen Zeitalter – durch Pflichterfüllung, sehr eng geschnürten Korsetts und ebenso eng geknüpften Halsbinden in Erinnerung bleibt. Was Wunder, dass sowohl den bürgerlichen als auch den adligen Herrschaften die Phantasie durchging und sie sich entgegen prüder Moralvorstellungen an den abenteuerlichen und durchaus attraktiv umschriebenen Ausgeburten der Hölle – allen voran dem transsilvanischen, blutsaugenden und untoten Vampirfürsten Dracula – labten. Und wen wundert's, dass sich gelangweilte, vernachlässigte und mehr oder minder vertrocknete Damen geradezu danach sehnten, von einem dunklen Prinzen entführt und in andere, kühnere und vor allem aufregendere Sphären gebracht zu werden.

Bereits in den Fünfziger- und Sechzigerjahren wies das empörte Establishment dem Rock'n'Roll satanische Eigenschaften zu. Sex, Drugs and Rock'n'Roll passten kaum zur puritanischen Nachkriegskultur arbeitsamer WASP (White Anglo-Saxon Protestants), die in der biederen Eisenhower-Ära in behaglicher, aber vom Kalten Krieg geprägten paranoiden Bürgerlichkeit vor allem die Schrecken des vergangenen Weltkriegs zu vergessen suchte. Doch der Krieg war für die Jugend schon lange vorbei und die Teens und Twens langweilten sich zu Tode; eine Stimmung, die das Sozialdrama «Blackboard Jungle», in dem Glenn Ford als resoluter Lehrer in einer amerikanischen Highschool durchgreift, einducksvoll skizziert. Der Film wirft Mitte der Fünfzigerjahre entsprechend hohe Wellen bis nach Europa und ganz nebenbei exportiert der Streifen mit dem Titelsong «Rock around the Clock» von Bill Haley & His Comets diesen neuen Musikstil, den Rock'n'Roll, in die alte Welt, namentlich nach England, eine Musik, die alsbald die Jugend und mit ihr später die ganze Gesellschaft gänzlich aus dem Häuschen bringt.

Die Kids fürchteten die Kommunisten weit weniger als ihre Eltern und mit dem Vietnam-Krieg verloren die Vereinigten Staaten in den Sechzigerjahren schließlich definitiv ihre internationale Unschuld. Es war eine neue Zeit «and revolution was in the air» (Bob Dylan). Und außerdem: Gute Mädchen kommen in den Himmel, böse Mädchen bekanntlich überallhin. Und Elvis war sexy und die Beatles konnten nicht einmal mehr vom britischen Establishment ignoriert werden: Sie durften bereits im November 1963 vor der Queen aufspielen. Legendär die damals im Radio und Fernsehen übertragene Aufforderung John Lennons vor dem Song «Twist and Shout», wonach die Herrschaften auf den billigen Rängen ruhig mitklatschen dürften, die Mehrbesseren wenigstens mit ihren Juwelen klimpern möchten. 26 Millionen Briten waren Zeugen dieser Impertinenz, der kleine Skandal war perfekt und einige der älteren und konservativeren Semester mochten sich über die Unverfrorenheit dieses selbstbe-

> Der Teufel in «Sympathie for the Devil» zeigt Manieren.

wussten jungen «Working Class Heroes» geärgert haben. Und sie hatten nochmals Gelegenheit dazu, als die Queen die vier jungen Musiker 1965 adelte, was einigen konservativen Kriegsveteranen geradezu als gesellschaftlich dunkles Omen erschien.

Den adretten Jungs aus Liverpool durften kleine Frechheiten noch verziehen werden. Doch mit den Rolling Stones kamen echte Kerle, die das Establishment das Fürchten lehrten: Immerhin beschäftigte sich Mitte der Sechziger eine ganze Abteilung des britischen Inlandgeheimdienstes MI5 mit den jungen Herren aus London; James Bond hatte zu dieser Zeit offenbar nichts Wichtigeres zu tun! Man war in Westminster nicht nur «not amused», sondern sogar ernsthaft besorgt wegen des schlechten Einflusses, den diese ihrer Meinung nach verwahrlosten jungen Männer auf Englands Jugend ausübten. Die Empörung über die Londoner Band schwappte über auf das bürgerliche Establishment der USA: Dean Martin frotzelte in seiner Fernsehshow, dass die Stones gar nicht lange Haare trügen, nur ihre Stirn flacher sei, und ein empörter Journalist meinte, die Stones sollten viel öfter nach Amerika kommen, damit man erkenne, was man bei der Erziehung der Kinder falsch gemacht habe. Heute mag dies beinahe romantisch klingen, doch der ehemalige Stones-Bassist Bill Wyman erklärte fast zwanzig Jahre später in einem Interview, dass diese öffentliche Hetze zumindest ihm zusetzte: «‹Seid ihr immer so dreckig? Wascht ihr euch denn nicht?› Es war verdammt hart!» Selbst der ansonsten robuste und raubeinige Stones-Gitarrist Keith Richards verschweigt 2010 in seiner über siebenhundert Seiten starken Autobiografie «Life» nicht, dass ihm und den anderen Bandmitgliedern die ständigen Gehässigkeiten des Establishments, später sogar die Hetzjagd durch die Staatsgewalten Europas und der USA, nicht nur auf die Nerven gingen, sondern allmälich sogar bedrohliche Züge annahmen. Den Rolling Stones folgten bei ihren Auftritten Krawalle und Ausschreitungen. Und das Establishment zog die Schrauben weiter an und ein übereifriger und später überführter Polizei-Offizier schmuggelte sogar eigenhändig Drogen in die Wohnungen der Stones und anderer Musiker. Als dann Mick Jagger wegen Besitzes von in Italien rezeptfreien und dort völlig legal erworbenen Tabletten zu einer maßlosen Gefängnisstrafe verurteilt wurde, kippte die Stimmung und selbst etablierte britische Gazetten wie der «Observer» und die «Times» geißelten in Leitartikeln die unverhältnismäßigen Machenschaften von Justiz und Polizei und Lordrichter Parker hob das Urteil schließlich rechtskräftig auf.

Fast zur selben Zeit entbrannte ein gesellschaftlicher Flächenbrand nun an anderen Orten: In Deutschland starb in Berlin – es war gleichsam die Ouvertüre zur Revolution – am 2. Juni 1967 während einer Anti-Schah-Demo Benno Ohnesorg durch die Kugel eines Polizisten (wobei heute bekannt ist, dass der Geheimdienst der DDR die Finger im Spiel hatte). Kurz darauf wurde der Studentenführer Rudi Dutschke von einem Attentäter schwer verletzt. Die Sechzigerjahre gingen gesellschaftlich einem ebenso brachialen wie sozialpolitisch nachhaltigen Ende entgegen. Dass die Universität Frankfurt einem alten Nazi die Doktorwürde verleihen will – überhaupt die offensichtliche Weigerung in Deutschland in den Fünfzigern und Sechzigern, die Nazi-Vergangenheit aufzuarbeiten – schürt unter den Jugendlichen, namentlich unter den Studenten, zusehends Wut und Empörung. Und ganz nebenbei amtet in Deutschland 1966 – 1969 mit Kurt Georg Kiesinger ein Mann, von dem man bereits damals wusste, dass er eine nationalsozialistische Vergangenheit hatte.

> Die gesellschaftliche Revolution schien überfällig.

Die gesellschaftliche Revolution schien offensichtlich überfällig. In Prag dämmerte der politische Frühling und Paris war im heißen Sommer 1968 im Ausnahmezustand: Es herrschte Anarchie auf den Straßen und selbst Frankreichs ansonsten markiger Präsident, der alte Charles de Gaulles, trat, zumindest kurzfristig, die Flucht aus Frankreichs Kapitale an. Die Kräfte, die sich entfesselten, waren offenbar nicht mehr zu bändigen. Und während der ganzen Zeit wütete als denkwürdigstes Fanal der Krieg in Vietnam, dessen Richtigkeit kaum mehr zu erklären war; ein Krieg, der zahlreiche junge Amerikaner ihr junges, hoffnungsvolles Leben kostete und viele von ihnen im Irrwitz dieses Dschungelkriegs zu bestialischen Gräueltaten trieb. Dieser verlustreiche und sinnlose Krieg war das Öl im Feuer der westlichen Gesellschaft und bleibt bis heute der Stachel im Fleisch der USA in ihrer jüngeren Geschichte.

Am 25. Juli 1968 – zwei Monate nach der großen Studentenrevolte und dem Generalstreik in Paris – veröffentlicht Papst Paul VI. die umstrittenen Enzyklika «Humanae vitae», die eine Empfängnisverhütung und damit eine künstliche Geburtenregelung verbietet. Albert Gasser, Honorarprofessor für Kirchengeschichte an der theologischen Hochschule Chur, kommentiert in seinem Aufsatz «Auch so ein Alt-Achtundsechziger!» die für die katholische Kirche folgenschwere Enzyklika:

Das 68er Dokument Pauls VI. markierte generell einen Wendepunkt in seiner Stellung in Kirche und Gesellschaft. Der Papst musste nicht nur sachliche Kritik einstecken, sondern er wurde ein Opfer bissiger Karikaturen und offener Häme. So etwas hatte es in der katholischen Kirche seit Pius IX. (1846–1878) nicht mehr gegeben... Hätte Paul VI. sich damit begnügt, auf Gefahren für die Würde der Frau, die mit der Anti-Baby-Pille verknüpft sind, hinzuweisen – da gibt es sehr schöne Partien in der Enzyklika – und es bei einem kritischen Denkansatz bewenden lassen, hätte er ein ganz anderes Echo erwarten dürfen.

Die Konterrevolution indessen war bereits auf dem Weg: De Gaulles mobilisierte die konservativen Massen und marschierte nach Paris zurück und löschte das lodernde Feuer der Studentenrevolte. Und mit eiskalter, brutaler Gewalt wurde von den Sowjets der hoffnungsvoll aufkeimende Prager Frühling erstickt. Allenfalls aufsteigende Hoffnungen auf Veränderungen in den USA –

> Das 68er Dokument Pauls VI. markierte generell einen Wendepunkt in seiner Stellung in Kirche und Gesellschaft.

symbolisiert durch Menschen wie Robert Foster Kennedy oder Martin Luther King – wurden ebenfalls in brachialer Weise zerschlagen: Am 4. April 1968 wurde der schwarze Bürgerrechtler Martin Luther King in Atlanta, Georgia, erschossen. Mit ihm verlor die schwarze Bürgerrechtsbewegung ihren charismatischen Führer, der auch in weißen Kreisen Respekt und Anerkennung genoss. (Später wird Jaqueline Kennedy Martin Luther King in einem Interview als sexbesessenen Heuchler bezeichnen.)

Am 6. Juni gleichen Jahres erlag Bobby Kennedy, der Bruder des 1963 in Dallas ermordeten John F. Kennedy, als aussichtsreicher Präsidentschaftskandidat in Los Angeles einem Attentat.

Die düstere Atmosphäre färbt auf die letzten Jahre des Jahrzehnts ab: 1968 beschwört der Regisseur Roman Polanski mit seinem cineastisch schauerlichen Meisterwek «Rosemary's Baby» (mit Mia Farrow und John Cassavetes) den Teufel herauf, indem sich im Filmplot Rosemary unwissend in ein Satanistenhaus einmietet, um schließlich unfreiwillig, aber unabwendbar den Sohn des Leibhaftigen zu gebären. Charles Menson gründet seine wahnwitzige und zerstörerische Sekte und will, angeblich inspiriert durch den Beatles-Song «Helter Skelter», mit blutigen Anschlägen Mord und Zerstörung provozieren, damit einen Rassenkrieg zwischen Schwarzen und Weißen auslösen, um dann – wie Phönix aus der Asche – eine neue Welt zu erschaffen. In der Nacht vom 8. auf den 9. August 1969 dringen vier seiner Sektenmitglieder («The Mension-Family») in Polanskis Haus ein und schlachten dessen hochschwangere Frau Sharon Tate mit sechzehn Messerstichen auf bestialischste Weise ab.

Am 6. Dezember 1969 endet das Freikonzert der Rolling Stones in Altamont – ein als kalifornische Woodstock-Version geplantes Happening of Love and Peace – in einem Desaster: Während des Songs «Sympathy for the Devil» heizt sich die Stimmung derart auf, dass sie schließlich in Blut und Gewalt eskaliert: Während des nachfolgenden «Under My Thumb» wird ein Konzertbesucher von den als Ordnungshüter bestellten Hell's Angels abgestochen. Später lassen Filmaufzeichnungen allerdings vermuten, dass der erstochene Meredith Hunter offensichtlich selber im Begriff war, eine Pistole zu ziehen. Keith Richards schreibt in seiner Autobiografie «Life», dass die Stones von den effektiven Vorgängen nur wenig mitbekommen hätten. Geblendet durch das Scheinwerferlicht hätten sie weder das Ausmaß der Gewaltexzesse noch die Ermordung eines Konzertbesuchers registriert. Die Abreise aus dem Konzertgelände per Hubschrauber sei so übereilt gewesen, dass Richards von den Vorgängen erst am Tag darauf aus der Presse erfahren haben will. Um das düstere Fiasko von Altamont rankten sich bald schon wilde Gerüchte und Legenden. In jedem Fall war das als friedliches Gratiskonzert geplante Altamont-Happening das ernüchternde Ende der Hippie-Ära und der Flower Power-Aufbruchstimmung. Stones-Biograf und Augenzeuge Tony Sanchez:

Dieser Abend markierte das Ende der Blumenkinder und des Zeitalters des Wassermanns. Der Traum der großartigen Sechzigerjahre war ausgeträumt. Es sollte noch eine Zeit lang dauern, bis das allen Leuten klar wurde, aber dieser Tag war entscheidend: Am 6. Dezember 1969 welkten und starben die schönsten Phantasien der Sechzigerjahre wie Blumen bei einem plötzlichen Kälteeinbruch.

Im selben Jahr veröffentlichen die Stones ihr Album mit dem pragmatischen Titel «Let It Bleed». Es werden düstere Bilder gezeichnet: In den Songs tauchen zwielichtige Gestalten auf, etwa der Frauenmörder von Boston («Midnight Rambler») und Mick Jagger beschreibt in einem der eindringlichsten Stones-Songs überhaupt ein infernales, fast apokalyptisches Bild einer Ära:

*See the fire is sweeping our very street today
Burns like a red coal carpet, mad bull lost its way
Rape, murder, it's just a shot away, it's just a shot away*

(«Gimmie Shelter», Mick Jagger/
Keith Richards, 1969)

Hatten die Beatniks, die Hippies, die Rocker und die ebenso bohèmen wie hedonistischen Künstler der Sechzigerjahre willentlich oder unwillentlich die satanische Büchse der Pandora geöffnet, wie in gewissen Kreisen auch schon behauptet wurde? Hatte man den Wind gesät und nun den Sturm geerntet? War tatsächlich und buchstäblich der Teufel los? Das zumindest verkündete 1968 das in Anspielung auf die Freilassung Fritz Teufels aufgehängte Spruchbanner an der Fassade der berühmt-berüchtigten «Kommune 1» in Berlin, in der die freie Liebe gelebt und die soziale Revolution geprobt wurde.

Revolutionen und gesellschaftliche Umwälzungen sind (vor allem, wenn sie überfällig sind) stets mit Schmerz, Zerstörung und Kollateralschäden verbunden. Die Achtundsechziger-Revolution war im Grunde genommen in ihren Auswüchsen bescheiden, gemessen an der Bedeutung der wahrscheinlich wirklich notwendigen gesellschaftlichen Umwälzungen, vor allem aber in Relation zu den anderen Revolutionen der Neuzeit: Etwa den wirtschaftlichen und politischen Krisenjahren in den Dreißigerjahren des letzten Jahrhunderts, in denen mit Hitler und Stalin tatsächlich das abgrundtief Böse aufstieg, um zu herrschen. Gemessen an der brutalen russischen Oktoberrevolution im Jahr 1917 und verglichen mit den gewaltsamen Umwälzungen in der Schweiz und in Deutschland des Jahres 1848. Und zweifelsohne an der 1789 ausbrechenden Französischen Revolution, bei der zwischen 1793 und Ende Juli 1794 in Kämpfen und Massakern weit über hunderttausend Franzosen hingeschlachtet wurden und in Paris fast Tag und Nacht die Guillotine ratterte und dabei schätzungsweise vierzigtausend Köpfe abhackte, um nicht eher zu ruhen, bis die Revolution mit Danton und Robbespierre nicht nur ihre Väter, sondern am Ende auch alle ihre eigenen Kinder gefressen hatte.

Auch wenn es bisweilen in der heutigen Zeit mit ihren neoliberalen und wieder zunehmend neokonservativen Tendenzen im Schwange ist, die Achtundsechziger-Generation zu verteufeln oder zumindest für die meisten sozialpolitischen Fehlentwicklungen verantwortlich zu machen, so können die ausgehenden Sechzigerjahre in ihrer Bedeutung kaum überschätzt werden. Sie haben natürlich nichts mit sinistren Umtrieben oder Manifestationen des Bösen zu tun und haben mit ihren Errungenschaften wichtige und unerlässliche Weichen gestellt, so wie einst – wahrscheinlich allerdings in noch größerem Ausmaß – die Reformation oder die Aufklärung.

Jesus und die Achtundgsechziger

Und was haben die Achtunsechziger nun mit Jesus von Nazareth zu tun?

Einiges. Und damit schließt sich der thematische Bogen wieder: Die Achtundsechziger verabschiedeten sich von blinder Autoritätshörigkeit, jener blinden Hörigkeit, die immerhin für zwei Weltkriege und den Holocaust an über sechs Millionen Juden maßgeblich mitverantwortlich war. Und die neue Zeit wurde in entsprechender Weise prägend für ein neues Lebensgefühl in den Kirchen und für eine neue Betrachtungsweise der Person Jesu von Nazareth. Es wurde nun weniger die gotische Vertikale betont, dafür rückte der Kreis der Gemeinschaft in den Fokus der Gesellschaft.

Hatte man den Wind gesät und nun den Sturm geerntet? War tatsächlich und buchstäblich der Teufel los?

Erstaunlicherweise war die ansonsten konservative katholische Kirche der Zeit voraus und reformierte den Kirchenbetrieb im Zweiten Vatikanischen Konzil anfangs der Sechzigerjahre grundlegend und nachhaltig. Heute erscheint es fast so, als habe der damalige Papst Johannes XXIII. die zukünftigen gesellschaftlichen Veränderungen gespürt und auf seine Weise vorweggenommen. Der neue Geist in der Kirche führte nicht nur zu ganz neuen Ausdrucksformen (etwa in der Liturgie), und die angebliche Unfehlbarkeit des römischen Pontifex verlor in dieser Zeit immer mehr ihre gesellschaftliche Relevanz in der katholischen Glaubensgemeinschaft. Dem sozialen Gewissen wurde gerade im Zusammenhang mit Glauben und Spiritualität immer größere Bedeutung beigemessen und das Evangelium wurde in der Folge vermehrt politisch betrachtet. Albert Gasser schreibt im bereits erwähnten Achtundsechziger-Erlebnisbericht über die damaligen Debatten und das, was man damals als «horizontale» Theologie bezeichnete. Von der angeblichen Jenseitigkeit, so Albert Gasser, wurde im Geist dieser Zeit Abschied genommen und er zitiert die durch und durch politisch anmutende Parole des evangelischen Neutestamentlers Willi Marxen: «Die Sache Jesu geht weiter.»

Auf dem Land und fernab der Zentren und Großstädte wurde Ende der Sechziger- und anfangs der Siebzigerjahre vielleicht weniger an spektakulären Studentenmanifestationen mitgewirkt oder an sozialpolitischen Happenings mitdiskutiert, dafür war der pragmatische Ansatz umso wichtiger, etwa wenn es darum ging, verkrustete Strukturen aufzubrechen, und sei es nur durch die Umgestaltung der in der Schule kommunal ausgerichteten, einförmigen mittäglichen Milchsuppe zum einladenden Mittagstisch für die Schülerinnen und Schüler. Die Jugendarbeit atmete weitgehend die Luft der Freiheit und religiöser Widerspruch der Kinder und Halbwüchsigen wurde – zumindest in meiner Umgebung – in Kirche und Schule nicht nur geduldet, sondern bisweilen sogar erwartet und gefördert. Und dies war glücklicherweise der Geist, in dem ich als Kind in Schule und Kirche religiösen Themen begegnete und Religionsgeschichte vermittelt bekam. Es mag sein, dass viele, die in meinem Alter sind, andere, weniger positive Erfahrungen machten. Im Bergdorf Lungern aber herrschte zumindest in religiösen Fragen progressive Toleranz während der Siebzigerjahre, in denen die Kleider wieder bunter und sogar die Haare der Magistra-

Im Bergdorf Lungern herrschte in religiösen Fragen progressive Toleranz während der Siebzigerjahre.

ten etwas länger wurden, selbst wenn Kommunisten-Hatz und selbstgefällige, bigotte Willkür der Politiker keineswegs vom Tisch waren.

Dass man damals Jesus zum Blumenkind und zur Projektionsfläche für die Hippie-Kultur umfunktioniert habe, scheint mir eine überzogene Behauptung, doch es hatte sich etwas grundlegend geändert. Jesus war nicht mehr länger der allwissende, der allmächtige, der nachtragende und schiere Ehrfurcht erheischende Weltenrichter Christus, sondern vielmehr der menschliche, empathische und sogar an sich zweifelnde Jesus, so, wie er sich 1973 in Norman Jewisons Verfilmung der Rockoper «Jesus Christ Superstar» den Zuschauern zeigt. Und es ist jener empathische Geist, der auch in kirchlichem Verständnis zunehmend Einzug hielt und im Film des Regisseurs Franco Zifirelli von 1972, «Brother Sun and Sister Moon», Franz von Assisi (1181/82–1226) auf eine ganz andere Art beflügelt, ein radikales Leben in Armut, Askese und Kontemplation zu wählen. Dabei wird oft vergessen, dass der heilige Franz in gewissem Sinn eigentlich selber eine Art «Blumenkind» war und die radikale Konsequenz seines Lebensentwurfs durchaus mit den nicht minder radikalen Ansätzen gewisser Hippie-Bewegungen verglichen werden kann. Ein gravierender Unterschied indessen ist aber dennoch augenfällig: Franz von Assisi stand – im Gegensatz zu den Achtundsechzigern und den Hippies von Woodstock und Height-Ashbury – den Autoritäten nicht ablehnend, noch nicht einmal skeptisch gegenüber, glaubte doch der Kaufmannssohn aus Assisi an die allumfassene Autorität von Kirche und Papst. Die Gründung seines Mönchsordens der «Minderen Brüder» mit seinen radikalen Armutsansprüchen wäre für Franz wahrscheinlich kaum infrage gekommen, hätte der Papst die Ordensregeln nicht bestätigt. Der Bettelmönch aus Assisi trat im Sommer 1210 in Rom vor Papst Innozenz III., den vielleicht bedeutendsten Papst des Mittelalters, von dessen Wahl der prominenteste aller Minnesänger, Walther von der Vogelweide, allerdings wenig begeistert war; seine Textzeile «Owê, der bâbest ist ze junc. Hilf, hêrre, dîner cristenheit!» gehören zu den berühmtesten und meistzitierten Worten des hochmittelalterlichen Dichters. Der Legende nach soll das römische Kirchenoberhaupt bei jener Begegnung 1210 das Potenzial dieser Minoriten-Bewegung aus Assisi gesehen haben und es wird erzählt, dass sich der römische Pontifex sogar bewusst gewesen sei, dass die Kirche an einem Scheideweg stand und dringend einer neuen Idee, einer neuen Inspiration bedurfte. Und eben diesen neuen Wind soll er im schmächtigen Mann erkannt haben, der da inmitten von Prunk und Pomp in einer armseligen Bettlerkutte vor ihm stand.

Ob nun die Post-Achtundsechziger Christus-Figur näher bei der effektiven Realität ist, bleibt dahingestellt. Verdienstvoll jedoch bleibt, dass sie aus den schönen, aber düstereren Glasfenstern gotischer Kathedralen, den vergoldeten Schreinen barocker Kirchen und den kitschigen, süßlichen Heiligenbildchen der Romantik in die Mitte der Menschen und damit auf den Boden der menschlichen Realität geholt worden war. Immerhin ist Jesus auch nach frömmster kirchlicher Vorstellung zwar wahrer Gott, aber eben auch wahrer Mensch.

Und noch etwas änderte sich nach Achtundsechzig: Die Angst vor dem Teufel wich zugunsten einer Spiritualität, die sich lieber mit Gott als mit infernalen Schreckensbildern befasste. Überhaupt wurde die Spiritualität zum neuen Thema; Geistheilung und Sterbeforschung wurden weder beargwöhnt noch belächelt, wurden im Gegenteil kontrovers diskutiert und waren in ihrer ganzen Thematik in entsprechender Weise in den Medien zunehmend präsent.

Natürlich gab und gibt es sie wohl, die Exponenten in Kunst und Kultur, die sich zum Teufelskult bekennen. Den meisten aber war und ist die Theologie egal; es ist der oberflächliche Flirt mit den subjektiv offenbar als ästhetisch empfundenen Elementen des Sinistren – genauso wie es einst Schriftstellende wie Mary Shelly oder Bram Stoker empfanden, als sie düstere Figuren wie «Frankenstein» und «Dracula» schufen. Die Rolling Stones haben mit dem Satan nichts im Sinn und die britische Kultband Motörhead hat entgegen immer wieder geäußerten Verdächtigungen mit dem Teufel ebenso wenig zu schaffen wie die australischen Hard-Rocker von AC/DC, die alle als bekennende Atheisten logischerweise auch nicht an die Existenz des Satans glauben. Das macht Motörhead-Frontmann und Hard Rock-Legende Lemmy Kilmister immer wieder klar: Der charismatische Rocksänger ist, entgegen seinem Image, ein sehr gebildeter und historisch gut informierter Mann, mit dem ich 2004 und 2005 verschiedentlich persönlich das Vergnügen hatte, über Rock'n'Roll, Politik und den Zweiten Weltkrieg zu diskutieren. In seinem Song Religion hält er fest, wofür er die Bibel hält: für eine Sammlung von tröstenden Märchengeschichten. Der 1980 verstorbene, legendäre AC/DC-Sänger Bon Scott hatte trotz Songtiteln wie «Highway To Hell» und «Hell Ain't A Bad Place To Be» mit irgendwelchen höheren Botschaften sowieso nichts im Sinn und kokettierte als durchaus gebildeter und talentierter Songtexter damit, dass er in seinem ganzen Leben noch nie eine Botschaft gehabt oder geschrieben hätte – außer vielleicht seine Zimmernummer für eines der wartenden Groupies auf einen Zettel zu schreiben. Ähnlich äußerte sich Brian Johnson zum Thema, der nach Bon Scotts Tod neuer AC/DC-Sänger wurde, in einem Exklusiv-Interview in der Schweizer Boulevard-Zeitung «Blick» 2008, als er auf den Satanismusvorwurf angesprochen wurde:

Das ist einfach Bullshit. Das macht mich traurig so was. Es war nie unchristlich und die wissen das… Wir waren nie antichristlich. Ich persönlich glaube einfach nicht an ein Leben nach dem Tod. Ich glaube an Jesus Christus. Aber weil er lebte, weil er eine wirkliche Person war. Ob er der Sohn Gottes war – das ist eine sehr große Frage. Ich glaube es nicht. Aber er war ein sehr cleverer und wunderbarer Mann. Einer meiner verdammten Helden, genau wie George Washington, auch ein wunderbarer Mann. Man darf sich glücklich schätzen, der beste Schwimmer unter 3 Millionen Spermien zu sein – das ist der einzige Schwimmwettbewerb, den ich je gewonnen habe – um hier zu sein. Den Sternen, dem Glück sollte man also dankbar sein, nicht Gott. Gott hat mich nicht ausgewählt, das finde ich Bullshit. Aber wer am Ende recht hat, das sehen wir dann am Tag, an dem wir den Löffel abgeben.

Hexenjagd

Die Kirche hat sich während Jahrhunderten bemüht, das Bewusstsein des Grauens zu fördern und bald wurde die Angst vor Teufel und Hölle eminenter als die Freude, im Himmel dereinst dem Schöpfer zu begegnen. Doch wäre es zu kurz gegriffen, derlei Angstmachereien lediglich der katholischen Kirche unterzuschieben. Der Reformator Martin Luther war von der Existenz des Teufels nicht nur überzeugt, sondern fühlte sich vom Leibhaftigen direkt bedroht. Während seiner Bibelübersetzung auf der Wartburg in Thüringen im Jahr 1521 soll ihm der Teufel derart zugesetzt haben, dass Luther ihm ein Tintenfass entgegenschleuderte. Und genauso wie die katholische Kirche bemühte sich auch die spätere reformierte Kirche nach Leibeskräften, neben dem Glauben an Gott auch die Angst vor der Hölle aufrechtzuerhalten.

Die Hexenverfolgung gehört zu den dunkelsten und beklagenswertesten Kapiteln in der Geschichte des Christentums. Leider blieb dieses traurige Phänomen nicht in der Alten Welt zurück. Auch die Pilgerväter, die den engen religiösen Banden ihrer europäischen Heimat zu entkommen suchten, verfielen in den neu gegründeten Kolonien in Amerika dem Hexenwahn. Der Dramatiker Arthur Miller beschreibt 1953 in seinem Bühnenstück «The Crucible» («Hexenjagd»), das er als Allegorie auf die McCarthy-Ära anfangs der Fünfzigerjahre verstanden haben wollte, eindrücklich den buchstäblichen Teufelskreis von Angst, Paranoia, Feigheit und Boshaftigkeit, der im Klima des Hexenwahns seine dunklen Blüten trieb.

Dass die Hölle auch in evangelikalen Kreisen als infernale Drohung weiterlebt, sehen wir gerade in den zeitgenössischen «Reborn»-Bewegungen, die vor allem in den USA präsent und populär sind. Die Gewissheit, als «Wiedergeborener» gerettet zu sein und in der «Endzeit» gemäß der ebenso erfolgreichen wie theologisch irrwitzigen Buchreihe «Left Behind» der Autoren Tim LaHaye und Jerry B. Jenkins durch Gott von der Welt entrückt zu werden, geht oft eng einher mit der Vorstellung, dass alle anderen zur Hölle fahren. Äußerst treffend das Photo, das ich neulich auf Facebook entdeckte: Es zeigt einen dieser religiösen Eiferer, wie er auf einer öffentlichen Stätte ein großes Transparent in seinen Händen hält: «God hates Fags!» («Gott hasst Schwule!»). Neben ihm steht ein kaum Zwölfjähriger mit einem kleinen Karton, auf dem er seine Entgegnung gekritzelt hat: «God hates nobody!» – «Gott hasst niemanden!»

> *Die Kirche hat sich während Jahrhunderten bemüht, das Bewusstsein des Grauens zu fördern.*

> «God hates nobody!» –
> «Gott hasst niemanden!»

Mit den selbstgerechten Vorstellungen einer geht in der US-amerikanischen Evangelikalen eine puritanische Sexualmoral und ein beinahe fanatischer Patriotismus, der jeden aus politisch selbstsüchtigen Gründen geführten Krieg auch noch mit Glaube und Religion rechtfertigt. Ein Umstand, welchen der Dichter George Bernard Shaw treffend auf den Punkt brachte, als er vermerkte, dass die letzte Zufluchtsstätte eines Schufts am Ende immer der Patriotismus sei. Selbst der große intellektuelle Songpoet Bob Dylan konnte sich Ende der Siebzigerjahre dem neokonservativen Patriotismus nicht entziehen und schwenkte für einige Jahre auf eine christlich-fundamentalistische Linie ein, die mit einer etwas unappetitlichen Selbstgerechtigkeit und offenkundigen nationalistischen Tendenzen einhergingen. Und während seiner Bekehrungsphase als «Reborn Christian» konnte Dylan denn auch nicht genug von Strafe und Hölle singen:

Can they imagine the darkness
That will fall from on high
When men will beg God to kill them
And they want be able to die
(Bob Dylan; «Precious Angel», 1979)

Mit schneidender Stimme besingt Dylan das Kommen des Gerichts, beklagt, dass Ehebrecher in den Kirchen den Ton angeben würden und Pornographie die Schulhöfe überschwemme. Karl Marx hätte uns an der Gurgel und Henry Kissinger erscheine ihm als Verwirrungsstifter, und im Titelsong «Slow Train» merkt Dylan an, dass sich «im Lande der Tapferen» («in the home of the brave») der seiner Ansicht nach offenbar moralisch integere Gründervater und dritte Präsident der Vereinigten Staaten, Thomas Jefferson, in seinem Grab umdrehen würde, wüsste er um die Verkommenheit der Welt. (Es bleibt in diesem Zusammenhang zu erwähnen, dass den meisten neokonservativen Christen in den USA kaum bekannt sein dürfte, dass Thomas Jefferson (1743 – 1826) als Freimaurer nicht nur ein überzeugter Laizist war, sondern in seiner eigenen Bibel («Jefferson-Bible») zwar die Lehre und die Moral Jesu in den Mittelpunkt stellt, die Evangelien aber durch die Entfernung von Übersinnlichem und allen Wundergeschichten zu «entschlacken» suchte und von einer Göttlichkeit Jesu Christi nichts wissen wollte.)

Ein heute besonnener, einst eifriger evangelikaler Höllenprediger, an dessen Namen ich mich nicht erinnere, erzählte in einer Fernsehreportage von der Vorstellung einer ewigen und mit unsäglichen Qualen verbundenen Verdammnis, die in den evangelikalen Freikirchen Amerikas herumgeistere, und bezeichnete die Vorstellung, dass Gott so etwas wolle, «nicht nur als absurd, sondern als schlicht geschmacklos». Und der katholische Theologe und Kirchenhistoriker Albert Gasser meinte im Film-Interview in seiner gewohnt humorvollen Art, dass man den Menschen in den vergangenen Jahrhunderten buchstäblich die Hölle immer heißer gemacht habe; die Heizungen in der Hölle seien in der Folge bei den damaligen Kirchengelehrten permanent auf Hochtouren gelaufen und angesichts der laufenden Energiepreise sei es tatsächlich mitunter vernünftig gewesen, theologisch den infernalen Laden für eine Weile dichtzumachen.

Die Abschaffung des Teufels

Und wie steht es um eine allfällige ewige Höllenstrafe für die Sünder und Frevler?

Sowohl Kirchen wie Freikirchen lehrten (und tun das zum Teil noch heute), dass die Höllenstrafe und die Verdammnis ewig und für immer währen. Jesus vergleicht diesen Ort in Gleichnissen mit einer Art «Schuldenhaft», aus der der Schuldner nicht entlassen werde, bis auch der letzte Heller zurückbezahlt sei (Lk. 12, 59). In einer Diskussion, die ich vor langer Zeit mit meinem einstigen Lehrmeister Karl Imfeld, der der Freien Evangelischen Gemeinde angehört, führte, relativierte dieser die angeblichen Chancen des Schuldners: Wie es denn einem völlig Mittellosen gelingen könne, fragte der Bildhauer, in seiner Schuldenhaft überhaupt jemals seine Schuld zu begleichen?

Droht uns das Christentum also tatsächlich mit einer ewig währenden Verdammnis für die Gestrauchelten? Der Spiritist Johannes Greber zitiert in seinem Buch «Der Verkehr mit der Geisterwelt Gottes» seine geistige Himmelsautorität, die in der Lehre einer ewigen Hölle eine besonders schwerwiegende Irrmeinung erkennt:

«An der Lehre von einer ‹ewigen Hölle›, welche die ersten Christen nicht kannten, haltet ihr mit erstaunlicher Zähigkeit fest. Auf dieses Schreckmittel scheint ihr nicht verzichten zu wollen. Glaubt ihr denn, mit einer grausamen Unwahrheit bei den armen Menschen mehr erreichen zu können als mit den Wahrheiten der Liebe und des Erbarmens?»

Über genau diese Thematik kursiert der Witz, dass ein Verstorbener sich mit dem Verdikt konfrontiert sieht, in die Hölle geschickt zu werden. Man zeigt ihm die verschiedenen Räumlichkeiten der Hölle und mit großer Überraschung stellt der Verstorbene fest, dass überall Friede, Freude, Eierkuchen herrscht: Es wird geprasst, geschlemmt und getanzt und die gesamte Hölle gleicht einer fröhlichen Festhütte. Außer in einem Bereich, denn dort werden die Seelen der Verstorbenen ohne Unterlass gequält und gemartert. Verwundert fragt der Neuankömmling, was es denn mit dieser Gruppe armer Seelen auf sich habe. «Ach die», antwortet der Teufel, «das sind die Katholiken. Die wollen das so.»

In der heutigen Zeit jedoch ist mit dem Teufel kein Staat mehr zu machen und eine steigende Zahl von Menschen glaubt nicht mehr an die Existenz von Satan und Hölle oder bestenfalls an eine «leere Hölle». Im Zusammenhang mit dem Filmprojekt «The Making of Jesus» wurde ich in einem Briefwechsel von Theologen darauf aufmerksam gemacht, dass sich sogar der katholische Katechismus sehr zurückhaltend bei der Thematik Teufel und Hölle vernehmen lasse:

Sicherlich ist die Sprache der Heiligen Schrift wie der kirchlichen Glaubensüberlieferung gerade hier zeit- und weltbildbedingt... Das biblische Zeugnis deutet diese Situation in mythischer Bildsprache, will damit aber eine Realität bezeichnen, die rein begrifflich kaum zu fassen ist...

So weit, so gut. Weiter wurde ich im Briefwechsel darauf aufmerksam gemacht, dass die Existenz des Teufels auch in der katholischen Theologie kontrovers diskutiert und von einer Mehrheit abgelehnt werde. Es gehöre beispielsweise zur bleibenden Lebensleistung des Luzerner Theologen Herbert Haag, dass er mit seinem Werk «Abschied vom Teufel» ein für allemal den Teufel «abgeschafft» habe. Damit werde der Teufel nicht ausgeklammert, sondern die Bedeutung des Bösen im Kontext der damaligen Zeit erläutert. Gleichfalls wurde mir versichert, dass in der modernen Theologie die Existenz der Hölle schlicht kein Thema mehr sei. Es herrsche Konsens, dass die Hölle in der Predigt Jesu von Nazareth eine Metapher sei, welche die Gläubigen zur Entscheidung für den guten Weg herausfordern soll.

In dieselbe Kerbe schlägt Eugen Drewermann. In unserem Gespräch bestreitet er zwar nicht, dass Jesus bei seinen Zuhörern tatsächlich mit Warnungen und Strafandrohungen nicht zurückhielt, doch sieht der Theologe in diesen Höllenandrohungen eine rein pädagogische Maßnahme Jesu und verwendet sogar eine Metapher, um seine Einschätzung plausibel zu machen: Jesus will in seiner bedingungslosen Liebe zu den Menschen, dass sie ihn verstehen, um ihre göttliche Erfüllung zu finden. Er vergleicht Jesus mit dem Bauern, dessen Scheune brennt. Der Bauer fürchtet um seine Tiere und er schreckt darum auch nicht zurück, die Pferde mit Schlägen auf die Nüstern zur Flucht anzutreiben, um sie vor den Flammen zu retten. Die Hölle überdies, so Drewermann weiter, ergebe sich zwangsläufig durch das falsche Verhalten, das in die seelische Sackgasse führe. Sie habe deshalb nichts mit einer übersinnlichen oder spirituellen Institution zu tun; Hölle und Fegefeuer ereile den fehlgeleiteten Menschen in einer seelischen Zwangsläufigkeit. Dies muss angesichts diverser Beispiele in der Geschichte allerdings bezweifelt werden; reuige Schlächter sucht man in der Menschheitsgeschichte meist vergeblich und Scheusale wie Dschingis Khan, Alexander oder Hermann Göring (der das Todesurteil in Nürnberg mit dem Satz «Immerhin zwölf Jahre anständig gelebt!» kommentiert hat) empfanden ihr grausames und menschenverachtendes Tun offenbar als legitim. Auch der spanische Faschist und Diktator Francisco Franco, der seine von ihm befohlenen Gräueltaten während des

> Gleichfalls wurde mir versichert, dass in der modernen Theologie die Existenz der Hölle schlicht kein Thema mehr sei.

spanischen Bürgerkriegs als Diktator um immerhin 36 Jahre in Amt und Würde überlebte, zeigte kaum jemals Besinnung und Reue. Die Tatsache, dass sich all diese Schreckensgestalten trotz zahllos begangener Verbrechen bis zum Schluss eines mehr oder weniger glücklichen Lebens ohne Gewissensbisse erfreuten, hinterfragt Drewermanns Theorie einer sich bei menschlichem Fehlverhalten automatisch einstellenden subjektiven Hölle.

Die moderne Theologie wird dieses Argument aber kaum beeindrucken. Verstehen sich Teufel und Hölle also doch bloß metaphorisch? Jesus, der Märchenonkel? So wie die resolute Winkinger-Mama im Comic-Band «Asterix und die Nor-

Rund ein Drittel aller gemachten Nahtoderlebnisse ließen die Betroffenen einen höllischen Ort des Grauens erblicken.

mannen» ihrem trotzigen Bengel droht: «Wenn du die Suppe nicht isst, kommt der böse Riese und frisst dich auf!»? Es ist schon etwas kühn zu behaupten, Jesus verwende den Teufel und die Hölle lediglich als Metapher, den Begriff Gott und Paradies hingegen real. Jesus beschreibt, liest man die Evangelien vorurteilsfrei, seinen Zuhörern eine durchaus real gemeinte Hölle, einen Ort, an dem «Heulen und Zähneknirschen» herrschen (Jesus gebraucht im Neuen Testament diesen Ausdruck immerhin siebenmal) und er bezeichnet diese Sphäre als einen Ort der Gottesferne und des Verderbens. Jesus umschreibt da aber offenbar einen Ort, den es nach Meinung der modernen Theologie in Wirklichkeit gar nicht gibt, der nur eine Schauerkulisse ist, die Jesus erfunden hat, um die lauschende Menge zu beeindrucken. Bleibt dann reziprok die Frage, ob das Reich Gottes mit den vielen Wohnungen (Joh. 14.2) für all jene, die guten Willens sind, auch nicht existiert und nur als eine Ermunterung und ein Anreizsymbol zu verstehen ist, um die Menschen zum Guten anzuspornen.

Oder, wie ein anderer moderner Erklärungsversuch besagt, ist Jesus als Kind seiner Zeit einfach der Vorstellung von Teufel und Hölle wie alle anderen seiner Zeitgenossen unterworfen? Aber wie verhält es sich dann mit Jesu Autorität? Wie kann er behaupten, seinen Vater zu kennen und den Ort, von dem er gekommen sei, wenn er dann offenbar dennoch nicht über die gesamte Schöpfung Gottes Bescheid weiß? Und schließlich stellen sich bei solchen theologischen Auffassungen weit ernstere Fragen, denn laut christlicher Theologie starb Jesus real und wirklich und «stieg hinab ins Reich des Todes», wie es im katholischen Glaubensbekenntnis heute steht, um nach drei Tagen als Auferstandener wieder ins irdische Leben zurückzukehren und seinen Jüngern zu erscheinen. Sollten die modernen Theologen also recht behalten mit ihrer Behauptung einer nicht existierenden Hölle, hätte Jesus dann, nachdem er seinen eigenen physischen Tod erlebt und überwunden hatte, nicht die Wahrheit über das Leben nach dem irdischen Tod erkannt und gesehen, dass es nämlich weder Hölle noch Teufel gibt? Dann hätte er seine Schüler nach der Auferstehung doch über seinen eigenen Irrtum als Kind seiner Zeit aufklären müssen, da ihn sein eigenes Sterben neue Erkenntnis hätte gewinnen lassen. Ansonsten, und das leckt keine Geiß weg, hätte er seine Apostel, seine Jünger, seine Gläubigen bewusst und schamlos angelogen. (Doch dieses Problem stellt sich, nebenbei bemerkt, vermutlich bei vielen progressiven Theologen gar nicht erst, da diese mit einer leiblichen Auferstehung Jesu ebenso wenig anfangen können wie mit einer real existierenden Hölle.)

Blick ins Jenseits

Was sagt uns die Sterbeforschung über Himmel und Hölle?

Wenn wir die zahlreichen Nahtoderlebnisse betrachten, die in den Siebzigerjahren vor allem durch die Publikationen von Medizinern und Sterbeforschern wie Dr. Elisabeth Kübler-Ross oder Dr. Raymond A. Moody ins Bewusstsein einer breiten Öffentlichkeit gelangten, so ist immer wieder die Rede von einem dunklen und rauschenden Tunnel, der zu einem unsagbar hellen, leuchtenden und glücklich machenden Licht führe. Oft wird aber bei dieser Thematik verschwiegen, dass bei Nahtoderlebnissen mitunter auch ganz andere, weit weniger beglückende Dinge gesehen werden. Ich erinnere mich an eine TV-Dokumentation auf einem staatlich-rechtlichen Sender vor einigen Jahren, die jenes Thema behandelte. Rund ein Drittel aller gemachten Nahtoderlebnisse, so wurde berichtet, ließen die Betroffenen nicht etwa ein liebendes Licht oder einen paradiesischen Ort, sondern einen höllischen Ort des Grauens erblicken. Die Dunkelziffer von Betroffenen dürfte sogar einiges über einem Drittel liegen: Wer will schon erzählen, dass er oder sie beinahe in der «Hölle» gelandet wäre!

In diesem Zusammenhang ebenfalls äußerst interessant ist das Ergebnis einer wissenschaftlichen Studie aus den Neunzigerjahren, in denen man sowohl West- als auch Ostdeutsche befragte. «Wessis» und «Ossis» entstammten bekanntlich zwei völlig verschiedenen Politsystemen: Während man die BRD zumindest als christlich orientiertes Land bezeichnen durfte, herrschte in der DDR der Atheismus als Staatsdoktrin und dort konnten sich Menschen, die von selbsterfahrenen Nahtoderlebnissen erzählten, sehr schnell in der Psychiatrie wiederfinden. In entsprechender Weise bezeichneten sich in Westdeutschland rund siebzig Prozent als religiös, gläubig oder zumindest spirituell interessiert, während das Verhältnis in der DDR gemäß dieser Studie genau umgekehrt war. Interessant war das Ergebnis dieser Nahtod-Studie: Während die Mehrzahl der Westdeutschen Patienten ein beglückendes Nahtoderlebnis hatten, berichteten über sechzig Prozent der in der Studie befragten Ostdeutschen von traumatischen Erlebnissen, die sie an der Schwelle des Todes heimsuchten. Ganz offensichtlich spielen der kulturelle Hintergrund und die religiöse Bildung in den subjektiven Sterbeerfahrungen eine wichtige Rolle. Aber ebenso offensichtlich spielte es keine Rolle, ob von den Betroffenen ein Jenseits negiert wird oder nicht: Offenbar erlebten auch Atheisten im Sterben eine Art Übergang in eine andere Welt.

Sind Sterbe- und Jenseitserfahrung nun rein subjektiver Natur? Oder hängt es ganz einfach davon ab, wie man im Leben spirituell getrimmt wird, ob man eine positive oder negative Jenseitserfahrung macht? Sind Jenseitsvisionen (und wie sie sich präsentieren) also schlicht das Produkt einer religiösen Erziehung? Eines scheint angesichts der erwähnten Studie offensichtlich: Himmelsvisionen und Lichterfahrungen scheinen keinem universellen Sterbeprogramm im Gehirn zu entspringen, wie Neurologen immer wieder behaupten. Sonst hätten nämlich doch auch die erwähnten DDR-Atheisten logischerweise dieselben Erfahrungen machen müssen wie die eher religiös funktionierenden Menschen in der BRD. Bedeutet das, dass die Existenz eines Jenseits tatsächlich von der religiösen Bildung oder der religiösen Vorstellungskraft abhängt? Und heißt das, dass Atheisten tendenziell weniger Aussicht auf eine angenehme Sterbeerfahrung haben und sich nach ihrem klinischen Tod eher in einem höllenartigen Jenseits wähnen als gläubige Menschen?

Es gibt bisweilen bei allen untersuchten Fällen offensichtlich gravierende Unterschiede in den Jenseitsvisionen. Der US-amerikanische Sterbeforscher Raymond A. Moody berichtet in seinem weltweit viel beachteten Buch «Leben nach dem Tod» aus dem Jahr 1977 von Menschen, die durch Suizid in Todesnähe gelangt waren. Die Betroffenen beschrieben diese Erfahrungen einhellig als unangenehm und erschreckend. Eine Betroffene wies in ihrer Schilderung auf die ungelösten Probleme hin, die ein Selbstmord hinterlasse:

«Wer hier eine betrübte Seele zurücklässt, wird drüben selber eine betrübte Seele sein.»

Moody fasst zusammen, dass Suizidbetroffene mit Nahtoderfahrungen nicht nur den Eindruck vermittelten, dass sie Probleme, denen sie mit einem Freitod zu entfliehen suchten, in einer jenseitigen Welt in noch drastischerer Form begegneten. Selbstmordkandidaten seien ihren eigenen Berichten zufolge in einer höllenartigen Sphäre gelandet. Moody zitiert im seinem Buch einen verzweifelten Witwer, der seiner Frau mittels Suizid zu folgen suchte:

«Ich bin nicht dahin gekommen, wo meine Frau war. Ich kam an einen schauervollen Ort.»

Moody versucht die Schilderungen gar nicht erst schönzureden:

> Heißt das, dass Atheisten tendenziell weniger Aussicht auf eine angenehme Sterbeerfahrung haben?

Von anderen, die diesen unerträglichen Aufenthalt in der «Vorhölle» durchgestanden haben, war zu hören, sie hätten das Gefühl gehabt, dort für eine lange Zeit bleiben zu müssen. Das war ihre Strafe für ihren «Verstoß gegen die Regeln», der darin bestand, dass sie vorzeitig vor etwas davonlaufen wollten, was eigentlich ihre «Bestimmung» war, nämlich ihr Leben zu einem gewissen sinnvollen Abschluss zu bringen. Solche Äußerungen stimmen überein mit dem, was mir verschiedene Leute berichtet haben, die aus anderen Umständen «gestorben» sind. Sie erzählten, es sei ihnen während dieses Zustandes kundgetan worden, dass Selbstmord ein sehr unheilvoller Akt sei, der mit einer schweren Bestrafung geahndet werde.

Solche Berichte rufen eigentlich nicht danach, den Teufel abzuschaffen oder die Hölle für leer oder unreal zu erklären. Ich bin weder ein Befürworter einer real existierenden Hölle, noch gehöre ich zu jenen, die um jeden Preis an die reale Existenz des «Leibhaftigen» glauben wollen. Wie allen anderen wäre mir eine Welt ohne einen bösen und dunklen Höllenfürst und ohne ein Reich der Finsternis lieber. Doch halte ich es für inkonsequent und anmaßend, das Unbequeme und Finstere als leere Metaphern zu schubladisieren und damit letztendlich auszuklammern. Und ebenso anmaßend ist es meiner Ansicht nach, wenn Theologen behaupten, sie wüssten, wann Jesus etwas real und wann bloß metaphorisch oder symbolisch meinte. Der Theologe Albert Gasser warnt im Film-Interview, die Furcht vor Teufel und Hölle zu weit in den Vordergrund zu stellen, doch hält er fest, dass der Jesus der Evangelien unmissverständlich klarmacht: «Der Mensch kann sein Heil letztlich auch verspielen.»

Ohne einen real verstandenen Teufel erodiert Jesu Wort und Wirken in den Evangelien an unzähligen Stellen bloß zur beinahe beliebigen Symbolik. Doch so wollten sich die Evangelisten zweifellos nicht verstanden wissen. Andererseits sind die handfesten Umschreibungen einer Verdammnis in den Worten Jesu kaum wörtlich zu nehmen. Wenn Jesus von der Gottesferne der Hölle spricht, verwendet er Bilder, die sicher symbolisch zu verstehen sind, genauso wie die Bilder, die das Himmelreich beschreiben. Auch wenn die Mitglieder des Rotary-Clubs nach Ansicht des Schriftstellers George Bernard Shaw unentwegt essen – ich kann mir nicht vorstellen, dass man in einem ewigen himmlischen Gastmahl pausenlos isst. Und ich kann mir auch nicht vorstellen, welche Tiere im Himmel von wem wie geschlachtet würden, damit Gott ein permanentes, festliches Mahl ausrichten kann.

Die Hölle und der Teufel, so wurde im Juni 2010 in einer lauen Tessiner Nacht in einer Familien-Diskussion über Gott und die Welt festgestellt, seien letztlich vielleicht einfach die gänzliche Abwesenheit des göttlichen Prinzips der Liebe. Wenn Gott das Licht sei, dann erscheine halt zwangsläufig auch das physikalische Phänomen des Schattens. Ich fand das ein sehr passendes Bild, wandte aber ein, dass, wenn man denn schon ein Bild aus der Physik bemühe, Licht an sich keinen Schatten impliziere – jedenfalls nicht, solange sich kein Objekt oder Subjekt in den Weg stellt.

Tumult im Tempel

Die Kirche ist exakt das, wogegen Jesus gepredigt hat – und wogegen er seine Jünger kämpfen lehrte.
Friedrich Nitzsche

Dämonen der Wüste

Jesu Taufe markiert den Anfang seines öffentlichen Wirkens. In entsprechender Weise beschreibt der einstige katholische Priester und spätere Spiritist Johannes Greber eindrücklich den Fortgang der Mission:

«Christus wusste jetzt also, wer er war und welche große Aufgabe er hatte. Doch ehe er mit der Ausführung begann, hatte auch er die Belastungsprobe zu bestehen, wie alle bisherigen Werkzeuge Gottes sie hatten bestehen müssen. Er musste zeigen, ob er seiner wichtigen und folgenschweren Aufgabe gewachsen war. Darum führte ihn der Geist Gottes in die Wüste…»

Jesus geht, nachdem er von Johannes getauft worden ist, in die Wüste, um zu fasten, zu beten, sich allen erdenklichen Versuchungen zu stellen.

Die Wüste Judäa ist eine eindrückliche Kulisse und in den Sommermonaten ein wahrer Glutofen. Der Ort ist in seiner Leblosigkeit schauerlich schön und imposante Schluchten und wasserlose Wadis durchziehen die Einöde. Es gehört einiges dazu, sich hier in dieser verlassenen Ödnis vierzig Tage fastend seinen inneren Dämonen zu stellen. Vierzig Tage Einsamkeit mit kärglichster Nahrung zehren an der Substanz und fordern ihren Tribut. Man ist zwar ganz bei sich und auf sich selbst gestellt, doch beginnt man wahrscheinlich auch irgendwann zu halluzinieren, man hört Geister und Dämonen und malt den Teufel an die Felsen. Markus beschreibt diesen Vorgang kurz und schmerzlos:

Gleich danach trieb der Geist Gottes ihn in die Wüste. Dort blieb er vierzig Tage, und der Satan stellte ihn hart auf die Probe. (Mt. 1,12–13)

Jesus geht allein in die Wüste. Was dort also tatsächlich vorgeht, bleibt verborgen, ist bestenfalls Teil des Drehbuchs, weniger des Films, den wir uns ansehen können. Dennoch erwähnen es drei von vier Evangelisten. Hat Jesus seinen Jüngern später von seinen Erfahrungen und den in den Evangelien berichteten satanischen Versuchungen erzählt? Fest steht nur, dass sich Jesus, so wie einst die Propheten, wahrscheinlich tatsächlich mehrere Wochen in der unwirtlichen Einsamkeit aufhält und sich seelisch auf seine verhältnismäßig kurze, aber äußerst turbulente Mission vorbereitet.

Vierzig Tage Einsamkeit mit kärglichster Nahrung zehren an der Substanz.

Darauf führte ihn der Teufel auf einen Berg und zeigte ihm auf einen Blick alle Reiche der Welt und sagte: «Ich will dir die Macht über alle diese Reiche in ihrer ganzen Größe und Schönheit geben. Sie ist mir übertragen worden, und ich kann sie weitergeben, an wen ich will. Alles soll dir gehören, wenn du dich vor mir niederwirfst und mich anbetest.» (Lk. 4,5–7)

Der Theologe und Historiker Albert Gasser merkt im Film-Interview an, dass die Passage, in der Jesus in der Wüste vom Teufel versucht wird, vielleicht etwas zu wenig beachtet und möglicherweise auch viel zu zahm interpretiert werde. So, wie die Evangelien die Geschichte erzählen, scheint sich Jesus keinerlei Anfechtung auszusetzen. Jesus reagiert souverän und lässt den Versucher ohne innere Kämpfe abblitzen. Albert Gasser indessen glaubt, dass diese Szene Tiefgreifendes berichtet, etwa wenn der Versucher Jesus in der Wildnis Reichtum, Macht und Wohlstand bietet. Der Theologe glaubt, dass diese Episode einen unerwarteten, interessanten Einblick in

Jesu Psyche gibt, nämlich dass er durchaus nicht gefeit war vor diversen Versuchungen des Lebens, etwa jene, mit seinen offensichtlichen Begabungen persönlichen Profit anzustreben, für sich Macht und Reichtum zu erlangen. Jesus aber bleibt, so berichten uns die Evangelien Matthäus, Markus und Lukas, standhaft, widersteht den inneren und äußeren Dämonen und ist nach der seelischen Generalprobe bereit, seine Mission anzutreten.

Der Evangelist Johannes

Bei den nachfolgenden Ereignissen widersprechen sich die Evangelien: Während Matthäus, Markus und Lukas Jesu Wirken nach der Gefangennahme des Täufers Johannes durch Herodes Antipas ansetzen, berichtet der Evangelist Johannes, dass Jesus und Johannes eine Zeit lang parallel wirken.

Die Frage, ob nun der Evangelist Johannes mit dem Apostel Johannes identisch ist, ist für viele bis heute noch nicht endgültig geklärt. Für viele Theologen und Historiker, so könnte man den Eindruck haben, ist und bleibt die Vorstellung, dass einer der drei engsten Vertrauten Jesu auch der Verfasser eines der vier kanonischen Evangelien sei könnte, zu schön, um wahr zu sein und im Zuge der historisch-kritischen Theologie wurde dieser Gedanke denn auch fast kategorisch verworfen. Eigentlich spricht aber kaum ein wirklicher Grund gegen eine solche Annahme: Als in einem möglicherweise auch griechisch geprägten Umfeld aufgewachsener Jude war der Jünger Johannes mit an Sicherheit grenzender Wahrscheinlichkeit der Schrift sowohl in Hebräisch als möglicherweise auch in Griechisch mächtig. Es wurde lange moniert, das Johannes-Evangelium sei vor allem bei Ortsbezeichnungen und anderen Angaben historisch ungenau, weshalb man den Johannes-Bericht lediglich als theologische Interpretation der Jesus-Geschichte zu verstehen habe. Inzwischen hat die Forschung (namentlich die Archäologie) solche Behauptungen längst Lügen gestraft: Alle im Johannes-Evangelium gemachten Ortsangaben, aber auch andere beschriebene historische Zusammenhänge, werden heute von den zuständigen Wissenschaften bestätigt. Namentlich die Archäologie hat gezeigt, dass der Evangelist Johannes in seinen Schilderungen sehr detailgetreu und exakt ist. Hielt man das Johannes-Evangelium früher wegen seinem mystischen Touch vorwiegend vor allem im theologischen Sinn interessant, muss man heute dem Johannes-Evangelium attestieren, recht eigentlich mit den historisch präzisesten Angaben der vier bekannten Evangelien aufzuwarten. Warum dem so ist, wissen wir nicht; vielleicht darum, weil der Autor selber dabei war?

Zunehmend freunden sich heute auch Forscher mit der Idee an, dass wir es beim Johannes-Evangelium womöglich doch mit dem Bericht eines Augenzeugen zu tun haben könnten. Der Papyrologe Carsten Peter Thiede behauptet sogar, dass in der Antike die Glaubwürdigkeit der Urheberschaft bei historischen Werken wie überhaupt bei Texten, Berichten und Romanen, die es bereits damals schon in größeren Auflagen gab, von entscheidender Bedeutung gewesen sei, weshalb von permanenten Ghostwritern nicht gesprochen werden könne. Mit anderen Worten hieße das: Wo Johannes draufsteht, ist auch Johannes drin. Dies, so Thiede, sei allgemeiner Usus gewesen und an den hätten sich auch die Apostel und Evangelisten halten müssen, wollten sie zumindest bei einer breiten und insbesondere gebildeten römischen Leserschaft Glaubwürdigkeit erzielen. In diesem Fall war tatsächlich Vorsicht

> Die Frage, ob nun der Evangelist Johannes mit dem Apostel Johannes identisch ist, ist nicht endgültig geklärt.

geboten: Die jungen Christengemeinden hatten genug Feinde in der einflussreichen römischen Gesellschaft und ein Schwindel im Bezug auf die Urheberschaft der damaligen Jesus-Biografien wäre dieser damals jungen und beargwöhnten Bewegung kaum zuträglich gewesen.

Der Johannes-Bericht ist das eigenständigste der vier kanonischen Evangelien. Es enthält auf der einen Seite theologische Reflexionen und macht keinen Hehl daraus, dass der Autor in Jesus von Nazareth den menschgewordenen Allmächtigen erkennt. Das Johannes-Evangelium sieht in Jesus unmissverständlich den göttlichen Retter, die kosmische Lichtgestalt, die den Menschen vor dem Verderben und der Macht der Finsternis errettet.

In ihm war das Leben, und das Leben war das Licht. Und das Licht scheint in der Finsternis, und die Finsternis hat es nicht ergriffen. (Joh. 1, 4–5)

Auf der anderen Seite beschreibt keines der Evangelien in so drastischer Weise, wie Jesus mit seiner Botschaft immer wieder bei seinem Publikum scheitert. Johannes vermittelt uns bisweilen beinahe den Eindruck – wir werden später noch verschiedentlich darauf zurückkommen – dass Jesus zwischenzeitlich, vor allem aber gegen Ende seines Wirkens, ein verfolgter Mann ist, der sich immer wieder vor dem Zugriff der jüdischen Tempelbehörden verstecken muss.

Es ist diese Diskrepanz, die mich am Johannes-Evangelium fasziniert: Der Autor ist zwar überzeugt, in Jesus von Nazareth Gott selbst zu erkennen, gleichzeitig beschreibt er aber keinen bei Zeitgenossen glorios wirkenden Lichtkönig, dem die Menschenmassen vorbehaltlos zu Füßen liegen. Schonungslos berichtet er von latenter Ablehnung und dem Scheitern Jesu bei seinen Zeitgenossen, aber auch von dem daraus resultierenden Frust Jesu, der es nicht zu verkraften scheint, unverstanden zu sein, sodass man mitunter den Eindruck hat, Jesu Mission sei – nebst den ruhmreichen Augenblicken, etwa den Massenaufläufen oder dem brennenden Wunsch des Volkes, Jesus zum König zu machen – über weite Strecken eine triste, sogar trostlose Angelegenheit gewesen. Die unbeschönigten Schilderungen weisen meiner Ansicht nach aber eher auf einen Schreiber hin, der tatsächlich Augenzeuge war und das Geschehen aus nächster Nähe beobachtet hat. Es finden sich Hinweise, dass der Apostel Johannes ein sehr hohes Alter erreicht hat; seine Visionen, die er in seiner Verbannung auf der Insel Pathmos hatte und die als «Geheime Offenbarung» Eingang in den Bibelkanon gefunden haben, soll er erst rund sechzig Jahre nach Jesu Kreuzigung (also Anfang der Neunzigerjahre des ersten Jahrhunderts) gehabt haben. Auch die Entstehung des Johannes-Evangeliums wird von den Forschern in den Neunzigerjahren des ersten Jahrhunderts vermutet. Zu dieser Zeit kursieren aber bereits die anderen drei Evanglien nach Matthäus, Markus und Lukas. Wieso also schreibt ein gewisser Johannes ein neues Evangelium, in dem die Schwerpunkte und Perspektiven ganz anders gesetzt werden? Oder, anders gefragt, wieso hätte der Apostel Johannes im hohen Alter noch eine weitere Jesus-Biografie schreiben sollen? Eine mögliche Antwort: Vielleicht findet der greise Apostel am Ende seines Lebens, dass die bisherigen Berichte seinem einstigen Meister nicht gerecht werden, dass gewisse Aspekte zu kurz kommen und wichtige Ereignisse, etwa die Erweckung des Lazarus, in ihnen keine Erwähnung finden, weshalb er sich entschließt, seine Sicht der Ereignisse aus seinen Erinnerungen, möglicherweise auch aus eigenen Aufzeichnungen und Notizen, zu ordnen und als Evangelium niederzuschreiben. Dies sind zugebenerweise pure Mutmaßungen, doch erklären sie immerhin, warum ein so spätes Evangelium den bereits bestehenden Schriften in einigen Punkten widerspricht und Ereignisse beschreibt, die in den anderen Evangelien nicht zu finden sind. Letztendlich bleibt aber die Frage, ob der Evangelist Johannes und der Apostel Johannes identisch sind, weiterhin – zumindest vorerst – ungeklärt. Ich persönlich neige dazu, dies anzunehmen, auch wenn ich hierfür einen Beweis schuldig bleiben muss.

> Die unbeschönigten Schilderungen weisen auf einen Schreiber hin, der tatsächlich Augenzeuge war und das Geschehen aus nächster Nähe beobachtet hat.

Wo wohnst du, Rabbi?

Wir halten uns bei den Entwicklungen der nachfolgenden ein, zwei Monate an das Johannes-Evangelium, das zwar mehr oder weniger in den Ereignissen, nicht aber immer in der Reihenfolge mit den anderen drei kanonischen Schreibern übereinstimmt. Mein Gefühl sagt mir, dass uns Johannes die realistischste Abfolge berichtet, ohne aber auch für diese Vermutung effektive Beweise liefern zu können. Bei der zeitlichen Einordnung der sogenannten «Tempelreinigung» etwa – wir kommen in Kürze darauf – sprechen für mich mehrere Argumente dafür, dass zumindest in dieser Phase der Jesus-Geschichte das Johannes-Evangelium dem historischen Geschehen am nächsten kommt.

Während die anderen Evangelisten berichten, Jesus sei nach seinem Aufenthalt in der Wüste

KANA

nach Galiläa zurückgekehrt und habe dort in Kafarnaum die beiden Fischer Petrus und Andreas als Jünger berufen, offeriert uns Johannes eine ganz andere Geschichte, ja, er erwähnt nicht einmal Jesu Aufenthalt in der Wüste. Im Johannes-Evangelium sind die beiden Brüder Simon und Andreas unter den Jüngern des Täufers. Der Johannes-Bericht klingt hier so seltsam selbstverständlich, so unspektakulär und so ohne Pathos, dass er auf eigentümliche Weise glaubwürdig erscheint:

Am nächsten Tag war Johannes mit zwei von seinen Jüngern an derselben Stelle. Als er Jesus vorbeigehen sah, sagte er: «Dieser ist das Opferlamm Gottes.» Die beiden hörten es und gingen Jesus nach. Jesus drehte sich um, sah, dass sie ihm folgten, und fragte: «Was wollt ihr?» Sie antworteten: «Wo wohnst du, Rabbi?» «Kommt und seht es selbst!», antwortete er. Sie gingen mit ihm, sahen, wo er wohnte, und verbrachten den Rest des Tages mit ihm. Es war ungefähr vier Uhr nachmittags. Einer von den beiden... hieß Andreas. Er war der Bruder des Simon Petrus. Als er bald darauf seinen Bruder Simon traf, sagte er zu ihm: «Wir haben den versprochenen Retter gefunden!» Dann nahm er ihn mit zu Jesus. Jesus sah ihn an und sagte: «Du bist Simon, der Sohn des Johannes. Du sollst nun Kefas heißen.» Dies ist das hebräische Wort für Petrus und bedeutet Fels.

Und dann beginnt Jesu öffentliches Auftreten. Zuerst nur zaghaft, fast verborgen. Doch sehr bald wird dieser gut fünfunddreißigjährige Mann zum landesbekannten Prediger und Propheten, zum wundertätigen Superstar, zum prominentesten Märtyrer und Justizopfer aller Zeiten und schließlich zur berühmtesten Person der gesamten Menschheitsgeschichte.

Am Anfang der Jesus-Mission steht ein kleines Dorf: Kana war und ist damals wie heute ein unbedeutendes Nest irgendwo in den Hügeln Galiläas, doch spielte der Ort, glauben wir dem Evangelist Johannes, eine äußerst wichtige Rolle in diesem «Film» über Jesu Leben und Wirken. Denn hier, in diesem kleinen Dorf, soll sich vor gut tausendneunhundertachtzig Jahren Ungeheuerliches ereignet haben:

Zwei Tage später fand in Kana in Galiläa eine Hochzeit statt. Jesus war mit seinen Jüngern eingeladen, und auch seine Mutter war dort. Als der Weinvorrat zu Ende war, sagte seine Mutter zu ihm: «Sie haben keinen Wein mehr!» Jesus erwiderte: «Du brauchst mir nicht zu sagen, was ich zu tun habe, Mutter. Meine Zeit ist noch nicht da.» Da wandte sich seine Mutter an die Diener und sagte: «Tut alles, was er euch befiehlt.» Im Haus standen sechs Wasserkrüge aus Ton, von denen jeder achtzig bis hundertzwanzig Liter fasste...Jesus sagte zu den Dienern: «Füllt diese Krüge mit Wasser!» Sie füllten sie bis an den Rand. Dann befahl er ihnen: «Nehmt eine Probe des Wassers und bringt sie dem Mann, der für dieses Fest verantwortlich ist.» Das taten sie und der Mann probierte das Wasser. Es war zu Wein geworden. Er wusste nicht, woher der Wein kam, nur die Diener... wussten es. Er rief also den Bräutigam zu sich und sagte: «Jeder bringt doch zuerst den besten Wein auf den Tisch, und wenn die Gäste schon reichlich getrunken haben, folgt der gewöhnliche. Aber du hast den besten Wein bis zum Schluss aufgehoben!» ...Danach ging Jesus mit seiner Mutter, seinen Brüdern und seinen Jüngern nach Kafarnaum und blieb einige Tage dort. (Joh. 2,1–11)

Mission Impossible

Mit dem Auto dauert die Fahrt von Nazareth nach Jerusalem keine zwei Stunden. Auch zu Fuß war Jerusalem bloß – je nach Route – maximal drei Tagesmärsche vom See Genezareth entfernt. Es wurde von Theologen auch schon spekuliert, dass Jesus nur ein einziges Mal während seines öffentlichen Auftretens in Jerusaem gewesen sei, wo es schließlich zur Tragödie kam. Doch die Bedeutung Jerusalems in der jüdischen Gesellschaft sowie die kurze Wegstrecke sprechen klar dagegen. Paul Verhoeven glaubt, dass Jesus während seines öffentlichen Wirkens dreimal in Jerusalem war: zweimal zum Pessachfest und einmal zum Laubhüttenfest. Während er beim ersten Besuch die Tempelreinigung vorgenommen habe – und so wird dies auch von Johannes berichtet –, sei bereits im Herbst darauf der triumphale Einzug in Jerusalem erfolgt und beim dritten Besuch sei es dann zum tragischen Unglück gekommen.

Die «Tempelreinigung» steht bei Johannes im Gegensatz zu den anderen Evangelisten am Anfang von Jesu öffentlichem Wirken. Dem allerdings widersprechen sowohl die anderen drei kanonischen Evangelien als auch der Großteil der Forscher. Ich persönlich halte das Geschehen, wie es uns Johannes berichtet, für die glaubwürdigere Variante. Für mich will der gewaltsame Ausbruch Jesu im Vorhof des Tempels nicht mehr in seine letzten Tage passen. Wir erleben in der letzten Phase viel mehr einen Jesus, der mit theologischen Argumenten und intellektueller Polemik mit der Priesterschaft streitet, weshalb ein cholerischer Gewaltausbruch Jesu in dessen letzter Woche einfach nicht mehr glaubwürdig erscheint. Vielmehr aber passt Jesu Tempelreini-

gung in die Anfangsphase eines Überzeugungstäters zu Beginn seiner Mission. Der taufende und donnernde Weltuntergangsprediger Johannes, in dessen Einfluss Jesus zu Beginn seines Wirkens

> Der donnernde Weltuntergangsprediger Johannes mag zur spontanen und kompromisslosen Aktion Jesu im Tempel beigetragen haben.

möglicherweise steht, mag zur spontanen und kompromisslosen Aktion Jesu im Tempel beigetragen haben. Der Mann aus Nazareth kommt mit Elan und Eifer nach Jerusalem, um die Dinge, sogar die Welt zu verändern.

Johannes berichtet gewohnt kurz und knapp:

Als das jüdische Pessachfest näher kam, ging Jesus nach Jerusalem. Im Tempel fand er Händler, die Ochsen, Schafe und Tauben verkauften. Auch Geldwechsler saßen dort an ihren Tischen.

Die Pilger kauften im Tempelhof die Opfertiere – Lämmer und Ziegen, die Ärmeren begnügten sich mit Tauben – und übergaben sie den Priestern, damit diese sie schlachten und ihre Eingeweide und Geschlechtsteile auf dem Brandaltar verbrennen. Bei den großen religiösen Festen mochte sich der Tempel in Jerusalem in einen einzigen Schlacht-

> Bei den großen religiösen Festen mochte sich der Tempel in Jerusalem in einen einzigen Schlachthof verwandelt haben.

hof verwandelt haben: Tausenden von Lämmern, Ziegen und Tauben wurde die Kehle aufgeschlitzt und Ströme von Blut flossen über die Stufen. Ein Geruch des Todes, stelle ich mir vor, mag über der Tempelanlage gelegen haben. Die Tempelanlage verfügte auf der Westseite über einen Vorhof, über den man ging, um dann durch den Haupteingang in den höhergelegenen Tempelhof zu gelangen. Dort tauschten die frommen Pilger ihre römischen (und damit unreinen) Münzen gegen die als rein verstandene jüdische Währung, den Schekel, ein. Die römischen Münzen, die das Antlitz des Kaisers trugen, waren nicht nur unrein, weil der Kaiser aus der römischen Perspektive göttliche Verehrung genoss; bereits die Abbildung eines menschlichen Kopfes war in der jüdischen Religion verboten. Es versteht sich, dass die Wechsler gewiss darum besorgt waren, beim Wechseln nicht zu kurz zu kommen. Ebenfalls anzutreffen waren im Tempelvorhof die Händler, welche die Opfertiere zum Verkauf feilboten. Man kann sich gut vorstellen, was für ein reges Treiben, was für ein Gefeilsche, was für ein Geblöke und Gemecker geherrscht haben mag und was während der religiösen Feste für ein Gestank aus Blut, verbranntem Fleisch und Tierkot über der Tempelanlage gelegen haben muss, wenn man in den heiligen Bereich eintreten wollte.

Da machte Jesus sich aus Stricken eine Peitsche und trieb alle Ochsen und Schafe aus dem Tempel. Er stieß die Tische der Geldwechsler um und warf ihre Geldstücke auf den Boden. Den Taubenverkäufern befahl er: «Schafft das hier weg! Macht aus dem Hause meines Vaters keine Markthalle!»

Hat dieses fulminante Ereignis tatsächlich zu Beginn von Jesu Wirken stattgefunden, so hatte Jesus seine Marke unübersehbar gesetzt und dürfte den Tempelbehörden nicht entgangen sein. Doch merkwürdigerweise wird Jesus nach seiner Aktion im Hof des Tempels von den Autoritäten nicht sogleich verhaftet. Die Menschen, darunter auch die geistlichen Autoritäten, fragen Jesus bloß, woher er das Recht nehme, so zu verfahren.

Dass jene, die die sogenannte Tempelreinigung in die letzten Tage Jesu rücken und damit kurz vor der Passion ansetzen, in diesem Ereignis einen der Hauptgründe für Jesu Gefangennahme und Hinrichtung sehen, scheint mir nicht besonders glaubwürdig. Auch wenn sich Israel als durchaus strenger Gottesstaat verstand, so brauchte es vielleicht doch mehr, um den Klerus auf das Äußerste herauszufordern, als einige Händler im Tempelvorhof anzupöbeln. Vielleicht brandete dem neuen Rabbi aus dem Norden für dieses Vorgehen sogar offene Sympathie entgegen – nicht nur beim Volk, sondern auch bei einem Teil der niederen Tempelpriesterschaft. Die Besatzungsmacht Rom achtete zwar mit Argusaugen über Law and Order, aber paranoid war sie nicht und von ein paar umgestürzten Händlertischen sah sich das römische Imperium kaum herausgefordert: Mit einem Aufstand hatten diese Vorkommnisse herzlich wenig zu tun; vielmehr schien es sich eher um eine innerjüdische Angelegenheit gehandelt zu haben. Selbst wenn die Römer jeden Revoluzzer ohne Pardon kreuzigten, ein paar Tauben fliegen zu lassen und einige Geldmünzen auf das Pflaster zu werfen – darauf stand nicht einmal bei der rigiden Besatzungsmacht die Todesstrafe. Sollte nun also tatsächlich die Tempelaktion Jesu Verurteilung durch die Römer besiegelt haben, so bleibt die Frage, warum die römischen Legionäre nicht eingriffen und den Unruhestifter sogleich verhaftet haben. Selbst wenn man die Tempelreinigung unmittelbar vor der Passion ansetzt, bleibt die Frage unbeantwortet, warum Jesus in den folgenden Tagen unbehelligt weiter im Tempelbezirk predigen konnte. Für mich steht Jesu Tempelreinigung in keinem direkten Zusammenhang mit seiner Kreuzigung, zumindest stellt sie für mich nicht den Grund dar, weshalb Jesus am Schluss an einem römischen Kreuz starb. Daran, dass die Juden seltsame religiöse Sitten hatten und sich über religiöse Fragen auch über die Gebühr ereiferten, hatten sich die Besatzer inzwischen gewöhnt. Gut möglich, dass darüber hinaus im geschäftigen Treiben um den Tempel, bei all dem Gewirr von Stimmen, meckernden Ziegen und blökenden Schafen diese Episode lediglich von der nächsten Umgebung und den direkt Beteiligten wahrgenommen wurde, was allerdings nicht bedeutete, dass das Ereignis kurz danach nicht zum Stadtgespräch avancierte: Ein neuer Rabbi aus Galiläa, ein unerwarteter und gehöriger Temperamentsausbruch desselben und eine damit verbundene offene Kritik am Tempelwesen: «Peanuts» waren das natürlich nicht, zumal womöglich bereits Gerüchte im Umlauf waren, dass der weit herum respektierte Täufer vom Jordan den Nazarener zum Messias proklamiert habe.

Nikodemus, eine der führenden Autoritäten, sucht Jesus in der Nacht sogar persönlich auf, um mit ihm einen hochtheologischen Disput zu

> Die Evangelien lassen durchblicken, dass der neue Prediger und Heiler den jüdischen Behörden bereits von Anfang an auf die Nerven geht.

führen. Bob Dylan vermutet in seinem Song «In the Garden», dass Nikodemus Jesus einen geheimen Besuch abstattete, um ungesehen und unbemerkt zu bleiben. Solche theologischen Gespräche, so merkt der Historiker Carsten Peter Thiede an, pflegte man jedoch gerne nachts zu führen. Dass Nikodemus Jesus bei Nacht aufsuchte, muss also, so Thiede, kein Hinweis darauf sein, dass er es heimlich oder gar unter latenter Gefahr getan hat. Es gilt nämlich als gesichert, dass Jesus trotz seiner permanenten und immer wieder durchaus polemischen Verbalattacken gegen Pharisäer und Schriftgelehrte auch im jüdischen Klerus von Anfang an und bis zum Schluss einige, darunter vielleicht sogar einflussreiche Freunde und Gönner hatte. Darauf weist auch der Umstand hin, dass Jesus schließlich während den Passionsereignissen nicht vom gesamten Hohen Rat, sondern lediglich von einer kleineren, womöglich handverlesenen Schar von Priestern verhört wird, um die Liquidierung des ungeliebten Propheten zu erwirken. Doch davon wird später noch ausführlicher die Rede sein.

Die Evangelien lassen durchblicken, dass der neue Prediger und Heiler den jüdischen Behörden bereits von Anfang an auf die Nerven geht, doch scheinen sie nichts gegen ihn zu unternehmen. Jedenfalls zu diesem Zeitpunkt noch nicht. Entweder unterschätzen die Hohepriester den neuen Rabbi aus Nazareth, oder aber die Kunde über die wundersamen Ereignisse von Kana und das Zeugnis des Täufers waren ihm vorausgeeilt, oder noch weitere, zusätzliche Vorkommnisse hatten den Mann aus Galiläa schon weit herum sehr berühmt gemacht, weshalb der neue Prophet für die argwöhnische Priesterschaft zumindest vorerst unantastbar erschien.

Exorzist und Wunderdoktor

Ich bin nicht wahnsinnig. Was ich sage, ist wahr und vernünftig… Das alles hat sich ja nicht in irgendeinem Winkel des Reiches zugetragen…
Paulus von Tarsus

Wettstreit am Jordan?

Wir erinnern uns: Lukas berichtet, dass der Täufer im Jahre 29 in die Wüste geht. Der Täufer ist bereits berühmt und prominent, als der Mann aus Nazareth zu ihm kommt. Für die Kreuzigung kommt das Jahr 33 infrage, das der britische Sachbuchautor Nick Page in seinem Buch «Die letzten Tage Jesu – Protokoll einer Hinrichtung» auch klar favorisiert. Dies würde zumindest die Laufzeit Jesu öffentlichen Wirkens beträchtlich verlängern und aus dem einst knapp dreißigjährig geschätzten Jesus einen Mann von fast vierzig Jahren machen.

Fand Jesu Kreuzigung tatsächlich erst im Jahr 33 statt, dann hat Jesu öffentliches Wirken nicht nur drei, sondern vier, möglicherweise sogar fünf Jahre gedauert. Bei einer so langen Wirkungsdauer wird nicht verständlich, warum sich Jesu Gegner erst nach vier oder fünf Jahre dermaßen provoziert und genötigt sehen, Jesus zu beseitigen. Und bei einer so langen Wirkungsdauer Jesu hätte sich meiner Meinung nach die ganze Geschichte wohl auch ganz anders entwickelt.

Demnach hätte Jesu Wirken kaum ein Jahr gedauert!

Wenn aber die Zeitangaben bei Lukas stimmen und die Kreuzigung tatsächlich im April 30 stattgefunden haben sollte, wie Carsten Peter Thiede und Holger Strutwolf und mit ihnen eine stattliche Anzahl Bibelwissenschaftler annehmen, so vergingen nach Jesu erstem öffentlichen Auftreten keine zwölf Monate bis zur Kreuzigung. Demnach hätte Jesu Wirken – eine Auffassung, die im Übrigen der renommierte Textforscher Holger Strutwolf mit mir teilt – kaum ein Jahr gedauert! Falls der Evangelist Lukas als gebürtiger Syrer nach dem syrischen Kalender rechnete, befinden wir uns ein Jahr früher, also im Jahre 28 unserer Zeitrechnung. Wenn man dem Täufer realistischerweise etwas mehr Zeit lässt, seine landesweite Prominenz zu erlangen, dann dauerte Jesu öffentliches Wirken auch in Anbetracht des syrischen Kalenders höchstens einige Monate länger, insgesamt bestenfalls eineinhalb Jahre. Dieser Umstand wird uns zu einem späteren Zeitpunkt noch einmal beschäftigen, nämlich bei der Frage, ob und inwiefern Jesu Mission außer Kontrolle geriet, oder ob sie, wie von einigen Theologen und Exegeten (unter ihnen auch Paul Verhoeven) vermutet, irgendwann ins Leere lief.

Wenn Jesus wirklich im April 30 gekreuzigt wurde und man in entsprechender Weise die kurze Zeitspanne des Wirkens Jesu, aber auch des Täufers bedenkt, so muss sich in kurzer Zeit tatsächlich einiges an Spektakulärem zugetragen haben, das sowohl den Täufer, vor allem aber Jesus allem Anschein nach sehr schnell sehr berühmt und populär machte. Der Evangelist Johannes bestätigt in einer kurzen Notiz den Eindruck, dass der Mann aus Nazareth schon zu Beginn seines Wirkens – und dies durchaus auch im Zentrum der Macht und der Theologie, in Jerusalem – bereits von Anfang an berühmt und äußerst populär war:

Während sich Jesus das Pessachfest über in Jerusalem aufhielt, sahen viele die Wunder, die er tat, und fassten Vertrauen zu ihm. Aber Jesus hielt sich zurück, weil er sie alle durchschaute. Über die Menschen brauchte ihm keiner etwas zu sagen, denn er wusste genau Bescheid über sie. (Joh. 2,23–25)

Der Evangelist Johannes berichtet weiter, dass sich Jesus, nachdem er Jerusalem wieder verlassen hatte, mit seinen Jüngern an den Jordan begibt und nun seinerseits zu taufen beginnt. Wie viele Jünger Jesus zu diesem Zeitpunkt bereits um sich geschart hat, wissen wir nicht, es ist aber zu vermuten, dass sich ein großer Teil von Jesu Jüngern zumindest am Anfang aus dem Kreis des Täufers rekrutiert. Dass sich in der Folge ein Streit zwischen Jesu Jüngern und den Anhängern des Täufers entspinnt, wird vom Evangelisten nicht verschwiegen (Joh. 3,25–26). Der Bibelskeptiker Paul Verhoeven bezichtigt Jesus in seinem Buch sogar des Plagiats:

Als Jesus nun aus eigenem Antrieb zu taufen begann, unterminierte er damit die Sonderstellung, die Johannes für sich geschaffen hatte. Was Jesus tat, würden wir heute als Plagiat bezeichnen, er «stiehlt» Johannes die Taufe. Man könnte es sogar als feindliche Übernahme betrachten.

Im Gespräch relativiert Paul Verhoeven diverse Aussagen in seinem Buch und weist darauf hin, dass er der deutschen Sprache leider nicht mächtig sei und deshalb die deutsche Übersetzung seines Buches nicht in allen Teilen kontrollieren konnte. Er habe aber inzwischen Kenntnis davon, dass die deutsche Buchfassung in teilweise sarkastischem Jargon abgefasst sei, was jedoch nicht seinen Absichten entspechen würde.

Im Johannes-Evangelim indessen ist jedenfalls zu lesen, dass der Täufer die ganze Sache nicht so heiß isst, wie sie gekocht worden ist; im Gegenteil spricht er gemäß dem Evangelisten einmal mehr davon, dass sein Teil der Mission erfüllt sei und er nun zugunsten des Größeren zurücktreten müsse (Joh. 3,27–30). Paul Verhoeven glaubt, dass diese Haltung dem Täufer später angedichtet wurde, nachdem die Jesus-Bewegung die Johannes-Gruppe auflaufen ließ. Hierfür gibt es allerdings keine Beweise – weder in den Evangelien noch in anderen Quellen. Der renommierte neutestamentliche Archäologe Shimon Gibson ist überzeugt, dass sich Jonannes lediglich als Wegbereiter sah. Im Resümee seines Buches «Die sieben letzten Tage Jesu» schreibt er:

Jesus wurde von Johannes dem Täufer im Jordan getauft. Was diese Taufe für Jesus bedeutete, welche persönlichen Erfahrungen sich damit verbanden, blieb sein Geheimnis und wurde von anderen nicht

Jesu Name scheint bereits nach kürzester Zeit weit herum bekannt zu sein.

in vollem Umfang verstanden, auch nicht von Johannes dem Täufer. Johannes war ein religiöser Extremist, der sich in seinen Moralvorstellungen und in seinem Verhalten am Vorbild der Propheten des Alten Israel orientierte. Er führte in einem unwirtlichen, trockenen Landstrich ein asketisches Leben und wollte dem Kommen des Messias den Weg ebnen…

Inwieweit diese Einschätzung den historischen Fakten oder aber einem allfälligen Konzept der Jünger Jesu und der Evangelisten entspricht, wissen wir natürlich nicht. Am Ende «obsiegen» bekanntlich Jesu Jünger über die Anhängerschaft des Täufers, denn am Ende sind es ja stets die Sieger, die die Geschichte und die Chroniken schreiben. Es wird deshalb bisweilen an dieser Stelle den Evangelien unterstellt, sie hätten einen wüsten Streit unter Konkurrenten zugunsten Jesu geklittert, was aber einer reinen Mutmaßung entspricht. Johannes berichtet im 4. Kapitel seines Evangeliums außerdem, dass nicht Jesus selbst,

EXORZIST UND WUNDERDOKTOR

sondern seine Anhänger – ob von Jesus autorisiert oder nicht, wissen wir nicht – zu taufen beginnen und dass der Zulauf sehr bald gewaltig ist.

Jesu Name scheint offensichtlich bereits nach kürzester Zeit weit herum bekannt zu sein. Waren es die Gerüchte, dass er bereits spektakuläre Wunder gewirkt haben soll? Oder machte die Proklamation des Täufers diesen Jesus von Nazareth bei den Menschen schlagartig populär? Oder war es die temperamentvolle Tempelreinigung des neuen Rabbi, der es wagte, dem Tempelestablishment offen entgegenzutreten? Vermutlich eine Kombination aus all diesen Faktoren. Den geistlichen Autoritäten zu Jerusalem jedenfalls kommt zu Ohren, was sich da unweit der Stadt am Jordan tut. Und allem Anschein nach ärgerte sie das Treiben gewaltig, was Jesus veranlasst, nach Galiläa zurückzukehren; offenbar sucht er die Konfrontation mit dem Klerus nicht. Noch nicht.

Der Prophet im eigenen Land

Und Jesus beginnt alsbald mit seiner Mission richtig durchzustarten. In Kana, wo er mit dem Verwandeln von Wasser in Wein dem Vernehmen nach vor Kurzem bereits ein spektakuläres Wunder vollbracht haben soll, vollzieht er gemäss den Angaben des Johannes-Berichts ein zweites und heilt den erkrankten Sohn eines Beamten. Dann begibt er sich nach Kafarnaum, einem Fischerstädtchen am nördlichen Ufer des Sees Genezareth. Der Evangelist Markus berichtet im 4. Kapitel:

Jesus kam nach Kafarnaum in Galiläa. Auch hier sprach er in der Synagoge zu den Menschen. Die Zuhörer waren tief beeindruckt; denn er sprach wie einer, hinter dessen Worten Gott selbst steht. In der Synagoge war ein Mann, der von einem bösen Geist besessen war. Er schrie: «Was hast du mit uns vor, Jesus von Nazareth? Willst du uns zugrunde richten? Ich kenne dich; du bist der, den Gott gesandt hat!» Jesus befahl dem bösen Geist: «Sei still und verlass ihn!» Da schüttelte der Geist den Mann und verliess ihn; aber sonst tat er ihm nichts. Die Leute erschraken alle und sagten zueinander: «Wie redet dieser Mensch? Mit unwiderstehlicher Autorität befiehlt er den bösen Geistern zu weichen, und sie gehorchen.» So kam es, dass man in der ganzen Gegend von Jesus sprach.

Markus berichtet, dass sich allerdings die Begeisterung ausgerechnet in seiner Heimatstadt in Grenzen hielt:

> Ein Prophet wird überall geachtet, nur nicht in seiner Heimat, bei seinen Verwandten und seiner Familie.

Am Sabbat sprach er in der Synagoge, und alle, die ihn hörten, waren sehr verwundert. «Wo hat er das her?», fragten sie einander. «Von wem hat er die Weisheit? Wie kann er solche Wunder tun? Er ist doch der Zimmermann, der Sohn von Maria und der Bruder von Jakobus, Joses, Judas und Simon. Und leben nicht alle seine Schwestern hier bei uns?» Darum wollten sie nichts von ihm wissen. Aber Jesus sagte zu ihnen: «Ein Prophet wird überall geachtet, nur nicht in seiner Heimat, bei seinen Verwandten und seiner Familie.» Deshalb konnte er dort keine Wunder tun; nur einigen Kranken legte er die Hände auf und heilte sie. Er wunderte sich, dass die Leute von Nazareth ihm kein Vertrauen schenkten. Darum ging er in die umliegenden Dörfer und sprach dort zu den Menschen.

Weit dramatischer erzählt der Evangelist Lukas vom Scheitern Jesu in seiner Heimatstadt. In seinem Bericht sind die Bürger von Nazareth über den plötzlich berühmten Sohn so erzürnt, dass sie ihn von einem Felsen stürzen wollen. Die Szene wird kurz, aber sehr eindrücklich geschildert: Jesus sieht sich von empörten und schreienden Dorfgenossen umstellt, die ihn von der höchstgelegenen Stelle der Stadt in die Tiefe werfen wollen. Eine Szene mit gewaltigem Kino-Potenzial:

Doch Jesus ging unbehelligt mitten durch die Menge und zog weiter. (Lk 4.29)

Böse Geister und Besessene

Alle vier Evangelisten berichten in der Folge von zahlreichen, zum Teil spektakulären Wundern, die Jesus in Galiläa zu wirken beginnt. Jesus heilt Blinde, Lahme, Aussätzige. Und immer wieder wird von Heilungen von Besessenen berichtet, bei denen Jesus böse Geister und Dämonen in Scharen ausgetrieben haben soll. Und mit den bösen Geistern und Dämonen sind wir wiederum bei einer Thematik angelangt, die in unserer modernen Gesellschaft kaum mehr verstanden und deshalb bis zu einem gewissen Grad ausgeklammert wird. Es versteht sich, dass diese dunklen Geistwesen – genauso wie der Teufel und die Hölle – in der modernen Theologie kaum mehr Platz finden oder, zumindest gemäss postaufklärerischem Zeitgeist, vor allem aber in Zeiten neurologischer Erkenntnisse, eher psychologisch gedeutet werden. Doch genau wie bei der Betrachtung des leibhaftigen Teufels hat dies grundsätzlich etwas Problematisches, da dieses Ausblenden seinerseits wiederum die Interpretation im Sinne eines Zeitgeistes ist, in extremer Betrachtungsweise damit sogar manipulative Züge aufweist. Es gibt nämlich in den Evangelien keine einzige Stelle, die vermuten liesse, dass Jesus nicht der Auffassung war, dass neben den Engeln Gottes auch böse Geister und Dämonen am Werk seien. Diesen Umstand auszublenden oder gar in Abrede zu stellen, hieße, Jesus eine für unsere Zeit gültige Denkweise überzustülpen oder Jesus von Nazareth lediglich ganz und gar als unwissendes Kind seiner Zeit zu verstehen. Nachvollziehbar ist eine solche Gesteshaltung auf jeden Fall bei einem Bibelkritiker und Atheisten wie Paul Verhoeven, bei christlichen Theologen bekommt das Ganze allerdings Schlagseite, würde das doch nichts anderes bedeuten, als dass die Evangelien als kunterbunter Selbstbedienungsladen zu verstehen wären, aus dem man sich nach Belieben bedienen und die Zutaten wie bei einem kalten Buffet anrichten kann, um dort nach eigenem Gusto nach den leckeren und bekömmlicheren Lachsbrötchen zu greifen, während man gleichzeitig die daneben befindlichen sauren Zwiebeln und scharfen Radieschen unangetastet liegen lässt, wobei dies freilich nichts darüber aussagt, ob ich selber an die Existenz böser Mächte glaube (ich kann mir diese immerhin vorstellen). Jesus aber glaubte in jedem Fall an eine Existenz böser Wesen und er wirkte, und da sind sowohl Paul Verhoeven als auch meine anderen Interview-Gäste im Film, Christina aus der Au, Eugen Drewermann, Albert Gasser, Holger Strutwolf und Perry Schmidt-Leukel, mit mir einig, als effizienter Exorzist.

Was also ist nun aber unter den in den Evangelien beschriebenen Dämonen zu verstehen? Und was verstanden Jesu Zeitgenossen unter Dämonen und bösen Geistern? Und schließlich: Wie verstand und begriff sich Jesus selbst in Bezug auf sein Wirken bzw. seine Geisteraustreibungen?

Die moderne Theologie und Bibelauslegung spricht, wie erwähnt, selten oder ungern über Dämonen und böse Geister und unsere naturwissenschaftliche Welt versucht zu Recht, die meisten Verhaltensabnormitäten mithilfe der Psychologie und Psychiatrie zu erklären. Das (in allerdings seltenen Fällen) Hinzuziehen von Exorzisten wird von den Psychiatrien nicht an die große Glocke gehängt und man begründet diesen Beizug eines katholischen Geisterjägers meistens damit, dass mit dem Erscheinen des Exorzisten eine suggestive Schockwirkung erzielt werden könne. Genau so wird dies im Film «The Exorcist» auch Chris MacNeil (Ellen Burstyn), der Mutter der besessenen kleinen Regan (Linda Blair), von den weißkittligen Seelendoktoren erklärt. Bis heute ungeklärt bleiben aber jene dokumentierten seltenen Fälle, in denen psychisch Geplagte fremde, sogar längst tote antike Sprachen sprechen oder die geheimsten Geheimnisse anwesender Personen zu offenbaren imstande sind.

Ich erinnere mich an ein Gespräch, das ich vor Jahren mit dem bekannten Parapsychologen und Geistheiler Freddy Wallimann in meiner Heimatgemeinde Lungern führte. Wir sprachen über verschiedene Dinge, unter anderem auch das Phänomen der Besessenheit. Freddy Wallimann ist in solchen Dingen sehr zurückhaltend und er ist bekannt dafür, dass er bei seiner heilerischen Tätigkeit mit beiden Füßen auf dem Boden steht, auch keinerlei Berührungsängste mit der Schulmedizin kennt. Wallimann spricht denn auch ungern von Besessenheit und vermutet in den allermeisten Fällen eher eine psychologische Störung des Patienten als die Anwesenheit eines fremden, womöglich bösen Geistwesens. Dennoch schließt er Besessenheit nicht grundsätzlich aus und meint, dass die Besessenheitsquote bei höchstens 1 zu 1000 liege, eine Quote, die übrigens, wie ich erst später erfuhr, auch bei kirchlich «lizenzierten» Exorzisten immer wieder zu hören ist. Er habe, fügte Freddy Wallimann an, allerdings Fälle von realer Besessenheit erlebt – eine fürchterliche Angelegenheit – weshalb er froh sei, dass höchstens einem von tausend Fällen eine reale Besessenheit zugrunde liege.

Bei allen Versuchungen, womöglich dem modernen Mainstream zu entsprechen, hält zumindest die katholische Kirche auch heute grundsätzlich und offiziell an der Existenz von Teufel und Dämonen fest. Papst Johannes Paul II. habe in seinem langen Pontifikat Tausende Geisteraustreiber rekrutiert und, so verriet mir Eugen Drewermann im Gespräch, Papst Benedikt XVI. soll während seinen ersten sieben Amtsjahren bereits über 3000 Exorzisten berufen haben. Tatsächlich lässt sich Benedikt XVI. auch öffentlich vernehmen, dass er innerhalb der katholischen Kirche die Praxis des Exorzismus als unabdingbares Werkzeug wider das Böse erachtet. Papst Johannes-Paul II., der einer vatikanischen Indiskretion zufolge angeblich 1982 in Frankreich selber einen Exorzismus an einer jungen Frau vollzogen haben soll, äußerte sich im August 1986 in einer Ansprache zu dieser Thematik jedoch zurückhaltend:

Die Kirche fördert nicht leichtfertig die Neigung, allerlei Geschehnisse dem direkten Wirken des Satans zuzuschreiben, aber grundsätzlich kann nicht geleugnet werden, dass der Satan in seinem Streben, Schaden anzurichten und Böses zu stiften, zu derart extremen Manifestationen sehr wohl fähig ist.

> Jesus glaubte an eine Existenz böser Wesen und er wirkte als effizienter Exorzist.

Der Herr der Fliegen

Jesus bekommt es in den Evangelien verschiedentlich mit den bösen Geistern zu tun. Von einem äußerst spektakulären Exorzismus berichtet Lukas im 8. Kapitel: Auf der Ostseite des Sees Genezareth kommt ein nackter Mann auf Jesus und seine Begleiter zu, von dem es heißt, dass er in den umliegenden Grabhöhlen haust. Als er Jesus erblickt, wird der Mann hysterisch, schreit und wälzt sich auf dem Boden:

«Was willst du von mir, Jesus, du Sohn des höchsten Gottes? Bitte quäle mich doch nicht!» ...

Der Mann, so berichtet Lukas, gilt als extrem gewalttätig und hat Fesseln, sogar Ketten zerrissen. Jesus fragt ihn:

«Wie heißt du?» Er antwortete: «Ich heiße Legion.» Es waren nämlich viele Geister in den Mann gefahren. Die baten Jesus: «Schick uns nicht in die Hölle!» In der Nähe weidete eine Schweineherde auf dem Berg, und sie baten ihn, in die Schweineherde fahren zu dürfen. Jesus erlaubte es ihnen. Da verließen sie den Mann und fuhren in die Schweine. Die ganze Herde stürzte sich über das steile Ufer in den See und ertrank.

> «Guter Mann, wenn Du mir wirklich helfen willst, so musst du zuerst realisieren, dass es mich überhaupt nicht gibt.»

Dass sich solche Geschichten wie ein Lauffeuer verbreitet haben dürften, versteht sich von selbst. Lukas beendet die Schilderung mit einer entsprechenden Bemerkung:

Der Mann zog durch die ganze Stadt und machte überall bekannt, was Jesus für ihn getan hatte.

Der Theologe und Psychoanalytiker Eugen Drewermann interpretiert diese Geschichte während meines Film-Interviews auf seine ganz eigene Weise, wobei er diese Episode für eine spätere literarische Beifügung hält. Als Beweis nennt der Theologe die Erwähnung der Schweineherde, die ohne jeden Zweifel den Ort als Ausland, also als nichtjüdisches Stammland verrät. Für Drewermann ist klar, dass Jesus nicht ins Ausland ging. Diese Auslegung erstaunt mich, denn Jesus, so berichten die Evangelien ganz klar, geht während seiner gesamten Wirkungszeit verschiedentlich in nichtjüdische Gebiete; Sidon, Tyrus und Samaria werden sogar namentlich genannt. Wieso hätte Jesus nicht einen Abstecher an das Ostufer des Sees Genezareth machen sollen?

Eugen Drewermann glaubt in der beschriebenen Szene eine fast schon klassische Psychobehandlung vor sich zu haben. Er umschreibt zuerst einmal die Situation, wie sie im Evangelium erzählt wird: Der «Besessene» will sich zuerst gar nicht helfen lassen; dies sei wiederum, so Drewermann, ein klassisches Verhaltensmuster eines psychisch Kranken. Jesus fragt den Dämon nach dessen Namen und dieser antwortet, sein Name sei «Legion», also nennt er Jesus den Namen der größten römischen Truppeneinheit, die zur Zeit der Republik etwa vier- bis fünftausend Mann zählte und in der Kaiserzeit auf sechstausend Soldaten aufgestockt wurde. Für Drewermann ein Hinweis, dass wir es beim Besessenen vom Ostufer des Sees mit einem Mann mit einer extremen Persönlichkeitsspaltung zu tun haben. Drewermann lässt den Besessenen zu Jesus sagen: «Guter Mann, wenn Du mir wirklich helfen willst, so musst du zuerst realisieren, dass es mich überhaupt nicht gibt.» Er be-

schreibt den Mann und adaptiert das Muster auf heutige Patienten: «Ich war mein ganzes Leben lang irgendwo zwischen den Fronten; hörst du jetzt, wie meine Mutter spricht? Und jetzt mein Vater? Beide konnten sich nie leiden und ich war stets der Zankapfel dazwischen... Und jetzt kommt der Lehrer, der rumnörgelt und dann folgt der Spieß im Kasernenhof. Und nun der Arzt, der Psycho-Doktor... Und alle wollen, dass ich so bin, wie sie es mir sagen.» Der Mensch, so gibt Drewermann zu bedenken, bleibe dann nicht nur auf der Strecke, sondern werde in dieser Situation förmlich aufgerieben. Die psychische Krankheit beginne sich zu etablieren und schaffe ein System, das am Ende genauso funktioniere wie ein Heerverband, eben wie eine römische Legion.

Eugen Drewermanns Interpretation der Geschichte (die er allerdings, wie erwähnt, für erfunden hält) ist interessant und sie zeigt nicht nur die enorme Kompetenz des promovierten Psychologen, sondern sie zeigt auch die enorme Empathie, die ich beim Interview bei Eugen Drewermann gegenüber Kranken, Verunsicherten und Benachteiligten erlebt habe. Die knapp geschilderten Vorkommnisse der Evangelien lassen freilich Platz zur Interpretation und wer mit den geschilderten Ereignissen wegen den immer wieder auftauchenden übersinnlichen Phänomenen nichts anfangen kann, wird sich eine andere, entsprechende Deutung suchen und zusammenreimen. Deutungen und Auslegungen liefern aber wiederum neuen Diskussionsstoff, dem wir uns zu stellen haben, egal ob man persönlich nun kritische Einwände hat oder kursierende Interpretationen teilt.

Wie immer man zu dieser Thematik steht: Geister und Dämonen spielen in den Evangelien immer wieder – vor allem zu Beginn von Jesu Wirken – eine wichtige Rolle. Und bis in die Neuzeit hinein war der Glaube an Geister und Dämonen in Galiläa tief verwurzelt. Der Jesuit und Bibelwissenschaftler Christoph Wrembek zitiert in seinem Buch «Die sogenannte Magdalenerin» einen Kollegen, den Bibelwissenschaftler Karl-Erich Wilken, der von seinen noch um 1930 gemachten Beobachtungen im nördlichen Israel berichtet:

Von allem, was schön ist, nehmen sie Besitz. Sie sind Anstifter jeglichen Unheils und aller Krankheiten. Schön gestaltete Menschen, vor allem Frauen und Kinder, aber auch edle und wertvolle Haustiere sind

> Unweigerlich kommt einem William Friedkins Meisterwerk «The Exorcist» von 1973 in den Sinn...

dem bösen Blick der Geister ausgesetzt. Das einzig Beruhigende beim Glauben an die bösen Geister ist die Gewissheit, dass sie zu täuschen sind. Bei all ihrer Gefährlichkeit werden sie von der ländlichen Bevölkerung für dumm gehalten und können daher leicht betrogen werden.

Wie mag wohl eine von Jesus vorgenommene Geisteraustreibung vonstattengegangen sein? Unweigerlich kommt einem William Friedkins Meisterwerk «The Exorcist» von 1973 in den Sinn; die im Film von der damals erst zwölfjährigen Linda Blair und ihrem Double Eileen Dietz ungeheuer glaubhaft verkörperte Regan verzerrt in ihrer Besessenheit stöhnend, kreischend, spuckend und erbrechend ihr Gesicht zur Fratze. Und nun tritt Max von Sydow als Exorzist Pater Lancaster Merrin – sieben Jahre nach seinem Film-Auftritt in «The Greatest Story Ever Told» – nicht mehr als verklärter Christus, sondern als rabiater «Ghostbuster» auf den Plan.

Der Jesuit und Bibelforscher Christoph Wrembek schreibt über Jesu Exorzismen:

In der Dämonie der bösen Geister wird der Wille des einen Satans spürbar, der auf die Zerstörung und Knebelung des geistlichen und leiblichen Lebens des Menschen gerichtet ist. Jesus überwindet den Satan, die bösen Geister ohne jede Zauberriten, ohne jede Anstrengung, wie spielend und selbstverständlich…

Wrembeks Auffassung teilt auch ein heute inzwischen über achtzigjähriger Innerschweizer Priester, der viele Jahre als kirchlich «lizenzierter» Exorzist wirkte, was sich spektakulärer anhöre, als es gewesen sei, wie der Geistliche durchblicken ließ. In einem Telefongespräch meinte er, dass Jesus durch die große Macht, die er hatte, bei seinen Austreibungen kaum zu groben und rabiaten Mitteln greifen musste. Dem widerspricht der niederländische Filmregisseur Paul Verhoeven, ehemaliges Mitglied des «Jesus-Seminars» in Kalifornien, vehement und in der Filmdokumentation imitiert er mit der Leidenschaft eines Regisseurs, wie er sich eine solche Austreibungsszene vorstellt. In seinem Buch «Jesus of Nazareth» vermerkt er:

Wenn ich die Szene verfilmte, stünde sie in starkem Kontrast zu der in Pasolinis Film «Das 1. Evangelium des Matthäus»… Eine einzige Gebärde Jesu, unterstützt von Bachs Matthäuspassion: Im Bruchteil einer Sekunde ist die Lepra verschwunden! In Wirklichkeit war Jesu Verhalten bei den Exorzismen jedoch so extrem, dass seine Familie glaubte, er sei verrückt geworden… Mathäus und Lukas fanden es völlig unannehmbar, dass Jesus körperlich so tobte. Sie haben alles, was damit in Zusammenhang stand, ohne Pardon aus der Markus-Vorlage gestrichen.

Die Szene bei 8,26–39 im Lukas-Evangelium erzählt etwas Interessantes über das Wesen des Exorzismus: Jesus nämlich fragt den Dämon nach dessen Namen. Für den Exorzisten befindet sich nicht einfach eine namenlose Negativenergie im Opfer; der Dämon ist ein Wesen mit einer Identität, mit einem Namen. Den muss der Exorzist in Erfahrung bringen, damit er weiß, mit wem er es zu tun hat. Und gemäß kirchlicher, aber auch spiritistischer Auffassung ist nach ewig gültigem göttlichem Gesetz der Dämon verpflichtet, seine Identität preiszugeben.

Exorzismen – so man denn an ihre Wirkung glaubt – haben nichts Romantisches oder Verklärtes an sich. Im Allgemeinen, so hört man immer wieder, ist ein Exorzismus eine zum Teil außergewöhnlich rabiate, bisweilen sogar gewalttätige Angelegenheit und Filme wie William Fiedkins «The Exorcist» oder Scott Derricksons «The Exorcism of Emily Rose» bleiben in ihren eindrücklichen Inszenierungen dem Vernehmen nach durchaus nahe an der Realität. Auch wenn die katholische Kirche den Exorzismus als außergewöhnliches Mittel vorsieht, dem Bösen entgegenzutreten, so wird ein solcher nicht leichtfertig gestattet, birgt er doch erhebliche Gefahren sowohl für den Besessenen als auch für den Exorzisten selbst. Der Fall der vierundzwanzigjährigen Deutschen Anneliese Michel, die am 1. Juli 1976 an den Folgen einer Austreibung verstarb, wurde juristisch aufgearbeitet. Die Angelegenheit gipfelte im Februar 1978 sogar in der Exhumierung des Leichnams und selbstredend sorgte der Fall für weltweites Aufsehen. Die tragischen Ereignisse waren natürlich Wasser auf die Mühle der Exorzismusgegner und das Gericht sah es als erwiesen an, dass die beiden Geistlichen, Pater Arnold Renz und Pfarrer Ernst Alt, sowie die Eltern der jungen Frau die Verantwortung am Tod von Aneliese Michel trugen. Sie alle wurden zu je sechs Monaten Haft wegen fahrlässiger Tötung verurteilt, drei Jahre zur Bewährung ausgesetzt.

Doch ist eine Geisteraustreibung auch für den Vollziehenden nicht ungefährlich. Im Anschluss an die Premiere des Dokumentarfilms «Arme Seelen» meines Kollegen, des Filmemachers Edwin Beeler, erzählte mir ein Geistlicher von einem ihm

> Exorzismen haben nichts Romantisches oder Verklärtes an sich.

bekannten Priester, der sich ganz und gar dem Austreiben böser Geister widmen wollte und als Exorzist nach Afrika gereist sei. Es habe für ihn nicht gut geendet. Ein weitverbreiteter Irrtum nämlich, so ein Freund, der sich in der Materie auskennt, sei jener, dass Geister und Dämonen dumm und daher leicht in ihre Schranken zu weisen seien. Der auszutreibende Dämon, der sein Opfer unter keinen Umständen verlassen wolle, sei an Kraft und Wissen einem Menschen haushoch überlegen. Der böse Geist kenne nämlich die intimsten Geheimnisse, sogar die Wesenszüge des Exorzisten. Und davon mache der Dämon in seinem Widerstand auch reichlich Gebrauch. Charakterlich labile Menschen hätten schlicht keine Chance, einen Exorzismus unbeschadet, zumindest erfolgreich durchzustehen.

Wie sehr Jesus die Menschen Respekt vor Dämonen und niederen Geistwesen lehrt, wird in den Evangelien geschildert und Jesus macht es bei Lukas 11,24–26 deutlich: Selbst ein erfolgreicher Exorzismus bedeutet für Jesus keineswegs den endgültigen Sieg über einen bösen Geist. Denn die düsteren Wesen haben das unbändige Verlangen, zu ihrem einstigen Wirt zurückzukehren:

Wenn ein böser Geist einen Menschen verlässt, dann irrt er durch die Wüste und sucht nach einer Bleibe. Wenn er keine findet, sagt er sich: «Ich gehe lieber wieder in meine alte Behausung!» Er kehrt zurück und findet alles sauber und aufgeräumt. Darauf geht er hin und sucht sich noch sieben andere böse Geister, die noch schlimmer sind als er selbst, und sie kommen und wohnen dort. So ist dieser Mensch schlimmer dran als am Anfang.

Anmerken muss man hier allerdings, dass sich die Evangelien generell eher ausschweigen, wenn es um die Art oder Beschaffenheit von Jesu Heilkräften geht. Offenbar arbeitet der Heiler aus Nazareth mit mentalen Kräften, die von ihm ausgehen (Lk. 8,42–48). Dass Jesus einmal einen Teig aus Speichel und Erde anfertigt und damit einem Blinden die Augen öffnet, gehört zu den seltenen detaillierteren Beschreibungen seiner heilerischen Handlungsweisen (Joh. 9,6–7). Es wird auch nicht weiter umschrieben, ob Jesus beim Ansprechen der bösen Geistwesen flüstert, schreit oder normal spricht. Es kann also durchaus sein, dass Paul Verhoeven, der übrigens keineswegs an Jesu heilerischen Fähigkeiten zweifelt, recht hat und die Austreibungen, die Jesus vornimmt, mit seinem ganzen Körpereinsatz geschehen und den Zuschauern ein spektakuläres Schauspiel geboten haben.

Doch gerade Jesu erfolgreiche exorzistische Tätigkeit machte ihn bei den Priestern und Schriftgelehrten verdächtig und sein Wirken war beim Klerus keineswegs unumstritten; er wurde von

> Charakterlich labile Menschen hätten schlicht keine Chance, einen Exorzismus unbeschadet, zumindest erfolgreich durchzustehen.

Priestern und Schriftgelehrten sogar bezichtigt, mit den Dämonen im Bunde zu sein, mit Beelzebub, dem Dämonenfürst, zu paktieren und den Beelzebub (aramäisch: «Herr der Fliegen») mithilfe des Beelzebubs auszutreiben. Jesus kontert pragmatisch:

Wie kann Satan sich selbst austreiben? Ein Staat muss doch untergehen, wenn seine Machthaber einander befehden. Und wenn die Glieder einer Familie miteinander im Streit liegen, wird die Familie zerfallen. Wenn der Satan sich selbst bekämpft, muss er untergehen, und mit seiner Herrschaft ist es aus.

Wehe den Gesetzeslehrern

I was around when Jesus Christ had His moment of doupt and faith. I made damn sure that Pilate washed his hands and sealed His fate…
The Rolling Stones

Jesus und die rituellen Gesetze

Und noch etwas störte einige Schriftgelehrten gewaltig: Offensichtlich foutierte sich dieser neue Rabbi aus Nazareth um die Einhaltung der mosaischen Gesetze, wie sie jeder fromme Jude durch die Thora zu befolgen hat. Im 6. Kapitel beschreibt Lukas, dass der Klerus sich immer wieder herausgefordert sieht, weil Jesus und seine Schar sich nicht an die Sabbat-Ruhe halten. Mit Argusaugen beobachten die Gesetzeslehrer, ob Jesus es wagt, an einem Sabbat die gelähmte Hand eines Mannes zu heilen:

Die Gesetzeslehrer und Pharisäer hätten Jesus gerne angezeigt. Aber Jesus kannte ihre Gedanken. Er sagte zum Mann mit der gelähmten Hand:

Jesus droht dem leichtfertigen Gesetzesübertreter mit drastischen Konsequenzen.

«Steh auf und komm her!» Der Mann gehorchte und trat vor. Dann sagte Jesus zu den Anwesenden: «Ich frage euch, was darf man nach dem Gesetz am Sabbat tun? Gutes oder Böses? Darf man an einem Sabbat einem Menschen das Leben retten oder muss man ihn umkommen lassen?» Er schaute alle der Reihe nach an und forderte den Mann auf: «Streck deine Hand aus!» Er streckte sie aus und sie wurde wieder gesund. Darüber wurden die Gegner Jesu so wütend, dass sie miteinander berieten, was sie gegen ihn unternehmen könnten.

Dass er an einer anderen Stelle den Schriftgelehrten sagt, dass der Mensch nicht für den Sabbat, sondern im Gegenteil der Sabbat für die Menschen da sei, wird die Gesetzeslehrer kaum beruhigt haben. Überhaupt befolgt Jesus die religiösen Vorschriften kaum und scheint sich um die immerhin sechshundertdreizehn Gesetzesartikel und die zusätzlichen zweitausend Kommentargesetze wenig zu kümmern. Vielmehr stellt er entgegen den Vorstellungen der damaligen Theokratie ganz offensichtlich den Menschen und dessen Bedürfnisse in den Mittelpunkt. Jesus, der Humanist? So einfach ist es jedoch nicht. Der renommierte, 1979 verstorbene Theologe und Orientalist Joachim Jeremias relativiert in seinem Buch «Unbekannte Jesusworte»:

Der Codex D liest anstelle von Lk 6,5 im Anschluss an die Geschichte vom Ährenrupfen am Sabbat folgende kurze Geschichte: «An demselben Tag sah er (Jesus) einen Mann am Sabbat eine Arbeit verrichten. Da sagte er zu ihm: ‹Mensch! Wenn du weißt, was du tust, bist du selig. Wenn du es aber nicht weißt, bist du verflucht und ein Übertreter des Gesetzes.›»

Ob es sich hier um ein authentisches Jesus-Wort handelt, ist umstritten. Jeremias hält es für möglich. Damit wäre klar: Jesus spricht sich nicht einfach für die Abschaffung des Sabbats (und damit für die Aufhebung aller rituellen Gesetze der Thora) aus. Vielmehr verlangt er einen bewussten Umgang mit den Gesetzen bzw. religiösen Vorschriften. Dass Jesus einfach über religiöse Vorschriften hinwegsieht, ist angesichts der zweiten Hälfte des Spruchs nicht anzunehmen, droht er doch dem leichtfertigen Gesetzesübertreter mit drastischen Konsequenzen.

Jesus stellt im Gegensatz zu den geistlichen Autoritäten dennoch die religiösen Vorschriften nicht in den Mittelpunkt, sondern das Wohlergehen des Menschen. Joachim Jeremias kommentiert Jesu Haltung zum Gesetz:

Wenn du weißt, dass für die Kinder Gottes über allen Geboten das der Liebe steht, – dann bist du selig. Aber, Mensch, «wenn du es nicht weißt», wenn du nicht die Vollmacht hast zur Übertretung, wenn du meinst, ich erlaube, dass meine Jünger leichtfertig den Feiertag entheiligen und die geheiligte Ord-

nung antasten, wenn du aus Frivolität und Frechheit handelst – dann «bist du verflucht und ein Übertreter des Gesetzes».

Der Bibelwissenschaftler betont, dass er nicht glaubt, dass Jesus religiöse bzw. rituelle Vorschriften relativiert oder gar infrage stellt. Jeremias merkt an:

Jesus sagt: Es kann der besondere Fall eintreten, dass jemand den Feiertag entheiligt, gebunden in seinem Gewissen an den lebendigen Gott, weil Gott ihm eine Tat helfender Liebe auftrug. Selig, wer so den Feiertag entheiligt! Aber wer ihn entheiligt aus Leichtfertigkeit und Gleichgültigkeit, ist verflucht. So erschreckend scharf hat Jesus über die Feiertagsentheiligung gedacht.

Es ist offensichtlich: Auf die innere Haltung, auf die Beweggründe kommt es an. Kein Gesetz, keine Vorschrift, keine Frömmelei entbindet von der persönlichen Verantwortung. Und damit unterscheidet sich Jesus mit seiner Auffassung radikal von den damaligen Gesetzeslehrern. Jesu Verhalten, seine Ideen und sein soziales Denken sind tatsächlich neu und einzigartig und bergen zu seiner Zeit nicht wenig sozialpolitischen und religiösen Zündstoff. Paul Verhoeven fasst die Situation treffend zusammen:

Hier steht ein Prophet, der eine Machtposition im kommenden Gottesreich beansprucht. Der sich die Macht aneignet, um die existierende jüdische Lehre radikal zu verändern und durch seine eigene Sicht zu ersetzen. In der völligen Überzeugung, im Recht zu sein, macht er seine Gegner zur Schnecke. Daher kann man sich vorstellen, dass viele Juden – vor allem diejenigen, die sich in Machtpositionen befanden – eine gewaltige Wut auf ihn bekamen und anfingen, ihn zu hassen. Das Resultat war offene Feindschaft.

Wie heftig die verbalen Zusammenstöße waren, schildert uns der Evangelist Lukas in einer eindrücklichen Szene: Darin wird Jesus von einem Pharisäer zu Tisch geladen; Pharisäer pflegten und liebten nämlich – so wie Jesus auch – großzügige und ausgedehnte Gastmähler. Jesus wird kritisiert, dass er die Reinigungsriten nicht vollziehe. Jesus kontert scharf:

«Ihr Pharisäer reinigt zwar die Teller und Tassen. Aber innen starrt ihr vor Raub und Schlechtigkeit!»

Jesus feuert eine ganze Breitseite auf die religiösen Autoritäten und bezichtigt sie einmal mehr der Heuchelei. Und immer wieder wirft er ihnen vor, dass sie die Gnade der Erkenntnis gehabt, diese aber in verantwortungsloser Weise verspielt hätten. Statt die Liebe Gottes zu predigen, hätten sie die Menschen mit törichten und sinnlosen Vorschriften drangsaliert (Parallelen zu kirchlichen Bevormundungen – vor allem in früheren Zeiten – sind offensichtlich). Jesus hingegen, so schreibt der Schweizer Theologe Josef Imbach in einem Aufsatz, begegnet Randständigen, Sündern und Gestrauchelten stets mit Empathie:

Er schilt sie nicht. Er hört ihnen zu. Ganz anders reagiert der Mann aus Nazareth, wenn Selbstgerechte sich mit ihren Glaubenswerken brüsten und gleichzeitig denen mit Verachtung begegnen, welche in diesem frommen Wettbewerb nicht mitzuhalten vermögen ... Es zeigen dies auch jene Weherufe, die Jesus einer verbeamteten Theologenkaste entgegenschleudert, welche den Gottesglauben zum Gelderwerb pervertiert haben.

Der strukturierte Glaube

Jesus und die Jünger werden observiert und als einige Jünger an Sabbat Ähren abreißen und essen, provoziert dies abermals einen Streit. Ein Gesetzeslehrer, ein Rabbi, will der Nazarener sein und kennt nicht das Gesetz der Sabbatruhe?

> Jesu Verhalten, seine Ideen und sein soziales Denken bergen zu seiner Zeit nicht wenig sozialpolitischen und religiösen Zündstoff.

Es ist leider nicht untypisch für alle Arten von Hierarchien, dass sie ihre Angehörigen und Mitglieder observieren, kontollieren und bespitzeln und auch in dieser Hinsicht haben die Kirchen leider eine lange Tradition. Aufmüpfige Theologen etwa werden in den römischen Machtzentralen penibel registriert und man muss nicht so prominent wie Eugen Drewermann oder Hans Küng sein, um im Vatikan über ein ausführliches Fichenregister zu verfügen. Noch am 25. März 2004, so schreibt der Kirchenhistoriker Albert Gasser in seiner Publikation «Auch so ein Alt-Achtundsechziger», sei die römische Instruktion «Redemtionis sacramentum» an das Kirchenpersonal ergangen, in der offen dazu aufgefordert wurde, fehlbare Liturgen bei der Kirchenleitung – beim Bischof oder gleich beim Papst – anzuzeigen. Dass dies innerhalb der Kirche nicht überall gut ankam, versteht sich von selbst. Albert Gasser schreibt:

Die Stasi lässt grüßen.

Man sah dahinter eine offene Aufforderung zur Denunziation und damit zur Züchtung von Kirchenspitzeln. Die Stasi lässt grüßen.

Die Zeiten ändern sich, die Probleme nicht. Und angesichts solcher Zustände muss sich eine hierarchisch strukturierte katholische Kirche schon die Frage gefallen lassen, inwiefern sie als Institution mit offenkundig mittelalterlichem Gepräge dem Geist Jesu wirklich entspricht. Dies wäre auch eine meiner Fragen gewesen, hätte ich das Oberhaupt der römisch-katholischen Kirche, Papst Benedikt XXVI. für die Filmdokumentation «The Making of Jesus Christ» interviewt. Und ich hätte ihn gefragt, ob nicht gewisse Parallelen bestünden zwischen den damaligen Jerusalemer Tempelbehörden und dem römischen Klerus sowie den Gesetzen und Dogmen im damaligen Israel und dem Kirchenrecht der katholischen Kirche. Und natürlich würde es mich Wunder nehmen, ob sich ein Papst tatsächlich als Jesu Stellvertreter auf Erden sieht und wenn ja, wie dann die einst krassen und heute unbestrittenen Verfehlungen römischer Päpste zu erklären sind. Und dabei meine ich solche Fragen, selbst katholisch aufgewachsen, durchaus nicht polemisch; vielmehr müssen religiöse Befindlichkeiten oder Machtansprüche immer wieder zur intellektuellen Disposition stehen. Eine Kirche, die keinen Widerspruch, noch nicht einmal eine ernsthafte Diskussion toleriere, so meinte kürzlich der Schweizer Theologe und katholische Dissident Hans Küng in einer Fernsehsendung, sei eine tote Kirche.

Auch wenn die katholische Kirche für mich absolut kein Feindbild darstellt und ich die katholische Kultur durchaus schätze, so hege ich doch seit frühester Jugend, eigentlich schon seit meiner Kindheit, keine Zweifel, dass Jesus eine solchermaßen geprägte Kirche, – eine Kirche, die weder in Struktur noch in ihrer Auffassung effektiv in der Moderne angekommen ist – im Sinn hatte. Unvergesslich in diesem Zusammenhang ist für mich die Szene im bereits erwähnten Film «Brother Sun and Sister Moon» von Franco Zifirelli, in der Assisis feister Bischof Guido in Purpur und Gold und schweren Ringen an seinen wulstigen Fingern in einer prunkvoll ausgestatteten und von Weihrauch geschwängerten Basilika eine vor Starrheit strotzende Messe zelebriert, während draußen vor der Stadt in einer kleinen Kirche die Post abgeht: Franz von Assisi feiert mit den Armen und Ausgestoßenen einen ausgelassenen Gottesdienst, an dem sogar die Tiere – Lämmer, Ziegen, Gänse und Hühner – teilzunehmen scheinen. Ob die im Film gezeigte Gospel-Messe des heiligen Franz mit den historischen Realitäten übereinstimmt, darf bezweifelt werden. Die Bilder aber haben Kraft und vermitteln eine eindeutige Botschaft:

«Freuen dürfen sich alle, die mit leeren Händen vor Gott stehen; denn sie werden Gottes Volk sein, wenn er sein Werk vollendet.» (Mt. 5,3)

Dass Jesus von Nazareth mit klerikalen Machtstukturen nichts am Hut hatte, tritt in den Evangelien immer wieder uncodiert zutage und da lassen die Schilderung auch kein Deuten oder Relativieren zu: Klerikale Machtansprüche, priesterliche Monopolstellungen und religiöse Repressalien sind für Jesus offensichtlich ein großes Ärgernis. Dasselbe könnte sich demnach vielleicht auch für eine durch und durch organisierte und durchstrukturierte Glaubensgemeinschaft annehmen lassen. Der Theologe Eugen Drewermann, der seit dem Entzug der Lehrerlaubnis und Suspension vom Priesteramt durch Papst Johannes Paul II. als Therapeut, Schriftsteller und im gesamten deutschen Sprachraum gefragter Referent wirkt, äußert sich dazu im Buch «Wir glauben, weil wir lieben – Woran ich glaube» unmissverständlich:

Bei Sören Kierkegaard hatte ich zum ersten Mal den Eindruck, zu verstehen, was Jesus wollte, und zugleich genauso klar vor mir zu sehen, was nicht gemeint sein kann. Bei dem dänischen Religionsphilosophen habe ich gelernt, dass die Grundfragen der Menschen zwischen Angst und Vertrauen gestellt werden, dass man Ethik und Religion voneinander trennen muss, dass das, was sich heute Kirche nennt oder als Christenheit versteht, eigentlich nur noch als Travestie und Farce auf das ursprünglich Gemeinte gesehen werden kann. Das alles war zunächst um 1850 eine Kritik innerhalb des dänischen Protestantismus. Viel weiter und zutreffender aber waren alle seine Aussagen bezogen auf die katholische Kirche. Es gibt keinen Autor, der so klar wie Kierkegaard gesehen hat, dass ein beamtetes Christentum eine einzige Lüge sein muss.

Die Tendenz, alles zu strukturieren und zu verbeamten, ist nicht eben neu und scheint offenbar ein kulturhistorisches Problem zu sein; ein beamtetes und durchstrukturiertes Judentum herrscht offensichtlich auch zur Zeit Jesu. Der Journalist und Schriftsteller Peter Seewald beschreibt in seiner umfangreichen Jesus-Biografie ein Gesetz, das immerhin neununddreißig Beschäftigungen am Sabbat untersagt, darunter auch den Verzehr von Eiern, die Hühner an einem Sabbat gelegt hatten.

Jesus lässt sich von den Klerikern nichts vorwerfen und provoziert sie erneut. Im 12. Kapitel des Matthäus-Berichts kontert Jesus mit scharfem Ton:

«Wenn ihr begriffen hättet, was mit dem Wort gemeint ist: ‹Ich will keine Opfer, sondern Barmherzigkeit!›, dann würdet ihr nicht Unschuldige verurteilen. Der Menschensohn hat das Recht zu bestimmen, was am Sabbat geschehen darf.»

Im Film-Interview greift der Theologe und Psychoanalytiker Eugen Drewermann immer wieder diesen Punkt auf: Gott und seine Gesetze sind für den Menschen da, nicht umgekehrt. Angst, nicht Hass, sei das Gegenstück zur Liebe, sagte einst der Schweizer Hollywood-Regisseur Marc Forster, den ich als äußerst rücksichtsvollen und interessan-

> Die Tendenz, alles zu strukturieren und zu verbeamten, ist nicht neu und scheint ein kulturhistorisches Problem zu sein.

ten Gesprächsparter erlebt habe. Ich fand Marcs Gedanken unkonventionell und sehr spannend; in entsprechender Weise meint vielleicht auch deshalb eine alte Volksweisheit, dass die Angst stets ein schlechter Ratgeber sei. Gott will, so Eugen Drewermann, keine sich vor Angst duckenden Kinder. Menschen in permanenter Angst könnten, so Drewermann, die Liebe Gottes gar nicht erfahren. Allein das vollumfängliche Vertrauen in die allumfassende Gnade Gottes mache den Menschen frei und ermögliche eine Sinnfindung des Menschen in seinem Leben. Dass gerade die katholische Kirche eine jahrhundertealte Tradition der Angsttheologie verzeichne, sei für ihn, Drewermann, der schlagende Beweis, dass Jesus von Nazareth eine solche Nachfolge im Sinne einer kirchlichen Institution niemals gewollt habe. Gerade die in der katholischen Kirche noch immer übliche Praxis des Exorzismus zeige, so Eugen Drewermann weiter, wie sehr der Kirche an ihrer Macht liege: Der offene Disput sei der Kirchenhierarchie suspekt und mit magischen Ritualen sei es oft einfacher, unwissende Gläubige am Gängelband zu führen. Insbesondere die katholische Kirche, führte der Theologe im Gespräch weiter aus, ignoriere sämtliche Fortschritte, die in der Psychologie gemacht worden seien und lehne im Grunde genommen sogar Sigmund Freud ebenso ab wie den Pschoanalytiker Carl Gustav Jung. Und so verharre die Kirche in einem rückwärtsgewandten Weltbild, das weit ins Mittelalter zurückreiche.

Jesus lässt sich indessen in den Evangelien von nichts und niemandem gängeln, im Gegenteil: Gegenüber den Gesetzeslehrern kennt der Rabbi aus Nazareth weder Empathie noch diplomatische Zurückhaltung. Im Matthäus-Evangelium wirft Jesus den Klerikern entgegen:

«Wehe euch, ihr Gesetzeslehrer! Ihr habt den Schlüssel weggenommen, der die Tür der Erkenntnis öffnet. Ihr selbst geht nicht hinein und ihr hindert alle, die hineinwollen!» Von da an begannen die Gesetzeslehrer und die Pharisäer, Jesus genau zu beobachten. Sie versuchten, ihn durch hinterhältige Fragen in eine Falle zu locken.»

Shimon, Jochanan und Mirjam

Wir sind jetzt populärer als Jesus. Ich weiß nicht, was zuerst verschwindet, der Rock'n'Roll oder das Christentum. Jesus war in Ordnung, aber seine Jünger waren dickköpfig und mittelmäßig. Sie verdrehen alles und ruinieren es für mich.
John Lennon

Mirjam

In jenen Tagen bildet sich um Jesus wahrscheinlich eine feste und engere Gruppe von Anhängern, die mit dem Rabbi umherzieht; die Evangelien nennen die Zahl Zweiundsiebzig. Möglicherweise könnte dieser Zahl auch eine gewisse Symbolik innewohnen: Ich wurde bei den Dreharbeiten zum Film in Tel Aviv von unserer Koordinatorin vor Ort, Helena Rogozinski, darauf hingewiesen,

> Offenbar hatten die früheren Kirchenväter und späteren Kirchenfürsten zunehmend ein Problem mit einer möglicherweise attraktiven jungen Frau an der Seite Jesu.

dass die Zahl Zweiundsiebzig in der jüdischen Geheimlehre Kabbala eine ganz besondere Bedeutung habe, denn sie markiere die Zahl der geheimen Namen Gottes, des Ewigen. Doch selbst bei kritischer Zurückhaltung, wenn es in den Evangelien um Zahlen geht, dürfte es sich bei Jesu permanenter Anhängerschaft um mehrere Dutzend Jünger gehandelt haben.

Das Besondere an der Zusammensetzung der Jesus-Bewegung: Es werden explizit auch Frauen namentlich genannt. Unter ihnen Johanna, Susanna, Salome und Mirjam; Erstere war die Frau des Chuza, der offenbar das hohe Amt eines Finanzverwalters am Hofe des Herodes bekleidete. Sie alle werden in den Evangelien unter anderem auch ausdrücklich als Sponsoren der Bewegung bezeichnet. Albert Gasser schreibt in seinem Buch «Kleine Kirchengeschichten» dazu:

Jesus hatte offensichtlich einen beachtlichen Bekannten- und Freundeskreis von Männern und Frauen. Da war in seinem Gefolge unter anderem eine verheiratete Frau, und zwar die Gattin eines Beamten aus der Administration des Herodes. Er hat diese Frau nicht abgewiesen und ging damit wohl kein geringes Risiko für sein Image und möglicherweise für seine persönliche Sicherheit ein. Eine heikle Sache. So etwas machte ihn anfechtbar, wie der Kontakt mit Prostituierten, den man ihm vorwarf. Was man wohl tuscheln mochte, ließ ihn anscheinend kalt. So verteidigte er auch eine Ehebrecherin und ein auf seine Art intimes Gespräch mit einer Frau am Jakobsbrunnen irritierte auch seine zurückkommenden Jünger.

Eine dieser Frauen beflügelt bis heute die Phantasie der Menschen: Mirjam oder Marjam (hebräische Form von Maria), die Frau aus dem Dorf Magdala – Maria Magdalena.

Magdala war zur Zeit Jesu alles andere als ein armseliges Fischerkaff; dort wurde der Fisch aus dem See Genezareth für den Export vorbereitet und industriemäßig eingepökelt. Überhaupt war die ganze Stadt ein durch Handel und Industrie wohlhabend gewordener Ort. Luise Rinser beschreibt Maria Magdalena in ihrem Roman «Mirjam» als Tochter aus wohlhabendem Haus und dürfte damit möglicherweise nicht falsch liegen. Einige Forscher vermuten, es könnte sich bei ihr womöglich um eine Witwe eines reichen Juden handeln. Auch in der damals äußerst patriarchalischen Gesellschaft wurde einer Frau doch immerhin zugestanden, selbstständig den vererbten Reichtum des Hauses zu verwalten, allerdings unter Beistand eines männlichen Vormunds. Zu Jesus habe sie gemäß Evangelium gefunden, nachdem er ihr sieben Dämonen ausgetrieben habe. Das klingt mysteriös und wiederum spielt mit der

Zahl Sieben eine im jüdischen Verständnis symbolträchtige Zahl eine Rolle, was darauf hindeuten mag, dass es sich vielleicht doch eher um ein metaphorisch umschriebenes Leiden handelt.

Offenbar aber hatten die früheren Kirchenväter und späteren Kirchenfürsten, die immer wieder prüde Sexualvorstellungen und zum Teil krasse Körper- und Frauenfeidlichkeit an den Tag legten, zunehmend ein Problem mit einer möglicherweise attraktiven jungen Frau an der Seite Jesu, weshalb man sich nicht zu schade war, aus Maria Magdalena eine Hure zu machen – eine Vorstellung, die noch immer bei Gläubigen oder am Thema Interessierten weit verbreitet ist. Doch Hinweise, dass es sich bei Mirjam aus Magdala um eine Prostituierte oder um eine besonders schwere Sünderin gehandelt haben soll, gibt es weder in den Evangelien noch in der Apostelgeschichte und man könnte solche Behauptungen schlicht als üble Nachrede bezeichnen.

Eine ungeheuer bewegende Szene in der Filmversion der Rockoper «Jesus Christ Superstar» ist jene, in der Mary die Gefühle für ihren Meister in einem emotionalen und nahezu herzzerreißenden Song reflektiert. Die vorangegangene Szene offenbart, dass Jesus einmal mehr einen harten und anstrengenden Tag hinter sich hat: Bettler, Kranke, Aussätzige und andere Randständige haben ihm nachgestellt in der Hoffnung, Heilung oder wenigstens ein Quantum Trost zu finden. Doch der Rabbi ist ausgepowert, am Ende seiner Kräfte. Erschöpft hat er sich hingelegt; der Sohn Gottes liegt im Tiefschlaf auf einem Feldlager unter einer Zeltplane: wehrlos, für einen Moment jeglicher Selbstkontrolle beraubt. Mirjam weiß, dass ihr Rabbi zu tief schläft, um ihren Monolog hören zu können. Und die von Yvonne Ellieman leidenschaftlich interpretierte Arie hat es in sich:

I don't know how to love him.
What to do how to move him.
I've been changed, yes really changed.
In these past few days, when I've seen myself.
I seem like someone else.

I couldn't cope, just couldn't cope.
I'd turn my head. I'd back away.
I wouldn't want to know.
He scares me so.
I want him so.
I love him so.

Sollte sie es ihm offenbaren? Sollte sie ihren Gefühlen freien Lauf lassen, ihre Liebe zeigen, ihre Kontrolle verlieren? Niemals hätte sie erwartet, so gesteht sie sich ein, dass es mit ihr so weit kommen würde. Sie war doch stets der Kontroll-Freak, moniert sie: kühl, ruhig und beherrscht. Doch jetzt muss sie es sich eingestehen: Der Mann, der für einen Augenblick erschöpft und in seinem Schlaf machtlos vor ihr liegt, er macht ihr Angst. Und wenn er ebenso empfand wie sie? Ihr sagen würde, dass er sie liebte? Es würde sie zerreißen:

Entgegen anderslautender Behauptungen wird diese Mirjam aus Magdala in den Evangelien keineswegs unterdrückt oder sogar totgeschwiegen; im Gegenteil scheint sie in der Schar der Anhänger sogar einen besonderen Status gehabt zu haben.

Von kritischer Seite werden immer wieder die apokryphen Schriften, die 1945 in einem archäologischen Sensationsfund bei Nag Hammadi in Ägypten gefunden wurden, genannt, die angeblich nahelegten, dass Maria Magdalenas besondere Bedeutung, die sie als Trägerin eines ihr von

Jesus direkt vermittelten Geheimwissens gehabt haben soll, von den Aposteln unterdrückt wurde. Auch wird das sogenannte Maria-Evangelium ins Spiel gebracht, das den Aposteln und namentlich Simon Petrus eine Eifersucht auf Maria Magdalena unterstellt, weil Jesus angeblich seiner Jüngerin theologische Geheimnisse offenbare, von denen er, Petrus, nichts wusste. Dabei wird jedoch verschwiegen, dass es sich beim Maria-Evangelium (und den Nag Hammadi-Schriften insgesamt) eindeutig um gnostische Zeugnisse handelt, die relativ spät, etwa um 160–180 n. Chr., also erst rund hundert Jahre nach den vier kanonischen

> *Diese Zustände erklären vielleicht auch, weshalb sich Jesus rigoros gegen die Ehescheidung stellte, welche praktisch immer und allein zum Nachteil der rechtlosen Frau ausfiel.*

Evangelien entstanden sein dürften, in einer Zeit also, in der im noch jungen Christentum bereits Streit über die Auslegung des Lebens und der Lehren Jesu herrschte.

Immerhin – sollten dennoch Zweifel über den Status dieser Mirjam aus Magdala bestehen – akzeptieren die Apostel und Jünger der ersten Stunde, dass der auferstandene Jesus zuallererst allein den Frauen der Bewegung erscheint. Das wiederum erscheint im damaligen Verständnis nahezu unglaublich, da nach antiker jüdischer Vorstellung der Aussage einer Frau keinerlei Anspruch auf Glaubwürdigkeit attestiert wurde.

Demnach werden gerade im vielleicht entscheidendsten Moment des christlichen Glaubens Mirjam von Magdala und die anderen Frauen der Jesus-Bewegung die ersten Zeugen von Jesu Auferstehung. Und als solche werden sie in den Evangelien (und damit wahrscheinlich auch in der Schar der Apostel) auch ohne Einschränkung akzeptiert.

Tatsächlich lassen gewisse Bemerkungen oder Hinweise in den Evangelin vermuten, dass diese Maria aus Magdala offensichtlich eine starke und charismatische Persönlichkeit gewesen ist. Der Bibelwissenschaftler Christoph Wrembek vermutet sogar, dass sie durch ihre Persönlichkeit, vielleicht auch durch ihr beträchtliches Vermögen, eine Art Leaderstellung – zumindest unter den Frauen der Jesus-Bewegung – innehatte. Die Theologin Christina Aus der Au teilt im Film-Interview Wrembeks Meinung und merkt an, dass sie für damalige Verhältnisse in den Evangelien und in den Apostelberichten mit großem Respekt – sie wird auch als Apostelin der Apostel bezeichnet – behandelt werde.

Ein solcher Status aber stand in krassem Gegensatz zu den damaligen Sitten in Israel und im gesamten Orient um die Zeitenwende. Der im ersten Jahrhundert lebende jüdische Philosoph Philo von Alexandria (20 v. Chr. bis 50 n. Chr.) verbannte die Frau ins Haus, Jungfrauen sogar in die hinteren Gemächer und Paul Verhoeven, um pointenreiche Vergleiche nie verlegen, vergleicht das damalige Ansehen einer Frau mit dem einer Ziege. Wie ungeheuer revolutionär es war, dass Jesus Frauen in seiner Schar aufnahm, erkennt man erst, wenn man sich die damalige gesellschaftliche Situation in Israel vergegenwärtigt. Der Journalist und Bibelkenner Peter Seewald schreibt in seiner fast siebenhundertseitigen Jesus-Biografie:

Wo Frauen vor Gott kein Recht hatten, hatten sie auch keins in der Gesellschaft. Zuerst waren sie Eigentum des Vaters, anschließend Eigentum des Ehemanns. Ihrer Zurückstellung im Gotteshaus entsprach ihr Status vor Gericht, wo Aussagen einer Frau keinerlei Beweiskraft hatten. War ein Neugeborenes ein Mädchen, wurde die Geburt in der Familie als Trauerfall behandelt. Der Vater war berechtigt, es bis zum 12. Lebensjahr als Sklavin an einen Juden zu verkaufen. Dass es seinen Ehepartner nicht ohne Zustimmung suchen konnte, versteht sich von selbst…Um dann eine Frau aus der Ehe entlassen zu können, musste ihr Mann zwar etwas «Anstößiges» entdeckt haben. Damit war jedoch nicht der Ehebruch gemeint. Das konnte auch eine verbrannte Mahlzeit oder zunehmende Alterserscheinungen sein…

Diese Zustände erklären vielleicht auch, weshalb sich Jesus rigoros gegen die Ehescheidung stellte, welche praktisch immer und allein zum Nachteil der rechtlosen Frau ausfiel. Doch trotz Jesu Nähe zum anderen Geschlecht darf man keine falschen, oberflächlichen oder populären Schlüsse ziehen: In populärer Sprache ausgedrückt mag Maria Magdalena möglicherweise durchaus so etwas wie ein Jesus-Groopie gewesen sein, dass sie aber mit ihrem Rabbi in einem leidenschaftlichen, sogar öffentlichen Verhältnis gestanden hat, aus dem sogar ein Kind hervorgegangen ist, wie Dan Brown in seinem Roman «Da Vinci Code» behauptet, hat wenig bis nichts mit den damaligen Realitäten zu tun. Die Jesus-Gruppe war weder eine Hippie-Familie noch ein historischer Vorläufer der legendären Berliner «Kommune 1» und Jesus war weder ein Prototyp eines Rainer Langhans, noch war Maria Magdalena eine antike Uschi Obermaier. Wer nämlich die orientalische Welt ein bisschen kennt, weiß, dass in diesen Belangen der Spielraum bis in die heutige Zeit sehr klein ist. Mein Besuch in Afghanistan nach der US-Offensive im Sommer 2003 gab mir einen Einblick, wie vielleicht auch zu Jesu Zeit die Menschen in Palästina in diesen Angelegenheiten fühlten und dachten, auch wenn nicht gleich jeder damalige jüdische Gesetzeslehrer mit einem extremistischen afghanischen Taliban gleichgesetzt werden kann. Aber die Vorstellungen von den Geschlechterrollen und dem Verhalten zwischen Mann und Frau waren rigid und sind mit dem Denken in gewissen arabischen bzw. islamischen Ländern (etwa Iran, Afghanistan oder Saudi-Arabien) durchaus vergleichbar, stand doch beispielsweise nach damaligem jüdischem Gesetz analog zur islamischen Scharia auf Ehebruch bei Frauen die Todesstrafe durch Steinigung. Jesus hätte sich auch bei aller Zuneigung zu dieser geheimnisvollen, starken Frau ein halb publikes oder sogar öffentliches Techtelmechtel mit ihr niemals leisten können, wenn er zumindest seine Glaubwürdigkeit als Lehrer, Prophet und Wunderheiler behalten wollte.

Überhaupt wirft Jesu Ehelosigkeit Fragen auf, zumal Ehe und Familiengründung im jüdischen Glauben eine religiöse Pflicht darstellt. Jesus aber war Mitte dreißig, unverheiratet und kinderlos. Wie konnte es da um seine Glaubwürdigkeit bestellt sein? Die Antwort ist denkbar einfach: Eine Ausnahme bilden im damaligen Israel Gottgesandte und Propheten; sie sind von der jüdischen Zeugungspflicht ausgenommen, da sie sich ganz und gar in den Dienst Gottes gestellt haben. Selbst Moses, so erfahren wir im alttestamentlichen Buch Exodus, hat gemäß der Überlieferung nach seiner Begegnung mit Gott auf dem Berg Horeb bis zu seinem Tod rund vierzig Jahre später nicht mehr mit seiner Frau Zippora geschlafen, um sich ganz und gar den göttlichen Pflichten hinzugeben. Albert Gasser merkte im Vorgespräch zum Interview an, dass Jesus auch von seinen Gegnern kein einziges Mal wegen seiner Kinderlosigkeit angegriffen worden sei. Allem Anschein nach war also der ledige und kinderlose Jesus von Nazareth im damaligen jüdischen Verständnis weder ein Kuriosum noch eine beargwöhnte Ausnahme – allerdings unter dem Vorbehalt, seine Position als Rabbi nicht auszunützen und als Prediger und Prophet keinen «ungesetzlichen» Verkehr mit einer Frau zu haben. Dies schließt freilich nicht aus, dass sich der Meister und die Jüngerin in einer lauen Vollmondnacht an den Gestaden des Sees Genezareths nahekamen, küssten oder sich womöglich sogar liebten, zumindest erfährt man verständlicherweise nichts Konkretes in den Evangelien. Eine öffentliche Liaison ohne gesetzliche Legitimation hingegen, und da bestehen keine Zweifel, hätte den Mann aus Nazareth in der damaligen jüdischen Bevölkerung, in jedem Fall bei den geistlichen Autoritäten, als Rabbi unweigerlich disqualifiziert. Welche Erfahrungen Jesus allerdings als Mensch in den über dreißig Jahren vor seinem öffentlichen Wirken mit dem anderen Geschlecht gemacht hat, bleibt im Dunkel der Geschichte und die Vorstellung darüber ist jedem selbst überlassen.

The World Is Not Enough

Immer wieder wird sichtbar, dass Jesus von seinen Begleitern eine radikale Nachfolge will. Bekannt ist etwa die Stelle, in der er all jene auffordert, die seine Jünger werden wollen, ohne zu zögern Familie und soziales Umfeld zu verlassen und selbst das Bestatten der Toten den Toten zu überlassen, wenn sie der Ruf der Nachfolge ereilt. Und offensichtlich verlangt Jesus von seinen Aposteln, den materialistischen Versuchungen abzuschwören.

In Taos, New Mexico, traf ich mich im Juni 2012 mit Howard Bad Hand, einem Sioux-Medicine Man, der darüber hinaus ein versierter Kenner des I Gings ist und in den USA als einer der herausragendsten Sammler und Komponist indianischen Liedguts gilt. Ich habe ihn vor einigen Jahren zum ersten Mal getroffen und dann wieder bei den Dreharbeiten zu unserem Dokumentarfilm «Bodmers Reise» in der Rosebud-Reservation der Brulé-Sioux in South Dakota. Im Sommer 2008 eröffneten seine klugen und einfühlsamen Interview-Quotes eine tiefe Sicht in die Spiritualität der amerikanischen Prärie-Indianer.

> Überhaupt wirft Jesu Ehelosigkeit Fragen auf.

Wir sprachen an jenem Abend in Taos über dies und das, auch über die verschiedenen Glaubenskonzepte in den verschiedenen Kulturen und ich fragte Howard, wie es denn in der indianischen Spiritulität um den Segen oder den Fluch von Reichtum und Materialismus bestellt sei. Auch im indigenen Denken offenbart sich der Konflikt zwischen dem spirituellen und dem materialistischen Weg, wie ich bald feststellen konnte: Zwar kannten die Lakota ursprünglich kein Konzept von Himmel und Hölle oder von Gut und Böse analog der christlichen Religion, denn jeder Weg, so erklärte mir Howard, eröffne im Denken der Lakota der menschlichen Seele ein Erfahrungspotenzial. In der Lakota-Tradition könne sich der Mensch im Grundsatz zwischen zwei Wegen entscheiden: «The Red Path» oder «The Black Path» – dem «Roten» oder dem «Schwarzen Weg». Die Farben hätten aber keinerlei wertende Bedeutung, wobei der Medizinmann einräumte, dass der «Rote Weg» des spirituellen Bemühens der menschlichen Seele stets zuträglicher sei, hingegen der «Schwarze Weg» des Materialismus in den Vorstellungen der Lakota tatsächlich erhebliche Gefahren bergen würde. Ein Grundkonzept, das erstaunlicherweise in fast allen Religionen und Philosophien der Welt zu finden ist.

> «Ich sage es euch noch einmal: Eher kommt ein Kamel durch ein Nadelöhr als ein Reicher in Gottes neue Welt.»

Matthäus, Markus und Lukas erzählen in diesem Zusammenhang eine Szene, deren Quintessenz zum heute geflügelten Bonmot geworden ist:

Ein junger Mann will von Jesus wissen, was er zu tun habe, um das ewige Leben zu erhalten. Jesus antwortet ihm, er solle die Gebote halten. Jesus, so vermerkt zumindest Markus, scheint den Jüngling irgendwie zu mögen. Der junge Mann erwidert, dass er dies bereits gewissenhaft tue und er möchte darum wissen, was er darüber hinaus noch tun könne. Jesus wird ihn, so stelle ich mir die Szene vor, angeschaut haben, während die umstehende Menge in gespannter Ruhe die Antwort des Rabbi erwartete:

Jesus sagte zu ihm: «Wenn es dir ums Ganze geht, dann verkaufe deinen Besitz und gib das Geld den Armen, so wirst du bei Gott einen unverlierbaren Reichtum haben. Und dann komme mit mir!» Als der junge Mann das hörte, ging er traurig weg; denn er war sehr reich. Jesus sagte zu seinen Jüngern: «Wahrhaftig, ein Reicher hat es schwer, in die neue Welt zu kommen. Ich sage es euch noch einmal: Eher kommt ein Kamel durch ein Nadelöhr als ein Reicher in Gottes neue Welt.»

Auch wenn eine Fehlinterpretation bei der Übersetzung dafür sorgte, dass aus einem Schiffstau ein Kamel wurde (und das Schiffstau ist hier eigentlich die passendere Metapher), so zeigt diese Episode klar und deutlich, das es sich beim «Jesus-Film» kaum bloß um einen Feel-Good-Movie handelt. Matthäus berichtet nämlich, dass selbst die Jünger entsetzt waren ob der radikalen Antwort ihres Meisters.

In einer warmen Juni-Nacht 2012 in Topeka, Kansas standen Bob Schwerdt, der Mann meiner Cousine Christine – a soul of a man! – und ich in dessen Swimming Pool an den Poolrand angelehnt und genossen unseren Jack Daniels und unsere würzigen dominikanischen Zigarren, während am Himmel bereits ein Feuerwerk von Wetterleuchten den aufziehenden Sturm ankündigte. Wir diskutierten intensiv über Rock'n'Roll, über die US-Politik und wir erzählten uns die eine oder andere Lebensepisode, während uns aus Bobs leistungsfähigen Boxen Aerosmith und die Rolling Stones einen ebenso dynamischen wie geschmackvollen Soundtrack lieferten. Es war einer dieser magischstimmigen und unvergesslichen Momente und schließlich diskutierten wir intensiv über das Leben, über den Glauben und auch über Jesus. Bob kam just auf jene Stelle des Evangeliums zu sprechen, in der Jesus einem Reichen offenbar keine besonders guten Chancen zu geben scheint, einst ins Paradies eingehen zu können. Die Parabel mit dem Kamel und dem Nadelöhr fand er krass: Er verstehe nicht, so Bob, was daran verwerflich sei, erfolgreich, berühmt und wohlhabend zu sein.

Ich will nun nicht selber der Versuchung der Überinterpretierung oder Relativierung erliegen, doch könnte man diese Geschichte auch durchaus unter einem anderen Aspekt betrachten, nämlich jenem der menschlichen Selbstüberschätzung. Vielleicht ging es Jesus weniger darum, alle Menschen zu radikalisieren oder die Willensschwachen zu verdammen. Vielleicht war es nämlich allein die Anmaßung des Jünglings, die Jesus letztlich missfiel. Der junge Mann glaubt, vor Gott nahezu perfekt zu sein und behauptet sogar, dass er sämtliche Gebote gottgefällig befolge. Hätte er sich und seine innere Einstellung gekannt und richtig eingeschätzt, dann hätte er wenigstens danach geschwiegen. «Si taquisses, philosophus mansisses» – «Wenn du geschwiegen hättest, wärst du ein Philosoph geblieben», besagte bereits damals ein geflügeltes römisches Sprichwort. Doch der Mann schweigt keineswegs und versteigt sich in bodenlose Selbstüberschätzung. Er traut sich noch mehr zu, am Ende viel zu viel. Was aber hatte er denn erwartet? Was sollte

ihm der Rabbi raten, was über das Halten der Gebote hinausging?

Dennoch und allen Deutungsversuchen zum Trotz: Jesus verlangt viel, sogar das schier Unmögliche – eine «Mission Impossible». Bei Lukas, Kapitel 9 macht Jesus das deutlich:

«Wer mit mir kommen will, der darf nicht mehr an sich denken. Er muss Tag für Tag sein Kreuz auf sich nehmen und mir auf meinem Weg folgen. Denn wer sein Leben retten will, wird es verlieren. Aber wer sein Leben um meinetwegen verliert, wird es retten. Was hat ein Mensch davon, wenn er die ganze Welt gewinnt, aber zuletzt sein Leben verliert und zugrunde geht?»

Auch wenn die Metapher mit dem Kreuz, das man auf sich zu nehmen hat, eine mit größter Wahrscheinlichkeit spätere literarische Ausgestaltung im Lichte von Jesu Kreuzigung ist, so scheint dennoch klar: «The world is not enough.»

«Keiner kann mein Jünger sein, wenn er nicht zuvor alles aufgibt, was er hat. (Lk. 14, 33)

Jesus war sich punkto Nachfolge offenbar der Schwierigkeit seiner Erwartungen durchaus bewusst. Er will keine lauwarmen Mitläufer und er nennt im Gleichnis vom Sämann (Mt. 4,3–9) die Gefahren der Nachfolge: Der Samen kann auf steinigen, unfruchtbaren Boden fallen und wird von den Vögeln aufgepickt. Andere trägt der Wind fort

> Jesus war sich punkto Nachfolge offenbar der Schwierigkeit seiner Erwartungen durchaus bewusst.

und wieder andere fallen auf scheinbar fruchtbaren Boden und gehen auf, doch ist das Erdreich zu dünn und zu trocken, als dass der Samen in der sengenden Sonne zu sprießen vermag. Wiederum andere Samenkörner keimen im Dorngestrüpp und werden überwuchert und erstickt.

«Doch einige fielen auf guten Boden, gingen auf, wuchsen und brachten Frucht. Manche hatten Ähren mit dreißig, andere mit sechzig, wieder andere mit hundert Körnern.» Und Jesus sagte: *«Wer hören kann, soll gut zuhören.»*

Jesus will Jünger und Nachfolger mit Kraft und Durchhaltewillen:

«Salz ist etwas Gutes; wenn es aber seine Kraft verliert, wie soll es sie wiederbekommen? Selbst für den Acker oder den Misthaufen taugt es nicht mehr und wird weggeworfen. Wer hören kann, der soll gut zuhören!» (Lk. 14,34–35)

Deutlich warnt Jesus bei Lukas (Lk. 14, 28–33) vor der diesbezüglichen Selbstüberschätzung und erzählt in einer Parabel von einem Mann, der einen Turm bauen will, ohne über die nötigen Ressourcen zu verfügen…

Ein Stenograf und Chronist unter den Zwölf? Das hätte weitreichende Konsequenzen.

…Und alle, die es sehen, würden ihn verspotten und sagen: «Der hat einen Bau begonnen und konnte ihn nicht zu Ende führen.»

Jesus war also weder ein extremistischer Verführer noch ein radikaler Phantast. Auch wenn immer wieder auf Jesu vermeintliche Radikalität verwiesen wird, so hat er doch nie seine Jünger oder Apostel aufgefordert, Familien und Frauen gänzlich und für immer zu verlassen. Die Apostel vom See Genezareth kehren immer wieder (auch nach dem Kreuzigungsdrama) in ihre Häuser, zu ihren Frauen und zu ihren Familien in Kafarnaum und Umgebung zurück. Und wenn der eifernde Missionar Paulus in seinen Briefen zur Ehelosigkeit rät, dann mag dies eher mit seiner persönlichen Geisteshaltung, meinetwegen mit seinem eigenen Sexualkomplex zu tun haben; zumindest von Petrus weiß man, dass ihn seine Frau auf seinen Reisen ständig und überallhin begleitete.

Der Zwölferkreis

Bald formt Jesus aus seiner Schar einen engen Zirkel von Vertrauten. Sie begleiten ihren Rabbi von nun an bis zu den Passionsereignissen. Bei Matthäus (10,2–4), Markus (3,13–19) und Lukas 6,12–16) werden die zwölf von Jesus Ausgewählten namentlich genannt:

Es waren Simon, dem er den Namen Petrus gab, und dessen Bruder Andreas. Jakobus und Johannes; Philippus und Bartholomäus; Matthäus und Thomas, Jakobus, der Sohn des Alfäus. Und Simon, der zur Partei der Zeloten gehört hatte. Dazu Judas, der Sohn des Jakobus und Judas Iskariot, der Jesus später verriet.

Interessant ist die heterogene Zusammensetzung des inneren Kreises um den Rabbi aus Nazareth; Carsten Peter Thiede erwähnt mit Nachdruck den multikulturellen Charakter, den Jesus offenbar bei der Zusammenstellung der Zwölf im Auge hatte:

Es hat nichts mit der Wirklichkeit zu tun, wenn wir uns einen provinziellen Jesus einbilden, der sein öffentliches Auftreten, seine Reden und Wunder, nur zum Nutzen einer galiläisch–judäischen Provinz inszeniert hätte, nur und ausschließlich für fromme Juden seiner engeren Heimat, die er über den Willen Gottes und seinen Sohn, den Messias aus Nazareth, hätte aufklären wollen. Von Anfang an bezog Jesus Juden ein, deren Horizont weiter reichte, und von Anfang an blickte er über das Judentum hinaus.

Thiede weist darauf hin, dass mindestens fünf der Zwölf, obwohl alle Juden, doch einem stark griechisch geprägten Umfeld entspringen. Auch bei der Berufung des Matthäus verweist Thiede auf ein interessantes Faktum, das für eine strategische Bildung der Apostelschar spricht:

Levi-Matthäus war Zollpächter… Dies setzte eine bereitwillige Zusammenarbeit mit den übergeordneten Behörden voraus, die ihre Bürger steuerlich auspressten. Aus dieser Perspektive war also Levi das Gegenteil eines Zeloten wie Simon… Zugleich verkörperte er aber im Jüngerkreis ein strategisch wichtiges Element: die direkte Berührung mit der Welt der Bürokratien und Behörden und mit der Geldaristokratie… Als Zollpächter benötigte er auch die Fähigkeit, schnell und knapp zu protokollieren und hatte die damals geläufige Form der Kurzschrift zur Verfügung.

Ein Stenograf und Chronist unter den Zwölf? Das hätte weitreichende Konsequenzen, vor allem dann, wenn man annehmen will, dass dieser Levi-Matthäus identisch ist mit Matthäus, dem Evangelisten. Thiede ist sich der diesbezüglich allenthalben erhobenen Zweifel durchaus bewusst:

Manche Neutestamentler, die große Berührungsängste vor der altkirchlichen Überzeugung haben, dass dieser Jünger identisch ist mit dem Verfasser des unter seinem Namen veröffentlichten Evangeliums, bemühen sich zwar unermüdlich darum, das Evangelium in die 80er Jahre zu verlegen, lange nach der Zerstörung Jerusalems. Und ohne direkte Berührung mit dem historischen Jünger Matthäus. Doch Historiker müssen schon etwas genauer hinsehen und haben die Texte vorurteilsfrei als Quellen ernst zu nehmen.

Ob Jesus mit dem Zwölferkreis auf die symbolische Zahl Zwölf und damit auf die zwölf Stämme Israels anspielt, bleibt Mutmaßung, ist aber wahrscheinlich. Paul Verhoeven zeigte sich während des Interviews überzeugt, dass Jesus nie die ganze Welt im Sinne hatte. Ihm, so glaubt Verhoeven, sei es als Jude immer bloß um das Reich Israel und die Errichtung eines wahrhaften und ewig währenden Gottesstaates gegangen. Ein Gottesstaat

Jesus war dieser ganze nationalistische und chauvinistische Popanz schlicht zuwider.

allerdings, der in Jesu Vorstellung weder etwas mit der Theokratie des damaligen Israel, noch mit dem gewalttätigen iranischen Mullah-Regime gemein hat. Jesus sei klar davon überzeugt gewesen, so Verhoeven, dass Gott schließlich selber erscheinen und das Haus Israel neu und dauerhaft errichten würde. Wenn dem aber wirklich so wäre, dann passen Jesu gesamtheitlich anmutende, universell gültigen Lehren nur schlecht ins Bild. Jesus schätzt etwa im Gleichnis des barmherzigen Samariters den heidnischen, aber ethisch korrekt handelnden Menschen weit höher ein als seinen unmoralischen jüdischen Landsmann. Jesus appelliert immer wieder an den ganzen Menschen und weist darauf hin, dass es eben gerade nicht um ein irdisches Paradies geht. So gesehen fällt es mir schwer, Pauls Verhoevens Meinung zu teilen; für mich zeigen die (zumindest in den Evangelien vorherrschenden) Tendenzen, dass Jesus durchaus über den jüdischen Tellerrand hinausblickte und ein Gottesreich im Sinn hatte, das letztendlich nicht nur dem Volk Israel vorbehalten war, sondern auch den Heiden – den Samaritern, den Römern und den Griechen – zuteilwerden konnte. Während seines Wirkens hat sich Jesus zwar mit Sicherheit als Jude begriffen, dennoch hatte er aber meiner Ansicht nach mit großer Wahrscheinlichkeit weit mehr als nur die Restauration Israels vor Augen. Ich glaube auch nicht, dass Jesus eine physische Restaurierung des Hauses Israel anstrebte. Auch wenn möglicherweise ein ansehnlicher Teil der Jesus-Anhänger und Jesus-Fans den Meister als politischen König wollten: Jesus zeigt sich vom Angebot – wir kommen in Kürze darauf – wenig beeindruckt und Eugen Drewermann kommentiert im Film-Interview Jesu Haltung meiner Ansicht nach richtig, wenn er meint, dass Jesus dieser ganze nationalistische und chauvinistische Popanz schlicht zuwider war. Und die Hinweise sind, zumindest in den Evangelien, eindeutig: Jesu Reich ist nicht von dieser Welt und Jesus sieht den Beginn des neuen Reichs in der für ihn klaren Tatsache, dass Kranke geheilt werden und Dämonen und böse Wesen in Scharen Reißaus nehmen. Jesus meint nicht das Neuaufgleisen des angeblich einst gloriosen und in seiner Zeit verklärten Reichs König Davids, sondern (und genau das wird er später im Verhör beim römischen Statthalter Pilatus auch antworten) einen Ort des Geistes, ein ganz und gar transzendentes Reich Gottes.

Auf Tuchfühlung

Offensichtlich hatte die Jesus-Gruppe eine gute Bodenhaftung und ihr Chef hat ebenso offensichtlich nie den Bezug zur Realität verloren. Zumindest war die Gruppe den meisten Zeitgenossen Jesu in keiner Weise suspekt, verkehrte sie doch in unüblich engem Kontakt mit ihren Zeitgenossen; mit gewöhnlichen Bauern und Arbeitern, aber auch mit den Ausgestoßenen und Randständigen: Huren, Zöllnern, sogar Aussätzigen. Und sich Letzteren überhaupt anzunehmen, war in der damaligen Gesellschaft sogar noch weit mehr als ungewöhnlich. Tuchfühlung pflegte Jesus und seine Schar aber auch mit etablierten Kreisen: mit Pharisäern, Geschäftsleuten, offenbar sogar römischen Offizieren. Anders wären die ständigen Einladungen zu allem Anschein nach üppigen Gastmählern bei Klerikern und Gutbetuchten kaum zu erklären. Jesu Botschaft kam offensichtlich bei den Menschen an und die zahlreichen Einladungen zeigen, dass es tatsächlich hip war, sich mit dem Rabbi aus Nazareth zu zeigen; es gehörte offensichtlich zum guten Ton, mit dem Wunderheiler und Prediger zu verkehren. Ob Jesus nun als Rabbi oder einfach als prominenter Popstar verehrt wurde, bleibt offen. Beides möglicherweise. Und die in den Evangelien erwähnten Gastmähler zeigen uns noch etwas: Jesus ist also nicht ständig mit allen Klerikern und Reichen des Landes im Clinch gestanden. Gewisse Neutestamentler, es wude bereits erwähnt, äußern sogar die Vermutung, dass Jesus selbst eine Zeit lang der Laienbewegung der Pharisäer angehört oder nahegestanden haben könnte, weshalb die in den Evangelien immer wieder erwähnten und für Pharisäer-Kreise typischen Gastmähler auch gut zum Gesamtbild passen. Überhaupt scheut Jesus weder den engen Kontakt zu seinen Jüngern noch zur Bevölkerung, was ihm seitens einiger Gesetzeslehrer auch prompt den säuerlichen Vorwurf eines «Fressers und Weintrinkers» einträgt. Jesus lässt das offenbar gleichgültig und er zeigt sich – im Gegensatz zum Täufer – leiblicher Genüsse nicht abgeneigt und darüber hinaus gesellig und zugänglich. Im Lukas-Evangelium begegnet Jesus der Kritik seiner Gegner:

> «Mit wem soll ich die Menschen von heute vergleichen? Sie sind wie Kinder, die auf dem Marktplatz sitzen und sich gegenseitig zurufen: ‹Wir haben euch Hochzeitslieder gesungen und ihr habt nicht getanzt! Wir haben euch Trauerlieder gesungen und ihr habt nicht geweint!› Der Täufer Johannes fastete und trank keinen Wein und ihr sagtet: ‹Er ist von einem bösen Geist besessen!› Der Menschensohn isst und trinkt, und ihr sagt: ‹Seht ihn euch an, diesen Vielfraß und Säufer, diesen Kumpan der Zolleinnehmer und Sünder!› Aber Gottes Weisheit bestätigt sich an jenen, die sie annehmen.»

Mit dem scharfen Blick des Historikers skizziert Albert Gasser in einem Essay in seinem Buch «Kleine Kirchengeschichten» die Situation:

Jesus war, wenn die Polemik da auch übertreibt, kulinarischen Genüssen und vorzüglichen Weinen nicht abgeneigt. Seine Bildsprache verrät da einiges. Von modernen Gurus wird erzählt, dass sie sich nach ihren menschenfängerischen Auftritten hüten, mit der Jüngerschaft auf Tuchfühlung zu gehen. Also kein anschließendes Stelldichein bei einem Kaffee, schon gar nicht bei einem Bier. Denn da könnte die Weihrauchwolke, in die sie sich eben gehüllt hatten, verdunsten, und das Ordinäre und das Banale der Alltagsbedürfnisse und die nackte Fläche der menschlichen Fassade zum Vorschein kommen. Dass ja nicht der Lack absplittert. Solche Berührungsängste kannte Jesus nicht. Er suchte aber weniger das Bad in der Menge, bei dem die Leitfigur immer noch entrückt bleibt, sondern eher die überschaubare nachbarschaftliche Nähe und Geselligkeit, setzte sich bei kleinen Gruppen an den Tisch, wie es sich ergab, oder auch da, wo es ihm wohl war, was die anderen Tische wieder ärgerte, weil er sich nicht zu ihnen gesellte. Da konnte man ihn aus der Nähe beobachten, was und wie er aß, und wie oft er sich einschenken ließ, wie er lachte, mit Charme und Witz und Ironie um sich schlug, spontan ein Kompliment austeilte oder einen Verweis erteilte, mit wem er sich gerade in ein Gespräch vertiefte, während die anderen Tischgenossen auf der Lauer lagen, ihn endlich einmal unter vier Augen sprechen zu können. Ein Gedränge und Gerangel allenthalben… Und dann kam der Moment, wo sich Jesus wieder allen ruckartig entzog, ohne allgemeines Händeschütteln, ab, weg in die Stille. Er konnte unmöglich alle umarmen. Aber die, denen er diese Gunst erwies, dürften es stolz, freudig und genüsslich weitergesagt und damit Neid und Klatsch entfacht haben. Des ungeachtet pflegte er seine Besuche, Einladungen nahm er gerne an, um sich zu entspannen…

> Jesus zeigt sich leiblicher Genüsse nicht abgeneigt und darüber hinaus gesellig und zugänglich.

Zeit der Wunder

Verglichen mit Johannes dem Täufer war Jesus ein Kosmopolit, undogmatisch und flexibel. Er mischte sich unter die verschiedenen sozialen Gruppen und äußerte unkonventionelle Gedanken, ohne sich an religiöse Normen gebunden zu fühlen.
Shimon Gibson

Wundersame Ereignisse

Jesus entfaltet in der Folge eine rege Predigertätigkeit und es wird von Wundern en masse erzählt; insgesamt von über dreißig berichten die Evangelien. Er heilt Blinde, Lahme, Aussätzige und Kranke aller Art. Der Rabbi aus Nazareth ist in aller Munde. Markus berichtet uns im 2. Kapitel, dass Jesus in sein Haus (oder in seine Wohnung) in Kafarnaum geht und das Haus kurz darauf von einer großen Menschenmenge belagert wird. Das Gedränge um den Wunderheiler und Exorzisten ist so groß, dass vier Männner einen Gelähmten auf einer Bahre wegen der großen Menge gar nicht erst zu Jesus bringen können, weshalb sie sich eine unkonventionelle Methode ausdenken: Sie brechen kurzerhand das Dach auf und lassen den Gelähmten mitsamt der Bahre an Seilen hinab, direkt vor Jesu Füße. Jesus ist beeindruckt vom Glauben dieser Männer und auf seine Weise vielleicht sogar amüsiert ob so viel Enthusiasmus und Einfallsreichtum. Für innovative und besonders schlaue Menschen – das kommt in den Evangelien und in Jesu Gleichnissen immer wieder zum Ausdruck – hatte Jesus immer etwas übrig. Er erfüllt ihnen ihren Wunsch: Der Gelähmte wird geheilt und marschiert, die Trage unter dem Arm, aus dem Haus.

Lukas berichtet eine andere, für mich besonders eindrückliche Szene (Lk. 8,42–48):

Unterwegs drängten sich die Menschen von allen Seiten an Jesus heran. Es war auch eine Frau dabei, die schon seit zwölf Jahren an schweren Blutungen litt. Sie hatte ihr ganzes Vermögen zu den Ärzten getragen, aber keiner hatte ihr helfen können. Sie trat von hinten an Jesus heran und berührte einen Zipfel seines Gewandes. Im selben Augenblick hörten die Blutungen auf. Jesus fragte: «Wer hat mich berührt?» Keiner meldete sich, und Petrus sagte: «Herr, die Leute drängen sich doch so um dich.» Aber Jesus erwiderte: «Jemand hat mich berührt. Ich spüre, dass Kraft von mir ausgegangen ist.» Als die Frau sah, dass es sich nicht mehr verheimlichen ließ, kam sie zitternd heran und warf sich vor ihm nieder. Vor allen Leuten erzählte sie

Drinnen weinten alle und trauerten um das Kind. Jesus sagte: «Weint nicht! Das Kind ist nicht tot – es schläft nur.» Da lachten sie ihn aus, denn sie wussten, dass es tot war. Aber Jesus nahm es bei der Hand und sagte laut: «Mein Kind, steh auf!» Da wurde das Mädchen wieder lebendig und stand sofort auf. Jesus ließ ihm etwas zu essen geben. Die Eltern waren fassungslos …

Der Priester und Spiritist Johannes Greber beschreibt in seinem 1932 veröffentlichten Buch über den Verkehr mit der Geisterwelt Gottes diese Vorgänge, wie er sie von seinem geistigen Lehrer empfangen haben will, folgendermaßen:

«Ein wirklich Toter kann aus dem Jenseits in das Diesseits nicht zurückkehren. Sein Geist kann nicht wieder von dem Körper Besitz ergreifen, den er durch den irdischen Tod verlassen hat. Das ist ein göttliches Gesetz, von dem es keine Ausnahmen gibt … Dass es sich bei den Totenerweckungen nur um Scheintote handelte, deutet Christus klar an, als er die Tochter des Jairus zurückrief: ‹Das Mädchen ist nicht tot, es schläft nur.› … Aber deswegen ist die Tat der Auferweckung um nichts verkleinert. Denn sie konnte nicht durch menschliche Kräfte herbeigeführt werden, sondern nur durch die Kraft Gottes. So war das bei allen Totenerweckungen Christi.»

ihm, warum sie ihn angefasst hatte und wie sie im selben Augenblick geheilt worden war. Jesus sagte zu ihr: «Dein Vertrauen hat dir geholfen. Geh in Frieden!»

Der Wunderheiler aus Nazareth war offenbar für alle und jeden ansprechbar. Selbst ein Offizier der Besatzungsarmee wird von ihm nicht abgewiesen, als dieser ihn bitten lässt, seinen todkranken Stallburschen zu retten. Lukas erzählt im 7. Kapitel:

Als Jesus nicht weit vom Haus entfernt war, schickte der Offizier ihm Freunde entgegen und ließ ihm ausrichten: «Herr, bemühe dich doch nicht selbst! Ich verdiene die Ehre nicht, dass du in mein Haus kommst. Deshalb hielt ich mich auch nicht für würdig, selbst zu kommen. Ein Wort von dir genügt, und mein Bursche wird gesund. Auch ich habe Vorgesetzte und Untergebene. Wenn ich einem meiner Soldaten befehle: ‹Geh!›, dann geht er. Wenn ich einem anderen sage: ‹Komm!›, dann kommt er; und wenn ich meinem Burschen befehle: ‹Tu das!›, dann tut er's.» Als Jesus das hörte, staunte er. Er drehte sich um und sagte zur Menge, die ihm folgte: «Wahrhaftig, solch ein Vertrauen habe ich noch bei keinem hier in Israel gefunden.» Als die Boten des Offiziers ins Haus zurückkamen, war der Bursche gesund.

Zweimal erweckt er offenbar Verstorbene zum Leben: Den Jüngling von Nain und die zwölfjährige Tochter des Jairus, und nur seine bevorzugten Jüngern Petrus, Jakobus und Johannes lässt er Zeuge der Vorgänge sein:

Wundergeschichten wie diese werden alsbald die Runde gemacht haben. Anscheinend passierte hier und jetzt etwas Gewaltiges, etwas, das die auf einen Messias wartende Bevölkerung in den Bann zog. Wir erinnern uns: Wenn die Zeitangabe im Lukas-Evangelium stimmt, so beginnt das Wirken zuerst des Täufers und dann das öffentliche Auftreten Jesu im Jahre 29, im Jahre 28, wenn der Evangelist als gebürtiger Syrer nach dem syrischen Kalender rechnete. In beiden Fällen bedeutet dies aber, dass sich alle Ereignisse in kürzester Zeit abspielten und sich zeitweilig geradezu überschlugen. Die bereits berichtete Szene, in der Jesus einen Mann, der am Sabbat Ähren rupft, warnt, dies nicht aus Gedankenlosigkeit zu tun, vermittle auf eindrückliche Weise, so der renommierte Theologe und Bibelwissenschaftler Joachim Jeremias in seinem Buch «Unbekannte Jesusworte», wie groß zu diesem Zeitpunkt die Jesus-Bewegung bereits gewesen sei:

Trotz der Kargheit der Angaben lässt unsere Geschichte etwas ahnen von der Größe der Bewegung, die Jesus entfacht hat. Jesus kennt den arbeitenden Mann nicht, wie die Anrede (Mensch!) zeigt, rechnet aber mit der Möglichkeit, dass er zu seinen Anhängern gehört; diese sind so zahlreich, dass Jesus den Einzelnen nicht mehr kennt.

Wir erleben in dieser Phase einen euphorischen Jesus, der das Reich Gottes kommen und aufgehen sieht. Einen Jesus, der einen Neuanfang predigt und ein Jahr der göttlichen Amnestie verkündet. Doch wird diese Euphorie nicht anhalten, wie wir bald sehen werden. Harsche Polemik nimmt allmählich überhand und die Auseinandersetzungen mit dem klerikalen Establishment spitzen sich zu, wobei die aufgepeitschten Erwartungen der Bevölkerung für zusätzlich Sprengstoff gesorgt haben mögen. Hinzu kommt nun ein politisches Ereignis, das die Situation noch darüber hinaus radikalisiert. Zur selben Zeit nämlich, in der Jesus durch diverse Wundertaten von sich reden macht, lässt Herodes Antipas Johannes den Täufer in den Kerker werfen. Im 6. Kapitel nennt Markus die Hintergründe der Verhaftung:

Herodes hatte die Frau seines Bruders Philippus, Herodias, weggenommen und geheiratet... Die Frau war wütend auf Johannes und wollte ihn töten, hatte aber nicht die Macht dazu. Denn Herodes wusste, dass Johannes ein frommer und heiliger Mann war; darum wagte er nicht, ihn anzutasten. Er hielt ihn zwar in Haft, ließ sich aber gerne etwas von ihm sagen, auch wenn er durch das Zuhören jedes Mal in Verlegenheit geriet...

Die heutige Forschung hält es für wahrscheinlich, dass Johannes der Täufer auf der Herodes-Festung Machärus, auf der östlichen Seite des Jordans unweit der Stadt Madaba im heutigen Königreich Jordanien festgehalten wurde. Aber trotz der Haft ist Johannes über das Wirken des von ihm getauften Wunderheilers aus Nazareth bestens informiert. Über seine Botengänger will sich der Täufer in seinem Gefängnis Klarheit verschaffen: Ist sein Verwandter Jeschua Ben Josef wirklich der, der da kommen soll oder müssen die Menschen auf einen anderen warten? Jesus lässt Johannes in Anspielung auf die alttestamentliche Prophezeiung bei Jesaja (35, 3–5) nicht im Zweifel und lässt ihm bestellen:

«Geht zu Johannes hin und berichtet, was ihr hier gesehen und gehört habt: Blinde sehen, Lahme gehen, Aussätzige werden gesund, Taube können hören, Tote stehen auf, und den Armen wird die Gute Nachricht verkündet. Freuen darf sich jeder, der an mir nicht irre wird!»

Wunder und Wissenschaft

Wunder geben und gaben immer wieder Anlass zu kontroversen Diskussionen. Während die einen am Realitätsgehalt von Wundergeschichten nicht zweifeln, begegnen ihnen andere mit Skepsis oder halten sie für ausgemachten Mumpitz. So auch der Filmregisseur und Bibel-Skeptiker Paul Verhoeven:

Der Gang über das Wasser, sei es nun von Jesus oder Petrus berichtet, ist natürlich Unsinn: So etwas ist unmöglich...

Heilungen werden deshalb oft psychologisch gedeutet und nicht wenige Theologen erkennen in ihnen Symbole und Metaphern. Das ist begreiflich, denn die geschilderten Wundergeschichten klingen für unsere heutigen aufgeklärten Ohren tatsächlich unglaublich. Dem gegenüber steht, auch wenn dies mitunter bestritten wird, der historisch Anspruch der Evangelisten: Meiner Ansicht nach handelt es sich bei den Evangelien um eine Art biografische Reportagen und damit dem Wesen nach um effektive Geschichtsschreibung. Die Evangelisten (und später auch die Apostel) lassen in ihren Briefen denn auch keine Zweifel daran, dass reale Tatsachen von einer realen Person berichtet werden. Und da Jesus, wie wir bereits gesehen haben, ja nicht im hintersten

Wir erleben in dieser Phase einen euphorischen Jesus, der das Reich Gottes kommen sieht.

Winkel des Reiches auftrat und Tausende in irgendeiner Form in die wundersamen, zumindest spektakulären Ereignisse involviert waren, bleibt es fraglich, ob die Evangelisten oder die Anhänger Jesu frank und frei solche Phantasiegeschichten in die Welt setzen konnten, wenn sie gar nicht stattgefunden hatten. Und da uns die Evangelien die wundersamen Ereignisse im Zusammenhang mit dem Wirken Jesu ganz klar nicht als symbolische Lehrgeschichten oder literarische Beispiele, sondern vielmehr als knapp geschilderte Ereignisse präsentieren, wären auch in der damaligen Antike beim Publikum Zweifel über die Glaubwürdigkeit dieser Botschaft gekommen, hätte der berechtigte Verdacht bestanden, dass derlei Dinge sich tatsächlich nie ereignet hatten. Denn immerhin, so ist zu vermuten, hätten doch Tausende diesen Berichten als Augenzeugen widersprechen können. Hinzu kommt, dass Jesu Gegner – die Kleriker und Gesetzeslehrer, später jüdische und römische Historiker wie etwa der Christenhasser Publius Cornelius Tacitus (58–120 n. Chr.) – Jesu Wundertätigkeit zu keiner Zeit bestritten. Auch der selbst für Bibel-Skeptiker gänzlich unverdächtige römisch-jüdische Historiker Flavius Josephus (37–100 n. Chr.) zweifelt in seinen historischen Aufzeichnungen kein halbes Jahrhundert nach Jesu Kreuzigung keineswegs an den Wundertaten:

«Um diese Zeit lebte Jesus, ein weiser Mensch, wenn man ihn überhaupt einen Menschen nennen darf. Er war nämlich der Vollbringer ganz unglaublicher Taten und der Lehrer aller Menschen, die mit Freude die Wahrheit aufnahmen. So zog er viele Juden und auch Heiden an sich...»

Ich fragte in unserem Film-Interview in Paderborn den deutschen Theologen und Psychoanalytiker Eugen Drewermann, wie er denn die Wunderberichte in den Evangelien interpretiere. Drewermann sieht in den im Neuen Testament geschilderten Wundern allein literarische Ergänzungen, die zur Versinnbildlichung der Botschaft Jesu beitrügen. Gerade die großen Wundertaten, die die Evangelien Jesus zuschreiben, etwa das Wunder der Brotvermehrung oder Jesu Gang über das Wasser, seien hervorragende Beispiele für die Symbolhaftigkeit, die aus den Schilderungen sprächen. Dass in der Episode der Brotvermehrung gerade ein Kind das Wenige, das es hat – ein paar Fische und Brote – selbstlos der Gemeinschaft zur Verfügung stelle, habe einen gewaltigen Symbolcharakter. Dies genüge vollauf und erheische keinen weiteren übersinnlichen Klimbim. Selbiges reklamiert Drewermann selbstredend auch für Jesu Gang auf den Wellen des Sees Genezareth und schwärmt dabei von der gewaltigen Symbolik des Wassers, dessen Grund man nicht sieht und dennoch sinnbildlich einen Menschen, der vertraue, zu tragen vermöge. Nach physikalischen oder womöglich gar spiritistischen Erklärungsversuchen zu forschen, sei für ihn, so der Theologe weiter, albern und führe am Kern der Geschichte vorbei.

Eugen Drewermanns Ausführungen haben durchaus etwas Überzeugendes. Im gleichen Zug aber könnte man seine Art der symbolischen Deutungen fortsetzen und natürlich auch andere Szenen im Leben Jesu, etwa die ganze Kreuzigungsszene, nicht als historisches Ereignis verstehen, sondern allein symbolisch interpretieren. Zwar ist es historische Tatsache, dass Jesus von Nazareth an einem römischen Kreuz starb, ob sich aber die Szene tatsächlich so abspielte, wie es das Neue Testament berichtet, wissen wir nicht mit Sicherheit, denn die detaillierten Schilderungen über Jesu Sterben sind allein in den Evangelien zu finden. Die Szene ist jedoch in ihrer Aussage dermaßen stark und in ihrer Konzeption so gewaltig, dass man hier keinen historischen Report vermuten könnte, sondern dass folgerichtig auch hier der Verdacht auf eine literarische Konzeption aufkommen müsste: Jesus wird gekreuzigt und zwar in der Mitte; links und rechts von ihm hängen zwei Verbrecher am Kreuz. Zwei Ungerechte also und ein Gerechter in deren Mitte erleiden dasselbe furchtbare Schicksal. Eine schier unglaublich erscheinende Konstellation, weil sie in eindrücklichster Weise Jesu Botschaft symbolisiert. Sogar das Kreuz selbst erscheint als gewaltige, bildhafte Metapher: Ein senkrecht in den Boden gerammter Pfahl weist hinauf zum Himmel und bildet in seiner Vertikalen gleichsam die Verbindung von Himmel und Erde. Der Querbalken indessen weist nicht nur rechts und links auf die beiden Schächer hin – Sünder, die im Sinne der christlichen Botschaft einer Erlösung bedürfen –, sondern bildet gleichermaßen auch die Horizontale der Welt, die sich in der Person Jesu am Kreuz mit der Vertiklalen zwischen Himmel und Erde kreuzt und verbindet.

Hat sich also, müsste man bei so viel symbolischer Power fragen, die Kreuzigung Jesu womöglich gar nicht so zugetragen, wie es in den Evangelien berichtet wird? War es lediglich eine schäbige und unspektakuläre Exekution unter Ausschluss des Pubikums? Oder starb Jesus vielleicht sogar bei einer Massenhinrichtung, wie Paul Verhoeven vermutet, eine Massenexekution, die man später auf Jesus und zwei Schächer reduzierte, um damit ein unvergleichliches literarisches Gemälde zu schaffen, das zur vielleicht berühmtesten und symbolisch spektakulärsten Szene der Mencheitsgeschichte wurde?

Es bliebe dann schließlich die Frage, ob historische Ereignisse, die einen hohen Symbolgehalt aufweisen, letztlich auch wirklich historisch sein können oder am Ende nicht doch bewusste Konzeptionen darstellen. Am Ende nämlich können zahlreiche historische Begebenheiten ebenfalls rein symbolisch gedeutet werden: Cäsars Ermordung durch angeblich dreiundzwanzig Dolchstiche beispielsweise, die just beim Standbild des

> Immerhin, so ist zu vermuten, hätten doch Tausende diesen Berichten als Augenzeugen widersprechen können.

Pompejus erfolgt, jenem Verbündeten Cäsars, mit dem er sich überwirft und der in einem hässlichen Bürgerkrieg schließlich von Cäsar im Jahr 49 v. Chr. besiegt und von ägyptischen Verbündeten getötet wird. Ein Symbol dafür, dass der Unterlegene am Ende doch siegte und den machttrunkenen Frevler das gerechte Schicksal ereilt hat?

Am 11. September 2001 fliegen bekanntlich islamistische Terroristen zwei entführte Verkehrsflugzeuge in die Twin Towers des World Trade Center in New York City. Die Wolkenkratzer brennen und stürzen in einem unvergesslichen Horror-Szenario in sich zusammen: Hundertzehn Stockwerke der beiden fast einen halben Kilometer hohen Gebäude krachen in sich zusammen und fahren in einem infernalen Spektakel in rasendem Tempo senkrecht zu Boden. Ein Fanal für die westlich geprägte Weltwirtschaft und zu symbolträchtig, um wahr zu sein? Immerhin dauert es exakt sieben Jahre, bis die Weltwirtschaft im August/September 2008 beinahe kollabierte. Und die Zahl Sieben ist in diesem Kontext wiederum eine symbolträchtige Zahl und gemahnt in diesem Kontext in geradezu verdächtiger Weise an die sieben fetten und sieben mageren Jahre in der Josefs-Geschichte (Buch Genesis 41, 17–21).

Ist es also konsequent, wenn Theologen und Exegeten im Grunde genommen willkürlich Passagen akzeptieren oder ablehnen, wenn sie nicht ins heute gängige, naturwissenschaftliche Verständnis passen? Entspricht es einer wissenschaftlichen Haltung, wenn man den eigenen Standpunkt als richtig, sogar über den Dingen stehend empfindet, weshalb in der Folge zurückliegende Ereignisse der Geschichte dem eigenen Standpunkt und/oder dem gegenwärtig vorherrschenden Zeitgeist angepasst werden müssen? An die Unfehlbarkeit der Wissenschaften glaube ich jedenfalls längst nicht mehr und traue ihr in etwa in gleichem Maße wie der Unfehlbarkeit des römischen Pontifex. Haben uns Wirtschaftswissenschaftler nicht noch kurz vor dem Beinahe-Kollaps der Weltwirtschaft im Sommer 2008 mit Fallstudien, Statistiken und ausgeklügelten Zahlenmodellen versichert, dass ein Finanzcrash außerhalb aller Möglichkeiten liege? Hatten Atomkraft-Experten nicht unermüdlich versichert, dass ein atomarer GAU, wie er sich anfangs 2011 im japanischen Fukushima ereignete, in einem fortschrittlichen Land jenseits des Anzunehmenden liegen würde? Und schließlich: Hatte die deutsche Bundeskanzlerin und studierte Physikerin Angela Merkel nach Fukushima nicht angekündigt, alle deutschen Kernkraftwerke einer rigiden Sicherheitskontrolle zu unterziehen, nachdem doch die zuständigen Wissenschaftler die deutschen Atomkraftwerke in den Jahren zuvor wiederholt für bedenkenlos und sicher erklärt hatten?

Selbst die landläufig scheinbar unfehlbare und exakte Naturwissenschaft hat immer wieder erfahren müssen, dass wissenschaftliche Erkenntnisse relativiert werden mussten oder sich eine scheinbar plausible Sicht der Dinge später als völlig unzureichend erwiesen hat. Die von der katholischen Kirche autorisierten Wissenschaftler etwa lehnten im späten Mittelalter die Idee einer

Ist es konsequent, wenn zurückliegende Ereignisse der Geschichte dem eigenen Standpunkt und/oder dem gegenwärtig vorherrschenden Zeitgeist angepasst werden?

runden Welt nicht nur als Häresie, sondern sogar als wissenschaftlichen Unfug ab. Und als 1933 der Schweizer Physiker und Astronom Fritz Zwicky (1898–1974) aus astronomischen Beobachtungen fehlende (nicht sichtbare) Masse postulierte, die er als «Dunkle Materie» bezeichnete, wurde seine Hypothese in der zuständigen Wissenschaft auf breiter Front abgelehnt. Erst ab 1960 wurde die Dunkle Materie ernst genommen und ist seither

unverrückbarer Teil des Verständnisses unseres Universums. Darüber hinaus spielt letztlich bei jeder noch so wissenschaftlich verbrämten Studie immer eine entscheidende Rolle, wie jeweils die entsprechende Frage gestellt wird. Eine gestellte Frage impliziert nämlich auch stets eine ihr entsprechende Antwort.

Gibt es also letztlich ein abgeschlossenes und finales Wissen, ein endgültiges Wissenschaftskonzept, in dem die in den Evangelien geschilderten Geschichten ultimativ und unzweifelhaft keinen Platz finden? Vielleicht gibt es eben doch mehr als das, was uns die Wissenschaft lehren will. William Shakespeare (1564–1616) bringt es auf den Punkt, als er seinen «Hamlet» im weltberühmten Drama dessen Freund Horatio gestehen lässt: «Es gibt mehr Dinge zwischen Himmel und Erde, als Eure Schulweisheit sich erträumen lässt.»

Der Kopf des Propheten

Unheimlich wirken die Ruinen von Machärus. Sie liegen unweit des Berges Nebo, von dem aus Mose das versprochene Land sehen durfte, bevor er, wie es im Buche Deuteronomium am Schluss heißt, mit hundertzwanzig Jahren starb und von Jahweh selbst «im Tale im Land Moab gegenüber von Bet-Peor begraben wurde.» (Deut. 34, 6)

Der karge und steinige Boden und der säuselnde Wind geben dem Ort trotz eines atemberaubenden Panoramas auf die Jordansenke, auf das tiefblaue Tote Meer und die gegenüberliegende Wüste Judäa beinahe etwas Verwunschenes. Hier soll vor rund 1980 Jahren ein bemerkenswert schauriges Schauspiel über die Bühne gegangen sein. Ein Ereignis, das zu den klassischen Episoden unseres Kulturraums gehört und heute weder aus Kunst noch Literatur wegzudenken ist. Die Meinungen darüber, ob dieses Ereignis tatsächlich stattgefunden hat, gehen heute selbstverständlich auseinander, zumal Josephus oder andere antike Historiker nichts darüber schreiben. Dass die Enthauptung eines Verbrechers durch den römischen Senator Lucius Quintius Flaminius anlässlich eines Gastmahls die Vorlage bildet, wie Paul Verhoeven behauptet, scheint mir allerdings etwas weit hergeholt.

Der Markus-Bericht, das möglicherweise älteste der vier Evangelien, erzählt das Drama, das sich wahrscheinlich gegen Ende des Jahres 28 oder im Sommer oder Herbst 29 hier in der Herodes-Festung östlich des Jordans abspielt, kurz und eindrücklich:

Aber dann kam für Herodias die günstige Gelegenheit...

Die neue Frau des Herodes, wir erinnern uns, wollte Johannes den Täufer wegen der öffentlichen Verbalattacken schon früher gerne töten lassen. Obwohl er in der Gewalt des Königs war, wagte dieser es nicht, sich an diesem populären Mann zu vergreifen, der bei seinem Volk im Ruf der Heiligmäßigkeit stand.

Herodes hatte Geburtstag und gab ein Fest für alle hohen Regierungsbeamten, die Offiziere und die angesehenen Bürger von Galiläa. Dabei trat die Tochter der Herodias als Tänzerin auf. Das gefiel allen so gut, dass der König zum Mädchen sagte: »Wünsch dir, was du willst; du wirst es bekommen.» Er legte einen Eid ab: «Ich will dir alles geben, was du willst, und wenn es mein halbes Königreich wäre!» Da ging das Mädchen zu seiner Mutter und fragte, was es sich wünschen soll. Die Mutter sagte: «Den Kopf des Täufers Johannes.» Schnell ging das Mädchen wieder zu Herodes und trug seine Bitte vor: «Ich will, dass du mir jetzt sofort den Kopf des Täufers Johannes auf einem Teller überreichst!» Da wurde der König traurig, aber weil er ihr vor allen Gästen das Versprechen gegeben hatte, wollte er die Bitte nicht abschlagen. Er schickte den Henker und befahl ihm, den Kopf des Johannes zu bringen. Der Henker ging ins Gefängnis und enthauptete Johannes. Dann brachte er den Kopf auf einem Teller her-

ein und überreichte ihn dem Mädchen, das ihn an seine Mutter weitergab. Als die Jünger des Johannes davon hörten, holten sie den Toten und begruben ihn. (Mk. 6, 21–9)

Matthäus beschreibt, wie Jesus auf die Nachricht vom Tod des Johannes reagiert:

Als Jesus das erfahren hatte, verließ er die Gegend und fuhr mit dem Boot an eine einsame Stelle. (Mt. 14, 13)

Paul Verhoeven vermutet in dieser ganzen Passage grobe Ungereimtheiten:

Merkwürdigerweise erwähnt Markus mit keinem Wort, wie Jesus auf die Hinrichtung reagiert… Matthäus stellt eine Kausalverbindung her zwischen dem Bericht über Johannes Tod und dem Ausweichen Jesu in eine andere Gegend. Jesus begriff, dass er als Nächstes von Herodes Antipas verhaftet und getötet werden würde. Daher floh er an einen Ort, der sich außerhalb von Antipas' Territorium befand.

Dem widerspricht jedoch der Bericht im Lukas-Evangelium klar; laut seiner Schilderung (Lk. 9, 7–9) hört Herodes von den Wundertaten Jesu, die sich auch nach der Ermordung des Täufers ereignen:

Herodes, der Herrscher über Galiläa, hörte von all diesen Vorgängen. Er war sehr bestürzt, denn manche Leute sagten: «Der Täufer Johannes ist wieder lebendig geworden.» Andere behaupteten, Elija sei wiedergekommen, und wieder andere, einer der alten Propheten sei vom Tod auferstanden…

Offenbar fühlt sich Herodes von Jesus nicht direkt herausgefordert:

Herodes aber sagte: «Ich habe Johannes hinrichten lassen. Wer ist also dieser Mann, von dem ich solche Dinge höre?» Darum wollte Herodes Jesus kennenlernen.

Zumindest diese Stelle gibt, stimmen die Angaben im Lukas-Evangelium, keinen Anlass, anzunehmen, Herodes Antipas habe Jesus verhaften oder sogar töten lassen wollen.

Brot für Brüder

Dass Jesus von Nazareth ein Mann mit ausgeprägten Emotionen war, lassen die Evangelien immer wieder durchschimmern. Entsprechend bestürzt haben mochte Jesus wahrscheinlich der Tod seines Verwandten Johannes. Auf jeden Fall meidet Jesus die Öffentlichkeit und will mit seinen Jüngern eine einsame Stelle aufsuchen. Doch

> Dass Jesus von Nazareth ein Mann mit ausgeprägten Emotionen war, lassen die Evangelien immer wieder durchschimmern.

seine Pläne werden durchkreuzt: Die Menge folgt ihm, erfahren wir vom Evangelisten Johannes. Allem Anschein nach ist den Leuten diese einsame Stelle bekannt:

Jesus blickte auf und sah, dass die Menschenmenge sich näherte. Er wandte sich an Philippus: «Wo können wir genügend Nahrung hernehmen, damit all diese Leute satt werden?»

Was nun folgt, gilt als eine der ganz großen überlieferten Wundertaten Jesu. Sämtlichen vier Evangelien zufolge sättigt Jesus fünftausend Menschen mit lediglich fünf Brotlaiben und zwei Fischen. Bei Matthäus kommen zu den geschilderten fünftausend Männern noch Frauen und Kinder hinzu, was insgesamt mindestens sieben- bis achttausend, eventuell sogar zehntausend Menschen entsprochen hätte. Und am Schluss bleiben immer noch zwölf Körbe mit Brot und Fisch übrig.

An dieser Brotvermehrung scheiden sich – wie könnte es anders sein – die Geister, denn sie widerspricht unserer Logik, schlicht allem, was wir uns vorstellen können. Entsprechend wird auch hier immer wieder nach dem symbolischen Gehalt gesucht, etwa dass Jesus die Leute zum Teilen animiert habe oder dass solidarische Fischer mit

Proviant aufgekreuzt seien. Fakt ist, dass dieses Ereignis das wohl bestbezeugte Wunder in den Evangelien ist, sofern man diese als Quelle akzeptiert. Doch bleibt auch hier einmal mehr die entscheidende Frage: Wann wurden die Evangelien geschrieben und wann kamen sie in Umlauf? Wenn sie tatsächlich um Jahrzehnte älter sind als früher angenommen, dann haben viele oder sogar die meisten der bei diesem Ereignis Anwesenden noch gelebt. Auch wenn bei der großen Menschenmenge kaum sämtliche der dort Anwesenden die Vorgänge mit eigenen Augen hätten verfolgen können: Wären nicht genug übrig gewesen, die dieser geradezu abstrusen Wundergeschichte öffentlich hätten widersprechen können? Die große Zahl der Anwesenden hätte dann nämlich bezeugen können, dass sympathisierende Fischer gekommen seien oder dass ein spontanes großes Teilen angefangen habe, dass jedoch von einer wundersamen Brot- und Fischvermehrung gar keine Rede sein könne. Auch wird mitunter die genannte Anzahl Menschen bei den zuständigen Wissenschaftlern bezweifelt. Doch ob nun die geschilderte Zahl der Menschen vielen Skeptikern

Fakt ist, dass dieses Ereignis das wohl bestbezeugte Wunder in den Evangelien ist, sofern man diese als Quelle akzeptiert.

übertrieben erscheint oder nicht – es ändert sich auch bei lediglich zwei- oder dreitausend Menschen nichts an der Wucht der Geschichte.

Was also damals auch immer geschah, eine eindrückliche Kundgebung muss dieser Abend am Ufer des Sees Genezareth auf jeden Fall gewesen sein. Und wer den Sonnenuntergang am See Genezareth gesehen hat, weiß um die eindrückliche Kulisse, in die das Ereignis eingebettet war. Geben wir dem Bibel-Skeptiker Paul Verhoeven das Wort, der sich die Szene als versierter und international erfolgreicher Filmregisseur ausmalt:

Man versuche sich vorzustellen: Auf einer sonst unbewohnten Ebene tauchten auf einmal Hunderte von Menschen auf... Eine Menge, entsetzt über die Exekution des Täufers und ein charismatischer Prediger, früher Schüler von Johannes, der das Königreich Gottes verkündete. Und auch wenn Jesus es nicht so formuliert haben wird, das Eintreffen dieses Königreichs implizierte, dass Herodes Antipas – der Henker des Täufers – bald vernichtet werden würde.

Die Wucht eines Ereignisses

War es die Magie des Moments, der diesem angeblichen Wunder der Brotvermehrung Pate stand?

Im Anschluss an das Film-Interview wurden wir von unserem Gesprächsgast, dem Theologen und Honorarprofessor für Kirchengeschichte Albert Gasser, zu einer heiteren Runde mit Bier, Wein und einem währschaften Abendessen eingeladen. Albert Gasser machte mich im Gespräch auf eine Episode aus der Neuzeit aufmerksam, die wie kaum eine andere illustriert, wie unter Umständen erst der Rahmen eines Ereignisses die Legende bilden kann. Und – was noch weit bemerkenswerter ist – dass selbst in einer Zeit, in der bereits Bild- und Tonaufzeichnungen zum Alltag gehörten, die Erinnerungen von Augen- und Ohrenzeugen eines zweifelsfrei historischen Ereignisses bald verschwommen und unklar werden:

Nach Kriegsausbruch und der schweizerischen Generalmobilmachung am 2. September 1939 herrscht in der Schweiz eine große Verunsicherung. Das kleine Land zwischen dem faschistischen Italien und dem nationalsozialistischen Deutschland, dem sich Österreich in kollektiver Euphorie angeschlossen hatte und dessen Wehrmacht Polen, Tschechien, Belgien, Holland und Frankreich fast im Handstreich überrannt hatte, ist verständlicherweise verunsichert. Die Radioansprache des damaligen Bundespräsidenten Marcel Pilet-Golaz vom 25. Juni 1940 trägt kaum zur Beruhigung der Gemüter bei: Die Rede bleibt schwammig und kaum jemand versteht, was der Politiker meint, wenn er von den Schweizerinnen und Schweizern fordert, «sich den neuen Verhältnissen anzupassen und den alten Menschen abzulegen». Dabei war die Stimmung im Land mehrheitlich klar: Mit Nazi-Deutschland hatte man nichts am Hut und die vom Bundespräsidenten geforderte «Anpassung an die neuen Verhältnisse» löste in der Schweizer Bevölkerung äußerst zwiespältige Gefühle aus. Der am 30. August 1939 gewählte General Henri Guisan (dem man übrigens eine gewisse politische Rivalität zu Pilet-Golaz attestieren darf) lädt am 25. Juli 1940 das obere Armee-Kader ab dem Majorsrang zum heute legendären «Rütli-Rapport»: Rund dreihundert Offiziere werden unter höchster Geheimhaltung nach Luzern bestellt; dort werden zwei Dampfschiffe bestiegen und man sticht auf den Vierwaldstättersee. Später wurden Vorwürfe laut, dass diese Aktion leichtsinnig gewesen sei; ein Attentat auf die Schiffe oder die nachfolgende Versammlung hätte die Schweizer Armee ihres gesamten Führungsstabes beraubt. Schon bald wird den Offizieren klar, wohin die Reise geht: auf die Rütli-Wiese, dem Gründungsmythos der schweizerischen Eidgenossenschaft zufolge der Geburtsort der Nation. Dort lässt der im Volk beliebte und verehrte General die Offiziere aufmarschieren, um in einer rund zwanzigminütigen Rede den Wehrwillen der Armee und des ganzen Landes zu beschwören. Es existieren zwar Fotos, Ton- oder Filmaufzeichnungen vom Rapport aber gibt es nicht. Das Verblüffende daran: Bald schon erinnert sich keiner der Augen- und Ohrenzeugen so wirklich mehr an den Inhalt der Rede. Kolportiert wird die Aussage eines Zürcher Offiziers beim anschließenden Imbiss, er hätte jetzt doch etwas mehr erwartet. Das allerdings Bemerkenswerteste am legendären Rütli-Rapport: Jahrzehnte später war man sich sogar unter den Augen- und Ohrenzeugen nicht einmal mehr einig, ob der aus der Romandie stammende General seine Ansprache in Deutsch oder Französisch gehalten hatte!

Wir sehen, dass selbst Ereignisse, die weniger lange zurückliegen, in ihrem tatsächlichen Gehalt nicht immer detailgetreu rekonstruiert werden können, was aber an der historischen Bedeutung eines Ereignisses kaum etwas zu ändern vermag. Ob nun beispielsweise die Bergpredigt ein einziges Ereignis markierte oder ob verschiedene Auftritte Jesu später im Gedächnis der Zeitzeugen zu einem einzigen Event verschmolzen, wissen wir nicht und in der Beurteilung der Wirkungsgeschichte spielt es auch nicht wirklich eine Rolle. Gerade bei Massen-Happenings spielen Atmosphäre und Gesamtwirkung eine erhebliche Rolle. Oft vermag man sich an ein Gespräch oder an eine Begegnung weit genauer erinnern als an ein Großereignis, das sich in ein Knäuel aus diversen kurzen Impressionen verdichtet. Mein allererstes Rock-Großkonzert etwa, das ich erlebte, war für mich ein überwältigendes Erlebnis: Die Rolling Stones spielten 1982 auf ihrer «Tattoo You»-Tour das erste Stadion-Konzert in der Schweiz. Das ganze Land war aus dem Häuschen und die beiden Kanäle des Schweizer Staatsradios, DRS 1 und 2 (DRS 3 gab es erst einige Jahre später), spielten tatsächlich einen ganzen Tag nur die Songs der Rolling Stones und einige Tracks der J. Geils Band, die das Vorprogramm bestritt. Der Konzert-Sound im St. Jakobs Stadion war zwar ziemlich erbärmlich, aber die Show war für damalige Verhältnisse eindrücklich und gigantisch. Schon kurze Zeit später verdichteten sich bei mir allerdings die Erinnerungen an das zweistündige Rock-Ereignis zu ein paar wenigen, aber umso intensiveren Momenten, obwohl ich den Gig der Rockgiganten in vorderster Front am Bühnenrand klebend verfolgen konnte: Ich erinnere mich an einzelne Episoden, an den einen oder anderen Flash, an den zerzausten Keith Richards in engen Jeans und einem grünen, ärmellosen T-Shirt, an Ron Wood mit Gletscherbrille und clownesken Einlagen, an den statisch dastehenden Bill Wymann in blauen Trainerhosen und futuristischer Bass-Gitarre, an Charly Watts Bürstenschnitt und natürlich an den pausenlos herumhampelnden Mick Jagger im Football-Outfit, dessen Charisma mich schwer beeindruckte und mich mitunter zum überzeugten Stones-Fan werden ließ. Ich erinnere mich zwar, dass die Sonne heiß brannte, ob das Konzert aber bei Tag oder bei Nacht endete, weiß ich nicht mehr genau, ich glaube, es war in der Abenddämmerung, als Mick als Zugabe «Satisfaction» von einer Fassadenputzer-Krankanzel ins Publikum schmetterte.

> *Ob nun also die Wirkung jener Nacht in Jesu wortgewaltiger Rhetorik lag oder ob da tatsächlich ein von ihm bewirktes grandioses Wunder geschah, können wir heute nicht beantworten.*

Ob nun also die Wirkung jener Nacht in Jesu wortgewaltiger Rhetorik lag oder ob da tatsächlich ein von ihm bewirktes grandioses Wunder geschah, können wir heute nicht beantworten. Doch scheinen vielleicht nicht nur Jesu Worte, sondern der gesamte Rahmen dieses Happenings zur Denkwürdigkeit des Ereignisses beigetragen zu haben. Auch die symbolhaft aufgeladene Stimmung mag ihren Teil beigetragen haben, weshalb die Symbolik eines Ereignisses auch durchaus Teil einer historischen Wirklichkeit ist. Anders verhält es sich mit kleineren und alltäglicheren Begebenheiten. Oft bleiben die Erinnerungen genauer und authentischer, weil sie von keinerlei Gruppendynamik oder von keiner aufgestauten Energie einer Menschenmasse beeinflusst werden.

Ein äußerst imposantes Wunder in jener Nacht schließe ich keineswegs aus, doch die Brotvermehrungsgeschichte ist im Hinblick auf das geschilderte Wunder aus den genannten Gründen möglicherweise etwas schwieriger in der Beurteilung oder in der Interpretation als andere in den Evangelien geschilderten Ereignisse und Wunder, wie etwa jenes, das sich kurz danach und noch in derselben Nacht laut den Evangelisten Matthäus und Markus noch ereignet haben soll, wovon in Kürze die Rede sein wird.

Enttäuschte Erwartungen

Während Matthäus, Markus und Lukas das nächtliche Happening nicht weiter kommentieren, scheint bei Johannes die Stimmung explosiv und aufgepeitscht:

Als die Menschen sahen, was Jesus tat, sagten sie: «Das ist bestimmt der Prophet, der in die Welt kommen soll!» Jesus wusste, dass sie nun bald an ihn herantreten würden, um ihn mit Gewalt zu ihrem König zu machen. Deshalb zog er sich ganz allein wieder auf den Berg zurück. (Joh. 6, 14–15)

Geben wir uns für einen Moment wilden Mutmaßungen und Phantasien hin: Spürte Jesus, vielleicht nur einen Augenblick lang, die Versuchung, angesichts fünf-, vielleicht zehntausende seiner Landsleute, die ihm in dieser Nacht zu Füßen liegen, die dargebotene Krone anzunehmen?

In der Wüste hatte der Teufel dem fastenden Jesus Reichtum und Macht angeboten, würde Jesus ihm huldigen. Wir erinnern uns: Albert Gasser mutmaßt im Film-Interview, dass diese Passage vielleicht mehr mit der persönlichen Realität Jesu zu tun hat, als wir vielleicht annehmen möchten: Ein populärer und darüber hinaus im höchsten Maß vielseitig talentierter Volksheld ist wahrscheinlich nie immun gegen die Versuchungen von Macht, Popularität und Reichtum. In der Wüste soll sich gemäß den synoptischen Evangelien der Teufel anheischig gemacht haben, Jesus Macht und Erfolg zu geben, wenn er vor ihm niederknien und ihn anbeten würde, was Jesus aber ablehnt. Das nun Erreichte aber basierte nicht auf einer Gegenleistung, die Jesus durch einen Kniefall vor dem Satan erlangt hatte. Im Gegenteil war Jesus sogar konsequent seinen eigenen Weg gegangen und hätte so die Königswürde aus eigener Kraft erlangt. Wieso sollte er den hart verdienten Erfolg nicht auskosten? Wieso nicht ein guter und gerechter König werden?

Jesus lehnt die angebotene Krone ab.

Wusste er um die Aussichtslosigkeit einer offenen Rebellion gegen die römischen Besatzer? War ihm klar, dass jeder Aufstand in Palästina ein Blutbad zur Folge hätte und dass bei einem Aufstand sein eigenes Volk unweigerlich untergehen würde? Oder blieb er seinem Grundsatz treu, seine Mission nicht mit Politik zu vermischen? Auch wenn zeitgenössische Exegeten mit Vorliebe kurz vor Ostern immer wieder publizieren, Jesus sei eben doch weit politischer gewesen, als die Kirchen es haben wollten: Jesus von Nazareth mit Figuren wie Spartacus, Wilhelm Tell, Robin Hood oder Che Guevara zu vergleichen, greift viel zu kurz und wird den historischen Tatsachen nicht gerecht. Es bliebe dann beispielsweise die Frage, ob die Römer einen latenten politischen Revoluzzer als Brandredner und politischen Agitator monatelang hätten gewähren lassen. Wenn die Römer angeblich beim kleinsten Mucks kurzen Prozess machten, wieso dann nicht bei Jesus, der doch angeblich politisch ein «wandelndes Pulverfass» war, wie der Autor Nick Page in seinem viel beachteten Buch «Die letzten Tage Jesu» behauptet?

Dass das Spiegel-Magazin in seiner Titelgeschichte der Osterausgabe 2011 für Jesu Gewaltbereitschaft sogar Simon den Zeloten – eine Nebenfigur in der Apostelschar – zu einem der wichtigsten Beweise heranzieht, dass Jesus in Wahrheit eine «rohe Botschaft» verkündete, ist vor allem eines: populistisch. Im Artikel finden sich noch weitere zwar populäre, aber im Grunde genommen ungenaue, sogar fahrlässige Behauptungen: Zum einen trifft es nicht zu, dass zur Zeit Jesu ein Aufstand gegen die Römer im Untergrund bereits mehr als am Köcheln war, sogar kurz vor dem Ausbruch stand. Die latente Ablehnung der Besatzungsmacht lag zwar ständig in der Luft und Terroranschläge gegen militärische Einrichtungen (analog zur einstigen IRA-Strategie in Nordirland) waren vielleicht nicht gerade an der Tagesordnung, aber kamen doch immer wieder vor. Doch dauerte es weitere 36 Jahre, bis die Résistance in Israel einen – allerdings erfolglosen – Aufstand gegen die Römer wagte. Der politischen Gesamtbetrachtung der damaligen Verhältnisse muss überdies beigefügt werden, dass entgegen den im erwähnten Artikel geäußerten Behauptungen die römischen Besatzer grundsätzlich keine Judenhasser waren, auch wenn es selbstverständlich auch solche unter den Römern gab.

Klar verkaufen sich Sensationsgeschichten immer besser als jene, die der Objektivität verpflichtet sind. Die besten Geschichten, meinte letzthin ein Journalist in einem Apéro-Gespräch, würden bei zu umfangreichen Recherchen sowieso gekillt. Aber vorzugeben, quasi die gesamte neue Forschung gehe davon aus, dass Jesus ein verkappter Partisane gewesen sei, der im damaligen Verständnis von den Römern zwangsläufig habe beseitigt werden müssen, weil er unter anderem zum Steuerboykott aufgerufen habe, ist angesichts der verfügbaren Quellen nicht nur kühn, sondern abwegig. Und die Antwort, warum Jesu angeblich höchst gewaltbereite Apostel nach der Kreuzigung ihres Rebellenführers aus ihrem Meister quasi postwendend und ums Verrecken das Gegenteil gemacht und den politischen Renegaten zum frommen, pazifistischen und darüber hinaus zum rein in mystischer Weise verstandenen Opferlamm stilisiert haben sollen, bleiben uns die Autoren im Artikel ebenfalls schuldig.

Alle Indizien sprechen klar dafür: Jesus wollte vieles, aber kein politischer König werden. Ob die Königsmacher unter den Leuten Jesu Rückzug als bittere Enttäuschung erlebten, geht aus den Evangelien nicht hervor. Die Schilderung im Johannes-Bericht könnte es vermuten lassen.

Walking on Water

Jesus schickt nach dieser Kundgebung seine Jünger, das Boot zu holen. Er will der Menge über den Seeweg entkommen. Tatsächlich fordert uns nun die Schilderung, in der Jesus noch in derselben Nacht über das Wasser geht, noch kräftiger heraus, widerspricht sie nun ganz und gar jeglicher naturwissenschaftlicher Gesetzmäßigkeit. Verblüffend dabei ist die Einigkeit der Evangelisten: Während die Brotvermehrung von allen vier Evangelisten berichtet wird, so sind es nur drei, darunter die beiden möglichen Augenzeugen Matthäus und Johannes, die uns über Jesu Gang über den See Genezareth informieren. Hatten sich die Sinne der Jünger täuschen lassen? Oder wurde zehn Jahre nach der Kreuzigung ihres Rabbi diese Geschichte einfach hinzugedichtet? Ein Fake, an dem Jesu Jünger allerdings auch angesichts von Verfolgung und Tod festhielten? Begreifen können wir die Schilderung eines solchen Ereignisses nicht, höchstens glauben. So wie alle anderen in den Evangelien geschilderten Wundertaten dieses zweifellos ungewöhnlichen Menschen aus Nazareth.

Matthäus, Markus und Lukas berichten, dass die Zwölf in einen Boot auf dem See Genezareth bereits vorher – zu Beginn der Mission Jesu – Zeugen eines Wunders waren, als ein heftiger Sturm die Wellen aufpeitschte und das Schiff in Seenot geriet. Jesus selbst scheint nichts zu merken, während er im Heck des Bootes schläft. Die Jünger wecken ihren Rabbi in heller Aufregung:

«Herr, merkst du denn nicht, dass wir untergehen?» Da stand Jesus auf, bedrohte den Wind und befahl dem See: «Still! Gib Ruhe!»

Bemerkenswert ist dabei, dass Jesus dem Wind droht und mit dem Wasser spricht, als gebe es ein tatsächliches Gegenüber. Jesus tritt den Naturgewalten entgegen, wie er es bei Dämonen und bösen Geistern tut: ganz und gar archaisch, fast wie ein Schamane, ein Medizinmann oder Voodoo-Meister. Ein Beweis, dass Jesus eben doch als Kind seiner Zeit in der Vorstellungswelt seiner Epoche verwurzelt war? Oder zeigt diese Szene, dass Schamanen, Hexenmeister und Voodoo-Zauberer sogar auf derselben Tastatur spielen, der sich auch Jesus erfolgreich bedient hat? Eine Tastatur, die ihre Wahrheit und Gültigkeit bis heute nicht verloren hat, und zwar deshalb, weil sie eine parallele Realität bildet? Das wäre dann allerdings eine Realität, die weder mit unseren physikalischen und mechanistischen noch mit unseren psychologischen Begriffen übereinstimmt oder in deren Parametern zu fassen wäre. Bedeutet dies dann aber zwangsläufig, dass wir es mit archaischem Humbug oder naivem Mumpiz zu tun haben? Der im Luzerner Hinterland aufgewachsene Theologe, Missionar und Buchautor Al Imfeld zeigte sich in einem Vortrag überzeugt, dass es sie nach wie vor geben würde, diese zweite, diese mystische Ebene, diese geheimnisvolle Parallelwelt; dabei sei es ihm egal, ob man es Magie oder sonstwie nennen wolle. Diese Ebene jedoch sei beim modernen Menschen weitgehend verschüttet und Psychologen, Psychiater und Psychoanalytiker versuchten heute, mit wissenschaftlichem Effort diese Lücke zu füllen. Eines ist jedenfalls schwer zu bestreiten: Immer wieder hat die Effizienz eines archaischen Schamanismus' sowohl weltoffene Forscher als auch nicht voreingenommene Mediziner verblüfft.

Jesus wollte vieles, aber kein politischer König werden.

Auch in jener Nacht, so berichten die Evangelien, scheint auf dem aufgepeitschten Wasser des Sees Genezareth die Methode zu wirken:

Der Wind legte sich und es wurde ganz still. «Warum seid ihr so ängstlich?» fragte Jesus. «Habt ihr kein Vertrauen?» Aber der Schreck saß ihnen noch in den Gliedern, und sie fragten sich: «Was ist das für ein Mensch, dass ihm sogar Wind und Wellen gehorchen?»

Neubeginn

Ich meine, die Vorstellung, dass der gesamte Lauf der Zivilisation auf dem halben Globus von einem Spinner verändert und auf den Kopf gestellt wurde, das finde ich weit hergeholt.
Bono

Das Zerwürfnis

Über die nachfolgenden Ereignisse erhalten wir in den Evangelien widersprüchliche Informationen. Folgen wir dem möglichen Augenzeugen Johannes, so gab es in Kafarnaum am Tag nach der geschilderten Brotvermehrung eine heftige Auseinandersetzung zwischen Jesus und den Menschen in der Synagoge (Joh. 6, 25–71). Offenbar verlangt die Menge nach neuen, noch spektakuläreren Wunderzeichen. Und allem Anschein nach wollen die Leute Jesus einfach dazu bringen, auf wundersame Weise noch mehr Nahrungsmittel zu erzeugen. Jesus verweigert sich und spricht über die spirituelle, die göttliche Dimension seines Wirkens, was die Menge aber durchaus nicht hören will. Es scheint fast, als provoziere Jesus die Leute absichtlich. Er wird deutlich und verweist in mystischen Bildern auf seine göttliche Autorität, was fast einen handgreiflichen Tumult auszulösen:

Viele seiner Anhänger hörten das und sagten: «Was er da redet, geht zu weit! So etwas kann man nicht mit anhören.» Jesus merkte, dass sie sich entrüsteten. Deshalb sagte er zu ihnen: «Ist euch das schon zu viel? Was werdet ihr erst sagen, wenn ihr den Menschensohn dorthin zurückkehren seht, wo er vorher war?»

In dieser Szene tritt uns ganz offen der ungeheure Anspruch Jesu entgegen: Es sind kaum die Worte eines Mannes, der sich selbst lediglich für einen Rabbi und Heiler, bestenfalls für einen der Propheten hält!
Der Streit spitzt sich zu und Jesus setzt noch eins drauf.

Als seine Anhänger das hörten, wandten sich viele von ihm ab und wollten nicht länger mit ihm gehen. Da sagte Jesus zu seinen zwölf Jüngern: «Und ihr? Was habt ihr vor? Wollt ihr mich auch verlassen?»

Es ist Simon Petrus, der seinem Rabbi antwortet:

«Du bist unser Herr. Zu wem sonst sollten wir gehen? Deine Worte bringen das ewige Leben. Wir glauben und wissen jetzt, dass du der Gesandte Gottes bist.»

Der als gläubiger Katholik bekannte U2-Sänger Paul «Bono» Hewson wurde in einem Interview gefragt, ob der Titel «Sohn Gottes» für Jesus von Nazareth nicht doch etwas weit hergeholt sei. Bono beharrt auf dieser Bezeichnung. Seiner Meinung nach lässt Jesus bloß «den Propheten nicht durchgehen» und weist darauf hin, dass Jesus keinen Zweifel daran lässt, für wen er sich selber hält: für den Messias, den Erlöser, den Sohn Gottes. «Nein, bitte, sei einfach nur Prophet!», kommentiert Bono die Reaktion der Menschen. «Einen Propheten können wir verkraften!... Aber bitte nicht das M-Wort. Sonst müssen wir dich leider kreuzigen.»

Paul Verhoeven interpretiert den Bericht des Johannes auf seine Weise und entwirft ein tristes Bild: Jesus verliert den Rückhalt in seinen Stammlanden und muss vor dem Zugriff durch Herodes Antipas fliehen. Er ist nach Pauls Meinung nun ständig auf der Flucht und wandert mit seinen letzten Getreuen in den Norden, um dann zum zweiten Mal während des Laubhüttenfestes nach Jerusalem zu gehen. Verhoeven glaubt, bei diesem Besuch im Herbst des Jahres 29, und nicht bei jenem, der mit der Kreuzigung endet, habe Jesus seinen triumphalen Einzug in Jerusalem inszeniert. Doch, so schreibt Verhoeven in seinem Buch, sei Jesus schließlich auch dort gescheitert:

Letztendlich zwingt die Feindschaft der Priesterkaste Jesus dazu, aus der Stadt zu fliehen. Erst bei seinem dritten Besuch, sechs Monate später, wird Jesus kurz vor oder während des Pessachfestes im Olivengarten von Gethsemane verhaftet und auf Golgotha hingerichtet.

> *In dieser Szene tritt uns ganz offen der ungeheure Anspruch Jesu entgegen.*

Verhoevens Theorie erscheint stringent und hat eine innere Logik. Aber sie hat auch einen Haken, sogar deren zwei: Erstens nämlich berichtet das Johannes-Evangelium, auf das sich Verhoeven in seinem kritischen Buch vorwiegend beruft, dass Jesus mitnichten geflohen ist, sondern im Gegenteil weiter in Galiläa, also seinen Stammlanden, wundertätig umhergezogen ist. Und zweitens berichten auch alle drei anderen Evangelisten übereinstimmend, dass Jesus noch eine ganze Weile in Galiläa blieb und die Leute noch immer in Scharen kamen, ihn zu hören. Ganz explizit schildern Matthäus und Markus sogar eine weitere Großkundgebung mit mindestens viertausend Menschen, in der Jesus noch einmal eine Brot- und Fischvermehrung vorgenommen haben soll. Viele Forscher und Exegeten gehen davon aus, dass es sich bei dieser Veranstaltung und jener mit den Fünftausend um ein- und dieselbe gehandelt hat. Dem widersprechen allerdings die Evangelien klar und deutlich, indem sie die Unterschiede der beiden Ereignisse sogar bewusst herausstreichen.

Dass Jesus mit seinen Vertrauten immer wieder für kurze Zeit das Herrschaftsgebiet des Herodes, Galiläa, verlässt, ist hier kein neues Phänomen. Wir erinnern uns, dass Jesus zu Beginn seiner Karriere auch auf der Ostseite des Sees Genezareth wirkte, etwa als er dort eine Legion Dämonen ausgetrieben haben soll. Und überdies bleibt die Frage, wie der flüchtende Rabbi aus Nazareth, der laut Verhoeven sogar steckbrieflich gesucht wurde, später einen Triumphzug durch Jerusalem – also in der Höhle des Löwen – hätte veranstalten können, um dann im Tempelhof öffentlich aufzutreten, ohne sogleich von den Behörden aufgegriffen und verhaftet zu werden.

Am Morgen nach der politischen Großkundgebung, in der Jesus auf wundersame Art Brot und Fisch vermehrt haben soll, bricht die Anhängerschaft des neuen Rabbi offenbar auseinander. So berichtet es uns jedenfalls das Johannes-Evangelium. Der Journalist und Schriftsteller Peter Seewald sieht im Bruch von Kafarnaum ein reinigendes Gewitter, das alle die aufgestauten, falschen und möglicherweise nationalistischen Erwartungen der Menge zerschlägt. Er hält das Ereignis für eine Katharsis, die nötig war, auch wenn Jesu unmittelbare Jüngerschaft sich vor allem auf die engsten ein, höchstens zwei Dutzend Jünger verringert haben mochte. Die Bewegung erlitt jedoch keinen Schaden, wie wir sehen werden, im Gegenteil. Neue Anhänger werden bald zahlreich hinzukommen. Auch werden wahrscheinlich viele der in Kafarnaum Abgesprungenen später wieder dazustoßen.

Matthäus und Markus berichten, dass einmal mehr auch wieder Pharisäer und Schriftgelehrte am Tag darauf an Jesus herummäkeln und von ihm weitere Wunder und Beweise verlangen, was ihn offenbar in Rage bringt:

Wäre Jesu Mission anfänglich als «Feel-Good-Movie» inszeniert worden – spätestens zu diesem Zeitpunkt zeichnet sich ein Drama ab.

Jesus wurde zornig und sagte: «Wieso verlangen diese Leute einen Beweis? Ich sage euch, sie und ihresgleichen werden ganz gewiss keinen bekommen!» Damit ließ er sie stehen, stieg wieder ins Boot und fuhr ans andere Seeufer.

Diese Szene illustriert eindrücklich, wie zunehmend gereizt die Stimmung ist. Die Polemik ist auf beiden Seiten latent und von diplomatischem Geplänkel scheint der Wanderprediger aus Nazareth bekanntlich ohnehin nicht viel halten, weshalb Nick Page in seinem Buch «Die letzten Tage Jesu» schreibt, dass Jesus von Nazareth die ausgeprägte Gabe besessen habe, andere Leute als «Idioten» hinzustellen. Was Wunder, dass sich Jesus und seine Schar auch erbitterte Feinde schaffen und die Stimmung zunehmend gehässiger wird. Wäre Jesu Mission anfänglich als «Feel-Good-Movie» inszeniert worden – spätestens zu diesem Zeitpunkt zeichnet sich ein Drama ab: Der Prediger und Heiler aus Nazareth weiß offensichtlich um die herrschende Situation und der anfänglich optimistisch wirkende und sich gesellig gebende Jesus zeigt sich zunehmend angespannt. Das ständige Hickhack mit Gesetzeslehrern, Nörglern, vielleicht auch mit Kritikern in den eigenen Reihen, scheint ihm allmählich auf die Nerven zu gehen. Stresssymptome stellen sich ein. Hat Jesus zu diesem Zeitpunkt die Befürchtung, dass seine so hoffnungsvoll begonnene Mission zu scheitern droht? Hatte Jesus von Anfang an den Verlauf seiner Mission vor Augen? Wusste er zu Beginn, wohin die Reise ging, wie sie verlaufen und enden würde? Davon wird später noch die Rede sein.

Kurze Synopsis: Was bisher geschah

Fassen wir die Ereignisse kurz zusammen, die sich nach Jesu Taufe zugetragen haben:

Jesus zieht, vertrauen wir der Zeitangabe im Lukas-Evangelium, während vielleicht knapp einem Jahr, höchstens achzehn Monaten mit einer breiten Anhängerschaft von rund siebzig Schülern und Jüngern sowie zwölf Vertrauten im nördlichen Israel umher und überzeugt offensichtlich nicht nur durch ein überdurchschnittliches Charisma die Menschen von seiner Botschaft. In wenigen Monaten sorgt der neue Rabbi allem Anschein nach schon für solche Furore, dass er sehr bald für die einen berühmt, für die anderen berüchtigt ist.

Zwar hat der neue Prophet auch Freunde und Gönner in der High Society, wahrscheinlich sogar im Establishment des Tempels von Jerusalem, doch der Mehrheit der geistlichen Autoritäten ist dieser scheinbar theologische Autodidakt suspekt. Immer wieder kommt es zu heftigen Disputen und Reibereien mit dem Klerus: In Galiläa erzählt man sich von merkwürdigen, sogar spektakulären Wundertaten dieses neuen Propheten, von Spontanheilungen und Geisteraustreibungen. Viele sind überzeugt: Der verheißene Prophet und Messias ist in der Person Jesu von Nazareth endlich gekommen. Das aber trägt keineswegs dazu bei, den Streit mit den Theologen, Priestern und Schriftgelehrten beizulegen. Im Gegenteil: Folgen wir dem Lukas-Bericht, so beschließen die Tempelbehörden in Jerusalem bereits wenige Monate nach dem ersten Auftreten Jesu, diesen zu töten. Ob dieser Liquidierungsbeschluss von der gesamten Priesterversammlung in Jerusalem, dem Sanhedrin, gefasst wurde oder nur von der Spitze des Klerus, bleibt unklar. Es ist aber anzunehmen, dass dieses Vorhaben zumindest anfänglich wahrscheinlich eher im innersten Zirkel der obersten Tempelautoritäten geplant wird.

> Nach der Hinrichtung des «Volksheiligen» Johannes wollen die Menschen Galiläas Jesus von Nazareth zum König ausrufen.

Nach der Hinrichtung des «Volksheiligen» Johannes durch König Herodes Antipas wollen die freiheitsliebenden Menschen Galiläas Jesus von Nazareth zum König ausrufen. Jesus will von einem politischen Königtum aber nichts wissen; er entzieht sich der Menge und zerschlägt damit die politischen Hoffnungen, die offenbar viele in ihn gesetzt haben. Am Tag nach dem denkwürdigen Ereignis macht Jesus in der Synagoge von Kafarnaum unmissverständlich deutlich, dass er weder ein politischer Anführer noch eine Neuausgabe eines mystisch verklärten Königs David ist. Jesus versteht sich offenbar als rein geistiger Messias, allerdings mit göttlicher Autorität. Die Anhängerschaft spaltet sich, viele springen ab und wollen nicht mehr mit dem Lehrer aus Nazareth gehen. Allein die Zwölf scheinen ihm geblieben zu sein und in dieser Phase beginnt eine fast rastlos erscheinende Wandertätigkeit der Schar.

Am Mittelmeer

Ein Wanderleben einer Gruppe ist keine einfache Sache, vor allem dann nicht, wenn ihr Chef dazu noch im Ruf der Heiligmäßigkeit steht. Und die Evangelien verschweigen keineswegs die Widersprüchlichkeiten im durchaus exzentrischen Charakter des Meisters. Man hört ungeschönt von seinem aufbrausenden, cholerischen Temperament, seinem bisweilen schroffen Auftreten, man liest sogar von Wutausbrüchen und einer latenten Ungeduld. Der Theologe Albert Gasser skizziert diese Problematik und die daraus resultierenden möglichen Schwierigkeiten in seinem Buch «Kleine Kirchengeschichten»:

Immer ist mit dem Menschsein auch das Ärgernis verbunden. Davon ist Jesus naturgegeben nicht ausgenommen. Jeder Mensch ist zwiespältig, was auch heißt, er spaltet, polarisiert mehr oder weniger, zieht an, stößt ab, verbindet, entzweit... Das Ärgernis Jesu beschränkt sich also nicht nur auf seinen schrecklichen Tod sowie diverse Redewendungen und Verhaltensmuster, sondern beginnt allein schon mit seinem puren Dasein. Jeder Mensch ist naturgegeben Träger von Sympathie und Antipathie... Jede Position provoziert Opposition. Jedes Sprechen reizt zum Widerspruch, auf jede Rede folgt eine Gegenrede. Eine starke Persönlichkeit generiert Gegenkräfte. Der Mensch verbraucht Menschen und wird von ihnen verbraucht. Jesus gibt sich mit Menschen ab, andere weist er dezidiert ab, ohne Grundangabe. Er wählte, wen er wollte. So sagte er es ausdrücklich. Jesus war wählerisch. Und unter den Erwählten gab es Bevorzugte. Da war der Konflikt vorprogrammiert... Im Zwölfergremium waren Spannungen an der Tagesordnung. In Abwesenheit des Meisters stritten sie sich. Wenn er plötzlich auftauchte, wagten sie ihm nicht in die Augen zu schauen. Die «Donnersöhne» Jakobus und Johannes dürften keine geringe Belastung für das hochsensible Kollegium gewesen sein. Da gab es obendrein den Lieblingsjünger, keine geringe Zumutung für die übrigen. Und es wird wohl so gewesen sein, dass mancher aus dem Zwölferkreis sich nach einer Gelegenheit sehnte, auf der Wanderung einmal allein eine Stunde an der Seite Jesu gehen zu dürfen, die persönliche Zuneigung des Meisters zu spüren, ein Privatissimum mit ihm zu erleben, das die übrigen Weggenossen rein gar nichts anging, und das sich günstig auf eine spätere Karriere im anbrechenden Reich auswirken dürfte.

Jesus und die Zwölf durchwandern den Norden und besuchen die Mittelmeerstädte Tyros und Sidon im heutigen Libanon. Die Küstenlandschaft dort ist von schlicht atemberaubender Schönheit und wer dort eine Abendstimmung erlebt hat, wird dies nicht mehr vergessen: Da man gen Westen blickt, erlebt der Betrachter, die Betrachterin einen Sonnenuntergang von unglaublicher Schönheit; ein Sonnenuntergang, wie ich ihn nirgendwo sonst, weder am Atlantik noch am Pazifik je gesehen habe.

Die im Abendlicht in goldenem Gelb schimmernden Ruinen der römischen Residenzstadt Cäsarea Maritima an Israels Mittelmeerküste lassen mit ihrem Amphitheater und dem imposanten Hyppodrom noch immer die Pracht und den Anspruch der einstigen Römerstadt erahnen. Pontius Pilatus muss dort zweifellos einen prunkvollen und angenehmen Hofstatt gepflegt haben. Ich stelle mir die Veranstaltungen vor, die dort einst über die Bühne gegangen sein mochten: Pilatus betritt die Präfekten-Loge und blickt zuerst auf die Arena, dann auf die dicht besetzten Zuschauerränge. Und wie es Brauch und Sitte ist, hebt der Statthalter ein weißes Taschentuch in die Höhe: Sobald er es fallen lässt, werden die Hufe der feurigen Pferde losdonnern und die Wagenlenker werden sich mit ihren antiken Boliden in ein spektakuläres und für manche sogar tödlich endendes Rennen stürzen. Und während die untergehende Sonne bereits am späten Nachmittag eine imposante Light Show an den Himmel zaubert, messen sich die kühnen Rennsportler in ihrer Geschicklichkeit, in ihrem Mut und – vor allem – in ihrer Kaltblütigkeit. Das Rauschen der Brandung bildet eine gewaltige Geräuschkulisse, die nur vom Krachen zerberstender Wagen und dem Johlen der Menge übertönt wird.

Der Sonnenuntergang in der Ruinenstadt bescherte unserem Film sagenhaft schöne Bilder, die aber leider ihren Preis forderten: Beim Filmen der ankommenden Wellen riss mir eine plötzlich wie aus dem Nichts auftauchende kleine Monsterwelle die Kamera aus der Hand. Auch wenn die Kamera geborgen werden konnte, mit Salzwasser durchnässt gab sie nach Jahren zuverlässiger Arbeit an immerhin drei Produktionen und diversen Video-Clips ihren Geist auf, weshalb wir Helena Rogozinski in Tel Aviv anrufen mussten, in der Hoffnung, dass sie uns in unserer misslichen Lage weiterhelfen konnte. Die Hauptkamera war zwar immer noch zuverlässig in Betrieb, aber ohne eine zweite Kamera wollten wir inmitten der Dreharbeiten nicht nach Jerusalem.

Helena nahm sich über Nacht der Angelegenheit an und besorgte uns eine gleichwertige Ersatzkamera: Die Broadcast Studios in Tel Aviv stellten uns freundlicherweise für den Rest der Drehzeit eine Kamera zur Verfügung und den beiden Technikern Shahar Weinblut und Rami Barhoom gelang es sogar, das Tape mit den Tagesaufnahmen aus der völlig durchnässten Kamera zu retten. Immerhin, die allerletzte Aufnahme

unserer Kamera war eindrücklich und sie steht am Ende der Filmdokumentation: Eine im Sonnenuntergang goldgleißende, schäumende Freakwave schnellt auf die Kamera zu, bis das Bild schließlich ausblendet. Schwarz. Game Over.

In geheimer Mission

Jesus versucht offenbar, inkognito zu bleiben. Warum er das tut, wird in den Evangelien nicht richtig klar; für den Bibel-Skeptiker Paul Verhoeven ein klares Indiz, dass sich Jesus auf der Flucht vor Herodes und den jüdischen Behörden befindet. Tatsächlich könnte man diesen Eindruck bekommen, wenn man Jesu hektische Wandertätigkeit betrachtet, die nun laut Evangelien zu diesem Zeitpunkt auch über größere Wegstrecken einsetzt. Dass er dabei immer wieder die Grenzen Galiläas überschreitet, lässt ebenfalls Fragen offen. Fürchtete er, von Galiläas Marionettenkönig oder sogar von den Römern verhaftet zu werden? Andererseits: Wenn die Römer tatsächlich fieberhaft nach ihm fahndeten, wie Paul Verhoeven oder die im vorangegangenen Kapitel bereits erwähnten Spiegel-Artikel angeführten Autoren behaupten, so hätte es Jesus und seiner Schar kaum viel genützt, in den Libanon oder nach Syrien oder weiter östlich in den Herrschaftsbereich des Herodesbruders Philippus zu ziehen, denn auch dort kontrollierten die Römer das Land. Eine Verhaftung wäre in fremdem Gebiet womöglich sogar noch einfacher und schneller erfolgt, da Jesus das Gebiet mit Sicherheit weniger gut kannte als das Land der heimatlichen Umgebung. Und zudem hätte den beim galiläischen Volk populären Rabbi auf fremdem Territorium kaum jemand beschützt oder versteckt.

Hatte der eifernde Prophet den Bogen überspannt? Wurde er zum Outlaw, der früher oder später zwangsläufig an einem römischen Kreuz enden musste? Davon ist zumindest in den Evangelien wenig bis gar nichts zu lesen. Im Gegenteil scheint Jesu Popularität ungebrochen: Menschenmassen empfangen den berühmten Rabbi und Wunderheiler, wohin er auch geht. Und dies auch außerhalb Galiläas.

Dennoch gibt es eigentlich keine plausible Erklärung, weshalb Jesus mit seinen Getreuen plötzlich Galiläa verlässt und in den Norden aufbricht. Dass es Jesus dabei um eine breite Verkündigung seiner Botschaft geht, scheint nicht besonders glaubhaft, zumindest wäre es als eine eher spontane Aktion zu werten, die letztlich keine späteren Früchte im Gesamtwirken Jesu gezeitigt hätte. Wäre es Jesus in dieser Phase seines Wirkens nur oder vor allem um die Verbreitung seiner Botschaft gegangen, so wäre nicht nachvollziehbar, weshalb er schließlich in Cäsarea Philippi umkehrt und wieder in sein Stammland von Galiläa zurückkehrt, statt in die damals bedeutende Metropole Damaskus aufzubrechen, die ja verhältnismäßig nahe gelegen hätte.

Jesu Wanderungen im Norden während seiner mittleren Wirkungsphase bleiben rätselhaft und lassen vielleicht doch die Vermutung zu, dass Jesus den Boden in Galiläa als zu heiß unter den Füßen empfand.

Ein seltsames Gespräch

Bei Tyros kommt es zu einem seltsamen Gespräch, das Jesus mit einer kanaanitischen Frau führt, die den Rabbi ersucht, ihr Kind zu heilen. Jesu Worte erscheinen verstörend schroff (Mk. 7, 24–30) und für den Theologen und Historiker Albert Gasser zeigt sich in dieser Szene ein Jesus, dessen Charakter nur schwer zu fassen ist. Auch mich hat diese Szene stets befremdet, zumal sie – abgesehen davon, dass sie eine harsche und abweisende Charakterseite Jesu offenbart – auch stark nationalistische Tendenzen aufweist, wenn er der Frau auf ihre Bitte hin entgegnet, er sei ausdrücklich und zuerst zum Wohl des Volkes Israel gekommen, weshalb er sich nicht um das Anliegen der Heidin kümmern könne (oder wolle).

Dann ging Jesus ins Gebiet von Tyros, und weil er unerkannt bleiben wollte, ging er in ein Haus. Aber man hatte ihn schon erkannt. Bald kam eine Frau zu ihm, die von ihm gehört hatte; ihre Tochter war von einem bösen Geist besessen. Die Frau war keine

> Wurde Jesus zum Outlaw, der zwangsläufig an einem römischen Kreuz enden musste?

Jüdin, sondern in dieser Gegend zu Hause. Sie warf sich vor Jesus nieder und bat ihn, den bösen Geist aus ihrer Tochter auszutreiben. Aber Jesus sagte zu ihr: «Zuerst müssen die Kinder satt werden. Es ist nicht recht, ihnen das Brot wegzunehmen und es den Hunden vorzuwerfen.» (Mk. 7, 24–27)

Das ist deftig, verstörend und irritierend zugleich, denn Jesus vergleicht hier nichtjüdische Menschen offenbar mit Hunden. Und es scheint, als ob Jesus tatsächlich die flehende Frau abwimmeln will. Die Kanaaniterin indessen lässt sich vom berühmten Wundermann nicht abweisen. Im Gegenteil argumentiert sie für ihr Anliegen, indem sie Jesu Antwort weiterspinnt und zu ihren Gunsten münzt.

«Gewiss, Herr», wandte sie ein, «aber die Hunde bekommen doch wenigstens die Brotkrumen, die die Kinder unter den Tisch fallen lassen.» Jesus sagte: «Damit hast du mich überzeugt. Ich will dir helfen. Geh nach Hause; der böse Geist hat deine Tochter verlassen.» Die Frau ging nach Hause und fand ihr Kind gesund auf dem Bett liegen; der böse Geist war fort. (Mk. 7, 28–30)

Eine im Gesamtkontext seltsam anmutende Geschichte und ohne weitere Betrachtungen oder Mutmaßungen hinterlässt diese Episode einen schalen Beigeschmack: Jesus erscheint – wie auch in anderen Passagen in den Evangelien – launisch, ungeschönt harsch und befremdlich abweisend. Hinzu kommt die hier Jesus zugeschriebene und für unseren Geschmack recht unappetitliche nationalistische Tendenz, die in dieser Episode unverblümt zum Ausdruck zu kommen scheint. Wir erleben in dieser Szene einen Jesus, der nur schwer ins Schema seiner eigenen Botschaft passt.

Doch könnte man dieses Gespräch in Tyros auch durchaus anders deuten, ohne gleich einem Rausch der Interpretation oder des Herumdeutelns zu verfallen: Es ist nämlich, wie der Volksmund sagt, bekanntlich stets der Ton, der die Musik macht. Es ist nicht zu bezweifeln, dass dem wortgewandten Prediger alle rhetorischen Tricks zu Gebote standen. Wir wissen zwar nicht, wie Jesus sprach und ob er seine Reden mit Witz und Pointen würzte, mitunter auch lakonisch und mit Sinn für Humor gestaltete, doch ist dies bei einem offensichtlich begabten Rhetoriker zweifellos anzunehmen. Es fällt nämlich angesichts der Wirkung, die Jesu Reden beim Publikum offensichtlich erzeugten, schwer, sich Jesus von Nazareth als bloß staubtrockenen und bierernsten Moralisten vorzustellen. Gerade sein ambivalenter Charakter lässt vermuten, dass Jesus die ganze Palette an Naturellen in seiner Persönlichkeit vereinte; pointierte Weisheiten und offenkundige Polemik, aber auch Empathie, Zorn, Trauer und Melancholie wechselten sich ab. Eines aber fällt in zahlreichen Passagen in den Evangelien auf: Immer wieder lassen sich bei Jesus, wie ihn die Evangelien schildern, auch Geselligkeit, Freude und Humor vermuten, etwa dann, wenn er den Schriftgelehrten auf den Vorwurf, ein Säufer und Fresser zu sein, antwortet, dass man feiern soll, solange der Bräutigam anwesend sei. Man mag sich diese Entgegnung nun in bedeutungsschwangerem, düsterem Timbre vorstellen, oder aber man versteht sie als ironische Bemerkung. Als Geschichtenerzähler wird Jesus jedenfalls bei seinen zahlreichen Zuhörern mit Witz und Pointen besser gepunktet haben als mit verbiesterten Moralpredigten. Auch wenn wir uns den Mann aus Nazareth keineswegs als netten Menschen und prima Kumpel vorstellen dürfen, so war er doch meistens gern in Gesellschaft, präsentierte sich mitunter als Schwerenöter und Genießer und er war vor allem ein guter und beliebter Entertainer und ein Star ohne Berührungsängste zu seinen Fans. Und wer sich mit ihm vorurteilsfrei einließ, schien diesen Mann ganz offensichtlich

> *Immer wieder lassen sich bei Jesus, wie ihn die Evangelien schildern, auch Geselligkeit, Freude und Humor vermuten.*

sofort zu mögen, ja zu lieben: Er musste etwas an und in seinem Wesen gehabt haben, das trotz der nicht zu verleugnenden charakterlichen Widersprüche die Menschen anzog wie ein Magnet. Und wer, in Gottes Namen, vermag einen moralinsauren Nörgler zu mögen, gar zu lieben?

Das Gespräch mit der Kanaaniterin wirkt weit weniger befremdlich, wenn man es in den Kontext eines kurzen, geistreichen Disputs stellt. Jesus könnte es womöglich genossen haben, die Frau zu provozieren und aus ihrer Reserve zu locken. Immer wieder finden wir in den Evangelien Hinweise, die vermuten lassen, dass Jesus eine ganz besondere Zuneigung zu schlagfertigen und schlauen Menschen hatte. Exemplarisch das Gleichnis vom ungetreuen Verwalter (Mk. 16, 1–8), in dem ein ungetreuer Diener von seinem Herrn zur Rede gestellt wird. Der Mann weiß, dass er bald auf der Straße stehen wird und überlegt sich:

Was soll ich machen, wenn mein Herr mir meine Stelle wegnimmt? Für schwere Arbeiten bin ich zu schwach, und zu betteln schäme ich mich. Ich weiß, was ich tun werde: Ich muss mir Freunde verschaffen, die mich aufnehmen, wenn ich hier entlassen werde.

Jesus, der geistreiche Geschichtenerzähler mit Witz und Pointen?

Und wie verschafft sich der Schlaumeier neue Freunde? Er nutzt die kurze Frist, die ihm noch in der Position des Verwalters bleibt, und geht zu sämtlichen Schuldnern seines Herrn und erlässt ihnen einen Teil der Schuld. Er macht das sehr clever, denn er verändert die Schuldscheine der Schuldner nur geringfügig, sodass es sein Herr nicht merken wird. Doch damit verschafft der Listenreiche den Schuldnern seines Herrn Vorteile und für sich gleichzeitig neue Gönner und Freunde.

Jesus lobte den betrügerischen Verwalter, weil er so klug war.

Auch wenn Lukas ergänzend kommentiert, dass die Menschen dieser Welt viel klüger seien im Umgang mit ihresgleichen als die Menschen des Lichts – als Mensch mit Bodenhaftung kennt Jesus die sozialen Zustände und weiß um den ökonomischen Wettbewerb in der Welt. Jesus ruft nicht zum fröhlichen Betrügen auf, im Gegenteil warnt er ausdrücklich, dass die Veruntreuung im Kleinen in den Augen Gottes auch eine Veruntreuung im Großen vermuten lasse und von Habgier und Geiz will er sowieso nichts wissen (Lk. 12, 13–21). Doch wenn man schon ein krummes Ding drehen will, so könnte man jedenfalls das Gleichnis vom untreuen Verwalter deuten, soll man es wenigstens geschickt anstellen. Die Parabel lässt zudem auch offen, wie der reiche Mann überhaupt zu seinem Vermögen gekommen war. Viele der damals reichen Gutsbesitzer hatten ihr Vermögen kaum durch ihrer bloßen Hände Arbeit erwirtschaftet: Hatten sie nicht geerbt, resultierte eine auffällige Prosperität in der damaligen ökonomischen Situation nicht selten aus Unterdrückung, Wucher und Kollaboration mit den Herrschenden, die ihrerseits ohne Skrupel die Provinzen plünderten. Jesus jedenfalls lobt denjenigen, der innerhalb des Spiels die Vorteile und die Gunst der Stunde zu nutzen weiß.

Jesus, der geistreiche Geschichtenerzähler mit Witz und Pointen? Ich kann es mir kaum anders vorstellen. Oder ist es abwegig, von einem Propheten oder, wenn man will, von einem Gottessohn einen Sinn für Humor zu erwarten? Der Arzt und Sterbeforscher Raymond A. Moody hörte seine Gewährsleute immer wieder von der Heiterkeit berichten, die vom hellen und unendlich glücklich machenden Licht ausging, das ihnen an der Schwelle des Todes begegnete; Jene Betroffenen, die einem christlichen Kulturkreis entstammten, hätten, so Moody, dieses Licht auch sogleich stets mit Christus assoziiert. Nebst der grenzenlosen Bejahung, die laut den Berichten der Betroffenen dem Lichtwesen entströmte, wurde immer wieder und ausdrücklich geschildert, dass sie dieses Wesen sogar als humorvoll erlebt hätten.

Ungewöhnlich jedenfalls ist schon der Umstand, dass sich Jesus überhaupt auf eine theologische Diskussion mit einer Frau einlässt; Frauen hatten zu seiner Zeit in der jüdischen Gesellschaft in Sachen Gesetz und Theologie ja bekanntermaßen nichts zu melden, wie ein zeitgenössischer Rabbinerspruch unmissverständlich illustriert:

Das Gesetzeswort magst du lieber verbrennen, als dass du es den Weibern zum Lernen gibst.

In diesem Zusammenhang noch bemerkenswerter ist das Gespräch, das Jesus in Samaria am Jakobsbrunnen (beim heutigen Nablus) im 4. Kapitel des Johannes-Evangeliums mit einer Frau führt. Jesus weiß um ihren offensichtlich komplizierten, im damaligen Licht geradezu abenteuerlichen Beziehungsstatus, ohne die Frau allerdings persönlich zu kennen, weshalb die Frau Jesus sofort für einen Propheten hält. Die Samaritanerin beklagt sich im Gespräch über die Arroganz der Juden, da diese behaupteten, Gott sei allein und ausschließlich im Tempel von Jerusalem anzubeten. Dabei hätte man in Samaria den Allmächtigen seit langer Zeit auf einem heiligen Berg verehrt. Jesus erwidert, es würde die Zeit kommen, in der man Gott weder auf jenem Berg noch in Jerusalem anbeten werde. Der Anbruch einer neuen Zeit habe nämlich bereits begonnen und jene Menschen, die im Geiste der Wahrheit neu geboren würden, würden Gott dann an jedem Ort begegnen können.

Die Frau sagte zu ihm: «Ich weiß, dass der versprochene Retter kommen wird. Wenn er kommt, wird er uns alles sagen.» Jesus antwortete: «Du sprichst mit ihm. Ich bin es selbst.»

Wiederum finden wir hier eine Passage, in der Jesus für sich offensichtlich einen messianischen Anspruch erhebt. Nicht ein Rabbi will er sein und einer der Propheten, sondern der von den Propheten verheißene Retter.

Die Jünger reagieren mit Unverständnis: Wie kann ihr Meister sich mit einer Frau auf Augenhöhe unterhalten? Und wie kann er ausgerechnet mit einer Halbjüdin – (den Samaritanern wurde von den Juden nachgesagt, recht eigentlich Heiden zu sein) – über theologische Angelegenheiten disputieren?

Diese im Johannes-Evangelium geschilderte Szene hat mich immer beeindruckt. Bereits als Teenager und noch bevor ich um die schwierige Geschlechtersituation im damaligen Palästina wusste, hat mich jene Szene fasziniert, in der Jesus einer fremden Frau ein Privatissimum gewährt. Und die Szene schildert auf eindrückliche Weise, dass die Jünger Jesus zwar mit großem Respekt begegnen, es aber dennoch wagen, ihrem Herrn, ihrem Meister, ihrem Rabbi zu widersprechen. Eine Szene mit Kinopotenzial. Selbstredend wollte ich diese Szene zumindest visuell in einer kurzen Sequenz in unserer Filmdokumentation haben.

On The Road Again

Eine zwölfköpfige Männer-Clique, deren Mitglieder darüber hinaus auch noch tagein, tagaus ständig zusammen sind, ist alles andere als ein Country-Club, in dem man sich einmal wöchentlich bei einem oppulenten Essen zu gepflegter Konversation trifft. Eine Gruppe, wie sie Jesus mit seinen Zwölf bildet, ist harten Bewährungsproben ausgesetzt. Die Evangelien verschweigen das Konkurrenzdenken innerhalb der Schar nicht: Ständiger Zwist über allfällige Posten im künftigen Reich dürften die Stimmung getrübt und belastet haben und dass sich die Mütter diverser Apostel auch noch einmischen, um sich beim Meister höchstpersönlich im anbrechenden Reich einer günstig verlaufenden Karriere ihrer Sprösslinge zu versicherten, dürfte kaum zur Entspannung beigetragen haben. Albert Gasser findet im Film-Interview, dass man später die Apostelschar vielleicht etwas gar zu positiv dargestellt habe. Die ständigen Reibereien, der stetige Wettbewerb innerhalb des Zwölferkreises und das damit anzunehmenden Mobbing, das vielleicht nicht permanent, aber doch stets latent spürbar gewesen sei, müsse den Rabbi – da sprächen die Evangelien eine klare Sprache – bisweilen geärgert, sogar genervt haben. Tatsächlich, so berichten die Evangelien, fragt Jesus laut und kaum bloß rhetorisch, wie lange er «dieses Geschlecht noch ertragen müsse». Immer wieder geht Jesus auf Distanz zu seiner Truppe, zeigt sich kurz angebunden. Und immer wieder entfernt er sich vom Knäuel seiner Mannschaft, die er aber durch sein immenses Charisma und durch seine bis am Schluss unangetastete Autorität zusammenhält.

Die Theologin Christina Aus der Au ihrerseits meint im Film-Interview, dass die Fehler und Mängel der Apostel in den Evangelien eigentlich kaum verschwiegen würden, sondern dass im Gegenteil ihr Unverständnis in den Evangelien wiederholt zum Ausdruck komme und schonungslos berichtet werde, wie lange oft die Leitung der Jünger gewesen sei. Erst später hätten die Evangelien, vor allem aber die Apostelgeschichte, die in den Evangelien zum Teil als naiv und egoistisch geschilderten Jünger als umsichtige, mutige und versierte Nachfolger Jesu erscheinen lassen. Noch eindeutiger sieht es der freievangelische Prediger Erwin Imfeld: Ihn trafen wir während seiner zehntägigen Pilgerreise bei unseren Dreharbeiten zufällig auf dem Berg der Seligpreisung am See Genezareth. Ein umso bemerkenswerterer Zufall, da Erwin Imfeld nicht nur der Skitrainer unseres Crew-Mitglieds Danny Ming war, sondern auch der Bruder meines ehemaligen Lehrmeisters, des Bildhauers Karl Imfeld ist. Im spontan geführten (im Film allerdings nicht verwendeten) Interview zeigte sich der freikirchliche Prediger auf meine provokative Frage, ob Jesus vielleicht nicht doch zu einer falschen Zeit gekommen und deshalb seine Mission nur zum Teil geglückt sei, dezidiert überzeugt, dass gerade die Auswahl der Jünger eines zeige: Dass Jesus seine Mission erfolgreich geplant und durchgeführt habe. Von einer anfänglich kleinen Splittergruppe sei das Christentum zur größten Religion der Welt geworden und die Evangelien seien weiterhin auf dem Vormarsch.

Für mich persönlich dürfte die Antwort irgendwo zwischen diesen Standpunkten liegen. Dass es sich beim Zwölferkreis um einen bisweilen durchaus nörgelnden, mäkelnden und von Neid zerfressenen Haufen handelte, erscheint in vielen Evangeliums-Passagen offensichtlich. Allerdings muss

> Wie kann ihr Meister sich mit einer Frau auf Augenhöhe unterhalten?

man sich die Situation vergegenwärtigen: Ein ausgesprochen charismatischer Wanderprediger erwählt zwölf Männer mit einer zum Teil völlig verschiedenen sozialen Herkunft. Und überhaupt widerspricht dieses Auswahlverfahren jeglichen damaligen Gepflogenheiten, denn im Normalfall erwählten die Schüler ihren Meister (wie im Fall von Johannes dem Täufer), nicht aber der Rabbi seine Schüler, wie es Jesus getan hat. Unter den Ausgewählten sind Fischereiunternehmer, ein Zöllner, der früher beruflich mit den römischen Besatzern kollaboriert hat, sowie mindestens zwei mehr oder weniger gewaltbereite Zeloten; da sind Männer mit galiläisch-jüdischem Hintergrund und Männer, die auch unter dem Einfluss hellenistischer Kultur aufgewachsen waren. So gesehen bleibt der Zwölferkreis ein erstaunlich homogener Haufen, der sich in den Wochen nach der vermeintlichen Katastrophe auf Golgotha nicht nur stark und mutig, sondern auch intellektuell enorm belastbar zeigt.

> *Ich glaube nicht, dass John Lennon recht hatte, als er die Apostel 1966 in einem Interview als «fett und gewöhnlich» bezeichnete.*

Selbst wenn der Apostegeschichte eine gewisse PR- und Propaganda-Tendenz nicht abzusprechen ist, so ist es doch unverdächtig offenkundig und die Wirkungsgeschichte macht es klar: Die Jünger haben nach dem in der Apostelgeschichte geschilderten Pfingstereignis den Laden im Griff; Zweifel scheinen sie keine mehr zu kennen, sie nehmen harte Entbehrungen in Kauf und einige von ihnen scheuen für ihre Botschaft am Ende nicht einmal ein grausames Martyrium. Ich glaube nicht, dass John Lennon recht hatte, als er die Apostel 1966 in einem Interview als «fett und gewöhnlich» bezeichnete; die Entwicklung des jungen Christentums ist beeindruckend und lässt Jesu Jünger weder als fett und gewöhnlich noch als mittelmäßige und feige Versager erscheinen. Der ganze Zug nimmt nämlich rasend schnell Fahrt auf und macht aus einer kleinen jüdischen Sekte tatsächlich und unbestreitbar die größte Bewegung und Glaubensgemeinschaft der Menschheitsgeschichte.

Das Gleichnis der anvertrauten Talente

Jesus und seine Schar ziehen darauf in den Nordosten und besuchen später wahrscheinlich das Heiligtum auf dem Berg Tabor. Und es ist wiederum nur den drei immer wieder Bevorzugten der Schar vorbehalten, das übernatürliche Schauspiel zu sehen, das sich dort ereignet haben soll. Auch wenn Jesus glaubhaft versichert, alle in seiner Schar zu lieben, so macht er dennoch kein Geheimnis daraus, dass ihm einige in seiner Schar näher, vertrauter, lieber sind. Das ist zusätzlicher sozialer Sprengstoff für ein Gruppengefüge. Doch Jesus macht seinen Jüngern unmissverständlich klar: Er hat sie erwählt, nicht umgekehrt. Entsprechend, meint Albert Gasser beim Interview, nimmt Jesus sich, genau wie ein Dirigent oder Fußballtrainer, vorbehaltlos das Recht, jeden seiner Erwählten nach Eignung und Charakter dorthin zu stellen, wo es ihm als Chef und Team-Verantwortlichem als richtig und passend erscheint. Kein Fußballspieler, ergänzte der Theologe, habe beim Eintritt in die Mannschaft ein Anrecht, seine Position selbst zu bestimmen, genauso wie kein Orchestermusiker sein Recht geltend machen könne, die Solopartien spielen zu dürfen. Dies zu entscheiden obliege allein und ausdrücklich dem Coach, dem Dirigenten, dem Bandleader, dem Meister. Und Jesus wählt aus. Menschen, die sich ihm anschließen möchten – etwa den von Dämonen befreite Mann am Ostufer des Sees Genezareth (Lk. 8, 26–39) – werden von Jesus ohne Angaben von Gründen weggeschickt.

Überhaupt mag es bisweilen irritieren, dass Jesus in der Beurteilung der Menschen große Unterschiede macht. Er ist sich bewusst, dass nicht alle Menschen mit demselben Talent gesegnet sind. Der irritierende Punkt dabei aber ist, dass in Jesu Sichtweise offenbar auch in den geistigen Gesetzen viel immer noch mehr bringt, wenig aber stets zu noch weniger führt. Von einer himmlisch-sozialen Marktwirtschaft also keine Spur, dafür scheinen für Jesus im Reich Gottes quasi die Gesetze der neoliberalen Marktwirtschaft zu gelten, ein spiritueller Kapitalismus sozusagen. Nicht der Keynesianismus mit einer Wohlfahrt für möglichst alle scheint zu herrschen, eine ökonomische Ordnung also, in der die Starken und Erfolgreichen zwar ihren Erfolg durchaus genießen dürfen, gleichzeitig aber auch die Mitverantwortung für die Schwachen und Erfolglosen tragen. Vielmehr scheint der kompetitive Liberalismus zu herrschen, wie ihn einst Milton Friedman (1912–2006) propagierte. Obwohl der Einzelne ja eigentlich für sein Unvermögen nichts kann, also beispielsweise mit weniger Talent oder Intelligenz beschenkt wurde, sieht er sich mit der Konsequenz konfrontiert, dass ihm seine vielleicht unverschuldeten oder bloß teilverschuldeten Defizite zum Vorwurf gemacht werden können. Jesus scheint die ganze Sache schonungslos pragmatisch zu sehen: Selbst wenn zwei sich dieselbe Mühe geben, der eine aber damit einen viel größeren Erfolg erzielt, so wird der Erfolgreichere entsprechend umfangreicher belohnt als jener, der trotz Geschick und Anstrengung nicht denselben Erfolg zu erzielen vermag.

Exemplarisch für diese Sichtweise steht das Gleichnis vom anvertrauten Geld (Lk. 19, 11–27 und Mt. 25, 14–30). In früheren Übersetzungen hört man von den anvertrauten Talenten – die höchste Währungseinheit der Antike: Ein Talent entsprach umgefähr tausend Goldstücken. Es ist mir bis heute nie richtig klar geworden, ob man die in der Geschichte erwähnten Talente nun tatsächlich mit dem für uns heute geläufigen Begriff für Begabung gleichsetzen soll, ein Umstand, der diese Parabel in der Beurteilung äußerst anspruchsvoll und sie zu einer der vielleicht am schwersten zu verstehenden Parabel Jesu macht. Dreht sich dieses Gleichnis allein um die geistigen Verdienste, die man im Reich Gottes erbringt oder steht das verliehene Geld als Aufforderung, generell etwas aus sich und seinem Leben zu machen? Doch was heißt «etwas aus sich machen»? Ist dieses «etwas aus sich machen» wertneutral? Hätte es Jesus gefallen, dass aus dem Alkoholiker und Berufssohn George W. Bush ein amerikanischer Präsident wird, um als solcher den sinnlosen und verlustreichen Irak-Krieg vom Zaun zu brechen, während in seiner Amtszeit in Guantanamo die Menschenrechte Stück für Stück demontiert wurden und zeitgleich in den USA die Reichen noch reicher und die Armen immer ärmer wurden? Wäre Bush junior vielleicht nicht doch besser Golfspieler, Playboy, Faulpelz und Alkoholiker geblieben? Immerhin: Unbegabte und Faulpelze haben zumindest noch niemals einen Weltkrieg losgetreten. Und wie verhält es sich mit jenen, die unter miserablen Startbedingungen ihr Leben meistern müssen oder jene, die ohne große Intelligenz oder nennenswerte Begabungen geboren wurden? Und was ist mit denen, die das Pech anziehen wie Kupfer den Blitz und was mit jenen, die das Glück gepachtet zu haben scheinen? Bruce Springsteen hat zweifellos viel erreicht und als «all american Rockstar» einen starken und unbestreitbar postiven Einfluss auf seine große Fangemeinde ausgeübt. Der mit Talent und Ausdauer gesegnete Musiker hatte aber auch immenses Glück, denn der Vietnam-Kelch ging – im Gegensatz zu vielen anderen seines Al-

> Von einer himmlisch-sozialen Marktwirtschaft also keine Spur, dafür scheinen im Reich Gottes die Gesetze der neoliberalen Marktwirtschaft zu gelten, ein spiritueller Kapitalismus sozusagen.

ters – an ihm vorüber. Hat sich der «Boss» nun im Leben mehr bewährt als jene jungen Männer, die ihr Leben irgendwo im Dschungel von Vietnam oder Kambotscha aushauchten, bevor sie im Leben überhaupt je eines ihrer Talente effektiv richtig nutzen konnten?

Jesus erzählt also eine Geschichte über einen vornehmen Mann, der ins Ausland verreisen will. Er übergibt seinen drei Knechten sein Vermögen, damit diese es während seiner Abwesenheit verwalten. Während bei Lukas jeder gleich viel vom Vornehmen anvertraut erhält, macht der Gutsherr bei Matthäus einen Unterschied und es erhalten, je nach Begabung, nicht alle drei denselben Betrag: Der Gutsherr vertraut dem Begabtesten fünftausend Goldstücke, dem zweiten zweitausend und dem dritten Knecht eintausend Goldstücke an. Lange Zeit später kehrt der Gutsherr

NEUBEGINN

von seinen Reisen zurück und will die Abrechnungen sehen. Dem Begabtesten ist gelungen, die fünftausend Goldstücke zu verdoppeln und er übergibt seinem Herrn zehntausend Goldstücke. Auch der andere hat den Betrag durch geschicktes Wirtschaften verdoppelt: Der Gutsherr erhält von seinem Knecht viertausend Goldstücke. Der Herr ist zufrieden und beide Knechte werden daraufhin für ihre treuen Dienste reichlich belohnt. Dem dritten Knecht aber hatte der vornehme Mann von Anfang an am wenigsten zugetraut und tatsächlich: Dieser händigt dem Gutsherr das anvertraute Geld wieder aus:

«Herr, ich wusste, dass du ein harter Mann bist. Du erntest, wo du nicht gesät hast, und du sammelst, wo du nicht ausgeteilt hast. Deshalb hatte ich Angst und habe dein Geld vergraben. Hier hast du dein Geld zurück.»

Der Zorn des Gutsherrn ist maßlos; er hält dem Diener vor, dass er das Geld nicht wenigstens zur Bank gebracht habe, wo es zumindest Zinsen abgeworfen hätte. Und dann tut der Gutsherr bei Matthäus etwas Sonderbares: Obwohl die beiden guten Knechte doch gleichermaßen nach ihrem besten Wissen und Gewissen mit dem anvertrauten Gut wirtschafteten, wird der sowieso schon Tüchtigere und Talentiertere über den anderen gestellt. Der Gutsherr würdigt den dritten Knecht, der in seinen Augen versagt hat, mit einem kurzen, wahrscheinlich bloß verächtlichen Blick und befiehlt:

> «Nun aber zu meinen Feinden, die mich nicht als König haben wollten! Bringt sie her und macht sie vor meinen Augen nieder!»

«Nehmt sein Teil ab und gebt es dem, der die zehntausend Goldstücke hat. Denn wer viel hat, soll noch mehr bekommen, bis er mehr als genug hat. Wer aber wenig hat, dem wird auch noch das Letzte weggenommen werden. Und diesen Taugenichts werft hinaus in die Dunkelheit, wo es nichts als Jammern und Zähneknirschen gibt.»

Leider erfahren wir nicht, wie der vornehme Herr mit demjenigen Knecht umgegangen wäre, der wohl mit dem ihm anvertrauten Gut hart gearbeitet, dabei aber durch unglückliche Umtände alles verloren hätte. Ob der harte Mann, der nimmt, wo er nicht gibt und erntet, wo er nicht sät, mit Verständnis und Erbarmen reagiert hätte, bleibt offen.

Noch drastischer gibt der Evangelist Lukas dieses Gleichnis Jesu wieder und erweitert es um eine politische Dimension, die jedoch weniger als politisch denn als theologisch zu verstehende Komponente zu deuten ist: Der vornehme Herr reist bei Lukas nämlich ins Ausland, um sich dort als König über seine Landsleute einsetzen zu lassen. Zehn seiner Untergebenen gibt er je ein Goldstück zu treuen Händen und fordert sie ausdrücklich auf, damit Geschäfte zu machen, bis er zurückkehren würde.

Weil ihn seine Landsleute nicht leiden konnten, schickten sie Boten hinter ihm her, die überall erklären sollten: «Wir wollen diesen Mann nicht als König haben!» Doch der Mann wurde König und kehrte zurück.

Sogleich, wie zu erwarten war, ruft der frischgebackene König seine Diener zu sich und verlangt Rechenschaft.

Der erste berichtete: «Herr, dein Goldstück hat zehn weitere eingebracht.» «Gut gemacht», lobte ihn sein Herr. «Du bist ein tüchtiger Mann. Weil du in so kleinen Dingen zuverlässig warst, gebe ich dir die Verwaltung über zehn Städte.» Der zweite berichtete: «Dein Geld hat fünf Goldstücke eingebracht.» Der Herr sagte zu ihm: «Dir gebe ich die Verwaltung über fünf Städte.»

Der dritte aber wickelte das einst erhaltene Goldstück in sein Taschentuch und nun gab er es unversehrt seinem Herrn zurück. Auch bei Lukas trifft den dritten Diener der Zorn des Herrn mit voller Wucht:

«Nehmt ihm sein Teil ab und gebt es dem, der die zehn Goldstücke hat.» Sie wandten ein: «Herr, der hat doch schon so viel!» Aber der König erwiderte: «Ich sage euch, wer viel hat, soll noch mehr bekommen. Wer aber nichts hat, dem wird auch noch das Letzte weggenommen werden. Nun aber zu meinen Feinden, die mich nicht als König haben wollten! Bringt sie her und macht sie vor meinen Augen nieder!»

Es scheint keine ausgleichende Gerchtigkeit, keine Umverteilung des Reichtums und schon gar keine soziale Nivellierung zu geben. Jesus selbst macht offenkundig Unterschiede und nicht alle seiner Jünger scheinen ihm gleich viel zu bedeuten. Unmissverständlich wird der Apostel Johannes im Johannes-Evangelium als Jesu Lieblingsjünger bezeichnet. Auch scheint sich die Vormachtstellung des Simon Petrus in der Zwölferschar schon zu Beginn abzuzeichnen. Keine einfache Angelegenheit im sozialen Kontext. Streitgespräche entspinnen sich immer wieder unter den Jüngern: Wer ist der Größte, der Wichtigste unter ihnen? Und wer wird wo sitzen, beim ewig währenden Gastmahl, dereinst, im kommenden Reich? Konflikte sind vorprogrammiert. Albert Gasser beschreibt in seinen «Kleinen Kirchengeschichten» die latente Spannung im Gefüge der Apostelschar:

Allerdings durfte man Ambitionen nur verdeckt und bescheiden vorgetragen anbringen, in der Hoffnung, dass der Chef es nicht merkt. Sonst konnte eine Abfuhr auf der Stelle erfolgen. Aber der durchschaute doch alle. Und der eine und andere aus dem erwählten Kreis wird sich hie und da Gedanken gemacht haben, ob er sich auf dieser apostolischen Wanderschaft eines Tages unter «ferner liefen» wiederfindet. Da meinte vielleicht einer zu spüren, dass der Meister ihn in der letzten Zeit links liegen lasse. Hat dieser doch unlängst so nebenbei eine Bemerkung hingeworfen, die sich verletzend anhörte, und eine seltsame Andeutung gemacht, die schwierig einzuordnen war. Was wollte er damit sagen ... Jesus war ja nicht selten recht kurz angebunden. Wird man möglicherweise bald einmal abgehängt? Fallen gelassen? Der Rabbi benahm sich oft rätselhaft ...

Das Bekenntnis

Jesus zieht von der Mittelmeerküste in den Nordosten Israels, in das Gebiet von Cäsarea Philippi, dem heutigen Banjas. Warum er dies tut – die zu wandernde Distanz ist erheblich –, wird in den Evangelien nicht klar. Abgesehen vom großen und populären griechisch-römischen Heiligtum, das sich dort befindet, steht diese Region kaum im Fokus der damaligen Öffentlichkeit.

Die Tempelanlage am Fuße einer großen Felswand indessen hat beeindruckende Ausmaße und acht verschiedene Heiligtümer sind römisch-griechischen Gottheiten geweiht. Entsprechend wird der Zulauf heidnischer Pilger gewesen sein: Griechen und Römer pilgerten zum mächtigen Zeus-Tempel, zur Pan-Höhle, zur Grotte der Nymphen oder zur Anlage mit den heiligen tanzenden Ziegen. Die gesamte Anlage offenbart das abenteuerliche Pantheon von römisch-griechischen Gottheiten; die Religion ist multikulti und ob der Göttervater nun Zeus oder Jupiter genannt wird, scheint keine Rolle zu spielen. Besonders interessant im Zusammenhang mit der Jesus-Geschichte ist aber der große Tempel, der dem Kaiser Augustus geweiht ist und in seinen Dimensionen dem Zeus-Tempel kaum nachsteht. Augustus wird nämlich als Imperator im römischen Reich zwar nicht als eine Gottheit, aber immerhin als Sohn der Götter verehrt und angebetet. Und dieselbe Ehre wird später auch den künftigen Kaisern zuteilwerden. Auch Tiberius, der zur Zeit Jesu als Kaiser herrschte, genießt den Titel «Divi filius».

Warum wandert Jesus in den Norden? Wird er gesucht oder sogar gejagt? Ist er zu diesem Zeitpunkt bereits auf der Flucht vor Herodes Antipas, wie Paul Verhoeven behauptet? Oder geht Jesus als Prediger, Wundertäter und Menschensohn wegen dieser heidnischen Pilgerstätte nach Cäsarea Philippi, um sich dort als göttliches Antikonzept in Szene zu setzen? Vielleicht ist die Antwort auch viel banaler: Möglicherweise will Jesus sich einfach bloß für eine Weile zurückziehen, sich erholen vom alltäglichen Stress, die ihm seine Mission zweifelsohne beschert hat. Die Gegend von Cäsarea Philippi ist von unglaublicher Schönheit: Am Fuße des Hermon findet man tiefgrüne Wälder, Schluchten und schäumende Wasserfälle – ein durchaus geeigneter Ort zum Relaxen, um seine innere Ruhe zu finden. Die Ereignisse und das Wanderleben haben mit Gewissheit ihren Tribut gefordert: Der Rabbi scheint erschöpft und der Bruch von Kafarnaum, die Enttäuschung, von vielen letztendlich nicht verstanden worden zu sein, scheint nachzuwirken. Spürt Jesus zu diesem Zeitpunkt die Angst, mit seiner Mission möglicherweise zu scheitern? Im Johannes-Evangelium zeigt sich uns beinahe schonungslos ein verunsicherter, zutiefst menschlicher Jesus und es erfolgt das, was der Historiker und Papyrologe Carsten Peter Thiede als die erste historisch überlieferte Meinungsumfrage der Geschichte bezeichnete: Jesus sendet bei Cäsarea Philippi am Fuße des Hermon-Gebirges (mit den in der jüngeren Geschichte berühmt-berüchtigten, landschaftlich aber überaus reizvollen Golan-Höhen) seine Jünger aus; sie sollen die Menschen fragen, für wen sie ihn, Jesus von Nazareth, hielten. Thiede bemerkt zur damaligen Umfrage:

Die Juden, die von den Jüngern befragt werden, waren nicht tumbe Provinzler, sie standen auch geistig in der Auseinandersetzung mit einer Umwelt, in der viele Einflüsse zusammenkamen.

Thiede schreibt weiter, dass das Gebiet nördlich des Sees Genezareth eine Hochburg der aufstandsbereiten Zeloten war, jener Widerstandskämpfer, die mit Gewalt die römischen Besatzer aus dem Land werfen wollten. Und dort sollte der Messias vielleicht nicht ganz so friedfertig auftreten, wie Jesus es tat. Angesichts eines zum Aufstand nicht bereiten Jesus erscheint eine Umfrage als ein riskantes Geschäft: Nach den Vorstellungen und Erwartungen der Zeloten sollte der Messias handfeste Politik machen und nicht theologische Philosophie betreiben, denn kluge Parabeln und gute Taten vermochten den verhassten Besatzern nichts anzuhaben. Dennoch scheint man Jesus auch in den Zentren der Aufstandsbereiten und Radikalen zu schätzen, sogar zu achten. Nun, einen Vorläufer des Erlösers, das konnte man in ihm auf jeden Fall sehen. Aber mehr?

Nun will Jesus es von seinen Gefährten wissen (Mt. 16,15):

Im Johannes-Evangelium zeigt sich uns ein verunsicherter, zutiefst menschlicher Jesus.

«Und ihr? Für wen haltet ihr mich?»

Hier, in Cäsarea Philippi, so schreibt Thiede in seinem Buch «Jesus und Tiberius – Zwei Söhne Gottes», am Fuß des Hermon, an dem der Fluß Jordan entspringt, inmitten einer Ansammlung heidnischer Tempel und unmittelbar beim griechisch geprägten Heiligtum des Pan und einer geweihten Stätte des römischen Kaiserkults, hier an diesem Ort habe Jesus seine Jünger gefragt, wofür sie selbst ihn halten. Und alle vier Evangelien berichten uns, dass es Simon Petrus ist, der es ausspricht: «Du bist Christus.» Jesus ist kein Vorläufer und kein weiterer Prophet. Und er ist weder der reinkarnierte Täufer noch einer der wieder auferstandenen Propheten Elija oder Jeremias; Jesus selbst ist der Erwartete:

«Du bist Christus, der Sohn des lebendigen Gottes.»

Die Verklärung

Danach, so berichtet Matthäus, kehrt Jesus mit seinen Gefährten ins galiläische Stammland zurück:

Sechs Tage später nahm Jesus die drei Jünger Petrus, Jakobus und Johannes mit sich und führte sie auf einen hohen Berg. Sonst war niemand bei ihnen...

Über der Ebene von Megiddo erhebt sich, wie eine gewaltige, flache Kuppel, der Berg Tabor, auf dessen Spitze schon zur Zeitenwende ein Heiligtum stand. Die fruchtbare Ebene von Megiddo war seit Urzeiten Siedlungsgebiet der Menschen und die Stadt Megiddo wurde wegen ihrer strategischen Lage immer wieder heiß umkämpft, belagert, zerstört und wieder aufgebaut, weshalb der Name dieser Stadt nahezu zum Synonym kriegerischer Auseinandersetzungen wurde. Deshalb vielleicht verlegt die Johannes-Offenbarung den Ort der letzten eschatologischen Schlacht zwischen den Mächten des Lichts und jenen der Finsternis, das mystische «Armageddon» (das Wort ist eine Ableitung der Bezeichnung «Megiddo») in die Ebene am Fuße des Bergs Tabor.

BERG TABOR

An den Hängen dieses Berges versammelten sich einst zur Zeit der Richter (um 1100 v. Chr.) zehntausend Krieger Israels unter dem Kommando des Feldherrn Barak und der Richterin Debora, um Kanaans König Sisera, der mit 900 eisernen Streitwagen anrückte, in der Schlacht zu begegnen. Jahweh, so erzählt das Buch der Richter im 4. Kapitel, habe eine Verwirrung über das Heer des Sisera gebracht und Kanaan fiel «durch die Schärfe des Schwertes» (Richter 4, 16). Ebendiese Geschichte erzählt in Otto Premingers grandiosem Monumentalfilm «Exodus» (1960) nach Leon Uris' gleichnahmigem Roman Paul Newman als Ari Ben Kanaan der Amerikanerin Kitty Fremont (Eva-Marie Saint), wobei sie allerdings in der besagten Szene nicht auf die im Kontext der Debora-Geschichte besagte Megiddo-Ebene blicken.

Jesus also steigt mit der Elite seiner zwölf Apostel auf den Berg. Das Ereignis, dessen Zeugen Simon Petrus und die beiden Zäbedeus-Söhne Jakobus und Johannes, (oder «Donnersöhne», wie Jesus sie ihres feurigen Temperaments wegen nannte) hier werden, gehört zum Mystischsten und Geheimnisvollsten des Neuen Testaments. Keine anderen Quellen außer den Evangelien erzählen davon und kein Versuch einer wissenschaftlichen Deutung verhilft zur Klärung des Geschehens.

Jesus ist mit seinen drei Lieblingsjüngern also auf einen Berg – aller Wahrscheinlichkeit nach Tabor – gestiegen:

Während er betete, veränderte sich sein Gesicht und seine Kleider wurden weiß. Auf einmal standen zwei Männer neben ihm und sprachen mit ihm. Es waren Moses und Elija. Sie erschienen in himmlischem Glanz und sprachen über das, was nach Gottes Plan in Jerusalem mit Jesus geschehen sollte. Petrus und die anderen Jünger waren in einen tiefen Schlaf gefallen. Als sie aufwachten, sahen sie Jesus

Während er noch sprach, kam eine Wolke und warf ihren Schatten auf sie und die Jünger bekamen Angst.

in seiner ganzen Hoheit und die beiden Männer an seiner Seite. Als die beiden weggehen wollten, sagte Petrus zu Jesus: «Wie gut, dass wir hier sind, Herr! Wir wollen drei Zelte aufschlagen, eins für dich, eins für Moses und eins für Elija.» Er wusste aber nicht, was er da redete. Während er noch sprach, kam eine Wolke und warf ihren Schatten auf sie und die Jünger bekamen Angst. Aus der Wolke sagte eine Stimme: «Dies ist mein Sohn, den ich erwählt habe; auf ihn sollt ihr hören!» Als die Stimme ausgeredet hatte, war nur noch Jesus zu sehen. Die Jünger behielten alles für sich und erzählten niemandem, was sie gesehen hatten.

NEUBEGINN

Falls der Evangelist mit dem Apostel Johannes identisch ist, dann wäre die gehörte Schilderung sogar der Bericht eines Augenzeugen. Bemerkenswert daran: Alle vier Evangelisten erzählen diese Episode und setzen sie zum selben Zeitpunkt innerhalb der Jesus-Geschichte an. Interessant an den Schilderungen ist auch, wie offen in den Evangelien über die Ratlosigkeit der Jünger berichtet wird und es wird nicht verschwiegen, wie Petrus in völliger Verlegenheit eigentlich baren Unsinn von sich gibt.

Wir stehen abermals vor einem Dilemma: Die Evangelien berichten knapp und kurz und darüber hinaus möglicherweise sogar den Zeitgenossen Jesu, was sich um das Jahr 30 in Galiläa und Jerusalem ereignet hat. Bloß werden wir in diesen Berichten mit allerlei Übersinnlichem konfrontiert, das unseren Vorstellungen entgegensteht und im krassen Widerspruch zur Welt der Physik und überhaupt der Naturwissenschaft steht. Die moderne Theologie hat sich nun zum Teil damit beholfen, diesem Dilemma zu entgehen, indem man solchen Episoden vor allem oder sogar lediglich symbolischen Gehalt beimisst. Das Problem ist damit allerdings nicht gelöst, denn wer entscheidet nach welchen Kriterien, wo die historisch gesicherten Fakten aufhören und wo die Symbolhaftigkeit einsetzt? Besonders heikel wird das Ganze im Finale dieser Geschichte, denn mit demselben Recht müsste dann auch hinterfragt oder gar angenommen werden, dass es sich bei Jesu Auferstehung gleichfalls bloß um eine Metapher handelt, widerspricht doch eine Rückkehr aus dem Tod allen unseren wissenschaftlichen und medizinischen Erkenntnissen und stellt eigentlich das größte Mysterium in der Jesus-Geschichte dar. Wenn aber die Auferstehung nur als Metapher verstanden werden kann, dann bleibt von der christlichen Religion wenig übrig, das über eine fromme Legende hinausgeht. Die Evangelien sind dann tatsächlich nur mystische Erzählungen, sogar bloß Märchengeschichten, die gewiss symbolischen Anreiz, jedoch kaum mehr irgendeine historische Relevanz besitzen. Hinzu kommt natürlich, dass Jesu messianischer Anspruch hinfällig würde und er sich damit in die Reihe aller anderen Propheten – Mohammed, Buddha, Zarathustra oder Joseph Smith – reihen würde und grundsätzlich jedes Alleinstellungsmerkmal, verlieren würde. Auch wenn die historisch erwiesene Kreuzigung ein durchaus spektakulärer und dramatischer Höhepunkt einer Prophetengeschichte ist – einzigartig machte dies den Propheten Jesus nicht, denn schließlich wurden auch schon andere Propheten und Visionäre vom Establishment öffentlich oder meuchlings liquidiert.

Vielen Skeptikern ist offenbar daran gelegen, Jesus zum tragischen Phantasten und zum gescheiterten Rebellen zu machen; eine Tendenz, so scheint mir, die in Publikationen und Filmbeiträgen sogar zunehmend spürbar wird. Es geht hier nicht darum, um jeden Preis den Mann aus Nazareth über alle anderen Weisen und Propheten zu stellen, aber christliche Theologen und Exegeten sollten meiner Ansicht nach in ihrem durchaus redlichen Eifer, die Jesus-Geschichte so kritisch wie möglich zu betrachten, am Ende nicht das Kind mit dem Bade ausschütten. Zweifel zu hegen bedeutet nicht zwangsläufig, eine faszinierende Geschichte ins Banale zu verkehren. Sollte die Forschung allerdings einheitlich und mit Grund zum Schluss kommen, dass Jesus ein gewöhnlicher, wenn auch charismtischer Mensch gewesen sei, würde die Person Jesus von Nazareth noch weit kontroverser, als sie es ohnehin schon ist: Jesus handelt nämlich im Bewusstsein, der Sohn Gottes zu sein, das höchste Wesen nach dem Allmächtigen. Ein Mensch jedoch ist, was er vorgibt zu sein, oder aber er ist ein Lügner und Angeber mit zweifelhaftem Charakter. Und an dieser einfachen Formel ist nun mal nicht zu rütteln, selbst wenn dieser Anspruch allenfalls erst posthum erhoben oder hochstilisiert worden sein sollte. Aber so weit ist die Forschung noch nicht gekommen und Skeptiker geben sich reinen Mutmaßungen hin, wenn sie das christliche Verständnis der Person Jesu zum wissenschaftlich erwiesenen Irrtum erklären.

Die Verklärung auf dem Berg Tabor hat mich immer fasziniert, sogar berührt, und es hat mich stets gewundert, dass diese Szene in der sakralen Kunst kaum je eine Rolle gespielt hat. Bekäme ich den Auftrag, als gelernter Bildhauer eine Kirche zu gestalten, ich wäre versucht, diese Geschichte, so sie denn zur Architektur oder zum thematischen Kontext der betreffenden Kirche passte, nicht nur in die Gestaltung mit einzubeziehen, sondern sogar in den Mittelpunkt zu stellen, verbindet sie doch wie keine andere Jesus-Episode das Alte mit dem Neuen Testament. Doch verzichte ich hier lieber auf eine Deutung und sowieso auf eine wissenschaftliche Relativierung; die Geschichte steht da, wie sie ist. Ein einziger Vergleich jedoch sei hier vorwegnehmend angeführt: Die Schilderung des verklärten Jesus gemahnt in auffälliger Weise an die (physische) Erscheinung

> *Skeptiker geben sich reinen Mutmaßungen hin, wenn sie das christliche Verständnis der Person Jesu zum wissenschaftlich erwiesenen Irrtum erklären.*

des Auferstandenen, wie wir später sehen werden. In der Liturgie wird Jesu Verklärung ebenfalls als eine Art Vorahnung auf die Auferstehung gedeutet, ohne dabei tiefer auf den verklärten menschlichen Körper Jesu einzugehen. Doch enthält vielleicht gerade diese gewaltige und mystische Begebenheit auf dem Berg Tabor Hinweise auf die rätselhafte Erscheinung Jesu in den Tagen nach der Auferstehung. Davon später.

Während tatsächlich nicht ganz alle Vorkommnisse in Jesu Leben von allen Evangelisten gleichermaßen erzählt oder gewichtet werden, so sind es doch erstaunlicherweise gerade die außergewöhnlichen, für uns unfassbaren und unglaublichen Ereignisse – die Verklärung und die Brotvermehrung – von denen alle vier Evangelisten zu berichten wissen.

Dass laut den Evangelien der verklärte Jesus mit Mose und Elija darüber spricht, was in Jerusalem zu geschehen hat, weist darauf hin, dass sich Jesus selbst offenbar darüber im Unklaren befindet und auf Tabor neue göttliche Instruktionen entgegennimmt. Dies wirft zwangsläufig die Frage auf: War sich Jesus des Verlaufs seiner Mission bewusst? Wusste er, dass seine irdische Laufbahn von anfänglicher Euphorie in eine Tragödie münden würde? War ihm klar, dass er – wie es die Jünger später glauben werden – die alttestamentlichen Prophezeiungen erfüllte, die ihn sowohl zum wiederkehrenden, strahlenden König als auch zum leidenden Gottesknecht machten? Und schließlich: Wann wusste Jesus, dass am Ende des irdischen Wegs das Kreuz stand? Bei seiner Taufe? Bereits als Zwölfjähriger beim Besuch des Tempels in Jerusalem?

Seine Handlungsweise und seine jeweiligen Gemütszustände lassen kaum erahnen, dass Jesus sein eigenes Wirken in allen Teilen kontrollierte. Er zeigt sich gegen Mitte seines öffentlichen Auftretens zunehmend enttäuscht, irritiert, sogar zornig, dass seine Botschaft nicht greift, nicht verstanden wird. Die dunklen Ahnungen und Todesankündigungen Jesu treten vermehrt in der zweiten Hälfte seines Wirkens auf: nämlich nach dem Ereignis der Verklärung auf Tabor. War ihm klar, dass es am Ende nicht gut ging, wenn er ins Räderwerk der jüdischen und römischen Politik geraten würde? Oder wurde ihm zunehmend klar, dass seine Kreuzigung zum Gesamtplan gehörte? Jesus erscheint oft als Getriebener und man hat bisweilen das Gefühl, er setze sich immer wieder ab, um in der Einsamkeit neue Inspiration, vielleicht sogar Instruktionen entgegenzunehmen.

Je länger ich mich während dieses Projekts mit dieser Frage beschäftigte, desto mehr kam ich zur Meinung, dass Jesu Menschwerdung, wie sie

die Evangelien vermitteln, und mit ihr das Gefühl der Gottverlassenheit am Kreuz (Mk. 15, 34) nur dann echt und ehrlich waren, wenn Jesus selbst

> Dass der verklärte Jesus mit Mose und Elija darüber spricht, was in Jerusalem zu geschehen hat, weist darauf hin, dass sich Jesus selbst offenbar darüber im Unklaren befindet und auf Tabor neue göttliche Instruktionen entgegennimmt.

nicht von vornherein seinen ganzen Weg glasklar vor Augen hatte. Dies aber macht die Person und Figur Jesu für mich im theologischen Sinn nicht kleiner, sondern im Gegenteil größer: Der

Leidensdruck, Enttäuschungen, die Hoffnungen, auch das Risiko des Scheiterns zu fühlen – all das gehört zum Menschsein, gehört zu uns. Und folglich auch zum Menschensohn Jesus von Nazareth.

Der zweite Petrusbrief

Eine bemerkenswerte Passage zur Verklärung findet sich in einem weiteren Schriftstück, nämlich als Petrus offenbar rund dreißig Jahre nach dieser Begebenheit in seinem zweiten Brief ausdrücklich dieses Ereignis noch einmal als Augenzeuge bestätigt (Petrus 2,16–21):

Wir haben uns nicht auf geschickt erfundene Märchen gestützt, als wir euch das machtvolle Kommen unseres Herrn Jesus Christus bekannt machten. Wir haben mit eigenen Augen seine göttliche Hoheit gesehen, als er von Gott, seinem Vater, geehrt und verherrlicht wurde. Gott, der die höchste Macht hat, sagte zu ihm: «Dies ist mein Sohn, über den ich mich von Herzen freue. Ihn habe ich erwählt.» Als wir mit ihm auf dem heiligen Berg waren, haben wir diese Stimme vom Himmel gehört.

Umstritten ist, ob Petrus tatächlich der Autor der sogenannten Petrusbriefe ist. Die Datierungen der Wissenschafter gehen vom Jahr 66 bis hin zur Mitte des zweiten Jahrhunderts. Ein möglicher Hinweis für eine spätere Entstehung (und damit auf eine anonyme Autorenschaft) besteht darin, dass der Autor offenbar davon ausgeht, dass sich kaum mehr Augenzeugen unter den Lesern befinden, was im Jahr 66 (also nur sechsunddreißig Jahre nach Jesu Kreuzigung) kaum der Fall war. Mitunter wird im Zusammenhang mit Petrus 2, 16–18 das Argument laut, dass ein Fischer aus der israelischen Provinz kaum zu theologischen Exkursen fähig gewesen sei. Grundsätzlich gilt jedoch – wenigstens gemäß meiner eigenen Lebenserfahrung – niemanden zu unterschätzen. Und schon gar nicht Shimon Ben Yonah, den Jesus «Kefas» (griechisch «Petros») – den Felsen nannte. Zwei Gründe sprechen für eine mögliche Authentizität.

Erstens:
Immerhin verstand es dieser angeblich einfache Fischer als späterer Apostel und Missionar, seine Zuhörer mit seinen wahrscheinlich theologisch durchaus komplexen Predigten und Ansprachen bei der Stange zu halten. Bis zu seinem Tod (wahrscheinlich während Neros Christenverfolgung) galt er unangezweifelt als Anführer der Bewegung und selbst der intellektuelle und gebildete Paulus ließ sich allem Anschein nach von Petrus in Jerusalem zuerst eine Missionserlaubnis erteilen. Es ist deshalb also keineswegs auszuschließen, dass Petrus tatsächlich hinter seinen Briefen steht, auch wenn der historische, respektive archäologische Beweis (noch) nicht erbracht werden konnte. Immerhin widmete sich Simon Petrus nach dem Pfingstereignis Tag und Nacht der Botschaft Jesu und das mit bemerkenswertem Erfolg. Sollte nun dieser «Menschenfischer» tatsächlich zu dumm gewesen sein, zwei eigene Briefe zu verfassen oder verfassen zu lassen? Eine solche Annahme ist schlicht arrogant und zeigt einmal mehr, wie spekulativ bisweilen die historisch-kritische Exegese zu Werke geht, wenn es um die Begründung von allfälligen Zweifeln geht. Auf jeden Fall glaubt Simon Petrus offensichtlich und historisch erwiesenermaßen unbeirrt an die Göttlichkeit seines einstigen Meisters und wenige Jahre später lässt er sich während der ersten Christenverfolgung unter Kaiser Nero für seinen Glauben und für seine Überzeugung in Rom ans Kreuz nageln. Der Legende nach soll es seinem Wunsch entsprochen haben, mit dem Kopf nach unten gekreuzigt zu werden: Er sei nicht würdig, auf dieselbe Weise wie sein Herr zu sterben.

Auch das Martyrium des Simon Petrus in Rom wird selbstredend von einigen wenigen Skeptikern angezweifelt. Doch da vertraue ich ohne Einschränkung der Volksfrömmigkeit der ersten Christen: Nur weil im Neuen Testament nirgends explizit vermerkt wird, dass Simon Petrus am Ende seines bewegten Lebens während der ersten Christenverfolgung in Rom war, bedeutet das noch lange nicht, dass sich die Spur Petri irgendwo zwischen 30 und 70 n. Chr in der Geschichte verliert; die ersten Christen werden sich wohl exakt einnert haben, wo Jesu wortgewaltiger Jünger starb und bestattet wurde. In der Archäologie herrscht denn auch ein überraschend großer Konsens, dass das in den Katakomben Roms entdeckte Petrus-Grab tatsächlich die sterblichen Überreste des Apostels enthielt.

Zweitens:
Bemerkenswert in diesem Zusammenhang ist ein Name, der immer wieder im Umfeld des Petrus auftaucht: Markus. Im Markus-Evangelium finden wir Jesu Verklärung und Markus ist es auch, der mit Matthäus und Johannes von Jesu Gang über das Wasser berichtet. Anzusetzen wäre dieses Ereignis, wir erinnern uns, wahrscheinlich nach der wiederum von allen vier Evangelisten geschil-

> Sollte nun dieser «Menschenfischer» tatsächlich zu dumm gewesen sein, zwei eigene Briefe zu verfassen oder verfassen zu lassen?

derten Brotvermehrung. Warum aber bedarf dieser Markus in diesem Kontext einer besonderen Erwähnung? Markus war doch weder Apostel noch Augenzeuge, noch war er Jesus je selber begegnet. Was hat es also mit diesem Markus auf sich? Nicht nur in der Apostelgeschichte, sondern auch aus anderen Quellen erfahren wir, dass der Evangelist Markus auch Schüler des Petrus war und als dessen (lateinischer) Dolmetscher fungierte.

Erstaunlich ist auch, dass gerade die mysteriöse Verklärung, die Brotvermehrung, aber auch der unglaublich anmutende Gang Jesu über den See Genezareth nicht nur von einem engen Vertrauten eines Augenzeugen, sondern auch von Matthäus und Johannes berichtet werden. Erstaunlich deshalb, weil uns die Wissenschaft noch immer keine schlüssigen oder sogar definitiven Beweise liefern kann, dass die Evangelisten Matthäus und Johannes nicht identisch sind mit den beiden Aposteln: mit dem einstigen Zöllner Levi-Matthäus und Jesu Lieblingsjünger, Jochanan Ben Zabdiel. Solange aber keine stichhaltigen Beweise für die eine oder andere Behauptung vorliegen, befinden wir uns im Reich der Spekulationen. Das bedeutet aber keineswegs, dass in diesem Fall automatisch die bibelskeptischere Variante als die eher anzunehmende Möglichkeit zu gelten hat. Genau das aber geschieht in den meisten Fällen der modernen Exegese, was dazu geführt hat, dass in der heutigen öffentlichen Meinung inzwischen bereits die fixe Ansicht verbreitet ist, wir hätten es bei den Evangelien lediglich mit einem Bündel unbeweisbarer Geschichten zu tun, die erst viele Jahrzehnte, sogar Jahrhunderte später ihr heutiges Gepräge erhalten hätten. Dies bedeutet keineswegs, dass ein kritischer Ansatz falsch ist. Im Gegenteil: Lange genug wurde die Bibel bis hin zur Genesis wortwörtlich genommen, was überhaupt nicht dem Sinn der Sache

> Lange genug wurde die Bibel wortwörtlich genommen, was überhaupt nicht dem Sinn der Sache entspricht. Dennoch darf man auch bei kritischer Betrachtung des Alten, vor allem aber des Neuen Testaments Verhältnismäßigkeit und Augenmaß erwarten.

entspricht. Dennoch darf man auch bei kritischer Betrachtung des Alten, vor allem aber des Neuen Testaments Verhältnismäßigkeit und Augenmaß erwarten.

Dunkle Vorahnungen

Was auch immer auf diesem Berg geschehen war – nach diesem Ereignis kehrt der Alltag wieder ein: Am Fuß des Berges erwartet Jesus einmal mehr eine Menschenmenge und er heilt ein epileptisches Kind. Aber die späteren Ereignisse werfen bereits ihre Schatten voraus:

Während die Leute noch staunten über das, was Jesus tat, sagte er zu seinen Jüngern: «Merkt euch gut, was ich euch jetzt sage: Bald wird der Menschensohn den Menschen ausgeliefert werden.» Aber sie verstanden nicht, was er damit sagen wollte. Der Sinn der Worte blieb ihnen verborgen, doch sie scheuten sich, Jesus danach zu fragen.

Blut, Schweiß und Tränen

So like John before him, this Jesus must die.
Tim Rice/Andrew Lloyd Webber; «Jesus Christ Superstar»

Der Weg nach Jerusalem

Immer wieder wird und wurde behauptet, die Jesus-Bewegung sei an einen Punkt gekommen, an dem alles ins Leere gelaufen sei. Jesus selbst habe, genau wie seine Jünger und Anhänger, das wundersame Kommen des Gottesreichs ebenso erwartet; nichts davon sei jedoch eingetreten. Darum sei Jesus schließlich nach Jerusalem gegangen, um entweder neuen Schwung für seine Mission zu erhalten oder eine Entscheidung zu erzwingen. Dem widerspricht aber die tatsächlich kurze Dauer seines Wirkens.

Wir fassen es noch einmal kurz zusammen: Jesu Taufe ereignet sich laut dem Lukas-Evangelium im fünfzehnten Regierungsjahr des Kaisers Tiberius, also im Jahr 29, nach syrischem Kalender im Jahre 28, also einige Monate früher. Man ist sich heute in breiten Kreisen einig, dass sich Jesu Kreuzigung am 14. Nisan, also am Freitag, den 7. April des Jahres 30 ereignet hat. Demzufolge dürfte das öffentliche Wirken Jesu kaum mehr als zehn, maximal fünfzehn Monate gedauert haben. Wenn man nun das immense Programm Jesu mit all den Ereignissen und Begleitumständen betrachtet, so fällt es einigermaßen schwer zu glauben, die Bewegung sei so bald ins Leere gelaufen oder gar zum Stillstand gekommen. Jesus ist im Gegenteil im Frühjahr des Jahres 30 offensichtlich so populär und berühmt, dass sich die Priesterkaste in Jerusalem nicht am Superstar aus dem Norden zu vergreifen wagt und die Liquidierung dieses unwillkommenen Propheten schließlich in größter Eile und Geheimhaltung plant und durchziehen wird. Kurz: Jesus von Nazareth ist bei seinem Besuch in Jerusalem im Frühling des Jahres 30 auf dem Zenith seines Wirkens. Entsprechend hoch mochten die Erwartungen der Jünger und der Bewunderer sein. Dabei fehlen die Indizien, dass Jesus selbst ein physisches Eintreffen des Gottesreiches erwartete und keines seiner Worte deutet darauf hin, dass er in der Erwartung eines kosmischen Eingreifens Gottes stand. Seinen Aussagen gemäß erwartete er vielmehr die letzte große Auseinandersetzung mit den Autoritäten des Landes und mit dieser den finalen Kampf zwischen dem Licht und der Finsternis.

> *Jesus erwartete die letzte große Auseinandersetzung mit den Autoritäten des Landes und mit dieser den finalen Kampf zwischen dem Licht und der Finsternis.*

Jesus wird auf seinem langen Weg nach Jerusalem im Frühling des Jahres 30 offensichtlich von Todesahnungen begleitet und die Jünger hören ihren Meister verschiedentlich vom bevorstehenden Leiden und Sterben sprechen. Natürlich werden mitunter diese Vorahnungen als spätere Ingredienzen der Evangelisten gewertet, die – Jahre später – ihre Jesus-Biografien mit verschiedenen und dramaturgisch geschickt eingewobenen Todesankündigungen aufpeppten. Wer in Jesus einen zwar klugen, aber irregeleiteten Aktivisten sieht, der sich selbst zum Messias stilisiert hat, der mag durchaus zum Schluss kommen, dass Jesus die Provokation suchte und schließlich aus Frustration das Martyrium geradezu erzwungen hat. Mit demselben Recht darf man in Jesus von Nazareth aber auch einen Mann sehen, der weder einer Hybris noch einem Wahn verfallen war und seine Karriere und seine Mission durchaus zu planen und entsprechend in die Tat umzusetzen wusste. Allein, die Frage bleibt: War nun Jesu Tod am Kreuz ein bedauernswerter Unfall, ein tragisches, wenn auch voraussehbares Ereignis? Oder war er der letzte, alles entscheidende Akt einer göttlichen Mission? Oder liegt die Wahrheit irgendwo dazwischen?

Madonna: Die Mutter Jesu

Es wird in den Evangelien deutlich, dass bald nach dem Bruch von Kafarnaum viele der Jünger wieder zurückkehren und Jesu Anhängerschaft noch größer ist als jemals zuvor. Auch Jesu Verwandte sind jetzt in der Schar, darunter auch seine Mutter Maria.

Jesu Mutter hat vor allem in der katholischen Kirche eine enorme Bedeutung eingenommen und als «Madonna» und leibliche Mutter des leiblichen Christus wurden ihr in der Folge immer göttlichere Eigenschaften zugeschrieben. Dies mag vielleicht auch etwas überraschen, da sie, zumindest während Jesu öffentlichem Wirken, in den Evangelien, aber auch später in der Apostelgeschichte offenbar keine besonders wichtige Rolle zu spielen scheint – einmal abgesehen davon, dass sie mit dem nicht unwesentlichen Faktum, Jesus von Nazareth geboren zu haben, die christliche Heilsgeschichte erst ermöglicht hat. Das Johannes-Evangelium berichtet immerhin, dass die Mutter Jesu sehr wohl einen Einfluss auf Jesu Wirken hatte, war sie doch angeblich gewissermaßen für dessen Initialzündung verantwortlich, indem sie Jesus drängte, beim Hochzeitsfest in Kana sein erstes Wunder zu vollbringen. Dann, während des weiteren Wirkens Jesu, verschwindet Maria aus Nazareth weitgehend aus allen Berichten. Es schimmert sogar durch, dass Jesu eigene Familie sich über einen längeren Zeitraum von ihrem berühmten Familienmitglied distanziert, sich sogar für dessen Wirken zu schämen scheint. Markus schildert uns, wie Jesu Mutter und Brüder verhindern wollen, dass Jesus in eine Auseinandersetzung mit vornehmen Klerikern gerät: Sie reisen eigens von Nazareth nach Kafarnaum, um Jesus zu «packen», um ihn also offenbar gewaltsam nach Hause zu schleppen.

Jesus reagiert in der Folge gegenüber seiner leiblichen Familie harsch, wie immer, wenn er sich von seinen eigenen Leuten nicht verstanden fühlt. Verschiedene Beispiele illustrieren das unmissverständlich: Nach der Ablehnung und dem Eklat in der Synagoge seiner Heimatstadt Nazareth zu Beginn seines Wirkens wird Jesus den Ort nicht mehr betreten. Dasselbe Verhalten erkennen wir nach dem späteren Streit in der Synagoge von Kafarnaum; Jesus scheint nach diesem Ereignis nicht mehr nach Kafarnum zurückgekehrt zu sein. Keine Ausnahme macht Jesus bei seinen Angehörigen: Als in einer Szene Jesu Familie ihn aufsuchen will (Mk. 3, 31–35 und Lk. 8, 19–21), aber wegen der Menschenansammlung nicht zu ihm durchkommt, lassen sie Jesus ihre Anwesenheit ausrichten. Doch Jesus scheint ganz offensichtlich keine Lust zu haben, seine Mutter und seine Brüder zu sehen:

Er sah auf die Leute, die um ihn herumsaßen, und sagte: «Hier sind meine Mutter und meine Brüder! Wer tut, was Gott will, ist mein Bruder, meine Schwester und meine Mutter.» (Mk. 8, 34–35)

Erst später scheinen Jesu Brüder zu ihrem prominenten Bruder zu stehen, auch wenn Johannes vermerkt, dass sie ihn letztlich nicht verstanden oder verstehen wollten (Joh. 7, 1–5). Am Schluss erst scheint sich aber zumindest bei einem Teil von Jesu Familie die Einstellung verändert zu haben. Einer von Jesu Brüdern, Jakobus, ist sogar einer der Jünger und wird später Bischof von Jerusalem; unklar bleibt, zu welchem Zeitpunkt Jesu Bruder Jakobus zum engeren Zirkel stößt. Jesu Mutter ihrerseits findet in den letzten Wochen Jesu offensichtlich zu ihrem Sohn, begleitet ihn während des letzten Abschnitts seiner Reise und wird schließlich Zeugin, wie ihr Sohn in Jerusalem zu Tode gemartert wird. Im Johannes-Evangelium wird Jesu Mutter sogar unter dem Kreuz stehen und der ebenso demütigenden wie blutigen Hinrichtung ihres Sohnes beiwohnen. Der einstige katholische Priester und spätere Spiritist Johannes Greber will durch ein Trance-Medium von einer hohen Himmelsautorität erfahren haben, dass dies nicht der historischen Wahrheit entspreche: Jesu Mutter Maria habe sich nicht mit den anderen Frauen unter dem Kreuz des sterbenden Sohnes befunden.

Warum also erlangt nun Jesu Mutter Maria in der Kirchengeschichte eine so enorme Bedeutung, wenn sie doch nach Jesu Kindheit offenbar keine besonders wichtige Rolle in Jesu öffentlichem Wirken oder in der späteren Apostelgeschichte bei der Verbreitung der christlichen Botschaft zu spielen scheint? Vielleicht liegt einer der Gründe ganz einfach darin, dass mit Jesu Mutter Maria eine weibliche Komponente in den ansonsten eher patriarchal anmutenden Evangelien spürbar wird. Es ist fast ausschließlich von Männern die Rede, während Jesu vielleicht glühendste Anhängerin, Maria Magdalena, als Frau nicht zum engeren Zwölferkreis Jesu zählt. Auch Jesus erzählt uns von einem Gott mit vorwiegend männlichen Zügen, etwa dann, wenn er ihn Vater («Abbas») nennt. Doch bleibt einmal mehr festzustellen, dass dies eher den sozialen und ethnologischen Verhältnissen von damals geschuldet und weniger als Teil der tatsächlichen Jesus-Theologie zu begreifen ist.

Im Gegensatz zur maskulinen Struktur des Christentums spielen aber in den Naturreligionen oft weibliche Gottheiten – «Mutter Natur» lässt grüßen – eine bestimmende Rolle. Was Wunder, dass womöglich sogar die ersten Kirchenväter und später auch die Kirchentheologen von so

> *Jesus reagiert in der Folge gegenüber seiner leiblichen Familie harsch, wie immer, wenn er sich von seinen eigenen Leuten nicht verstanden fühlt.*

viel Männlichkeit überfordert waren. Wie wichtig die Mutter in der menschlichen Empfindung ist, zeigt die eindrückliche und mehrfach bestätigte Beobachtung, dass in den beiden Weltkriegen der eigenen Mutter die häufigsten und intensivsten Gedanken sterbender Soldaten galten. Hinzu kam möglicherweise eine weitere Komponente, die ganz und gar missionarischer Machtpolitik geschuldet war: Bei der Christianisierung mussten die weiblichen römischen und griechischen Gottheiten neu besetzt werden, damit sie nicht im Untergrund ein Eigenleben fortsetzten. Dass die Muttergottes und die römische Göttin Venus vieles gemeinsam haben, ist in vielen Belangen offensichtlich und in der Forschung bekannt. Mit Jesu Mutter aber hat eine «Himmelskönigin» in die kirchliche Theologie Einlass gefunden, die sogar im Dogma einer «unbefleckten Empfängnis» gipfelt, das besagt, dass Jesu Mutter ohne jede Sünde war, als sie ihren Sohn empfangen habe. Angaben darüber, ob Maria tatsächlich sündenlos war oder nicht, finden sich in den Evangelien jedenfalls keine, womit sich die katholische Kirche auf das Feld reiner Mutmaßung begeben hat. Ob solche Dogmen zum Verständnis Jesu und seinem Wirken beitragen, bleibe dahingestellt; die Verehrung von Heiligen durch die Gläubigen mag nachvollziehbar sein, Menschen

> Menschen nach ihrem Ableben zu Wettermachern, Paradiespförtnern oder Himmelsköniginnen zu machen, ist eher posthumen Menschheitsphantasien als einer göttlichen Ordnung zuzuschreiben.

nach ihrem Ableben aber zu Wettermachern, Paradiespförtnern oder Himmelsköniginnen zu machen, ist vielleicht eher posthumen Menschheitsphantasien als einer göttlichen Ordnung zuzuschreiben. Mit den Urtexten der Evangelien indessen hat das alles jedenfalls wenig zu tun.

When do we ride into Jerusalem?

Nicht ganz klar wird im Vergleich der Evangelien, ob Jesus nach dem Verklärungsereignis bereits zum letzten Besuch im Frühling des Jahres 30 nach Jerusalem aufbricht oder ob die in der Folge geschilderten Ereignisse bis hin zum messianischen Einzug in Jerusalem zu verschiedenen Zeitpunkten in und um Jerusalem passieren. Folgen wir dem Johannes-Evangelium, so geschehen die nachfolgend geschilderten Episoden und Ereignisse während dreier Besuche in Jerusalem: im Herbst anläßlich des Laubhüttenfestes, im Winter während des Tempelweihfestes und schließlich, mit der Passion endend, im Frühling anlässlich des Pessachfestes. Auffällig dabei ist zumindest bei Johannes, dass Jesus zuerst vielleicht eher als prominenter Prediger und Lehrer auftritt, jedoch erst mit dem Einzug in Jerusalem der eindeutige Messias-Anspruch – von wem auch immer – offen proklamiert wird. In jedem Fall ist davon auszugehen, dass sich Jesus während seines öffentlichen Auftretens verschiedentlich in Jerusalem aufgehalten hat. Durchaus vorstellbar ist allerdings auch, dass sich Jesus in der zweiten Hälfte seines Wirkens vorwiegend in und um Jerusalem befindet, sein Quartier in Bethanien nahe bei Jerusalem aufschlägt und zwischenzeitlich nicht oder kaum mehr in Galiläa auftritt. Gewisse Passagen in den Evangelien (namentlich bei Matthäus) könnten dies vermuten lassen.

In der nachfolgenden Rekonstruktion beschreibe ich die Ereignisse, die sich beim Evangelisten Johannes während dreier religiöser Feste über nur ein halbes Jahr erstrecken. Matthäus schildert die Ereignisse sogar als einheitliche Abfolge. Eine solche Abfolge wäre immerhin möglich und würde dem relativ kurzen Wirken entsprechen – immer vorausgesetzt, dass die Zeitangabe im Lukas-Evangelium und das angenommene Kreuzigungsdatum stimmen. Eine genaue und verlässliche Rekonstruktion ist allerdings kaum möglich; dafür fehlen historisch nachprüfbare Belege oder Verbindungen zu anderen, parallelen Ereignissen. Und vielleicht ist es auch nicht wirklich wichtig, wann und in welcher Reihenfolge sich diese Ereignisse nun tatsächlich in diesem kurzen Zeitraum abgespielt haben. Aber das könnte man schließlich bei den Betrachtungen aller historischen Ereignisse behaupten. Wen historische Rekonstruktionen nicht interessieren, mag in ihnen eine unnötige Beschäftigung, sogar eine nutzlose Zeitverschwendung sehen. Für mich als historisch Interessierten jedoch sind sie spannend wie ein Krimi. Hinzu kommt der historische Anspruch, den das Chritentum erhebt. Einen Anspruch, der einer historischen Überprüfung auch weitgehend standhalten muss. Rekonstruktionen, wie ich sie hier vornehme, bleiben aber letztlich bis zu einem gewissen Grad immer spekulativ, dennoch sei hier ein Versuch gewagt, die Ereignisse in den Evangelien in einem möglichen Ablauf zu skizzieren.

Eindrücklich und den Evangelien durchaus entsprechend die Szene zu Beginn des Films «Jesus Christ Superstar»: Die Jünger scheinen in einem mystischen Rausch, fragen ungeduldig ihren Meister, wann man endlich aufbreche: «When do we ride into Jerusalem?»

Es bleibt also die Frage: Sind es nun die Anhänger, die ihren Rabbi drängen, in Jerusalem die ultimative, alles entscheidende Wundertat zu vollbringen, jene Tat, die das Reich Gottes endgültig etabliert oder zumindest Israels alte Größe wieder restauriert? Seine Brüder jedenfalls, so heißt es bei Johannes 7, 1, drängen Jesus, Galiläa zu verlassen. Der Star muss die Provinz hinter sich lassen, er muss die Metropole erobern, denn nur dort werden schließlich die ultimativen Weltstars gemacht. Genauso wie damals Liverpools berühmteste Band, die Beatles, erst von London aus die Welt erobern konnten oder der nach Weltruhm hungernde Schauspieler nach Hollywood ziehen muss, so musste auch der Prophet zum Berg gehen, wenn er tatsächlich den großen Durchbruch anstrebte. Und Jerusalem war und ist das Zentrum des Judentums. Dabei verstehen Jesu Brüder es durchaus, ihren Bruder mit dessen eigenen Waffen zu schlagen. Hat nicht Jesus selbst gefordert, dass man sein Licht nicht unter den Scheffel stellen soll (Lk. 11, 33–35)?

Da sagten seine Brüder zu ihm: «Verlass diesen Ort und geh nach Judäa, damit deine Anhänger die Wunder sehen, die du tust! Wenn jemand bekannt werden möchte, versteckt er sich nicht. Wenn du schon solche Dinge tust, dann sorg auch dafür, dass alle Welt davon erfährt! Niemand zündet eine Lampe an und deckt sie mit einer Schüssel zu oder stellt sie unter das Bett. Nein, er stellt sie auf einen erhöhten Platz, damit jeder, der hereinkommt, das Licht sehen kann. So muss alles, was noch verborgen ist, ans Licht gebracht werden.»

Die Jünger und Anhänger, alle fiebern sie möglicherweise – bewusst oder unbewusst – dem großen Finale entgegen. Was würde noch kommen, nachdem ihr Meister Wasser in Wein verwandelt, Kranke und Besessene geheilt oder Brot und Fisch vermehrt hatte? Nachdem er gemäß Zeugenaussage der Jünger sogar über das Wasser des Sees Genezareth ging und auf einem Berg selbst auf göttliche Weise verwandelt worden war? Jesu wiederholt geäußerte Ankündigungen eines bitteren Endes haben seine Schüler im Rausch der großen Ereignisse überhört. Sie konnten ja nicht ahnen, wie grausam, wie blutig, wie demütigend und schrecklich die unvergleichliche Karriere ihres Herrn in Jerusalem vermeintlicherweise alsbald enden würde.

Jesus scheint gemischte Gefühle zu haben: Er scheint das nahende Unglück zu ahnen, und als er einmal vom bevorstehenden Ende spricht, das ihn in Jerusalem erwarte, nimmt ihn Petrus zur Seite und macht ihm Vorwürfe; dann solle er, Jesus, doch um Gottes willen nicht dorthin gehen. Jesus wird zornig und nennt den Chef-Apostel einen «Satan», versuche er ihn doch von seinem von Gott vorgezeichneten Weg abzuhalten.

«Geh weg, du Satan! Du denkst nicht, wie Gott denkt, sondern wie Menschen denken!» (Mk. 8, 31-33)

Doch kurz darauf sagt Jesus seinen Brüdern, dass er nicht zum Fest nach Jerusalem will, was die Brüder aber nicht verstehen wollen. Dabei zeigt sich hier ein Jesus, der offenbar nicht allzu viel von der Welt und den Menschen erwartet: Er scheint die Welt grundsätzlich für böse zu halten. Johannes 7, 5-8:

... Denn nicht einmal seine Brüder wollten ihn verstehen. Jesus sagte zu ihnen: «Meine Zeit ist noch nicht da, für euch dagegen passt jede Zeit. Die Welt kann euch nicht hassen, aber mich hasst sie, weil ich nicht aufhöre, ihr vorzuhalten, dass sie nur Böses tut. Geht ihr doch zum Fest.»

> Der Star muss die Provinz hinter sich lassen, er muss die Metropole erobern.

BLUT, SCHWEISS UND TRÄNEN

Die enge Tür

Offensichtlich ändert Jesus seine Meinung. Und die Evangelien lassen vermuten, dass sich Jesu Anhängerschaft allmählich zum veritablen Tross entwickelt hat, der in tagelanger Wanderung via Palmenstadt Jericho nach Jerusalem zieht. In diesen Zeitabschnitt fällt wahrscheinlich auch der Großteil der berühmten Gleichnisse; die Parabel

> «Gebt euch Mühe, durch die enge Tür hindurchzukommen! Ich versichere euch: Viele werden es versuchen, aber es wird ihnen nicht gelingen.»

vom barmherzigen Samariter etwa, vom verlorenen Sohn, vom verlorenen Schaf in der Herde, vom Sämann, vom untreuen Verwalter. Jesus verlangt und verspricht immer wieder Vergebung, aber er spricht auch vom Gericht und warnt eindringlich, wie nicht nur Lukas berichtet, dass das Himmelreich nicht wohlfeil zu haben sei:

«Gebt euch Mühe, durch die enge Tür hindurchzukommen! Ich versichere euch: Viele werden es versuchen, aber es wird ihnen nicht gelingen.» (Lk. 13,24)

Jesus macht in verschiedenen Gleichnissen immer wieder klar, dass es offenbar um alles oder nichts geht:

*«Die neue Welt, in die Gott euch ruft, ist wie ein Schatz, der in einem Feld vergraben war. Ein Mann findet ihn und deckt ihn schnell wieder zu. In seiner Freude verkauft er alles, was er hat, und kauft das Feld.
Wer Gottes Einladung versteht, handelt wie ein Kaufmann, der schöne Perlen sucht. Wenn er eine entdeckt, die besonders wertvoll ist, verkauft er alles, was er hat, und kauft sie.» (Mt. 13, 44–46)*

Das Augenmerk liegt auf dem «alles». Der Schatzsucher muss alles verkaufen, um an den Schatz zu kommen. Ebenso ergeht es dem Kaufmann. Es reicht nicht, einen Teilbetrag zu investieren, um die begehrte Perle zu erhalten; der Händler muss alles, was er hat, einsetzen, um an das wertvolle Stück zu kommen. Das klingt kompromisslos und offenbar existiert nicht, was für die Menschheit so viel einfacher und bequemer wäre: halt nur ein Stück vom Himmel, ein bisschen Paradies, eine Seligkeit des Mittelmaßes. Bei Jesus geht es ganz offensichtlich um alles oder nichts und er macht das ganz deutlich, indem er in zwei Parabeln unverhohlen droht:

In einem der Sämann-Gleichnisse sät der Landwirt den Samen auf den Acker, doch einige Samen geraten auf steinigen oder unfruchtbaren Boden, andere werden von den Vögeln aufgepickt und wieder andere werden von Dornen und Gestrüpp erstickt. Der Samen jedoch, der auf fruchtbaren Boden fällt, wächst und trägt Früchte.

In der zweiten Sämann-Parabel erzählt Jesus von einem Ackerbauern, der ebenfalls sät. In der Nacht jedoch kommt sein Feind, um Unkraut zwischen den Weizen zu streuen. Das Unkraut sprießt und wächst mit dem Weizen. Die Arbeiter wollen vom Bauern wissen, ob sie das Unkraut beseitigen sollen. Die Antwort des Gutsherrn überrascht:

«‹Nein›, sagte der Herr, ‹sonst könntet ihr aus Versehen den Weizen mit ausreißen. Lasst beides bis zur Ernte wachsen. Wenn es so weit ist, will ich den Erntearbeitern sagen: Sammelt zuerst das Unkraut auf und bündelt es, damit es verbrannt wird. Dann schafft den Weizen in meine Scheune.›» (Mt. 13, 29–30)

Dieses Gleichnis ist Jesus offenbar so wichtig, dass er es nicht versäumt, es den Zuhörern selber zu deuten, nachdem er klarmacht, dass der Sämann für den Menschensohn – also Jesus –, der Samen für den Menschen, der Feind für den Satan und der Acker für die irdische Welt steht:

«Der Menschensohn wird seine Engel aussenden, und sie werden aus der Nähe Gottes alle entfernen, die andere zur Untreue gegen Gott verleitet und Böses getan haben. Sie werden sie in den Feuerofen werfen, wo sie heulen und mit den Zähnen knirschen. Dann werden alle, die getan haben, was Gott will, in der neuen Welt ihres Vaters so hell strahlen wie die Sonne. Wer hören kann, soll gut zuhören!» (Mt. 13, 41–43)

Jesus macht verschiedentlich klar, dass für ihn unsere irdische Existenz offensichtlich weder ein spiritueller Selbsterfahrungstrip noch eine esoterische Erlebnisreise ist:

«Wenn der Menschensohn mit Macht und Herrlichkeit kommt, von allen Engeln begleitet, dann wird er sich auf den königlichen Thron setzen. Alle Völker der Erde werden vor ihm versammelt werden, und er wird die Menschen in zwei Gruppen teilen, so wie der Hirte die Schafe von den Böcken trennt. Die Schafe wird er auf die rechte Seite stellen, die Böcke auf die linke. Dann wird der Richter zu denen auf der rechten Seite sagen: ‹Kommt her! Euch hat mein Vater gesegnet. Nehmt Gottes neue Welt in Besitz, die er euch von Anfang an zugedacht hat. Denn ich war hungrig, und ihr habt mir zu essen

gegeben; ich war durstig, und ihr habt mir zu trinken gegeben; ich war fremd, und ihr habt mich bei euch aufgenommen; ich war nackt und ihr habt mir Kleidung gegeben; ich war krank und ihr habt für mich gesorgt; ich war im Gefängnis, und ihr habt mich besucht.›

Dann werden die, die Gottes Willen getan haben, fragen: ‹Herr, wann sahen wir dich jemals hungrig... durstig,... fremd...nackt,... krank,.... und im Gefängnis?› Dann wird der auf dem Thron antworten: ‹Ich will es euch sagen: Was ihr für einen meiner geringsten Brüder getan habt, das habt ihr für mich getan.» (Mt. 25, 33–36)

Und was geschieht mit den Böcken zur Linken?

«‹Was ihr an einem meiner geringsten Brüdern versäumt habt, das habt ihr an mir versäumt.› Auf diese also wartet eine ewige Strafe.»

Eine beunruhigende Geschichte, die kaum einen Deutungsspielraum zulässt. Beunruhigend auch deshalb, weil in diesem Gleichnis dem Frevler keine bedingte Strafe oder eine Strafe auf Bewährung aufgebrummt wird. Für die Verfehlungen in einem verhältnismäßig kurzen, irdischen Leben erwartet den Egoisten, den Hartherzigen und Unbarmherzigen eine nicht enden wollende Bestrafung, eine ewige Verdammnis. Wobei Jesus in einem anderen Gleichnis ausdrücklich das Symbol der Schuldenhaft nennt, aus dem es immerhin ein Entrinnen gibt, wenn der letzte Rappen der Schuld beglichen sein sollte. Dieses symbolische Bild bietet immerhin einen Hoffnungsschimmer, dass selbst der verurteilte Schuldner seinem Kerker wieder zu entsteigen vermag. Wie aber kann er das anstellen? Wie kann er seine Schuld einst bezahlen, wenn er doch in Haft sitzt? Eine mögliche Antwort: Indem die Familie oder Freunde des Schuldners dessen Schuld begleichen. Interessanterweise hört man bei Scheintod-Erlebnissen immer wieder, dass das intensive Gebet und die Fürbitten von Angehörigen und Freunden dem Sterbenden auf der Todeslinie zu helfen, sogar die Ereignisse zu beinflussen vermögen. Interssant sind solche Erlebnisberichte insbesondere dann, wenn sie von Zurückgekehrten erzählt werden, die keiner Kirche angehören, sich vorher sogar als Atheisten bezeichnet hatten.

Und wenn es sie doch geben sollte, die ewige Verdammnis? Wie aber, mag man sich fragen, kann ein gnadenreiches Himmelreich aussehen, in dem die einen Gott schauen dürfen, die anderen aber abgewiesen werden? Wie kann sich jemand an der ewigen Glückseligkeit erfreuen, wenn er gleichzeitig um das schlimme Los seiner Freunde weiß, die beim finalen Gericht nicht bestanden haben?

Und noch etwas macht diese Parabel klar: Jesus sagt in diesem Gleichnis von sich, selbst der von Gott eingesetzte kosmische Richter zu sein. Das aber entspricht kaum dem Job eines weisen Lehrers oder tüchtigen Propheten. Es wurde bereits erwähnt: Jesus mag sich vielleicht nicht als Sohn Gottes bezeichnet haben, aber zumindest als «Bar Nascha» – als «Menschensohn», was in Anspielung auf den alttestamentlichen Propheten Daniel (Dan. 7, 13–14) auf dasselbe hinausläuft. Und Jesus, so macht der Theologe und Textforscher Holger Strutwolf im Film-Interview ausdrücklich klar, legt eine Attitüde an den Tag, die weit über einen Propheten hinausgeht, sogar den Messias-Anspruch impliziert. Es erscheint mir nicht wirklich glaubhaft, dass dies Beifügungen erst späterer Generationen sein sollen. Sollten die späteren Christen tatsächlich und bewusst Jesu Gleichnisse mit Messiassprüchen durchsetzt und damit massiv manipuliert haben?

Rückblick ins Alte Testament

März des Jahres 30. Jesus macht auf seinem Weg nach Jerusalem einen Zwischenhalt in Jericho.

Mai des Jahres 2011: Heute bildet der Anblick der ältesten Stadt der Menschheitsgeschichte ein trostloses Bild. Kaum hatten wir für unsere Dreharbeiten Jerusalem verlassen, warnte uns unser Navigationssystem auch schon vor dem Betreten des «Terroristen-Gebiets»; von nun an würde unsere Rental-Car-Versicherung für keinerlei Schäden mehr aufkommen. Auch wenn sich die israelische Bevölkerung im Zeitraum unserer Dreharbeiten gegenüber des Nahost-Konflikts äußerst entspannt zeigte, so machte sich im Mai 2011 in der offiziellen Politik dennoch eine gewisse Nervosität breit, nachdem die Fatah im Westjordan-Land und die extremistische Hamas, die im Gaza-Streifen das Sagen hat, einen neuerlichen Schulterschluss angekündigt hatten.

Jericho besteht heute aus einem monumentalen Casino und einem internationalen Hotel mit abgeblättertem Glanz sowie baufälligen, zerfallenen oder nur zum Teil fertiggestellten Häusern. Weniger eine Stadt als vielmehr ein verschlafenes Nest, in dem es noch nicht einmal Fuchs und Hase zu geben scheint, die sich wenigstens Gute Nacht sagen könnten. Überall sind staubige Straßen zu sehen und jede Menge Unrat türmt sich in den Hinterhöfen. Wir sahen gelangweilte Kinder zwischen den zum Teil baufälligen Häu-

Heute bildet der Anblick der ältesten Stadt der Menschheitsgeschichte ein trostloses Bild.

sern herumstehen, die uns beim Drehen zusahen. Abgemagerte Katzen mit struppigem und glanzlosem Fell sträunten in der heißen Mittagssonne umher und ein warmer Wind peitschte den Staub durch die Straßen. Verwahrlosung und Tristesse, wohin das Auge reichte. Und ausgerechnet hier soll sich die Menschheitskultur in einem ersten kulturellen Höhepunkt in einer stadtähnlichen Siedlung manifestiert haben?

Jericho war bereits eine wirtschaftlich und strategisch wichtige Stadt, als Mose Nachfolger Josua die aus Ägypten ausgezogenen Hebräer über den Jordan führte. Jericho wird von den Hebräern belagert und schließlich eingenommen. Das Buch Josua erzählt ohne Beschönigung, dass die Angreifer – angeblich auf Geheiß Jahwehs – unter der Bevölkerung Jerichos ein schreckliches Massaker anrichten, das man schlicht als einen Genozid bezeichnen muss:

Sie vollzogen den Bann an allem, was in der Stadt war, an Mann und Weib, jung und alt, bis zu Ochs und Schaf und Esel, mit der Schärfe des Schwertes. (Josua, 6, 21)

Ob es sich in der Jordan-Ebene so zutrug, damals, vor etwas mehr als dreitausend Jahren, ist allerdings fraglich; die Archäologie jedenfalls hat keinerlei Hinweise auf eine gewaltsame Einnahme oder Zerstörung Jerichos gefunden. Es mag tröstlich sein, dass ein solches Massaker nie stattfand, doch bleibt ein unangenehmer Beigeschmack: Nämlich die Tatsache, dass eine so widerwärtige Geschichte im Alten Testament berichtet wird und der Völkermord der Schrift zufolge auch noch auf den direkten Befehl Jahwehs zurückgegangen sein soll. Dass die Geschichte von der Zerstörung Jerichos allem Anschein nach tatsächlich eher eine literarische Erfindung ist, tröstet leider nicht darüber hinweg, dass sich im Buch Exodus und in den nachfolgenden alttestamentlichen Chroniken über die biblische Einwanderungsgeschichte der folgenden zwei Jahrhunderte in Kanaan offenkundig Massaker und Genozide an der ansässigen Bevölkerung aneinanderreihen, was im Hinblick auf die Maximen des Christentums kaum zum Verständnis des Alten Testament beiträgt, denn es werden Frauen und Kinder en masse hingeschlachtet, und dies angeblich stets auf Geheiß des Allmächtigen.

Der Spiritist Johannes Greber, eine bekannter Experte auf diesem Gebiet, zitiert in seinem Buch «Der Verkehr mit der Geisterwelt Gottes, seine Gesetze und sein Zweck» von 1932 die hohe Himmelsautorität, zu der er in verschiedenen Séancen Kontakt gehabt haben will; dieses spirituelle Wesen will ihm bestätigt haben, dass derlei Maßnahmen tatsächlich notwendig gewesen seien, denn der Glaube an Jahweh sei in jener Zeit eine so zarte Pflanze gewesen, dass jegliche Gefahr, diese zu erdrücken, habe beseitigt werden müssen. Der Einfluss der kanaanitischen Völker sei latent gewesen und mit ihm die Gefahr eines Abfalls der Hebräer von Jahweh. Wir könnten uns, so der Geist weiter, überdies keine Vorstellung von den Gräueltaten machen, die bei den Völkern Kanaans im Namen ihrer Götter begangen worden seien. Menschenopfer, vorwiegend Kinder, seien an der Tagesordnung gewesen, wobei hierfür Knaben bei lebendigem Leib in einen Feuerofen geworfen worden seien. Dies klingt doch eher nach der Polemik einer politischen Propaganda. Konnten diese Völker tatsächlich so furchtbar grausam gewesen sein? Oder holten sich die sieg-

> Das Buch Josua erzählt ohne Beschönigung, dass die Angreifer unter der Bevölkerung Jerichos ein schreckliches Massaker anrichten.

reichen Hebräer mit solchen Behauptungen einfach die moralische Legitimation, den Feind mit Stumpf und Stiel auszurotten?

Von ähnlich makabren Opferpraktiken berichteten die Römer von ihren Erzfeinden, den Karthagern (oder Puniern), die im heutigen Tunesien siedelten, wobei auch die Römer durchaus ihren Göttern Menschenopfer darbrachten: Als Hannibal im Zweiten Punischen Krieg in der Schlacht bei Cannae (am 2. August 216 v. Chr.) siegte, 70 000 Römer niedermetzelte und bald darauf vor Roms Toren stand, vermutete man, dass die Unkeuschheit zweier Priesterinnen der Göttin Vesta das Unglück heraufbeschworen hätte. Eine der Vestalinnen brachte sich um, die andere wurde zur Besänftigung der Götter bei lebendigem Leibe begraben. Um sich darüber hinaus der Gunst der Götter sicher zu sein, opferte man zusätzlich vier Menschen und auch ihnen wurde das unvorstellbare Schicksal zuteil, lebendig begraben zu werden. Doch diese Episode, folgt man antiken Schilderungen, schien in keinem Verhältnis zur Opferpraxis der Punier zu stehen. Es liegt natürlich der Verdacht nahe, dass die Schilderung über Karthagos rituelle Grausamkeiten in erster Linie politische Propaganda der Römer war, die den Feind in Verruf bringen sollten. Dies ist umso leichter, wenn der Feind besiegt und vernichtet wurde, denn am Ende schreiben stets die Sieger die Geschichte.

Was aber hat nun Karthago mit Kanaan zu tun? Sehr viel, denn die Wurzeln der Karthager lagen in Kanaan und in entsprechender Weise verehrte man in Karthago dieselben Gottheiten wie bei den Völkern und Stadtstaaten Kanaans. Vor allem der Fruchtbarkeitsgott Baal gehörte zu den wichtigsten und forderndsten Gottheiten sowohl im kanaanitischen als auch im punischen Pantheon. Wie wichtig dieser Baal war, offenbart sich auch im Namen des berühmtesten Puniers: Hannibal trägt die Gottheit in seinem Namen, den man mit «Günstling des Baal» übersetzen könnte.

Lange zweifelte man in der Wissenschaft an den römischen Schauergeschichten über die Punier – bis die Archäologie dann Schockierendes zutage brachte: Offensichtlich muss in Karthago tatsächlich eine blutrünstige und bluttriefende Religionsausübung geherrscht haben. Die Römer berichteten, dass die Karthager im Moment der Gefahr dem Baal zahllos Knaben ihrer Sklaven geopfert worden seien, Baals Hunger nach jungem Leben habe aber auch vor den Patriziern Karthagos nicht haltgemacht: Als die Stadt einst belagert worden sei, hätten die Punier fünfhundert Knaben aus den vornehmsten Familien dem Baal geopfert und bei lebendigem Leib in einen Feuerofen geworfen. Das klingt unglaublich, doch leider lassen Funde von Hunderten von versengten und verkohlten Knabenskeletten keinen anderen Schluss zu, denn es fanden sich keine Gebeine von Mädchen unter den Skeletten, die als Alternative ein Massengrab von Kindern, die etwa von

Baals Hunger nach jungem Leben hat auch vor den Patriziern Karthagos nicht haltgemacht.

einer plötzlichen Krankheit hingerafft worden wären, hätten vermuten lassen können; Kanaans Götter verlangten offenbar nach Knabenblut und Baal labte sich allem Anschein nach tatsächlich am Rauch, der den Feueröfen mit bei lebendigem Leib brennenden Kindern entstieg.

Es ist demnach nicht abwegig, auch in Kanaan ähnliche Opferungsrituale zu vermuten. Man mag sich nun aber fragen, ob in diesem Fall dem Allmächtigen tatsächlich kein anderes Mittel zu Gebote stand als die Massakrierung von Frauen und Kindern, sogar der Tiere dieser Völker, um diesem Baalskult entgegenzutreten. Wieso, möchte man fragen, schickte Jahweh seine Propheten nicht auch zu den Kanaanitern? Wären sie ungläubiger gewesen als sein «auserwähltes Volk», das trotz angeblich spektakulärster Wunder und Beweise – wir erinnern uns etwa an die sich teilenden Fluten des Schilfmeeres im Buch Exodus – fast in jeder Generation von Jahweh wieder abfiel, weshalb Jahweh Heerscharen von Propheten entsenden musste, um «sein» Volk wieder auf den rechten Weg zu lotsen?

Das Alte Testament präsentiert uns mitunter noch weitere schauerliche Momente mit düsteren und zweifelhaften Protagonisten:

Moses gebärdet sich, liest man die biblischen Texte genau, schon bald nach dem Auszug aus Ägypten als Tyrann und Diktator, der jeden Widerspruch mit dem Tod ahnden lässt. Als er vom Berg Sinai herabsteigt, ist seine Macht allumfassend, denn er allein hatte Gott gesehen und er allein wusste den Willen des Allmächtigen zu ergründen. Aus dem Stamm der Leviten rekrutiert Moses auf der langen Wanderung für sich eine Privatarmee martialischer Bodyguards, die seinem Willen mit dem Schwert Nachdruck verleihen. Das Massaker, dass Moses auf der Halbinsel Sinai an den Midianitern, die ihm einst nach seiner Flucht aus Ägypten Gastfreundschaft und Schutz geboten und aus deren Mitte er sich sogar Zippora zur Frau genommen hatte, anrichten lässt, reiht sich, so, wie es in der Bibel beschrieben wird, lückenlos in die schrecklichsten Genozide der Menschheitsgeschichte ein.

Mose Nachfolger Joshua indessen erscheint als Kriegsgurgel erster Güte, der den Brauch, auch Frauen und Kinder zu töten, von Moses übernimmt und während der Landnahme der Hebräer in effizienter Weise fortsetzt.

> Mose Nachfolger Joshua indessen erscheint als Kriegsgurgel erster Güte, der den Brauch, auch Frauen und Kinder zu töten, von Moses übernimmt.

Der strahlende König David, das verhehlt die Bibel keineswegs, bedient sich in seinem Exil während Sauls letzten Herrscherjahren eindeutiger Mafiamethoden: Entweder man zahlte seiner kriegerischen Söldnertruppe Schutzgeld oder ihr Anführer, der spätere König, konnte für nichts garantieren. Seinen Offizier Urja, den Gemahl der von David offenbar über die Maßen begehrten Bathseba, schickt der inzwischen zum König gesalbte David in vorderster Schlachtreihe in den sicheren Tod und einem reuigen Abtrünnigen verspricht er, ihn nicht zu töten, solange er, David, leben werde. Dies hindert den König aber nicht daran, auf dem Sterbebett einen seiner Diener zu beauftragen, den reuigen Frevler sogleich umzubringen, sobald er, David, seine Augen geschlossen habe.

König Ahab indessen ist in religiösen Belangen tolerant, was ihn zu einem der großen Schurken des Alten Testaments macht und den nach Moses vielleicht größten alttestamentlichen Propheten, Elija, auf den Plan ruft, um mit heiligem Zorn den Baalpriestern entgegenzutreten. Dabei unterscheidet sich Ahab in seiner religiösen Toleranz grundsätzlich kaum vom angeblich weisen Salomo, der übrigens als Spross aus der Verbindung zwischen David und der Offizierswitwe Bathseba den Vater als König beerbt; Salomo erkauft sich offenbar moralische Absolution, indem er Jahweh ein Haus erbaut und den Plan seines Vaters David, in Jerusalem einen prächtigen Tempel zu errichten, in die Tat umsetzt.

In all diesen Geschichten folgen die Protagonisten mehr oder weniger den Verhaltensnormen des vorderen Orients in der ausgehenden Bronzezeit. Alle diese Geschichte lassen wohl einen historischen und ethnologischen Zusammenhang zwischen dem Alten und dem Neuen Testament zu; eine heilsgeschichtliche Verbindung herzustellen, fällt mir persönlich schwer. Gott hätte dann eine tatsächliche taktisch radikale Kehrtwendung vorgenommen, denn mit Jesus gilt, von nun an auch den Feind zu lieben. Und das Unkraut sprießen und die Sonne ebenso über das Gute wie über das Böse scheinen zu lassen. Und auf einen Schlag zählt bei Jesus von Nazareth nicht mehr, wessen Volk man angehört; der neue und ewige Bund will Barmherzigkeit, keine Opfergabe. Und schließlich lässt sich Gott an jedem beliebigen Ort anbeten, denn das Einzige, was nun zählt, ist die innere Einstellung.

Dieser neue Bund, diese Philosophie, diese Glaubensvorstellung sind in der Tat einzigartig und neu und knüpfen nicht mehr an die Doktrin von Auge um Auge, Zahn um Zahn an. Doch andererseits war Jesus unzweifelhaft ein Mann aus dem jüdischen Kulturkreis und stand damit im Kontext der Geschichte seines Volkes. Auch bleibt klar festzuhalten, dass der hebräische Monotheismus einzigartig war und weit über die Vorstellung eines einzigen, allmächtigen Sonnengottes hinausging, wie ihn sich der Pharao Echnaton um 1350 v. Chr. vorstellte. Insofern besteht tatsächlich eine enge Verbindung zwischen Jahweh im Alten Testament und dem Vater im Himmel der Evangelien. Massaker, Genozide und Halunkereien jedoch mögen weniger mit der Heilsgeschichte als mit der Geschichtsschreibung eines orientalischen Volkes zu tun haben.

Wenn nun politisch korrekte Theologen lieber vom Ersten und Zweiten Testament sprechen, um die jüdische Geschichtsschreibung nicht «veraltet» erscheinen zu lassen, so schulden sie uns die Erklärung für die politisch äußerst unkorrekten Geschehnisse in ihrem «ersten» Testament. Jesus ist anders und seine Botschaft ist es auch. Mit ihm beginnt, will man die Geschichte des jüdischen Monotheismus in einer kausalen Reihenfolge sehen, tatsächlich eine neue Geschichte, ein neuer Bund und damit ein ganz und gar Neues Testament.

Besuch in Jericho

Wir passierten den Checkpoint zur Westbank, wobei sich die palästinensischen Soldaten weit mehr für meine langen blonden Locken als für unsere Pässe interessierten. Dasselbe erlebte ich vor Jahren bereits in Afghanistan, wo die Grenzsoldaten lachend und mit anständiger Zurückhaltung in meinen Haaren wuselten und mir dann ohne weitere Gegenleistungen diverse kleine Privilegien bei der Zollkontrolle angedeihen ließen.

Ohne Arg oder Misstrauen begegneten uns die Männer in Jericho, die uns während des Drehens freundlich und lachend zum Kaffee einluden. Bald schon versammelte sich eine ganze Schar junger Männer und wir erfuhren, dass das heutige Jericho offenbar aus einem einzigen Clan zu bestehen scheint: Sein Vater Abu Baba – sein Bild prangte über der Haustür –, so erklärte mir Said, einer der jungen Männer, habe von vier Frauen dreißig Kinder; zwanzig Brüder und zehn Schwestern, und fast alle wohnten sie hier in Jericho. Aber die Zeiten seien schlecht und die Israelis setzten ihnen hart zu. «Gott gebe, dass es besser wird!», seufzte Saids Bruder Ali, als er mir die ramponierte Bienenzucht im Hinterhof zeigte. Der Anstand verbot es mir, zu erwidern, dass man vielleicht nicht immer alles dem lieben Gott überlassen sollte, sondern die Initiative auch einmal selber ergreifen könnte. Vielleicht hätte man vorweg mit der Instandstellung der Häuser beginnen können und dem Ausbessern der Straßen. Zeit schienen die Söhne Abu Babas jedenfalls genug zu haben. Der Bienenhonig allerdings war ungemein köstlich und wir tauschten Geschenke: meine Zigarren gegen den Honig aus Jericho.

Jericho liegt auf dem Weg, will man von Galiläa aus durch das Jordantal nach Jerusalem. Jesus heilt in der Palmenstadt zehn Aussätzige, einen Blinden und ist zu Gast beim offenbar kleinwüchsigen Zöllner Zachäus. Längst wissen die Tempelbehörden in Jerusalem, dass ein großer Pulk im Anmarsch ist. Nervosität macht sich unter ihnen breit. Der Nazarener wird bald in der Stadt sein.

Die römische Besatzungsmacht indessen schenkt dem Ganzen offenbar wenig Beachtung. Die Römer werden ihre Spione zu den Kundgebungen geschickt haben. Auch wenn der Historiker Albert Gasser im Gespräch meinte, man solle den römischen Geheimdienst nicht überschätzen, so wissen die Besatzer, was in ihren Herrschaftsgebieten vorgeht, zumal wenn es sich um eine so kleine und überschaubare Provinz wie Palästina handelt. Der Evangelist Lukas berichtet in seiner Version der Passionsgeschichte, dass der römische Präfekt in Judäa, Pontius Pilatus, nicht einmal gewusst haben will, dass Jesus aus Galiläa stammt. Dies wirft Fragen auf, denn mit der Bezeichnung «Jesus von Nazareth» – dies wird der Statthalter immerhin selber an Jesu Kreuz schreiben lassen – wäre die Herkunft des Rabbi eigentlich klar. Lukas zumindest präsentiert uns da einen Landpfleger, der auch nach vier Jahren im Amt mit der Geografie seiner kleinen Provinz nicht sonderlich gut vertraut zu sein scheint und sich offenbar um Volksaufläufe in Galiläa – notabene dem unruhigsten Gebiet Palästinas – nicht kümmert. Das erscheint nicht sonderlich glaubhaft. Aber offenbar sieht man – vorerst – im Prediger und angeblichen Wundertäter aus dem Norden keine Bedrohung für das Imperium und

den Frieden in dieser Provinz. Es erweckt den Anschein, dass dieser Rabbi aus Nazareth den Besatzern weder als Aufrührer noch als Revoluzzer aufgefallen ist.

In der Höhle des Löwen

Dann ist Jesus in Jerusalem und er wird dort für Wochen, eventuell sogar für über einen Monat wirken. Bei Matthäus hat mit diesem Besuch im Frühjahr 30 während einer längeren Zeitperiode die letzte Phase seines Wirkens begonnen. Bei Johannes verteilen sich die nachfolgenden Vorkommnisse möglicherweise auf zwei Besuche Jesu in Jerusalem (wie erwähnt wahrscheinlich anlässlich des Tempelweihfestes im Winter und schließlich dem Pessachfest im Frühling).

> Die Römer werden ihre Spione zu den Kundgebungen geschickt haben.

Jesus tritt an die Öffentlichkeit und er tut es offensichtlich resolut und mit Autorität:

Als die Hälfte der Festtage vorüber war, ging Jesus in den Tempel und begann mit dem Volk zu sprechen. Die Juden waren sehr erstaunt und sagten: «Dieser Mann hat keinen Lehrer gehabt. Wie kann er das wissen?» (Joh. 7,14–15)

Die Kunde wird wird bei Freund und Feind die Runde gemacht haben: Der Wunderrabbi ist in der Stadt! Und schneller als es ihm vielleicht lieb ist, steht er wiederum im Mittelpunkt des Geschehens: auf den Marktplätzen, in den Straßen, im Tempel. Überall Getümmel und Gedränge in den engen Gassen der heiligen Stadt. Jesus Christ Superstar!

Doch wo Licht ist, ist Schatten. Wo Popularität, Bewunderung und Gelingen ist, da ist auch Neid und Ablehnung. Jesus und seine Schar beziehen außerhalb der Stadt in Bethanien Quartier,

Johannes berichtet, dass die oberen Priester bereits Monate vor Jesu Prozess und Kreuzigung den Beschluss fassen, Jesus zu töten.

bei glühenden Anhängern und eng verbundenen Freunden, bei Lazarus und seinen Schwestern Martha und Mirjam.

Das Tempo nimmt zu, das Rad beginnt sich nun immer schneller zu drehen und rollt unaufhaltsam dem Finale entgegen. Gleich zu Beginn kommt es in Jerusalem zu Auseinandersetzungen im Tempel. Johannes lässt im 7. Kapitel durchblicken, dass Jesus – einmal mehr – an einem Sabbat geheilt hat.

«Man kann mir kein Unrecht vorwerfen. Moses hat euch das Gesetz gegeben. Aber keiner von euch lebt nach dem Gesetz. Warum wollt ihr mich töten?» Die Menge antwortete: «Du bist verrückt! Wer will dich töten?» Jesus antwortete: «Ich habe eine einzige Tat vollbracht, und ihr nehmt alle Anstoß daran. Ihr beschneidet eure Söhne am Sabbat, damit die Vorschriften des Mose nicht verletzt werden.»

Weil das Gesetz des Moses die Beschneidung am achten Tag nach der Geburt verlangt, wurden die Söhne ausnahmsweise auch an einem Sabbat beschnitten. In einer anderen, ähnlichen Szene wird deutlich, dass der Priesterschaft am Sabbat immerhin kultische Handlungen erlaubt waren.

«Wie könnt ihr denn auf mich böse sein, weil ich am Sabbat einen ganzen Menschen gesund gemacht habe? Hört auf, nach dem Augenschein zu richten, und urteilt nach gerechten Maßstäben.»

Der Rabbi kennt seine Pappenheimer. Und in den nachfolgenden Tagen reißen die Kontroversen nicht ab; im Gegenteil gibt es bei den Tempelautoritäten offenbar immer wieder Bestrebungen, den unliebsamen Galiläer zu verhaften. Jesus heilt einen Blindgeborenen. Dieser wird prompt von der Priesterschaft vorgeladen und verhört. Ergebnislos.

Viele in der Menge fassten Vertrauen zu Jesus und sagten: «Kann der versprochene Retter, wenn er kommt, mehr Wunder tun, als dieser Mann getan hat?» Als die Pharisäer hörten, was die Leute über Jesus flüsterten, schickten sie im Einvernehmen mit den führenden Priestern einige Tempelwächter aus, die ihn verhaften sollten.

Zu einer Verhaftung kommt es indessen nicht. Johannes und die anderen drei Evangelisten sind sich einig: Der Klerus fürchtet die Folgen; der Rabbi aus Nazareth ist zu populär geworden. Johannes berichtet, dass die oberen Priester bereits Monate vor Jesu Prozess und Kreuzigung (wahrscheinlich schon im Herbst des Jahres 29) den Beschluss fassen, Jesus zu töten.

Der Theologe und Historiker Albert Gasser kommentiert die Situation in seinem Buch «Kleine Kirchengeschichten»:

Man macht es sich zu einfach mit der historisch und theologisch gekürzten Erklärung: Jesus musste sterben, weil er den Mächtigen an den Karren fuhr und die Ohnmächtigen um sich scharte. Jesus stand die Macht und Gewalt der Rede meisterhaft zu Gebote. Und unpolemisch war er bei Gott nicht…. Die Ablehnung vonseiten der Hohenpriester und Schriftgelehrten war wohl nicht bloß böser Wille und Angst vor Autoritätsverlust. Stellen wir uns einen Prozess vor gegen die Verantwortlichen am Justizmord Jesu, und wir müssten die Verteidigung der Hauptbelasteten übernehmen. Es gäbe da allerhand Entlastendes vorzubringen, wenn wir uns die provozierende und nicht selten äußerst aggressive Art Jesu vergegenwärtigen. War diese Schärfe gegen die Schriftgelehrten und Pharisäer denn so nötig?… Man versetze sich in unsere Zeit und unsere Gesellschaft. Es stellt sich von selbst eine Blockade ein, wenn ein dreißigjähriger Senkrechtstarter die Alten Mores lehren will. Es bedarf keiner Anstrengung, sich in die Jesus ablehnenden Zeitgenossen hineinzufühlen: Was nimmt sich dieser «junge Schnaufer» da eigentlich heraus? Dieser Parvenü, dieser un-

bedarfte Autodidakt. Wo ist sein Bildungsausweis? Was steckt in seinem «Schulsack»? Und wie steht es um seinen Ursprung, seine Abstammung? Und die Herkunft aus einem «Kaff», die eigentümliche galiläische Dialektfärbung,... über die man in Jerusalem und Judäa Witze reißt. Ferner die Abkunft aus unbedeutendem Kleinbürgerstand...Und der Kern dieser Jesusbewegung, besteht er nicht aus lauter forschem Jungvolk?

An anderer Stelle macht Albert Gasser auf ein ganz anderes Problem aufmerksam, das in den Evangelien weitgehend verschwiegen und in der Exegese kaum thematisiert wird: das Generationenproblem. Die klerikalen Führer im Gottesstaat Israel waren in der großen Mehrheit wahrscheinlich eine Generation älter als Jesus und seine engere Jüngerschaft. Dass eine Generation älterer Würdenträger auf Vorwürfe eines Vertreters der jüngeren Generation ungehalten, sogar gereizt reagiert, ist eine zeitlose Angelegenheit. Jesu scharfe Tiraden gegen den Führungszirkel haben kaum zur Abkühlung der Situation beigetragen. Die alten Hasen beginnen deshalb, Jesus öffentlich auf die Probe zu stellen. Sollte er publik ins Fettnäpfchen treten, wäre das eines Messias' nicht würdig. Oder würde man am Ende diesen temperamentvollen Mann doch noch in eine rhetorische Falle locken können, in der er sich zu häretischen oder gar umstürzlerischen Aussagen gegen die heidnischen Besatzer hinreißen lässt? Eine aufgebrachte Meute, so berichtet uns Johannes im 8. Kapitel, schleppt eine Frau vor den Wunderrabbi. Soll eine Ehebrecherin gesteinigt werden, wie es das Gesetz des Mose vorsieht?

Aber Jesus schrieb mit dem Finger auf die Erde... Als sie nicht aufhörten zu fragen, richtete Jesus sich auf und sagte zu ihnen: «Wer von euch noch nie gesündigt hat, der soll den ersten Stein auf sie werfen.» Dann bückte er sich wieder und schrieb auf die Erde. Als sie das hörten, zog sich einer nach dem anderen zurück.

Lukas berichtet, dass die Priester Leute ausschicken, die sich als einfache, fromme Juden ausgeben. Sie sollen Jesus bei einem verfänglichen Wort ertappen, das ihn womöglich den Römern ans Messer liefert. Darf man dem Kaiser Steuern bezahlen? Eine heikle Frage! Geradezu perfid: Sagt Jesus Ja, so verärgert er die Zeloten und Eiferer und enttäuscht seine Anhänger, die das neue Königreich Israel herbeiwünschen. Die Radikalen respektierten Jesus durchaus, wie wir vermuten können, aber eine Aussage, die als eine Aufforderung zum Gehorsam gegenüber den Besatzern aufgefasst würde und somit diesen Volkspropheten als Weichei, als politischen Softie und Waschlappen enttarnte, wäre der Bewegung kaum zuträglich gewesen, auch wenn Jesus selbst zu den Zeloten offenbar eher auf Distanz ging. Verneint Jesus aber, so kann das leicht als Aufforderung, dem Imperator keine Steuern zu zahlen verstanden und damit als Aufruf zur offenen Rebellion gedeutet werden. Und da verstehen die Römer bekanntlich keinen Spaß. Bei den Besatzern liegt einiges drin, nicht aber Aufruhr und Rebellion. Selbst wenn Holz in Jerusalem knapp war, für ein Kreuz reichte es allemal.

Wiederum geben sich Gesetzeslehrer als fromme Juden aus und suchen Jesus auf:

> Sie sollen Jesus bei einem verfänglichen Wort ertappen, das ihn womöglich den Römern ans Messer liefert.

BLUT, SCHWEISS UND TRÄNEN

«Rabbi, wir haben uns überzeugt, dass du die richtige Lehre hast. Du lässt dich auch von den Mächtigen nicht beeinflussen und sagst jedem klar und deutlich, wie er nach Gottes Willen leben soll. Nun sag uns: Dürfen wir nach dem Gesetz Gottes dem römischen Kaiser Steuer zahlen oder nicht?»

Dies war jedoch nicht nur eine politische, sondern auch eine durch und durch religiöse Angelegenheit: Seit Augustus gilt der römische Kaiser als Gottheit, zumindest als ein Gottessohn. Mit der Entrichtung der Steuer anerkennt der Zahlende letztlich den Kaiser in Rom als Herrscher und damit einhergehend seinen Gottheitsanspruch. Aber nach dem mosaischen Gesetz gibt es nur einen Gott: Jahweh, Adonai, der Ewige. Jesus macht den Widerspruch deutlich (Lk 20,23 – 26):

> «Ihr staunt über das alles? Kein Stein wird auf dem anderen bleiben.»

Jesus durchschaute ihre Hinterlist und sagte zu ihnen: «Zeigt mir eine Münze! Wessen Bild und Name ist darauf zu sehen?» Sie antworteten. «Des Kaisers.» Da sagte Jesus: «Dann gebt dem Kaiser, was dem Kaiser gehört, aber gebt Gott, was Gott gehört.» So konnten sie ihm vor den Leuten nichts anhaben. Sie waren von seiner Antwort überrascht und wussten nichts mehr zu sagen.

Die Zerstörung Jerusalems

Noch weniger geschmeckt haben dürfte dem Klerus Jesu Ankündigung, dass der Tempel schon bald zerstört werden würde. Seine Jünger machen Jesus auf die beeindruckende Tempelanlage aufmerksam. Jesus scheint unberührt (Mt. 24, 2):

«Ihr staunt über das alles? Ich sage euch, kein Stein wird auf dem anderen bleiben. Alles wird bis auf den Grund zerstört.»

In der Folge prophezeit Jesus bei Lukas, 19, 41–44 sogar den Untergang Jerusalems mit drastischen Worten.

«Es kommt eine Zeit, da werden deine Feinde einen Wall rings um dich aufwerfen, dich belagern und von allen Seiten einschließen. Sie werden dich und deine Einwohner völlig vernichten und keinen Stein auf dem anderen lassen.»

Keine vierzig Jahre nach Jesus rücken die Römer unter dem Befehl des späteren Kaisers Vespasian und dessen Sohn Titus, der später ebenfalls den Kaiserthron besteigen wird, mit vier Legionen – insgesamt also um die 25 000 Mann – und Tausenden Soldaten in Hilfstruppen an. Der seit dem Jahr 66 andauernde jüdische Aufstand wird im Jahr 70 ohne Gnade und ohne jedwelches Erbarmen niedergeschlagen.

Josephus Flavius, der später zum beredten Historiker wird und dem wir umfangreiche Informationen aus der damaligen Zeit verdanken, ist einer der Anführer des jüdischen Aufstands. Er fällt in die Hände der Römer und soll mit allen anderen Aufständischen hingerichtet werden. Doch scheint er den Römern Eindruck zu machen, allen voran dem römischen Oberbefehlshaber Vespasian, denn Josephus prophezeit diesem, dass er binnen kürzester Zeit auf dem Kaiserthron sitzen werde. Man lässt Josephus am Leben (hinrichten konnte man ihn ja auch später noch, wenn sich dessen Weissagung nicht erfüllen würde). Zu Josephus' Hinrichtung jedoch kommt es nicht, im Gegenteil: Vespasian wird nach Neros Ermordung am 9. oder 11. Juni 68 nach Rom beordert, um sich vom neuen Kaiser Galba den Oberbefehl in Judäa bestätigen zu lassen. Den Oberbefehl der römischen Truppen in Palästina legt der Feldherr vor seiner Abreise in die Hände seines Sohnes Titus.

Galba wird, keine vier Monate auf dem Kaiserthron, von Marcus Salvius Otho am 15. Januar 69 ermordet, doch auch dieser hält sich als Herrscher nur kurz, genauso wie dessen Nachfolger Aulus Vitellius: Vespasian, der sowohl im Heer als auch im Senat große Sympathien genießt, wird von den Donau-Legionen zum Kaiser ausgerufen und deren Befehlshaber Marcus Antonius Primus besiegt in der Schlacht von Bedriacum im Oktober 69 Vitellius. Der gestürzte Kaiser wird öffentlich zu Tode gefoltert; seine Leiche wird durch Roms Straßen geschleift und anschließend in den Tiber geworfen. Mitte des Jahres 70 fällt das

Reich an Vespasian: Er wird der neue römische Imperator und begründet die neue Dynastie der Flavier.

Josephus hatte schließlich recht behalten, was den einstigen jüdischen Revoluzzer zum Günstling des neuen Imperators werden lässt. Als Offizier erscheint Vespasian als kaltblütiger Technokrat, als Kaiser erweist er sich aber als pragmatischer Herrscher, der sich erheblich von seinen extravaganten Vorgängern unterscheidet. Ein Historiker, an dessen Namen ich mich leider nicht mehr erinnern kann, umschrieb ihn in einem TV-Wissenschaftsmagazin als einen Mann, der wohl eher an einem Fußballspiel als an einer Oper Gefallen gefunden hätte. Von Vespasian stammt übrigens auch die berühmte Feststellung, wonach Geld angeblich nicht stinke: Als Vespasian eine Steuer auf öffentliche Toiletten erhebt, protestiert dessen Sohn Titus. Der Kaiser aber hält dem verdutzten Sohn eine Handvoll Münzen aus dem Toiletten-Fiskus entgegen und fragt ihn, ob er etwas Besonders riechen könne. Vespasian regiert zehn Jahre, beschert dem Reich Stabilität und stirbt im Jahr 79 – im Gegensatz zu den meisten seiner Vorgänger eines natürlichen Todes.

Josephus, später wird der römische Beiname Flavius hinzugefügt, betätigt sich als eifriger und exakter Chronist und Historiker. Dabei verfolgt er offenkundig vor allem zwei Ziele: Zum einen, seine Person und sein Handeln während des Jüdischen Krieges für die Nachwelt in ein für ihn günstiges Licht zu rücken, zum andern, das gegenseitige Verständnis von Römern und Juden zu fördern, womit wir sehen, dass weder ein Historiker noch ein Chronist völlig objektiv und neutral sein kann.

Vespsians Sohn Titus schlägt, nachdem er von seinem Vater den Oberbefehl übernommen hat, die jüdische Revolte mit gnadenloser Gewalt und grenzenloser Brutalität nieder. Gefangene Juden etwa werden mit Katapulten während der Belagerung Jerusalems lebendig in die belagerte Stadt geschleudert, um den Kampfgeist der Eingeschlossenen zu brechen. Hunger und Krankheit herrschen innerhalb der Stadtmauern und es kommt zu unvorstellbaren Tragödien. Josephus schreibt, dass die Belagerer sich einen Spaß daraus machten, gefangene Juden in jeder erdenklich grotesken Körperhaltung an Kreuze zu nageln; verschont wird am Ende niemand und es heißt, dass wegen der zahllosen Kreuzigungen in und um Jerusalem langsam das Holz ausging.

Schätzungsweise über eine Million Menschen sterben, 97 000 Juden werden in die Sklaverei geführt. Der Tempel wird vollständig zerstört und die Stadt bis auf vier Türme geschleift. Der Tempelschatz wird geplündert und einiges davon kommt in Umlauf, was dazu führt, dass der Goldpreis in Syrien um rund die Hälfte fällt. Zwölftausend jüdische Sklaven erbauen kurze Zeit später unter den Peitschen ihrer Aufseher mit rund sechstausend Tonnen Mörtel das römische Kolosseum, das zu einem ansehnlichen Teil vom geraubten Gold aus dem Tempel von Jerusalem finanziert wird.

Der Tempel wird vollständig zerstört und die Stadt bis auf vier Türme geschleift.

Die letzten knapp tausend Rebellen verschanzen sich unter ihrem Anführer Eleazar Ben Ya'ir in der von Herodes dem Großen einst auf einem Felsplateau hoch über dem Toten Meer errichteten mächtigen Festung Massada und entziehen sich im Jahr 73 schließlich einer Gefangennahme nur noch durch kollektiven Selbstmord. Es ist das Ende Israels, des alten Jerusalem und für nahezu zweitausend Jahre das Ende jeder geografischen Heimat des jüdischen Volkes.

BLUT, SCHWEISS UND TRÄNEN

Weitreichende Konsequenzen

Dass die Evangelien Jesu Voraussagen des Untergangs von Jerusalem enthalten, hat in den vergangenen gut hundert Jahren verschiedentlich Anlass gegeben, deren Entstehung auf frühestens das Jahr 80, zumindest nach 70 anzusetzen. Denn wenn Jesu Prophezeiung über Jerusalems Zerstörung in den Evangelien wiedergegeben wird, so die Überlegung, müssen folglich diese Weissagungen in Kenntnis des Ereignisses und damit auch erst nach dem Ereignis niedergeschrieben worden sein. Auf genau dieser Basis argumentiert in unserem Film auch Holger Strutwolf, Leiter des neutestamentlichen Textforschungsinstituts an der Universität Münster, das zu den weltweit renommiertesten Instituten dieser Art gehört. Doch diese Annahme impliziert, dass Jesus in jedem Fall außerstande gewesen ist, Vorhersagen dieser Art zu machen. Das wiederum ist eine reine Mutmaßung, doch offenbar sind Spekulationen wissenschaftlich statthafter, wenn sie die Authentizität der Evangelien infrage stellen. Holger Strutwolf war sich dieser Krux im Gespräch durchaus bewusst, immerhin sei er, so der Professor, nicht nur Historiker, sondern auch Theologe. Als der empirischen Wissenschaft verpflichteter Historiker dürfe er aber Weissagungen bei Datierungen als harte Fakten nicht akzeptieren, auch wenn er, Strutwolf, durchaus Verständnis für meine Gegenargumentation habe.

Im Kontext dieser Betrachtungsweise wurde auch schon die Behauptung aufgestellt, der Völkerapostel Paulus habe losgelöst und autonom von den (zu diesem Zeitpunkt angeblich noch nicht existierenden) Evangelien seine eigene Theologie konstruiert, da seine Schriften – folgt man der bis jetzt offiziellen und kaum bestrittenen Lehrmeinung – dreißig bis vierzig Jahre vor der Niederschrift der ersten Evangelien quasi in ein Vakuum hinein entstanden seien. Das aber wirft Fragen auf: Paulus setzt nämlich ganz offensichtlich voraus, dass die Christen – auch in den neuen Gemeinden in Griechenland und Kleinasien – die Geschichte Jesu bereits kennen. Paulus lässt in seinen Briefen, die unbestritten keine zwanzig Jahre nach Jesu Kreuzigung verfasst wurden, kaum Zweifel, dass er bei den Christen voraussetzen kann, dass sie alles oder zumindest das Wichtigste über das Leben, Wirken und Sterben Jesu wissen. Wie sonst sollte man in Episteln theologische Überlegungen über diesen Jesus von Nazareth anstellen, wenn die Briefempfänger doch keine Ahnung hatten, um wen es sich bei diesem Christus überhaupt handelte. Was hätte es gebracht, über Jesu Kreuzigung zu sinnieren, wenn die Gläubigen in Kleinasien oder im fernen Griechenland kaum etwas über dieses Ereignis gewusst hätten. So etwas widerspricht einfach jeder Logik. Hätte aber zu diesem Zeitpunkt tatsächlich keines der bekannten Evangelien existiert, dann dürften doch zumindest vor deren Niederschrift – möglicherweise schon wenige Jahre, vielleicht sogar wenige Monate nach Jesu Kreuzigung – verschiedene schriftliche Zeugnisse, Spruchsammlungen und Biografien über Jesus in den ersten Urgemeinden zirkuliert haben. Ob es sich hierbei um die berühmte, jedoch noch nicht entdeckte Quelle «Q» handelt, bleibe dahingestellt; wieso sollte es schließlich nur eine einzige Urquelle gegeben haben?

Zumindest eines ist klar und dabei unterschätzen wir die Menschen um die Zeitenwende: Wir befinden uns im ersten Jahrhundert in einer Epoche, in der die Schrift kein exotisches Phänomen für eine Super-Elite mehr war wie in früheren Zeiten, in denen sich die hoch angesehenen und durch ihre Kunst außergewöhnlich einflussreichen Schreiber in Staatsverträgen zuerst gegenseitig ihrer Hochachtung versicherten, bevor sie überhaupt die Namen ihrer Pharaonen und Könige erwähnten.

Es gibt aber noch andere Indizien, die eine wesentlich frühere Datierung der Evangelien vermuten lassen könnte. Namentlich bei Lukas scheint einiges darauf hinzuweisen, dass dessen Evangelium doch nicht erst nach 70 entstanden sein könnte. In der vermutlich Mitte der Sechzigerjahre des ersten Jahrhunderts (also etwa fünfunddreißig Jahre nach Jesu Kreuzigung) von Lukas verfassten Apostelgeschichte mutieren die Apostel – allen voran Simon Petrus und Paulus von Tarsus – sogar zu beinahe übermenschlichen Supermännern. Auch wenn es grundsätzlich am historischen Hintergrund der besagten Apostelgeschichte wenig Zweifel gibt, so ist für mich der literarische Unterschied zwischen der von Lukas geschriebenen Apostelgeschichte und dem von demselben Lukas verfassten Evangelium doch sehr erstaunlich, was auch damit zu tun haben könnte, dass es sich bei der Apostelgeschichte tatsächlich weit mehr als bei den Evangelien um eine Propaganda- und PR-Schrift einer neuen

Bewegegung handelt. Auffallend ist jedenfalls, wie knapp und stringent das Lukas-Evangelium konzipiert ist, während Lukas' Apostelgeschichte ausführlich und romanartig erzählt. Man merkt auch sofort, dass der Autor die Protagonisten seiner Apostelgeschichte – im Gegensatz zu seinem Evangelium – persönlich gekannt hat. Meines Erachtens ein Indiz, dass Lukas zuerst das knappere Evangelium verfasst haben muss, um im zweiten Band dann die ihm persönlich bekannten Protagonisten und deren Abenteuer ausführlicher zu erzählen.

Lukas dürfte seine Apostelgeschichte vor oder um das Jahr 64 verfasst haben, denn sie endet abrupt: Im letzten Vers liest man, dass sich der unter Anklage befindende Paulus offenbar frei und ungehindert in Rom bewegen darf und auch in seiner Missionsarbeit von nichts und niemandem behindert wird. Dies aber wäre während der Christenverfolgung unter Nero unvorstellbar gewesen, die kurz nach dem Brand Roms in der Nacht vom 18. auf den 19. Juli 64 ausbrach. Merkwürdig ist, dass der Evangelist Lukas – so er die Christenverfolgung überhaupt überlebte – die Apostelgeschichte später nie beendete bzw. ergänzte. Es ist kaum vorstellbar, dass der Autor die abenteuerliche Geschichte der Apostel schreibt, dann aber die im Kontext heldenhaften Martyrien seiner Helden Petrus und Paulus (zwischen 66 und 68) später stillschweigend übergeht, um dann einfach mit der Niederschrift des Lukas-Evangeliums zu beginnen. Oder sollte Lukas einfach sein Interesse an den Protagonisten seiner detaillierten Apostelgeschichte verloren haben, um sich vollumfänglich der Niederschrift seines Evangeliums zu widmen? Das erscheint wenig glaubhaft. Um einiges plausibler erscheint jedoch, dass Lukas später, aus welchen Gründen auch immer, sogar außerstande gewesen ist, seine Apostel-Chronik fortzusetzen, respektive zu beenden. Dies würde aber vor allem eines bedeuten, nämlich dass Lukas sein Evangelium vor dem Jahr 64 verfasst haben müsste, und damit eben doch mindestens acht bis zehn Jahre vor dem populärwissenschaftlich angenommenen frühesten Enstehungsdatum, dem Jahre 70, das Jahr der Zerstörung Jerusalems durch die Römer.

Im Film-Interview mit Holger Strutwolf frage ich nach:

«Angenommen, wir hätten Gewissheit, dass Jesus nachweislich der Porphezeiung fähig gewesen wäre oder – noch klarer – Jesu Weissagung über die Zerstörung Jerusalems würde in den Evangelien gar nicht erst vorkommen: Wäre es dann denkbar, dass beispielsweise das Markus-Evangelium früher – um 60 oder sogar schon 50 oder 40 n. Chr. entstanden sein könnte?» Der Professor lächelt und erwidert, dass wir uns dann natürlich auf dem weiten Feld der Spekulation befänden und dass dies für einen Wissenschaftler schwierig zu beantworten sei. Aber grundsätzlich würde in diesem Fall einer früheren Datierung wenig widersprechen.

Sollte aber Jesu Prophezeiung des Untergangs von Jerusalem für Skeptiker zwingend auf eine Datierung nach 70 hinweisen, so muss das nicht zwingend heißen, dass die Evangelien auch als Ganzes erst nach 70 entstanden sein müssen. Man könnte in den Weissagungen gleichfalls eine nachträgliche Anmerkung, spätere Einfügung, eine literarische Ergänzung sehen. Das wäre auch für Skeptiker absolut folgerichtig, denn eine solche Praxis erscheint kritischen Exegeten auch bei anderen Textpassagen als opportun.

> Dies würde aber vor allem eines bedeuten, nämlich dass Lukas sein Evangelium vor dem Jahr 64 verfasst haben müsste.

Lazarus

Die Lage in Jerusalem im Frühjahr des Jahres 30 scheint sich täglich zuzuspitzen: Während Jesus bei der Masse populär ist, fühlen sich die jüdischen Autoritäten zunehmend herausgefordert. Etwas ist in Bewegung geraten und unaufhaltsam steuert die Geschichte auf ihre Klimax zu. Die Lage scheint für den Rabbi und seine Schar riskant; jedenfalls verlassen Jesus und seine Jünger jeweils abends die Stadt. Etwas später, so wird berichtet, meidet Jesus sogar für längere Zeit Jerusalem. Und tatsächlich beschreibt das Johannes-Evangelium, dass sich Jesu letzte Wirkungsphase

> *Die Lage in Jerusalem im Frühjahr des Jahres 30 scheint sich täglich zuzuspitzen.*

auf zwei Besuche in Jerusalem im Winter und Frühling verteilt. Und dass Jerusalem für Jesus und seine Leute zwischenzeitlich zu gefährlich wird. Er zieht sich mit seinen Jüngern für kurze Zeit in die Jordanebene zurück. Als Jesus wegen seines schwer erkrankten Freundes Lazarus nach Jerusalem zurückwill, rechnen die Jünger offenbar mit einer Katastrophe:

Thomas, der auch Zwilling genannt wurde, sagte zu den anderen Jüngern: «Lasst uns mit ihm gehen und in Jerusalem sterben.»

Paul Verhoeven vermutet sogar eine Flucht in die Wüste Judäa, in der Jesus – wie die Al Kaida-Terroristen in Afghanistan – Wochen, sogar Monate lang in Höhlen und Grotten Zuflucht sucht, während er als Outlaw steckbrieflich gesucht wird. Für Verhoeven spricht das Johannes-Evangelium Klartext: Jesus, der als Terrorist in einsamen Höhlen haust, versucht dem Zugriff der Besatzer zu entgehen, bevor er sich radikalisiert. Die These ist interessant und in ihrem radikalen Ansatz verlockend, weshalb sie angesichts der letzten Etappe der Jesus-Mission noch einmal kurz beleuchtet werden soll, zum einen, weil sie zurzeit oft diskutiert und publiziert wird, zum anderen, weil sie auch mich in starkem Maße beschäftigt hat. Was veranlasst nun Historiker, Exegeten und Theologen, aus dem Pazifisten des Glaubens den Agressor der Politik zu machen? Gibt es tatsächlich offenkundige oder unterdrückte Beweise, dass Jesus im Grunde nur eines im Sinne hatte, nämlich die Römer aus dem Land zu werfen und ein neues Königreich Israel, einen jüdischen Gottesstaat zu errichten?

Jesus, der antike Geronimo – ein abenteuerlicher und auf den ersten Blick in gewissem Sinn nicht unattraktiver Gedanke. Wenn Jesus aber vor allem ein politischer Aufwiegler gewesen wäre, müssten nicht bloß die Evangelien, sondern auch die historisch ziemlich genau dokumentierte Wirkungsgeschichte des Christentums in den ersten fünfzig Jahren nach Jesu Kreuzigung radikal umgeschrieben werden. Und eine Frage bliebe definitiv offen: Wenn Jesus von Nazareth ein Politaktivist mit latentem Gewaltpotenzial war, der ständig auf der Flucht und nebenher mit seinen Getreuen permanent mit Partisanenkrieg oder zumindest mit Umsturzvorbereitungen beschäftigt war und dessen Wirken allem Anschein nach nicht einmal zwei Jahre gedauert hat; von wem, wenn nicht von Jesus von Nazareth, stammen dann die weisen Lehren, Sprüche, Parabeln und Wegleitung für ein ethisches und gewaltfreies Leben, die alle ohne Zweifel auf einen Urheber in der ersten Hälfte des ersten Jahrhunderts zurückgehen?

Wie auch immer die Evangelien an dieser Stelle interpretiert werden: Die Lage für Jesus und seine Getreuen wird tatsächlich zusehends ungemütlich. Die Situation ist angespannt und die Fangstricke sind gelegt.

Jesus wird dringlich nach Bethanien gerufen. Lazarus – er ist nicht nur ein enger Freund Jesu, sondern wie seine Schwestern Mirjam und Martha ein glühender Anhänger des Rabbi – erkrankt und man erfährt im 11. Kapitel des Johannes-Evangeliums, dass man nach Jesus schickt, damit er den Todkranken heilt. Doch Jesus kommt zu spät, Lazarus ist bereits gestorben. Seine Schwestern sind aufgelöst und machen Jesus Vorwürfe. Dies und das Getuschel der Menge erzürnt Jesus, so schreibt Johannes, und er geht zum verschlossenen Grab und verlangt, dass man den Stein wegrollt. Martha, die Schwester des Verstorbenen, lehnt ab:

«Herr, er riecht doch schon.»

Jesus beharrt auf seiner Forderung und der Stein wird weggerollt. Jesus spricht sein Gebet laut und für alle hörbar:

«Ich danke dir, Vater, dass du meine Bitte erfüllst. Ich weiß, dass du mich immer hörst. Aber wegen dieser Leute hier spreche ich es aus, damit sie glauben – dass du mich gesandt hast.» Nach diesen Worten rief er laut: «Lazarus, komm heraus.» Der Tote kam heraus. Seine Hände und Füße waren mit Binden umwickelt, und sein Gesicht war mit einem Leichentuch verdeckt. Jesus sagte: «Nehmt ihm das ab, damit er gehen kann.»

Paul Verhoeven, der als Naturwissenschaftler und promovierter Mathematiker nichts von angeblichen Totenerweckungen hält, glaubt, dass die Geschichte um die Auferweckung des Lazarus frei erfunden sei. Vielmehr sei, so seine eigene Theorie, Lazarus von den Tempelbehörden, womöglich sogar von den Römern, als Freund und Sympathisant Jesu verhaftet, gefoltert und getötet worden. Es sei jener Augenblick gewesen, der Jesus in seinem Versteck drastisch das endgültige Scheitern seiner Mission vor Augen geführt habe. Aus freien Stücken sei er deshalb in die Höhle des Löwen zurückgekehrt, um mit den letzten ihm gebliebenen Getreuen die Entscheidung zu suchen. Und eben dies und nichts Weiteres werde in der Lazarus-Geschichte in mystischer Überhöhung verschlüsselt erzählt.

Eine glanzlose Rückkehr aus dem Versteck in eine gloriose Wundergeschichte umzuwandeln, ist natürlich ebenso denkbar wie möglich und Geschichtsklitterungen waren schließlich zu allen Zeiten gang und gäbe. Doch bei der Lazarus-Geschichte müsste definitiv vorausgesetzt werden, dass diese erst Generationen später erzählt werden konnte und dass die Evangelien tatsächlich erst Generationen nach Jesus niedergeschrieben wurden. Wäre es im Falle einer früheren Niederschrift der Evangelien nicht nur tolldreist, sondern schlicht dumm gewesen, mit der Erfindung eines spektakulären und erst noch vor den Augen eines angeblich großen Publikums vollzogenen Wunders eine Rückkehr aus einem Wüstenversteck zu kaschieren, wenn doch zahlreiche Augenzeugen dieser Geschichte hätten widersprechen können? Die Vermutung liegt nahe, dass sich Zeitgenossen später nach diesem Lazarus erkundigt hätten. Und irgendwann wäre dann sicherlich klar geworden, dass sich weder ein gewisser Lazarus noch sonst irgendjemand aus der Schar der bei der Totenauferweckung angeblich zahlreich anwesenden Augenzeugen finden ließ, die dieses Ereignis hätten bekräftigen können, da ein solches schlicht nie stattfand, und zwar deshalb, weil es sich dabei ja bloß um eine erfundene Märchen- und Propagandageschichte handelte.

Es versteht sich, dass jeder Forschende, jeder Interessierte sogar, seinen eigenen Standpunkt hat und hierbei bis zu einem gewissen Grad etwas zu glauben geneigt ist oder eben entsprechende Skepsis übt. Wenig hilfreich oder wissenschaftlich ist es allerdings, wenn zu Beginn bereits der Rahmen des Annehmbaren und Möglichen gültig und endgültig gesteckt wird, dem sich der Inhalt ohne Einschränkung oder Ausnahme einzufügen hat, selbst wenn er hierfür gedehnt oder gequetscht werden muss. Es ist überdies ebenso wenig ehrlich wie statthaft, außergewöhnliche Ereignisse oder Wundergeschichten vorbehaltlos als Fälschungen, als nachträgliche literarische Hinzufügungen oder schlicht als Einbildungen zu werten, bloß weil nachweislich zu allen Zeiten mit dem Wunder- und Aberglauben der Menschen Schindluder getrieben wurde. Es trifft zwar zu, dass einige der in den katholischen Kirchenbehörden gesammelten und katalogisierten Wundergeschichten in wissenschaftlichem Sinn problematisch sind oder irgendwann sogar der Fälschung überführt werden und wurden. Um eine entsprechende Triage sind kirchliche Naturwissenschaftler jedoch bemüht, erkennt man im Vatikan schließlich im Interesse der allgemeinen Glaubwürdigkeit der Kirche nicht jedes x-beliebige Wunder an. Im Gegenteil müssen heute außergewöhnliche Ereignisse auch den wissenschaftlichen Lackmus-Test bestehen, um von der Kirche akzeptiert zu werden. Sie müssen also in wissenschaftlicher Hinsicht zwar nicht erklärbar werden (was in der Natur der Sache liegt), dürfen aber auch nicht widerlegt werden können. Nun aber daraus zu schließen, dass, wenn angebliche Wunder als Fälschung entlarvt werden, auch alle anderen übersinnlichen Ereignisse bloß Täuschungen sind, ist nicht nur zu kurz gegriffen, sondern schlicht polemisch.

Etwas Merkwürdiges haftet dieser Erweckungsgeschichte dennoch an: Es ist nämlich äußerst seltsam, dass allein der vermutlich als letztes der vier kanonischen Evangelien entstandene Johannes-Bericht von dieser spektakulären Totenerweckung erzählt. Wenn dieses Ereignis laut Johannes vor einer größeren Öffentlichkeit geschah und die späteren Ereignisse sogar entscheidend beeinflusste, warum wissen Matthäus, Markus und Lukas nichts davon zu berichten? Dass an-

> *Um eine entsprechende Triage sind kirchliche Naturwissenschaftler jedoch bemüht, erkennt man im Vatikan schließlich nicht jedes x-beliebige Wunder an.*

dererseits das zaghaft aufkeimende Christentum mit leicht nachweisbaren Lügengespinsten leicht und ohne großen Aufwand von Gegnern, ja sogar von anfänglichen Sympathisanten hätte demontiert und der Scharlatanerie überführt werden können, erscheint ebenfalls plausibel. Es bleibt die Frage, ob hier der Evangelist Johannes wirklich derart tollkühn mit eiskalter Pokermiene ein solches Risiko eingegangen ist. Eine schlüssige Antwort bleibt leider aus.

Josef Kaiphas

Johannes berichtet, dass die Erweckung des Lazarus angeblich schnell in aller Munde ist und auch den Klerus in Jerusalem alarmiert. Es heißt, dass auch der Erweckte selber ins Fadenkreuz der jüdischen Behörden gerät. Dem Anschein nach soll der Zeuge verschwinden.

Die Priesterschaft will diesen Wundertäter nicht mehr länger gewähren lassen. Sie bekräftigt den Beschluss, den sie bereits Monate zuvor gefasst hatte: Nämlich diesen Rabbi aus Galiläa zu töten (Joh. 11, 47–50).

> *Seht ihr nicht, dass es besser für uns ist, wenn nur einer stirbt, als wenn das ganze Volk vernichtet wird?*

Da beriefen die führenden Priester mit den Pharisäern eine Sitzung des Rates ein und sagten: «Was sollen wir machen? Dieser Mann tut so viele Wunder. Wenn wir ihn weitermachen lassen, werden noch alle zu seinen Anhängern. Dann werden die römischen Behörden einschreiten und unseren Tempel und unser Volk vernichten.» Kaiphas, einer von ihnen, der in diesem Jahr oberster Priester war, sagte: «Wo habt ihr euren Verstand? Seht ihr nicht, dass es besser für uns ist, wenn nur einer stirbt, als wenn das ganze Volk vernichtet wird?»

Der bei Johannes erwähnte Josef Kaiphas (oder Kaiphas bzw. Kajaphas) wurde im Jahr 18 n. Chr. vom römischen Prokurator Valerius Gratus zum Hohepriester in Jerusalem ernannt. Obwohl diese Stellung gemäß dem jüdischen Gesetz jedes Jahr neu zu bestellen war, behielt Kaiphas das Amt durch eine durchtriebene Politik und durch ausgiebige Bestechung des römischen Präfekten. Kaiphas wurde erst nach der Amtsenthebung des Pilatus durch den römischen Legaten Vitellius im Jahr 37 n. Chr. gestürzt, wie uns der jüdisch-römische Historiker Flavius Josephus in seinen «Antiquitates Judaicae» (XVIII 95) zu berichten weiß.

Was nun immer in Bethanien geschehen war: Etwas muss sich, folgen wir den Berichten der Evangelisten, tatsächlich ereignet haben, das den Gang der Dinge weiter beschleunigte. Der Film strebt unaufhaltsam seinem blutigen Finale entgegen.

Die Ankunft des Königs

Dieser Jesus ist das aufgedeckte Antlitz des Menschen.
Ernst Bloch

Jesumania

Interpretiert man die Evangelien, so scheint Jesus in diesen Tagen in Jerusalem so populär zu sein, dass die Priesterschaft eine öffentliche Verhaftung niemals wagen würde. Jesus ist sich dessen offensichtlich bewusst, denn jetzt erst, wenige Tage vor dem großen Pessachfest, zieht er mit seinen Anhängern sozusagen offiziell in Jerusalem ein: Reitend auf einer Eselin, ganz wie es nach der Tradition einem König gebührt.

Vieles spricht dafür, dass Jesus diesen messianischen Einzug selber inszeniert, zumindest inszenieren lässt. Es ist aber, folgen wir Johannes, auch durchaus denkbar, dass die Begeisterung für diesen Rabbi, vor allem nach dem öffentlichen und offensichtlich spektakulären Ereignis in Bethanien, in eine Art kollektive Begeisterungshysterie ausufert, so, wie man es bei heutigen Pop- und Rockstars kennt: Popstars sind schließlich – in welcher Form auch immer – ein zeitloses Phänomen. Jesus spielt mit und lässt sich in Jerusalem von zahlreichen Anhängern wie einen ankommenden König feiern. Dass sich hierbei der Klerus herausgefordert sieht, ist nur allzu gut verständlich. Offenbar aber provoziert dieses Treiben die römische Obrigkeit weit weniger oder gar nicht, denn niemand schreitet ein. Offensichtlich misst man dem Treiben keine politische Relevanz zu. An die komischen Sitten der religionstrunkenen Juden hat man sich bei den Eroberern inzwischen gewöhnt und dieser Prophet war (zumindest aktenkundig) der Besatzungsmacht noch nicht feindselig aufgefallen. Möglich sogar, dass die ausgeschickten römischen Spione sogar selber in gewisser Weise von diesem charismatischen Mann fasziniert waren. Aber das ist reine Mutmaßung. Vielleicht aber war der politische Hardliner und Statthalter Pontius Pilatus noch gar nicht in der Stadt. Wie auch immer: Die Besatzungsmacht scheint jedenfalls kein Interesse an diesem Provinzler aus dem Norden zu haben. Wunder wirken ist im römischen Imperium nicht verboten und schließlich herrscht im Reich weitgehend Religionsfreiheit. Auf einem Esel in die Stadt einzureiten ist kein politisches Vergehen, selbst wenn der Einziehende von einer Menge frenetisch gefeiert wird. Und dass der Einzug in Jerusalem mit einem auf einer Eselin reitenden «Volkstribun» im jüdischen Verständnis einem symbolischen Königsanspruch gleichkommt, wissen die Römer natürlich nicht.

Eugen Drewermann bemerkt während des Film-Interviews, dass laut Evangelien die begeisterte Menge den Frieden bei Gott und im Himmel skandiert: «Der Friede ist eine Utopie. Ein Ideal», so Drewermann, «und der gehört zu Gott und in den Himmel, aber um Himmels willen nicht auf die Erde, denn hier herrscht die Realität!» Und er weist im Gespräch darauf hin, dass es schließlich dieselben ignoranten Menschen sind, die sich in Kürze von ihrem Propheten abwenden und lauthals dessen Kreuzigung verlangen. Ich teile Eugen Drewermanns diesbezügliche Einschätzung nicht und widersprach ihm im Gespräch: Es war keineswegs das jüdische Volk, sondern dessen geistliche High Society, die Jesus von Nazareth durch die Besatzer in unvorstellbarer Grausamkeit liquidieren liess. Aber davon im nächsten Kapitel.

Es war keineswegs das jüdische Volk, sondern dessen geistliche High Society, die Jesus durch die Besatzer in unvorstellbarer Grausamkeit liquidieren ließ.

Es wird mitunter auch behauptet, dass es sich bei Jesu Einzug in Jerusalem um ein eher kleineres Ereignis handelte, das schon aufgrund seiner Bescheidenheit von den Römern unbemerkt blieb. Dies mag zutreffen, ob es aber tatsächlich so war, bleibt Mutmaßung. Einen Hinweis mag der Umstand geben, dass die Priesterschaft Jesu Popularität beim Volk fürchtet. Wenn Jesu Popularität nun für die Priester so beängstigend groß war, hatte sich da Jesu Einzug in Jerusalem tat-

Schon Julius Cäsar befreite die Juden wegen ihren religiösen Ansichten von der Wehrpflicht und die Imperatoren Augustus und Tiberius sicherten dem jüdischen Volk in Religionsfragen weitgehend Autonomie zu. Nicht umsonst wurde deshalb, wie Carsten Peter Thiede weiter bemerkt, im jüdischen Tempel in Jerusalem zweimal jährlich für das Wohl des römischen Kaisers geopfert. Der römische Präfekt Pontius Pilatus selbst wurde sogar, als er durch eine Aktion im Tempel bewusst das jüdischen Religionsempfinden provozierte, nach Rom vorgeladen. Und als gemütliches Plauderstündchen mit dem Imperator war diese Einladung bestimmt nicht gedacht.

sächlich unter Mitwirkung lediglich einiger Dutzend begeisterter Anhänger vollzogen? Sollten es tatsächlich nur eine Handvoll Jünger und eine halbe Hundertschaft Fans gewesen sein, die den neuen Propheten mit Palmenzweigen begeistert empfingen? Das defensive Verhalten der Besatzungsmacht gibt uns jedenfalls Rätsel auf und erschwert eine eindeutige Beurteilung der öffentlichen Meinung bei der Jerusalemer Bevölkerung während den nachfolgenden Passionsereignissen.

Und wie hielten es die römischen Besatzer mit den Juden? Waren die Römer tatsächlich latente Judenhasser, wie es vor allem in diversen Bibelfilmen immer wieder kolportiert wird?

Die jüdische Religion erntete zwar in Rom, wie der Historiker und Papyrologe Carsten Peter Thiede zu belegen weiß, auch Spott und offene Ablehnung, genoss aber in weiten Kreisen der Vornehmen und Intellektuellen durchaus großes Interesse, sogar Wohlwollen. Der transzendente Ansatz der jüdischen Religion forderte vor allem hellenistisch denkende Römer in ihrem Intellekt heraus und immerhin waren viele Ideen dieser monotheistischen Religion neu und interessant. Das Judentum indessen war schon damals international: Die Juden konnten sich in der römischen Welt niederlassen, wo immer sie wollten, ohne dabei behindert oder beargwöhnt zu werden, wie Carsten Peter Thiede schreibt.

Für die Priesterschaft musste Jesus verschwinden.

Messianischer Einzug

Euphorie und Begeisterung müssen geherrscht haben:

Als Jesus Lazarus aus dem Grab gerufen und wieder lebendig gemacht hatte, waren viele dabei gewesen und hatten es weitererzählt. Darum kam ihm jetzt eine große Menschenmenge entgegen.

Die Ereignisse in Jerusalem erleben ein erstes Crescendo: Jesus wird gemäß den Evangelien bei seinem Einzug von einer großen Menge jubelnd empfangen. Man winkt mit Palmzweigen, legt Kleider vor ihm auf den Weg und empfängt ihn als Sohn Davids, als König des neuen Israel.

Und dann spricht Jesus täglich im Tempel. Predigten vor Menschenansammlungen und Auseinandersetzungen mit der Priesterkaste nehmen ihren Lauf; Markus schildert im 11. Kapitel seines Evangeliums eine solche Episode:

«Wer hat dir das Recht gegeben, hier so aufzutreten? Wer hat dich beauftragt?» Jesus antwortete ihnen: «Auch ich will euch eine Frage stellen. Sagt mir: Woher hatte Johannes den Auftrag zu taufen? Von Gott oder von Menschen?» Sie berieten sich miteinander: «Wenn wir sagen ‹Von Gott›, dann wird er uns fragen: Warum habt ihr dann dem Johannes nicht geglaubt? Wenn wir aber sagen ‹Von Menschen›, dann wird uns das Volk steinigen, denn

sie sind alle überzeugt, dass er ein Prophet war.» So sagten sie zu Jesus: *«Wir wissen es nicht.» «Gut»*, sagte Jesus, *«dann sage ich euch auch nicht, wer mich beauftragt hat.»*

Die Evangelien lassen keinen Zweifel: Für die Priesterschaft musste Jesus verschwinden. Es sei besser, so wird der Hohepriester Kaiphas bei Johannes zitiert, wenn einer sterbe anstelle des ganzen Volkes. Falls es aber bei einer Verhaftung einen Tumult geben sollte, war das schlicht brandgefährlich. Eine spontane Revolte wäre durchaus möglich, ja sogar zu erwarten gewesen. Und jetzt, zur Zeit des Pessachfestes, war die Stadt voll von allerlei jüdischen Pilgern aus dem Land, aber auch aus der Diaspora in aller Welt: aus Rom, Mesopotamien, Ägypten, Libyen, aus der Türkei, aus Griechenland. Ein explosives Gemisch. Und allzu schnell, so die berechtigte Befürchtung der jüdischen Behörden, würde aus einem kleinen Funken ein Feuer. Die römische Besatzungsmacht würde einschreiten, schon in wenigen Tagen wären die Legionen vor der Stadt. Der Untergang des Tempels, der Stadt, des Volkes wäre die denkbare, sogar die logische Konsequenz gewesen. Doch dieser Affenzirkus, das Messiasgeschrei um diesen Galiläer, das war nicht mehr zum Aushalten und barg darüber hinaus ein unkalkulierbares Risiko. Man musste handeln. Je schneller, desto besser! Man müsste dieses Kerls unauffällig habhaft werden. Ihn meuchlings umlegen. Aber darauf hätten es seine Anhänger kaum beruhen lassen. Ein Märtyrer war das Allerletzte, was es jetzt brauchte. Noch besser war es, den Mann rechtmäßig aburteilen zu lassen. Und zwar durch die Römer. Damit läge die Verantwortung bei den Besatzern und der Klerus wäre beim eigenen Volk aus dem Schneider. Doch verstand sich die Priesterschaft als Hüter der Moral und einer Lynchjustiz wollte man sich offenbar keinesfalls bezichtigen lassen. Selbst eine Auslieferung des Nazareners an die römische Gerichtsbarkeit bedurfte eines Gerichtsbeschlusses seitens der jüdischen Behörden. Keine leichte Angelegenheit. Und dennoch war ein möglichst schnelles Vorgehen geboten. Tatsachen schaffen. Unwiderruflich. Und wenn der Wundermann und Messiasanwärter erst einmal am römischen Blutgerüst hängen und das Volk sehen würde, dass der Allerhöchste diesem Verführer nicht zu Hilfe kommt, würde es der Mob schon schlucken. Man würde sich abwenden von ihm und bald schon würde er vergessen sein. So, wie das bei anderen vor ihm auch der Fall gewesen war.

Kaiphas schiebt für sein Bestreben rein politische Gründe vor: Er gibt vor, die Reaktion der Römer zu fürchten. Doch könnten mitunter auch ganz niedere Gründe mitgespielt haben: Dieser Emporkömmling trat dem Klerus unverblümt herablassend, sogar feindselig entgegen und präsentierte sich bei verschiedenen Gelegenheiten sozusagen als Antikonzept zur Priesterschaft. Dass dieser dabei bei der Menge eine so große Popularität genoss, mochten die führenden Priester geradezu als Beleidigung auffassen. Und dass Politiker – und das schließlich waren die hohen Priester im Gottesstaat Israel – auf Beleidigungen empfindlich reagieren, ist beileibe nichts Neues.

Es half alles nichts: Der Spuk musste rasch beseitigt werden. Dann konnte man sich wieder den Tagesgeschäften und der theokratischen Realpolitik zuwenden. Und so übel war die Zusammenarbeit mit den Römern ja schließlich nicht.

Judas Iskarioth

Der Plan war gut. Es müsste bloß einen Zugang zum inneren Zirkel dieser Jesus-Bewegung geben. Und dann die Falle zuschnappen lassen. Einmal, wenn sie ganz unter sich sein würden. Ohne den kreischenden und johlenden Pöbel, der dem unliebsamen Prediger offenbar verfallen war. Die Evangelisten lassen keinen Zweifel darüber, dass sich einer der Zwölf den Priestern anerbot, Jesus

auszuliefern und der Tempelwache den bestmöglichen Moment einer Verhaftung zu verraten: Es war Jehuda aus Kerioth, der Schatzmeister der Jesusbewegung, wir kennen ihn als Judas Iskarioth.

Judas Iskarioth ist unbestreitbar die tragischste Figur in der christlichen Heilsgeschichte. Er ist einer der zwölf Erwählten Jesu und er wird am Ende zum Verräter. Bereits in früheren Evangeliums-Passagen fallen die Urteile über Judas hart aus. Für die Apostel ist der Fall klar: Judas war ein gemeiner Verräter. Basta. Ob er es mit der Kasse nicht allzu genau nahm, wie die Evangelien andeuten (Joh. 12,6), ist unter Umständen zusätzlicher späterer Negativ-Kolorit im Licht der dramatischen Passionsereignisse. Dass der Verräter Judas in den Evangelien rückwirkend generell zum Schurken gestempelt wird, überrascht deshalb kaum und widerspiegelt vor allem die subjektive Betrachtungsweise der über den Verräter empörten Jüngerschaft. Das macht auch die vom Evangelisten Lukas geschriebene Apostelgeschichte deutlich, wenn er Simon Petrus im ersten Kapitel vor rund hundertzwanzig versammelten Glaubensbrüdern vom dramatischen Ende des Verräters erzählen lässt:

> *Judas Iskarioth ist unbestreitbar die tragischste Figur in der christlichen Heilsgeschichte.*

«Er war uns zugezählt und hatte Anteil an diesem Dienst. Von seinem Sünderlohn erwarb sich nun dieser ein Grundstück, stürzte kopfüber und barst mitten entzwei und alle seine Eingeweide traten heraus ...»

Einen gewaltiger Sturz muss Judas da erlitten haben, um entzweizubersten, sodass sein Inneres aus seinem Körper quillt. Rettungskräfte erzählten mir während meiner Recherchen, dass selbst bei einem Sturz aus über hundert Metern der menschliche Körper innerlich zwar zerreißt, dem Leichnam von außen aber erstaunlich wenig anzusehen sei. Petrus ist sich seiner Version jedoch sicher und deutet an, dass diese Geschichte eigentlich jedem in seiner Umgebung bekannt sei und fährt fort:

«Das wurde allen Bewohnern von Jerusalem bekannt, sodass jenes Grundstück in ihrer Sprache Hakeldamach wurde, das heißt Blutacker. Denn im Buch der Psalmen steht geschrieben: ‹Seine Wohnstätte soll öde werden, niemand soll darin wohnen› ...»

Petrus' Erzählung lässt überdies vermuten, dass Judas weder vor Jesu Kreuzigung gestorben ist, noch aus Reue über seinen Verrat Selbstmord verübt hat, wie allein Matthäus uns berichtet. Viel eher gemahnt die Schilderung in der Apostelgeschichte an einen ebenso spektakulären wie schrecklichen Unfall. Und damit widerspricht Petrus bzw. die Apostelgeschichte offen den Angaben im Matthäus-Evangelium. Bei Matthäus stirbt Judas nämlich noch in der Nacht von Jesu Verhaftung oder aber am darauffolgenden frühen Morgen. Auch wenn die bei Matthäus geschilderte Episode vielleicht weniger spektakulär ist als jene, die uns die Apostelgeschichte präsentiert, so ist sie doch um einiges dramatischer und erscheint für unser Empfinden glaubwürdiger. Sie widerspiegelt überdies ein menschliches Drama, das am Verräter immerhin einen guten Faden lässt – dessen Reue:

Als der Verräter Judas erfuhr, dass Jesus zum Tode verurteilt worden war, packte ihn die Reue, und er brachte die dreißig Silberstücke zu den führenden Priestern und Ratsältesten zurück. «Ich habe eine schwere Schuld auf mich geladen», sagte er, «ein Unschuldiger wird getötet, und ich habe ihn verraten.» «Was geht uns das an?», antworteten sie. «Das ist doch deine Angelegenheit.» Da warf Judas das Geld in den Tempel, lief fort und erhängte sich.
Die führenden Priester sammelten das Geld auf und sagten: «An diesem Geld klebt Blut, und es ist nach dem Gesetz verboten, solches Geld in den Tempelschatz zu tun.» Sie berieten sich und beschlossen, davon den Töpferacker zu kaufen und als Friedhof für Ausländer zu benutzen. Noch heute heißt darum dieses Stück Land «Blutacker».
So traf ein, was der Prophet Jeramias vorausgesagt hatte: «Sie nahmen die dreißig Silberstücke, die er den Israeliten wert war, und kauften davon den Töpferacker, so wie Gott es befohlen hatte.»
(Mt. 27.3–10)

Judas wird bereits vor der Passion und zwar im zwölften Kapitel des Johannes-Evangeliums prominent erwähnt, nämlich als er eine Frau tadelt, die Jesu Füße mit sündhaft teurem Nardenöl begießt, um sie dann mit ihren eigenen Haaren zu trocknen. Judas kritisiert diese Verschwendung und moniert, man hätte dieses Öl besser für 300 Denare verkauft und das Geld den Armen gegeben.

Dies sagte er aber nicht, weil ihm etwas an den Armen lag, sondern weil er ein Dieb war und als Verwalter der Kasse deren Einlagen unterschlug.

Das ist starker Tobak und man wundert sich, dass Jesus, der (wie sich am Vorabend der Leidensgeschichte herausstellen wird) seine Jünger gut kennt, einen solch unbrauchbaren Kassenwart rekrutiert und einen Dieb als Apostel erwählt hat.

Judas verrät gemäß den Evangelien seinen Meister für lediglich dreißig Silberlinge; kein besonders hoher Preis. Ist dies ein Indiz, dass es Judas gar nicht um das Geld ging, sondern um einen eigenen, womöglich zelotisch beeinflussten Plan, nämlich Jesus den Priestern oder den Römern auszuliefern, damit er, von außen auf die Probe gestellt, endlich seine messianische Macht zeigen würde? Die Theologin Christina Aus der Au mutmaßt im Film-Interview sogar, dass im Gegenteil der zelotisch gesinnte Judas seinen Rabbi für einen Verräter gehalten haben könnte, war er doch als Jesu Jünger von der Macht seines Meisters überzeugt; eine Macht, die seiner Auffassung nach Israel aus dem Würgegriff der Römer hätte befreien können. Und dennoch schien sein Meister offensichtlich taub für den Ruf der Freiheit…

Oder empfand sich Judas zurückgestellt, als Außenseiter, von seinem Rabbi nicht ernst genommen, wofür er sich, verbittert und desillusioniert, rächen wollte? Fühlte er sich als fünftes Rad am Wagen, von keinem ernst genommen, von keinem wohlgelitten? Oder ist Judas tatsächlich ein habgieriger Fiesling, der seinen Freund und Meister für ein bescheidenes Kopfgeld den Tempelbehörden von Jerusalem ans Messer liefert?

Wenn es sich bei Judas Iskarioth tatsächlich um einen derart labilen und für Jesu Mission unbrauchbaren Charakter handelte, wie es bei Joh. 12, 1–8 zu lesen ist, so war es eigentlich geradezu unverantwortlich, ihn, Judas, als einen der Zwölf auszuwählen. Hatte sich Jesus also getäuscht? Hatte er mit der Erwählung des Judas einen Fehler begangen? Oder erkannte er in Judas einen Mann mit durchaus brauchbaren Eigenschaften, dem er eine Chance geben wollte, an der gestellten Aufgabe zu wachsen? Kurze Zeit später wird Jesus beim letzten Abendmahl seinen Jüngern erklären, dass jeder Einzelne von ihm bewusst ausgewählt worden war:

«Ich habe euch nicht blind ausgewählt.» (Joh. 13, 18)

Also auch Judas Iskarioth, dessen Verrat Jesus ihm prophezeit? Letztlich stellt sich die in diesem Zusammenhang theologisch schwierigste Frage: Hatte Judas im heilsgeschichtlichen Kontext dann überhaupt einen freien Willen, wenn Jesus dessen Verrat weissagt und wenn es offenbar des prophezeiten Verrats des Judas bedurfte, damit sich Gottes Heilsplan überhaupt erfüllen konnte?

Prophezeiungen

Gerade bei der Judas-Figur stellt sich das Dilemma von Prophezeiung und freiem Willen. Wenn Jesus den Verrat des Judas ankündigt, kann sich dieser dann im letzten Moment anders entscheiden? Sind Prophezeiungen unabwendbare Menetekel oder zeigen sie lediglich die möglichste aller Möglichkeiten, die sich aber nicht immer zwangsläufig erfüllen muss?

Dass es zu allen Zeiten Prophezeiungen gab, die sogar bis in die Details eintrafen, ist Fakt – seien nun Weissagungen im privaten und kleinen Kreis oder im großen Bogen der Geschichte gemacht worden (und dies selbstverständlich auch außerhalb des jüdisch-christlichen Kontexts). Man mag von Visionen und Prophezeiungen halten, was man will – sie stellen ein zeitloses Phänomen dar, auch wenn die Qualität der Vorhersagen unterschiedlich ist. Während viele Voraussagen so allgemein gehalten sind, dass sie sich schließlich in irgendwelcher Form schon beinahe zwangsläufig erfüllen müssen, bleibt doch ein ansehnlicher Rest übrig, der Ereignisse vorwegnimmt, die später tatsächlich genau so (oder zumindest fast ge-

> *Hatte Judas im heilsgeschichtlichen Kontext dann überhaupt einen freien Willen, wenn Jesus dessen Verrat weissagt?*

nau so) eintreffen. Erinnert sei etwa and die Prophezeiung des Nostradamus, dass Frankreichs König Heinrich II. sein Leben am 10. Juli 1559 in einem Turnier lassen würde oder Nostradamus' ziemlich exakte Umschreibung der Hinrichtung des englischen Königs Charles I. am 30. Januar 1649 – immerhin gut hundert Jahre später.

Wenn nun aber eine Vorhersage einem Menschen in der Zukunft einen bestimmten Platz zuweist, ist dieser Mensch dann determiniert oder kann er sich dem durch die Vision zugewiesenen Platz entziehen? Wir werden in den klassischen Wissenschaften kaum eine Antwort darauf finden.

Vermag uns da vielleicht der Schamanismus zu antworten?

Leider wurde dieser von esoterischen Strömungen beinahe gänzlich vereinnahmt. Eine Tatsache, der sich schamanisch tätige Menschen auch durchaus bewusst sind, wie mir eine Begegnung mit einem indianischen Schamanen gezeigt hat.

Als wir im Sommer 2002 für den Film «Fremdes Land» im Reservat der Northern Cheyennes im US-Bundesstaat Montana drehen wollten, wurde uns gesagt, dass im aristokratisch strukturierten Stamm der Cheyenne in jedem Fall beim Häuptling vorzusprechen sei. Wir trafen im Reservathauptort Lame Deer Chief Johnny Russell, der nicht nur Häuptling, sondern auch «Ceremony Man» des Stammes war, was noch eine Stufe über den herkömmlichen Medizinmann hinausgeht. Der freundliche Mann von 56 Jahren – als Vietnam-Veteran den Körper von zahlreichen Narben bedeckt, wie wir später bei der Schwitzhütten-Zeremonie festellten – hörte sich mein Anliegen geduldig an. Erst als ich ihm schließlich sagte, dass ich in spiritueller oder esoterischer Hinsicht nicht auf der Suche und demnach nicht darauf aus sei, bei ihm und seinem Volk die spirituelle Erleuchtung zu finden, huschte ein Lächeln über sein Gesicht. Meine Antwort schien dem Cheyenne-Häuptling zu gefallen. Der Bann war gebrochen und aus der Begegnung resultierte eine Freundschaft, die sich durch Johnnys Besuch in der Schweiz im darauffolgenden Jahr und nur ein Jahr vor seinem unerwarteten Tod im Jahr 2003 noch vertiefte.

> Meine Antwort schien dem Cheyenne-Häuptling zu gefallen. Der Bann war gebrochen.

Für mich unvergessen bleibt, wie stark ihn die Bildnisse des vor allem in der Schweiz als Heiliger und Landesvater verehrten Eremits und Asketen Niklaus von Flüe (1417–1487) im Bundeshaus in Bern und später im Obwaldner Rathaus in Sarnen beeindruckten. Ich verstand Johnnys Faszination sehr gut, denn Bruder Klaus gehört meiner Ansicht nach zu den faszinierendsten Heiligen der katholischen Kirche: Ein Mystiker, Hungerkünstler und Volksweiser, der Zeit seines Lebens mit seinen seelischen Abgründen zu kämpfen hatte. Es lohnt sich, die umfangreiche Biografie meines Freundes, des Historikers und Schriftstellers Pirmin Meier, «Ich, Bruder Klaus von Flüe», aber auch die Visionsanalysen der C.G. Jung-Schülerin Marie-Louise von Franz in ihrem Buch «Die Visionen des Niklaus von Flüe» zu lesen. Die Visionen des Niklaus von Flüe zeichnen den Mann als begabten Visionär und Mystiker aus und geben dem Einsiedler in der finstern Ranftschlucht eine geheimnisvolle Aura. In einer seiner späteren Visionen etwa findet sich der Eremit neben einer geheimnisvollen Person sitzend, die angesichts der erwähnten Attribute nicht anders denn als Christus-Figur zu interpretieren ist. Bruder Klaus erblickt die Gestalt, «nachdem seine Vernunft in Fesseln geschlagen war und er doch meinte, dass er nicht eingeschlafen sei». In Niklaus von Flües Vision erscheint Christus in wahrer Menschengestalt in einem rotbesprengten weißen Gewand, jedoch beinahe auf Augenhöhe, ohne göttlichen Glanz oder mystische Überhöhung. In derselben Vision begegnen dem Eremiten zuvor bereits ein geheimnisvoller Mann und eine geheimnisvolle Frau und beide danken ihm, dass er, Bruder Klaus, ihrem Sohn zu Hilfe gekommen sei. Der Ermit erwidert in seiner Vision, dass er nicht wisse, wie oder womit er dem «Sohn» in dessen Not geholfen habe. Die mystischen Figuren antworten, sie dankten ihm dafür, dass er, Bruder Klaus, mit seiner ganzen Inbrunst und Liebe dem «Sohn» zu Hilfe gekommen sei in dessen allergrößten Not. Da nun erblickt er neben sich den «Sohn» selbst und dieser spricht zum ihm und meint, dass er, Bruder Klaus, ihm, dem «Sohn», in höchstem Maß hilfreich zur Seite gestanden habe. Und dann erkennt der Einsiedler in seiner Vision, dass nun auch er ein Kleid trägt, weiß und besprengt mit Rot. Interssant erscheint – auch im Kontext der Thematik von Prophezeiung und Determinismus – die Betrachtung der Zeitachse: In der Vorstellung des Eremiten helfen dem «Sohn» in seinen schwersten Stunden die Liebe, Zuneigung und inbrünstige Kontemplation des Eremiten rückwirkend, also rund tausendvierhundertfünfzig Jahre später!

Niklaus von Flüe indessen erschien der katholischen Kirche stets eher etwas unheimlich, zumindest so unbehaglich, dass es Jahrhunderte dauerte, bis aus dem im Schweizer Volk äußerst populären und in der Volksfrömmigkeit über die Maßen Seligen ein Heiliger wurde: Erst im Mai 1947 sprach die katholische Kirche den Eremiten heilig, was wiederum Eugen Drewermann nie verwundert hat, wie der streitbare Theologe am Rande des Film-Interviews mit einem sanften und gleichzeitig vielsagenden Lächeln bemerkte.

Ich kam nicht umhin, Johnny zu versprechen, mit ihm bei seinem nächsten Besuch in der Schweiz die Klause des Heiligen in der Ranftschlucht zu besuchen. Es war im Übrigen nicht Johnnys erster Besuch in Europa, war er doch schon vorher verschiedentlich auf unserem Kontinent als Heiler tätig gewesen, der sich auch mit Tieren – insbesondere Pferden – verstand. Dass er als Heiler und «Pferdeflüsterer» auch die Olympia-Mannschaft eines großen westeuropäischen Landes betreute, wurde von dessen Pferdesport-Verband allerdings nie an die große Glocke gehängt. Johnny Russell indessen war ein pragmatischer Mann, der mit beiden Füßen auf der Erde stand. Von ihm erhielt ich einen – wenn auch nur kleinen – Einblick in seine Kräfte, die auch mich von einem kleinen, aber lästigen Gebrechen – ich hatte zu dieser Zeit seit über einem Jahr latent auftauchende Kopfschmerzen – genesen ließ.

Nicht nur die Begegnung mit Johnny weckte

mein Interesse für diese archaische Form von Spiritualität, doch bestätigte sie mir, wie interessant und ernstzunehmen der Schamanismus ist und welche Bedeutung ihm – auch im Zusammenhang mit der Deutung christlicher Botschaften oder der Lösung von Rätseln in der Bibel – beizumessen ist.

Man hört in schamanischen Kulturen von Astralreisen, in denen der Schamane oder die Schamanin den eigenen Körper verlässt und sich an einen externen Ort begibt, um die Dinge von außen zu betrachten. Begibt sich der Prophet also an einen anderen Platz, von wo er Dinge sehen kann, die uns seherisch Unbegabten verborgen bleiben? Begäbe sich der Seher gar (beispielsweise durch die im Universum mathematisch vorstellbaren «Wurmlöcher» durch Raum und Zeit) in die Zukunft, dann sähe er zurückblickend all das, was sich bereits zugetragen hat. Er würde demnach auch den Verrat des Judas als vollendete Tat eines individuellen Entschlusses sehen, was dann aber bedeutet, dass selbst der Prophet nur das Resultat einer persönlich getroffenen Entscheidung erkennen kann. Demnach wäre Jesu Vorhersage anders ausgefallen, wenn sich Judas – und sei es im allerletzten Moment – schließlich nicht zum Verrat entschlossen hätte. Also ist der Weg eines Menschen doch nicht vorbestimmt, sein Schicksal nicht determiniert? Was aber wäre dann, müsste man innerhalb der christlichen Theologie fragen, mit dem göttlichen Heilsplan passiert? Und schließlich bleibt die brisante Frage, ob ein göttlicher Heilsplan tatsächlich auf einen gescheiterten Freund und Antihelden, einen verräterischen Erzschurken und auf ewig verdammten Frevler angewiesen ist, um in Erfüllung zu gehen.

Sobald Judas das Brot genommen hatte, nahm der Satan von ihm Besitz. (Joh. 13, 27)

Und so ist in katholischem Verständnis Judas Iskarioth der Einzige, von dem man sicher zu glauben weiß, dass er für den Verrat an seinem Herrn in der Hölle schmort und dem Teufel und damit der ewigen Verdammnis verfallen ist. Auch wenn Jesus bei Matthäus seinen Verräter als «Freund» anspricht, so stellt er ihm bei Markus und Lukas schlechte Zukunftsprognosen aus:

«Der Menschensohn wird zwar sterben, wie es ihm bestimmt ist; aber wehe dem Mann, der ihn verrät.» (Lk. 22, 22)

Es erscheint fast unerträglich, dass in der christlichen Heilsgeschichte mit Judas eine so traurige, gottverlassene und dem Verderben geweihte Figur auftreten muss. In entsprechender Weise zirkulieren natürlich viele Theorien, die das Los des Verräters zu mildern suchen. Eine davon macht Judas Iskarioth sogar zu Jesu persönlichem Geheimagenten, indem Jesus seinen Kassenwart auf eine geheime Mission schickt: Er soll im Auftrag

> Es erscheint fast unerträglich, dass in der christlichen Heilsgeschichte mit Judas eine so traurige, gottverlassene und dem Verderben geweihte Figur auftreten muss.

seines Meisters die zur Erlösung unabdingbare Verhaftung vorbereiten. Judas handelt hier also im Sinn seines Meisters und in enger planerischer Absprache mit ihm, womit Jesus seinen Jünger Judas gewissermaßen über die anderen seiner Schar stellt. Wer sonst hätte die Kühnheit besessen, Jesu Plan auszuführen und ihn nach des Rabbi eigenem Beschluss – und gemäß der Schrift – den Häschern auszuliefern? Wer sonst aus der Schar hatte den Mut und die Tapferkeit, das Stigma des Verräters für den Erlösungsplan Gottes für alle Zeit auf sich zu nehmen, wenn nicht der temperamentvolle und feurige Zelot Judas Iskarioth, als den ihn uns Walter Jens in sei-

nem Stück «Ich ein Jud – Verteidigsrede des Judas Ischarioth» schildert?

In einem Punkt ist Judas als Verräter immerhin durch die Forschung rehabilitiert: Es kann ihm kaum um die dreißig Silberlinge gegangen sein, wenn man bedenkt, dass es sich hierbei um einen ziemlich kleinen Betrag handelt, der höchstens dem Wert eines ausgedienten Sklaven oder eines einfachen Kleidungsstücks entsprach. Ein Hinweis, dass Judas hehre Motive für seinen Verrat hatte? Möglich. Dumm nur, dass er das Blutgeld annahm und damit den Eindruck vermittelte, effektiv seinen Meister an dessen Feinde verkauft zu haben. Doch der geringe Wert der Bezahlung weist andererseits darauf hin, dass Judas möglicherweise doch aus politischen Überlegungen, aus einem zelotischen Konzept heraus, oder aber aus purer Enttäuschung und Verbitterung, sogar Hass gegenüber seinem Meister gehandelt hat.

Der Theologe Eckhard Etzold spekuliert sogar darüber, dass die Figur des Judas allein vom Apostel Petrus erfunden worden sei, um seine eigene Verleugnung in der Nacht vor der Kreuzigung durch eine noch schlimmere Tat, die eines vermeintlichen Verrats, in ein besseres Licht zu rücken. Einen entsprechenden Hinweis findet Etzold bei Paulus, wo es zwölf Jünger gewesen seien, die dem auferstandenen Jesus begegneten. Zwölf? Etzold sieht Unstimmigkeiten. Wie konnten es zwölf Apostel sein, wo doch Judas unrühmlich ausschied und dessen Nachfolger Matthias erst später als zwölfter Apostel mittels Los bestimmt wurde (Apg. 1, 26)? Dennoch erscheint Etzolds Mutmaßung reichlich konstruiert und passt zudem nur schlecht zu Simon Petrus, der später aus seiner Verleugnung nie einen Hehl gemacht hatte.

Dass es Judas gar nicht gegeben hat, wie einige Exegeten heute behaupten, bezweifle ich und dass es sich bei Judas – sein Name allein klinge schon verräterisch – um eine Metapher handle, die den Verrat des gesamten jüdischen Volkes bezeichne, halte ich für ziemlich abwegig. Aus dem Namen Judas eine Allegorie auf das jüdische Volk zu machen, scheint mir bei der Häufigkeit des Namens Judas im damaligen Israel etwas weit hergeholt, denn Jehuda (Judas) war als Name so populär und häufig wie Jeschua oder Jochanan und immerhin gab es in der Apostelschar einen zweiten Jünger mit dem Namen Judas. Überdies ist die Figur zu logisch und im Kontext der Passion zu verständlich, als dass es für diese Figur einer literarischen Erfindung bedurfte – ganz abgesehen davon, dass für eine Erfindung der Judas-Figur überhaupt keine Veranlassung oder Motivation bestand.

Die immer wieder geäußerte Behauptung, dass doch jedermann wusste, zu welcher Zeit sich der Rabbi aus Nazareth an welchem Ort aufhielt und es deshalb gar keinen Verräter brauchte, entspricht nicht zwingend der historischen Situation: Wie wir bereits gesehen haben, genoss Jesus in jenen Tagen in Jerusalem wahrscheinlich ungeheure Popularität, weswegen eine öffentliche Verhaftung kaum ratsam war; selbst der Pöbel wehrt sich für seinen Propheten. Eine Festnahme bei Nacht und Nebel kam da schon eher infrage.

Aber warum brauchten die Hohepriester einen Verräter aus dem innersten Zirkel? Hätten die Tempelschergen Jesus von Nazareth nicht allein finden und aufgreifen können? Der Schriftsteller Louis de Wohl beschreibt in seinem 1955 erschienenen Historienroman «Longinus der Zeuge» die Situation eindrücklich und treffend: Jerusalem gleicht vor Pessach einem Ameisenhaufen; die Stadt ist übervoll mit Menschen und in den Straßen, auf den Plätzen, sogar auf den Feldern und Hügeln rund um die Stadt lagern in diesen Tagen Zehntausende von Besuchern und Pilgern. Wo also soll man den Kerl suchen, wenn in Jerusalem und in den umliegenden Bergen und Felder möglicherweise Hunderte, vielleicht sogar Tausende von fast gleich aussehenden, bärtigen Männern in langen Gewändern und Turbanen campieren, weil die Stadt während des Pessachfestes von Pilgern förmlich überquillt? Es besteht kein Zweifel: Ein Verräter, der den nächtlichen Aufenthalt des Gesuchten außerhalb der Stadt kennt, erleichterte auf maßgebliche Weise eine schnelle und diskrete Verhaftung des unliebsamen Propheten.

> Wo also soll man den Kerl suchen, wenn in Jerusalem möglicherweise Tausende von fast gleich aussehenden, bärtigen Männern in langen Gewändern und Turbanen campieren?

Die letzte Nacht

Misst man dieses kurze Leben von Jesus Christus an den Früchten, die es in der Menschheit getragen hat, dann war es das Leben, das auf diesem Planeten am meisten Einfluss ausgeübt hat.
Kenneth Scott Latourette

Das letzte Mahl

Bei der Datierung des Abendmahls gehen die Meinungen der Historiker auseinander. Unter Berücksichtigung der kurzen Zeit, die für Prozess und Verurteilung zwischen Donnerstagnacht und der Kreuzigung am Freitag um neun Uhr morgens gesetzt ist, glauben einige Forscher, dass Jesu letztes Mahl und die Verhaftung in Gethsemane bereits am Dienstag stattgefunden habe. Dies würde dem Sonnenkalender der Essener entsprechen, in deren Viertel der Abendmahlssaal heute vermutet wird. Von einem ganz anderen Zeithorizont spricht das jüdische Weisheitsbuch Talmud und will sogar von einem Prozess gegen Jesus von vierzig Tagen wissen!

Für den Donnerstag spricht hingegen der Umstand, dass ein kurzer Prozess ganz sicher im Sinne der jüdischen Autoritäten war: Bekanntlich ist Jesus in seiner Heimat in jenen Tagen prominent und populär, allerdings umgibt ihn zusätzlich eine Aura der Heiligmäßigkeit und viele halten ihn sogar für den Messias. Bei einem beinahe dreitägigen Verfahren hätte die Beseitigung des unliebsamen Propheten nicht mehr im Geheimen passieren können; das wären dann eben nicht die vom Priesterrat gewünschten vollendeten Tatsachen gewesen und dies hätte womöglich doch Unruhen oder sogar den von den Tempelbehörden befürchteten Volksaufstand auslösen können. Auch ist der Donnerstag, wie wir sehen werden, als Tag des Abendmahls und der Verhaftung durchaus realistisch genug, eine gut vorbereitete Beseitigungsaktion durchzuführen.

Donnerstagabend, der 6. April des Jahres 30: Jesus hat seine zwölf Getreuen zum Pessach-Mahl eingeladen. In einer offenbar von Jesus selbst angemieteten Räumlichkeit ist alles hergerichtet und die Schar liegt bei Tisch, nachdem Jesus, der Meister und Rabbuni, an seinen Jüngern die rituelle Fußwaschung vorgenommen hat. Der Raum ist spärlich beleuchtet, Kerzen und Öllampen flackern. Nicht einfach für ein Making Of-Team, die Szene im schummrigen Licht zu dokumentieren. Doch dominiert in dieser Szene – namentlich in der Schilderung des Evangelisten Johannes – vor allem das Wort.

Es scheint ein äußerst bewegender Abend gewesen zu sein. Am ausführlichsten und zugleich eindrücklichsten beschreibt ihn Johannes, der Jesu Abschiedsrede in seinem Evangelium in großem Umfang wiedergibt. Spätere Mystifizierung oder der Bericht eines Augen- und Ohrenzeugen, sollten der Evangelist und der Apostel Johannes tatsächlich ein und dieselbe Person sein? Nachdem Jesus die symbolische Fußwaschung an seinen Jüngern vorgenommen hat, beginnt er mit den Aposteln das Mahl. Jesus vergleicht Brot und Wein mit seinem Körper und seinem Blut; man möge seiner gedenken beim Mahle und, nach katholischem Verständnis, ihn sogar selber aufnehmen in der Gestalt von Wein und Brot. Und er spricht vom nahen Tod, vom Vergießen seines Blutes. Die Jünger verstehen wenig oder gar nichts von dem, was ihr Meister da sagt. Doch muss es sie tief beeindruckt haben. Jesus prophezeit den Jüngern, dass sie ihn bald alleine lassen würden. Petrus verneint und entgegnet, dass er bereit sei, für seinen Meister zu sterben.

> Jesus spricht vom nahen Tod, vom Vergießen seines Blutes. Die Jünger verstehen wenig oder gar nichts.

«Für mich sterben?», erwiderte Jesus. «Ich sage dir, was du tun wirst: Noch ehe heute der Hahn kräht, wirst du dreimal behaupten, dass du mich nicht kennst.»

Darauf spricht Jesus davon, dass ihn einer unter den Zwölf verraten werde. Im Johannes-Evangelium (13, 27–30) nennt Jesus seinem Lieblingsjünger sogar den Verräter. Dann, so berichtet Johannes weiter, wendet er sich an Judas:

«Beeile dich und tu, was du tun willst.» Keiner von den Übrigen am Tisch begriff, was Jesus zu ihm sagte. Da Judas das Geld verwaltete, dachten manche, Jesus habe ihn beauftragt, die nötigen Einkäufe für das Fest zu machen, oder er habe ihn angewiesen, den Armen etwas zu geben… Judas nahm das Brot an, dann ging er sofort hinaus. Es war Nacht.

Gethsemane

Jesus geht mit seinen Jüngern in den Garten Gethsemane am Ölberg, der gegenüber der Stadt auf der anderen Seite des Kidrontales auf der Wegstrecke nach Bethanien liegt. Die Evangelien deuten an, dass Jesus diesen Ort liebt und oft aufsucht. Eventuell will die Schar dort sogar nächtigen. Der Bibel-Archäologe Shimon Gibson glaubt, dass Jesus auf dem Weg nach Bethanien (im heutigen Ost-Jerusalem) war; in Gethsemane habe sich eine Höhle befunden, in der Jesus und auch andere Wanderer bisweilen übernachteten. Da sich der Abendmahlssaal als Schlafstätte – aus welchen Gründen auch immer – nicht eignete, habe Jesus eine Übernachtung im Garten Gethsemane geplant. Das erscheint mir nicht besonders glaubhaft: Im April kann es in Israel kalt sein, selbst Schnee kann in dieser Zeit noch fallen, wenn auch in Judäa eher selten. Sogar bei milden Temperaturen sind die Nächte in den judäischen Bergen im April frisch, mitunter frostig kalt. Zudem lag Bethanien nicht allzu weit weg von Jerusalem und darüber hinaus dürfte – sollten es die Tempratur erlaubt haben – diese als Unterkunft praktisch erscheinende Höhle von angereisten Pilgern auch bereits schon in Beschlag genommen worden sein.

Alle Evangelisten außer Johannes berichten, dass Jesus dort etwas abseits – es heißt einen Steinwurf entfernt – betet und mit sich ringt. Er leidet schreckliche Ängste und bittet seinen Vater, diesen Kelch an ihm vorübergehen zu lassen.

Ich erinnere mich an eine kurze Diskussion, die wir als Dreizehn- oder Vierzehnjährige an einem schulfreien Nachmittag führten. Einer meiner Freunde bezweifelte, dass die Bibel die Wahrheit sage und als Beweis zog er geistreich eben jene Stelle hinzu, in der Jesus nach katholischem Terminus «Blut geschwitzt hat». Wie könnten die Evangelisten, so seine Folgerung, berichten, was Jesus in seiner Not in seinen Gebeten wirklich sagte, wo er doch abseits und ganz allein war, während seine drei Lieblingsjünger Petrus, Jakobus und Johannes gemäß dem Markus-Evangelium bereits eingeschlafen waren. Ich monierte, dass ein Steinwurf keine sehr große Distanz markiere, weshalb in der Stille der Nacht selbst halblaut gesprochene Worte durchaus gehört werden konnten. Zu welchem Zeitpunkt die drei Apostel allerdings einschliefen, wusste natürlich auch ich nicht zu sagen.

Dann treffen die Häscher ein: einige Priester, die im Volk gefürchteten Tempelwächter und an ihrer Spitze Jesu einstiger Jünger, Judas Iskarioth. Dass sich römische Soldaten an der Verhaftung beteiligen, wie einige Forscher behaupten, um damit den politischen Aspekt der Verhaftung in Gethsemane zu betonen, ist den Evangelien nicht zu entnehmen. Das ist auch kaum realistisch, denn sonst wäre Jesus nach der Festnahme wohl kaum zuerst zum Verhör ins Haus des Hohepriesters geführt worden. Und dass das römische Militär den Chefpriestern in inneren Angelegenheiten zu Diensten stand, erscheint ebenfalls abwegig.

Judas geht auf seinen einstigen Meister zu und küsst ihn. So, heißt es in den Evangelien, war das Zeichen mit der Tempelwache vereinbart. Sogleich wird Jesus von den Wächtern gefangen genommen. Alle vier Evangelisten berichten, dass Petrus sein Schwert zieht und einem der Wächter, laut Johannes mit Namen Malchus, ein Ohr abschlägt. Jesus gebietet Einhalt und sagt zu Petrus:

«Steck dein Schwert ein! Diesen Leidenskelch hat mein Vater für mich bestimmt. Muss ich ihn dann nicht trinken?»

Johannes erwähnt, dass Jesus den Mann heilt und dessen abgeschlagenes Ohr wieder anfügt. Was bei Jesu Verhaftung mit den Aposteln geschieht, bleibt in den Evangelien unklar. Markus berichtet, dass ihnen die Flucht gelingt. Ganz offensichtlich zeigen die anwesenden Behörden wenig Interesse an den Jüngern des Rabbis. Ein Umstand, der überraschen mag. Oder auch nicht.

Bei Lukas bleibt Jesus selbst der Regisseur der Szene. Er mahnt zur Ruhe und wendet sich an die anwesenden Priester und die sie begleitenden Tempelschergen:

«Wie gegen einen Räuber seid ihr ausgezogen mit Schwertern und Knütteln. Als ich täglich bei euch im Tempel war, habt ihr nicht Hand an mich gelegt, aber dies ist eure Stunde und die der Macht der Finsternis.»

Paul Verhoeven glaubt nicht nur, dass Jesus zum Zeitpunkt seiner Verhaftung keinen seiner Apostel mehr um sich hatte, er glaubt sogar, dass die ganze Geschichte mit dem Garten Gethsemane frei erfunden sei. In Wirklichkeit seien Jesus und seine letzten Getreuen bereits beim Abendmahl im Essenerviertel verhaftet worden. Die Schar der Zwölf habe sich aus Enttäuschung über das Ausbleiben des neuen Königreichs schon anfangs des Jahres 30 aus dem Staub gemacht. Jesus habe sich darauf – wie alle Sekten-Gurus, deren Prophezeiungen nicht eintreffen – radikalisiert und einen Trupp Gewaltbereiter um sich geschart.

In diesem Zusammenhang mutet die Passage bei Lukas im 22. Kapitel (35–38) tatsächlich seltsam an: Jesus, der seine Jünger (es ist von der Schar der Zweiundsiebzig die Rede) bis anhin nur mit dem Allernötigsten aussandte und ihnen sogar, wie Matthäus, Markus und Lukas berichten, den Wanderstock als rudimentärste aller Waffen untersagt (Lk. 6, 8), will nun in der letzten Phase der Mission, dass die Apostel ihre Mäntel verkaufen und sich dafür Schwerter besorgen:

Dann fragte Jesus die Jünger: «Als ich euch ohne Geldbeutel, Reisesack und Schuhe auf den Weg schickte, hat euch da etwas gefehlt?» «Nein, nicht das Geringste», sagten sie. Jesus erwiderte: «Jetzt ist es anders. Wer einen Geldbeutel oder einen Reisesack hat, soll ihn mitnehmen. Wer kein Schwert hat, soll seinen Mantel verkaufen und sich eins beschaffen. Denn ich sage euch, es muss kommen, wie es in den heiligen Schriften steht: ‹Man hat ihn unter die Verbrecher gezählt.› Alles, was von mir gesagt wurde, trifft jetzt ein.» Die Jünger sagten: «Herr, da haben wir zwei Schwerter.» «Das genügt», antwortete Jesus.

Diese Stelle will nicht in das Gesamtbild des friedliebenden, pazifistisch gesinnten Jesus passen. Wird er nicht später zu Petrus sagen: «Wer zum Schwert greift, soll durch das Schwert umkommen» (Mt. 26,52)? Ist diese Passage ein Hinweis auf Jesu immer wieder umschlagenden Gemütszustand? Spricht aus ihm die Angst vor den Ereignissen, die ihm bevorstehen, oder ist es eine seiner apokalyptischen Redensarten, wie sie in seinen Reden immer wieder vorkommen? Sind die Schwerter sinnbildlich zu verstehen oder haben wir hier tatsächlich einen fanatisierten und durchaus gewaltbereiten Jesus vor uns? Es bleibt anzumerken, dass allein der Evangelist Lukas berichtet, dass Jesus seine Jünger auffordert, Waffen zu besorgen.

Perry Schmidt-Leukel, Professor für Religionswissenschaften an der Universität Münster, äusserte sich im Gespräch dahingehend, dass gerade solche widersprüchlichen Passagen ein sicherer Hinweis wären, dass die Evangelien spätere Einschübe oder Veränderungen erfahren hätten. Ende des ersten Jahrhunderts seien vermehrt mythologische und theologische Deutungen in die Berichte eingeflossen. In etwa derselben Zeit habe man sich bemüht, aus dem Prediger, Lehrer und (möglichen) Wundertäter Jesus den Gottessohn Christus zu machen, eine mystisch überhöhte Persönlichkeit mit göttlicher Autorität. Dass sich gerade das Johannes-Evangelium darum bemühe und die Jesus-Episoden (namentlich die Abschiedsrede beim letzten Abendmahl) in theologisch-mystischem Sinn interpretiere, sei ein sicherer Hinweis darauf, dass es sich beim Johannes-Evangelium tatsächlich um das späteste Evangelium handle, dass es also als Letztes der vier kanonischen Jesus-Berichte niedergeschrieben worden sei. Das klingt plausibel, dennoch finden sich für Widersprüche innerhalb der Evangelien auch andere Erklärungen. Zum einen ist es durchaus möglich, dass die Autoren der vier kanonischen Evangelien je einen eigenen Fokus auf die Jesus-Geschichte legten. Möglich auch, dass die Synoptiker (Matthäus, Markus und

> *«Dies ist eure Stunde und die der Macht der Finsternis.»*

Lukas) zwar auf eine gemeinsame Urquelle («Q») zurückgreifen, zusätzlich aber jeder für sich noch andere Quellen zur Verfügung hatte – seien dies Spruchsammlungen oder Zeugenberichte. Wie ich bereits verschiedentlich angemerkt habe, waren Jesu Zeitgenossen wahrscheinlich keine Analphabeten: Dass wichtige Dinge aufgeschrieben wurden, bevor sie der Vergessenheit anheimfallen, ist trotz der im Judentum und überhaupt im Orient tief verwurzelten Narrativkultur mehr als plausibel. Außerdem mögen nebst schriftlichen Quellen Johannes und den Synoptikern – sollte denn keiner der Evangelisten tatsächlich Augenzeuge der Ereignisse gewesen sein – zusätzliche, aber nicht unbedingt gemeinsame Augenzeugen zur Verfügung gestanden haben. Zum anderen mag es sogar zutreffen, dass Jesus tatsächlich eine widersprüchliche Persönlichkeit war und in entsprechender Weise bisweilen auch widersprüchliche Aussagen machte. Vielleicht war man sich in den Urgemeinden dessen sogar bewusst, wagte diese aber bei der Niederschrift der Evangelien redaktionell nicht zu bearbeiten. Von einem Anflug von Gewaltbereitschaft jedenfalls wissen Matthäus und Markus nichts und Johannes schildert in der letzten Nacht einen aufgewühlten Jesus, der hin- und herschwankt zwischen Angst, Trauer und Euphorie, sogar dem Triumphgefühl, seine Mission bald erfolgreich erfüllt zu haben.

Paul Verhoeven bezieht sich in seinen Vermutungen für einmal nicht auf Johannes, sondern allein auf Lukas (22, 35–38) und glaubt, in diesen Tagen einen desillusionierten, sogar frustrierten Rabbi mit einer Gruppe aufstandsbereiter Desperados vor sich zu haben. Und eben jener Trupp sei durch Verrat während des Abendmahls verhaftet und anderntags ohne Federlesens mitsamt ihrem Anführer gekreuzigt worden. Eine allerdings etwas kühne Vermutung und definitiv reine Mutmaßung des Autors, eine Spekulation, die sich durch keinen einzigen Quellenverweis untermauern lässt. Den Beweis für die erfundene Gethsemane-Geschichte sieht Verhoeven in der Tatsache, dass außer Jesus niemand sonst verhaftet worden sei, zumal Petrus offenbar Gewalt angewandt hatte. Dieser Einwand ist berechtigt, doch unklar ist, ob der Verhaftungstrupp mit römischen Soldaten verstärkt war oder ob es sich nur um jüdische Tempelwächter gehandelt hat, die, wie im Talmud zu lesen ist, unter der jüdischen Bevölkerung wegen ihrer exzessiven Brutalität verhasst und gefürchtet waren. Die Anwesenheit römischer Legionäre ist meiner Ansicht nach jedoch völlig auszuschließen, weshalb wir bei der hilflosen Verteidigungsaktion des Petrus keinen Angriff auf die römische Besatzungsmacht vermuten müssen. Außerdem dürften die jüdischen Obrigkeiten kaum Interesse daran gehabt haben, den gesamten Kreis dieser Galiläer festnehmen zu lassen; so etwas hätte nämlich noch mehr Aufsehen erregt und genau das wollten die Tempelbehörden schließlich unbedingt vermeiden. Überdies befanden sich Jesus und seine Schar möglicherweise nicht allein, sondern in Nachbarschaft mit anderen, dort lagernden Pilgergruppen auf dem Ölberg. Eine Verhaftung der Apostel und ein daraus resultiertendes mögliches Handgemenge hätte den Plan einer geheimen und verborgenen Verhaftungsaktion platzen lassen. Und überhaupt:

Ohne ihren charismatischen Kopf hielt man diesen Haufen Provinzler sowieso für ungefährlich. Den Tempelbehörden ging es gewiss nicht darum, ein Blutbad unter diesen Galiläern anzurichten und eine römische Massenhinrichtung zu initiieren, denn genau dieser Gefahr wollten sie ja mit der Liquidierung dieses Volksverführers letztendlich entgegentreten. Ihnen ging es wahrscheinlich tatsächlich nur um ihn, den Kopf der Bewegung, den Wunderrabbi aus Galiläa, Jesus von Nazareth.

Doch Paul Verhoeven hält noch ein zweites Argument bereit, das gegen eine Gefangennahme in Gethsemane spricht: nämlich die verblüffende Parallele zu einer Geschichte aus dem Alten Testament:

Das 2. Buch Samuel erzählt, dass König David vor seinem eigenen Sohn Absalom, der seinen Vater gewaltsam seines Thrones berauben will, über das Kidron-Tal auf den Ölberg flieht, wo er und seine Männer ihr Unglück beweinen. Davids enger Berater Ahitofel hat den König verraten und ist zum Feind übergelaufen und rät Absalom, seinen Vater, den König, zu töten. Als man Ahitofels Rat in den Wind schlägt, geht dieser in sein Haus und erhängt sich – genauso wie das gemäß dem Matthäus-Evangelium der von Reue und Verzweiflung zerfressene Judas Iskarioth unmittelbar nach seinem Verrat tut. Verhoeven interpretiert Gethsemane in diesem Kontext:

Erst 1973 realisierten Theologen, dass ein Großteil der Berichte der Evangelisten über den letzten Abend im Leben Jesu aus 2 Samuel abgeschrieben worden war. Es ist nicht schwer zu erkennen, was Markus getan hatte: König David wurde zu Jesus transformiert... und Ahitofel ist natürlich Judas.

Paul Verhoevens Einwand ist berechtigt und kann nicht übergangen werden. Doch wieso hätten alle vier Evangelisten eine solche Geschichte erfinden oder aus dem Alten Testament abkupfern sollen? Es bleibt nämlich die Frage, die bereits gestellt worden ist: Konnte ein in feindlichem, zumindest skeptischem Umfeld aufkeimendes Christentum in solchem Umfang erfundene Geschichten auftischen, wo doch einige Dutzend Männer bei der Verhaftung dabei waren? Warum also hätte man hier mit einem leicht zu entlarvenden Fake aufwarten sollen, wo doch das erzählte Ereignis weder besonders außergewöhnlich noch spektakulär anmutet? Für das Selbstverständnis der Evangelien hingegen ist es von Belang, ob hier tatsächlich ein literarischer Einschub erfolgte, für den Verlauf der gesamten Geschichte spielt es indessen keine Rolle. Ob und in welchem Maß Paul Verhoevens Skepsis berechtigt ist, ist nicht endgültig zu klären. Erinnern wir uns aber an die Regel des Historikers und Papyrologen Carsten Peter Thiede: Nur weil ein Ereignis schon einmal passierte, muss auch aus wissenschaftlicher Sicht nicht zwangsläufig bedeuten, dass etwas Ähnliches sich nicht ein zweites oder sogar drittes Mal zutragen kann.

> Den Tempelbehörden ging es gewiss nicht darum, ein Blutbad unter diesen Galiläern anzurichten.

Jesus vor dem Hohen Rat

Noch in der Nacht wird der Sanhedrin, der hohe Rat, einberufen. Er besteht aus einundsiebzig Mitgliedern und ist die oberste Gerichts- und Politbehörde im jüdischen Gottesstaat. Doch in dieser Nacht findet keine ordentliche Versammlung statt; nur einige (höchstens einige Dutzend), möglicherweise sogar handverlesene Priester finden sich zur späten Abend- oder frühen Morgenstunde zur Gerichtsverhandlung ein, und zwar im Hause des amtierenden Oberpriesters Kaiphas und dessen Schwiegervater Hannas. Ein ungewöhnliches und unübliches Vorgehen, das kaum Züge eines ordentlichen sanhedrinschen Gerichtsverfahrens trägt.

Jesus wird dem Hohepriester Kaiphas und dessen Schwiegervater, dem vormaligen Hohepriester Hannas, vorgeführt und von diesen verhört. Wohl hat der Rabbi aus Nazareth auch im hohen Rat Freunde: Nikodemus etwa und Josef von Arimathäa, aber wahrscheinlich noch einige mehr, gelten als Sympathisanten und Gönner Jesu. Aber die Mehrheit will diesen Mann offenbar am liebsten tot sehen; das längst schon beschlossene Todesverdikt soll nun noch de jure bestätigt werden. Johannes beschreibt im 18. Kapitel seines Berichts den Verlauf des Verhörs, in dem zuerst Hannas Jesus befragt:

Der Oberste Priester fragte Jesus nach seinen Jüngern und seiner Lehre. Jesus antwortete: «Ich habe immer offen vor aller Welt gesprochen. Ich habe im Tempel und in den Synagogen gelehrt, wo sich alle Juden treffen, und habe niemals etwas im Geheimen gesagt. Warum fragst du dann mich? Frag doch die Leute, die meine Worte gehört haben! Sie werden es wissen.» Als Jesus das gesagt hatte, schlug ihn einer der Wächter ins Gesicht und sagte: «Wie kannst du es wagen, so mit dem Obersten Priester zu sprechen?»

Und wie wissen wir, was in jener Nacht im Haus des Kaiphas passierte, wo doch Jesu Jünger nach Jesu Verhaftung im Garten Gethsemane in alle Windrichtungen geflohen waren? Die Evangelien sagen klar, dass nicht alle Apostel ihren Meister im Stich ließen. Wenigstens begleiten Jesu Lieblingsjünger Johannes sowie Mirjam aus Magdala und andere, in den Evangelien namentlich genannte Frauen ihren Herrn, so gut es ihnen möglich ist, von der Verhaftung bis zum leidvollen Tod am Kreuz. Gut möglich, dass beim Verhör weder Tür noch Fenster geschlossen waren; die Evangelien schildern, dass zumindest Petrus sich während des priesterlichen Verhörs im Hof der schmucken, großen Villa des Kaiphas in der Jerusalemer Oberstadt befindet und sich dort an einem Feuer wärmt. Er wird dort von verschiedenen Anwesenden erkannt, bestreitet dann aber dreimal, den verhafteten Jesus von Nazareth zu kennen.

> Aber die Mehrheit will diesen Mann offenbar am liebsten tot sehen; das längst schon beschlossene Todesverdikt soll nun noch de jure bestätigt werden.

Und innerhalb der Mauern des Hauses? Mochten den Aposteln oder den Evangelisten womöglich jene Ratsmitglieder Auskunft gegeben haben, die Jesus verehrten und später mit der Bewegung sympathisierten, ihr sogar angehörten: Nikodemus, Josef von Arimathäa oder der in der Apostelgeschichte erwähnte Gamaliel (Apg. 6,29–39)? Das ist zumindest kein abwegiger Gedanke.

Matthäus schildert uns, dass sich die priesterlichen Ankläger bemühen, der Verhandlung ein ordentliches Gesicht zu geben und deshalb Zeugen gegen Jesus auftreten lassen, doch widersprechen diese sich und verheddern sich allem Anschein nach in ihren Aussagen. Die aufgebotenen Zeugen bieten mit ihren offenbar wirren Aussagen kein tragfähiges Fundament für eine gesetzliche Anklage mit Hinblick auf ein zu erwirkendes Todesurteil.

Ob er sich als den Sohn Gottes sehe, wird im Markus-Evangelium (14, 63–65) Jesus gefragt. Jesus bejaht, worauf bei Markus Kaiphas effektvoll sein Kleid zerreißt...

«Wir brauchen keine Zeugen mehr! Ihr habt seine Gotteslästerung gehört! Wie lautet euer Urteil?» Einstimmig erklärten sie: «Er hat den Tod verdient!» Einige begannen, Jesus anzuspucken. Sie banden ihm die Augen zu, ohrfeigten ihn und fragten: «Wer war es? Du bist doch ein Prophet!» Dann nahmen ihn die Wächter vor und schlugen ihn weiter...

Der renommierte neutestamentliche Archäologe Shimon Gibson schreibt in seinem Buch «Die sieben letzten Tage Jesu», dass inzwischen in der heutigen Forschung die Ansicht vorherrsche, dass die obersten jüdischen Behörden auch unter römischer Fremdherrschaft weitgehende Machtbefugnisse hatten und in entsprechender Weise in sozialen und religiösen Belangen durchaus auch Todesurteile aussprechen und vollstrecken lassen konnten, allerdings nur auf bestimmte Arten: Steinigung, Erdrosslung, Verbrennen und sogar die auch von den Römern praktizierte Enthauptung, nur die Kreuzigung stand definitiv nicht im jüdischen Exekutionskatalog. Dies widerspricht der landläufig herrschenden Meinung, dass der Priesterrat unter den Römern keine Exekutionen anordnen konnte und deshalb zwingend die Zustimmung des römischen Statthalters einholen musste. Shimon Gibson weist in diesem Zusammenhang auf einen Umstand hin, der auch mich stets verwundert hat: Die Steinigung des Jesus-Anhängers Stephanus sowie auf die später erfolgte Steinigung von Jesu Bruder Jakobus, die beide ausdrücklich durch die Priester angeordnet und nach dem jüdischen Gesetz im Buch Deuteronomium (Deut. 17, 5–27) vollstreckt wurden.

Warum aber verurteilten die Ratsmitglieder Jesus nicht selbst und warum ließen sie den ungeliebten Propheten nicht selber und nach dem Gesetz des Mose hinrichten? Offenbar, so scheint mir, empfand eine Mehrheit den Tatbestand der Gotteslästerung als nicht einwandfrei gegeben, denn hierfür hätte der Sanhedrin (oder wenigstens die stellvertretend anwesenden Priester) Jesus unverzüglich aburteilen und beseitigen können. Umstritten ist immerhin, ob es nach dem damaligen jüdischen Verständnis ein todeswürdiges Verbrechen war, sich als Sohn Gottes zu bezeichnen. Noch schwieriger wird die Beurteilung, sollte sich Jesus tatsächlich bloß als «Bar Nascha», als «Menschensohn» bezeichnet haben, wie einige Exegeten vermuten. Ein rechtskräftiges Urteil vor dem Priesterrat zu erwirken, gelingt den Drahtziehern um Kaiphas und Hannas in jener Nacht offenbar nicht. Die einzige Alternative, und so sieht es auch der Archäologe Shimon Gibson, war deshalb eine Anklage wegen Aufwiegelung. Aber für einen solchen Tatbestand waren die Römer zuständig.

Dass sich die handverlesene Priesterschaft auf eine zweckdienliche Anklage nicht einigen kann, ist eine Möglichkeit, um zu erklären, weshalb die Anklage Jesu vor den römischen Präfekten weitergezogen wurde. Ich ziehe aber noch eine weitere Möglichkeit in Betracht: Die Evangelien erwähnen, dass Kaiphas und die führende Priesterschaft zwar eine nach jüdischem Gesetz gültige Verurteilung anstreben, jedoch den Zorn

> **Ein rechtskräftiges Urteil vor dem Priesterrat zu erwirken, gelingt den Drahtziehern um Kaiphas und Hannas in jener Nacht offenbar nicht.**

des Volkes fürchten, wenn sie selbst Hand an den Nazarener legten. Die ebenso elegante wie durchtriebene Alternative ist offensichtlich: Man lässt die mächtige Besatzungsmacht die blutige und unpopuläre Drecksarbeit erledigen. Und vom Haus der Herren Kaiphas und Hannas sind es keine zehn Gehminuten zur römischen Präfektur, denn der Statthalter residiert kaum einen halben Kilometer vom vornehmen Haus der Oberpriester entfernt an derselben Straße in der westlichen Oberstadt Jerusalems.

Der Prozess

Die evangelische Geschichte soll eine Erfindung sein? Mein Freund! So erfindet man nicht, und die Taten des Sokrates, die niemand bezweifelt, sind nicht so beglaubigt als die Taten Jesu.
Jean-Jacques Rousseau

Pontius Pilatus

Die Angaben in den Evangelien erlauben uns, einen ziemlich exakten Verlauf dieses Freitags, des 7. Aprils des Jahres 30, zu zeichnen. Die vier kanonischen Evangelien nach Matthäus, Markus, Lukas und Johannes sowie die apokryphen Petrus- und Nikodemus-Evangelien sind jedoch die einzigen Quellen, die detailliert über den Verlauf des zweifellos berühmtesten Prozesses der Menschheitsgeschichte Auskunft geben. Wer diesen Quellen grundsätzlich misstraut, darf die folgenden Seiten als Belletristik betrachten oder kann sie alle übergehen: Der Ausgang dürfte ja schließlich ohnehin allen bekannt sein. Andererseits verblüffen die Evangelien immer wieder mit detailreichen Angaben über die damalige Rechtspraxis, die heute von den zuständigen Wissenschaften auch alle als historisch weitgehend verifiziert worden sind. Dass gewisse Unstimmigkeiten zwischen den einzelnen Evangelien die Glaubwürdigkeit schmälern, wie auch schon behauptet wurde, leuchtet mir nicht ein: Für mich sind Unstimmigkeiten eher ein Beleg, dass die Berichte später nicht bearbeitet und einander angepasst wurden, damit um jeden Preis ein einheitliches Bild entsteht. Außerdem machen die reklamierten Unstimmigkeiten keinen großen Unterschied in Bezug auf den grundsätzlichen Verlauf des Prozesses gegen Jesus von Nazareth.

Das Justizdrama beginnt in den frühen Morgenstunden: Eine Abordnung von hohen Priestern und Tempelwächtern verlässt mit dem Gefangenen, dessen Gesicht bereits Spuren von Misshandlungen aufweist, das Haus des Kaiphas. Entschlossenen Schrittes gehen sie in der Dämmerung eines neuen Tages den geraden Boulevard entlang, der zur nahen Residenz des Pilatus führt. Ein Eilbote wird vorausgeschickt worden sein und den Präfekten informiert haben. Pilatus scheint bereits wach zu sein, als der Trupp im Prätorium eintrifft.

So etwa könnte der Tag verlaufen sein:

5.30 Uhr

Politisch motivierte Todesurteile anzuordnen und zu vollstrecken obliegt grundsätzlich dem römischen Präfekten, der sonst in der Mittelmeer-Hafenstadt Cäsarea Martima residiert, sich aber zur Zeit des Pessach-Festes jeweils in Jerusalem aufhält, um die von Pilgern aus allen Nähten platzende Stadt persönlich zu beaufsichtigen.

In den römischen Provinzen amtet seit Augustus kein Geschworenengericht mehr, sondern der zuständige römische Beamte leitet das Verfahren *cognitio extra ordinem* selber und fällt in entsprechender Weise auch alle Urteile allein. Gerichtsverhandlungen

führen die Römer gerne frühmorgens nach Sonnenaufgang. Der Prozess gegen Jesus in aller Herrgottsfrühe ist also nichts Ungewöhnliches und entspricht den damaligen Gepflogenheiten. Pilatus (der noch nicht den Titel des Prokurators führt) residiert mit größter Wahrscheinlichkeit im prunkvollen Herodes-Palast, der sich einst beim heutigen Jaffa-Tor befand. An den Palast ist eine römische Kaserne angegliedert.

Ein Diener oder sogar der Schreiber mag den Präfekten frühmorgens geweckt haben, um ihm von der Ankunft der führenden Priester zu berichten. Pilatus wird sich die Augen gerieben und sich dann angezogen haben. Dass gleich die gesamte Priesterelite ihn frühmorgens aufsucht, mag den Statthalter überrascht haben. Es musste sich tatsächlich um eine sehr wichtige Angelegenheit handeln. Pilatus hat zu diesem Zeitpunkt ja keine Ahnung, dass er in einer knappen halben Stunde den berühmtesten Prozess der Menschheitsgeschichte führen würde, der seinen Namen unauslöschlich und höchst zweifelhaft in die Annalen der Geschichte einschreibt. Der Morgen dieses 7. Aprils des Jahres 30 jedenfalls macht den Provinzstatthalter Pontius Pilatus zu einem der prominentesten Beamten der Geschichte und womöglich zum vielleicht meistgenannten Römer überhaupt; der historisch zweifelhafte Ruhm des Pilatus überstrahlt sogar den seines Kaisers Tiberius, der ihn sechs Jahre später des Amtes entheben wird.

Eine Abordnung der Priesterschaft, so berichtet Lukas, sucht den Präfekten Pontius Pilatus in seiner Residenz auf, ohne aber das Gebäude zu betreten – die Priester wollen sich am Tag vor dem Pessach-Fest im Haus eines Heiden nicht verunreinigen.

5.45 Uhr

Dort trugen sie ihre Anklage vor: «Wir haben festgestellt, dass dieser Mann unser Volk aufhetzt. Er sagt, wir sollen keine Steuern mehr an den Kaiser zahlen! Außerdem hat er behauptet, er sei der König, den Gott uns schicken will.» (Lk. 23, 1–2)

Zeitgenossen des Pilatus wie Flavius Josephus und Philo von Alexandrien beschreiben den römischen Statthalter als Tyrannen, Erpresser, als Leuteschinder und als durch und durch korrupt:

Er war grausam, und seine Hartherzigkeit kannte kein Erbarmen. Zu seiner Zeit herrschten in Judäa Bestechung und Gewalttätigkeit, Raub, Bedrückung, Demütigungen, Hinrichtungen ohne gerichtliches Verhör und grenzenlose Grausamkeit.

Was mag das für ein Mensch gewesen sein, dieser Pilatus? Und wie mag er ausgesehen haben?

Interessant ist, wie sich die Person des Pilatus in den zahlreichen Passionsverfilmungen präsentiert: Als schläfrig und verschlagen wirkender

> Pilatus hat zu diesem Zeitpunkt ja keine Ahnung, dass er in einer knappen halben Stunde den berühmtesten Prozess der Menschheitsgeschichte führen würde.

Fuchs in William Wylers monumentalem «Ben Hur» von 1959 etwa, oder mit Rod Steiger als cholerischer Draufgänger in Franco Ziffirellis «Jesus von Nazareth» (1976). George Stevens nimmt bei der Besetzung des Statthalters mit einem überreizt wirkenden Telly Savalas den Lolly-Pop lutschenden New York-Kult-Cop «Kojak» bereits 1965 voraus und bei «Jesus Christ Superstar» (1973) ist Pilatus ein hagerer, streibarer und gebildeter Mann mit «James Bond»-Gesicht. Bei Mel Gibson wird der Präfekt in «The Passion of the Christ» 2004 zum philosophierenden Feingeist – eine Interpretation, die allerdings kaum

zu den überlieferten historischen Fakten passen will. Einen besonders spannenden Pilatus mimt der Popmumusiker David Bowie in «The Last Temptation of Christ» von Martin Scorsese (1988): Sein Pilatus ist arrogant und eiskalt; ein karriereversessener Apparatschik, ein unterkühlter Polittechnokrat. Er weiß zwar, dass er in diesem Jesus von Nazareth einen außergewöhnlichen und berühmten Mann vor sich hat, doch scheint ihn dies nicht wirklich zu beeindrucken. In einem Monolog nähert er sich dem angeklagten Rabbi vermeintlich an, um ihn am Ende seines «Verhörs» abzutischen wie einen beim Stehlen ertappten Dieb. Fast beiläufig merkt er an,

> *Seltsam hingegen musste dem Präfekten vorkommen, dass die Priester einen Landsmann als Feind des Kaisers denunzieren.*

dass Leute wie er, Jesus, mit ihren neuen Ideen besonders gefährlich seien. Er stellt fest, dass Jesus offenbar Veränderungen bewirken wolle und dies sei schon grundsätzlich ein Vergehen gegen Rom, denn Rom wünsche in Wahrheit überhaupt keine Veränderung. Immerhin ist «nach einer neuen Lage zu streben» («novis rebus studere»), in der lateinischen Sprache gleichbedeutend mit dem Ausdruck, einen Umsturz zu planen. Und bevor er Jesus seinem grausamen Schicksal überlässt, meint Pilatus lakonisch, dass auf Golgotha an die dreitausend Schädel lägen. «Man sollte die Juden sie alle zählen lassen. Vielleicht lernt ihr dann etwas...», spricht Scorceses Pilatus bereits im Gehen. Dann dreht er sich noch einmal kurz um mit der gleichgültigen Beifügung: «Nein. Vermutlich nicht.»

Einige Historiker halten es für ausgeschlossen, dass ein Despot wie Pilatus überhaupt ein Interesse am angeklagten Jesus gehabt haben könnte und tatsächlich halte ich Mel Gibsons kultivierte oder Norman Jewisons mitfühlende Pilatus-Figur für kaum realistisch. Viele Forscher gehen deshalb davon aus, dass das Todesurteil des Sanhedrins vom Präfekten ohne große Verhandlung mehr oder weniger unverzüglich bestätigt wurde. Doch hier lag meines Erachtens der Fall etwas anders: Nun nämlich waren es die jüdische Behörden, die unter Angaben nicht nur religiöser, sondern überraschenderweise vor allem politischer Gründe eine Vollstreckung ihres Urteils verlangen. Ein jüdischer Landsmann soll sich gegen den römischen Imperator empört haben! Dass Pilatus als Günstling des mächtigen Prätorianerchefs in Rom, dem ausgewiesenen Judenhasser Sejanus, wenig für die Juden übrighatte, ist aktenkundig. Wieso sollte er sich als Judenverächter ausgerechnet dem jüdischen Sanhedrin willfährig zeigen? Religiöse Spitzfindigkeiten der Juden interessieren den Statthalter gewiss nicht; seltsam hingegen musste dem Präfekten vorkommen, dass die Priester einen Landsmann als Feind des Kaisers denunzieren und hierfür ein Todesurteil erwirken wollten. Da konnte etwas nicht stimmen. Lukas, 23, 4–7:

«Ich sehe keinen Grund, diesen Mann zu verurteilen.» Aber sie drängten ihn weiter: «Er wiegelt mit seinen Reden das ganze jüdische Volk auf, von Galiläa angefangen bis hierher.» Als Pilatus das hörte, fragte er, ob der Mann aus Galiläa sei. Man bestätigte ihm, dass Jesus aus dem Herrschaftsgebiet des Herodes stamme. Da ließ Pilatus ihn zu Herodes bringen...

6.15 Uhr

Herodes Antipas

Auch Herodes weilt über die Tage des Pessachfestes in Jerusalem. Nur Lukas berichtet uns, dass Jesus auch von Herodes Antipas verhört wird. Da Herodes Landesfürst über Galiläa ist, schickt Pilatus den aus Nazareth stammenden Angeklagten zu ihm. Keine große Sache: Der König residiert entweder im selben Palast wie der Statthalter oder gleich nebenan.

Der König hatte, wie Lukas schreibt, schon viel von Jesus gehört. Dass Herodes Antipas inmitten einer Orgie aufgesucht wird, wie es bisweilen in Bibelfilmen gezeigt wird, namentlich im Hollywood-Streifen «King of the Kings» von Nicholas Ray, der einige Jahre zuvor mit dem James Dean-Klassiker «Rebel Without a Cause» – «Denn sie wissen nicht, was sie tun» – Filmgeschichte schrieb, ist eher unwahrscheinlich, wenn man annimmt, dass der Gefangene dem Regenten in früher Morgenstunde vorgeführt wird.

Wir erinnern uns, dass der König gemäß dem Lukas-Evangelium bereits vor Monaten, als Jesus in Galiläa Tagesgespräch war, den Wundertäter gerne selber kennengelernt hätte. Nun hat er die Gelegenheit und entsprechend hofft er, so Lukas, nun auch selber Zeuge eines solchen Wunders zu werden. Norman Jewison inszenierte die Szene, in der Jesus vor Herodes steht, in seinem Film «Jesus Christ Superstar» effektvoll und der Texter Tim Rice findet zu Andrew Lloyd Webbers beschwingter Dixieland-Nummer einmal mehr die treffenden Zeilen:

So you are the Christ, you're the great Jesus Christ
Prove to me that you're devine – change my water into wine

*That's all you need to do
then I know it's all true
C'mon King of the Jews*

*Jesus, you just won't believe the hit you've made around here
You are all we talk about, you're the wonder of the year
Oh what a pity if it's all a lie
Still I' sure that you can rock the cynics if you try*

Herodes, so berichtet Lukas, stellt viele Fragen, doch Jesus schweigt beharrlich. Da verspotten Herodes und seine Bodyguards Jesus, legen ihm ein Prachtgewand um, dann bringen ihn die Palastwachen des Herodes zurück zu Pilatus.

Ich kann mir die rohen Burschen, die Herodes Leibgarde bilden, ziemlich gut vorstellen: Söldner aus der Umgebung, womöglich aus dem Ausland. Als ich mit meinem Freund und Reisebegleiter Albert Sigrist 2003 eines Morgens durch die *Chicken Street* – Kabuls wenig glanzvolles Pendant zur Zürcher Bahnhofstraße – schlenderte, begegnete uns ein mit Kalaschnikows bewaffneter und mit Patronengürteln behängter Söldnertrupp. Wir kamen mit den Männern ins Gespräch und wir erfuhren von den vorwiegend aus dem Balkan und den ehemaligen russischen Teilrepubliken stammenden Söldnern, dass sie die Leibwache des afghanischen Präsidenten Hamid Karsai bildeten. An eine afghanische Leibgarde, so erfuhren wir von den Männern, war in diesen Tagen nicht zu denken; seinen eigenen Leuten konnte der als korrupt geltende afghanische Präsident mit Taliban-Vergangenheit schließlich nicht trauen. Genau so stelle ich mir auch die Palastwachen in der Antike vor, König Davids berühmt-berüchtigte Philister und Kreten (die sprichwörtlichen «Kreti und Pleti») etwa, oder die Garde des durchtriebenen und korrupten König Herodes Antipas.

Herodes und Pilatus, so vermerkt Lukas beiläufig, hätten sich früher gehasst. Doch dann wuchs offenbar zusammen, was zusammengehörte: von diesem Tag an, so Lukas, seien sie Freunde geworden…

6.30 Uhr

Ein korrektes Verhör

Nur Matthäus berichtet, dass die Frau des Pilatus ihrem Mann ausrichten lässt, dass sie sich sorge:

Während Pilatus auf der Gerichtstribüne sass, liess seine Frau ihm ausrichten: «Lass die Hände von diesem unschuldigen Mann! Seinetwegen hatte ich letzte Nacht einen schrecklichen Traum.»

Procula, die Gattin des Statthalters ist keine historisch eindeutig nachgewiesene Persönlichkeit; sie erscheint nur gerade bei Mattäus (Mt. 27, 19) und ausführlicher im Nikodemus-Evangelium, ihr Vorname Claudia taucht erst 1619 in einer Pseudo-Chronik auf. Selbstverständlich sehen die meisten Forscher in dieser Traum-Episode denn auch eine reine Erfindung. Eine gesunde Skepsis ist immer angebracht, doch grundsätzlich scheinen die Umstände gar nicht so abwegig. Man stelle sich vor: Eine reiche, schöne und darüber hinaus gelangweilte Frau zwischen dreißig und vierzig Jahren, vielleicht aber auch wesentlich jünger, verheiratet mit einem hochrangigen römischen (und womöglich einiges älteren) Beamten, der oft unterwegs ist, kaum Zeit hat und nebenbei noch allerhand Geschäften nachgeht. Möglicherweise waren sie beide Kinder aus vornehmen Patrizierfamilien; eine arrangierte Ehe vielleicht, wahrscheinlich sogar, keine Liebesheirat. Und da sie nun mit ihrem Mann, dem Provinzpräfekten,

> Dass sowohl Pilatus als auch dessen Frau von Jesus gehört haben, ist mehr als wahrscheinlich.

in Cäsarea Maritima residiert, lebt sie nicht weit vom Epizentrum der neuen Bewegung um diesen Rabbi Jesus, von dem man sich so wundersame Sachen erzählt: Dass sowohl Pilatus als auch dessen Frau von Jesus gehört haben, ist mehr als wahrscheinlich, denn Judäa ist eine verhältnismäßig kleine Provinz und die Jesus-Bewegung war, wie wir sahen, in kürzester Zeit zumindest regional ein beherrschendes Thema in den Jahren 29 und 30. Auch hörten wir bereits, dass Jesu Verehrer und sogar dessen Anhänger zum Teil in der jüdischen, vielleicht sogar in der römischen High Society zu finden waren. Wieso also sollte nicht auch die Frau des römischen Gouverneurs vom neuen Propheten gewusst haben? König Herodes Antipas war der Wundertäter aus Nazareth jedenfalls bestens bekannt. Kaum anzunehmen, dass Pilatus oder dessen Frau von Jesus nichts gehört oder gewusst haben.

6.45 Uhr

Pilatus führt das zweite Verhör im Haus; die Priesterschaft bleibt draußen. Auch wenn Pilatus, glauben wir Philo und Josephus, einen üblen Charakter hatte, so mochte er dennoch gebildet sein. Im Haus führt er laut Johannes mit Jesus einen kurzen, philosophischen Disput (Joh. 18.31–38):

«Bist du der König der Juden?», fragte er ihn. Jesus antwortete: «Bist du selbst auf die Frage gekommen oder haben dir andere von mir erzählt?» Pilatus erwiderte: «Hältst du mich etwa für einen Juden? Dein eigenes Volk und die führenden Priester haben dich mir übergeben. Was hast du getan?» Jesus sagte: «Mein Herrschaftsbereich gehört nicht zu dieser Welt. Sonst würden meine Untertanen dafür kämpfen, dass ich den Juden nicht in die Hände falle. Nein, mein Reich ist von ganz anderer Art.» Da fragte Pilatus ihn: «Du bist also doch ein König?» Jesus antwortete: «Ja, ich bin ein König. Ich wurde geboren und kam in die Welt, damit ich für die Wahrheit eintrete. Wer die Wahrheit liebt, der hört auf mich.» «Wahrheit?», meinte Pilatus, «was ist das?»

7.00 Uhr

Entnervt verlässt der Präfekt den Saal. Als selbst ernannten Philosophenkönig kann er diesen Jesus nicht zum Tode verurteilen…

… kommentiert Carsten Peter Thiede die Szene.

Pilatus tritt also wieder vor die Ankläger hinaus, die inzwischen womöglich, aber nicht zwingend, mit ein, zwei Dutzend handverlesenen Bürgern unterstützt wurden. Doch selbst das ist ungewiss: Eine Delegation der ranghöchsten Priester tat beim Präfekten ihre Wirkung voll und ganz und erheischte keine Unterstützung eines zusätzlichen, inszenierten Bürgerkomitees. Dass sich eine Volksmenge, sogar der gesamte Mob von Jerusalem, vor der Residenz des Pilatus versammelt habe, wie es in einschlägigen Bibelfilmen zu sehen ist, ist mehr als unwahrscheinlich: Um sechs Uhr morgens war die Masse der Menschen kaum auf den Beinen und das Verfahren geschah unter Ausschluss der Öffentlichkeit. Wir haben uns deshalb bei unserem Film bei der Inszenierung des Prozesses bemüht, die Szene authentisch und deshalb eher unspektakulär zu gestalten: Kaum jemand in der Stadt wusste zu diesem Zeitpunkt, was da innerhalb der dicken Palastmauern vorging. Und möglicherweise war nicht einmal die gesamte Priesterschaft bei Pilatus vorstellig geworden. Die vornehme und ranghohe Abordung, angeführt vom amtierenden Hohepriester sowie dessen Amtsvorgänger, demonstrierte die Wichtigkeit der Angelegenheit vollumfänglich, ein öffentliches Aufsehen hingegen war nicht nach dem Geschmack der Ankläger. Zumindest noch nicht an diesem frühen Morgen. Dem jüdischen

Volk als Ganzes vorzuwerfen, die Schuld an Jesu Tod zu tragen, wie es über die Jahrhunderte fälschlich und in höchst bedauerlicher, tragischer Weise und mit unvorstellbar schlimmen Konsequenzen geschah, ist deshalb völlig absurd und historisch unhaltbar. Ob unter den Juden nämlich überhaupt jemand außer Jesus und seiner Schar und außerhalb der Priesterkaste und deren Vertrauten von den Vorgängen wusste, die sich an diesem Morgen in aller Herrgottsfrühe in der Residenz des Pilatus abspielte, ist mehr als fraglich. Und das war ganz im Sinne der Ankläger.

Gemäß Lukas-Evangelium scheint der Statthalter aber nicht mitzuspielen. Lukas berichtet:

«Ich habe von den Anklagen, die ihr gegen ihn vorgebracht habt, keine einzige bestätigt gefunden. Auch Herodes nicht, denn er hat ihn zu mir zurückgeschickt. Der Mann hat nichts getan, worauf die Todesstrafe steht. Ich lasse ihn auspeitschen und gebe ihn dann frei».

Es war offenbar Brauch, dass an Pessach ein Staatsgefangener amnestiert wurde. Pilatus stellt die Wahl: Jesus von Nazareth oder Bar Abbas (wobei der Name des Gefangenen, den man mit «Sohn des Vaters» übersetzen könnte, wenig über Identität und Herkunft dieses Mannes aussagt). Die historische Forschung weiß nichts von einem solchen Amnestiebrauch vor Pessach. Es ist eigentlich auch nicht nachvollziehbar, warum Pilatus das getan haben sollte, denn offensichtlich waren die Hohepriester auf eine Verurteilung dieses Nazareners erpicht. Auch wenn der Statthalter den Grund, weshalb dieser Provinzler für den Tempelklerus ein solches Ärgernis darstellte, nicht kannte, so musste ihm klar sein, wie sich die Priester entscheiden würden.

Die von den Drahtziehern instruierten, im Hof versammelten Ankläger, so berichtet Lukas weiter, wollen Bar Abbas.

Eine Katze mit neun Schwänzen

In allen Evangelien wird ausdrücklich geschildert, dass Pilatus Jesus insgesamt dreimal befragt, was der damaligen römischen Rechtspraxis entspricht.

Die Priester drohen dem Präfekten mit einer Meldung nach Rom, dass er, Pilatus, weder fähig noch willens sei, die Ordnung im Land aufrechtzuerhalten. Bei Matthäus, Markus und Lukas heißt es dann kurz und bündig, dass Pilatus Jesus auspeitschen und kreuzigen lässt.

Die Geißelung ist eine überaus brutale und qualvolle Folter, die jeder Kreuzigung vorausging, wie Flavius Josephus ausdrücklich vermerkt.

7.30 Uhr

Jesus wird für die nun folgende Züchtigung den Soldaten übergeben und diese binden oder ketten ihn im Hof der Kaserne an eine Steinsäule. Dann lassen die Soldaten ihre neunschwänzige Katze

> Ob unter den Juden nämlich überhaupt jemand außer Jesus und seiner Schar und außerhalb der Priesterkaste und deren Vertrauten von den Vorgängen wusste, die sich an diesem Morgen in aller Herrgottsfrühe in der Residenz des Pilatus abspielte, ist mehr als fraglich. Und das war ganz im Sinne der Ankläger.

aus dem Sack: Während das jüdische Gesetz ein Limit von neununddreißig Peitschenhieben vorsieht, gibt es bei den Römern keine Regelung. Ziel ist es einfach, mit der Peitsche, an deren Riemen Metallteile und Knochensplitter befestigt sind, Haut und Fleisch des Delinquenten in Fetzen zu reißen. Der Journalist und Schriftsteller Peter Seewald beschreibt in seiner Jesus-Biografie das brutale Prozedere, das Jesus während vielleicht quälend langen zwanzig Minuten erfährt:

Die mit Metallkugeln und scharfen Knochenstücken versehenen Lederriemen der Peitsche konnten nach Ansicht des Mediziners Alexander Metherell den Rücken so zerfetzen, dass dabei sogar die Wirbelsäule freigelegt wurde. Im Verlauf der Geißelung wurden die Fleischwunden so tief, dass sie die Skelettmuskeln erreichten und sich Streifen von zuckendem, blutendem Fleisch lösten. Hinzu kommt ein enormer Blutverlust, der bei vielen der Gefolterten zum Tode führte, noch bevor sie gekreuzigt werden konnten.

Wenn wir Jesu enormes Programm und die damit verbundenen Strapazen bedenken, können wir davon ausgehen, dass er vermutlich über eine recht robuste körperliche Konstitution verfügt haben dürfte. Markus wird uns später zudem schildern, dass Pilatus überrascht war, dass Jesus noch am selben Tag am Kreuz verstarb – ein weiterer möglicher Hinweis auf Jesu gesunde körperliche Konstitution. Der Querbalken eines Kreuzes hat zwar durchaus ein ansehnliches Gewicht, das dem, der ihn zu tragen hat, mit der Zeit erhebliche Mühen bereitet. Dies jedenfalls stellten wir bei unseren Dreharbeiten fest, als wir die Kreuzigung rekonstruierten: Die ständigen Wiederholungen der Kreuzweg-Szene setzten den Darstellern bald einmal arg zu und die Produktionsassistenten übernahmen es jeweils, die Kreuzbalken wieder zur Ausgangsposition zu tragen. Dass laut Evangelien Jesus – im Gegensatz zu den anderen beiden Verurteilten, die Jesu Los an diesem Tag teilen müssen – auf dem Weg zum Richtplatz mehrere Male zusammenbricht und den Kreuzbalken nicht mehr alleine zu tragen vermag, gibt zumindest einen Hinweis auf das mögliche Faktum, dass er von den Soldaten bei der Auspeitschung brutal und über die Gebühr misshandelt wurde. Auch wenn Mel Gibson bei seinem Passionsfilm nicht immer auf historische Authentizität setzt – bei der exzessiv brutalen Auspeitschungsszene erscheint «The Passion of the Christ» aus historischer Sicht kaum übertrieben.

> Bei der exzessiv brutalen Auspeitschungsszene erscheint «The Passion of the Christ» aus historischer Sicht kaum übertrieben.

Endlich kommt der Zenturio hinzu und hebt die Hand: «Satis!» Jesus hängt blutüberströmt am Steinpfosten. Es wird aus den Evangelien nicht klar, weshalb die Legionäre Jesus derart brutal anpacken und nachher wilden Spott mit ihm treiben. Während sich die Folterknechte, die sich in einer Mischung aus Sadismus und Raserei während fünfzehn, zwanzig Minuten völlig verausgabt haben, keuchend an eine Wand lehnen, nimmt einer der Legionäre einen Holzeimer voll Wasser und spritzt es gegen den Ausgepeitschten, der am ganzen Leib zittert, während das Wasser dessen Blut über das Pflaster des Innenhofs schwemmt. Einer der Soldaten hat in der Zwischenzeit eine improvisierte Dornenkrone geflochten, ein anderer kommt mit einem purpurfarbenen Tuch auf Jesus zu, der eben vom Marterpfosten losgekettet oder losgeschnitten worden ist. Die rote Tunika wird Jesus um die Schulter gelegt und die Krone wird ihm auf den Kopf gesteckt. Dann wird ihm, so heißt es bei Markus, mit Rohren und Knüppeln auf den Kopf geschlagen und die Dornen bohren sich in die Kopfhaut und in das Fleisch der Stirn. Rolling Stones-Gitarrist Keith Richards erwähnt in seiner umfangreichen Autobiografie «Life» in seinen Instruktionen zum Messerkampf, dass jede Stich- oder Schnittwunde an der Stirn sofort einen ungeheuren Blutfluss erzeuge und dass sich das Blut alsbald wie ein Vorhang über die Augen lege, sodass der Betroffene kaum noch imstande sei, etwas zu sehen.

Bereits im Sanhedrin wurde Jesus von den als äußerst brutal geltenden Tempelwächtern hart angepackt und geschlagen. Doch spätestens nach Auspeitschung und Dornenkrönung ist Jesus bloß noch eine bluttriefende Zombie-Gestalt, die sich kaum mehr aufrecht halten kann, eine Missgestalt, von der Haut und Fleisch in Fetzen vom Körper hängen. Dann bespucken die Soldaten den Geschundenen und beginnen, sich spöttisch vor dem misshandelten Mann zu verbeugen. Markus schildert die Verhöhnung Jesu im 15. Kapitel (15, 16–20):

Die Soldaten aber führten ihn ins Innere des Palastes, das heißt des Prätoriums, hinein und riefen die Kohorte zusammen. Dann zogen sie ihm einen Purpurmantel an und setzten ihm eine Dornenkrone auf, die sie geflochten hatten. Und sie fingen an, ihm zu huldigen: »Heil dir, König der Juden!« Und sie schlugen ihm mit einem Rohr auf das Haupt und spien ihn an, beugten die Knie und fielen vor ihm nieder. Und nachdem sie ihn verspottet hatten, nahmen sie ihm den Purpurmantel wieder ab und zogen ihm seine eigenen Kleider wieder an.

Die Parallelen zur alttestamentlichen Weissagung des Propheten Jesaja sind gleichermaßen offensichtlich wie verblüffend. Einige hundert Jahre früher heißt es in dessen dritten Lied vom Gottesknecht:

Ich aber widerstrebte nicht, wich nicht zurück. Meinen Rücken bot ich den Schlagenden dar und meine Wangen den Raufenden. Ich verbarg mich nicht vor Schmähungen und Bespeien. (Jes. 50,5–6)

Kein Freund des Kaisers

Einzig im Johannes-Evangelium unternimmt Pilatus einen letzten, kurzen Versuch, ein Todesurteil zu verhindern. Noch einmal wendet er sich an die Ankläger und zeigt auf den Geschundenen: *Ecce homo* – welch ein Mensch:

«Da, seht ihn euch an!» Als die führenden Priester und die Wächter ihn sahen, schrien sie im Chor: «Kreuzigen! Kreuzigen!» Pilatus sagte zu ihnen: «Dann nehmt ihn und kreuzigt ihn selbst! Ich finde keinen Grund, ihn zu verurteilen.» Die Juden hielten ihm entgegen: «Wir haben ein Gesetz. Nach diesem Gesetz muss er sterben, weil er behauptete, er sei Gottes Sohn.»

Pilatus wendet sich wieder an Jesus:

«Willst du nicht mit mir reden? Denk daran, dass ich die Macht habe, dich freizugeben, aber auch die Macht, dich ans Kreuz nageln zu lassen.» Jesus antwortete: «Du hast nur Macht über mich, weil sie dir von Gott gegeben wurde.»

Die Ankläger toben und schreien.

«Wenn du ihn freilässt, dann bist du kein Freund des Kaisers! Wer sich als König ausgibt, stellt sich gegen den Kaiser!»

Jetzt wird es eng für den Präfekten: «Sich zum König machen» bedeutet Verrat am Kaiser und nach der Lex Juliana steht darauf unweigerlich die Todesstrafe. Geradezu verängstigt haben dürfte Pilatus die Drohung, nicht mehr als «Freund des Kaisers» zu gelten. Jeder Amtsträger, der diesen Titel verliert, ist zumindest politisch für alle Zeiten erledigt. Und diesen widerborstigen Juden war eine Meldung nach Rom durchaus zuzutrauen; schon einmal musste sich Pilatus für eine Amtsübertretung in Rom persönlich verantworten, weil man ihn von Jerusalem aus in Rom angezeigt hatte. Eine zweite Vorladung an den kaiserlichen Hof hätte für ihn im allergünstigsten Fall das Ende seiner Karriere bedeutet. Dass sich Pilatus zu Recht Sorgen machte, zeigt die Tatsache, dass er sich nach einem weiteren Vorfall in Judäa im Jahre 36, also sechs Jahre später, tatsächlich ein zweites Mal in Rom zu verantworten hatte. Von da an verschwindet Pontius Pilatus spurlos aus der Geschichte; ein Umstand, der kaum dafür spricht, dass die Sache für ihn gut ausgegangen ist.

8.15 Uhr

Als Pilatus merkte, dass seine Worte nichts nützten und die Erregung der Menge nur noch größer wurde, nahm er Wasser und wusch seine Hände. Dabei sagte er: «Ich habe keine Schuld am Tode dieses Mannes. Das habt ihr zu verantworten!» (Mt. 27, 24)

Es wurde zu allen Zeiten kontrovers darüber diskutiert, ob der Prozess Jesu tatsächlich so verlaufen ist, wie er in den Evangelien geschildert wird. Es bleibt auch unklar, wer als Prozesszeuge für die Evangelisten überhaupt infrage kommt; die Jünger waren geflohen und dass der einzige zurückgebliebene Jünger, Johannes, sowie Jesu ebenfalls ausharrende Jüngerinnen zusammen mit den Ratsmitgliedern des Sanhedrins Einlass in den Hof der Pilatus-Residenz fanden, muss bezweifelt werden. Wer also kommt infrage? Und wer rapportierte das Zwiegespräch zwischen Jesus und dem Präfekten, das doch innerhalb der Palastmauern geführt wurde? Dass Pilatus später zum Christentum konvertiert haben soll, wie uns apokryphe Schriften glauben machen wollen, erscheint etwas abenteuerlich. Dies wäre

> «Sich zum König machen» bedeutet Verrat am Kaiser und nach der Lex Juliana steht darauf unweigerlich die Todesstrafe.

damals im aufkeimenden Christentum ein unglaublicher Glücksfall gewesen und beste Propaganda dazu. Man stelle sich vor: Jener Richter, der Jesus einst dem Kreuztod überantwortete, würde später dessen Anhänger. Die Senation wäre so perfekt gewesen, dass das Echo in der Entwicklung des Christentums nachhaltig genug gewesen wäre, es in den kanonischen Evangelien nicht zu verschweigen.

Als Zeugen für den Prozess kommen freilich spätere Anhänger Jesu infrage, die dem Sanhedrin angehörten; es werden sich unter ihnen wahrscheinlich noch mehr als bloß die in den Evangelien namentlich genannten Herren Nikodemus und Josef befunden haben. Als Zeugen für das Zwiegespräch zwischen Jesus und Pilatus, es wurde bereits erwähnt, kommen der Schreiber, anwesendes Militär oder aber ein Übersetzer infrage. Dass sowohl Jesus als auch Pilatus Griechisch sprachen, kann angenommen werden. Der Einfluss der lateinischen Sprache hingegen war im Osten des römischen Reiches im Alltag marginal; ob Jesus also fließend die lateinische Sprache beherrschte, darf durchaus bezweifelt werden. Hat sich der arrogante Pilatus womöglich eines Übersetzers bedient, der später von der Unterredung erzählen konnte? Immerhin wissen wir heute, dass sich römische Politiker, Feldherren und andere Würdenträger in Verhandlungen mit Ausländern gerne und prinzipiell des Lateins bedienten und dabei demonstrativ den Dienst eines Übersetzers in Anspruch nahmen, selbst wenn sie die Sprache der Ausländer eigentlich beherrschten. Sie taten dies, um zu zeigen, wer der Herr im Hause war.

Als Pozesszeugen käme innerhalb der Pilatus-Residenz also höchstens das Personal infrage, Männer, die dann später allerdings mit den Christen hätten sympathisieren oder wenigstens mit einigen von ihnen befreundet sein müssen. Das ist vielleicht etwas weit hergeholt, aber grundsätzlich auszuschließen ist es nicht, denn, wie bereits gesagt, war die Provinz Palästina klein und überschaubar. Und manchmal ist es erstaunlich, wie Debatten, Gespräche oder Beschlussfassungen, die innerhalb von Behörden und hinter verschlossenen Türen stattfinden, doch immer wieder den Weg in die Öffentlichkeit finden. Allein schon die politische Kultur meines Heimatkantons Obwalden ist voll von eigenen, diesbezüglich gemachten Erfahrungen. Informationsfluss und Geheimhaltungslecks gehören zum politischen Alltag und das Benutzen von Informationen durch Indiskretion ist stets eine der besten Waffen der Opposition. Gut möglich, dass sich die Christen der ersten Stunde durchaus als Dissidenten in der damaligen jüdischen Theokratie verstanden und sich entsprechend in Position setzten und sich die für sie überlebenswichtigen Informationen zu beschaffen wussten. Denn «Informationen», so sagt 1977 Roger Moore als britischer Superagent «007» im «The Spy Who Loved Me» treffend, «verlängern das Leben.»

Das Wasser der Unschuld

Der Theologe und Historiker Albert Gasser mutmaßt im Gespräch, dass seiner Meinung nach der gesamte Prozess eine unglückliche Dynamik bekommen habe, die ihn in die Nähe einer Lynchjustiz rücke. Ob sich Pilatus tatsächlich die Mühe nahm, frühmorgens ein so ausführliches Verhör zu führen? Er, der Statthalter, der dafür bekannt war, Todesurteile auch ohne Gerichtsverhandlung zu verhangen, war, glauben wir den Zeitzeugen, kein Mann mit Skrupeln oder Einfühlungsvermögen. Und Rom reagierte grundsätzlich empfindlich auf jede Störung von Ruhe und Ordnung und eine humanistische Wertschätzung eines Menschenlebens stand in der Antike – zumal in der Politik – nicht zur Debatte. Es ist deshalb auch nicht anzunehmen, dass sich Pilatus für die Aburteilung und Hinrichtung eines jüdischen Propheten in Rom je hätte verantworten müssen. Das System nahm auf Einzelschicksale keine Rücksicht und vertraute da ganz auf die Effizienz seiner Nomenklatura. Das aber heißt im umgekehrten Sinn, dass der Statthalter eigentlich auch einen Freispruch in Rom durchaus hätte verantworten können: ein Philosophenkönig, dessen Reich nach eigener Aussage nicht von dieser Welt ist, ist schließlich keine staatszersetzende Bedrohung, höchstens ein Narr. Und harmlose Spinner zu kreuzigen gehörte bei aller Menschenverachtung des römischen Systems nun auch nicht unbedingt zu den Angewohnheiten der Machthaber vom Tiber.

Wer also hat Jesu Kreuzigung zu verantworten? Immer wieder wurden Mutmaßungen laut, die Evangelisten hätten bei Jesu Prozess absichtlich die römische Verwaltung aus der Schusslinie genommen und vornehmlich die Verantwortung für Jesu Verurteilung der jüdischen Priesterschaft angehängt. Das mag zutreffen und versöhnliche Töne Richtung Rom wären zu Beginn des Christentums durchaus hilfreich, sogar schlau gewesen. Die Verantwortung für Jesu Tod dem Statthalter Pilatus in die Sandalen zu schieben hätte allerdings auch kaum ein Risiko bedeutet. Pilatus war schon bei seinen Zeitgenossen verhasst und genoss selbst in den Machtzentralen Roms einen eher zweifelhaften Ruf: Seine Absetzung als Landpfleger in Palästina im Jahr 36 bedeutete das Ende des sowohl politischen als auch des historischen Pilatus. Das sich zaghaft, aber stetig entwickelnde Christentum kam mit der römischen Macht erst in Berührung, als Pontius Pilatus in Rom längst in Ungnade gefallen und in der Geschichte verschwunden war. Doch gerade bei Pilatus zeigt sich, wie bizarr und wunderlich die Fügungen der Geschichte bisweilen sein können: Der Statthalter von Judäa gehört zu diesen historischen Phänomenen, denn er wird durch eine einzige, kurze Begegnung mit der mit Gewissheit berühmtesten Persönlichkeit nicht nur der Antike, sondern der gesamten Menschheitsgeschichte, zu einer der bekanntesten römischen Figuren überhaupt. Und dieser Mann, dazu noch von offensichtlich äußerst zweifelhafter Wesensart, schafft es sogar – nebst Jesu Mutter Maria – als einziger sterblicher Mensch im katholischen Glaubensbekenntnis erwähnt zu werden. Und wenn man bedenkt, wie oft und verbreitet ebendieses Glaubensbekenntnis jeden Tag gesprochen wird – der römisch-katholischen Kirche gehören immerhin 1,181 Milliarden Menschen an –, mag dieser Pontius Pilatus sogar zu einer der wahrscheinlich meistgenannten Personen der gesamten Geschichte geworden sein. Ein Jahrtausend und einige Jahrhunderte später kommt der zweifelhafte römische Statthalter zu weiteren Ehren, indem man, einer alten Sage zufolge, den vormals «Fräkmünt» genannten Berg in der Innerschweiz auf «Pilatus» umtaufte, in der Folge auch eine Innerschweizer Flugzeugfirma, verschiedene Hotels in der Region und eine lokale Zentralschweizer Radiostation nach dem Statthalter von Jerusalem benannte.

Die Schuldfrage

Noch immer steht eine Frage im Raum, die nicht nur viel Kopfzerbrechen, wildeste Mutmaßungen und paranoide Schuldzuweisungen zeitigte, sondern im Verlauf von zweitausend Jahren Christentum auch unsäglich viel Leid verursacht hat: Wer trägt nun also die Verantwortung für Jesu Tod? Hat tatsächlich das jüdische Volk nach Jesu Blut geschrien? Nach Matthäus sollen die Ankläger ihre Forderung sogar mit einer unheilschwangeren Formel bekräftigt haben:

«Soll doch sein Blut über uns und unsere Kinder kommen!» (Mt. 27, 25)

Die Frage, wer Jesu Tod nun zu verantworten hat, machte das jüdische Volk zu «Gottesmördern». Diesem historisch und theologisch unhaltbaren Vorwurf folgte die religiöse Legitimation für Ausgrenzungen, Schikanierungen und immer wieder abscheulichste Pogrome gegen die Angehörigen des jüdischen Volkes. Selbstverständlich wurde dabei stets und geflissentlich übergangen, dass Jesus selbst und mit ihm alle seine Apostel und Jünger Juden waren und sich auch als solche sahen. Überdies ist sogar den Evangelien klar zu entnehmen, dass nicht das jüdische Volk Jesu Tod forderte, sondern lediglich dessen Priesterelite. Dass dieselben Menschen, die Jesu Ankunft bei dessen Einzug in Jerusalem mit Begeisterung feierten, wenige Tage später nach seinem Blut geschrien hätten, entbehrt jeder historischen Plausibilität, denn Jesus war, und das kommt sowohl in den Evangelien als auch in der Apostelgeschichte immer wieder klar zum Ausdruck, bis zu seinem Tod am Kreuz und darüber hinaus populär und beliebt beim Volk. Gekreuzigt wurde Jesus von den Römern, doch der Anstoß und die Anklage erfolgte durch die Hohepriester in Jerusalem.

> *Der Statthalter von Judäa gehört zu diesen historischen Phänomenen, denn er wird durch eine einzige, kurze Begegnung zu einer der bekanntesten römischen Figuren überhaupt.*

Es werden immer wieder Vorwürfe laut, nach denen vor allem das Johannes-Evangelium mit antisemitischen Tendenzen aufwarte, indem es Jesu Widersacher und bei der Passion vor allem Jesu Ankläger einfach als «die Juden» bezeichnet. Erstaunlicherweise habe ich nirgends in der Fachliteratur einen Hinweis gefunden, dass dies auch einen durchaus ethnologischen Hintergrund haben könnte: Zwar gehörten alle drei Volksgruppen, jene in Galiläa, in Samaria und in Judäa, dem jüdischen Glauben und der jüdischen Tradition an. Doch eigentlich verstanden sich die Menschen in Galiläa als Galiäer, jene aus Samaria als Samaritaner und die Bewohner Judäas waren möglicherweise eben «die Juden». Wir haben bereits im Kapitel «Neubeginn» von der Samaritanerin am Jakobsbrunnen (4. Kapitel des Johannes-Evangelums) von der Arroganz und Selbstherrlichkeit erfahren, welche die Bewohner in und um Jerusalem gegenüber den restlichen «Provinzlern» jüdischen Glaubens stets zu zeigen gepflegt haben sollen. Eugen Drewermann ist sich im Interview sicher, dass sogar bei den Examinierungen Jesu in Galiläa zu Beginn seines Wirkens nicht die Lokalgeistlichen auf den Plan traten, sondern die geistlichen Autoritäten von Jerusalem selbst anreisten, um sich ein Bild von diesem neuen Propheten zu machen und um allfälligen Handlungsbedarf zu prüfen. Es waren möglicherweise also nicht unbedingt die galiläischen Dorfgeistlichen, sondern die Jerusalemer Priester und Gesetzeslehrer aus Judäa, also eben die «Juden», die Jesus das Leben bereits zu Beginn seiner Mission schwer machten und ihm schließlich nach dem Leben trachteten.

Jesu Kreuzigung wurde in letzter Instanz und damit in letzter Verantwortung durch Rom in der Person von Pontius Pilatus angeordnet. Das ist ein unumstößliches historisches Faktum und genau das will auch das katholische Glaubensbekenntnis ausdrücken, wenn es da heißt: «Gelitten unter Pontius Pilatus». Doch kein Gericht und keine Verurteilung ohne Anklage. Und die Anklage und mit ihr die Bemühungen, ein Todesurteil zu erwirken, gehen – folgen wir auch in kritischer Distanz den Evangelien – zweifelsfrei auf die Kappe der Hohepriester Kaiphas, Hannas und die (klare oder vielleicht knappe) Mehrheit im damaligen jüdischen Priesterrat, dem Sanhedrin. Dass offensichtlich die Mehrheit des Sanhedrins mit der Verurteilung Jesu einverstanden war oder sich zumindest mit der erwirkten Hinrichtung abgefunden hatte, zeigt der Umstand, dass sich der mutmaßliche Drahtzieher Josef Kaiphas noch lange darüber hinaus im Amt des Hohepriesters halten konnte und erst sieben Jahre nach Jesu Kreuzigung durch die Römer aus dem Amt geworfen wurde. War also Kaiphas, dessen Schwiegervater Hannas und die führenden Priester für Jesu Kreuzigung verantwortlich? Genau so sah es jedenfalls der für Bibelskeptiker unverdächtige und für die Ereignisse während des 1. Jahrhunderts in Palästina wichtigste außerchristliche Zeitzeuge und Historiker Flavius Josephus (37–100 n. Chr.), wenn er schreibt, dass Jesus zwar durch Pontius Pilatus und durch die Römer, jedoch klar auf Betreiben der vornehmsten Juden gekreuzigt worden sei. Wir kennen nicht alle Namen der damals «vornehmsten Juden», Kaiphas und Hannas dürften mit Sicherheit unter ihnen gewesen sein. Und genau das und nichts anderes zeigt Mel Gibson in seinem umstrittenen Film «The Passion of the Christ». Dass der Film deshalb antisemitische Züge trage, ist ein grotesker Vorwurf: Auch bei Gibson sind es vor allem die Kleriker, die ihr Ränkespiel treiben und Jesus in einen fürchterlichen Tod treiben. Viele Juden zeigen sich im Film auch betroffen und offenbaren Mitleid. Letztlich sind es vor allem die römischen Soldaten, die in Gibsons Passionsfilm gnadenlosen Sadismus demonstrieren.

Die berühmte Szene, in der sich Pilatus auch noch effekthascherisch die Hände in Unschuld wäscht, wird nur im Matthäus-Evangelium geschildert. Dass diese Szene jemals stattgefunden hat, wird von der Mehrheit der Forscher bezweifelt. Der Bibelarchäologe Shimon Gibson hält die Episode für realsitisch und sieht in seinem Buch «Die sieben letzten Tage Jesu» in ihr eine Verhöhnung der jüdischen Reinigungsrituale. Was ein weiterer Hinweis wäre, dass dem Statthalter kaum der Sinn danach stand, den jüdischen Klerikern einen Gefallen zu erweisen.

> Es waren möglicherweise also nicht unbedingt die galiläischen Dorfgeistlichen, sondern die Jerusalemer Priester und Gesetzeslehrer aus Judäa, also eben die «Juden», die Jesus das Leben schwer machten.

Bei Lukas heißt es dann nur kurz und knapp:

Schließlich siegte das Geschrei. Pilatus entschied, dass sie ihren Willen haben sollten. Er gab ihnen Jesus preis, und den, der wegen Aufruhr und Mord im Gefängnis sass, gab er frei.

Was nun Jesus widerfährt, ist das wohl Schrecklichste, was die römische Zivilisation zu bieten hatte.

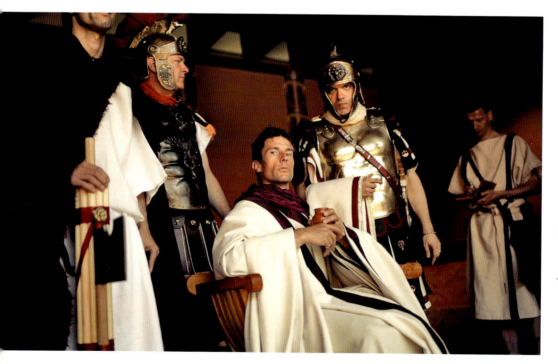

Der Tod am Kreuz

Ob die Überlieferung von Jesus geschichtlich erwiesen ist oder nicht, für mich ist sie wahrer als die Geschichte, denn ich halte sie für möglich, weil sie ein ewiges Gesetz darstellt – das Gesetz vom stellvertretenden Leiden des Unschuldigen.
Mahatma Ghandi

Die grausamste aller Strafen

Cicero nannte die Kreuzigung «die grausamste und fürchterlichste Todesstrafe». Und Flavius Josephus bezeichnete sie als «die erbärmlichste aller Todesarten». Seneca schreibt seinem Freund Lucilius, nachdem er einer Kreuzigung beigewohnt hat, diese Hinrichtungsart bewirke ein allmähliches Absterben aller Glieder und ein tropfenartiges Verlöschen des Lebens.

Wie es Sitte war, hatten die Delinquenten den Querbalken des Kreuzes selbst zur Richtstätte zu tragen. Auf dem Weg zur Kreuzigung wurde den Verurteilten jeweils ein Holzschild vorangeführt, auf dem der Grund ihrer Verurteilung vermerkt war. Ob Pilatus sich mit den jüdischen Klerikern einen üblen Scherz erlaubte oder ob es sein stiller Protest gewesen ist, geht aus den Quellen nicht hervor; jedenfalls gibt die knappe Anklageschrift Anlass zu heftigem Protest seitens der Priester. Pilatus lässt nämlich vermerken: «Jesus von Nazareth, König der Juden». Und das in drei Sprachen: in der Amtssprache Latein, in der damaligen Weltsprache Griechisch und in der jüdischen Sprache, in Hebräisch. Johannes berichtet uns im 19. Kapitel, dass die Priester entsetzt sind:

Die führenden Priester sagten zu Pilatus: «Schreib nicht: ‹Der König der Juden›, sondern: ‹Dieser Mann hat behauptet: Ich bin der König der Juden.›» Pilatus sagte: «Was ich geschrieben habe, bleibt stehen.»

«Der Weg vom Richthaus nach Golgotha war gnädig kurz», vermerkt der Bibelarchäologe Werner Keller in seinem berühmten Buch mit dem provokativen Titel «Und die Bibel hat doch recht». Wer allerdings heute in der Via Dolorosa Jesu Kreuzweg nachgehen will, sieht nicht mehr viel, was mit dem damaligen Kreuzweg zu tun hat. Die Römer zerstörten bekanntlich Jerusalem im Jahr 70 vollständig und ließen kaum einen Stein auf dem anderen. Dennoch sind wir heute in der Lage, ein ziemlich exaktes Bild von der Stelle zu erhalten, an der Jesus verurteilt und an welcher er schließlich gekreuzigt wurde. Jesu Prozess fand mit größter Wahrscheinlichkeit nicht in der römischen Festung Antonia statt, wie früher angenommen wurde: die heutige Via Dolorosa liegt demnach weit abseits des damaligen Geschehens. Jesus wurde nicht durch diese Gasse zur Hinrichtung geführt, sondern am gegenüberliegenden Stadtteil Jerusalems.

In der Zwischenzeit dürfte in Jerusalem die Kunde wie ein Lauffeuer durch die Stadt gegangen sein: Jesus, der Rabbi und Wundertäter, wird von den Besatzern gekreuzigt!

Jesus und zwei weitere zum Tod verurteilte Delinquenten werden durch das Genat-Tor (Gartentor) vor die Stadt geführt. Unmittelbar bei der

> *Cicero nannte die Kreuzigung «die grausamste und fürchterlichste Todesstrafe».*

Stadtmauer befindet sich die Hinrichtungsstätte mit dem Namen «Golgotha», das etwa mit dem Wort «Schädel» oder «Schädelstätte» zu übersetzen ist. Dabei handelte es sich möglicherweise um einen Felshügel, ein Überbleibsel eines alten Steinbruchs aus der Königszeit. Markus berichtet:

Sie brachten Jesus an die Stelle, die Golgotha heißt. Dort wollten sie ihm Wein und einen betäubenden Zusatz geben. Aber Jesus nahm ihn nicht.

9.00 Uhr

Solche Akte der Barmherzigkeit sind mehrfach belegt. Man geht heute davon aus, dass man Jesus mit Myrrhe versetzten Wein angeboten hat, um ihm die Sinne zu vernebeln, zumindest die Schmerzen zu lindern. Aber Jesus lehnt ab; er will die Qualen des Martyriums bei vollem Bewusstsein ertragen.

Über den Vollzug einer Kreuzigung wissen wir heute hingegen nur sehr wenig und in römischen Akten finden wir keine einzige Beschreibung, wie eine solche Exekution vonstatten ging. Auch die Evangelien schweigen sich aus. Das mag verständlich sein, denn sowohl den Evangelisten als auch deren Lesern war damals der Vollzug einer Kreuzigung aus eigenem Erfahrungshorizont bestens bekannt und erheischte keine weitere Beschreibung oder zusätzliche Erklärung. Es ist deshalb eigentlich fast müßig, darüber zu spekulieren, wie Jesu Kreuz beschaffen war; ob es die Form eines T aufwies oder ob sich Längs- und Querbalken kreuzten.

> Über den Vollzug einer Kreuzigung wissen wir heute hingegen nur sehr wenig.

Auch über die Höhe des Blutgerüsts werden immer wieder Spekulationen laut, die letztlich einen Beweis schuldig bleiben. Mehrheitlich wird heute behauptet, dass die Kreuze kaum höher als drei oder zweieinhalb Meter waren und die Füße der Gekreuzigten beinahe den Boden berührten. Dem setze ich meine eigne Vermutung entgegen, dass die Verurteilten weit höher hingen. Wenn man bedenkt, dass Jesus unter der Last des Querbalkens zusammenbrach und der Passant Simon von Cyrene, der zufällig am Rand des Weges stand, an Jesu Stelle das Tragen des Holzes übernehmen musste, so dürfte es sich nicht bloß um eine bescheidene Holzlatte gehandelt haben, was einen gewissen Hinweis, betrachtet man die Verhältnismäßigkeit, auf die Höhe des vertikalen Balken geben könnte. Im Weiteren sollte die Kreuzigung für eine abschreckende Wirkung sorgen. Es war deshalb durchaus sinnvoll, die zerschundenen Leiber der Delinquenten überhöht und möglichst gut sichtbar ans Holz zu nageln, damit sie nicht im Pulk der Gaffer verschwanden. Es ist vorstellbar, dass eine ganze Reihe Längsbalken für die immer wieder anfallenden Kreuzigungen bereitstanden und es versteht sich dabei, dass nach dem Tod der Delinquenten selbst die Querbalken neuerlichen Verwendungen zugeführt wurden. Die Kreuzigungsanlage von Jerusalem dürfte deshalb, wie es Franco Zifirelli in seinem Film «Jesus von Nazareth» von 1976 möglicherweise korrekt zeigt, nicht provisorischer Natur gewesen sein, sondern als eine fixe Hinrichtungsinstallation existiert haben.

Licht ins Dunkle, was die Kreuzigungspraxis angeht, brachte ein archäologischer Sensationsfund eines Grabes in Jerusalem im Jahr 1968: Der in der Grabhöhle bestattete Jochanan Ben Hazkul wurde ungefähr zur selben Zeit wie Jesus gekreuzigt. Man fand die Nägel nicht, wie auf den meisten Kreuzigungsdarstellungen zu sehen ist, durch die Füße, sondern im Bereich des Knöchels, steckte doch der stark verbogene Nagel noch in einem der Fersenknochen.

Die einzige bisher entdeckte antike Illustration einer Kreuzigung ist ein Mauergraffiti aus dem 3. Jahrhundert, das einen eselsköpfigen Mann an einem Kreuz zeigt, versehen mit dem eingeritzten spöttischen Vermerk: «Alexandreios betet seinen Gott an». Folgen wir dieser einzigen Illustration einer Kreuzigung aus jener Zeit, so unterscheidet sich die Körperhaltung des Gekreuzigten grundlegend von allen bekannten Kreuzigungsszenen, die wir kennen, denn auf der Mauerzeichnung werden beide Beine parallel auf je einer Seite an den Längsbalken genagelt. Daraufhin deuten auch die Spuren der Annagelung beim Skelett des Jochanan Ben Hazkul, die sich seitlich im Knöchelbereich befinden. Diese Praxis beschert den Verurteilten eine noch entblößendere und demütigendere Körperhaltung, falls man die Delinquenten sogar nackt gekreuzigt hat, notabene zu einer Zeit, in der noch keine Nacktkörperkultur in Mode war und die Menschen in Judäa mit Nacktheit sogar erhebliche sittliche Probleme hatten.

Die Kreuzigung sei, schreibt Peter Seewald in seiner Jesus-Biografie, mit unbeschreiblichen Schmerzen verbunden. Bereits das Annageln sei eine Tortur gewesen, da die Nägel durch den *nervus medicus* getrieben wurden und sich der zerfetzte und offene Rücken am Kreuz permanent am rauen Holz des Längsbalkens gerieben habe. Hinzu kamen, stelle ich mir vor, zusätzlich Fieber und rasende Kopfschmerzen.

Nachdem die Arme an den Querbalken genagelt (und wahrscheinlich zusätzlich mit Seilen daran fixiert) worden waren, wurde der zu Kreuzigende am Querbalken hängend am Vertikalholz hochgezogen und möglicherweise in einer dort angebrachten Kerbe mit einem Stift oder Bolzen befestigt. Dann wurden die Beine – sollte uns das erwähnte Mauergraffiti richtig informieren – zu beiden Seiten an den Längsbalken genagelt, wobei der Fuß sich auf ein kleines Querholz stützen konnte, was ebenfalls ganz klar auf dem erwähnten Mauergraffiti ersichtlich ist. Dies allerdings war alles andere als ein Gnadenakt, diente es doch dazu, den Gekreuzigten vor dem Erstickungstod zu bewahren und damit dessen Leiden zu verlängern. Der absackende Körper richtete sich nämlich reflexartig wieder auf und stützte sich bei immer größerer Erschöpfung stetig wieder nach Möglichkeit ab, um dem Ersticken zu entgehen. Wann immer also der Gekreuzigte in todesnaher Atemnot erneut zusammensank, begann das grausame Zusammensinken und Aufrichten von Neuem.

Das Reenactment für die Kreuzigungsszene in unserer Filmdokumentation zeigte, dass dieses Kreuzigungsprinzip nicht nur gut, sondern mit einer gewissen Routine auch effizient vonstatten ging. Auch ich sah mich als Regisseur mit dem Problem konfrontiert, dass es eben keine antike Betriebsanleitung für eine Kreuzigung gab. Ein Traum gab mir schließlich die Idee, wie ich die Kreuzigungspraxis inszenieren wollte: Der Querbalken wurde von unseren Darstellern mit Seilen an einem Metallring, der zuoberst am Vertikalholz eingerammt war, hochgezogen, bis die beiden Auskerbungen von Längs- und Querbalken ineinanderschnappten und dann mit zwei Eisenbolzen fixiert wurden. Es dauerte insgesamt keine fünf Minuten, bis unser Jesus-Darsteller am Querholz hängend, auch am Vertikalbalken fixiert war. Die mit den Zehen auf dem vorne angebrachten stützenden Querholz stehenden Füße seitlich ans Holz zu nageln, wäre nur noch eine kurze, aber schmerzvolle Angelegenheit gewesen.

Folgen wir dieser einzigen Illustration einer Kreuzigung aus jener Zeit, so unterscheidet sich die Körperhaltung des Gekreuzigten grundlegend von allen bekannten Kreuzigungsszenen.

Bei der Postproduktion des Films entspann sich unter Freunden, die an der Produktion nicht beteiligt waren, eine kurze Diskussion, weshalb Jesus in unserer Inszenierung sowohl bei der Auspeitschung als auch bei der Annagelung vor Schmerzen laut aufschreit, während andererseits Jim Caviezel als Jesus in Mel Gibsons Passionsfilm «The Passion of the Christ» die Schmerzen offensichtlich beinahe stoisch, zumindest tapfer und ohne Schmerzensschreie erträgt. Ich habe es aus zweierlei Gründen anders inszeniert: die

Menschen im damaligen Palästina hatten nichts mit dem Stereotypen gemein, der Indianer angeblich keinen Schmerz empfinden lässt. Und wenn der einstige preußische Schnurrbartträger oder der unterkühlte Brite seine Empfindungen stets für sich behielt – die Menschen im Altertum und im Orient kannten da weniger Zurückhaltung. Sowohl Schmerz als auch Trauer wurden vor den Menschen kaum verborgen, vielmehr wurde den Emotionen freien Lauf gelassen. Und das hat sich im Orient bis zum heutigen Tag nicht geändert.

Martyrium erdulden mussten) der Fall war. Und die Schmerzen, die eine Kreuzigung verursachte, waren schlichtweg unbeschreiblich.

Lukas vermerkt ausdrücklich, dass dem Kreuzigungszug eine große Menschenmenge zur Richtstätte gefolgt ist. Unter ihnen dürfte sich auch jener Mann befunden haben, der von der Soldateska gezwungen wird, Jesu Kreuzbalken zur Richtstätte zu tragen: Simon von Cyrene, der mit seinen beiden Söhnen offenbar eher zufällig in das Geschehen involviert wird. Dies ist insofern interessant, als Simons Söhne, Rufus und Alexander, bereits kurze Zeit später nachweislich als Mitglieder der ersten Urchristengemeinde belegt sind. Damit erscheinen weitere historisch nachweisbare Personen, die mit größter Wahrscheinlichkeit bei Jesu Hinrichtung zugegen waren und später als zusätzliche Augenzeugen das Geschehen berichten konnten.

Weissagungen

Markus beschreibt in gewohnt prägnanter Kürze das weitere Geschehen:

Sie nagelten ihn ans Kreuz und verteilten untereinander seine Kleider. Durch das Los bestimmten sie, was jeder bekommen sollte. Es war neun Uhr morgens, als sie ihn kreuzigten... Zugleich mit Jesus nagelten sie zwei Verbrecher an Kreuze, einen links und einen rechts von ihm.

Im apokryphen Nikodemus-Evangelium erhalten die beiden in den kanonischen Evangelien anonymen mitgekreuzigten Männer sogar Namen: Dysmas und Gestas. Ob dies aber tatsächlich die Namen der beiden Mitgekreuzigten sind, bleibt das Geheimnis der Geschichte.

Dass die Legionäre, welche die Hinrichtung auszuführen hatten, die persönliche Habe Jesu unter sich verteilten und sein Gewand untereinander auslosten, ist kaum bloß eine beigefügte Anekdote, um dem alttestamentlichen Psalm 22 zu entsprechen:

...sie teilen unter sich meine Kleider und losen um mein Gewand. (Ps. 22, 19)

Vielmehr war es allgemein üblich, dass das Exekutionskommando die persönlichen Effekte der Delinquenten unter sich aufteilen durfte. Gemäß Johannes zertrennen die Soldaten Jesu Kleider und teilen sie in vier Teilen untereinander auf. Damit erfahren wir, wie groß ein Exekutionstrupp gewesen ist: Die Zahl des Kommandos, nämlich vier Mann, entspricht heutigen historischen Erkenntnissen. Weiter berichtet Johannes (Joh. 19,23–24):

Dass ein Verurteilter die Schmerzen einer römischen Geißelung oder einer Annagelung still und duldend ertragen konnte, ist eher dem Klischee als der Realität geschuldet. Schließlich aber – und dies ist der springende Punkt – war Jesus zum Zeitpunkt seiner Kreuzigung auch bei größter

Die Schmerzen, die eine Kreuzigung verursachte, waren schlichtweg unbeschreiblich.

mystischer oder theologischer Überhöhung ein Mensch mit menschlichen Eigenschaften und Empfindungen, dessen Nerven die unsäglichen Schmerzen der Tortur an sein Gehirn weiterleiteten, so wie das bei den anderen beiden unglückseligen Verurteilten, die mit Jesus gekreuzigt wurden (und bei allen andern auch, die ein solches

Das Oberkleid aber war aus einem einzigen Stück Leinen gemacht und hatte keine Naht. Die Soldaten sagten zueinander: «Wir wollen es nicht zerreißen; das Los soll entscheiden, wer es bekommt.»

Man mag einwenden, dass ein abgetragenes Kleid kaum wert war, darum zu spielen. Wir haben jedoch bei der Verifizierung des Blutgeldes, das Judas für seinen Verrat erhalten haben soll, bereits gesehen, dass ein einfaches oder abgetragenes Kleidungsstück immerhin dem Wert von dreißig Silberlingen oder eines ausgedienten Sklaven entsprach. Hierbei muss auch die Situation eines römischen Legionärs betrachtet werden: Der Legionär verpflichtete sich für eine Dienstzeit von zwanzig Jahren beim römischen Militär. Er erhielt bei Dienstantritt Bewaffnung und Ausrüstung, die unter anderem aus einer einzigen Tunika bestand, die von der Armee in den nachfolgenden zwanzig Dienstjahren nicht mehr ersetzt wurde. Es war den Soldaten selber überlassen, ihre Gewänder auszubessern, zu flicken und gegebenenfalls mit anderen Stoffteilen zu ergänzen. Eine einheitlich uniformiert auftretende römische Armee ist eine Erfindung aus Filmen und Comics und hat mit der damaligen Realität wenig zu tun. Die Vorstellung von einheitlich uniformierten Heerverbänden entspricht eher den Armeen der Moderne, denn selbst Napoleons «Grande Armée» war ein kunterbunter Haufen, da schlicht Zeit und Geld fehlten, Zehntausende von Soldaten einheitlich zu uniformieren.

Überhaupt macht man sich möglicherweise ein falsches Bild von der römischen Legion, denn zu Zeiten der früheren Republik mussten die Männer ihren finanziellen Möglichkeiten entsprechend selbst um ihre Kleidung und ihre Ausrüstung besorgt sein und entsprechend farbenfroh war das Erscheinungsbild. Auch sollte man die römischen Legionäre nicht allzu stark aus dem Geist des Soldatentums verstehen, sondern sie vielmehr als eigentliche Krieger begreifen: Archaisch, tapfer und kampflustig; Krieger, die in ihrer kämpferische Entschlossenheit den wilden antiken Kriegsvölkern, den Kelten, Germanen und Hunnen, in nichts nachstanden. In der zweiten Hälfte des ersten Jahrhunderts existierte noch am ehesten so etwas wie ein einheitlicher Legionsauftritt, doch schlug sich dies in der Staatsrechnung arg zu Buche und schon um 100 n. Chr. verschwanden die für uns heute so typischen Plattenpanzer bereits nach kaum fünfzig Jahren wieder aus der römischen Armee. Man verwendete wieder Kettenhemden, wie sie bereits in den Zeiten Cäsars, Augustus' und Tiberius' (und damit zur Zeit Jesu) von den Legionären getragen wurden. In den nachfolgenden Jahrhunderten wurde die Ausrüstung der Legionen immer schäbiger und in den letzten hundertfünfzig Jahren vor dem Untergang des Römischen Imperiums – das weströmische Reich endete 476 n. Chr. – war die römische Armee bereits so verwahrlost, dass Massen von Legionären weder Helme noch Rüstungen trugen, zum Teil noch nicht einmal genügend bewaffnet waren. Man fragt sich, wie es dem römischen Feldherrn Aetius im Jahr 451 überhaupt gelingen konnte, die kriegserprobten und siegreichen Horden des Hunnenkönigs Attila auf den beim heutigen Troyes gelegenen «Katalaunischen Feldern» in der Schlacht aufzuhalten; eine unvorstellbar gigantische Feldschlacht, die schätzungsweise zweihunderttausend Tote forderte. Und dies geschah zu einem Zeitpunkt, als Westrom nicht

> Auch sollte man die römischen Legionäre nicht allzu stark aus dem Geist des Soldatentums verstehen, sondern sie vielmehr als eigentliche Krieger begreifen.

DER TOD AM KREUZ

bloß bereits angezählt war, sondern eigentlich schon in den letzten Zügen lag.

Dies war also die Situation, in der sich die römischen Soldaten zur Zeit Jesu befanden und in diesem Kontext erstaunt es nicht, dass in den Evangelien das Exekutionskommando über Jesu Gewand seine Lose warf.

Verblüffend die Schilderung der Tötung, die bei Jesaja (740–701 v. Chr.) im «vierten Lied vom Gottesknecht» dem Messias und Gottesknecht widerfahren wird:

> Verblüffend ist diese Weissagung nicht nur deshalb, weil sie Hunderte Jahre vor dem Ereignis auf Golgotha niedergeschrieben wurde; es überrascht auch, wie genau die Prophetie den Ablauf einer Kreuzigung, überhaupt des Ereignisses vorwegnimmt.

Aber wahrlich, unsere Krankheiten hat er getragen, unsere Schmerzen hat er auf sich geladen; doch wir hielten ihn für einen Geschlagenen, den Gott getroffen und gebeugt hat. Er wurde durchbohrt um unserer Sünden willen, zerschlagen für unsere Missetaten. Zu unserem Frieden lag die Strafe auf ihm; durch seine Striemen ist uns Heilung geworden. (Jesaja, 53,4–5)

Verblüffend ist diese Weissagung nicht nur deshalb, weil sie Hunderte Jahre vor dem Ereignis auf Golgotha niedergeschrieben wurde; es überrascht auch, wie genau die Prophetie den Ablauf einer Kreuzigung, überhaupt des Ereignisses vorwegnimmt: Die Priester und Vornehmen halten den gekreuzigten und «durchbohrten» Jesus für einen Gescheiterten, einen Geschlagenen, den Gott gebeugt hatte. Dass sogar die Striemen der Auspeitschung genannt werden, ist erstaunlich.

Selbst der Prolog zum Kreuzigungsdrama wird angedeutet:

Wir alle irrten umher wie die Schafe, jeder ging seine eigenen Wege. Aber Jahweh ließ ihn treffen die Schuld von uns allen. Er wurde misshandelt, doch er beugte sich. Er öffnete nicht seinen Mund. Wie ein Lamm, das man zur Schlachtbank führt; wie ein Schaf vor dem Scherer verstummt, öffnete er nicht seinen Mund. Durch Gewalt wurde er ergriffen; wer kümmert sich um seinen Rechtsfall? Er wurde herausgerissen aus dem Land der Lebendigen; unserer Sünden wegen wurde er zu Tode getroffen. (Jesaja, 53,6–9)

Die Jünger fliehen kopflos, zerstreuen sich im Dunkel der Nacht, als der «Gottesknecht» von der gewalttätigen Tempelgarde verhaftet wird. Es wird ihm der Prozess gemacht, zuerst vor dem Priesterrat; offenbar findet sich keiner, der die Sache des Angeklagten verteidigt. Im Verhör vor dem römischen Statthalter schweigt der Angeklagte beharrlich, verteidigt sich nicht, sagt kaum ein Wort.

Interessant auch die Vergangenheitsform des Textes: Der Prophet scheint in seiner Voraussage auf etwas zu blicken, das sich bereits ereignet hat.

Selbst wenn der Prophet Jesaja wahrscheinlich seine Weissagung nicht selber niederschrieb, so entstanden diese Schriften auf jeden Fall Jahrhunderte vor dem Auftreten Jesu, vermutlich während der babylonischen Gefangenschaft (598–539 v. Chr.).

Die zahlreichen alttestamentlichen Weissagungen, die sich gemäß den Evangelien in der Person Jesu erfüllen, gaben und geben für die einen Anlass, in den Evangelien mehr oder weniger auch gerade deshalb geschickte literarische Konstrukte zu sehen, andere wiederum sehen genau in ihnen ein weiteres Indiz dafür, dass es sich bei Jesus von Nazareth tatsächlich um den Gesandten Gottes, zumindest um mehr als einen gewöhnlichen Menschen handelte. «In der Jesus-Geschichte erfüllen sich über dreihundert alttestamentliche Hinweise und Prophezeiungen. Alles Zufall?», wird in einer christlichen Internet-Plattform gefragt. «Der Wissenschaftler Peter Stoner», so erfährt man dort weiter, «habe errechnet, dass die Erfüllung von nur acht dieser Voraussagen für einen Menschen bei 1 zu 10 hoch 17 stünden. Dies zu überprüfen, erlaubt mir mein mathematisches Unvermögen nicht. Die Relation sieht zumindest beeindruckend aus: das Verhältnis läge gemäß Stoner bei 1 : 100 000 000 000 000 000! «Können Sie sich», so wird man auf der Website schließlich gefragt, «die Zufälligkeiten von mehr als dreihundert Prophetien über den Messias vorstellen?»

Ja, falls die Evangelien später geschrieben und entsprechend konstruiert oder redigiert worden wären. Oder wenn sich, um noch weiterzugehen, Jesus selbst der alten Weissagungen bewusst war und sein Wirken entsprechend inszeniert hat, etwa indem er beispielsweise einer alttestamentlichen Prophezeiung Rechnung trug und auf einer Eselin in Jerusalem einzog. Oder vor Pilatus beharrlich schwieg, wie es einst im Buch Jesaja vorausgesagt wurde. Andererseits haben sich Voraussagen erfüllt, die historisch belegt sind, jedoch weder von Jesu Zeitgenossen noch von ihm selbst hätten beeinflusst werden können, beispielsweise eben jene, dass die Soldaten die persönliche Habe von Verurteilten unter sich auslosten oder aber überhaupt die römische Sitte, Menschen zu kreuzigen. Einige Hundert Jahre vor Jesu Kreuzigung nämlich beschreibt Psalm 22 das Leiden des Gottesknechts und Erlösers verblüffend exakt:

Sie haben mir meine Hände und Füße durchgraben... (Ps. 22,17)

Roms Gründung wird in der Legende im Jahr 753 v.Chr. angesetzt und die Macht des Stadtstaates beschränkte sich in den ersten fünfhundert Jahren höchstens auf Italien; Israel wurde erst im Jahr 63 mit der Eroberung durch Pompeius zur römischen Provinz Palästina. Die damaligen israelitischen Propheten wussten Jahrhunderte früher demnach noch nichts über etwelche Soldatenbräuche, die bei den Römern womöglich sowieso erst später aufkamen. Auch sind den Prophezeiungen Hinweise auf die Tötung des Verheißenen zu entnehmen, die sich tatsächlich in der martialischen römischen Kreuzigungspraxis erfüllten. Die Kreuzigung ist ursprünglich eine mesopotamische Erfindung und kam erst durch die Griechen, namentlich durch Alexander den Großen und damit nach der Zeit der großen Propheten Israels in den Mittelmeerraum und nach Palästina. Definitiv von Jesus selbst nicht zu beeinflussen war auch der in alten Prophezeiungen geäußerte Umstand, dass man dem Messias keinen Knochen brechen würde (Ps. 34, 21), wovon gleich noch die Rede sein wird.

Dabei stellt sich die spannende Frage: Hätten nun, für den Fall, dass die Evangelien tatsächlich älter sein sollten als früher angenommen, die Jesus-Chronisten für ihre Zeitgenossen tatsächlich zahlreiche Anekdoten über den Mann aus Nazareth erfinden sollen, erfinden können, um ihn und sein Wirken auf alttestamentliche Prophezeiungslinie zu trimmen? Oder wurden den Aposteln und Chronisten tatsächliche Parallelen zwischen den jahrhundertealten Weissagungen und dem Leben Jesu unmittelbar danach oder zumindest etwas später klar, was sie noch mehr im Glauben bestärkte, dass sich in der Person Jesu unzweifelhaft der Allmächtige den Menschen zeigte?

Es sei abschließend noch ergänzt, dass es Hinweise gibt, dass Jesu Gewand später in der Geschichte noch eine Rolle spielt: Der rund siebzig Jahre alte römische Herrscher Tiberius, der in seinen späteren Jahren als Kaiser abgeschieden und dennoch bestens informiert nicht in Rom, sondern auf der Insel Capri residiert, leidet an diversen Gebrechen. Auch der psychische Zustand – etwa eine zunehmende Paranoia – plagen den

> Dass nur eine Abordnung von Priestern, ein paar versprengte Fans und einige zufällige Zaungäste der Exekution beiwohnten, wie es in gewissen Jesus-Filmen zu sehen ist, erscheint angesichts der Situation vor Pessach einfach nicht realistisch.

mächtigsten Mann der damaligen Welt. Er soll, so schimmert in gewissen Quellen durch, vom Wundertäter aus Palästina gehört haben und angeblich habe er in seinen letzten Jahren – der Imperator wird im Jahre 37 ermordet – nach dem Gewand Jesu forschen lassen, in der Hoffnung, dass das Gewand des Wundermannes auch seine Krankheiten heilen oder zumindest lindern könne. Auf dieser Episode baut auch der Historienroman «The Robe» («Das Gewand des Erlösers») von Lloyd Cassel Douglas aus dem Jahr 1942 auf, das sich laut Wikipedia (die Neuauflagen nicht mit eingerechnet) über zwei Millionen mal verkauft hat. Später verkaufte Douglas die Filmrechte und Henry Koster inszenierte 1953 den Monumentalstreifen «The Robe» mit Richard Burton in der Hauptrolle. Historisch authentischer verarbeitet der Schriftsteller Robert Ranke-Graves diese Legende in seinem Meisterwerk «Ich, Claudius, Kaiser und Gott», einer fiktiven Autobiografie des vierten römischen Kaisers.

Inwieweit wir mit den Legenden um das Gewand Jesu das Reich der Legende betreten, ist schwer zu eruieren, doch könnte diese Geschichte durchaus stimmen: Jesus von Nazareth war als Persönlichkeit, wahrscheinlich sogar als Wundermann den Römern durchaus bekannt. Die Römer aber hatten ein großes Faible für allerhand Kultisches und Magisches und sie waren der festen Überzeugung, dass auch Gegenständen magische, sogar göttliche Kräfte innewohnten. In der römischen Armee etwa herrschte der Glaube, dass die Kraft der Legion in ihrem Feldzeichen Wohnstatt habe, weshalb der Verlust der Standarte nicht nur eine Schande, sondern geradezu ein Fanal darstellte. Dass ein siecher römischer Kaiser auf die Wunderkräfte eines «magischen» Gewandes setzte, mag deshalb in diesem Zusammenhang wenig erstaunen.

Der Tod am Kreuz

Inzwischen strömt möglicherweise noch mehr Volk zur Hinrichtungsstätte. Sie wird nach heutiger Ansicht in der unmittelbaren Nähe oder sogar unter der heutigen Grabeskirche in Jerusalem vermutet.

Es wurde bereits erwähnt, dass die Stadt vor Pessach von Pilgern überquillt; die Menschen haben Zeit und sie warten auf den Feiertag. Und Jesus hat in den vergangenen Tagen und Wochen in der Stadt von sich reden gemacht; dass nur eine Abordnung von Priestern, ein paar versprengte Fans und einige zufällige Zaungäste der Exekution beiwohnten, wie es in gewissen Jesus-Filmen zu sehen ist, erscheint angesichts der Situation vor Pessach einfach nicht realistisch. Und darüber hinaus haben Hinrichtungen von Volkshelden, Rebellen, sogar von populären Outlaws zu allen Zeiten eine große Menschenmasse angelockt, was unzählige Beispiele aus

der Geschichte belegen: Die Hinrichtungen Thomas Müntzers oder Michael Kohlhaas' waren Volkshappenings. Viertausend Menschen strömten 1877 in Texas zusammen, um den Outlaw und zweiunddreißigfachen Mörder Bill Longley hängen zu sehen. Zweitausend Menschen kamen am 24. Mai 1854, um zu sehen, wie der notorische Dieb, Einbrecher und Ausbrecherkönig Bernhard Matter im aargauischen Lenzburg öffentlich geköpft wurde, der Enthauptung des abgesetzten Zürcher Bürgermeisters Hans Waldmann am 6. April 1489 sollen sogar fünftausend Menschen beigewohnt haben. Allein, extra anzureisen brauchten die Menschen von Jerusalem nicht: Abertausende weilten ja sowieso wegen des Pessachfestes bereits in der Stadt.

Als wir im Israel Museum das mächtige Jerusalem-Modell im Maßstab 1:50 filmten, das die Stadt in der Zeit vor der römischen Zerstörung zeigt, bekam ich eine Vorstellung der Situation, wie sie sich geboten haben mochte. Wie in einem Film stellte ich mir die Szene vor: Unmittelbar vor den Stadtmauern lag der ehemalige Steinbruch, der als Hinrichtungsstätte diente. Ich sah vor meinem geistigen Auge eine Menschenmasse, die durch das Genattor aus der Stadt herausströmt: Priester, Jesu Anhänger, Verunsicherte, Gaffer. Römische Legionäre führen die Verurteilten zur Richtsatt, während die Masse der Leute folgt. Tumult könnte es gegeben haben und Geschrei. Der Zenturio mahnt seine Legionäre, den Pöbel in Schach zu halten. Die Legionäre sind wachsam und drängen den zum Teil aufgepeitschten Mob mit ihren großen, rechteckigen Schildern zurück, genau so, wie es heute Polizeikräfte mit ihren Plexiglas-Schildern tun, wenn eine Demo außer Kontrolle gerät.

Eine große Menschenmenge folgte Jesus. Viele Frauen klagten und weinten um ihn. (Lk. 23, 27)

Inzwischen dürften Hunderte, wahrscheinlich sogar Tausende zum Richtplatz geströmt sein. Ein Prophet vom Kaliber dieses Galiläers wurde schließlich nicht alle Tage an ein Kreuz geschlagen!

Über das Verhalten der Menge unter dem Kreuz indessen erhalten wir in den Evangelien keine klaren Signale. Die Evangelien lassen aber vermuten, dass das Volk mit großer Anteilnahme der Hinrichtung beiwohnt. Unter der Bevölkerung hat Jesus von Nazareth vielleicht Neider, aber wahrscheinlich wenig Feinde; die waren vorwiegend in der Tempelaristokratie, bei deren Helfern, Helfershelfern und Speichelleckern zu finden. Lukas berichtet, dass vor allem die ebenfalls anwesende Priesterschaft den gekreuzigten Jesus verhöhnt:

DER TOD AM KREUZ

«Anderen hat er geholfen. Jetzt soll er sich selber helfen, wenn er wirklich der ist, den uns Gott als Retter bestimmt hat.»

Jahrhunderte zuvor scheint diese Szene wiederum in den Psalmen geschildert worden zu sein:

Alle, die mich sehen, sie spotten mein, sie verziehen die Lippen, schütteln ihr Haupt: «Er vertraute auf Jahweh, der mag ihn retten; der mag ihm helfen, wenn er ihn liebt.» (Psalm 22,8–9)

Die Priester spotten, Jesus möge doch vom Kreuz heruntersteigen, wenn er denn wirklich der Messias sei. Selbst wenn Jesus bei Lukas auf dem Weg zur Richtstatt den weinenden Frauen von Jerusalem das Unheil, das über die Stadt kommen wird, in drastischen Worten ankündigt, so gibt sich Jesus kurz darauf im selben Evangelium mild und versöhnlich:

> Inzwischen ist es Mittag geworden. Markus schildert eine gespenstische Szenerie.

«Vater, vergib ihnen, denn sie wissen nicht, was sie tun.» (Lk. 23, 34)

Einer der beiden anderen Mitgekreuzigten verhöhnt Jesus ebenfalls (Lk. 23, 39–43). Der andere (laut dem apokryphen Nikodemus-Evangelium mit Namen Dysmas) weist ihn zurecht und wendet sich an Jesus:

«Denk an mich, Jesus, wenn du König bist!» Jesus antwortete ihm: «Ich verspreche dir, noch heute wirst du mit mir im Paradies sein.»

11.00 Uhr

Außer Jesu Lieblingsjünger Johannes haben alle ihren Meister verlassen. Es sind die Frauen der Bewegung, die sich als mutig und tapfer erweisen und dem blutigen Schauspiel zusehen: Mirjam von Magdala, Salome und Maria, die Frau des Kleopas, werden namentlich genannt. Und die Mutter der «Donnersöhne» Johannes und Jakobus. Das Johannes-Evangelium nennt unter den Anwesenden auch Maria, die Mutter Jesu. Die Namen dieser Frauen bilden ein klares Indiz, dass Jesu galiläische Anhänger ihn während der letzten Phase seines Wirkens auf dem Weg nach Jerusalem zahlreich begleitet haben.

Inzwischen ist es Mittag geworden. Markus schildert eine gespenstische Szenerie (Mk. 15, 33–39):

Von zwölf Uhr mittags bis drei Uhr wurde es im ganzen Land dunkel. Gegen drei Uhr schrie Jesus laut auf: «Eloi, eloi lama sabachtani – Mein Gott, warum hast du mich verlassen?»

Schmerz und Verzweiflung lassen Jesus aufschreien. Der Aufschrei ist Teil des Psalms 22, der nach dem Ausdruck der Gottesverlassenheit in ein tiefes Urvertrauen in den Allmächtigen mündet. Ist Jesu oft beschworene Verzweiflung und sein Gefühl der Gottverlassenheit also ein Missverständnis? Ist Jesu Aufschrei letztlich im Gegenteil ein Beleg, dass Jesus bis zum letzten Atemzug an seine Mission glaubte und auf seinen Vater vertraute? Eine Antwort bleibt aus, auf jeden Fall scheint allein Jesu Aufschrei, der im Psalm die Gottverlassenheit beschreibt, für die Menge vernehmbar gewesen zu sein. Im Film habe ich dieses Dilemma dadurch zu lösen versucht, dass ich den sterbenden Jesus zumindest die anschließenden Worte des Psalms murmeln ließ.

Auch Matthäus und Markus berichten, dass

sich gegen zwölf Uhr Mittag der Himmel verfinstert. Im Lukas-Bericht ruft Jesus gegen drei Uhr am Nachmttag noch einmal mit letzter Kraft:

«Vater, in deine Hände lege ich meinen Geist.»

Und Johannes ergänzt:

«Jetzt ist alles vollendet.» Dann ließ er seinen Kopf sinken und starb.

Während Johannes die Szene zwar dramatisch, aber verhältnismäßig nüchtern schildert und auch von einer Finsternis nichts weiß, berichten Matthäus, Markus und Lukas, dass zum Zeitpunkt von Jesu Tod der Vorhang, der im Tempel das Allerheiligste abgrenzt, von oben bis unten entzweireißt und Matthäus erwähnt sogar ein Erdbeben. Ob sich diese übernatürlichen Vorkommnisse tatsächlich ereignet haben oder einer späteren Ausschmückung entsprechen, lässt sich nicht beantworten. Der Evangelist Lukas aber aber hegt keinen Zweifel: Das, was an diesem Tag geschehen ist, lässt niemanden unberührt und keinen kalt, der zugegen war:

Der römische Offizier, der die Aufsicht hatte, sah alles und gab Gott die Ehre. »Dieser Mann war bestimmt unschuldig«, sagte er. Auch die Leute, die nur aus Schaulust hergekommen waren, sahen es und gingen tief beeindruckt weg. Alle, die Jesus kannten, besonders die Frauen, die mit ihm aus Galiläa gekommen waren, standen weiter weg und hatten alles mit angesehen.

16.30 Uhr

Der Zeuge

Die Priester ersuchen Pilatus, den Gekreuzigten die Beine zu brechen, um ihr Sterben zu beschleunigen. Wenn sich der geschundene Körper nach dem Brechen der Beinknochen mit den Füßen nicht mehr auf das Querholz zu stützen vermag, führt dies unweigerlich zum baldigen Kreislaufkollaps und schließlich zum Erstickungs- oder Herztod. Ein martialischer Gnadenakt sozusagen. Doch ging es den Priestern weniger um Gnade, wie Johannes im 19. Kapitel seines Evangeliums schildert:

Sie sagten das, weil sie die Toten nicht über den Sabbat am Kreuz hängen lassen wollten. Der kommende Sabbat war nämlich ein ganz besonders hoher Feiertag. Die Soldaten gingen hin und brachen die Beine der beiden Männer, die zusammen mit Jesus gekreuzigt worden waren. Als sie zu Jesus kamen, merkten sie, dass er schon tot war. Aber einer der Soldaten stach ihm mit seinem Speer in die Seite. Da kam Blut und Wasser heraus. Der Mann, der diesen Vorgang sah, hat ihn bezeugt. Und wir wissen, dass er die Wahrheit gesagt hat. Und er weiß es auch.

Dabei handelt es sich nicht, wie vielfach angenommen, um die Bestätigung eines seltsamen Naturwunders; vielmehr geht es den Evangelisten möglicherweise um den medizinischen Gehalt dieser Aussage, die im Bezug auf den Auferstehungsglauben für die Christen eine wichtige Tatsache festhält: Seit bald zweitausend Jahren wurde nämlich immer wieder behauptet, Jesus sei nicht wirklich gestorben, und so sei er, sollte es denn tatsächlich so etwas wie eine Auferstehung gegeben haben, vielmehr bloß aus einem Scheintod, einem Koma erwacht. Mit der Feststellung, dass sich Blut und Wasser schied, wollte Johannes aber wohl klar und unbestreitbar festhalten: Jesus von Nazareth starb an jenem 7. April 30 real und wirklich. Der Evangelist Johannes verweist auf die alttestamentlichen Weissagungen:

> Doch ging es den Priestern weniger um Gnade, sie sagten das, weil sie die Toten nicht über den Sabbat am Kreuz hängen lassen wollten.

DER TOD AM KREUZ

«Sie werden ihm keinen Knochen brechen.» Und an einer anderen Stelle heißt es: «Sie werden den sehen, den sie durchstochen haben.» (Joh. 19,36–37)

So wie die Gattin des Pilatus und die beiden Schächer zur Rechten und zur Linken Jesu, erhält auch jener in den Evangelien namenlose römische Zenturio, der die Hinrichtung Jesu befehligte, im apokryphen Nikodemus-Evangelium eine Identität; Longinus, so angeblich der Name des Offiziers mit der Lanze, soll sich auf die Seite der Christen geschlagen haben und später als Märtyrer gestor-

> Während Kaiphas und Hannas und einige andere Hohepriester nach ihrer gelungenen Aktion zufrieden und in frommer Erwartung dem Feiertag entgegensehen, ist für das kleine Häufchen unter dem Kreuz eine Welt zerbrochen.

ben sein. Die Lanze, mit der Jesu Seite durchstochen worden sein soll, geisterte später als Reliquie machtvoll durch die Geschichte bis hinein in die Neuzeit: Durch den Heiligen Mauritius, den Anführer der thebanischen Legion und späteren Märtyrer, soll der heilige Speer, so erzählt die Legende, in den Alpenraum gekommen sein. Die Reliquie, die angeblich auch noch ein Stück eines Kreuzigungs-Nagels enthalten soll, mit dem Jesus ans Kreuz geschlagen wurde, wurde später durch den König des Ostfrankenreichs, Heinrich I., erworben. Der fränkische König brauchte nämlich dringend eine Wunderwaffe gegen die scheinbar unbesiegbaren Ungarn, die wiederholt und mit äußerster Brutalität in sein Reich einfielen. Die Lanze erwies sich allem Anschein nach als geeignetes und mächtiges Symbol: Es gelang nämlich dem König, im Jahr 933 die Ungarn endlich zu besiegen. Die Lanze wurde – nebst Reichskrone und Reichskreuz – zur wichtigsten Insignie der deutschen Kaiser. Während den napoleonischen Kriegen wurde die Lanze von Nürnberg nach Wien gebracht. Auch Hitler zeigte sich – aus welchen Gründen auch immer – an diesem Objekt interessiert und brachte es kurz vor Ende des Zweiten Weltkriegs wieder zurück nach Nürnberg. 1945 von alliierten Soldaten in einem Stollen entdeckt, wurde die Reliquie wiederum nach Wien zurückgebracht, wo sie heute in der Wiener Hofburg aufbewahrt wird.

Eigentlich werden die Gekreuzigten in einem Akt allerletzter Entehrung an den Kreuzen hängen gelassen. Eine Abschreckung für das Volk und ein Fraß für Raben, Geier, Wölfe, Hunde und Schakale. Das, was dann noch übrig blieb, wurde für gewöhnlich irgendwo in einer Grube verscharrt. Darum wird von einigen Bibel-Skeptikern bezweifelt, dass Jesus nach seinem Tod tatsächlich in ein Grab gelegt worden sei. Doch offenbar gab es durchaus Ausnahmen, wie uns Zeitgenossen (etwa Philo von Alexandrien) berichten oder das Skelett des ehrenvoll bestatteten Jochanan Ben Hazkul zeigt. Auch ist bezeugt, dass Hingerichtete bisweilen am Vorabend eines Sabbats den Verwandten zur Bestattung freigegeben wurden, was auch das apokryphe Petrus-Evangelium behauptet.

Oder ist eine würdevolle Bestattung ein Hinweis, dass Pilatus Jesu Hinrichtung tatsächlich nicht ganz geheuer war, weshalb er wenigstens einer ehrenvollen Grablegung des Hingerichteten zustimmte? Charles Foster, Professor für Gerichtsmedizin und Ethik an der Universität Oxford, vermerkt 2006 in seinem Buch «Die Akte Jesus», dass es sogar Hinweise gebe, dass jeweils mit einem Lanzenstich jene Gekreuzigten bezeichnet wurden, die von den römischen Behörden für eine ordentliche Bestattung freigegeben wurden.

Wiederum habe ich das Miniaturmodell Jerusalems im *Israel Museum* vor Augen und stelle mir vor, wie nun die vornehmen Priester nach Jesu Hinrichtung in ihre vornehmen Häuser gehen, sich mit einem Happen stärken, Wasser oder einen Becher Wein trinken, sich dann mit Waschungen auf den nahenden Feiertag vorbereiten und sich dabei in saubere Gewänder kleiden. Zur selben Zeit stehen draußen vor der Stadt die zurückgebliebenen Anhänger Jesu verzweifelt und weinend unter dem Kreuz mit dem leblosen, zerschundenen Leichnam ihres Meisters, Freundes und möglicherweise ihres Sohnes – falls Jesu Mutter Maria ebenfalls anwesend war. Während Kaiphas und Hannas und einige andere Hohepriester nach ihrer gelungenen Aktion zufrieden und in frommer Erwartung dem Feiertag entgegensehen, ist für das kleine Häufchen unter dem Kreuz eine Welt zerbrochen. Was bloß war geschehen? Wie konnte das alles so unvorstellbar traurig enden? Quälte sie die bittere Enttäuschung, dass das neue Reich Gottes an den Felsen des Steinbruchs von Golgotha zerschellt war? Spürten sie ohnmächtigen Hass gegen die Priesterkaste oder fühlten sie die bleierne Leere, sogar kalte Wut, unerfüllten Versprechungen nachgelaufen zu sein? Oder beherrschte sie einfach nur grenzenlose Trauer, einen geliebten Menschen auf diese schreckliche Weise verloren zu haben? Eine Trauer, die sie zwang, sich, die Welt, Gott, einfach alles infrage zu stellen?

Der heiligste Ort

Die Dreharbeiten in Israel waren anstrengend, zwölf bis vierzehn Stunden Filmen waren die Regel. Entsprechend blieb wenig Zeit, um an einem Ort zu verharren, der damaligen Ereignisse in spiritueller oder gar kontemplativer Weise zu gedenken. Zu sehr war ich mit der Suche nach den richtigen Motiven, den passenden Bildern beschäftigt.

Am drittletzten Drehtag jedoch trafen mich meine Gefühle beim Besuch der *Grabeskirche* in Jerusalem mit voller Wucht: Das Wissen darum, dass sich hier auch nach neuesten Erkenntnissen, genau hier an diesem Ort, zu neunundneunzig Prozent tatsächlich Jesu Grablegung, mit allergrößter Wahrscheinlichkeit aber auch Jesu Kreuzigung ereignet hatte, ließ mich beim Eintritt in die Kirche erschauern, und zwar auf eine so unbeschreibliche Weise, wie ich es noch nie erlebt hatte. Ich war kaum fähig, mein geplantes Film-Statement in die Kamera zu sprechen und es bedurfte mehrerer Takes, bis eine Aufnahme zu gebrauchen war. Selbst jetzt, wenn ich daran denke, überkommt mich dieses ungeheure Gefühl, das ich dort verspürt habe, das mich bis ins Innerste erschütterte und mich Wasser und Rotz heulen ließ.

Der im selben Hotel wohnende Hirnchirurg John aus Boston meinte, dass es ihm dort ähnlich ergangen sei, dass er erschlagen war, denn dort, so meinte er am Abend beim Bier in der Lobby, habe er ihn förmlich gespürt, den Herzschlag der wichtigsten Geschichte der Welt und der größten Glaubensgemeinschaft.

Was mich an jenem Ort so sehr bewegt und erschüttert hat, kann ich nicht erklären und ich halte ansonsten nicht besonders viel von «heiligen» oder bedeutenden Orten. Das Betrachten des Sarkophags des großen Herrschers, des Staufer Kaisers Friedrich II., in Palermo fand ich zwar interessant, aber besondere Gefühle mochte das in mir nicht zu wecken. Besuche auf Schlachtfeldern wie beim südenglischen Hastings (1066), am Little Big Horn (1876) im US-Bundesstaat Montana oder an den Stränden der Normandie (1944) beeindruckten mich tief, aber eine solche innere Erschütterung, wie ich sie an jenem späten Nachmittag in der Jerusalemer Grabeskirche empfand, hatte ich nie zuvor gefühlt. Niemals bemächtigte sich meiner auch ein nennenswert außerordent-

> Die Grabeskirche in Jerusalem jedoch bleibt für mich immer ein Ort tiefster mystischer und spiritueller Erschütterung, die ich in dieser Art nie zuvor und bis jetzt nie mehr wieder erlebt habe.

liches Gefühl, wenn ich einen besonderen oder geschichtsträchtigen Gegenstand vor mir hatte, nicht einmal als ich während den Dreharbeiten zu meinem Dokumentarfilm «Bodmers Reise» die Originalwerke der Schweizer Künstlerlegende und weltberühmten Indianermalers Karl Bodmer in Händen hielt. Dies mag mitunter der Grund sein, dass mich Museen nie allzu sehr in ihren Bann gezogen haben. Auch habe ich kein Sensorium für etwelche Kraftorte und die Ranftkapelle fasziniert mich eher im historischen Kontext, als dass ich spirituell darauf zu reagieren vermöchte. Die Grabeskirche in Jerusalem jedoch bleibt für mich immer ein Ort tiefster mystischer und spiritueller Erfahrung, sogar Erschütterung, die ich in dieser Art nie zuvor und bis jetzt nie mehr wieder erlebt habe. Wenn es wirklich heilige Orte auf dieser Welt geben sollte, dann ist für mich die Grabeskirche in Jerusalem der heiligste Ort der ganzen Welt.

GRABESKIRCHE IN JERUSALEM

Die Grablegung

Markus schildert die Grablegung Jesu:

Es war Abend geworden. Da ging Josef von Arimathäa zu Pilatus. Er war ein hochrangiges Ratsmitglied und wartete darauf, dass Gott seine Herrschaft aufrichte. Weil es der Tag vor dem Sabbat war, bat er Pilatus um den Leichnam Jesu. Pilatus war erstaunt zu hören, dass Jesus schon gestorben war. Er ließ sich daher Bericht vom Offizier erstatten und fragte ihn, ob Jesus schon tot sei. Als der Offizier bejahte, überließ er Josef den Toten. Josef kaufte ein Leinentuch, nahm Jesus vom Kreuz und wickelte ihn in das Tuch. Dann legte er ihn in ein Grab, das in einen Felsen gehauen war. Zuletzt rollte er einen Stein vor den Grabeingang. Maria aus Magdala und Maria, die Mutter des Joses, sahen zu und merkten sich, wo Jesus lag. (Mk. 15,42–47)

> Überhaupt nimmt sich die ganze Geschichte reichlich sonderbar aus, zumal Jesu Bestattung offenbar bereits vor seiner Kreuzigung verhandelt und beschlossen wird.

Eine wiederum verblüffende Stelle finden wir beim Propheten Jesaja. In dieser Schrift werden mit erstaunlicher Genauigkeit Jahrhunderte vorher die Umstände der Bestattung des erwarteten Erlösers geschildert:

Bei Verbrechern bestimmte man sein Grab und bei Reichen seine Gruft, obgleich er niemals Unrecht tat und kein Trug in seinem Munde war. (Jesaja, 53,9)

Diese Angaben stimmen insofern, dass die Grabhöhle einem reichen und vornehmen Juden, dem Kleriker Josef von Arimathäa, gehörte. Die Gruft lag in unmittelbarer Nähe der Kreuzigungsstätte Golgotha, an der von den Römern «Verbrecher» hingerichtet wurden.

Ob Josef von Arimathäa in der Nacht vor Jesu Kreuzigung unter jenen Priestern war, die von Kaiphas und Hannas zur konspirativen Gerichtsverhandlung aufgeboten wurden, bleibt unklar. Überhaupt erscheint dieser Josef als rätselhafte Person und das apokryphe Petrus-Evangelium macht ihn noch mysteriöser, wenn es berichtet, dass Josef ein Freund des Pontius Pilatus gewesen sei. Überhaupt nimmt sich im bereits erwähnten Petrus-Evangelium die ganze Geschichte reichlich sonderbar aus, zumal Jesu Bestattung offenbar bereits vor seiner Kreuzigung verhandelt und beschlossen wird:

Es stand aber Josef (Arimathäa) dabei, der Freund des Pilatus und des Herrn, und als er sah, dass sie ihn kreuzigen würden, kam er zu Pilatus und bat um den Leib des Herrn. Zum Begräbnis. Pilatus sandte zu Herodes und bat um seinen Leib. Herodes sprach: «Bruder Pilatus, auch wenn niemand um ihn gebeten hätte, würden wir ihn begraben, da ja auch der Sabbat aufleuchtet. Denn es steht im Gesetz geschrieben, die Sonne dürfe nicht über einem Getöteten untergehen.»

Inwieweit aber war Josef von Arimathäa in Jesu Prozess involviert?

Die Evangelien könnten zumindest vermuten lassen, dass Josef bei der Verhandlung im Haus der Hohepriester anwesend war. Das wirft Fragen auf: Dass der angesehene Priester als Anhänger Jesu ihn als Angeklagten gegen eine Mehrheit von Jesus-Gegnern im Rat nicht zu retten vermochte, ist plausibel. Doch schildert keines der Evangelien, dass Josef sich lauthals für Jesus gewehrt hätte. Immerhin berichtet Lukas (Lk. 23, 50–51), dass Josef den Beschluss des Rates gegen Jesus nicht gebilligt habe. Dennoch muss Josef als führendes Ratsmitglied (wieso wäre er sonst in dieser Nacht unter der handverlesenen Priesterschar gewesen?) von Kaiphas' und Hannas' Plänen gewusst oder sie wenigstens geahnt haben. Zumindest dürfte ihm nicht verborgen geblieben sein, dass etwas im Busch war und dass man Jesus bald, womöglich in jener Nacht vom 6. auf den 7. April 30, tatsächlich dingfest machen wollte. Warum hat er Jesus nicht gewarnt? Und falls Jesus eine allenfalls erfolgte Warnung ignoriert hätte: Warum hat er sich nicht an seine Apostel gewandt? Dies hat er offensichtlich nicht getan, denn das Verhalten der Jünger in Gethsemane zeigt klar: Die Elf waren völlig ahnungslos und in entsprechender Weise überrascht, als Judas mit der Tempelgarde anrückte. Dass Josef von Arimathäa erst so spät in den Evangelien in Erscheinung tritt, so mutmaßt der Archäologe Shimon Gibson in seinem Buch «Die sieben letzten Tage Jesu», könne aber ein Indiz sein, dass der Mann mit der Entscheidung des Klerus über Jesu Schicksal tatsächlich nichts zu tun hatte.

Der heilige Gral

Im apokryphen Nikodemus-Evangelium gibt es keinen Zweifel, dass Josef von Arimathäa ein glühender und beherzter Anhänger Jesu ist. Und er spielt in der apostolischen Wirkungsgeschichte eine interessante Rolle, auch wenn die Geschichten um ihn vielleicht eher Legende als Historie sein dürften. Josef von Arimathäa wird später selber ein Bote Christi und bringt als Missionar den christlichen Glauben nach Europa, später nach Britannien, genauer nach Glastonbury im südenglischen Sumerset. In seinem Gepäck führt er einen denkwürdigen Gegenstand mit sich, der die gesamte Frömmigkeit des Mittelalters beeinflussen wird: Josef reist nämlich mit einem Kelch an, der die Blutstropfen Christi eingefangen haben soll. Der Kelch (auch als Stein umschrieben) ist damit nicht bloß ein gewöhnliches Gefäß, das einen wertvollen Inhalt birgt, sondern er selbst wird zum heilsbringenden Gegenstand, dem heiligen «Gral». Ihn zu finden wird zur Hauptaufgabe der Ritter der Tafelrunde um den sagenhaften König Artus und die Gralssuche prägt während Jahrhunderten das Ideal der mittelalterlichen Ritterschaft. Der hochmittelalterliche Sänger und Dichter Wolfram von Eschenbach verarbeitet die Gralssage in seine Dichtung «Parzifal» (um 1210), ein Epos, das durch das gesamte Mittelalter einen gewaltigen Widerhall erfährt:

Des grâles, der so swaere wigt
Daz in diu valschlîch menscheit
Nimmer von der stat getreit

Parzifal, der Gralssucher, erkennt das Wunderding erst, als er seinem Onkel, dem kranken und leidenden König Anfortas, die erlösende Frage des Mitgefühls stellt:

Oheim, waz wirret dir?

Glastonbury indessen erhebt den Anspruch, das keltische Feenland ‹Avalon› gewesen zu sein, welches, nebst den christlichen Tugenden, die Kulisse für den Artus-Epos bildet, eine der vielleicht berühmtesten «Abenteuer-Geschichten» der Welt. Wer sich für die Artus-Sage interessiert, dem sei der Roman «Die Nebel von Avalon» von Marion Zimmer-Bradley empfohlen, das ein im Grundsatz ziemlich authentisches Bild Britanniens um 500 n. Chr. zeichnet. Bei König Artus befinden wir uns jedoch definitiv im Reich der Sagen und Legenden, selbst wenn diesem mystischen König durchaus reale Personen Pate gestanden haben könnten. Eine der Theorien besagt, dass sich hinter König Artus ein römischer Offizier namens Lucius Artorius Castus verbirgt, der als römischer Offizier in der zweiten Hälfte des 2. Jahrhunderts in England stationiert war, wahrscheinlich beim Hadrianswall, einem Schutzwall, den Kaiser Hadrian (76–138) gegen die feindlichen und für die Römer offenbar unbesiegbaren Kelten Schottlands, die Pikten, errichten ließ.

> Die Gralssuche prägt während Jahrhunderten das Ideal der mittelalterlichen Ritterschaft.

GRABESKIRCHE IN JERUSALEM

Schuld und Sühne

Alexander der Große, Cäsar und ich, wir haben große Reiche gegründet durch Gewalt, und nach unserem Tod haben wir keinen Freund. Christus hat sein Reich auf Liebe gegründet, und noch heutzutage würden Millionen freiwillig für ihn in den Tod gehen.
Napoleon Bonaparte

Warum?

Jesus war tot. Eintritt des Todes: ca. 15 Uhr. Sechs Stunden hatte sein Todeskampf gedauert. Vermutliche Todesursachen: Ersticken, Kreislaufkollaps, Blutverlust, Erschöpfung, Herztod. Und es bleiben jede Menge Fragen.

Jesu Verhalten vor dem römischen Richter entspricht nach damaligem Rechtsverständnis tatsächlich einer einzigen Provokation.

Hat Jesus nun das Martyrium provoziert oder sogar gesucht? Immerhin schwieg Jesus beharrlich, als ihn Pilatus befragte. Bei einer römischen Gerichtsverhandlung zu schweigen und die Fragen des Beamten nicht zu beantworten, war nicht bloß eine Provokation, sondern im römischen Verständnis auch ein Schuldgeständnis. Jesus hat zumindest am Schluss, folgen wir den Evangelien, nichts getan, sein Leben zu retten. Er liefert im Haus der Hohepriester Kaiphas und Hannas mit seinen Antworten, so scheint es, sogar jenen Vorwand, der die Priesterschaft offensichtlich endgültig anstachelt, ihn beseitigen zu wollen. Und als der Pilatus der Evangelien Jesus offenbar retten will, zeigt er sich als Angeklagter nicht kooperativ; sein Verhalten vor dem römischen Richter entspricht nach damaligem Rechtsverständnis tatsächlich einer einzigen Provokation.

Ist aber ein selbst gesuchtes, sogar provoziertes Martyrium nicht letztlich eine Form von Suizid? Das aber würde Fragen aufwerfen, denn nicht nur im katholischen Verständnis handelt es sich bei der Selbsttötung um eine der allerschwersten Sünden überhaupt und alle Hinweise aus dem Spiritismus oder die Erlebnisberichte von Menschen mit Nahtoderfahrungen besagen, dass der Selbstmord in der jenseitigen Welt als eines der schwersten Vergehen einens Menschen geahndet werde.

Oder ändert sich die Sachlage angesichts eines göttlichen Heilsplans? Wenn es sich bei Jesu Tod aber um ein Martyrium handelt, was wurde mit diesem grausamen Drama an jenem Freitag im April des Jahres 30 erreicht? Ging es darum, sich mit dieser beispiellosen Tragödie für immer ins Gedächtnis der Menschheit einzubrennen? In der Rockoper «Jesus Christ Superstar» fragt in einer eindrücklichen Szene ein aufgewühlter Jesus in der Nacht vor der Kreuzigung seinen Vater, ob denn mit seinem schrecklichen Sterben seine, Jesu, Taten und Worte mehr Sinn oder eine größere Bedeutung erlangen würden. Jesus, von seiner eigenen Verzweiflung gebrochen, fügt sich

schließlich in sein Schicksal, will aber von seinem Vater, dass er zusieht, wenn sie ihn zerbrechen und massakrieren, ihn an ihr Kreuz nageln. Und der Vater möges es bald geschehen lassen:

Bleed me, beat me, kill me
Take me now bevor I change mind…

Oder aber war Jesu Sterben der letzte Beweis für eine beispiellose Konsequenz eines Überzeugungstäters?

So jedenfalls interpretiert es im Film-Interview Eugen Drewermann. Wie für Paul Verhoeven war auch für Eugen Drewermann die Kreuzigung die absehbare und letztlich unabwendbare Konsequenz auf Jesu Handeln, denn mit allem, was der Mann aus Nazareth sagte und tat, schlicht alles, wofür er stand, forderte die Autoritäten heraus und stellte sie und das gesamte System infrage. Drewermanns Jesus sieht die Katastrophe unausweichlich auf sich zukommen, doch nichts bringt ihn dazu, seinen Pfad zu verlassen und er bleibt sich treu bis zur Selbstaufgabe. Genau darin sieht der Theologe Jesu Vorbild. Eine Haltung, die in der Folge auch seine Jünger und Anhänger davon überzeugt habe, dass ihr Meister in seinem Leben und Sterben ein ganz und gar göttliches Konzept erfüllte und dass seine Worte und Taten auch durch den Tod und darüber hinaus ihre Gültigkeit behielten.

Doch wie weit darf die moralische und prinzipielle Konsequenz im ethischen Sinn gehen? War demzufolge also auch der inhaftierte IRA-Aktivist Bobby Sands ein Märtyrer, als er sich im Gefängnis Maze bei Lisburn 1981 zu Tode hungerte, um für sich und die anderen inhaftierten IRA-Aktivisten den Status von politischen Gefangenen zu erpressen?

In der Konsequnz Jesu, für seine Botschaft selbst in den Tod zu gehen, liegt für Eugen Drewermann das Große und Tröstende an der Tragödie von Golgotha, wie er während des Film-Interviews ausführte. Nicht die Kleriker, nicht die Besatzer, nicht das System obsiegte, sondern die Botschaft Jesu, einem schmerz- und schmachvollen Tod zum Trotz. Und das sei ein äußerst wunderliches Faktum gewesen, denn das System habe eigentlich doch auf der ganzen Linie gesiegt. Der Unruhestifter war ausgeschaltet. Die Priester und Gesetzeslehrer hatten, so der Theologe weiter, recht behalten mit ihrer Sturheit, mit ihrer Besserwisserei über Gesetz und Glaube, mit ihrer Rechthaberei und mit ihrem unbarmherzigen Sadismus. Denn dort am Kreuz hing er, dieser Jesus von Nazareth!

Aber wie sollte es nach Golgotha weitergehen? Darauf, so Drewermann, habe auch Jesus keine Antwort gehabt. Doch sieht der Theologe gerade in Jesu Sterben Hoffnung und Zuversicht und er verwies im Film-Interview engagiert und sichtlich bewegt auf die letzten Momente in Jesu Leben: Der Gekreuzigte stirbt nicht verbittert, nicht

Hat Jesus mit seinem Leiden, seinem Schmerz das Leiden und den Schmerz der Welt generell egalisiert und damit etwa die Frage «warum lässt Gott das zu?» relativiert, wenn er sich selber dem Leiden unterworfen hat?

ungetröstet; in seinen letzten Augblicken vertraut er ganz auf Gott. «Lieber Vater! Ich habe», so interpretiert der Theologe Jesu letzte Worte, «nach bestem Wissen und Gewissen und nach Kräften versucht, Deinem Willen zu folgen. Du allein weißt, ob es richtig war. Vertrauensvoll gebe ich mich in Deine Hände. Du, der Du mich besser kennst als ich mich selbst, magst es fügen.»

Oder starb Jesus stellvertretend für die Sünde der Welt, wie es die Apostel und namentlich Paulus schon bald nach Jesu Kreuzigung lehren werden? Aber kann ein liebender und gütiger Gott ein so schreckliches Sühneopfer wollen und fordern? Dürfte man Gott dann gütig und liebend nennen? Oder aber war es schlicht, wie Paul Verhoeven behauptet, das tragische, aber ebenso absurde wie absehbare Ende eines selbst ernannten klugen, aber im Grunde genommen dennoch irregeleiteten Propheten?

Das Bild des leidenden, ohnmächtigen Gottessohns am Blutgerüst ist ein starkes und eindrückliches, allerdings schwer verdauliches Bild. Zeigt es Gottes Ohnmacht dem Unglück gegenüber oder offenbart es das grenzenlose Mitgefühl, die bedingungslose Empathie Gottes mit den Menschen, mit seiner gesamten Schöpfung? Hat Jesus mit seinem Leiden, seinem Schmerz das Leiden und den Schmerz der Welt generell egalisiert und damit etwa die Frage «warum lässt Gott das zu?» (Theodizee-Frage) relativiert, wenn er sich selber dem Leiden unterworfen hat? War Gott in seinem Sohn damit selber in Auschwitz?

Über die Theodizee-Problematik wurde mannigfach nachgedacht und geschrieben. Der Theologe und Kirchenhistoriker Albert Gasser spricht im Film-Interview mit tiefem Engagement über die Karfreitags-Problematik und sinniert, dass Gott das Leid der Welt nicht verhindert und nicht eingreift und fügt an, wie und warum Gott das überhaupt tun sollte, sei wiederum eine ganz andere Frage. Doch sei es mit Gewissheit nicht

Gottes Gleichgültigkeit, die dem Leiden der Menschen und dem Schmerz der Welt teilnahmslos zusehe. Im Gegenteil: Gott teile in Jesus sogar das Leid seiner Geschöpfe. Gott sei präsent und anwesend, sagt der Theologe und Kirchengeschichtler im Gespräch. Und zwar physisch. Auf Golgotha und damit letztlich eben auch im KZ. Nicht als Zaungast oder Zuschauer, sondern als Gefangener, Geschundener, Leidender. Und dies, so der Theologe weiter, sei nun wirklich nur in der christlichen Botschaft enthalten. Diese Inszenierung Gottes, so schließt Albert Gasser, überbiete jede höllische Inszenierung und lasse damit die Hölle blass aussehen. Da gehe dort buchstäblich der Ofen aus.

> **Damit erlebt ein Sonnentänzer eine Art Wiedergeburt, indem sein erlittener Schmerz ein Opfer für die Erlangung von Erleuchtung, jedoch durchaus auch ein stellvertretendes Opfer für die gesamte Gemeinschaft darstellt.**

Wird Gott im Leid also verherrlicht? Wenn ja, was hat es mit der Verherrlichung des Leidens auf sich?

Als ich mit meinem damaligen Co-Produzenten Danny Ming 2010 den Dokumentarfilm «Bodmers Reise» über den Schweizer Kunstmaler Karl Bodmer drehte, der in den Jahren 1833 und 1834 die indianische Kultur meisterhaft im Bild festhielt und mit dem deutschen Ethnologen Maximilian Prinz zu Wied ein bleibendes kulturelles und ethnologisches Dokument schuf, behandelten wir auch die religiösen und mytholgischen Vorstellungen der Prärie-Indianer. In diesem Zusammenhang führte ich interessante Gespräche mit verschiedenen Schamanen, unter ihnen mit Howard Bad Hand und Leonard Crow Dog, und sie alle gaben mir einen Einblick in die indianische Spiritualität. Ich erinnere mich an ein Gespräch, das ich mit dem Brulé-Sioux-Medizinmann Howard Bad Hand führte, der mir den Sinn der Sonnentanz-Zeremonie erklärte, der ich im Sommer 2008 selber beiwohnen durfte.

Die Zeremonie hinterlässt einen archaischen, beim ersten Mal fast verstörenden Eindruck, wenn die Tänzer in die Brust gepierced werden und sich so an den «Baum» in der Mitte des Kreises anbinden, um sich schließlich am Ende der Zeremonie unter Schmerzen davon loszureißen. Wir waren mit dem Luzerner Künstlerpaar Pat Treyer und Stephan Wittmer Gast von Chief Albert White Hat in der Rosebud Reservation in South Dakota und ich erinnere mich, wie beim ersten Tag des Sonnentanz-Festes nicht viel von der Sonne zu sehen war. Vielmehr türmten sich dunkle Gewitterwolken auf, deren aufgestaute Energie sich bald schon in zuckenden Blitzen in der näheren Umgebung entlud. Die Szenerie wurde durch Donnergrollen, den Soundtrack des steten und gleichförmigen Trommelns und der intensiven Gesänge beherrscht, während sich einer der Tänzer anschickte, sich mit großer Anstrengung von seiner Piercing-Verbindung zum Pfahl in der Mitte des Platzes loszureißen. Ein Schauspiel, das sich in der Betrachtung eines Unerfahrenen martialisch und unheimlich zugleich und fast okkult ausnahm. Dass der junge Tänzer erhebliche Mühe hatte, sich vom Pfahl loszureißen und es ihm erst beim dritten Mal mit einem gewaltigen Satz rückwärts und blutspritzend gelang, ließ die Szene nicht weniger drastisch erscheinen.

Howard erklärte mir – zumindest ansatzweise – den Sinn des Rituals:

Die Tänzer würde sich im Sonnentanz ganz und gar ihrem Schöpfer hingeben und opferten ihm das, was ihnen, den Tänzern, am nächsten sei: ihre eigene Haut. Und damit erlebe ein Sonnentänzer eine Art Wiedergeburt, indem sein erlittener Schmerz ein Opfer für die Erlangung von Erleuchtung, jedoch durchaus auch ein stellvertretendes Opfer für die gesamte Gemeinschaft darstelle. Und dann setzte Howard eine direkte und bewusste Parallele zum Leiden und Sterben Christi, der sich den Römern selber auslieferte, und sich, wie es in der katholischen Abendmahlsliturgie heißt, «aus freiem Willen dem Leiden unterwarf», um schließlich mit seinem erlittenen Schmerz die Welt und die Menschheit von dem ihrigen Leiden zu erlösen.

Satisfactionslehre

Jesu Tod als ein stellvertretendes Opfer?

Der stellvertretende Tod eines Unschuldigen für die Sünde der anderen ist in der jüdischen Tradition tief verwurzelt. Und so sehen es auch alttestamentliche Prophezeiungen, zu lesen etwa im Buch Jesaja im Lied des leidenden Gottesknechts, das Jahrhunderte vor Jesu Kreuzigung geschrieben wurde:

Jahweh gefiel es, ihn durch Leiden zu zermalmen; ... Durch sein Leiden wird mein Knecht viele rechtfertigen, indem er ihr Verschulden auf sich nimmt. Darum will ich ihm die Vielen als Anteil geben, und die Mächtigen fallen ihm als Beute dafür zu, dass er sein Leben in den Tod dahingegeben hat und unter die Übeltäter gezählt wurde, während er doch die Schuld der Vielen trug und für die Sünder eintrat. (Jesaja, 53,10,11–12)

DER AUTOR IM GESPRÄCH MIT PERRY SCHMIDT-LEUKEL

Rein gar nichts mit einer Schuld- und Sühnetheorie, der sogenannten «Satisfactionslehre», weiß der Theologe und Religionswissenschaftler Perry Schmidt-Leukel anzufangen, den wir im deutschen Münster für den Film interviewt haben. Er hält es für schlichtweg absurd, dass Gott seinen unschuldigen Sohn für die Sünden der Menschen büßen lässt, wo er doch in seiner allumfassenden Autorität einfach die Sünden ohne jedwelche Sühneopfer vergeben könne. Ihm erscheine das so, berichtet der Theologe und Religionswissenschaftler weiter, als ob Gott zwar verzeihen möchte, es aber – aus welchen Gründen auch immer – nicht könne. In diesem Kontext erscheint es andererseits seltsam, dass Gott durch Jesus von uns Menschen verlangt, ohne Vorbehalte oder Satisfactionsforderungen nicht bloß sieben-, sondern siebenundsiebzigmal zu verzeihen.

Perry Schmidt-Leukel erklärt seine Abneigung gegen die Blutopfer-Theorie mit einer eindrücklichen Interpretation eines Gleichnisses Jesu, nämlich mit der Parabel vom verlorenen Sohn (Lk. 15, 11–35):

Ein Vater hat zwei Söhne. Einer der beiden verlangt vom Vater, ihm vorzeitig das Erbe auszuzahlen. Damit geht er in die Welt hinaus und lässt es sich gut gehen und nach kurzer Zeit hat er alles verprasst. Arm und gedemütigt kehrt er am Ende einer langen Odyssee wieder zum Vater zurück. Zur Überraschung des reuigen Sohns zürnt ihm der Vater nicht und nimmt ihn im Gegenteil sogar in Freude, Würde und Dankbarkeit wieder als seinen Sohn in sein Haus auf, lässt schlachten und ein großes Freudenfest ausrichten. Der andere Sohn aber ist fassungslos: Wie kann der Vater denn bloß für den treulosen Bruder auch noch ein Freudenfest veranstalten? Das Gerechtigkeitsempfinden des tugendhaften Bruders ist offensichtlich und für uns begreiflicherweise aufs Heftigste verletzt. Er, so der zweite Sohn, habe stets folgsam und zur Ehre des Vaters gehandelt, doch nicht einmal ein Ziegenböcklein habe er ihm geschenkt, wenn er mit seinen Freunden einmal feiern wollte. Für den treulosen Bruder, der breitspurig das Haus verlassen und das Vermögen sorglos verprasst habe, werde nun ein Kalb zum Mahl hergerichtet. Allein, der Vater erwidert:

«Mein Sohn, du bist immer bei mir, und dir gehört alles, was ich habe. Wir können doch gar nicht anders als feiern und uns freuen. Denn dein Bruder war tot, jetzt ist er wieder am Leben. Er war verloren, aber jetzt ist er wiedergefunden.»

> Er schickt nach seinem zweiten Sohn, der zu keiner Zeit Anlass zur Klage gab und seinem Vater stets ein guter und gehorsamer Sohn war. Diesen unschuldigen Sohn nun lässt er für den Frevel seines Bruders büßen und bestrafen.

Der Religionswissenschaftler gibt nun zu bedenken, dass Jesus dieses Gleichnis, das er ja als Parabel auf die Gnade Gottes verstanden haben will, völlig anders hätte erzählen müssen, wäre er am Kreuz als Sündenbock für die sündige und fehlbare Menschheit gestorben. Dann nämlich, so Perry Schmidt-Leukel, hätte das Gleichnis ganz anders enden müssen:

Der verlorene Sohn kehrt in Reue zu seinem Vater zurück. Und tatsächlich ist der Vater voller Freude über die Rückkehr des Sprösslings. Er möchte ihn als seinen Sohn wieder in sein Haus aufnehmen, doch hat er ein Problem, denn er kann nicht bedingungslos verzeihen. Zumindest hat der Vater ein unbändiges Gerechtigkeitsempfinden, das ihm sagt, dass das Unrecht des Sohns durch das Verzeihen des Vaters allein nicht aus der Welt geschafft wird und der Frevel des Sohnes allem Vergeben zum Trotz einer Bestrafung harrt. Der Vater denkt nach und findet die Lösung aus seinem Dilemma: Er schickt nach seinem zweiten Sohn, der zu keiner Zeit Anlass zur Klage gab und seinem Vater stets ein guter und gehorsamer Sohn war. Diesen unschuldigen Sohn nun lässt er für den Frevel seines Bruders büßen und bestrafen; im Kontext der christlichen Satisfactionslehre lässt er ihn also auf bestialische Weise abschlachten.

> Auf dem Rolling Stones-Album «Beggar's Banquet» mutmaßt Mick Jagger, dass der Fürst der Finsternis Jesus ans Kreuz lieferte und Pilatus die Hände waschen ließ.

Jetzt erst scheint für den Vater das Gleichgewicht wieder hergestellt zu sein; seinem Verlangen nach Gerechtigkeit ist nun offenbar Genüge getan. Erst jetzt kann er den verlorenen Sohn in Freude und Dankbarkeit an seinen Tisch zurückkehren lassen.

«Ein bizarres Gottesbild!», meinte der Theologe im Film-Interview und tatsächlich spricht Gleichnis nicht von einem Vater, der Rache üben will an allen Frevlern und Sündern, vor allem dann nicht, wenn sie in Reue und Demut zu ihm kommen. Dennoch gehört die Satisfactionslehre zum Herzstück der christlichen Theologie, wie sie später der Apostel Paulus aufgreift und vertritt.

Oder ein kosmisches Duell?

Oder aber ist die Kreuzigung Jesu – wiederum in mystischem und mythologischem Kontext – als Teil und Höhepunkt eines gigantischen Kampfes zwischen Gut und Böse, zwischen Himmel und Hölle zu deuten, als eine mystische Schlacht zwischen dem Herrn des Lichts und dem Fürst der Finsternis?

Johannes Greber, der katholische Priester und Spiritist, veröffentlicht 1932 die Belehrungen einer hohen spirituellen Autorität, welche er durch ein Trance-Medium empfangen haben will. Darin wird die Theologie von Jesu Sühneopfer, wie sie Paulus später formuliert, mit dem Umstand ergänzt, dass es das Böse selbst war, das Jesus letztendlich ins Martyrium trieb:

Der wirkliche Zusammenhang zwischen dem Kreuztod Christi und einem Sieg über die Hölle war auch Satan nicht bekannt. Hätte er die Wahrheit darüber gewusst, so würde er Christus weder versucht noch seinen Tod herbeigeführt haben. Sofern es ihm nicht gelang, Christus zum Abfall von Gott zu bringen, hoffte er seiner Wirksamkeit als Wahrheitskünder dadurch ein Ende machen zu können, dass er ihm das schimpfliche Los eines Kreuztodes bereitete. Satan rechnete damit, dass die Lehre eines Gehängten rasch abgetan sei...

Auf dem 1968 veröffentlichten, meisterhaften und wegweisenden Rolling Stones-Album «Beggar's Banquet» mutmaßt Mick Jagger als einmal mehr begnadeter Songtexter, dass hinter allen schlimmen Ereignissen der Weltgeschichte kein anderer als der Fürst der Finsternis selbst steckt. Fraglos dabei, dass auch dieser es war, der Jesus ans Kreuz lieferte und Pilatus die Hände waschen ließ:

Please allow me to introduce myself
I'm a man of wealth and taste
I've been 'round for a long, long years
Stolen many a man's soul and faith

I was 'round when Jesus Christ
Had His moment of doupt and faith
I made damn sure that Pilate
Washed his hands and sealed His fate

Johannes Greber betont die Bedeutung dieses kosmischen Ereignisses:

Der Kreuztod war bloß die Vorbereitung für diesen Sieg. Zwar nicht der Kreuztod als solcher, sondern das Ertragen des Kreuztodes, ohne dadurch zum Abfall von Gott gebracht zu werden. Wäre Christus den Angriffen des Satans erlegen, dann wäre alles zu Ende. Der Erlösungsplan wäre gescheitert und Christus wäre der Gefangene des Fürsten der Finsternis. Er, der als Mensch in der Verteidigung gegen die Höllenmächte stand, ging nun als Geist zum Angriff gegen sie vor, um den endgültigen Sieg über sie zu erringen. Er stieg zum Entscheidungskampfe in die Hölle hinab – ‹Abgestiegen zu der Hölle›...

Das Ende. Oder nicht?

Ich weiß nicht, ob ich gut genug bin, um für den Herrn zu arbeiten.
Steve McQueen

Und die Jünger?

Was mochten die verängstigten Jünger nach dem schrecklichen Tod ihres Rabbi gefühlt haben? Frustration? Angst? Scham über ihre Furcht, über ihre Feigheit, ihrem Meister nicht bis zum Ende gefolgt zu sein? Ihr vorher nahezu unerschütterlicher Glaube wurde hart auf die Probe gestellt. Wie sollte es weitergehen? Flucht nach Hause oder Flucht nach vorn?

Die Jünger bleiben, wie die Evangelien vermuten lassen, auch nach Jesu Hinrichtung in Jerusalem, vielleicht bei den Freunden in Bethanien. Eigentlich würden sie nichts mehr zu befürchten haben, denn die Behörden hatten, was sie wollten: Das Ärgernis war beseitigt und der große Verführer war tot. Keiner unter dessen Schülern war in der Öffentlichkeit im Besonderen hervorgetreten oder den Gesetzeslehrern aufgefallen – abgesehen davon, dass einer, Petrus, bei der Gefangennahme Jesu auf dem Ölberg einen Tempelwächter angegriffen und verletzt hatte, wie uns alle vier Evangelisten schildern. Offenbar aber wollte man daraus keine große Geschichte machen. In diesem Zusammenhang war es einerlei, ob nun Jesus den verletzten Tempelschergen heilte oder nicht (Lk. 22, 51), das Ohr eines Tempelwächters rechtfertigte eine Massenhinrichtung unter den Anhängern des Galiläers nicht, die sich gerade vor Pessach ohnehin als delikat erwiesen hätte. Man ließ allem Anschein nach die Jünger des Nazareners ziehen, denn schließlich hatte man den Kopf der Schlange. Wäre den Priestern zu diesem Zeitpunkt aber klar gewesen, dass sie es vielmehr mit einer Hydra als mit einer Schlange zu tun hatten, hätten sie wahrscheinlich anders entschieden.

Wie aber würde die Zukunft der Jünger aussehen? Gab es ein Leben, einen Alltag nach diesen Ereignissen, diesen unglaublichen zehn, fünfzehn Monaten, die alle aus der Bahn warfen? Und was sollte kommen nach dem schrecklichen Ende ihres Traums? Waren sie nicht Zeugen ungeheuerlicher Vorgänge gewesen? Wie konnte diese ruhmreiche Mission derart kläglich, so entsetzlich scheitern? War es überhaupt ein Scheitern? Hatte es denn ihr Meister nicht genau so vorausgesagt? Man wird sich plötzlich erinnert haben: Hatte ihr Herr in den letzten Monaten und Wochen nicht andauernd darauf hingewiesen, dass der Menschensohn, wie er sich so oft nannte, in Jerusalem viel erleiden müsse und schließlich sogar getötet würde? Gehörte der schändliche und schauerliche Kreuzigungstod sogar zu seinem Plan? Aber was war das für ein Plan?

Im Allgemeinen geht die devote Verehrung für einen Meister oder Guru meistens nur bis zu einem gewissen Punkt und oft lassen äußere Ereignisse die Stimmung auf einmal kippen:

Als Ende der Sechzigerjahre Gerüchte kursierten, dass der indische Guru Maharishi Yogi angeblich eine Frau vergewaltigt, zumindest unsittlich bedrängt habe, trafen sich in London die damals wohl prominentesten Verehrer des Gurus: John, Paul, George und Ringo, wobei anzufügen ist, dass keiner der Fab Four, und am allerwenigsten Drummer Ringo, dem Yogi auch nur eine Zeit lang in irgendeiner Form hörig oder verfallen gewesen war. Auch wenn sich George Harrison zeit seines Lebens für indische Spiritualität begeisterte, so war die Episode mit Maharishi Yogi, zu dem ja Ende der Sechzigerjahre auch andere Prominente wie Mick Jagger oder Mia Farrow pilgerten, ein alles in allem doch wenig einschneidendes Ereignis im Leben der Liverpooler Bandmitglieder. Die Musiker sollen beisammengesessen sein, nachdem die Gerüchteküche um den Maharishi brodelte und die Musiker sollen angeblich die ganze Nacht diskutiert haben, was von diesen unappetitlichen Gerüchten um den indischen Meister zu halten sei. Am Ende sei es dann ausgerechnet George gewesen, der befunden habe, dass der Yogi vielleicht tatsächlich

Gab es ein Leben, einen Alltag nach diesen Ereignissen, die alle aus der Bahn warfen?

ein alternder Lüstling sei. Damit sei der Bann gebrochen gewesen und am anderen Morgen seien die Beatles fertig gewesen mit ihrem indischen Guru.

Die Jünger Jesu indessen haben sich von ihrem Meister nach dessen vermeintlichem Scheitern nicht abgewandt. Und das ist eindeutig eine historisch unbestreitbare Tatsache.

Was aber mochten die Jünger und die Mitglieder des Zwölferkreises in den Nächten nach dem schrecklichen Ereignis auf Golgotha miteinander gesprochen, diskutiert haben? Man kann sich nur ausmalen, was für eine betrübte und verzweifelte Stimmung unter den Frauen und Männern, die zum engeren Kreis Jesu gehörten, geherrscht haben muss. Jedoch, und das ist bemerkenswert, haben die Jünger und Jüngerinnen im Bann des Geschehenen ihren Meister offensichtlich nicht schlechtgeredet und sind laut Evangelien nicht einfach Hals über Kopf getürmt und in alle Himmelsrichtungen zerstoben. Wie die Schilderungen der Auferstehung zeigen, hielt die Schar der Anhänger auch nach dem Kreuztod ihres Meisters engen Kontakt untereinander und das Buschtelefon funktionierte ohne Pannen, wie sich sehr bald zeigen würde.

> *Die Jünger Jesu indessen haben sich von ihrem Meister nach dessen vermeintlichem Scheitern nicht abgewandt. Und das ist eindeutig eine historisch unbestreitbare Tatsache.*

Mysteriöse Begegnungen

Für das, was unmittelbar nach der Tragödie auf Golgotha geschehen ist, gibt es keine Quellen außerhalb der Evangelien. Alle vier Evangelisten berichten aber stringent (wenn auch widersprüchlich) und erstaunlicherweise ohne jedes Pathos von den bewegenden Ereignissen, die sich in den Tagen und Wochen nach der Kreuzigung abgespielt haben sollen.

Der Matthäus-Bericht schildert uns (nebst dem apokryphen Nikodemus-Evangelium) als Einziges der vier bekannten Evangelien, dass Pilatus das Grab bewachen lässt:

Am anderen Tag nun, der auf den Rüsttag folgt, versammelten sich die Hohepriester und Pharisäer bei Pilatus und sagten: «Herr, wir erinnern uns, dass jener Verführer, als er noch lebte, gesagt hat: ‹Nach drei Tagen werde ich auferweckt werden.› Gib also Befehl, dass das Grab bis zum dritten Tag bewacht werde, damit nicht etwa seine Jünger kommen, ihn stehlen und dem Volke sagen: ‹Er ist von den Toten auferweckt worden.› Dann wäre der letzte Betrug schlimmer als der erste.»

Der Präfekt ist einverstanden und gestattet den Priestern, wie uns das Matthäus-Evangelium berichtet, Wachen beim verschlossenen Grab aufzustellen. Dies scheint glaubwürdig, immerhin hat Jesus vor seinem Tod tatsächlich Aussagen gemacht, wonach er wieder auferstehen würde. Dass die pragmatische und gewiefte Priesterschaft die Zügel bis zuletzt in den Händen halten will, um diesen Jesus-Spuk ein für allemal zu beenden, ist aus ihrer Sicht verständlich.

In der Nacht jedoch erleben die Wächter, schreibt Matthäus, ihr blaues Wunder, als im Lichtglanz ein Engel das Grab öffnet. Die völlig verdatterten Soldaten bzw. Tempelwächter, so berichtet Matthäus weiter, eilen stracks zu den Priestern in der Stadt und berichten ihnen, was sie gesehen haben. Die Kleriker aber bestechen die Wächter, den Leuten nun tatsächlich die Geschichte vom gestohlenen Leichnam aufzutischen, die sich, so Matthäus weiter, bis zum heutigen Tag hartnäckig gehalten habe.

Etwas verwunderlich ist die Halsstarrigkeit der Priester schon: Selbst als die eigenen Tempelwächter den geistlichen Autoritäten vom Wirken einer übernatürlichen Kraft berichten (die in dieser besonderen Situation mit dem Wirken Gottes hätte gleichgesetzt werden müssen), bleiben die geistlichen Herren stur und unbelehrbar. Dies erscheint nicht wirklich glaubwürdig, auf jeden Fall äußerst sonderbar.

Bei Matthäus, Markus und Lukas wird berichtet, dass die Frauen – Mirjam von Magdala, Maria, die Mutter des Jakobus und Salome – am frühen Sonntagmorgen zum Grab gehen, doch sehen sie, dass der schwere Stein weggerollt ist. Im Lukas-Evangelium sind es zwei Engel, die den Frauen begegnen.

Im Markus-Evangelium wird uns die Geschichte anders erzählt: Dort ist es ein freundlicher junger Mann in weißem Gewand, der die Frauen anspricht:

«Habt keine Angst! Ihr sucht Jesus aus Nazareth, der ans Kreuz genagelt wurde. Er ist nicht hier; Gott hat ihn vom Tod erweckt! Hier, seht die Stelle, an der er gelegen ist! Und nun geht und sagt zu den Jüngern und Petrus: ‹Er geht euch nach Galiläa voraus.› Dort werdet ihr ihn sehen, genau, wie er es gesagt hat.»

Mysteriös die Schilderung im Johannes-Evangelium: Dort erscheinen allein Mirjam von Magdala zwei weißgekleidete Engel. Und als sie sich umdreht, sieht sie Jesus selbst hinter sich stehen. Doch dann folgt ein äußerst merkwürdiger Satz:

Aber sie wusste nicht, dass es Jesus war. (Joh. 20, 14)

Dies mutet wirklich seltsam an und die nachfolgende Bemerkung, dass Mirjam Jesus zuerst für den Gärtner hält, macht das Ganze nicht verständlicher. Wie konnte eine der engsten Vertrauten Jesu ihren Meister nicht erkennen, wo er ihr doch von Angesicht zu Angesicht gegenüberstand? Doch dann folgt im Johannes-Text eine interessante Passage: Jesus nennt die Frau beim Namen und erst jetzt erkennt sie ihren Meister:

«Rabbuni!» Das ist hebräisch und heißt: Mein Herr! Jesus sagte zu ihr: «Berühre mich nicht. Ich bin noch nicht zu meinem Vater zurückgekehrt. Aber geh zu meinen Brüdern und sag ihnen von mir: Ich gehe zu dem zurück, der mein und euer Vater ist, mein Gott und euer Gott.»

Kryptisch!

Bemerkenswert vorweg, dass Jesus zuallererst einer Frau begegnet. Ausgerechnet! Damit steht die damals patriarchalisch geprägte Welt Kopf, waren doch Frauen von jedem theologischen Disput ausgeschlossen und darüber hinaus hatte in der damaligen Macho-Welt die Aussage einer Frau keinerlei Gewicht oder Glaubwürdigkeit. Was für einen Sinn sollte es also haben, dass Jesus zuerst nur den Frauen der Bewegung erscheint? Die Evangelien scheinen sich erstaunlicherweise darum nicht zu kümmern. Und waren es – nebst Jesu Lieblingsjünger Johannes – nicht die Frauen, die Jesus bis zu seinem letzten Blutstropfen, seinem letzten Atemzug die Treue hielten? Auch da sprechen die Evangelien Klartext und lassen die Männerwelt ungeschönt schlecht aussehen. Und das ist äußerst bemerkenswert.

Rätselhaft ist in diesem Text Jesu Aufforderung an Maria, ihn nicht zu berühren, da er «noch nicht zum Vater zurückgekehrt» sei. Was meint der Auferstandene im Johannes-Evangelium damit? Ist gemäß Johannes die Auferstehung noch gar nicht vollständig vollzogen? Steckt Jesus inmitten eines Umwandlungsprozesses, war seine Metamorphose noch in vollem Gang?

Der Spiritist Johannes Greber erwähnt, dass bei Manifestierungen der geistigen Welt in der materiellen Ebene ungeheure (physikalische) Kräfte im Spiel seien. Greber nennt dabei ausdrücklich die Elektrizität und weist auch in diesem Zusammenhang darauf hin, dass sich selbst geistige Manifestationen stets an die Gesetze der Natur zu halten hätten. Durfte Mirjam ihren Rabbi deshalb nicht berühren? Hätte sie von den wirken-

Bemerkenswert, dass Jesus zuallererst einer Frau begegnet. Ausgerechnet!

den Kräften in Mitleidenschaft gezogen oder von der herrschenden Spannung gar erschlagen werden können? Oder sind dies bloß bedauernswert naiv anmutende Geistergeschichten? Wir kommen in Kürze noch einmal etwas ausführlicher darauf zurück.

Warum erkennt Maria Magdalena ihren Herrn nicht? Ähnlich Merkwürdiges geschieht gemäß Lukas-Evangelium kurz darauf auch auf der Straße von Jerusaem nach Emmaus. Zeigt sich Jesus seiner Schülerin und später den Emmaus-Jüngern in einer Umwandlungsphase, die noch keine konkrete oder nur eine schemenhafte Erscheinung zulässt? Ist dies eine mögliche Erklärung für Jesu sphynxhafte Antwort, er sei noch nicht zum Vater zurückgekehrt? War seine mystische Mission zu diesem Zeitpunkt noch gar nicht abgeschlossen?

Wie dem auch sei: Der auferstandene Jesus scheint zu diesem Zeitpunkt buchstäblich eher herumzugeistern und ist gemäß den Evangelien weder richtig greif- noch erkennbar. Genau das

und nichts anderes lassen die Texte vermuten, denn erst später, so berichten die Evangelien, zeigt sich Jesus seinen Freunden als materieller Körper, als Mensch, der sich berühren lässt, mit seinen engsten Bekannten sogar isst und trinkt.

Gebrandmarkt

In der Folge erscheint gemäß den neutestamentlichen Berichten der Auferstandene nicht nur den Aposteln, sondern Dutzenden anderen aus dem weiteren Jüngerkreis. Die Evangelien legen großen Wert darauf, dass Jesus sich später berühren lässt und feste Nahrung zu sich nimmt, dass es sich also weder um einen Spuk noch eine Geistererscheinung handelt.

Dass da heute mit Einbildung, Massenpsychosen oder schlicht mit Propaganda gegen eine leibliche Auferstehung argumentiert wird, ist verständlich. Immerhin hatte das junge Christentum, so schreibt der Exeget Martin Ebner in seinem Buch «Jesus von Nazareth – Was wir von ihm wissen können», ein schwerwiegendes Problem:

Wer nämlich unter der Römerherrschaft gekreuzigt wurde, war politisch wie gesellschaftlich gebrandmarkt. Politisch galt er als Aufrührer, gesellschaftlich als inakzeptabel, wie das berühmte Diktum Ciceros plakativ zeigt: «Selbst die Bezeichnung ‹Kreuz› sei nicht nur vom Körper römischer Bürger, sondern auch von ihren Gedanken, Augen und Ohren fern.»

Dieser Makel, so Ebner weiter, machte dem jungen Christentum anfänglich mit Gewissheit zu schaffen, denn an der Kreuzigung Jesu war nun mal nicht zu rütteln und mit den Augen frommer Juden gesehen, war Jesus auch religiös stigmatisiert. Gemäß dem Buch Deuteronomium, einem der fünf Bücher Mose, ist nämlich nicht nur jeder rechtmäßig zum Tod Verurteilte und Hingerichtete, sondern auch jeder, der an einem Holz aufgehängt wird, ein Verfluchter vor Gott. Mit diesem Schandfleck, jedenfalls für einen frommen Juden, war der Kreuztod Jesu behaftet. Zwar wurde Jesus, gilt es einzuwenden, von den heidnischen Besatzern gekreuzigt und es ist unklar, ob gekreuzigte jüdische Rebellen und Freiheitskämpfer mit einem ähnlichen Stigma behaftet waren. Tatsächlich aber bestand bei Jesus ein (zwar nicht wirklich formelles) Urteil vonseiten der jüdischen Tempelbehörden; selbst wenn das Urteil durch die Römer vollstreckt wurde – Jesus wurde durch den Jerusalemer Priesterrat zumindest suggestiv rechtskräftig zum Tod verurteilt und in der Folge exekutiert. Und zwar auf eine für die damaligen Juden ganz und gar unkoschere Art.

Es wäre deshalb durchaus verständlich, sogar vernünftig und entsprechend naheliegend gewesen, wenn Jesu Jünger nach dem offenbar kläglichen Ende ihres vermeintlichen Heilsbringers ihren fatalen Irrtum eingesehen hätten. Ja, da war eine Hoffnung und ein charismatischer Mann gewesen, den sie für den Messias, für den neuen David eines neuen Königreichs gehalten hatten. Aber Jahweh war nicht erschienen und das neue Reich war nicht gekommen. Im Gegenteil wurde ihr Hoffnungsträger schändlich wie ein gemeiner Verbrecher würdelos und nackt an ein römisches Kreuz genagelt. Jeder von ihnen hätte wahrscheinlich unbehelligt zurück in sein Dorf, seine Stadt gehen können. Es waren ja mehr als genug, die sich täuschen ließen und Grund für Spott und Hohn hatten schließlich die wenigsten. Bald würde niemand mehr davon reden. Finanziell waren die meisten unter den Aposteln wahrscheinlich nicht einmal schlecht gestellt, haben wir doch breits gesehen, dass mindestens ein Teil der Jüngerschaft dem Mittelstand angehörte. Und wegen diesem einen Jahr, vielleicht zwanzig Monaten Abwesenheit waren die Geschäfte noch lange nicht den Bach hinuntergegangen. Man würde dieses spirituelle Abenteuer seiner Lebtage nicht vergessen, nein. Aber Jesus war nicht der gewesen, der da kommen sollte.

Aber so war es eben nicht. Im Gegenteil: Die während der Kreuzigung in alle Winde zerstreuten Jünger finden in den Tagen nach dem blutigen Ereignis auf Golgotha wieder zusammen. Und einer nach dem anderen schwört, den Herrn gesehen zu haben. Und dies wird in den Evangelien in einer Einfachheit geschildert, die literarisch in krassem Widerspruch zu anderen antiken Wundergeschichten steht.

Wie alle anderen Theologen im Film fragte ich auch Eugen Drewermann nach dessen Interpretation des Auferstehungsmysteriums. Ihm erscheint, wenn ich ihn richtig verstanden habe, die leibliche Auferstehung wiederum als Metapher für die Unsterblichkeit der göttlichen Werte: Liebe und Zuwendung. Die Jünger erkennen laut Drewermanns Interpretation sogar die Größe, die im schändlichen Tod ihres Meisters liegt. Für den Theologen stellt sich deshalb die Frage nach einer leiblichen Auferstehung gar nicht wirklich. Sie erscheine ihm, so Drewermann, nicht wichtig angesichts der gewaltigen Botschaft, die das Leben und Sterben Jesu verkörpere. Nicht der Leib über-

> Mit den Augen frommer Juden gesehen, war Jesus auch religiös stigmatisiert.

dauere, sondern die bedingungslose Liebe und das grenzenlose Vertrauen. Und darüber habe der Tod und die Verwesung keine Macht.

Tatsächlich ist es alles andere als einfach, diesem Auferstehungsphänomen zu Leibe zu rücken. Erklärungsversuche hinken allemal, doch ohne Erklärungen mögen wir aufgeklärten Menschen nicht mehr alles glauben. Dennoch: Dass eine reale Auferstehung Jesu ohne effektive Relevanz sei, erscheint mir dann doch ein etwas zu radikaler Ansatz. Zumindest macht die eben geschilderte Interpretation der Auferstehung auf mich den Eindruck, dass es sich in diesem Fall bei Jesus von Nazareth definitiv um einen zwar verehrungswürdigen, aber letztlich selbst ernannten Künder Gottes handelt, selbst wenn ihn dies angesichts seiner Botschaft und seiner immensen Wirkung bis zum heutigen Tag beileibe nicht zu einem schlechten oder gescheiterten Propheten machen würde. Mit der christlichen Auffassung der Person Jesu hat das allerdings wenig zu tun. In einer solchen Deutung erscheint der Mann aus Nazareth eher als zeitloser Superstar der wahren und guten Werte, ein spiritueller Popstar, dessen Leben Vorbildcharakter hat und uns einen Weg weisen kann – genauso, wie es Bob Dylan, John Lennon oder Mick Jagger im übertragenen Sinn für einen suchenden oder aufstrebenden Rockmusiker sein mögen.

Was ist nun aber tatsächlich geschehen, an diesem berühmten dritten Tag nach der Hinrichtung des Meisters? Und was meinen die Jünger, wenn sie von dessen Auferstehung sprechen? Entsprangen diese Erscheinungen einer gigantischen Einbildung, gespeist vom verzweifelten Wunsch, dass mit dem Drama von Golgotha nicht alles umsonst, nicht alles aus und vorbei war? Oder hat es mit Jesu angeblicher Auferweckung doch mehr auf sich?

Die Auferstehung Christi gilt als das vermutlich größte, unglaublichste und ungeheuerlichste Wunder überhaupt und bedeutet gleichzeitig das wichtigste Mysterium des christlichen Glaubens. Doch fällt es schwer, sich tatsächlich etwas darunter vorzustellen – wenigstens aus dem Blickwinkel der Wissenschaft und der Medizin. Jede Reflexion darüber wirkt wahrscheinlich entsprechend stümperhaft und unbeholfen, zumal wir bei der in den Evangelien geschilderten Auferstehung ein Terrain betreten, das lediglich auf dem Fundament möglicher Zeugenaussagen fußt und sich ein Realitätsgehalt allenfalls noch durch die beispiellos erfolgreiche und dynamische Wirkungsgeschichte der Jesus-Bewegung der ersten Jahre untermauern lässt. Naturwissenschaftliche Indizien und stichhaltige Beweise vermöchten die Zweifel zu zerstreuen, doch wissenschaftliche Begriffe bleiben hier wirkungslos und tragen kaum zur Klärung der Situation, wie sie sich uns bietet, bei.

Dennoch stellt zumindest im Kontext des christlichen Glaubens die Auferstehung ein wichtiges, vielleicht sogar das wichtigste Kapitel der Geschichte um Jesus von Nazareth dar, weshalb ich dieses Ereignis nicht einfach elegant und schmerzlos übergehen will, sondern mich in Ge-

Erklärungsversuche hinken allemal, doch ohne Erklärungen mögen wir aufgeklärten Menschen nicht mehr alles glauben.

danken kurz diesem Mysterium stelle. Dabei versuche ich – Zweifel, Skepsis und Widerspruch in Kauf nehmend – dieses Thema auch in spiritistischer Betrachtungsweise zu beleuchten.

Sowohl die katholische als auch die evangelikalen Kirchen untersagen ihren Gläubigen ausdrücklich jeglichen Verkehr mit den Seelen der Verstorbenen; sie begründen diese Haltung mit dem in der Bibel postulierten Verbot, Kontakt mit den «Toten» zu haben. Der ehemalige katholische Priester Johannes Greber war sich dessen bewusst und ließ sich, gemäß seines 1932 veröffentlichten Buch «Der Verkehr mit der Geisterwelt Gottes, seine Gesetze und sein Zweck» von seiner nach eigenen Angaben hohen spirituellen Autorität über diesen Umstand aufklären:

Du weißt, dass ihr Menschen verschiedene Mittel habt, um denen Mitteilungen zukommen zu lassen, die von euch entfernt sind. Ihr schreibt Briefe, telefoniert oder telegrafiert ihnen, und jetzt benutzt ihr sogar die Ätherwellen im Radio. So hat auch die durch die Materie von euch getrennte Geisterwelt verschiedene Mittel, mit euch in einer wahrnehmbaren Weise in Verbindung zu treten.

Johannes Greber zitiert weiter und erläutert zahlreiche rätselhafte Situationen und mysteriöse Episoden im Alten Testament, die tatsächlich erst im Hinblick auf einen praktizierten Geisterverkehr einen effektiven Sinn ergeben. Greber weiter:

Aber nicht bloß im Alten Testament fand dieser Geisterverkehr statt, sondern in ebenso ausgedehntem Maße im Neuen Testament. Alle Evangelien und besonders die Apostelgeschichte enthalten eine große Anzahl Berichte über Geisterkundgebungen. Christus selbst hatte es ja allen verheißen, die gläubig würden, dass er ihnen die Geister Gottes senden werde. Die Vorgänge bei den gottesdienstlichen Versammlungen der ersten Christen, die ihr euch nicht mehr erklären könnt, waren nichts anderes als ein Kommen und Gehen der Geisterwelt.

Greber fährt mit den von ihm bezeugten Belehrungen fort und erläutert die Bedeutung der «Totenbefragung» in biblischem bzw. christlichem Sinn:

Was versteht die Bibel unter dem «Befragen der Toten»? Wo die Bibel von den Toten redet, meint sie nicht die durch den irdischen Tod vom Körper getrennten Geister, sondern die geistigen Toten. «Tod» ist nach der Heiligen Schrift die Trennung des Geistes von Gott. Die «Toten» sind also die durch Unglauben und Abfall von Gott Getrennten. Es sind die Geister der Finsternis. Das «Reich der Toten» ist das Reich Luzifers, das Reich der Widersacher Gottes, das Reich der Lüge und des Unheils. Nach der Bibel gibt es ein Reich der «Toten» und ein Reich der «Lebenden». Die Menschen haben die Möglichkeit, sich mit jenseitigen Geistern beider Reiche in Verbindung zu setzen.

Selbstredend rät Grebers himmlische Autorität, sich deshalb in der richtigen Intention zur Geisterkundgebung einzufinden, diese unter den richtigen Vorzeichen zu beginnen und auszurichten und die bei der Séance anwesenden Geister nach ihrer Herkunft gründlich zu befragen, diese also sozusagen auf «Herz und Nieren» zu prüfen. Greber schreibt (und so bestätigten mir das auch andere medial tätige Menschen), dass die Medien beim Kontakt mit der Geisterwelt Gottes an Kraft und Gesundheit über die jeweilige Zusammenkunft hinaus zunehmen würden, während Medien, die quasi «ungefiltert» Kontakt mit der Geisterwelt pflegten oder sogar bewusst den Kontakt mit den niederen Geistern suchten, sich großen, vor allem langzeitlichen gesundheitlichen Risiken aussetzten.

Ein leeres Grab

Bevor wir nun Jesu Auferstehung also im spiritistischen Kontext betrachten, sollten wir uns noch einmal kurz die Situation vergegenwärtigen, wie sie sich außerhalb der Anhängerschaft Jesu nach der Kreuzigung und insbesondere im Zusammenhang mit den schon bald kursierenden Auferstehungsgeschichten zeigt:

Es versteht sich, dass vor allem Skeptiker schon früh auf die Ideen kamen, einen auferstandenen Christus auf ganz rationale Weise zu erklären, wobei ich hier einmal die These, die Apostel hätten Jesu Leichnam gestohlen, heimlich bestattet und ihn dann für auferstanden erklärt, außer Acht lasse; ganz so einfältig waren die Menschen der Antike dann nämlich doch nicht, dass ihnen eine simple leere Grabkammer gereicht hätte, um an eine leibhaftige Auferstehung Jesu zu glauben.

Eine der gängigen Behauptungen war und ist natürlich jene bereits erwähnte, die besagt, dass Jesus am Kreuz nicht wirklich gestorben sei, sondern lediglich einen Scheintod erlitten habe, aus dem er schließlich wieder erwacht sei. Klar, dass dabei auch Verschwörungstheorien kursieren, die etwa besagen, dass der essiggetränkte Schwamm, den man dem gekreuzigten Jesus auf einem Ysop-Rohr darbot, eine Substanz enthalten habe, die von eingeweihten Jüngern beigegeben worden sei und die ihren Herrn einem Scheintod zuführten.

Noch weiter gingen gewisse, unter ihnen auch gnostische Kreise, die zu wissen glaubten, dass Jesus überhaupt nicht gekreuzigt wurde, sondern – versehentlich! – ein anderer an seiner Stelle an das Blutgerüst genagelt worden sei. Die Rede ist etwa von Simon von Cyrene, den die Soldaten zwangen, den Kreuzbalken des zu Tode erschöpften Jesus zur Richtstätte zu tragen. Doch nach den in den vorherigen Kapiteln beschriebenen Gewaltexzessen, die den Verurteilten durch ihre Peiniger zuteilwurden, die sie bereits durch die Auspeitschung in wandelnde, zerfetzte, bluttriefende und beinahe unkenntlich gemachte Miss-

> Nach der Bibel gibt es ein Reich der «Toten» und ein Reich der «Lebenden». Die Menschen haben die Möglichkeit, sich mit jenseitigen Geistern beider Reiche in Verbindung zu setzen.

gestalten verwandelten, ist kaum anzunehmen, dass eine solche Verwechslung mit einem völlig unversehrten Passanten niemandem aufgefallen wäre: weder den Römern, noch der anwesenden Menge, noch den Jüngern und Jüngerinnen Jesu, noch und namentlich den bei der Exekution anwesenden jüdischen Tempelbehörden; sie hatten ja den Prozess gegen den ungeliebten Propheten aus Nazareth angestrengt und dessen Todesurteil erwirkt. Selbst wenn ein fast zu Tode Geschundener nur noch schlecht erkenntlich gewesen sein sollte, bei einem versehentlich Gekreuzigten hätten sowohl die Behörden als auch die Menge sofort gesehen, dass es sich nicht um den berühmten und populären Jesus aus Nazareth handelte.

In beiden der beschriebenen Theorien hat sich Jesus in der Folge eines irdischen Lebensabends erfreut und hat sich aus dem Staub gemacht, hat sich abgesetzt nach Indien oder Kaschmir, wie von diversen Autoren – unter ihnen auch vom Schweizer Bestseller-Autor und UFO-Forscher Erich von Däniken – behauptet wird. Als Beweis dient ein Grab im Norden Indiens, das angeblich den Leichnam Jesu enthalten (haben) soll. Jesus, der dem Kreuz entkommen war, habe fortan die Verehrung seiner Anhänger als Auferstandener genossen. Allein, auch diese Theorie erscheint wenig plausibel. Albert Gasser stellte im Gespräch zum Film zutreffend fest, dass ein Gekreuzigter im allergünstigsten Fall und bei rechtzeitiger Kreuzabnahme wohl möglicherweise eine solche Tortur hätte überleben können (es sind in der Antike sogar einige wenige Fälle überliefert). Nur ist absolut auszuschließen, dass ein derart durch Stock- und Faustschläge, mehrere Dutzend zerfleischende Peitschenhiebe, Blutverlust durch die Annagelung und schließlich noch durch einen Lanzenstich in die rechte Seite in Mitleidenschaft gezogener Körper nach wenigen Tagen nahezu unversehrt, lediglich die Wundmale mit sich führend, vor seinen Anhängern erscheinen kann. Dass ein Mann, der immerhin sechs Stunden mit durchbohrten Handgelenken und Fersenknochen und dazu noch mit durchspießter Brust bereits nach drei Tagen wieder munter umherspaziert, ist aus medizinischer Sicht undenkbar, vor allem damals, als man nur über die rudimentärsten medizinischen Behandlungsmöglichkeiten verfügte. Vielmehr wäre eine wochenlange, wenn nicht monatelange Rekonvaleszenz die logische Konsequenz gewesen. Und selbst wenn dieses medizinische Wunder tatsächlich eingetreten wäre, so Albert Gasser weiter, bliebe die Frage, ob ein durch schlimmste Wundmale Gekennzeichneter die Jünger tatsächlich überzeugt hätte, dass ihr wieder quicklebendiger Meister auf göttliche Weise auferstanden sei. Auch die Menschen der Antike konnten durchaus unterscheiden, ob ein Mann einfach Schwein hatte und noch mal davonkam, oder ob es sich um eine auf mystisch unerklärliche Weise wiedererstandene oder transformierte Person handelte.

Alle diese Thesen und Theorien illustrieren vor allem aber eindrücklich eines: Das Phänomen der ‹Auferstehung› erhitzte bereits früher und zur Zeit Jesu die Gemüter und es schied und scheidet die Geister.

Spiritistische Ansätze

Verschiedene Episoden und insbesondere jene, die sich kurz vor Jesu Prozess und Kreuzigung in Bethanien, einem kleinen Ort unweit von Jerusalem, ereignet haben soll, berichten von unerklärlichen Ereignissen, die bereits vor Jesu eigenem Tod über die Thematik Tod und Sterben Auskunft geben. Die Evangelien berichten, dass Jesus selbst Verstorbene auferweckt habe, jedoch betont Jesus in den Evangelien vor Ort ausdrücklich, dass die Betroffenen nicht wirklich tot waren, sondern lediglich an der Schwelle des Todes (Koma) standen oder – wie im Falle der Jairus-Tochter – «bloß schliefen» (Mk. 5,39). Der Spiritist Johannes Greber berichtet in seinem Buch, was ihn eine hohe geistige Macht über das Phänomen der Totenerweckung gelehrt haben will. (Ein Teil dieser Textpassage wurde bereits im Kapitel *Zeit der Wunder* im Zusammenhang mit der Auferweckung eines Mädchens angeführt.)

> *In beiden Theorien hat sich Jesus aus dem Staub gemacht, hat sich abgesetzt nach Indien oder Kaschmir.*

Bei allen sogenannten ‹Totenerweckungen›, sowohl bei den im Alten Testament erwähnten, als auch bei den von Christus gewirkten, handelt es sich nicht um Menschen, deren Geist bereits ins Jenseits hinübergetreten war. *Ein wirklicher Toter kann aus dem Jenseits in das Diesseits nicht mehr zurückkehren.* Sein Geist kann nicht mehr von dem Körper Besitz ergreifen, den er durch den irdischen Tod verlassen hat. Das ist ein göttliches Gesetz, von dem es keine Ausnahmen gibt. Sobald sich ein Geist im Jenseits befindet, ist seine irdische Laufbahn endgültig abgeschlossen. Sein diesseitiges Schicksal ist unwiderruflich entschieden. Ein Mensch kann er alsdann nur wieder auf dem Weg einer neuen Geburt werden.

In den Fällen, in denen Christus Menschen zum Leben erweckte, handelte es sich um solche, deren Geist zwar vom Körper gelöst war, aber noch durch ein ganz schwaches Odband mit dem materiellen Leib verbunden blieb. Dieses Odband war so schwach, dass der ausgetretene Geist weder aus eigener Kraft noch durch menschliche Wiederbelebungsmittel hätte in den Körper zurückkehren können und infolgedessen der wirkliche Tod durch Zerreißen des Odbandes bald hätte eintreten müssen. Bei Lazarus war dieses Odband so schwach, dass nicht einmal so viel Lebenskraft dem Körper zugefügt werden konnte, als notwendig war, um den Verwesungsprozess zu verhindern. Weder der Verwesungsprozess noch die sogenannten Totenflecken an der Leiche sind also untrügliche Zeichen des wirklichen Todes.

Dieses Odband (in anderen Publikationen im Zusammenhang mit Nahtoderlebnissen auch «Silberschnur» genannt), das Körper und Geist verbindet, wird auch in anderen Berichten immer wieder erwähnt und von Menschen mit einem Nahtoderlebnis geschildert. Auch hier schreibt vor achtzig Jahren Johannes Greber über Phänomene, die zwar heute in zahlreichen Büchern, Publikationen oder Fernsehsendungen behandelt werden, die aber in seiner Zeit zweifellos kaum bekannt oder zumindest kaum populär waren.

Selbst im spirituellen Wirken, so schreibt Greber in seinem Buch, hält sich die geistige Welt immer an die Naturgesetze und unterliegt sowohl der Gesetzmäßigkeit der Chemie als auch der Physik. Selbst Jesu Gang über das Wasser dürfe keinesfalls als Aufhebung der Naturgesetze gewertet werden, denn jede materielle Schöpfung sei ausnahmslos dem Gesetz der Schwerkraft unterworfen. Diese – eben zum Beispiel bei einem Gang über das Wasser – zu überwinden, bedürfe in jedem Fall einer anderen Kraft, welche die Gravitation zu überwinden vermöge. Greber betont in diesem Zusammenhang, dass er belehrt wor-

Selbst im spirituellen Wirken hält sich die geistige Welt immer an die Naturgesetze.

den sei, dass es bei Gottes Naturgesetzen tatsächlich keine Ausnahmen gebe – nicht einmal für den von ihm erwählten Gesandten Jesus Christus.

Was geschah also am dritten Tag nach Jesu Kreuzigung? Wir bewegen uns bei Grebers Antworten ganz allein im Bereich des Glaubens, der Mystik und der spirituellen Gesetze, wenn man denn an sie glauben will. Und diese fordern uns gewaltig heraus. Dennoch können wir lediglich dort noch Erklärungen suchen und erwarten, weil den empirischen Wissenschaften in diesen Belangen schlicht die Luft ausgeht, fehlen ihnen doch die Werkzeuge, denen es zur Klärung solcher Phänomene bedarf. Ich zitiere deshalb abschließend noch einmal Johannes Greber, der uns berichtet, worin er seinen Aussagen nach aus der spirituellen Welt unterrichtet worden ist:

Christus war tot. Sein Geist hatte sich im irdischen Sterben von der materiellen Hülle getrennt.

Greber tönt an, dass nicht Jesu irdischer Körper neu erstand, sondern sein Geist sich wieder neu gestaltete bzw. materialisiert hat. Seine ihn lehrende spirituelle Autorität betont, dass der Akt der Materialisierung wie alles andere den Naturgesetzen unterliege und nach physikalischen Gesetzen vonstatten ging, wobei immer wieder die Lebenskraft, die sogenannte ‹Odkraft› erwähnt wird, die allem Geschaffenen zugrunde liege:

Während die Geisterwelt die Auflösung der Materie durch heiße Starkströme herbeiführt, verwendet sie zur Verdichtung des Ods kalte Ströme entsprechend der allgemein gültigen Naturgesetze.

Will uns der Autor damit sagen, dass es sich bei Jesu Auferstehung um einen physikalischen Akt der Energieumwandlung handelt, womit in eigenartiger Weise wieder ein Bogen zum Turiner Grabtuch geschlagen ist, bei dem einige Forscher Spuren einer unerklärlichen Energieeinwirkung erkannt haben wollen (vgl. erster Teil «Jesus war anders»)? Dies jedenfalls scheint Greber in seinem Buch nahezulegen. Seine spirituelle Autorität rechnet mit Zweifel und Widerspruch der Menschen und ergänzt:

Das klingt euch alles zu menschlich. Aber ich kann dich nicht oft genug darauf hinweisen, dass alles, was ihr in der irdischen Welt in materieller Form habt, auch in der Geisterwelt als Form existiert, und zwar ohne jede Ausnahme.

Gemäß Grebers Ausführungen ist die materielle Verdichtung ein längerer Prozess, der oft Tage benötigt. Und es wird in seinem Buch darauf hingewiesen, dass ungeheure Kräfte an Energie umgesetzt würden, weshalb das Stören des Prozesses für den Menschen eine Gefahr bedeutete. Untersagt Jesus also deshalb im Johannes-Evangelium seiner Jüngerin Mirjam von Magdala, ihn zu berühren, als er ihr als Erste nach der Grablegung erschienen war (Joh. 20, 17)?

Bei jedwelchem Erklärungsversuch, bei dem sich das Metaphysische und die Naturwissenschaft berühren, werden erfahrungsgemäß einige Naturwissenschaftler aufheulen und fordern, dass der Schuster gefälligst bei seinem Leisten bleiben soll und dass sich der Theologe oder – für sie noch schlimmer – der Spiritist höchstens der Lächerlichkeit preisgebe, wenn er oder sie sich in die Tiefen der Naturwissenschaft begeben würde. Umgekehrt wundere ich mich, wie oft sich inzwischen Naturwissenschaftler zwar medienwirksam, aber auch nicht immer substanziell in die Metaphysik und sogar in die Fragen der Theologie einklinken, etwa wenn sie behaupten, dass es keine von der Materie unabhängig existierende Seele gebe oder gleich proklamieren, dass Gott überhaupt nicht existiere. Zumindest die Physik, so heißt es allenthalben, komme ohne einen großen Chef oder Designer aus – wenigstens bis hin zum Urknall. Solche Diskussionen habe ich jedenfalls bereits mit Physikern und Mathematikern mit Rang und Namen geführt und ich fand die jeweiligen Seitenhiebe auf Theologie und Glaube weder intellektuell einleuchtend noch besonders erhellend. Allein, Berührungsängste sind wenig hilfreich, wenn man nach Antworten sucht und beim Suchen von Erklärungen soll man auch in anderen Gewässern fischen als in jenen, in denen man es ohnehin gewohnt ist. Und manchmal erhält man sogar an unerwarteter Stelle eine Antwort, selbst wenn man die vordergründig naivsten Fragen stellt. Die einzig schlechte Frage ist eigentlich bloß jene, die man nicht stellt. Oder die man nicht zu stellen wagt. Und am Ende, heißt es bekanntlich, führt jener, der fragt.

Auf der Straße nach Emmaus

Ein merkwürdiges Phänomen im Zusammenhang mit dem Auferstandenen wurde bereits erwähnt: Anfänglich wird der auferweckte Jesus sogar von seinen eigenen Jüngern nicht erkannt. Das Lukas-Evangelium erzählt eine eigenartige Geschichte:

Zwei Jünger (nicht Apostel), so erzählt uns Lukas im 24. Kapitel, gehen von Jerusalem in das zehn Kilometer entfernte Emmaus. Ein ihnen offensichtlich Unbekannter gesellt sich zu ihnen und fragt, worüber sie denn so heftig diskutierten. Der eine, Kleopas mit Namen, antwortet: «Du bist wohl der Einzige in Jerusalem, der nicht weiß, was dort in den letzten Tagen geschehen ist.» Der Unbekannte stellt sich unwissend und die Männer erklären ihm, dass man Jesus von Nazareth gekreuzigt habe. «Und wir hatten doch gehofft, er werde der Mann sein, der Israel befreit! Heute ist schon der dritte Tag und nichts ist geschehen.» Die beiden berichten dem Fremden, dass nun aber offenbar einige Frauen seltsame Erscheinungen gehabt hätten, was jedoch keineswegs zur Beruhigung der Gemüter beitrage. Der Unbekannte will sich absetzen, aber die beiden Wanderer heißen ihn, mit ihnen zu speisen. Der Fremde folgt der Einladung und erst beim Brechen des Brotes – es muss eine sehr spezielle Geste gewesen sein – erkennen sie ihn: ihren Rabbi und Meister – Jesus von Nazareth.

Diese Geschichte lässt kaum vermuten, dass im Falle einer Auferstehung, wie sie die Evangelisten schildern, Jesu lebloser Körper wieder mit Lebensenergie erfüllt wird, um als auferweckte Leiche wie weiland Mary Shellys Frankenstein-Monster wieder unter den Lebenden zu wandeln. Doch auch in der Theorie einer Transformation oder Neugestaltung liegt eine happige Krux: Von einem leeren Grab kann dann nämlich keine Rede mehr sein. Wenn es sich beim auferstandenen Christus um seinen wieder materialisierten Geist, nicht aber um seinen wiederbelebten Körper handelt, wo ist dann Jesu Leichnam?

Das Rätsel scheint unlösbar. Und nahezu unbegreiflich ist jedenfalls, dass, wie wir sahen, der Auferstandene (oder Rematerialisierte) anfänglich noch nicht einmal von Jesu engster Jüngerin Mirjam erkannt wird. Auch deuten die Evangelien an, dass Jesus plötzlich in einem geschlossenen Raum mitten unter den Jüngern ist – so, als sei es ihm möglich, in seiner neuen oder erneuerten Gestalt durch Wände hindurchzugehen.

In diesem Zusammenhang drängt sich ein parallel anmutendes Ereignis aus dem Leben Jesu auf, nämlich die von allen vier Evangelisten geschilderte Verklärung Jesu auf dem Berg Tabor. Ein Ereignis, das Simon Petrus in allen seinen Facetten

> «Du bist wohl der Einzige in Jerusalem, der nicht weiß, was dort in den letzten Tagen geschehen ist.»

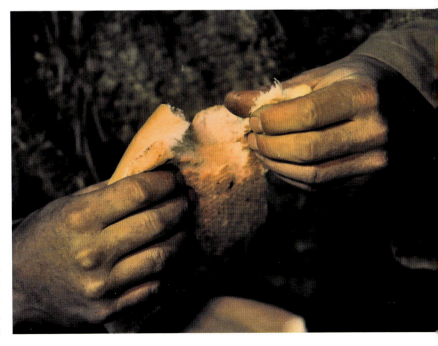

und in seiner ganzen Wucht Jahrzehnte später in seinem 1. Brief noch einnmal ohne Abstriche oder Relativierungen bezeugte. (Die Echtheit dieses Briefes, ich erwähnte es bereits, wird zwar angezweifelt. Doch dass dieser Brief nicht von Petrus selbst stammt, sondern erst viel später geschrieben wurde, ist ebenfalls nicht bewiesen.)

> Es ist anscheinend nicht der auferweckte Leichnam Jesu. Ansonsten hätte es kaum einen Grund gegeben, dass der Auferstandene von seinen engsten Freunden zuerst gar nicht erkannt wird.

Bekanntlich beschreiben alle vier Evangelisten, wovon die drei Jünger Jesu, Petrus, Johannes und Jakobus, auf dem Berg Zeugen werden: Jesu Körper wird vor ihren Augen in eine Lichtgestalt verwandelt, die kaum mehr unserem Begriff der Körperlichkeit entspricht. Doch wird dieses Ereignis ganz klar als Transformation beschrieben: Nicht Jesu Geist tritt aus, um sich als astraler Lichtkörper neu zu materialisieren und zu manifestieren; es ist Jesu Gestalt selbst, die zum Lichtwesen wird. Es heißt, dass die alttestamentlichen Propheten Mose und Elija hinzutreten, deren leblose bzw. schon längst verweste Körper offenbar auf eine wundersame Art erhalten und ebenfalls als Lichtgestalten neu erschaffen erscheinen. Die Vorgänge auf Tabor münden in einen Höhepunkt, in dem Gott selbst Jesus seinen Sohn und Gesandten nennt. Dann ist der «Spuk» vorbei; Jesus ist wieder die menschlich-irdische und materielle Gestalt, in der ihn die Jünger kennen. Jesus ist sich offenbar bewusst, dass diese Szene den menschlichen Intellekt überfordert: er untersagt den drei Jüngern, die Zeugen dieses Vorgangs sind, den anderen davon zu erzählen. Eine außergewöhnliche und eindrückliche Geschichte und sie vermag Gläubigen Hinweise zu geben, worauf Jesu Auferstehung hinauswill, was mit Jesu Leichnam geschah und weshalb der Körper real und doch ganz anders ist als das, was wir uns darunter vorstellen können.

Während in den Evangelien die Taten und Worte Jesu – sogar besondere Ereignisse wie das Wunder der Brotvermehrung, sogar Jesu nächtlicher Spaziergang auf dem See oder die mystische Verklärung – einigermaßen übereinstimmend geschildert werden, erscheint der Auferstandene seinen Bekannten offenbar jedem auf andere Weise. Es ist anscheinend nicht der auferweckte Leichnam Jesu, den seine einstigen Gefährten erblicken. Ansonsten hätte es kaum einen Grund gegeben, dass der Auferstandene von seinen engsten Freunden zuerst gar nicht erkannt wird. Zwar ist von den Wundmalen die Rede, die der Auferstandene mit sich führt, aber als ein von Schlägen und Dutzenden von zerfleischenden Peitschenhieben verunstaltetes Folteropfer, das drei Tage zuvor am Kreuz hing, erscheint Jesus seinen Freunden nicht. Überhaupt sind es vielmehr dessen Eigenschaften, die ihn seinen Gefährten offenbaren. Im konkreten Fall seine Stimme oder eine Geste, wie er spricht oder wie er das Brot bricht.

Perry Schmidt-Leukel verweist auf die biblischen Filminszenierungen und moniert, dass der irdische und der auferstandene Jesus stets von ein und demselben Darsteller gespielt würden. Das entspreche aber nicht den Schilderungen

DER AUTOR IM GESPRÄCH MIT EUGEN DREWERMANN

DER AUTOR IM GESPRÄCH MIT HOLGER STRUTWOLF

in den Evangelien, sei doch Jesus eine andere Erscheinung gewesen und hätte offensichtlich kaum mehr etwas mit seiner alten körperlichen Hülle zu tun gehabt, auch wenn die Wundmale als Attribute erwähnt würden. Allein sein Wesen, seine charakteristische Art, erschienen vertraut und durch diese sei der Auferstandene von seinen Jüngerinnen und Jüngern zweifesfrei als ihr Meister wiedererkannt worden.

Bei allen Interviews, die ich im Zusammenhang mit der Filmdokumentation geführt habe, waren die Aussagen über die Auferstehungsthematik, die von den jeweiligen Theologinnen und Theologen gemacht wurden, die mit Abstand spannendsten und tiefgreifendsten. Ich bekam keinerlei Floskeln zu hören und wurde nicht mit irgendwelchen mystischen Geheimniskrämereien abgespeist. Die ernsthafte Auseinandersetzung mit dieser Thematik bei den Befragten – und dies sowohl in theologischer, als auch in historischer Hinsicht – hat mich beeindruckt. Alle – ob gläubig oder agnostisch – waren sich bewusst: Wir stehen hier an den Grenzen unserer Wahrnehmung und von der Physik oder der Biologie sind keine Antworten zu erwarten. Aber auch historisch ist diesem Phänomen nicht beizukommen, denn es fehlen uns Vergleichsmöglichkeiten. Leider ist Jesus als Auferstandener nicht einfach im Tempel oder auf den Markplätzen Jerusalems aufgetreten, um seine Wiedererweckung machtvoll und unzweifelhaft in der Öffentlichkeit zu manifestieren. Dann nämlich hätten wir weit mehr Anhaltspunkte. Wir wollen nun nicht darüber spekulieren, warum der auferstandene Christus dies nicht getan hat, weshalb sein Auftreten oder Erscheinen offenbar nur und ausschließlich bei seinen engsten Jüngerinnen und Jüngern erfolgt sein soll; Jesus zeigt sich gemäß den Evangelien allein seinen Freunden und Gefährten, allerdings über den Zwölferkreis hinaus. Und selbst dort scheint seine Erscheinung für jeden Zeugen eine subjektive Angelegenheit gewesen zu sein. Zweifelsohne aber war es offenbar ein ebenso beeindruckendes wie nachhaltiges Erlebnis für sämtliche Betroffenen.

Es ist offensichtlich: Die Ereignisse der ersten Tage nach Jesu Kreuzigung erscheinen mysteriös. Überhaupt werden die finalen Ereignisse in den Evangelien widersprüchlich dargestellt, teilweise fast flüchtig geschildert. Es kursieren gemäß den Evangelien zuerst viele eigene, subjektive Eindrücke, wobei man die Diskrepanz in den Schilderungen in den Evangelien beließ; man erlag später offensichtlich nicht der Versuchung, die Schilderungen einander redaktionell anzugleichen.

Und noch etwas erscheint bemerkenswert:

Die Jünger scheinen ganz offensichtlich von Jesu wahrer und wieder menschlicher Anwesenheit felsenfest überzegt gewesen zu sein. Nur so ist die ungeheure Wirkungsgeschichte als historische Tatsache zu erklären. Dass sich der verwirrte Haufen seiner Anhänger binnen weniger Tage ohne einen äußeren Anlass besonnen und sich ein Herz gefasst hätte, um gemeinsam eine neue Theologie zu erfinden und zu predigen, ist nicht nur abwegig, sondern eine schlicht verrückte Vorstellung. Oder doch nicht? Ich werde in Kürze noch einmal darauf zurückkommen.

Die Ereignisse der ersten Tage nach Jesu Kreuzigung erscheinen mysteriös.

Aufbruch der Jünger

Am Ende sind in den Evangelien Jesus und seine Schar wieder vereinigt, wie alle vier Evangelien berichten. In Galiläa verleben sie nach all den dramatischen Wochen und Monaten gemeinsam eindrückliche und beinahe harmonische Tage. Jesus isst und trinkt mit seinen Jüngern. Der Evangelist Johannes schildert schließlich eine recht handfeste Szene, die sich am See Genezareth ereignet haben soll:

Sie waren etwa hundert Meter vom Land entfernt. Die anderen Jünger ruderten das Boot an Land und zogen das Netz mit den Fischen hinter sich her. Als sie an Land gingen, sahen sie ein Holzkohlenfeuer mit Fischen drauf, auch Brot lag dabei.

Der Grillmeister war Jesus und Johannes vermerkt, «dass dies das dritte Mal war, dass sich Jesus seinen Jüngern zeigte, seit er vom Tode auferstanden war» (Joh. 21,14). Es folgen andere Episoden, etwa jene mit dem ungläubigen Apostel Thomas, der erst an eine Auferstehung glauben will, nachdem er die Wundmale des Erschienenen berührt hat, um dann zu bezeugen: Er ist es! (Joh. 20, 19–29)

Und so werden es später auch die anderen Jünger Jesu bezeugen. Und Jesus verspricht, bei ihnen zu sein. Immer. Jetzt und in allen Tagen. Dann ist er fort. Und die Jünger bleiben zurück...

Was immer nach der Katastrophe der Kreuzigung passiert sein mag – die Apostel, die Jünger, sie alle wollen weitermachen. Jetzt erst recht. Doch es bleibt die entscheidende Frage: Was war ihre Motivation? Was hatten sie zu gewinnen?

In Jerusalem versammeln sie sich. Der Herr ist fort, sie sind allein. Und wieder scheint sich etwas Unerklärliches ereignet zu haben: Auf einmal treten die vorher furchtsamen Jünger nämlich öffentlich auf; auf den Straßen, auf den Plätzen, sogar im Tempel. Und das ist eine unbestreitbare historische Tatsache.

Auf einmal treten die vorher furchtsamen Jünger öffentlich auf. Und das ist eine unbestreitbare historische Tatsache.

Lukas schildert in seiner Apostelgeschichte, dass die in einem Raum versammelten Jünger von einem unerklärlichen Phänomen heimgesucht werden; ein Brausen sei durch den Raum gegangen und Feuerzungen hätten sich auf die Köpfe der Jünger gelegt. Und von da an seien die dort

versammelten Männer und Frauen nie mehr dieselben gewesen (Apg. 2, 4–41). Und von nun an hatten sie offenbar nur noch eines im Sinn: Die Botschaft zu verkünden, dass Gottes Sohn unter den Menschen gelebt habe, um die Menschheit zu retten. Sie alle, die sie Jesus erlebten, sind tief überzeugt, in Jesus unzweifelhaft eine übernatürliche, himmlische Erscheinung erblickt und erlebt zu haben: den Sohn des lebendigen Gottes. Und mit Jesus von Nazareth die Erfüllung der Schrift.

Ein sehr eindrückliches Gespräch führte ich während den Dreharbeiten zur Filmdokumentation mit dem Schweizer Schauspieler Gilles Tschudi. Er verwies auf die Parallelen von Wasser- und Feuertaufe: Johannes habe die Menschen mit Wasser getauft – eine Vorstufe von spiritueller Erkenntnisgewinnung. Doch sei Johannes ein Prophet der Vergangenheit gewesen, der – wie die meisten Menschen – die Spiritualität nicht als im «Geist Geborener» (Joh. 3, 5–8) begriffen habe. Jesus aber spricht in den Evangelien verschiedentlich von einer notwendigen spirituellen Neugeburt; der Mensch müsse im Geist neu geboren werden, lässt er sowohl den Priester Nikodemus als auch die Samaritanerin am Jakobsbrunnen wissen. Der Täufer, so meinte Gilles Tschudi weiter (und ich hoffe, ich gebe das Gespräch in seinem Sinn wieder), sei sich seiner spirituellen Unzulänglichkeit durchaus bewusst gewesen, was ja auch in den Evangelien klar zum Ausdruck komme. Mit Jesus aber habe eine neue Form des Bewusstseins die Szene betreten, ein neues Prinzip geistigen Verstehens. Der Täufer habe den Weg wohl geebnet, habe dann aber Platz machen müssen für das «Neue», das weit über das «Alte» hinausgegangen sei. Eine Wiedergeburt, die in der pfingstlichen Feuertaufe bildhaft zum Ausdruck komme. Das alte Testament ist Geschichte und der kopflastige Glaube an ein buchstabenreiches Gesetz macht dem Feuer der spirituellen Inspiration Platz und fällt mit dem Haupt des Täufers Johannes.

Es ist nicht schwer, sich den Ärger der Priesterschaft vorzustellen: Keine fünfzig Tage war es her, da war der galiläische Verführer an einem römischen Kreuz öffentlich und in Schande unter heftigsten Qualen gestorben, und schon begann der Spuk von Neuem. Der schlimmste Albtraum wurde wahr für die Priester: Aus dem Gekreuzigten war ein Märtyrer geworden, von dem jetzt auch noch behauptet wurde, er sei von den Toten auferstanden! Und die Anhänger des Nazareners sprachen nun lauthals davon, dass dieser Jeschua aus Nazareth eben jener Messias sei, der in den heiligen Schriften verheißen wurde, der wahre Sohn des ewigen Gottes.

Die Leute hören den Jüngern offenbar zu, wie uns der Evangelist Lukas in seiner Mitte der Sechzigerjahre des ersten Jahrhunderts verfassten Apostelgeschichte berichtet. Und die Bereitschaft der Menschen, den feurigen Predigern zuzuhören, mag ein Hinweis darauf sein, dass dieser Jesus trotz der schändlichen und demütigenden Hinrichtung weiterhin große Sympathie und Verehrung über seinen für das damalige Verständnis unwürdigen Tod hinaus genoss und ein Indiz, dass dieser Jesus von Nazareth trotz seines Kreuztodes in den Straßen der Stadt weit über den Freitag, den 7. April 30 ein Thema geblieben war. Genau das deuten ja auch die beiden Jünger von Emmaus an, wenn sie davon sprechen, dass ganz Jerusalem auch noch nach Tagen über die Ereignisse auf Golgotha sprach. Und nun sind es die Jünger Jesu, die eine fulminante und erfolgreiche Mission starten. Und dies ist wiederum eine historisch absolut unwiderlegbare Tatsache.

Alternativen

Und wenn es doch ganz anders war?

Drehen wir also deshalb das Ganze einmal um und bedienen uns der durchaus berechtigten Argumente der Skeptiker, nämlich dass die Apostel – die einstigen Weggefährten – sich erst nachträglich einen Jesus-Mythos zusammenreimten. Nehmen wir also an, die Gruppe bleibt nach der Kreuzigung Jesu beisammen, eine Möglichkeit, die überdies im historischen Kontext absolut plausibel erscheint, sogar angenommen werden muss.

Eine mögliche Variante, die Auferstehung Jesu zu erklären:

Die Jünger sind begreiflicherweise konsterniert: Das abrupte und tragische Ende ihres Meisters hat sie alle auf dem linken Fuß erwischt. Trotz dem schändlichen Tod ihres Gurus und dem Ausbleiben des Gottesreichs verschwindet aber die Liebe und die Verehrung zu ihrem Rabbi nicht. Hatte der Meister selbst nicht immer wieder gesagt, dass die Welt ungerecht und böse sei? War das Ende ihres Herrn nicht nahezu symbolisch, wie sehr die Gerechten verfolgt und die Propheten getötet würden? War nicht auch den großen Propheten Ähnliches zuteilgeworden, nämlich die Ablehnung durch die Menschen, vor allem aber durch die Mächtigen? Trotz macht sich bei den Schülern des Meisters breit und Jesu Worte wirken nach; und die Jünger erkennen in ihnen Gedanken von göttlicher Wahrheit. Von den erlebten Wundertaten und Heilungen sind sie noch immer überzeugt. Die schmachvolle Hinrichtung aber würden sie nie verstehen, man würde sie ausblenden, auch wenn dieser Paulus bald unentwegt darüber predigen wird. Aber er hatte den sanftmütigen und gleichzeitig feurigen Mann aus Nazareth ja gar nicht persönlich gekannt. Und die Ideen des Paulus, dessen Theologie, das musste sogar Simon Petrus zugeben, hatte etwas für sich.

Jesu Botschaft überdauerte das Fanal der Kreuzigung und mit ihr überlebte in den Augen der Jünger auch ihr Meister selbst. Es gelang weder der Priesterschaft noch den Römern noch dem

> Von dort ist es dann nur noch ein kleiner Weg zur fanatisierten Überzeugungssekte, deren ungeheuer erfolgreiche Weiterentwicklung wir ja heute kennen.

abgrundtiefen Bösen selbst, diese ungeheure Hoffnung zu zerstören. Im Gegenteil: Sie lebte. Und mit ihr Jesus, der Künder der göttlichen Wahrheit. Und damit war für sie Jesus gleichsam auferstanden und so umschrieben es Jesu Jünger symbolhaft so lange, bis diese symbolische Auferstehung zur theologischen Gewissheit wurde.

Oder so:

Nach dem niederschmetternden Ereignis der Kreuzigung kommen die in alle Windrichtungen geflohenen Jünger wieder zusammen. Ihre Enttäuschung ist so groß, dass einfach nicht sein kann, was nicht sein darf. Am schlimmsten gebeutelt hat das Drama die glühende Jesus-Verehrerin Mirjam aus Magdala.

Plötzlich nun, sagen wir ein paar Tage oder sogar Wochen später, bildet Mirjam sich ein, ihren verehrten Meister und geliebten Rabbuni gesehen zu haben. Sie berichtet den anderen, er sei ihr lebendig erschienen. Keiner glaubt ihr, aber dennoch setzt sich die Idee in den Köpfen der anderen irgendwie fest. Und wenn es so wäre? Irgendwann ist dann auch Petrus bereit, es zu glauben (oder glauben zu wollen) und auch die anderen schließen sich an. Sie alle fangen an, sich einzubilden, dem gekreuzigten Meister tatsächlich begegnet zu sein. Gut, einige glauben es nicht oder hatten keinerlei solche suggestiven Erlebnisse, wollen aber nicht als spirituelle Loser dastehen und machen mit. Und zwar so lange, bis die Geschichte auch für sie zur unverrückbaren Tatsache wird.

Von dort ist es dann nur noch ein kleiner Weg zur fanatisierten Überzeugungssekte, deren ungeheuer erfolgreiche Weiterentwicklung wir ja heute kennen.

Oder noch anders:

Selbstverständlich ist den einstigen Jüngern und Gefährten des Gekreuzigten nach dem Drama auf Golgotha Jesus weder in Gestalt noch als

Geist begegnet. Das werden sie nebst den übrigen Geschichten später ebenfalls erfinden, um ihre selbst konzipierte Heilsgeschichte zu stützen und die Sensation noch größer zu machen.

Die Männer, ein paar Frauen mögen ebenfalls unter ihnen gewesen sein, versammeln sich nach dem Kreuzigungsdrama und diskutieren. Dabei reflektieren sie die Ereignisse der vergangenen Tage und Wochen. Es war nicht schönzureden: Der Mann, in den sie alle ihre Hoffnungen gesetzt hatten, war politisch, sozial und religiös auf der ganzen Linie gescheitert. Kein lieber Gott kam ihm zu Hilfe und keine Engel zeigten sich, ihn zu verherrlichen. Es war, man musste der Tatsache ins Auge blicken, eine einzige, offensichtliche Pleite. Und, als sei es eine ganz spezielle Verhöhnung ihrer Situation: Die Welt drehte sich weiter wie bisher. Der Sabbat am Tag nach der Kreuzigung wurde sowohl in Jerusalem als auch in Galiläa gefeiert wie eh und je, genauso wie das Pessachfest, das auch dieses Jahr ohne nennenswerte Zwischenfälle über die Bühne ging. Nichts passierte, niemand schien sich weiter um die Tragödie beim alten Steinbruch vor der Stadt zu kümmern. Keine Bestrafung ereilt die Mörder ihres Rabbi; im Gegenteil erfreuten sich Kaiphas und sein Schwiegervater und mit ihnen die gesamte Tempelentourage weiterhin ihrer hoch privilegierten Stellungen und die Römer blieben weiterhin die Herren im Land. Nichts, rein gar nichts hatte sich verändert.

> *Steile Karrieren hatte ihnen der Rabbi in naher Zukunft versprochen. Und aussichtsreiche Posten im neuen Reich. Von wegen!*

Stellen wir uns also einen frustrierten Simon Petrus vor; er hatte zum Frust den allergrößten Grund, war er doch der glühendste Anhänger des gescheiterten Rabbi. Hatte er ihn nicht Wochen zuvor in Cäsarea Philippi selber und vor allen anderen seiner Mitjünger zum Messias und Gottessohn proklamiert? Aber sieht so das Ende eines Gottessohns aus? Kaum! Der Ärger darüber, sich in seinem Enthusiasmus lächerlich gemacht zu haben, mischt sich mit Enttäuschung und der ernüchternden Einsicht, seine Zeit verschwendet zu haben.

«Machen wir uns nichts vor», könnte er gesagt haben, «wir alle haben uns getäuscht!» Die anderen schweigen. Mirjam kann nicht glauben, was sie da hört. Aber was kann sie Simons Worten entgegensetzen, wenn er doch im Grunde genommen recht hatte? Man geht auseinander; jeder muss für sich selber mit dieser Enttäuschung fertig werden und allein das Ende einer großen Illusion verarbeiten. Steile Karrieren hatte ihnen der Rabbi in naher Zukunft versprochen. Und aussichtsreiche Posten im neuen Reich. Von wegen!

Wochen, vielleicht Monate später treffen sie sich wieder; noch immer sind sie alle in mehr oder weniger derselben Konstellation beisammen, haben engen Kontakt gehalten – (eigentlich seltsam, nach allem, was geschehen war!). Die Wut ist inzwischen abgekühlt, die gröbste Enttäuschung verflogen. Zeit heilt Wunden, heißt es, sie tröstet zumindest über zerbrochene Träume hinweg. Schon nach ein paar Wochen sieht die Welt wenigstens wieder etwas besser aus. Nur das Trittfassen im Alltagsleben fällt allen nach den abenteuerlichen Ereignissen der letzten zehn, fünfzehn Monaten schwer. Vielleicht sind auch wirtschaftliche Engpässe ein Thema.

Simon Petrus ergreift das Wort und wartet mit einem für alle überraschenden und gleichermaßen innovativen wie bemerkenswerten Vorschlag auf und präsentiert den anderen einen kühnen Gedanken: Hatte man nicht zahlreiche Entbehrungen und Gefahren prästiert und wären sie nicht bei ungünstigem Verlauf der Dinge beinahe sogar selbst an einem Kreuz gestorben? Zumindest er, Petrus, der bei der Verhaftung des Meisters den unsinnigen Versuch unternommen hatte, mit einem Kurzschwert auf die Tempelwächter loszugehen, ging nur um Haaresbreite am Blutgerüst vorbei. Heute ist er froh, im Hof des hohepriesterlichen Haus seinen Rabbi verleugnet zu haben. Was wäre sein Bekenntnis zum Rabbi bloß für ein naiver Wahnsinn gewesen! Er wäre nun ebenfalls kalt und tot, genau wie sein einstiger Herr und Meister.

Sollte das alles für die Katze gewesen sein? Auf keinen Fall! Ihnen allen stand etwas zu. «Warum», schlägt der noch immer unangefochtene Wortführer Simon Petrus vor, «kehren wir das Ganze nicht einfach um? Warum machen wir aus dem Scheitern keinen Sieg?» Verständlich, dass die anderen das zuerst nicht kapieren. Dann aber äußert Petrus (oder eine womöglich vorher gebildete Arbeitsgruppe innerhalb der Schar) die Idee, aus dem Hingerichteten keinen Gescheiterten, sondern einen zu verehrenden und gerechten Märtyrer zu machen. Was zuerst abwegig geklungen haben mag, leuchtet ein. Märtyrer übten zu allen Zeiten eine große Faszination aus. Wieso sollte das beim Rabbi Jeschua anders sein? Sofort oder bald sind alle von diesem Vorschlag begeistert. Man erfindet schon bald eine

Auferstehungsgeschichte, und weil das natürlich etwas unglaublich erscheint, widersprechen sich verständlicherweise die Geschichten, welche die angeblichen Augenzeugen den staunenden Menschen bald auftischen werden.

Gut, der Schandtod am Kreuz bleibt eine harte Nuss; wie sollte man den frommen Juden einen nach ihrem Verständnis schändlich Gekreuzigten als Heiligen und Gottgeliebten verklickern? Glücklicherweise kommt einem der Gruppe (vielleicht dem theologisch gebildeten Josef von Arimathäa) in den Sinn, dass in den alttestamentlichen Prophezeiungen von einem Opferlamm Gottes die Rede ist, das beim Propheten Jesaja sogar misshandelt und durchbohrt wird. Wow! Das passte wie bestellt!

Frauen sind oft realitätsbezogener als euphorisierte Männer und Mirjam fragt, warum nicht einfach jeder heimkehre oder halt gegebenenfalls auswandere, sollte für sie die Schande zu schwer wiegen, von anderen als Jesu Jünger erkannt zu werden. Warum nicht nach Sidon, nach Damaskus oder ins entfernte Ausland? Die meisten hatten ja etwas beiseitegelegt und in der Gruppenkasse war auch noch etwas übrig geblieben, das man hätte aufteilen können. Was also sollte das bringen, den gekreuzigten Rabbi den Menschen nun als Heilsbringer zu verkaufen?

«Du sagst es, Mirjam!», könnte Simon dann geantwortet haben. «Wir verkaufen ihn. Buchstäblich! Seine Geschichte, seine Geschichten, seine Parabeln, seine Wunder – frag mich nicht, ob er uns auch damit getäuscht hat –, und dann vermarkten wir auch noch seinen Kreuztod als edles Martyrium. Dann werden wir doch noch bekommen, was uns zusteht. Keine himmlischen Ämter zwar, aber man wird uns, wenn wir es geschickt anstellen, achten und ehren. Immerhin das.» Da komme einiges zusammen, fährt Simon fort. Und den Namen des Rabbi kenne hier ja ohnehin bereits jedes Kind. Und sie, die Schar der Apostel, kämen so doch noch zu ihren Meriten, sogar zu ihren Chefposten als Vorsteher und Anführer einer neuen Philosophie, einer neuen Bewegung, eines neuen Glaubens, der Jesus aus Nazareth zum neuen Messias, zum Abbild Gottes mache. Und wenn es klug angepackt werde, so meint Simon weiter, verspreche das darüber hinaus durchaus einen ordentlichen Batzen, jedenfalls mehr als die Fischerei am See Genezareth. Und wenn der eine oder andere dabei über die Klinge springen müsse, sei das zwar tragisch, aber verkraftbar. Philosophischer Kollateralschaden quasi. «Schließlich ist auch die Fischerei mit Gefahren verbunden. Ich habe ja schon selbst und mit eigenen Augen erfahrene Fischer bei ihrer Arbeit ertrinken sehen. So etwas ist Berufsrisiko.» Und Risiken und Kollateralschäden, fügt er an, gehörten zum Geschäft. Aber das mit dem Berufsrisiko und dem Kollateralschaden denkt Simon Petrus natürlich nur, ohne es auszusprechen.

Es gelingt Simon, die anderen zu überzeugen. Alsdann beginnt man zu predigen und zu missionieren. Es setzt anfänglich ein paar Peitschenhiebe, aber ansonsten kommt die Sache erstaunlich gut voran. Ihren Kumpel Stephanus erwischte es dann leider schon bald, aber niemand hatte ihn ja gezwungen, beim Verhör stur zu bleiben und dem neuen, gekreuzigten Messias nicht abzuschwören. Allein, Stephanus wusste ja nichts von der PR-Idee des engeren Jesus-Zirkels. Er war einer der Naiven, der tatsächlich für den Glauben an den erfundenen Gottessohn aus Überzeugung sein Leben ließ. Selbst Simon war erstaunt, wie überzeugt von der neuen Lehre vom auferstandenen Jesus dieser Stephanus in den Tod ging.

Erstaunlich jedenfalls und geradezu verblüffend, mit welcher Überzeugungskraft die Schar der einstigen Jünger das Marketing eines erfundenen Messias' unter die Leute bringt. Als dann auch noch der einstige Erzfeind, der Pharisäer Saulus, die Seite wechselt und zu ihnen überläuft – ein Intellektueller mit theologischem Background – und ebenfalls für den neuen, gekreuzigten Messias zu missionieren beginnt, läuft der Karren wie geschmiert und – wenn auch mit kleinen und größeren Verzögerungen – neuen Horizonten entgegen. Und dass die gewieften und geschäftstüchtigen Jünger wegen ihres erfundenen Gottessohns später zum großen Teil selbst gefoltert und getötet werden, nehmen sie selbstverständlich bereitwillig in Kauf, denn sie alle wissen, dass sie dafür unsterblichen Ruhm ernten werden.

«Wir verkaufen seinen Kreuztod als edles Martyrium.»

Klingt eine dieser drei Varianten glaubhaft? Ein Mythos, sagte der tschechische Ökonom und Wirtschaftsphilosoph Tomáš Sedláček in einem Interview, sei etwas, das nie passiert sei und dennoch jeden Tag geschehe. Wäre Jesus aber lediglich ein Mythos gewesen, hätte sich die Sache höchstwahrscheinlich anders entwickelt. Und wären Jesu Taten bloß als Metaphern zu verstehen und hätten so, wie geschildert, niemals stattgefunden, dann bliebe doch immerhin die Frage, ob ein Mann aus einem nordisraelischen Kaff auf seine Zeitgenossen nur mit Reden und Predigten in so kurzer Zeit einen so gewaltigen und nachhaltigen Eindruck gemacht haben konnte, dass fast alle seiner Anhänger bis zu ihrem eigenen, zum Teil gewaltsamen Tod in missionarischem Eifer bemüht waren, Jesu Geschichte in die Welt hinauszutragen. Und wäre Jesus mit seiner blutigen Hinrichtung endgültig von der Bildfläche der irdischen Realität verschwunden, dann wäre doch wahrscheinlich das Engagement der Jünger irgendwann zwangsläufig ermattet. Zumindest hätte sich das Missionieren nicht im selben feurigen Eifer über Jahrzehnte fortgesetzt und das Interesse bei den Menschen hätte sich begreiflicherweise irgendwann gelegt.

> Wäre Jesus mit seiner blutigen Hinrichtung endgültig von der Bildfläche verschwunden, dann wäre das Engagement der Jünger irgendwann zwangsläufig ermattet.

Die Anhänger dieses Mannes hätten sich wohl an die schlauen, durchdachten und pointierten Geschichten und an die temperamentvollen und rhetorisch kunstreich gestalteten Reden des Rabbi erinnert und ihn, diesen Jesus von Nazareth, über dessen Tod hinaus gewiss als klugen Meister verehrt. Es ist überdies auch ohne eine Auferstehung vorstellbar, dass Jesus von Nazareth irgendwann als Rabbi oder sogar wundersamer Prophet selbst in Kreisen des Judentums verehrt und als Justizopfer einer verbohrten Priesterelite sogar rehabilitiert worden wäre.

Man hätte sich also seiner weisen Lehren erinnert und man hätte festgestellt, dass er doch alles in allem – abgesehen von seiner etwas exzentrischen Art und einem zugegebenermaßen etwas übersteigerten Selbstwertgefühl – eigentlich doch ein ganz prima Kerl gewesen war. Und Hand auf's Herz: Exzentrisch und ein bisschen überheblich waren sie doch alle, diese Propheten. Oder wollte jemand behaupten, es sei normal, wenn einer wie der Täufer allein in der Wüste lebte, um sich bloß von wildem Honig und Heuschrecken zu ernähren?

Offene Fragen

Und was ist nun mit dem politischen Aktivisten Jesus? Mit dem Revoluzzer, dem Aufrührer, dem Renegaten, der früher oder später am Kreuz enden musste? Wie steht es um den Juden Jesus, der sich in naiver Weise anschickte, das Reich Israel neu zu errichten, als neuer David den ewigen Gottesstaat auszurufen und die Römer aus dem Land zu werfen?

Ich habe die Argumente lange gegeneinander abgewogen und mir ist dabei eines aufgefallen: Obwohl Wissenschaftler (auch jene, die die These eines politisierten Jesus vertreten) immer wieder vorgeben, sich keinen wild wuchernden Spekulationen hinzugeben, wird gerade jene Theorie, die Jesus zum Revolutionär macht, vor allem durch Mutmaßungen und durch das Zusammenfügen einzelner Aussagen der Evangelien gestützt: Aus dem hilflosen Versuch des Simon Petrus, im Garten Gethsemane mit einem Messer oder einem Kurzschwert seinen Herrn zu verteidigen, wird abgeleitet, dass der mittelständische Fischereiunternehmer Shimon Ben Yonah mutmaßlich recht eigentlich ein gewaltbereiter Partisane war und die ganze Zeit unter Waffen stand. Simon mit dem Beinamen «der Zelot» wird bei dieser Betrachtungsweise von einer Nebenfigur der Zwölf plötzlich zu einer Schlüsselfigur. Und dass Judas ebenfalls ein Zelot war, stützt in diesem Zusammenhang für geneigte Kreise noch zusätzlich die Theorie, dass es sich bei der Zwölferschar eigentlich um einen verkappten Haufen von Terroristen gehandelt haben soll. Doch umgekehrt mag es erstaunen, dass es lediglich zwei Zeloten unter den Zwölf gegeben haben soll: Das ist überraschend wenig, wenn man bedenkt, dass die

Apostel allesamt Galiläer waren und es sich bei Galiläa um die Hochburg der Zeloten handelte.

Eine weitere Passage, die in diesem Zusammenhang genannt wird, ist Jesu Aufforderung an seine Apostel, sich um ihre Bewaffnung zu kümmern. Doch allein der Evangelist Lukas erwähnt, dass Jesus beim Abendmahl den Jüngern aufträgt, Schwerter zu besorgen. Dass dem restlichen Abend vor der Kreuzigung in allen vier Evangelien ansonsten nichts Kriegerisches oder Aufrührerisches innewohnt, wird dabei ausgeblendet.

Es ist wie bei den Verschwörungstheorien: Ob bei der Ermordung Kennedys im November 1963, bei der von gewissen Kreisen beharrlich vermuteten Ermordung von Papst Johannes Paul I. im September 1978, bei der angeblich gefakten Mondlandung der Apollo 11 im Juli 1969, beim epochalen Terrorakt von 9/11 und dessen Hintergründen oder bei den Evangelien: Konspirative Theorien gibt es viele und für diese auch ebenso viele Argumente. Und wer sucht, der findet.

Erklärungen darüber, weshalb Jesus bis zum Schluss immer wieder – auch in Jerusalem und sogar im Tempelhof – öffentlich auftritt, ohne dass auch nur einmal jemand den Versuch unternimmt, ihn dingfest zu machen, bleiben uns schließlich sowohl Paul Verhoeven als auch andere Autoren schuldig. Und die Behauptung, eine ganze römische Kohorte – immerhin über dreihundert Mann – sei ausgerückt, um den gefürchteten Aufrührer aus Nazareth zu verhaften, ist nicht nur kühn, sondern im historischen Kontext schlicht abwegig: Hätten nämlich die Römer, wie ich bereits früher erwähnte, Jesus am Ölberg verhaftet, so hätten sie den angeblich politisch brandgefährlichen Aktivisten kaum zuerst zum theologischen Verhör ins Haus der beiden jüdischen Hohepriester Kaiphas und Hannas geführt, sondern direkt ins römische Prätorium gebracht, das lediglich etwa vier- oder fünfhundert Meter vom Haus des Kaiphas entfernt lag. Dass der Tempel aber über eine eigene, grobschlächtige, als gewalttätig und brutal verschriene Polizeitruppe verfügte, entspricht den historischen Tatsachen. Weshalb hätte es also einer massiven Verstärkung aus römischen Truppenkontingenten bedurft, um einen kleinen Haufen Revoluzzer zu verhaften?

Ein weiterer Umstand lässt Zweifel an der Aufrührer-Theorie aufkommen:

Nachdem die Apostel, allen voran Petrus, kein Jahr nach Jesu Kreuzigung öffentlich zu missionieren beginnen – Pilatus ist noch immer Statthalter der Provinz Palästina –, nehmen die Römer allem Anschein nach absolut keine Notiz von diesen Jesus-Predigern. Dabei verfügen die Römer über eine peinlich exakte Administration; auch wenn Pilatus die meiste Zeit in Cäsarea Maritima weilt, die Akten hätten auch seinen Stellvertretern in Jerusalem sofort Auskunft gegeben: Da sprachen die Anhänger eines gefährlichen Aufrührers, den vor Kurzem Pilatus höchstpersönlich und dringlichst kreuzigen ließ. Ein sofortiges Einschreiten gegen die Jünger durch die römischen Besatzer wäre demnach eigentlich folgerichtig und angezeigt und in der römischen Praxis auch durchaus üblich gewesen. In Tat und Wahrheit geschieht nichts dergleichen und es sind allein die Priester, die den missionierenden Jüngern ihre Schergen auf den Hals hetzen. Hätten die Besatzer eine staatszersetzende Terrorgruppe gewähren lassen, nachdem deren Chefterrorist bereits gekreuzigt worden war?

Seltsam in diesem Zusammenhang ist auch der Umstand, dass dabei die Bemerkung des jüdisch-römischen Historikers Flavius Josephus, wonach Jesus zwar durch Pilatus, aber nur auf Bestreben des Jerusalemer Priesteradels verurteilt und gekreuzigt worden sei, stillschweigend übergangen wird. Seltsam auch darum, weil Josephus stets von den allermeisten Historikern und Exegeten als unverdächtiger Kronzeuge hinzugezogen wird. Wenn es um die Geschichte Palästinas im ersten Jahrhundert geht, steht man doch in der Wissenschaft seinen Schriften weit weniger kritisch gegenüber als den Berichten in den Evangelien. Wenn nun die Römer also in Jesus einen gefährlichen Aufwiegler sahen und ihn deshalb in eigener Regie beseitigt haben, weshalb hätte es da der Mitwirkung der Priesterschaft bedurft? Dies ergibt keinen Sinn und passt auch nicht zu den historischen Fakten. Wenn Josephus' Behauptung stimmt, dann haben offenbar nicht die Besatzer, sondern hat in erster Linie die Priesterschaft in Jerusalem Jesu Tod erwirkt. Zeloten und Aufrüh-

> **Hätten die Römer Jesus am Ölberg verhaftet, hätten sie den angeblich politisch brandgefährlichen Aktivisten kaum zuerst zum theologischen Verhör ins Haus der beiden jüdischen Hohepriester Kaiphas und Hannas geführt.**

rer zu verfolgen oder den Römern auszuliefern, gehörte aber zweifelsfrei nicht zu den Tätigkeiten des Priesteradels in Jerusalem. Der Klerus kümmerte sich, wie wir sahen, als Justizbehörde zwar wahrscheinlich um Ehebrecher und Häretiker, Juden wegen Aufruhrs gegen das römische Imperium zu kreuzigen aber war allein Sache der Römer, die hierzu mit Gewissheit nicht die Beihilfe oder sogar eine formelle Anklage durch den jüdischen Sanhedrin benötigten. Und daraus schließe ich: Die Verhaftung und Kreuzigung Jesu war weniger ein politischer Akt als vielmehr das Resultat einer innerjüdischen und größtenteils religiös motivierten Auseinandersetzung.

Schließlich drängt es sich auf, den Blick noch einmal kurz auf die historische Wirkungsgeschichte zu lenken. In diesem Zusammenhang habe ich das bereits getan, doch erscheinen mir die Argumente in der momentan immer wieder geführten Diskussion um Jesu angeblich politischen Ansatz wichtig genug, sie noch einmal kurz zu streifen:

Nehmen wir an, Jesus habe letztlich tatsächlich einen politischen Umsturz im Sinn gehabt und die Jüngerschar habe tatsächlich vorwiegend aus gewaltbereiten Zeloten bestanden: Wie kam es, dass die Jüngerschaft in kürzester Zeit nach Jesu Kreuzigung dessen angeblich «rohe» Botschaft um hundertachtzig Grad drehten und ihn zum apolitischen Heilsbringer stilisierten, der nun allein in transzendentem Sinn verstanden wurde? Im Normalfall mäßigen sich Terroristen selten, wenn ihr Anführer von der zu bekämpfenden Staatsgewalt zu Tode gefoltert wird. Man verduftet und versteckt sich vielleicht, oder aber es radikalisieren sich darauf die Angehörigen von Terrorzellen und schlagen erst recht zu. Anschauliche Beispiele gibt es in der jüngeren Geschichte des Terrorismus genug: ETA, IRA, RAF, Hisbollah, Hamas, Al Qaida. Wenn es im Zusammenhang mit der Jesus-Geschichte tatsächlich keine Wunder gegeben haben sollte – diese in kürzester Zeit erfolgte Umpolung einstiger Terroristen zu religiösen Pazifisten wäre mit Sicherheit eines.

Und das vielleicht gewichtigste Argument sei hier ebenfalls noch einmal angefügt: Schließlich bleibt uns jene Theorie, die Jesus zum verkappten Terroristen und Freiheitskämpfer macht, eine wichtige Frage schuldig: Es steht nämlich außer Zweifel, dass die Lehren der Bergpredigt, der Seligpreisungen und Lehren wie die der Feindesliebe, aber auch die Gleichnisse, etwa das vom «Verlorenen Sohn» oder vom «Barmherzigen Samariter», tatsächlich in der ersten Hälfte des ersten Jahrhunderts entstanden sind. Noch einmal sei hier die Frage gestellt: Wenn nun Jesus von Nazareth vor allem mit den Vorbereitungen eines politischen Umsturzes beschäftigt war und in der Folge sich wie ein gehetztes Tier auf permanenter Flucht befand, von wem stammen dann die Worte, die wir heute als Jesu Vermächtnis kennen?

Eine Frage bleibt allerdings noch immer unbeantwortet, obwohl sie heute zahlreiche Menschen beschäftigt:

Warum sind diese Zeichen und Wunder in einer Zeit geschehen, in der keine beweiskräftigen Aufzeichnungen möglich waren? Warum passierte all das abseits der großen Weltbühne? Worin lag das Konzept, dass nur eine verhältnismäßig kleine Schar von Menschen Zeugen der wundersamen Vorgänge und der Taten Jesu werden durfte? Wenn Gott sich tatsächlich ein für allemal in Jesus manifestiert hat, warum nur für eine kleine Gruppe in einer damals zwar nicht unbedeutenden, aber trotzdem kleinen römischen Provinz? Wäre die Menschheitsgeschichte nicht anders verlaufen, wenn sich Jesus in Jerusalem vor den Augen der römischen Besatzer mächtig als Gesandter Gottes gezeigt hätte, mit einem spektakulären Wunder beispielsweise, mit einem Mirakel, das nicht einmal Houdini und David Copperfield in Personalunion je hätten toppen können? Hätte das nicht vielleicht sogar das Ende der menschenverachtenden Reichspolitik der Römer bedeuten können? Das Ende von Kriegen, Plünderungen und Folterungen? Und das endgültige Verstummen der Schmerzensschreie von Millionen geschundener Sklaven, auf deren Rücken das römische Imperium errichtet wurde, deren Frondienst gleichsam der Treibstoff, das Erdöl, die Maschinenkraft des Reichs war? Hätte nicht wenigstens Jesu Auferstehung allgemein gültig und erkennbar vonstatten gehen können, sogar müssen, damit die Menschen glauben, dass er der Weg, die Wahrheit und das Leben ist? Warum also hat Jesus so oft im Verborgenen gewirkt? Und warum ist er nur für zwei, drei Dutzend seiner Anhänger sichtbar oder zumindest subjektiv erlebbar auferstanden? Und weitere Fragen tauchen auf: Weshalb wurde schließlich das Gelingen der Jesus-Mission, Jesu gesamtes Vermächtnis sogar, nur in die Hand einiger weniger Frauen und Männer gelegt, die später ihren Job allerdings mit Bravour erledigten? Und wie konnte das Ganze später so unglücklich entgleisen: Korruption, Inquisitionen und Pogrome? Und schließlich war da noch die seit dem 4. Jahrhundert stets latent vorhandene, unsäglich widerliche Komplizenschaft der Kirchen bei den Mächtigen der Welt, Tyrannen und Usurpatoren, die sich bekanntlich in ihrem Handeln nicht oder kaum an christliche Werte hielten. Die unappetitliche Tuchfühlung mit den Potentaten des Mittelalters! Später mit Schlächtern wie Franco oder Pinocet, um nur zwei Exponenten der neueren Geschichte nennen. Und diese Anbiederung an historische Scheusale finden wir während der letzten zwei Jahrtausende leider in allen Strömungen, egal ob in der russisch- oder griechisch-orthodoxen, der protestantischen, der anglikanischen oder katholischen Kirche. Wie aber konnte es dazu kommen, wenn doch die Evangelien in den Worten und Taten Jesu eine völlig diametrale, diesbezüglich kaum zu missverstehende Botschaft aussenden? Alle Missbräuche und Fehlinterpretationen haben zwar den Institutionen, erstaunlicherweise aber nicht der Urbotschaft Jesu schaden können. Und dies ist wiederum eines der Phänomene, die die Entwicklung des Christentums begleiten.

Jesus hatte offensichtlich schlicht nicht die große Politbühne im Auge, wollte weder die Verhältnisse in Palästina noch im übrigen römischen Reich verändern. Real- und Alltagspolitik war seine Sache nicht und Gottes Marshall-Plan schien für ihn keine «Augsburger Puppenkiste» zu sein, denn Gott gleicht für den Mann aus Nazareth keinem Marionettenspieler, der so lange an den Strippen zieht, bis die Menschen zwangsläufig in ihr Glück taumeln müssen. Im Kleinen aber, so macht er in verschiedenen Gleichnissen klar, beginnt für ihn, was groß und wirkungsvoll werden soll:

«Wie geht es zu, wenn Gott sein Werk vollendet?», fragte Jesus. «Womit kann man das vergleichen? Es ist wie bei einem Senfkorn. Es gibt keinen kleineren Samen; aber wenn man ihn in die Erde sät, beginnt er zu wachsen und wird größer als alle anderen Gartenpflanzen und bekommt starke Zweige, in deren Schatten die Vögel nisten können.» (Mk. 4, 30–32)

Das römische Imperium ist tatsächlich verschwunden und alle anderen späteren Großreiche mit ihm. Das Christentum ist geblieben, ist sogar gewachsen und mit 2,2 Milliarden Menschen die größte Glaubensgemeinschaft der Welt. Natürlich erleben wir nicht mehr jene Volksfrömmigkeit, die Europa in den vielleicht kirchlichsten, namentlich katholischsten hundert Jahren zwischen 1850 und 1950 geprägt hat. Die Kirchenbänke sind inzwischen zunehmend leer und kirchliche Institutionen vermögen heute die Menschen nur bedingt oder kaum mehr abzuholen. Daraus ein Absterben des Christentums abzuleiten, ist voreilig und viel zu kurz gegriffen. Immerhin gibt es verschiedene Möglichkeiten, den Glauben oder die Spiritualität zu leben und das Heilsmonopol obliegt heute weder der katholischen Kirche noch anderen Institutionen. Doch ist die christliche Botschaft nach wie vor aktuell und beschäftigt die Menschen heute genauso wie einst. Darüber hinaus verhalf – ich erwähnte es ebenfalls bereits am Anfang des Buches – die christliche Lehre schließlich auch außerhalb der christlichen Religion anderen unendlich wichtigen Tugenden entscheidend auf den Weg: Auch wenn die Kirchen selbst während Jahrhunderten die Menschenrechte nicht nur ignorierten, sondern in Hexenverfolgungen, Inquisitionen und gewaltsamen Missionierungen mit Füßen traten und sich zudem als Mithelfer bei blutigen Kolonialisierungen oder bei organisierten Raubzügen mitschuldig machten. Die Kirchen waren wahrlich nicht jene Institutionen, die für die Allgemeingültigkeit der universellen Menschenrechte kämpften, sahen sie doch darin die Saat des revolutionären Modernismus, der in Europa mit der Französischen Revolution ihren Anfang genommen hatte. Namentlich die katholische Kirche tat sich sogar noch bis in die neuere Geschichte hinein schwer mit der offiziellen Anerkennung der Menschenrechtsdeklaration. Und als vehemente Verfechter der Monarchie halten katholisch rechtskonservative Kreise die Demokratie noch immer für ein untaugliches und unwürdiges, vor allem aber Gott nicht gefälliges politisches Instrument. Eine Eigenschaft, die sie interessanterweise mit islamistischen Salafisten teilen, die in der Demokratie ebenfalls ein vor Gott unwürdiges System erkennen wollen.

Doch ohne die Grundsätze der Bergpredigt, ohne die Philosophien, die Jesu Seligpreisung zugrunde liegen und ohne die großartigen Gleichnisse Jesu, die eine Lebensethik auf den Punkt bringen wie nichts vorher und nachher, ohne all das würde heute der Begriff der Menschenwürde und der Achtung des Lebens vermutlich keinen, auf jeden Fall einen weit geringeren Stellenwert haben. Dies beantwortet freilich noch immer

Das römische Imperium ist verschwunden. Das Christentum ist geblieben.

nicht die Frage, wie nun ein allfälliger Heilsplan Gottes zu verstehen ist, weshalb dieser Jesus von Nazareth gerade vor zweitausend Jahre die Szene betrat und weshalb er sich real nur wenigen Menschen wirklich offenbart hat. Dies mag vielen unverständlich bleiben und bedeutet vielleicht für einige sogar ein einziges Ärgernis. Eines muss man Jesus von Nazareth aber immerhin lassen: Beim von ihm selbst rekrutierten Personal bewies er offensichtlich eine geschickte Hand, wie die Geschichte später zeigen wird: Die Jünger schmeißen den Laden kompetent und mit Elan, Effizienz und offenbar mit ansteckender Begeisterung.

Das Vermächtnis

Nichts ist so stark wie eine Idee, deren Zeit gekommen ist.
Victor Hugo

Der Mann aus Tarsus

Die Jünger organisieren sich und die Gruppe wächst vermutlich bereits nach ein, zwei Jahren zur beachtlichen Bewegung. Bald gibt es Christen nicht nur in Jerusalem, sondern auch in anderen Städten, sogar im syrischen Damaskus – warum sonst wurde der Pharisäer und Christenverfolger Saulus aus Tarsus, bevor er zur Christenbewegung konvertierte, vom Sanhedrin in Jerusalem dorthin geschickt, um eines dieser subversiven Christennester auszumerzen?

> Die Apostel begnügten sich sehr bald nicht mehr bloß mit ihrer jüdischen Heimat.

Mit dem einstigen Christenhasser Paulus von Tarsus, der nach seinem persönlichen Damaskus-Erlebnis vom Jerusalemer Tempel-Establishment zu den Christen wechselt, erhält die Bewegung neuen Schub und manche meinen, es sei dieser Paulus gewesen, der geradezu einen Quantensprung in der Entwicklung des Christentums zur universellen Philosophie und letztlich zur Weltreligion bewirkt habe. Und ihm sei es im Wesentlichen zu verdanken, dass aus einer jüdischen Sekte eine Weltreligion habe entstehen können.

Das Verhältnis zwischen den Aposteln und dem Neu-Apostel Paulus (der im irdischen Sinn Jesus selbst nie begegnet war) war im Übrigen bei Weitem nicht so getrübt oder gespannt, wie immer wieder behauptet wird. Auch wenn sich die Auffassung des Paulus im anfänglichen interapostolischen Diskurs durchsetzte, dass ein Anhänger Jesu nicht zuerst Jude und deshalb beschnitten sein müsse, so stand dennoch die Autorität des Simon Petrus, aber auch der anderen Apostel und Augenzeugen Jesu, bei Paulus wahrscheinlich außer Zweifel. Und die Anführer der Apostelschar waren als verantwortliche Chefs offensichtlich mit dem Inhalt der von Paulus verfassten theologischen Briefe und Schriften vollumfänglich einverstanden und akzeptierten den einstigen Pharisäer sowohl als christliche als auch als theologische Autorität. Dass Petrus – möglicherweise selbst Briefautor – als Chef der Jüngerschaft sowie Jesu Bruder Jakobus als Bischof der Jerusalemer Christengemeinde Abschriften der Briefe des unermüdlichen, eifrigen und eifernden Missionars Paulus erhalten haben, erscheint immerhin realistisch.

Die Sache war mit Jesu Tod alles andere als am Ende. Im Gegenteil: Die Apostel begnügten sich sehr bald nicht mehr bloß mit ihrer jüdischen Heimat, sondern strebten nach noch Kühnerem, noch Größerem und trugen Jesu Botschaft bis in das damalige Zentrum der westlichen Hemisphäre: Nach Rom.

Rasch gewinnt die kleine Schar der Jünger um den einstigen Fischereiunternehmer Simon Petrus und den Nazarener Jakobus (auch er wird wie Jesus als streitbarer Temperamentsbolzen charakterisiert) in Jerusalem Anhänger. Die einst miteinander streitenden, verunsicherten und sich im entscheidenden Passionsmoment sogar als feige erweisenden Jünger gewinnen rasch an Format und machen ihre Sache offensichtlich brillant. Allem Anschein nach hatte sich der Rabbi bei der Auswahl der Mannschaft am Ende doch nicht getäuscht! Dass die Missionsarbeit der Jünger aber offenbar von Anfang an so gut gelang, mag mitunter damit zu erklären sein, dass Jesus auch nach seiner Kreuzigung noch immer populär war, allenthalben vielleicht sowohl als Prophet als auch als Märtyrer sogar verehrt wurde.

Die Bewegung nimmt an Dynamik und Mitgliedern zu, und zwar so rasch, dass der Sanhedrin einmal mehr beschließt, dem Problem mit nackter Gewalt zu begegnen. Stephanus wird gesteinigt und zum ersten Märtyrer der neuen Bewegung. Petrus entkommt kurz darauf nur knapp den Tempel-Häschern. Der Pharisäer Saul aus Tarsus wird zum fanatischen Christenjäger, bis ihm nach eigener Aussage Jesus in einer Vision kurz vor dem syrischen Damaskus begegnet. Er wird vom Saulus zum Paulus und kämpft nun ebenso eifrig für die neue Sache, wie er vorher gegen sie kämpfte. Im Verhör vor König Agrippa und dem römischen Statthalter Festus bekennt der Konvertierte:

«Zwar meinte auch ich zunächst, man müsse den Glauben an Jesus von Nazareth mit allen Mitteln bekämpfen. Und das habe ich in Jerusalem auch getan. Ich ließ mir eine Vollmacht des Hohepriesters geben und brachte viele Christen ins Gefängnis. Wenn sie zum Tode verurteilt werden sollten, stimmte ich dafür. In den Synagogen quälte ich sie so lange, bis sie Christus verleugneten. In meinem maßlosen Hass verfolgte ich sie schließlich bis ins Ausland. Aus diesem Grund reiste ich im Auftrag der Hohepriester nach Damaskus. Plötzlich umstrahlte mich und meine Begleiter mitten am Tag ein Licht vom Himmel, das heller als die Sonne war. Wir stürzten zu Boden und ich hörte die Stimme in hebräischer Sprache: ‹Saul, Saul, warum verfolgst du mich? Dein Kampf gegen mich ist sinnlos.›»
(Apg. 26, 9–14)

Als Völkerapostel bereist Paulus in der Folge den gesamten östlichen Mittelmeerraum, gründet Gemeinden in Kleinasien, in Griechenland und schließlich in Rom. Und er verfasst zahlreiche Briefe, die auch für Skeptiker unbestritten bereits in den Vierzigerjahren des ersten Jahrhunderts – also nur zehn, kaum mehr als fünfzehn Jahre nach Jesu Kreuzigung – entstanden sein dürften.

Diese Briefe gehen kaum auf die tatsächliche Biografie Jesu ein und schweigen sich über Jesu irdisches Wirken weitgehend aus. Vielmehr beinhalten sie theologische Auslegungen und immer wieder auch Anregungen und Anweisungen an die verschiedenen Christengemeinden in Griechenland und Kleinasien. Wie erwähnt geben die Paulus-Schriften deshalb immer wieder Anlass zur Behauptung, dass der eigentliche Architekt des Christentums nicht Christus selbst, sondern vielmehr Paulus von Tarsus gewesen sei. Erst er habe aus Jesus den Gottessohn konstruiert und die Schuld- und Sühnetheorie, die sogenannte «Satisfactionslehre», des Kreuzestods entworfen. Die christliche Religion sei demzufolge ein paulinisches Konstrukt und man könne durchaus behaupten, dass nicht Christus, sondern Paulus der eigentliche Religionsstifter gewesen sei, denn Jesus sei zu seinen Lebzeiten nie auf die Idee gekommen, eine neue Religion zu stiften, sondern habe allerhöchstens eine neue Auslegung des jüdischen Glaubens im Sinn gehabt.

Ähnliches suggeriert auch eine Szene des Martin Scorsese-Films «The Last Temptation of Christ»: Jesus (Willem Defoe) hängt am Kreuz. Im Leiden erhält er aber von Satan, der als unschuldiges blondes Kind auftritt, das Angebot, dass es ihm bei Aufgabe seines Heilsmandats vergönnt sei, seine geliebte Mirjam (Barbara Hershey) zu heiraten und ein hundskommunes, aber glückliches Leben zu führen. Der Gekreuzigte willigt ein, schwört seiner Mission ab und erhält eine «zweite Chance». In der Folge begegnet der in die Jahre gekommene Jesus Paulus von Tarsus, der den Leuten von Jesus predigt, der für die Sünden der Welt am Kreuz gestorben sei. Jesus geht zu ihm hin und fragt ihn, was um alles in der Welt er denn da von sich gebe; er sei mitnichten am

> **Dass die Missionsarbeit der Jünger aber offenbar von Anfang an so gut gelang, mag zu erklären sein, dass Jesus auch nach seiner Kreuzigung noch immer populär war.**

Kreuz gestorben, sondern befreit worden. Er sehe ja, dass er, Jesus, zwar alt, aber gesund und munter vor ihm stehe. Paulus würdigt Jesus kaum eines Blickes, nennt ihn dann einen Feigling und meint, dass es ihm einerlei sei, ob er, Jesus, nun tatsächlich am Kreuz gestorben sei oder nicht. Die Botschaft funktioniere auch so, selbst wenn er, Jesus, seine Mission in Wahrheit verraten habe und offensichtlich ein spießiges und bürgerliches Familienleben seiner Gottessendung vorgezogen

DAS VERMÄCHTNIS

habe. Dann wendet sich der Apostel wieder ab und fährt fort, vom erlösenden Kreuzestod Jesu zu predigen. Am Schluss des Films liegt der betagte Jesus auf dem Sterbebett – und erwacht am Kreuz aus seiner Vision. Er widersteht dieser letzten Versuchung des Satans und entscheidet sich, die Mission doch zu vollenden, den Leidenskelch zu trinken und den Weg bis zum bitteren Ende zu gehen.

Augen- und Ohrenzeugen

Und wie steht es nun um die Glaubwürdigkeit der Schriften? Sind sie nachträgliche Schilderungen, die aus allmählich verblassenden Erinnerungen der letzten Zeitzeugen zusammengeschustert und von einigem Mysteriumsgarn zusammengehalten wurden oder sind es ernst zu nehmende Chroniken, die durchaus als historische Zeugnisse betrachtet und gewertet werden können?

Mir erschien es immer etwas seltsam, dass dieser Paulus, aber auch die anderen Apostel, theologische Hirtenbriefe verfassten und verschickten, während die eigentliche Urbotschaft, nämlich die niedergeschriebene Lebensgeschichte Jesu, erst zwischen 70 und 100 n. Chr. entstanden sein soll. Ich kann mir nicht vorstellen, dass die theologischen Elaborate der Apostel an ihre zum Teil weit entfernten Gemeinden für die Leute dort irgendeinen Sinn ergeben hätten, wenn sie in völliger Unkenntnis über die Person Jesus selbst und dessen Leben und Wirken gewesen wären, zumal in den Briefen ja ständig auf die Person und das Wirken Jesu Bezug genommen wird. Ebenso wenig glaubhaft, ich erwähnte es bereits, erscheint mir, dass der Evangelist Lukas zuerst die Apostelgeschichte verfasst haben soll, deren Entstehung die meisten Forscher in der Mitte der Sechzigerjahre des ersten Jahrhunderts – also rund dreißig Jahre nach Jesu Kreuzigung – vermuten, während er sich erst viel später entschließt, die eigentliche Heilsgeschichte, nämlich die Biografie Jesu niederzuschreiben. Und um es noch einmal festzuhalten: Obwohl der Evangelist Lukas aller Wahrscheinlichkeit nach auch die Apostelgeschichte verfasst hat, so unterscheiden sich die beiden literarischen Werke im Stil erheblich. Während sein Evangelium knapp, stringent und ohne sich auf Details zu konzentrieren Jesu Wirken beschreibt, gleicht die Apostelgeschichte schon fast einer Abenteuergeschichte mit Romancharakter. Ich kann mir nur schwer vorstellen, dass Lukas zuerst eine romanhafte und detailreiche Chronik schreibt und noch nicht einmal fertigstellt, um sich dann als Chronist und Schriftsteller beim Herzstück, nämlich in der Jesus-Biografie, in seinen Aussagen und Angaben zu beschränken.

Sogar wenn jene Forscher recht behalten würden mit ihrer Behauptung, dass die vier kanonischen (d.h. von den Kirchen anerkannten) Evangelien nach Matthäus, Markus, Lukas und Johannes erst zwischen 70 und 100 entstanden sind, so bedeutet dies noch lange nicht, dass zuvor keine anderen schriftlichen Jesus-Berichte verfasst wurden, die unter den Christen in Jerusalem und in der Diaspora zirkulierten. So besteht bei Bibelwissenschaftlern auch die berechtigte Theorie, dass die sogenannten synoptischen Evangelien von Matthäus, Markus und Lukas, die augenfällige Parallelen aufweisen, vermuten lassen könnten, dass sie ihrerseits auf ein Ur-Evangelium zurückgreifen, das man heute gemeinhin als «Q» (Q für Quelle) bezeichnet, jedoch bis heute (noch) nicht entdeckt oder gefunden hat. Aber vielleicht gibt es nicht nur eine einzige Urquelle Q. Immerhin hält Lukas im Prolog seines Evangeliums unmissverständlich fest, dass bereits viele vor ihm den Versuch unternommen hätten, das Leben Jesu aufzuschreiben. Sollten nun also die vier kanonischen Evangelien tatsächlich erst zwischen 70 und 90 entstanden sein, so hätten Matthäus, Markus, Lukas und Johannes wenigstens auf eine Fülle verschiedener Urtexte und Zeugenaussagen zurückgreifen können. Dies würde zumindest ansatzweise eine Erklärung für die Unterschiede in Gewichtung und Reihenfolge der Ereignisse in den Evangelien liefern.

Selbst wenn die Evangelien tatsächlich erst zwei Generationen später aus diversen Erzählungen und Anekdoten entstanden sein sollten und bis zu den Jahren nach 70 effektiv keine schriftlichen Quellen vorgelegen haben sollten, so wäre damit noch immer keinesfalls bewiesen, dass wir heute mit den Evangelien bloß im Besitz wild wuchernder Fabulierungen sind; Holger Strutwolf, Leiter des weltweit renommierten neutestamentlichen Textforschungsinstituts in Münster, wies beim Interview darauf hin, dass mündliche Überlieferungen damals weit näher an der effektiven Realität gewesen sein dürften, als das in unserer Gesellschaft in der heutigen Zeit zu erwarten sei. Dafür gebe es in der heutigen Forschung klare Indizien. Das Hinzudichten von erfundenen Episoden oder maßlosen Übertreibungen sei da-

> *Ich kann mir nur schwer vorstellen, dass Lukas zuerst eine romanhafte und detailreiche Chronik schreibt und noch nicht einmal fertigstellt, um sich dann als Chronist in der Jesus-Biografie in seinen Angaben zu beschränken.*

mals – und anders als heute – nicht oder kaum gebräuchlich gewesen, vor allem dann nicht, wenn der Inhalt der Geschichten theologischer Natur gewesen sei. Diesbezügliche Verfälschungen habe man zur Zeit Jesu und der Apostel, so Holger Strutwolf, aus Ehrfurcht vor der Materie kaum gewagt. Tatsächlich werden heute die oralen Traditionen im Altertum verkannt, wenn man sie mit heutigen Stammtischdebatten oder den Sensationsberichterstattungen unserer Zeit vergleicht. Die Bedeutung der Narrativkultur ist zumindest im Orient bekannt und beinahe sprichwörtlich. Genau das unterstreicht auch der syrische Schriftsteller Rafik Schami in seinem Buch «Die Frau, die ihren Mann auf dem Flohmarkt verkaufte»:

Die Schrift galt ohne Zeugen als unzuverlässig. Im Islam galt der Inhalt (matn) eines geschriebenen Wortes des Propheten Muhammad (hadith) nur, wenn es genügend Zeugen (isnad) nachwies. Die chronologisch aufgebaute, häufig sehr lange Liste der – nicht selten bis vierzig – Namen der Überlieferer wurde dem Inhalt vorangestellt. Sie vermittelte Kontinuität der Beweise bis zurück zum Propheten. Das letzte Glied der Kette musste immer ein Gefährte des Propheten sein, der dann als Erster die prophetische Aussage bezeugt. Ein Hadith mit wenig Zeugen galt als schwach.

Mit den Aposteln und Jüngern Jesu haben wir in diesem Kontext eine ganze Reihe von Zeugen, die sich mit Fug und Recht als Gefährten des Propheten und Messias' ausgeben konnten. Und in dieser Betrachtungsweise fällt insbesondere auch jene Passage im 19. Kapitel des Johannes-Evangeliums, in dem der römische Zenturio, der Jesu Hinrichtung befiehlt, ausdrücklich als verlässlicher Zeuge angeführt wird.

Aber auch in der griechischen Kultur hatte die Erzählkunst eine wichtige Bedeutung. Der jüdische Philosoph und Universalgelehrte George Steiner bezweifelt sogar, dass Sokrates überhaupt lesen und schreiben konnte und der Gelehrte zitierte in einem Fernseh-Interview Platon, der wegen des in seiner Zeit Aufkommens der Schrift den von ihm befürchteten Verlust des Gedächtnisses beklagt. Wir wissen auch, dass es in den fernöstlichen Kulturen den geachteten Beruf des «Auswendiglerners» gab, der dickste Wälzer oder Schriftrollen aus dem Gedächtnis wortgetreu wiedergeben konnte.

George Steiner erzählt in diesem Zusammenhang im bereits erwähnten Gespräch in der «Sternstunde Philosophie» des Schweizer Fernsehens eine interssante Geschichte über einen jüdischen Dichter: Dessen Frau bat während der dramatischen Wirren des Holocausts acht Freunde, die Gedichte ihres Mannes wortgetreu auswendig zu lernen. Und durch eben diese

> Mit den Aposteln und Jüngern Jesu haben wir in diesem Kontext eine ganze Reihe von Zeugen, die sich mit Fug und Recht als Gefährten des Propheten und Messias' ausgeben konnten.

Maßnahmen blieben die Poeme erhalten. Bücher kann man verbrennen und wenn es sich um einzelne Manuskripte handelt, bleiben sie für immer verloren. Mündlich überlieferte Geschichten aber erhalten und tradieren sich erstaunlich effizient weiter und bleiben gerade deshalb für die Nachwelt gültig erhalten.

Vergessen wir dabei jedoch nicht, dass die damalige hebräische, griechische und römische Kultur durchaus nicht bloß mündlicher, sondern auch schriftlicher Natur war. George Steiner hält es für ausgeschlossen, dass Jesus selbst des Lesens und Schreibens mächtig gewesen war. Ich glaube jedoch, dass man die Menschen der Antike bisweilen weit unterschätzt. Darüber hinaus nimmt das Verständnis der Schrift damals wie heute in der jüdischen Kultur einen bedeutenden Platz ein. Johannes erzählt uns im 8. Kapitel, dass Jesus auf die Erde schreibt, als man ihn fragt, wie mit einer Ehebrecherin umzugehen sei und Lukas erwähnt im vierten Kapitel, dass Jesus in der Syn-

agoge von Nazareh aus der Schrift liest und Jesus und die Jünger demnach höchstwahrscheinlich keine Analphabeten gewesen sein dürften. Es will mir angesichts dessen einfach nicht in den Kopf, dass es keinem der Jünger während über vierzig Jahren eingefallen sein soll, über das Leben Jesu für die Glaubensgenossen und für die Nachwelt zu schreiben, solange sich alle noch gut erinnern und Augen- und Ohrenzeugen befragt werden konnten.

Man erhält von Skeptikern immer wieder die Antwort, dass sowohl Paulus als auch die Jünger sowieso im allernächsten Moment mit der kosmischen Ankunft Christi gerechnet und mit ihr das Weltende erwartet hätten, weshalb sie es für obsolet hielten, für künftige Generationen zu schreiben. Das ist möglich, aber historisch gesichert ist es nicht. Und es bleibt die Frage, warum sich in diesem Fall die Apostel die Mühe machten, überhaupt Briefe zu schreiben und bald schon in Kleinasien, Griechenland und schließlich in Rom Gemeinden zu gründen und zu organisieren, wenn sich dies doch angesichts der nahen Katastrophe kaum mehr lohnte. Im Bewusstsein eines unmittelbar bevorstehenden Weltuntergangs wären eifernde Missionierungen oder Massentaufen durchaus nachvollziehbar gewesen, hingegen erscheint die Organisation und Strukturierung ganzer Gemeinwesen im Geist dieses neuen Glaubens wenig plausibel. Ganz abgesehen davon passt zu dieser Vorstellung auch schlecht der Umstand, dass sich Lukas in der angeblich vermuteten Abenddämmerung eines Weltuntergangs anschickt, für die Nachwelt in großem Umfang in einer romanhaften Chronik auch noch die Wirkungsgeschichte der Apostel niederzuschreiben.

Ich halte weder Petrus noch Paulus noch die anderen Apostel und Jüngerinnen für so naiv und überheblich, dass sie glaubten, die Jesus-Geschichte, wie sie sie in ihrer ganzen, zum Teil wundersamen, zum Teil traurigen Tragweite erlebt hatten (oder zumindest erlebt zu haben glaubten), habe sich bloß ereignet, um ein kleines Häufchen zu Christen konvertierten Juden, Römer und Griechen vor dem ewigen Untergang zu retten. Es scheint mir viel wahrscheinlicher, dass sie den Kreuztod Jesu durchaus als im spirituellen Sinn kosmisches Ereignis mit Langzeitwirkung verstanden haben, das sie meiner Ansicht nach absolut in einen größeren Zusammenhang zu stellen wussten. Ich denke, dass sie dabei sogar auch zunehmend über die Hecke des Judentums hinauszublicken vermochten, wovon ja gerade die gegründeten christlichen Gemeinden im gesamten Mittelmeer zeugen.

Eine neue Idee

In der Zwischenzeit dürften also die ersten schriftlichen Zeugnisse bzw. Jesus-Biografien und Spruchsammlungen nicht nur in Jerusalem, sondern im gesamten östlichen Mittelmeerraum zirkuliert haben. Man wirft den Christen vieles vor, aber nicht in erster Linie, dass die Geschichten über Jesus allesamt Lügenkonstrukte oder Erfindung seien.

Noch hat das junge Christentum Feinde. Dass der jüdische Klerus diese neue und sich außerordentlich dynamisch entwickelnde Sekte als bedrohliche Häresie begreift, erzählt die durchaus abenteuerlich anmutende Apostelgeschichte und die darin geschilderten gewaltsamen Verfolgungen der ersten Christen durch die Jerusalemer Tempelbehörden erscheinen dramatisch. Man stellt ihnen nach und nachdem mit Stephanus ein Mitglied der jungen Christengemeinde von der Priesterschaft zum Tod verurteilt und gesteinigt wird, ergreift man auch einen der drei Lieblingsjünger Jesu, Jakobus, der vom Klerus verurteilt und anschließend enthauptet wird. Jakobus, der Bruder Jesu und Vorsteher der Jerusalemer Gemeinde, wird schließlich ebenfalls Opfer der Verfolgung, als er im Jahr 62 von einem Lynchmob gesteinigt wird.

Wie bekämpft man eine Idee?

Diese Frage wird zu Beginn von William Wylers Monumentalfilm «Ben Hur» gestellt. Nach einem geistreichen Dialog in der römischen Präfektur von Jerusalem antwortet der mit Verve aufspielende Stephen Boyd in der Rolle des neuen Militärtribuns Messala: «Ich sage dir, wie man eine Idee bekämpft: mit einer anderen Idee.»

Während einer Diskussion in einer lauen Sommernacht anlässlich eines Familienausflugs tauchte die Frage auf, weshalb die schriftlichen Zeugnisse der Christenbewegung nicht ihrerseits schriftliche Gegenzeugnisse provozierten; weshalb befasste sich der Jerusalemer Klerus ledig-

> *Es will mir angesichts dessen einfach nicht in den Kopf, dass es keinem der Jünger während über vierzig Jahren eingefallen sein soll, über das Leben Jesu für die Nachwelt zu schreiben, solange sich alle noch gut erinnern und Augen- und Ohrenzeugen befragt werden konnten.*

lich mittels Gewalt, jedoch nicht mittels intellektueller Auseinandersetzung mit den Ideen dieser neuen Bewegung? Warum enttarnten die Kleriker die von Christen geschilderten Ereignisse – so sie denn tatsächlich nicht stattgefunden haben – unter Beizug von glaubwürdigen Zeugen nicht einfach als Lügen und Erfindungen?

Eine mögliche Antwort: die Arroganz der Macht. Sie bekämpft durchaus ihr unangenehme oder feindselige Ideen, sie verfolgt und liquidiert deren Urheber, womöglich sogar deren Anhänger. Aber sie antwortet nicht auf intellektueller Basis, denn damit begäbe sich die Macht auf Augenhöhe mit den Abtrünnigen. Will heißen: Jeder Versuch, einer vermeintlich häretischen Auffassung mit Gegenargumenten zu begegnen, schreibt der vermeintlichen Häresie zu, dass sie intellektuell ernst zu nehmen ist. Die Macht aber hat es nicht nötig, den Disput zu suchen, sondern nutzt lediglich ihre Mittel, eine unwillkommene Idee und alles, was ihr als nicht angemessen oder subversiv erscheint, so schnell und effektiv wie möglich auszumerzen. Dass dies natürlich der verblendete Trugschluss der Arroganz ist, zeigte die Geschichte immer wieder – und dies nicht nur bei der Entstehung des Christentums. «Wer zu spät kommt, den bestraft das Leben» – ein treffendes Bonmot des ehemaligen sowjetischen Staats- und Parteisekretärs Michail Gorbatschow, auch wenn dieser es seinerzeit in einem nicht ganz so staatsphilosophischen Zusammenhang sagte, wie es sich heute vernehmen lässt.

Im Falle der Priesterschaft in Jerusalem verhält es sich dennoch nicht so eindeutig, zumal sich in der Ratsversammlung der Priester, dem Sanhedrin, durchaus auch Sympathisanten und Verehrer dieses Jesus von Nazareth befinden. Es ist deshalb anzunehmen, dass sich in den Versammlungen tatsächlich Debatten und Dispute entsponnen haben dürften, auch wenn die Mehrheit der Priester und Pharisäer wahrscheinlich diesen Nazarener mitsamt seinen verbohrten Anhängern am liebsten ins Pfefferland gewünscht hätte.

Die Apostelgeschichte schildert im sechsten Kapitel, wie die Jünger vom Sanhedrin verhört werden. Einmal mehr macht Petrus aus seinem Herzen keine Mördergrube und bekennt, dass er Jesus von Nazareth für den Messias, für den wahren Sohn Gottes hält, was die Fraktion der Christen-Gegner in Rage bringt (Apg. 6, 29–39):

Bei diesen Worten gerieten jene in Wut und wollten sie töten. Da erhob sich ein Pharisäer namens Gamaliel, ein beim ganzen Volk angesehener Gesetzeslehrer. Er ließ die Männer auf kurze Zeit hinausführen. Dann sprach er: «Ihr Männer von Israel! Seht euch vor, was ihr mit diesen Männern anfangen wollt. Denn vor einiger Zeit erhob sich ein gewisser Tehudas, gab sich für etwas Besonderes aus und gewann einen Anhang von etwa vierhundert Mann. Aber er wurde getötet und alle seine Anhänger liefen auseinander und alles war aus. Nach ihm trat in der Zeit der Volkszählung Judas von Galiläa auf und brachte einen Volkshaufen hinter sich her. Auch er ist umgekommen, und alle seine Anhänger wurden zerstreut. Darum sage ich euch jetzt: Lasst diese Männer in Ruhe und lasst sie laufen! Denn wenn ihr Vorhaben und ihr Werk nur von Menschen kommen, löst sich alles wieder von selber auf. Steht aber Gott dahinter, dann seid ihr machtlos und könnt es nicht zerstören. Und am Ende zeigt es sich, dass ihr euch Gott selbst in den Weg gestellt habt.» Der Rat musste Gamaliel recht geben. Man rief die Apostel wieder herein, peitschte sie aus, verbot ihnen aber, weiterhin öffentlich von Jesus zu reden.

Die Apostel denken nicht daran zu schweigen, sondern reden, predigen und missionieren weiter und gehen schließlich nach Rom. Zwar wird um das Jahr 66 oder 67 n. Chr. während Neros Christenverfolgung Paulus enthauptet und Petrus gekreuzigt, aber die Bewegung ist nicht mehr aufzuhalten.

Ich fragte Paul Verhoeven, was seiner Meinung nach denn den rasanten und unglaublich effizienten Siegeszug des Christentums begründe. Paul überlegte nicht lange: Die Tatsache, sprudelte es aus ihm heraus, dass in der Person Jesu gemäß der neuen Botschaft Gott selbst manifest geworden sei, habe schon eine gewaltige Wirkung gehabt, vor allem in einer Epoche religiöser Verunsicherungen. Das mag zutreffen, wenn man die sozialpolitische Situation in den nachchristlichen Jahrhunderten im römischen Reich betrachtet.

Tatsächlich hatten sowohl die römischen als auch die griechischen Götter längst abgewirtschaftet und die neuen östlichen, esoterisch geprägten Kulte, etwa der Mithras-Kult, der Kult um die Göttin Kybile oder der ausschweifende Bacchus-Kult, die im ersten Jahrhundert in der römischen Kultur im Schwange waren, vermochten das religiöse und philosophische Vakuum nicht mehr zu füllen. Dass im Kontext der neuen Lehre Gleichheit, Brüderlichkeit und – zumindest geistige – Freiheit als Ideologie, als Philosophie, sogar als Gottes Vermächtnis verkündet wurde, so Paul Verhoeven weiter, sei für die Menschen im damaligen römischen Weltreich mit den dort herrschenden, krassen gesellschaftlichen Unterschieden gewiss attraktiv gewesen und habe eine hoffnungsvolle Zukunft erwarten lassen. Und mit Jesus Christus sei eine fleischgewordene, reale Person gekommen, die der neuen Idee zufolge

Gott selbst verkörpert habe. Man konnte den Menschen sogar jene Orte zeigen, an denen der Gottmensch Jesus gewirkt hatte: die Landschaften, die Dörfer und Städte, sogar die Häuser, in denen er gewohnt hatte und natürlich auch den Ort des dramatischen Finals, den Hinrichtungsort, an dem Jesus gekreuzigt worden war. Noch bis ins erste Jahrtausend hinein konnte man ihn sehen, den ehemaligen Steinbruch aus der Königszeit, der einst die Richtstätte von Golgotha bildete. Deshalb war den Gläubigen und Pilgern mit Gewissheit bekannt, wo sich die der Christenheit heute heiligen Orte befanden und wo sich was zugetragen hatte, weshalb die Grabeskirche mit an Sicherheit grenzender Wahrscheinlichkeit wirklich über dem einstigen Grab Christi, wahrscheinlich aber auch über dem Ort der Kreuzigung – dieser lag ja unmittelbar bei Jesu Felsengrab – errichtet worden sein dürfte. Eine Annahme übrigens, die inzwischen auch von der Archäologie weitgehend bestätigt wird. Deshalb dürfte Helena, die Mutter Kaiser Konstantins, auch gewusst haben, wo sie nach dem heiligen Holz des Kreuzes zu forschen hatte. Ob all die Zigtausende von Holzsplitter, die im Mittelalter den Reliquienmarkt überschwemmten, tatsächlich dem Kreuz Jesu entstammen, darf allerdings bezweifelt werden.

> *Die Jesus-Geschichte war keine nebulöse Legende und kein dunstgeschwängertes Mysterien-Epos über einen Gottmenschen und spirituellen Superman.*

Die Jesus-Geschichte war also keine nebulöse Legende, keine philosophische Sensations-Story und kein dunstgeschwängertes Mysterien-Epos über einen Gottmenschen und spirituellen Superman. Und eben dies dürfte neben anderen Faktoren das Besondere an dieser neuen Idee ausgemacht haben.

Ich teile Paul Verhoevens Auffassung, frage mich aber, wie die Anhänger und Anhängerinnen der neuen Idee den zu Bekehrenden die Schande der Kreuzigung schmackhaft machen konnten. Wie verkauften die neuen Missionare diesen leidenden, hilflosen Gott, der sich von einem römischen Provinzstatthalter massakrieren lassen musste? Ein uns erhaltenes Mauergraffiti aus dem dritten Jahrhundert gibt uns Auskunft, wie Spötter und christenfeindliche Kreise den Sohn Gottes der Christen sahen: Die im Kapitel «Tod am Kreuz» bereits erwähnte Zeichnung zeigt uns ein Strichmännchen mit Eselskopf an einem stilisierten Kreuz.

Für die Römer schien wahrscheinlich anfänglich ein Gott, der sich von einem Provinzbeamten kreuzigen ließ, nicht sonderlich attraktiv. So jemand hatte nichts mit den Heroen und Halbgöttern des antiken Zeitalters zu tun: Jason, Perseus, Herakles, Hektor. Oder Achilleus, der fast unverwundbare und rasende griechische Held im trojanischen Krieg. Diese Christen, es kam bereits im ersten Teil dieses Buches zur Sprache, waren überdies für viele irgendwie sonderbar, sie taten Sonderbares und überhaupt sonderten sie sich nicht ungern vom Rest der Gesellschaft ab. Man vermutete bei den Christen Zauberei und Magie. Und man verdächtigte deshalb die neue Sekte, die sich anfänglich oft im Verborgenen versammelte, allerlei sinsisterer Praktiken. Zusätzlich beigetragen haben mochte zu dieser schlechten Reputation aber auch ein folgenschweres Missverständnis: Dass die Christen bei ihren Zusammenkünften das Blut ihres Herrn trinken und seinen Leib essen würden, wurde von den Römern teilweise durchaus wörtlich verstanden (vgl. erster Teil «Apokryphen»). Bald schon machten in Rom Gerüchte die Runde, dass es sich bei diesen Christen um einen perversen und verabscheuungswürdigen und letztendlich staatszersetzenden Kult handle.

Dessen war sich auch Kaiser Nero bewusst, als er sich einen Sündenbock für die verheerende Feuersbrunst in der Innenstadt Roms im Sommer des Jahres 64 suchte. Ob der zunehmend dem Wahnsinn anheimfallende Kaiser die Stadt selbst anzünden ließ, ist nicht eindeutig erwiesen, verschiedene Hinweise lassen es zumindest als möglich erscheinen. Doch einerlei, ob der Kaiser das Feuer selber legen ließ oder ob es eine von ihm ungewollte Katastrophe war: Nero erschien es politisch opportun, die Christen für die zerstörerische Feuersbrunst verantwortlich zu machen. Und dies wiederum ist ein klares Indiz dafür, dass die Bewegung der Christen bereits fünfunddreißig Jahre nach Jesu Kreuzigung in der Welt- und Machtmetropole am Tiber eine offenbar politisch ernst zu nehmende Rolle zu spielen begann.

Der kurz nach dem Brand Roms einsetzenden und über drei Jahre dauernden Christenverfolgung fielen zwar weniger Menschen zum Opfer, als bisweilen angenommen wird, dafür wütete das Pogrom umso mehr im Hinblick auf die perverse Grausamkeit, die die römischen Peiniger an den Tag legten. Die Christen wurden in den Arenen von abgerichteten Wildkatzen bei lebendigem Leib zerfleischt oder man wickelte sie in teergetränkte Tücher, um sie als Straßenbeleuchtung brennen zu lassen. Es gibt Hinweise, dass diese grausamen Tötungen selbst den römischen Bürgern allmählich zu weit gingen. Auch war das römische Publikum zunehmend beeindruckt, mit welcher Todesverachtung, mit welcher Tapferkeit und mit welchem zuversichtlichen Glauben diese Christen ihr Martyrium zu erleiden wussten. Das Blut der Märytrer spielte tatsächlich eine nicht zu unterschätzende Rolle in der Verbreitung und Etablierung des Christentums in der römischen Gesellschaft.

Im Zeichen des Fisches

Die ersten Christen verfolgten bewusst oder intuitiv ein überlegtes und taktisches Vorgehen und der Erfolg der Bewegung spricht erwiesenermaßen für ihr Geschick. Offenbar folgten die ersten Christen einer Strategie, die sie letztendlich ihren Verfolgern überlegen machte.

Der amerikanische Autor Gene Sharp, der 2012 mit dem alternativen Nobelpreis ausgezeichnet wurde, veröffentlichte 1983 beim Albert Einstein-Institut ein Pamphlet mit dem Titel «From Dictatorship to Democracy». Darin beschreibt Sharp akribisch, wie Diktaturen und Regime ohne Gewalt und Blutvergießen gestürzt und neue Ideen durchgesetzt werden können. Gewiss folgte Sharp hierbei auch den Spuren Mahatma Gandhis in seinem einst gewaltlosen Kampf gegen die britische Kolonialmacht in Indien, doch verfasste er eine eigentliche, universal gültige Anleitung, der man Schritt für Schritt folgen kann. Sharps Anleitungen spielten denn auch in verschiedenen Revolutionen und Volksaufständen der letzten zwanzig Jahre eine einflußreiche Rolle: in Serbien, in der Ukraine, später in Tunesien und Ägypten. Wie wichtig und verbreitet Sharps Traktat inzwischen ist, zeigen die Reaktionen diverser Diktatoren und Potentaten der Welt: Venezuelas Machthaber Hugo Chavez verunglimpfte den von ihm offensichtlich als brandgefährlich eingestuften Revolutions-Philosophen in verschiedenen Ansprachen und das Mullah-Regime in Teheran fürchtet den Einfluss des greisen Autors auf die schlummernde Revolutionsbereitschaft im Iran bereits dergestalt, dass sich die Regierung nicht entblödete, reichlich groteske Fernsehspots zu schalten, die Gene Sharp als heimlichen CIA-Agenten verdächtigten.

Die Strategiepunkte, die Gene Sharp empfiehlt, wurden indessen bereits von den Urchristen – ob absichtlich oder nicht, wissen wir nicht – effizient angewendet:

«Benutze ein Zeichen, eine Farbe, ein Symbol!»

Zweifelsohne ist uns die Trikolore der französischen Revolutionäre anno 1789 bestens bekannt und sie versinnbildlichte die Staatsrevolte der französischen Bürger gegen König und Adel. Die Farben Schwarz, Rot, Gold entstammen den Uniformen des Lüzowschen Freikorps während den

deutschen Befreiungskriegen 1813–1815 gegen Napoleon, woraus schließlich die Landesfarben Deutschlands wurden. Auch das Südstaaten-Kreuz der Rebellen wurde für die Konföderierten während des US-Sezessionskriegs (1861–1865) ein nicht mehr wegzudenkendes Zeichen und letztlich war auch das «Star Spangled Banner» der Gründerväter der Vereinigten Staaten von Amerika ein sie einendes Symbol.

«Benutze ein Zeichen, eine Farbe, ein Symbol!»

Gene Sharp befürwortet mit Vehemenz ein Zeichen oder Symbol für jedwelche Bewegung und die Popularität heutiger Embleme – Coca Cola, die Zunge der Rolling Stones oder der gotische Schriftzug mit dem stilisierten Blitz von AC/DC – unterstreichen deren Bedeutung. Die zeitgenössischen und mit der Welt vernetzten Revolutionäre ließen sich effektiv von Sharps Schriften inspirieren und in der Folge waren die Revolutionen der vergangenen Jahre ohne Zeichen und Farben kaum mehr denkbar, wenn wir beispielsweise an die orangefarbene Revolution in der Ukraine oder an die schwarze Faust auf dem Tahirplatz von Kairo zu Beginn des «Arabischen Frühlings» im Frühjahr 2011 denken.

Auch die Urchristen verwendeten ein symbolisches Zeichen im Sinne einer Coroprate Identity: Sie nutzten als ihr Erkennungszeichen anfänglich aber nicht das Kreuz, sondern den stilisierten Fisch, zurückgreifend auf einen Buchstaben-Code: Das griechische Wort Ichthys (Fisch), enthält in seinen Buchstaben das kurz gefasste christliche Glaubensbekenntnis:

Iesus (Jesus)
Christos (der Gesalbte)
Theou (Gottes)
Hyios (Sohn)
Sotér (Retter oder Erlöser)

Das Fischsymbol der Urchristen bestand aus zwei gekrümmten Linien, wie man sie heute auf der Straße ab und zu an Autohecks aufgeklebt sieht. Damit geben sich nicht Liebhaber von Fischstäbchen zu erkennen, wie der Schweizer Komiker Peach Weber vermutete, sondern bekennende Christen mit meist evangelikalem Hintergrund. Sich mit dem Fischzeichen als Christ zu bekennen, war im ersten Jahrhundert, anders als auf heutigen Autobahnen, allerdings riskant, bisweilen lebensgefährlich.

«Organisiere dich mit einer straffen Führung!»
Wie fatal es ist, wenn die Revolution keinen Kopf, die Rebellion keine Führung hat, zeigte sich beim Aufstand gegen das Mubarak-Regime in Ägypten. Die Parteien und Fraktionen sind heillos zerstritten und ebnen damit den Weg, dass es wiederum der Notwendigkeit einer harten Hand bedarf, die am Ende Ordnung im Chaos schafft. Dass dies nicht die Hand der Demokratie sein wird, liegt auf der Hand. Dasselbe gilt für einen anderen Staat im Nahen Osten, den der «Arabische Frühling» erfasste: Syrien. Wer sollte den Tyrannen Assat von Damaskus als Präsident und Führer ersetzen, wo sich die Rebellen untereinander uneins sind?

Zwar war das Urchristentum nicht als Kirche oder Institution organisiert, jedoch war die Autorität der Anführer unbestritten: Simon Petrus wurde von Christus selbst zum Chef und Nachlassverwalter bestellt. Die Autorität des Paulus indessen wurde von Petrus bejaht und in gewissem Sinn auch gefördert. Es versteht sich, dass alle jene, die von Anfang an dabei waren und Jesus gekannt hatten, ebenfalls zum Kader des Urchristentums gehörten. Dass die Apostel im Übrigen darauf achteten, dass das Evangelium unverfälscht weitergegeben wurde, ist erstaunlich und zeigt, dass sich Petrus & Co des bedeutsamen Vermächtnisses durchaus bewusst waren.

«Bekämpfe nicht, verbrüdere dich!»
Steine gegen Militärs oder Polizisten zu werfen, birgt die Gefahr der Eskalation. Es gehe darum, so Gene Sharp in seinem Revolutionspamphlet, den Wächtern des Regimes zu zeigen, dass sie gleichfalls Opfer des Apparats seien. Gelinge es, die Ordnungsmacht der Diktatur umzukehren, hätten die Potentate ausgespielt.

Dies funktionierte tatsächlich verschiedentlich, in der neueren Zeit beispielsweise in Serbien oder in Ägypten. Im Kampf der Syrer 2011 und 2012 gegen das verhasste Assad-Regime liefen Regierungssoldaten sogar reihenweise zu den Rebellen über. Und eben diese Taktik verfolgten offenbar auch die Urchristen; von Attentaten auf Verfolger oder christenfeindliche Politiker, wie es die Zeloten in Israel gegen die Okkupationsmacht praktizierten, wurde abgesehen. Die gewaltlose Standhaftigkeit begann das römische Establishment erstaunlicherweise zunehmend zu beeindrucken.

In dasselbe Kapitel geht Sharps Vorschlag, die Säulen des Systems Stück um Stück zu demontieren, bis dessen Sturz unvermeidlich sein würde. Die intellektuelle Überlegenheit, vor allem aber eine Botschaft der Hoffnung und Zuversicht im Gepäck zu haben, dürfte für den Siegeszug des Christentums mitunter eine entscheidende Rolle gespielt haben.

Und schließlich: «Steter Tropfen hölt den Stein – gib einfach nicht auf!»
Dass «gut Ding Weile haben will», weiß der Volksmund zwar, jedoch sollten Revolutionen oder die Verbreitung einer neuen Philosophie nicht ins Stocken geraten, um letztendlich nicht am Ort zu treten. Mit neuen Ideen ist es wie mit einer Stange Bier: Man soll sie trinken, solange sie kalt ist; abgestanden mag sie keiner mehr haben. Der Filmemacher Quentin Tarantino mag zu Beginn seines kultigen Vergeltungsstreifens «Kill Bill» mit seinem «klingonischen Sprichwort» recht haben, wonach Rache ein Gericht sei, das am besten kalt angerichtet werde, servieren jedoch sollte man es, solange die Gäste noch bei Tisch sind! Um neue Ideen durchzusetzen, bedarf es neben Effizienz und Strategie aber in jedem Fall Stehvermögen und Ausdauer. Eine Dämmerung ist noch kein Sonnenaufgang und ein Silberstreifen am Horizont kein neuer Tag. Dessen waren sich die ersten Christen durchaus bewusst und ihr risikoreicher und lebensgefährlicher und vor allem nicht abreißender Kampf für diese neue Idee, für diesen neuen Glauben, ist tatsächlich einzigartig und sucht seinesgleichen in der Geschichte.

Am Anfang war das Christentum für die Römer auch bei allfälligen Sympathien eine echte intellektuelle Herausforderung. Diese neue Idee verlangte in letzter Konsequenz schließlich ein völlig neues Denken, eine neue Philosophie, ein Umstand, der die rasche Verbreitung des Christentums unzweifelhaft zu einem der verblüffendsten Kulturphänomene der Menschheitsgeschichte macht. Mehr und mehr frisst sich diese neue Idee in die Köpfe der römischen Gesellschaft. Im Jahr 313 erlässt Kaiser Konstantin der Große das Edikt zur Religionsfreiheit. Als christlichen oder sogar heiligmäßigen Kaiser kann man diesen Herrscher allerdings nicht bezeichnen; als Kaiser ist er ein rücksichtsloser Machtpolitiker, der auch nicht davor zurückschreckt, für seinen Machterhalt rund ein Dutzend seiner Angehörigen umbringen zu lassen. Überhaupt dürften bei Konstantin nicht Glaube oder religiöse Überzeugung, sondern vielmehr taktische und staatspolitische Überlegungen den Ausschlag gegeben haben, das Christentum als Religion über alle anderen Religionen und Kulte zu stellen. Offenbar erkannte der Kaiser das einigende Element, das das Christentum in einer Zeit zu bieten hatte, in der sich im römischen Reich tiefgreifende Krisen und Staatszersetzung bereits ankündigten.

Die Installation des Christentums als einigende Klammer des Imperiums indessen erwies sich für Konstantin als Glücksfall ohne unangenehme Nebenwirkungen und der Herrscher ließ auch seine Söhne im christlichen Glauben erziehen. Kurz vor seinem Tod im Mai 337 konvertierte Konstantin auch faktisch zum Christentum und ließ sich taufen. Bis zur völligen Etablierung der christlichen Religion im Reich sollte es aber noch einige Jahre dauern: erst unter Kaiser Theodosius I. (347–395) wurde das Christentum zur römischen Staatsreligion.

Die Inszenierung Gottes

Der Rest ist Geschichte – der anhaltende Epilog zu einem gewaltigen «Film», der in den ersten drei Jahrzehnten unserer Zeitrechnung gelaufen ist.

Wir haben bei den Dreharbeiten zu unserem *Making Of* den Machern von damals im übertragenen Sinn über die Schultern geblickt und haben quasi gesehen, was da auf dem Set geschehen war, um das Gesehene und Erlebte in einer rund hundertfünfminütigen Filmdokumentation und parallel auch in Buchform auszuwerten. Beim Schnitt dieses großen Films von damals jedoch waren wir nicht dabei und auch in den Prozess der Vermarktung desselben waren wir nicht involviert; wir haben lediglich die Entstehung des Rohmaterials mitverfolgt. Als Filmemacher bin ich mir indessen aber durchaus bewusst, wie wichtig Schnitt und Vermarktung sind, denn erst nach diesen beiden Arbeitsschritten hinterlässt ein Film eine öffentliche Wirkung. Andererseits können auch der versierteste Cutter und der geschickteste Marketingstratege nichts ausrichten, wenn das gesamte Rohmaterial nichts taugt.

> Wer oder was war er, dieser unglaubliche Mensch aus einfachsten Verhältnissen, der die gesamte Geschichte geprägt hat wie kein zweiter vor oder nach ihm?

Wer oder was war er, dieser unglaubliche Mensch aus einfachsten Verhältnissen, der die gesamte Geschichte geprägt hat wie kein zweiter vor oder nach ihm? Das Christentum ist die größte Glau-

bensgemeinschaft der Erde und der Mann aus Nazareth ist unzweifelhaft die bedeutendste Figur der ganzen Menschheitsgeschichte. Und darüber hinaus?

Etwas Seltsames zeigte sich bei dem doch ziemlich umfangreichen und sich über fast drei Jahre erstreckenden Projekt: Je länger ich mich mit der Person Jesu beschäftigte, desto mehr verschwammen die Konturen, desto mehr wechselten Überzeugung und Zweifel. Gespräche mit Freunden, Vertrauten und Experten vertieften die Eindrücke: Mit Danny Ming und Silvio Gerber während der Dreharbeiten in Israel. Eine große Rolle spielten aber auch all die Gespräche und Inputs vor und während der Projektphase. Mein Dank geht allen voran Elisabeth Zurgilgen, eine vorzügliche Schriftstellerin, und von ihr stammt auch die Idee, das Projekt als «Making Of» zu konzipieren. Für die theologische Bildung und die immer wieder ehrlichen Gespräche danke ich meinem Bruder Stefan Gasser, der mir nicht bloß «Jesus Christ Superstar» näherbrachte. Aber auch meinem Onkel Albert Gasser, der sich als Theologe und Kirchenhistoriker nie von einer ernsthaften oder kritischen Diskussion gedrückt hat. Tiefe Gespräche durfte ich aber auch immer wieder mit engen und lieben Freunden führen; mit Peter Ming, Herbert Gasser, Doro Pesch, Bruno Gasser, Bob Schwerdt, Marc Storace, Florian Ast, Pat Treyer, Stephan Wittmer, Gilles Tschudi und Polo Hofer; mit dem bibelfesten Mundart-Poeten diskutierte ich im Juli 2012 bei einem Konzert in Davos im Backstageraum über diese Thematik so intensiv, dass ich um ein Haar meinen Auftritt verpasst hätte; in der sprichwörtlich letzten Sekunde konnte ich noch auf die Bühne rennen, während mein Auftritt auf der Bühne bereits angekündigt wurde.

Ich erwähnte bereits vorhin und zu Beginn des Buches, dass ich schon früh Gelegenheit hatte, mich mit theologischen, spirituellen oder philosophische Themen auseinanderzusetzen. Mein Dank geht insbesondere an den inzwischen leider verstorbenen Lungerer Pfarrer Josef Halter, aber auch an die Menzingerschwestern in Lungern, bei denen ich bereits in der Primarschule einen fortschrittlichen Religionsunterricht genießen durfte. Und ich danke Dirk Günther, Walter Ming, Christian Sutter, Joe Vogler, Daniel Bürgi und Bruno Kiser für die phiosophischen und theologischen Gespräche, die ich mit ihnen in meiner Jugendzeit und darüber hinaus führen konnte. Mein Dank und Respekt geht auch an medial arbeitenden Menschen wie Bettina Kuster, Freddy Wallimann, Howard Bad Hand und an meinen im Sommer 2003 verstobenen Freund Chief Johnny Russell. Eine bereichernde Herausforderung waren im Zusammenhang mit der Filmdokumentation auch die intensiven Gespräche mit den für den Film und dem Buch interviewten Theologen, Historikern und Exegeten: mit Paul Verhoeven, Eugen Drewermann, Perry Schmidt-Leukel, Christina Aus der Au, Holger Strutwolf und mit dem bereits erwähnten Albert Gasser. Und mit Erwin Imfeld, der als offener und ehrlich debatierender freievangelischer Theologe einer buchstabentreuen Spur folgt. Befruchtende Gespräche gab es mit der Filmkritikerin Irene Genhard und den Verantwortlichen meines Filmverleihs «Praesens Film», Corinne Rossi und Peter Gassmann und mit Valerio Bonadei vom Filmbüro in Zürich und insbesondere mit meinen Fernsehredaktoren der Sendung «Sternstunde» des Schweizer Fernsehens, Norbert Bischofberger und Christa Miranda sowie dem Verantwortlichen für Dokumentarfilme des Schweizer Fernsehens, Urs Augstburger. Alle diese Menschen eröffneten mir in Gesprächen, aber auch mit konstruktiven Kritiken während der Produktionsphasen des Films neue Betrachtungsweisen, lieferten neue Argumente und Gegenargumente. Nicht unerwähnt lassen möchte ich die beiden verstorbenen Autoren Johannes Greber (1874–1944) und Carsten Peter Thiede (1952–2004), deren Bücher mich erst auf die Idee brachten, dieses Projekt in Angriff zu nehmen.

Der gesamte Prozess der Entstehung des Films und dieses Buches nährte Glauben und beschwor die für die angestrebte redliche Objektivität unabdingbare Skepsis herauf und streute Zweifel, dazwischen aber gab es immer wieder seltsame Phasen völliger Gleichgültigkeit. Und dann wiederum Momente religiöser Euphorie, in denen man sich für kurze Augenblicke befähigt wähnte, Dinge zu verstehen und für sich ordnen zu können. Ein Wechselbad der Gefühle also und eine Achterbahn der Gedanken bei der Wertung und Gewichtung der zahlreichen verschiedenen Puzzleteile.

An einem Nachtessen wurde ich von Freunden gefragt, ob sich nun in meinem religiösen Empfinden oder in meiner Spiritualität etwas geändert habe, nachdem ich mich doch nun so intensiv mit diesem Thema beschäftigt habe. Ich musste lange nachdenken, bevor ich antwortete: «Eigentlich nicht.», erwiderte ich. «I'm still confused – but on a higher level.»

Mir geht es ähnlich wie Paul Verhoeven: Ich konnte und kann es nun mal nicht ändern, dass mich – warum auch immer – die Figur und die

> «I'm still confused – but on a higher level.»

Person Jesus von Nazareth seit meiner Kindheit beschäftigt und bewegt. Ich empfand es deshalb als ein ungeheures Privileg, Jesu Leben vor Ort zu dokumentieren, auf den Berg Tabor zu steigen, im See Genezareth zu schwimmen und vom Ölberg auf das nächtliche Jerusalem zu blicken und dort mit laufender Kamera einen neuen Tag zu erwarten. Kurz: Das Geschehen an den Originalschauplätzen zu verfolgen.

Ähnlich spannend und beeindruckend war es für mich, damalige Ereignisse in Szenen filmisch umzusetzen. Der Prozess vor Pilatus, die Szene mit der Ehebrecherin oder der Kananiterin beim Jakobsbrunnen, den predigenden Jesus, dies alles waren für mich echte Herausforderungen. Die größte allerdings war die Inszenierung der Kreuzigung. Viele interessierte, vor allem aber gläubige Filmemacher stellen sich wahrscheinlich die Frage, wie sie die vielleicht berühmteste Szene der Menschheitsgeschichte in Szene setzen würden. Vergleichsmöglichkeiten gibt es viele, weniger gelungene Film-Kreuzigungen («King of Kings» von Nicholas Ray) und gelungenere, etwa wie jene in Zifirellis Fernsehproduktion «Jesus of Nazareth», der uns eine realitätsnahe Inszenierung zeigt (auch wenn in dieser Inszenierung Jesu Körper etwas gar unversehrt wirkt und sich die Nägel wahrscheinlich an der historisch falschen Stelle befinden). Die Kreuzigung in William Wylers «Ben Hur», in Martin Scorceses «The Last Temptation of Christ» oder in Mel Gibsons «The Passion of the Christ» sind visuell zwar eindrücklich, aber historisch ungenau. Wie also würde ich nun selbst die Schlüsselszene in der irdischen Biografie des berühmtesten Menschen aller Zeiten inszenieren?

Bereits die Auswahl der Location bereitete mir Sorgen, denn sie musste sowohl vom Bild als auch vom logistischen Standpunkt funktionieren. Die Wahl des Steinbruchs – (wir erinnern uns, dass es sich bei Golgotha um einen alten Steinbruch aus der Königszeit gehandelt hat) – beim «Mutzenloch» im obwaldnerischen Bürglen war ideal. Zuvor hatte ich mit der Kettensäge sechs wuchtige Balken aus rohen Baumstämmen gesägt. Das rotgelbe, grobschlächtig bearbeitete Holz hatte eine großartige Wirkung im Kontrast mit dem dunkelgrauen Felsen des Steinbruchs.

Zu guter Letzt blieb die bange Frage, die man sich in der Schweiz bei Outdoor-Aktivitäten immer stellen muss: Wie wird das Wetter am Drehtag sein? Glücklicherweise war uns das Wetter hold und ein intensives Sonnenlicht illuminierte die staubige, trostlos wirkende Szenerie, ließ die Helme der römischen Legionäre blitzen und das dunkelrot blutgetränkte Gewand des Jesus-Darstellers fast unnatürlich hell erscheinen. Das von dessen Kopf hinunterperlende Blut indessen bescherte uns einen unglaublichen Bildeffekt, den wir zum einen den leistungsfähigen Kameraobjektiven, vor allem aber eben einem gleißenden Sonnenlicht zu verdanken hatten.

> Die drei blutüberströmten Körper am Kreuz hängen zu sehen, war nicht nur für mich, sondern für die gesamte Filmcrew und alle anwesenden Statisten und Helfer ein beeindruckender, fast schauerlicher Anblick.

Die Reenactors in den Rollen der Henker gingen an ihr blutiges Werk und die Hinrichtungsutensilien, Seile, Hammer und handgeschmiedeten Nägel ließen keinen Zweifel, was sich nun hier alsbald ereignen würde. Das Kreuzigunsprozedere indessen zeigten wir nur am mittleren Kreuz: Unter erheblichen Anstrengungen und einigen Schmerzen des Jesus-Darstellers wurde dieser, am Querbalken fixiert, schließlich am Längsbalken hochgezogen. Man merkte sofort, dass keiner von uns jedwelche Übung im Vollzug einer Kreuzigung hatte.

Am Ende aber die drei blutüberströmten Körper am Kreuz hängen zu sehen, war nicht nur für mich, sondern für die gesamte Crew und alle anwesenden Statisten und Helfer ein beeindruckender, fast schauerlicher Anblick, so wurde mir das zumindest von allen Mitwirkenden später bestätigt. Auch Passanten und Zaungäste zeigten sich später beeindruckt, dankten sogar, diese ungeheuer eindrückliche Szenerie gesehen und miterlebt zu haben. Doch hatten wir leider nur wenig Zeit, uns der Wirkung dieser Szene hinzugeben: Da es gegen Abend ging, wollte das Sonnenlicht genutzt werden und das Hängen am Kreuz bereitete den Reenactors bereits nach kurzer Zeit zunehmend Unannehmlichkeiten, mit der Zeit sogar tatsächlichen Schmerz.

Jesu Sterbeszene, so erzählte mir später einer der Statisten, sei ihm durch Mark und Bein gefahren. Ob gläubig oder nicht, die Szene hatte es in sich und die Spannung war auf dem Set förmlich zu spüren, als Gerhard Halter in der Rolle Jesu die berühmten und bewegenden Worte auf das Filmset hinausschrie: «Eloi! Eloi lama sabachtani?!» Mein Gott, warum hast Du mich verlassen? Ein spontaner Szenenapplaus für den Darsteller am Kreuz entspannte dann die Situation auf dem Set. Aber vergessen werden die bei den Dreharbeiten anwesenden Darsteller, Statisten und Techniker diese Szene vermutlich nicht.

Ich ging zurück zur Notfallaufnahme des Obwaldner Kantonspitals, um nach der fachmännischen Erstversorgung endlich die üble Schnittwunde am Handgelenk nähen zu lassen, die ich mir mittags bei den Vorbereitungen zugezogen hatte. Am Abend drehten wir dann noch die Abendmahlsszene und die Bilder zur Hochzeit von Kana. Es wurde spät an diesem Abend und ich hatte am Ende dieses Tages bei Bier, Pizza und einer Zigarre, vor allem aber später beim Filmschnitt das angenehme Gefühl, sowohl eine authentisch wirkende und realistisch anmutende Schlüsselszene als auch eine bildgewaltige Kreuzigung inszeniert zu haben.

Spurensuche

Ein mir nahestehender Verwandter meinte einst, dass er nicht verstehen könne, weshalb mir der historische Jesus so wichtig sei. Für ihn habe in diesem Kontext Bachs Matthäus-Passion denselben Wahrheitsgehalt wie historisch belegbare Fakten. Ich respektiere einen rein spirituellen Zugang und ich bewundere und beneide jene, die bedingungslos einen solchen zu haben scheinen. Allein, ich bin in allem völlig visuell orientiert und als historisch über die Maßen interessierter Mensch funktioniere ich da einfach anders und muss fast gezwungenermaßen nach den historischen Wurzeln suchen, um es mir dann bildlich vorstellen zu können, was ich aber ebenfalls als einen legitimen Zugang zur Materie erachte.

> Jesus von Nazareth gehört fraglos zu den am besten dokumentierten Persönlichkeiten der Antike.

Ich erwähnte es bereits im ersten Teil dieses Buches: Das Christentum versteht sich als historische Religion. Der Kern des Glaubens besteht eben gerade im historisch verbürgten Faktum, dass Jesus von Nazareth wirklich und beweisbar gelebt und gewirkt hat. Hier nun die historische Grundlagenforschung zu ignorieren oder einfach zu übergehen, erachte ich deshalb als wenig sinnvoll. Sowohl die Evangelisten als auch die Apostel betonen die faktische respektive historische Überprüfbarkeit der Ereignisse, die sich im Wirken der Person Jesus von Nazareth um das Jahr 30 zugetragen haben sollen, und sowohl die Evangelisten als auch Paulus weisen darauf hin, dass sie von Dingen berichten, die sich in der Öffentlichkeit zugetragen haben. Paulus wird von König Agrippa und dem Statthalter Festus verhört. Paulus verweist auf Jesus von Nazareth, der auferstanden sei, um den Völkern das Licht zu bringen.

An dieser Stelle unterbrach ihn Festus erregt: «Du bist wahnsinnig, Paulus! Vor lauter studieren hast du den Verstand verloren!» Doch Paulus erwiderte: «Ich bin nicht wahnsinnig. Meine Worte sind wahr und ich weiß, was ich sage. Der König, zu dem ich in aller Offenheit spreche, kann das bestätigen. Ich bin überzeugt, dass er davon erfahren hat, denn schließlich hat es sich ja nicht in irgendeinem verborgenen Winkel der Welt zugetragen.» (Apg. 26, 24–26)

Ich verstehe das eindeutig als Einladung, sogar als Aufforderung, der Sache nachzugehen. Wenn wir den Evangelien nämlich nur annähernd einen ähnlichen Stellenwert bzw. eine ähnliche historische Glaubwürdigkeit wie anderen antiken Schriften attestieren – etwa jenen von Josephus, Philo, Tacitus, Plutarch oder Sueton –, dann gehört Jesus von Nazareth fraglos zu den am besten dokumentierten Persönlichkeiten der Antike. Wie kann man nun angesichts dessen behaupten, die historische Spurensuche werde überschätzt, sei sogar obsolet?

Eines der Hauptprobleme an dieser Geschichte, überhaupt an Geschichte als solche, ist, die vielen verschiedenen Zusammenhänge zwischen den verschiedenen historischen Ereignissen und Entwicklungen zu

finden. Es geht nicht um Daten und Jahreszahlen, sondern vielmehr um das Prinzip von Ursache und Wirkung, denn es herrscht so etwas wie Logik und Zwangsläufigkeit in den historischen Abläufen. Geschichte ist keine Aneinanderreihung von Schlachten und Massakern, Päpsten und Präsidenten, Kaisern und Königen; sie ist stets interaktiv, vernetzt, ineinander verflochten. Was haben die Kommune 1, Häuptling Crazy Horse, Geronimo, JFK, Keith Richards, der MI5 oder Attila, der Hunnenkönig mit Jesus Christus zu tun? Auf den ersten Blick vielleicht wenig, auf den zweiten aber viel, sogar sehr viel, denn alles ist letztlich mit allem verbunden, alles hat mit allem zu tun und genau so müssten historische Betrachtungen angestellt werden. Dasselbe gilt auch für das Fundament einer Religion, eines Glaubens, einer Philosophie, vor allem dann, wenn diese auf so verifizierbarem Boden stehen wie es das Christentum tut.

Leider erlaubt uns das heutige Bildungssystem bloß mehr historische Reflexionen im Staccato. Auf die Frage, warum junge Politiker in ihrem Fach denn so herumeierten, antwortete der ehemalige deutsche Bundeskanzler Helmut Schmidt vielleicht nicht zu Unrecht, dass die Menschen von heute einfach kein Gefühl mehr für die Geschichte hätten. Im übertragenen Sinn vermag jedoch vielleicht sogar der Flügelschlag eines Schmetterlings die Geschichte zu beeinflussen, kann diese manchmal sogar fundamental verändern. Wie wäre die Geschichte verlaufen, wäre einst ein junger Kunstbegeisterter namens Adolf Hitler an der Kunstakademie in Wien nicht abgewiesen worden? Wie wäre es gekommen, wenn Julius Cäsar in Gallien einer Lungenentzündung erlegen wäre, bevor er den Rubikon überschritt, um Roms Geschick für immer zu verändern? Und wie würde die Welt heute aussehen, wenn es Herodes dem Großen tatsächlich gelungen wäre, beim Kindermord von Bethlehem – (so er denn wirklich stattfand) – auch das Jesuskind umzubringen? Spannende Fragen, auch wenn es darauf keine Antworten gibt.

Wären die Evangelien eine reine Ansammlung von mystischen Texten oder hätte sich Jesu Tätigkeit auf das Verkünden seiner Lehren beschränkt, würde vielleicht alles anders aussehen. Doch bestehen die Evangelien nicht nur aus Predigten, sondern auch aus zahlreichen Begebenheiten, Ereignissen und beschriebenen Taten des Protagonisten. Der Versuch, diese in einen historischen Kontext einzuordnen, ist beim Christentum nicht nur angebracht, sondern sogar angezeigt, zumindest opportun. Und tatsächlich kann einiges in der Biografie Jesu in den historischen Kontext seiner Zeit eingeordnet werden.

Wenn Jesus von Nazareth also kein Mythos und kein mystischer Held aus antiken Zeiten ist, wie real sind dann die Orte seines Wirkens, die

> Der Sohn Gottes ist einer von uns geworden und hat unter uns sein «Zelt aufgeschlagen». Sinngemäß wörtlich ausgefaltet heißt das: Er hat die «Szenerie» dieser Welt betreten, er «setzte sich in Szene».

Schauplätze dieses großen «Films»? Interessanterweise haben die zuständigen Wissenschaftler und namentlich die Archäologie die meisten Angaben, die in den Evangelien gemacht werden, mehr oder weniger einwandfrei bestätigt. Das trifft in verblüffendem Maß sogar auf das Alte Testament zu, was den deutschen Sachbuchautor Werner Keller (1909–1980) einst zu seinem provokativen Buchtitel «Und die Bibel hat doch recht» (1955) inspirierte.

Wohlverstanden: Dies sagt nichts darüber aus, ob sich nun die Ereignisse genau so zugetragen haben, wie sie in den Chroniken und Evangelien berichtet werden. Doch bleibt festzuhalten, dass die Evangelisten in jedem Fall sehr nah, einige vielleicht sogar hautnah am Geschehen waren. Zumindest standen sie nicht weniger nah, wahrscheinlich sogar näher am Geschehen als die meisten Historiker, Chronisten und Biografen der Antike (Tacitus, Plutarch, Sueton, Philo), die uns prominente Persönlichkeiten, (Cäsar, Alexander oder Scipio) porträtiert haben. Deren Schriften werden in der Beurteilung durch Wissenschaft und Forschung, ich erwähnte es bereits im ersten Teil des Buches, erstaunlicherweise weit weniger Skepsis entgegengebracht als den vier Jesus-Biografien von Matthäus, Markus, Lukas und Johannes. Man kann überdies angesichts der wissenschaftlichen Verifizierbarkeiten beispielsweise auch nicht mehr länger behaupten, Johannes sei als Evangelist bloß als Theologe und als Mystiker zu begreifen, da die Ortsangaben in seinem Evangelium zu ungenau oder sogar falsch seien, wenn doch die Archäologie inzwischen genau das Gegenteil bewiesen hat. Und auf eben diesen tatsächlichen Realitätsgehalt weist Johannes in seinem Prolog hin, wenn er schreibt, dass der Geist Gottes Materie wurde, dass Gott selbst in der Person Jesu auf dieser Welt «die Zelte aufgeschlagen habe». Albert Gasser sinniert zu Beginn seines Buches «Kleine Kirchengeschichten» über die Bedeutung dieses Umstands:

Die Christenheit hat die Spitzen der Bergpredigt längst hilfreich und lebensfreundlich zurechtgebogen. Die Botschaft wird nicht so heiß gegessen, wie sie gekocht wurde. Es geht hier um mehr. Die Menschwerdung des Sohnes Gottes, wie sie die Kirche bekennt, verkündet die unüberbietbare Nähe Gottes, die mit Jesus von Nazareth in der Geschichte aufgetaucht, in Raum und Zeit sichtbar und erfahrbar geworden ist. Der Sohn Gottes ist einer von uns geworden und hat unter uns sein «Zelt aufgeschlagen» («eskenosen» heißt es im griechischen Urtext bei Joh. 1,14). Von diesem griechischen Verb stammt das Wort «Szene». Sinngemäß wörtlich ausgefaltet heißt das: Er hat die «Szenerie» dieser Welt betreten, er «setzte sich in Szene».

Die Orte, an denen Jesus sprach und wirkte, zeigen sich zudem heute zum Teil beinahe so unberührt wie vor zweitausend Jahren. Der freievangelische Prediger Erwin Imfeld, den wir im Rahmen unserer Filmdokumentation auf dem Berg der Seligpreisung mehr oder weniger zufällig trafen, meinte darum durchaus treffend, dass er es empfinde, als habe er auf dieser Reise das fünfte Evangelium vor sich, da er nun zum ersten Mal die Szenerie sehe, in der Jesus vor knapp zweitausend Jahren auftrat und wirkte.

Doch etwas ist mir auf dieser dokumentarischen Spurensuche zunehmend klar geworden: Nämlich die Ahnung, dass man die Person und das Wirken Jesu allein mit der historischen Forschung nicht zu ergründen vermag; so einfach macht es uns der Mann aus Nazareth offenbar nicht, lässt er uns sich und seine Geschichte doch als gewaltige Herausforderung zurück. Und das ist kaum anders als damals, um das Jahr 30, als ihm die Menschen begegneten: Handwerker, Fischer, Priester, Soldaten, reiche Witwen und Frauen aus der High Society, Politiker, Huren und Zöllner. Und nicht bloß Judas oder Kaiphas bissen sich am temperamentvollen und charismatischen Prediger aus Nazareth letztlich die Zähne aus; selbst seine eigene Familie war vom Wirken Jesu – zumindest am Anfang – krass überfordert.

Gott ist nur zum Teil ein Innerschweizer

Und damit sind wir wieder bei der Ausgangslage dieses Projekts angelangt: Bei Jesus von Nazareth, der «sich in Szene gesetzt hat». Und damit beim «großen Film», der vor zweitausend Jahren in einer römischen Provinz im östlichen Mittelmeerraum inszeniert wurde. Einem Film, den inzwischen Abermilliarden von Menschen – zumindest teilweise – gesehen haben, manche bewegt, erschüttert oder inspiriert hat, manche eher beiläufig sahen und entsprechend teilnahmslos zurückließ, während ihre Hand im Popcorn-Becher kramte.

Im Vorfeld unseres «Making Ofs» dieses «Films» begegnete uns nebst Begeisterung und Interesse selbstredend auch (und im Bereich Kultur wie immer vor allem auf institutioneller Seite) jede Menge Skepsis, bisweilen sogar Ablehnung. Eine Filmjournalistin prophezeite mir, dass es unser Film wegen des Themas bei den Schweizer Filmkritikern schwer haben würde und ich malte mir schon zu Beginn aus, mit welchen sarkastischen Verkürzungen und zynischen Besprechungen Filmjournalisten und Buchkritiker wohl aufwarten könnten. Diese Haltung zeichnete sich denn auch bereits von Anfang an bei der Suche nach einer Finanzierung ab: Das Projekt erfuhr weder beim schweizerischen Bundesamt für Kultur, BAK, noch bei der potentesten Schweizer Filmstiftung jedwelche Unterstützung. (Das BAK sprach dem Projekt im Rahmen der vorgesehenen Beitragskategorien nach Abschluss der Dreharbeiten wenigstens einen allerdings stark gekürzten Postproduktionsförderungsbeitrag.)

Ablehnungen sind nie erfreulich und man beginnt begreiflicherweise, die Gründe eines Neins zu relativieren. Doch bei diesem Projekt zeigten die Ablehnungsbegründungen etwa der erwähnten Stiftung vor allem eins: Dieses Thema zu behandeln, erschien – und mögen die betroffenen Experten noch so lauthals widersprechen – den Beurteilenden ganz einfach nicht opportun. Dass man sich in einem Gespräch über eine spezifische, im Drehbuch vorgeschlagene Slow Motion-Einstellung in einem zwanzigminütigen Gespräch während fast fünf Minuten aufhielt, zeigte vor allem eins: Wie schwer man sich nämlich mit dem tatsächlichen Thema tat. Ich erinnere mich noch immer einigermaßen verwundert an eine Frage, die mir in der besagten Sitzung ein Kommissionsmitglied deutscher Zunge wortwörtlich stellte, nämlich ob denn dieses Filmprojekt auch ein bisschen lustig werde und ob wir damit einen Monty Python-Ansatz verfolgten. Es ist kaum anzunehmen, dass mich eine solche Frage ereilt hätte, hätte ich einen Film über Martin Luther King, Nelson Mandela oder Mahatma Ghandi gedreht. Und zwangsläufig drängt sich da natürlich die Frage auf, wie im Allgemeinen unsere Gesuche behandelt worden wären, wenn sich unser Projekt mit den Mysterien im Hinduismus, den Brennpunkten des Islams, den Ideen

> Ich erinnere mich an eine Frage, die mir ein Kommissionsmitglied stellte, nämlich ob denn dieses Filmprojekt auch ein bisschen lustig werde und ob wir damit einen Monty Python-Ansatz verfolgten.

des Buddhismus – gerade Zen wäre gewiss nicht suspekt gewesen – oder sogar mit den Phänomenen des afrikanischen Voodoos befasst hätte.

Einigermaßen befremdlich erschien mir auch, dass kirchliche Institutionen offenbar über keinerlei Möglichkeiten zu verfügen scheinen, ein Projekt, das sich so umfangreich mit den Ursprüngen des Christentums befasst, zu fördern und zu unterstützen. Innerhalb der katholischen Kirche etwa stehen in der Schweiz für die Förderung von Filmen, die sich mit dem christlichen Glauben befassen, offensichtlich kaum Mittel zur Verfügung. Und die vorhandenen Mittel – sie wurden in den letzten Jahren (was denn sonst?) noch zusätzlich gekürzt – sind so knapp und dabei ist der Aufwand bei der Gesuchstellung so groß, dass es sich kaum lohnt, überhaupt ein Gesuch zu stellen. Ähnliche Erfahrungen machte ich auch bei der kirchlichen Basis: Kirchgemeinden beispielsweise funktionieren gleichermaßen zurückhaltend, wenn es über den alltäglichen kirchlichen Administrationsbetrieb hinausgeht. Dabei stellt sich schon die Frage, worum es in der Kirche denn eigentlich geht. Kirchliche Institutionen sind offenbar dermaßen mit dem bloßen Kirchenbetrieb beschäftigt, dass Projekte, die sich grundlegend mit der Essenz des Christentums auseinandersetzen, allem Anschein nach als wenig nützlich, zumindest unwichtig erachtet werden.

Kurz: Die Situation zeigte sich im Juni 2011 nicht gerade ermutigend und ich musste zumindest mit dem Gedanken spielen, die Übung nach den erfolgten und erfolgreichen Dreharbeiten in Israel abzubrechen. Um das Projekt doch noch zu retten, entschied ich mich, eine Gönneraktion bei Freunden und Bekannten zu starten. Die überaus positive Resonanz verschaffte mir Luft und gab mir die nötige Motivation, weiterzumachen. Und dann, als ich mit einem größeren Support kaum mehr rechnete, sah ich endlich Licht am Ende des Finanzierungstunnels: Das Schweizer Fernsehen sagte uns einen Pacte-Beitrag zu, der die finanzielle Situation unerwartet plötzlich und entscheidend verbesserte. Eine wichtige Innerschweizer Kulturstiftung, die Kulturförderung des Kantons Graubünden und der Lotteriefonds meines Heimatkantons Obwalden schließlich unterstützten das Projekt großzügig und auch die Innerschweizer Kantone Nidwalden, Uri und Schwyz sprachen dem Film gerade wegen des Themas Beiträgen, die aber aufgrund ihrer bescheidenen Höhe eher symbolisch zu verstehen waren. Interessant indessen waren die Begründungen des Neins seitens der Kantone Luzern und Zug, die trotz der positiven Beurteilung sowie der entsprechenden Unterstützungsempfehlung der von ihnen selbst eingesetzten Expertengruppe (Innerschweizer Filmfachgruppe IFFG) einen Beitrag an das Filmprojekt ablehnten: Man könne, hieß es, absolut keinen Bezug zwischen dem Projekt und den bei-

Gott ist – zumindest für Zug und Luzern – kein Innerschweizer.

den jeweiligen Kantonen erkennen und der Kanton Zug bekräftigte diese Haltung sogar mit regierungsrätlicher Unterschrift. Das erschien mir sonderbar, geben sich die Innerschweizer Kantone doch offiziell gerne durchaus christlich, auch pflegen sie mehr oder weniger in ihrem Habitus die katholischen Traditionen. Geldmangel kann für das Nein zumindest für den Kanton Zug nicht reklamiert werden, hat er doch mehrere Millionen von Lotteriefranken ungenutzt auf der hohen Kante. Dass man nun bei gewissen Politikern und Kulturverwaltern keinen Zusammenhang zwischen dem eigenen Kanton und der Geschichte Jesu von Nazareth erkennen kann – nach katholischem Bekenntnis ist Christus immerhin ein Teil der göttlichen Dreifaltigkeit –, kann aber eigentlich doch nur eins bedeuten: Gott ist – zumindest für Zug und Luzern – kein Innerschweizer.

Das Kreuz mit dem C

Es war möglicherweise leichtsinnig, mit dem Projekt zu beginnen, bevor die Finanzierung gesichert war. Aber vielleicht war das bei einem solchen Projekt nur konsequent: Wahrscheinlich brauchte es eben gerade bei einem solchen Unterfangen eine ansehnliche Portion des sprichwörtlichen Gottvertrauens. Von Sinn und Zweck des Projekts war ich schließlich überzeugt, da es möglicherweise einem in diesen Belangen herrschenden Informationsmanko begegnen würde. Das bestätigten mir die Dreharbeiten verschiedentlich, etwa wenn die jungen Statistinnen und Statisten, die in der Filmdokumentation mitwirkten, eingestehen mussten, dass sie von der Geschichte Jesu höchstens rudimentärste Kenntnisse hatten, denn in der Schulzeit habe man dieses Thema kaum oder nur sehr nebensächlich – eben im Staccato – gestreift. Leider entspricht dies dem Trend in der Bildung, alle geisteswissenschaftlichen Fächer (Religion, Philosophie oder Geschichte) in zunehmendem Maß auf dem Altar der Naturwissenschaften und des allgemein grassierenden Fremdsprachenwahns zu opfern.

Aber dies ist wahrscheinlich nur das Abbild unserer Zeit, denn das Christentum ist größtenteils zur Folklore verkommen: Gipfelkreuze, feierliche Hochzeiten in den Kirchen und würdige Bestattungsfeiern in kirchlichem Weihrauchtrost scheinen zumindest den Menschen in Mitteleuropa zu genügen. Die Schweizer Christdemokraten zweifeln inzwischen auf breiter Front an der Notwendigkeit des «C» in ihrem Parteikürzel und deren Spitzenpolitikerin, Bundesrätin Doris Leuthard, lehnte es ohne Begründung ab, sich in persönlicher Weise in unserem Film mit anderen Persönlichkeiten in einem kurzen Statement über Jesus von Nazareth und/oder das Christentum im Allgemeinen zu äußern. Im persönlichen Gespräch begründete die Politikerin später ihre Absage damit, dass sie Religion und Politik strikt trenne. Grundsätzlich ist das zu akzeptieren, doch erscheint es einigermaßen merkwürdig, wenn man per Definition die christliche Komponente traditionsgemäß in der Parteipolitik nicht nur hochhält, sondern das Christliche sogar im Parteinamen mitführt, dabei aber offentlich über Christliches (oder über die christliche Sicht von Politik und Gesellschaft) nicht sprechen mag.

Doch wieso sollte das überraschen? Religiöse Diskussionen werden oft nur noch oberflächlich geführt und erschöpfen sich inzwischen alsbald in der Beargwöhnung von kirchlichen Institutionen, aber auch von Minaretten und anderen Manifestationen eigener und fremder Glaubensvorstellungen. Nicht einmal ein grobes Grundwissen über das Basis-Christentum wird in den Schulen mehr vermittelt, stattdessen werden im Erstkommunions- und Firmunterricht unablässig

Die Schweizer Christdemokraten zweifeln an der Notwendigkeit des «C» in ihrem Parteikürzel und deren Spitzenpolitikerin lehnte es ab, sich in persönlicher Weise in unserem Film mit anderen Persönlichkeiten in einem kurzen Statement über Jesus und/oder das Christentum im Allgemeinen zu äußern.

symbolhafte Geschichten aus aller Welt erzählt und wird im zeitlich ohnehin knapp bemessenen Religionsunterricht mit selbst gebastelten Schiffen, Rucksäcken, sogar mit Flugzeugen und Motorrädern als Metaphern operiert, um angeblich das spirituelle Vertrauen der jungen Menschen zu festigen. Bloß das Vertrauen worin? Und in wen? Dies erscheint mir zunehmend bizarr und ich frage mich, weshalb man dann beispielsweise nicht nach demselben Konzept im Sprachunterricht in den ersten sechs Schuljahren den Schülerinnen und Schülern zuerst das französische Lebensgefühl näherbringt, um ihnen dann, wenn ihnen das französische Savoir Vivre behaglich genug erscheint (also so gegen Ende der Schulzeit etwa) doch noch mit Wörtchen und der leidigen Grammatik die französische Sprache beizubringen.

Um es klarzumachen: Was und wie jemand glaubt, ist glücklicherweise Privatsache und untersteht der persönlichen Verantwortung. Schülerinnen und Schülern nicht einmal mehr die Grundlagen des Glaubens zu vermitteln, halte ich hingegen für verantwortungslos, beraubt sie dies doch ihrer Entscheidungsfreiheit. Ich kann mir leider kaum mehr vorstellen, dass auf diese Weise der für unsere Kultur bislang unbestreitbare christliche Background mit seinem ethischen, aber auch symbolischen Common Sense erhalten bleiben wird, wenn sogar jene mit Maturitätshintergrund keinen Zusammenhang mehr zwischen einem König David und Jesus von Nazareth herstellen können oder mich allen Ernstes auf dem Filmset darauf hinweisen, dass unsere römischen Reenactors vergessen hätten, dem gekreuzigten Jesus die Beine zu brechen! Was Wunder, dass im Anschluss an die Dreharbeiten eine andere junge Frau mit gymnasialem Reifezeugnis in der Tasche offenbar beim besten Willen keine Ahnung von Jesu Gleichnissen hatte und sich schüchtern erkundigte, von was für einem Samariter denn da ständig die Rede sei. Es war offensichtlich: Die junge Frau hatte von diesem, man sollte meinen berühmten, Jesus-Gleichnis noch nie gehört! Es scheint schon ein intellektuell beträchtlicher Hochmut zu herrschen, wenn wir tatsächlich die vielleicht klügsten, zumindest konstruktivsten Dinge, die im Bezug auf das menschliche Zusammenleben je gesagt wurden, in Gleichgültigkeit verganden und versanden lassen.

Motiv und Verantwortung

Während der Abschlussarbeiten an diesem Buch wurde ich vom Rotary Club Luzern eingeladen, über meine Arbeit als Musiker, Maler, Bildhauer und vor allem als Filmemacher (wie immer bei solchen Vorträgen in Service Clubs unentgeltlich) zu referieren. Da ich beim Ausblick auf künftige Projekte auch das Projekt «The Making of Jesus Christ» erwähnte, wurde ich im Anschluss an mein Referat von einem älteren Herrn angesprochen, da er mehr über das Projekt erfahren wollte. Der Mann zeigte sich von der Projektidee grundsätzlich begeistert, fragte mich aber am Schluss, ob ich mir überhaupt bewusst sei, was für eine immense Verantwortung ich mir mit diesem Projekt auflade? Sollten sich Menschen durch die Wirkung des Films von Jesus Christus abwenden, würde ich im nächsten Leben dafür zur Rechenschaft gezogen. Ich entgegnete, dass ich diesem Umstand zumindest zum jetzigen Zeitpunkt gelassen entgegensehe; ich hätte schließlich versucht, das Projekt – den Film und das Buch – nach bestem Wissen und Gewissen zu gestalten. Sollte ich mich mit diesem Projekt (oder darin gemachten Aussagen oder Interpretationen) tatsächlich auf dem Holzweg befinden, so sei es letztlich – und ich meinte das keineswegs sarkastisch – auch ein bisschen am lieben Gott, mich darauf aufmerksam zu machen. Ihm würden gewiss die kommunikativen Werkzeuge zu Gebote stehen, mich über allfällige schlimme Irrtümer oder sowohl theologische als auch historische Falschaussagen aufzuklären. Ich konnte und kann im Bestreben, die Geschichte Jesu von Nazareth zu erzählen und zu beleuchten und einem breiten Publikum zugänglich zu machen, weder eine gesellschaftlich noch spirituell riskante Sache erkennen. Gut möglich, dass ich das Projekt in zehn oder zwanzig Jahren anders gestalten würde; ein Film ist – wie jedes andere künstlerische Werk auch – stets eine Momentaufnahme. Was zählt ist die innere Einstellung und das äußere Handeln und man tut gut daran, sich jeweils zu fragen, warum man das eine oder das andere tut. Eine weitere Frage, die man sich bei der Planung eines solchen Filmprojekts stellen sollte: Würde ich einen solchen Streifen selber sehen wollen? Diese Frage hatte ich mir natürlich bereits am Anfang gestellt. Meine Antwort war eindeutig: Ja.

Personal Jesus

Unter dem Titel «Personal Jesus» veröffentlichte im Sommer 2010 die deutsche Punkerin Nina Hagen ein Gospel-Album und machte einmal mehr keinen Hehl daraus, dass sie sich ohne Abstriche oder Relativierung zu Jesus Christus bekenne. In einem Fernseh-Interview unterstreicht das Enfant Terrible der deutschen Popindustrie ihre persönliche Beziehung, die sie zu Jesus habe, und wie sehr sie sich von dessen Liebe getragen fühle.

In ähnlicher Weise äußerte sich im Gespräch auch die deutsche Heavy Metal-Legende Doro Pesch – mit über acht Millionen verkaufter Tonträger weltweit die erfolgreichste Sängerin der harten Abteilung –, die sich ebenfalls zu Christus bekennt und in unserem Film-Interview ebenfalls und in ähnlichen Worten wie Nina Hagen ihrer persönlichen Beziehung zu Jesus Ausdruck gab. Ich kenne Doro als eine meiner engsten Freundinnen lange und gut genug, dass ich weiß, dass dem Zugang dieser klugen und gebildeten Hardrockerin zu Jesus von Nazareth nichts Akademisches oder Wissenschaftliches innewohnt; es ist eine rein persönliche und emotionale Ebene, die für sie Jesus Christus als spirituellen Beschützer und Retter dastehen lässt.

Für Bob Dylan schien Jesus Ende der Siebzigerjahre eine Mischung aus persönlichem Retter und kosmischem Rächer zu sein und eine ganze Reihe von Atheisten wie Paul Verhoeven oder

Mein Personal Jesus vereinigt zahlreiche Facetten.

AC/DC-Sänger Brian Johnson verehren Jesus von Nazareth als Sozialpropheten und Künder von Menschlichkeit, Frieden und sozialer Gerechtigleit.

Und bei Abermilliarden von Menschen, die in den beiden vergangenen Jahrtausenden mit Jesus von Nazareth konfrontiert waren, werden sich wiederum Milliarden von Vorstellungen ihres persönlichen Jesus offenbart haben, womit der Mann aus Nazareth zu einem die Vorstellungen übersteigenden Kraftwerk an Emotionen und Inspirationen geworden ist. Ein Kumulationspunkt, dem sich die Menschheit kaum mehr entziehen kann und das mit Gewissheit auch in ferner Zukunft nicht, selbst wenn man auf den Raumschiffen dereinst die Sternzeit 435755,5 schreiben sollte.

Und wer war, wer ist nun Jesus von Nazareth für mich selbst?

Mein Personal Jesus vereinigt zahlreiche Facetten; seine ungeheure Empathie, sein Verständnis für die Gestrauchelten, für die Menschen überhaupt, seine bedingungslose Liebe zur Welt. Aber sie beinhaltet eben auch einen Jesus, der nicht einfach zu fassen ist. Einen Menschen, der nicht nur temperamentvoll und oft ohne Geduld ist, sondern gemäß den Evangelien mitunter auch

ziemlich launisch zu sein schien. Einen Menschen, der anderen Menschen Gnade angedeihen, andere wiederum ungetröstet abblitzen, verunsichert stehen ließ. Unvergesslich bleibt mir eine Illustration in unserer damaligen Schulbibel «Die Gute Nachricht», die mit dem Vermerk versehen

> Die Jüngerschar ist kein Sponticlub und die Hierarchie ist klar: Jesus ist nicht der Kumpel seiner Jünger auf Augenhöhe, er ist ihr Herr, ihr Meister, ihr Rabbuni.

war: «Manchmal gilt: Gott liebt gerade den anderen.» Sollte das an die Adresse der Selbstgerechten und Selbstherrlichen gerichtet sein? Sicher ist das nicht. Wollte nicht jener Mann, der gemäß den Evangelien durch Jesu Kraft von einer ganzen Legion Dämonen befreit wurde, seinem Retter demütig und bedingungslos nachfolgen? Doch der Mann war offenbar nicht genehm. Nicht gut genug. Jesus schickte ihn fort. Und er tat es, ohne dem Mann seine Gründe zu nennen. Er gehörte wohl einfach nicht zu den von ihm Auserwählten.

Je greifbarer mir Jesus von Nazareth durch das Studium der Bücher, Fachzeitschriften, Filme und sonstige Hinweise wurde, desto mehr schien er sich mir immer wieder zu entziehen. Und die Idee einer Menschwerdung Gottes macht die historische Person des Jesus aus Nazareth noch komplexer, schwieriger, noch schwerer verdaulich. Ist Jesus der, für den ihn doch eigentlich alle so gerne halten, ein Synonym nämlich für unermessliche Liebe zu allen Menschen und grenzenloses Verständnis für die armen Sünder? Nicht nur, denn es gibt in den Evangelien unmissverständlich andere Tendenzen, die Jesus ungeschminkt auch als Richter, Ankläger und letztlich auch göttliche Rachegestalt zeigen, der seine Zuhörer von den unfassbar harten Konsequenzen warnt, sollte der Mensch vor Gottes Augen scheitern, ein Künder, der sich mitunter als «Dirty Harry» der eifernden Gerechtigkeit zu geben scheint. Wäre demnach in einem Jesus-Film kein blauäugiger Jeffrey Hunter («Kings of Kings»), kein idealistisch-schwärmerischer Willem Dafoe («The Last Temptation of Christ») oder kein melancholischer Robert Powell («Jesus of Nazareth») als Jesu Idealbesetzung geeignet, sondern vielmehr jemand wie der entschlossene und nicht mit sich feilschen lassende Clint Eastwood? Dieser Gedanke ist gewöhnungsbedürftig. Und vielleicht dennoch nicht völlig abwegig.

Jesu Gott ist ein Gott der Liebe und der Vergebung, aber auch – nehmen wir das Gleichnis vom anvertrauten Geld ernst – einer, der ernten will, wo er nicht gesät hat und nimmt, wo er nicht gab. Jesus warnt die Menschen, aber er lässt sie auch wissen, dass diese Warnung sowohl als Geschenk, als auch als Offenbarung zu verstehen ist, denn wer die Warnungen des Menschensohns in den Wind schlägt, erwartet nichts Gutes: Dunkelheit und Ödnis, ein Ort wo Heulen und Zähneknirschen herrschen. «Mene mene tekel u parsin – Gewogen und für zu leicht empfunden!» (Dan. 5, 25–28) Und vergessen wir nicht, worin die Evangelien Jesu Mission und Sieg erkennen: In einer unsagbaren menschlichen Tragödie, einem unvorstellbar brutalen Akt einer Hinrichtung, die zu den schlimmsten Perversionen des menschlichen Sadismus' gehört. Gott scheint es in den Evangelien nicht bloß zuzulassen, vielmehr verlangt er von seinem Gesandten, sich auf bestialischste Weise massakrieren zu lassen. Es bleibt einem der Mund trocken, wenn man das bedenkt und der Feel Good-Effekt der Bergpredigt wird vom Blutgerüst von Golgotha dunkel und mit brutaler Wucht überschattet. Die Sache scheint blutiger Ernst zu sein, wenn das Heil der Menschen

tatsächlich von einem derart schauerlichen Drama abhängt, wie es im April 30 (oder 33) vor den Stadtmauern Jerusalems gegeben wurde.

Die Jüngerschar ist kein Sponticlub und die Hierarchie ist klar: Jesus ist nicht der Kumpel seiner Jünger auf Augenhöhe, er ist ihr Herr, ihr Meister, ihr Rabbuni. Vertrauensvoll und doch unnahbar. Er wird seinen Gefährten viel Zeit und Empathie geschenkt haben und die Jünger scheinen ihren Meister nicht nur verehrt, sondern von ganzem Herzen geliebt zu haben. Wie sonst sollte man Thomas interpretieren, der in einer riskanten Phase seinen Mitjüngern vorschlägt, mit ihrem Rabbuni nach Jerusalem zu gehen, um mit ihm dort zu sterben (Joh. 11, 16)? Doch immer wieder scheint dem Rabbi der Geduldsfaden zu reißen, wenn ihn seine Gefährten nicht verstehen wollen. Petrus, den Treuesten und Eifrigsten unter seinen Jüngern, nennt er im Affekt «Satan», weil er Jesu Plan nicht versteht, und bei Jesu Verräter Judas lassen die Evangelien keine Zweifel offen, dass er jeder Rettung, jeden Heils verlustig gegangen ist, wenn sie Jesu Worte beim letzten Abendmahl wiedergeben:

«Der Menschensohn wird zwar sterben, wie es in den heiligen Schriften vorausgesagt ist. Aber wehe dem Mann, der den Menschensohn verrät. Er wäre besser nie geboren worden.» (Mk. 14, 21)

Ich wurde glücklicherweise nie in der Angst vor Tod, Hölle und Teufel erzogen, weder in der Familie noch in der Schule. Dennoch sind sie mir ohne fremde Hinweise schon als Kind aufgefallen, diese düsteren Passagen in der Frohen Botschaft. Allein, diese machten für mich diesen Jesus von Nazareth erstaunlicherweise noch interessanter, noch faszinierender. Furcht einflößend und vertrauenserweckend zugleich. Jesus, das Gegenteil jeden Mittelmaßes. Dieses Alles oder Nichts! Es passte so schlecht in die mediokre Bürgerlichkeit, die ich als Teenager überall zu erleben glaubte. Diese Diskrepanz, sie packte und überforderte mich zugleich. Immerhin war Jesus kein Mann des Etikettenschwindels, schon gar nicht des Understatements. Und letztlich waren es für mich stets gerade Jesu Selbstsicherheit und spiritueller Machtanspruch, der ihm die Macht verlieh, überhaupt ein verlässlicher, starker Felsen in einer wilden und reißenden Brandung zu sein. Wer weiß? Gott zu lieben und Gott zu fürchten sind womöglich verwandte Dinge und gehören vielleicht unzertrennlich zusammen:

«Ich versichere euch: Alle, die mein Wort hören und dem vertrauen, der mich gesandt hat, werden ewig leben. Sie haben den Tod schon hinter sich gelassen und das unvergängliche Leben erreicht... Alles Leben kommt vom Vater. Aber der Vater hat dem Sohn die Macht gegeben, genauso Leben zu schenken wie er selbst. Er hat den Sohn ermächtigt, das Urteil zu sprechen, weil er der Menschensohn ist. Wundert euch nicht darüber! ...Wer Gutes getan hat, wird auferstehen, um das neue Leben zu empfangen, wer Böses getan hat, um seine Verurteilung entgegenzunehmen.» (Joh. 5, 24–29)

Wenn nun Jesus nicht nur die Inszenierung Gottes ist, sondern sogar als Teil Gottes zu begreifen ist, muss ich dann annehmen, dass Gott selbst eifernd, ungeduldig, wählerisch, sogar launisch, also recht eigentlich ein unberechenbarer Vater

> *Jesus, das Gegenteil jeden Mittelmaßes. Er passte so schlecht in das bürgerliche Mittelmass.*

ist? Keine besonders beruhigende Vorstellung. Doch vielleicht ist das eben die zu akademische Annäherung an den Sohn Gottes, vielleicht ist es jene Annäherung, die zwangsläufig zu Zweifel und Untröstlichkeit führt. Und vielleicht, wer weiß, sieht man eben doch nur mit dem Herzen gut, wie der Schriftsteller Antoine de Saint Exupéry in seinem «Kleinen Prinz» behauptet. Oder mit dem Glauben eines Kindes. Vielleicht eine der Lektionen, die wir, die ich zu lernen haben.

Gleich zu Beginn des Films mache ich in meinem Kommentar klar, dass mein Glaube mit den immer wieder auftauchenden Zweifeln ringt, wofür ich mich weder schäme noch entschuldige, denn im Gegenteil empfinde ich einen Glauben ohne Zweifel oftmals als nicht besonders tiefgreifend.

Für den Abschluss des Films habe ich mit Doro Pesch einen Song mit dem Titel «Fire on My Mind» gesungen, dessen Text ich während des Projekts im Lichte meiner Spurensuche geschrieben habe und der die zu diesem Zeitpunkt in mir vorherrschende Stimmung in Bildern einigermaßen treffend zu umschreiben vermag:

I see a pilgrim's walkin'
Wonder where he's goin, to
Heard some wise men's talkin'
But they've lost the key to truth

And I stand upon a mountain
As I look across the land
Try to find the fountain
Eith this empty cup in my hand

DAS VERMÄCHTNIS

*Stand lonesome on a crossroad
Where the devil tries a soul to find
He's worse then the man in the long black coat
My search goes on – I need fire on my mind*

*I stand at the shore of the ocean
See the sunset on the deep blue sea
And how could I have a notion
About eternety*

*I'm sure babtised with water
But this is not enough to find
The road that leads to the other
The other side, I need fire on my mind*

Ich habe mich bereits verschiedentlich dahingehend geäußert, dass Jesus ohne mystischen Hintergrund eine ganz andere und wahrscheinlich wesentlich kleinere Bedeutung in der Geschichte hätte. Auch wenn Paul Verhoeven Jesus wegen seiner für die damalige Zeit revolutionären Ethik für eines der größten Genies der Weltgeschichte hält, so stünde der Mann aus Nazareth mit seinen klugen Worten doch weiß Gott nicht alleine da; man müsste andere kluge Köpfe – Karl Marx beispielsweise, oder Platon, Sokrates, Aristoteles und Konfuzius – ebenso als gleichfalls wichtige Lehrer, Sozialanalytiker oder Sozialreformer feiern, wenigstens in dieselbe Reihe stellen. Und mit Recht könnte man über Jesus schließlich auch sagen, dass er als Sozialreformer am Ende doch – zumindest teilweise – gescheitert war, wäre da nicht noch etwas anderes, etwas Unbeschreibliches, etwas, das Jesus als ganz anderes Kaliber erscheinen lässt als alle anderen Philosophen und Lehrer der Geschichte: Die ungemein dynamische Wirkungsgeschichte in den Anfängen des jungen Christentums sucht in der Menschheitsgeschichte ihresgleichen und lässt sich nun mal nicht leugnen; sie weist machtvoll darauf hin, dass da vielleicht doch noch etwas anderes geschehen sein muss als eine abscheulich blutige und schandvolle Hinrichtung vor den Mauern Jerusalems. Ohne ein einschneidendes Ereignis, das sich kurz nach Jesu Kreuzigung zugetragen haben muss, ist nicht zu erklären, dass offenbar sämtliche Jünger bis ans Ende ihres Lebens bei ihrer Haltung blieben, die sie bereits auf dem Höhepunkt der Jesus-Euphorie hatten: Nämlich dass sie in Jesus von Nazareth die Menschwerdung Gottes erblickt und erlebt hatten.

Bei der Weltpremiere der englischen Fassung meines Films «The Making of Jesus Christ» am 18. Oktober 2012 am renommierten Warsaw International Filmfestival wurde ich beim anschließenden «Q & A» gefragt, ob ich durch die Spurensuche im Zusammenhang mit diesem Filmprojekt einen anderen, einen neuen Jesus vorgefunden habe. Und bisweilen frage ich mich selbst, ob es mir zumindest ansatzweise gelungen ist, etwas von «Seinem Gesicht» zu sehen. Wenn ich mich nach dieser eher intellektuellen Auseinandersetzung mit dem Mann aus Nazareth nun wieder ganz auf mein Bauchgefühl verlasse, zeigt sich mir ein Jesus, der für mich nach der gesamten Spurensuche erstaunlicherweise wieder zu dem geworden ist, was er für mich bereits mit fünfzehn Jahren war: Zu jenem Jesus aus Norman Jewisons Rockoper-Verfilmung «Jesus Christ Superstar»: Ein charismatischer Temperamentsbolzen, der den Tempel reinigt und die Ware der Ramschhändler mit einem Maschinengewehr zerschmettert. Aber auch zu jenem unglücklich Zweifelnden im Garten Gethsemane, der von Gott nur wissen möchte, warum er, Jesus, einen so unsagbar schweren Tod zu erleiden habe. Ich sehe einen Jesus, der sich freut und lachend zusieht, wie der Zelot Simon mit seinen Leuten einen temperamentvollen Veitstanz aufführt:

Christ, you know I love you
Did you see I waved
I believe in you and God
So tell me that I'm saved

Und schließlich zeigt sich mir dort jener Jesus, der sich bewusst ist, was für eine herausragende Rolle er spielt. Selbst wenn die Menschen schweigen, so erwidert im erwähnten Film Jesus den Hohepriestern bei seinem Einzug in Jerusalem, selbst die Steine würden anfangen zu singen: «Hey JC, JC, won't you fight for me, sannaho, sannahe Superstar!»

Jesus weiß, wer er ist: der Auserwählte des Ewigen, aber dennoch ganz und gar Mensch. Ein Mensch mit Bedürfnissen und Entbehrungen. Ein Mensch mit Harndrang, Hunger und Durst, ein Mensch mit Erkältungen, Hustenreiz, womöglich mit zeitweiliger Migräne, ein Mensch mit Stimmungsschwankungen, Depressionsanflügen und euphorischen Gedanken. Und ein Mann, der unter Enttäuschungen und übler Nachrede leidet, Realpolitiker verachtet, der Heuchler und Verräter hasst, der die Seinen liebt und sich nach Zuneigung und Geselligkeit sehnt. Wer diesen Jesus nicht haben will, schafft sich eine blutleere Ikone, die konsequenterweise auf Golgotha gar nicht zu bluten vermochte. Der Mann aus Nazareth wäre dann eher eine Gottheit antiken Schlages, die sich, wie Zeus in der griechischen Mythologie, als einfacher Mensch ausgeben kann, in Wahrheit aber jederzeit auch anders, wenn nötig auch jederzeit den Notausgang nehmen kann. Aber das konnte Jesus nicht: Die im Feuer geschmiedeten Nägel, die Jesu Fuß- und Handgelenke durchbohrten, hefteten ihn unüberwindlich an das Olivenholz eines römischen Kreuzes. Und als es dann soweit gekommen war, nahmen die Dinge ihren Lauf und am Ende wartete auf den Geschundenen der reale körperliche Tod durch Erschöpfung, Ersticken, Verbluten und Kreislaufkollaps. Und genau das und nichts anderes passierte auf der Richtstätte von Golgotha und nur in dieser Vorstellung wird eine Menschwerdung Gottes nicht zur Farce.

Aber das ist der eine Jesus. Der andere weiß um seine Bestimmung, hat den Blick frei auf die andere Seite. Sein Fenster dorthin ist sauber und transparent, der Skype funktioniert und der Funkverkehr bleibt ungestört. «Ich und der Vater sind eins», sagt Jesus in den Evangelien. Eine Behauptung, die ein gewöhnlicher Mensch kaum je zu äußern

> Jesus ist ein Mensch mit Stimmungsschwankungen und Depressionsanflügen. Ein Mann, der unter Enttäuschungen und übler Nachrede leidet, Heuchler und Verräter hasst, der die Seinen liebt und sich nach Zuneigung und Geselligkeit sehnt.

wagte. Dasselbe gilt für andere Aussagen Jesu, die kaum allesamt spätere literarische Beifügungen gewesen sein dürften. Die Evangelien machen aus ihm den Angelpunkt des Allumfassenden, machen ihn zum alles entscheidenden Moment der Heils- und Befreiungsgeschichte des menschlichen Geistes. Und Jesus von Nazareth sah sich offenbar genau so, etwa wenn er in Joh. 14, 6 zu seinen Jüngern sagt:

«Ich bin der Weg, die Wahrheit und das Leben. Niemand kommt zum Vater außer durch mich.»

Aber was ist eine Ahnung ohne Anfechtung wert? Wie tief gründet ein Glaube, der keine Zweifel kennt? Oder keine Zweifel zulässt? Wissen und Glaube berühren sich und überlassen uns doch am Schluss allein die Vorstellung von Ihm: dem Baumeistersohn Jeschua Ben Josef, dem Gottessohn und Erlöser Jesus Christus, zumindest der unbestreitbar historischen Person Jesus von Nazareth.

DAS VERMÄCHTNIS

Dritter Teil

Der Blutfaktor

**The real battle just began
To claim the victory Jesus won …**
U2, «Sunday Bloody Sunday»

The Passion of the Christ

Wie schwierig der adäquate Umgang oder die Illustration der Geschichte Christi ist, zeigte eindrücklich 2004 die kontroverse Diskussion über Mel Gibsons Kreuzigungsfilm «The Passion of the Christ». Selbstverständlich gibt es viele Dinge, die man an diesem Streifen zu Recht bemängeln mag, insbesondere die zahlreichen historischen Unkorrektheiten, mit denen der Film entgegen den Versprechungen der Produzenten und namentlich des Regisseurs aufwartet. So etwa war der Kreuzweg anders als der dort gezeigte verhältnismäßig kurz und den Verurteilten blieb mindestens die Tortour erspart, das ganze Kreuz, – Längs- und Querbalken – zum Richtplatz schleppen zu müssen. Historisch kaum korrekt ist auch die Darstellung der Kreuzigungsabläufe und die plakative Darstellung der sadistischen Römer und des Spötters zur Linken des gekreuzigten Christus, und die an eine Karikatur gemahnende Judas-Figur haben – zumindest für mich – kaum zu einem vertieften bzw. differenzierten Einblick in die Thematik beigetragen.

War jener 7. April des Jahres 30 bloß ein ebenso fataler wie ärgerlicher Betriebsunfall der Geschichte?

Kurz nach Anlaufen des Mel Gibson-Passionsfilms im Frühling 2004 zeigte das Schweizer Fernsehen dazu eine Diskussion. Unter der Leitung von Daniel Hitzig diskutierten u.a. die Journalistin Klara Obermüller und der Zürcher Filmemacher Samir über Gibsons Film. Was da allerdings erörtert wurde, war ebenso wenig dem Thema zuträglich wie der diskutierte Film selbst. Die Debatte eierte umher und der Filmemacher Samir äußerte sich wiederholt über seine Ratlosigkeit, die der Film bei ihm ausgelöst habe, weil da ein Mensch von bösen Menschen so fürchterlich gequält worden sei. Dass sich die Journalistin Klara Obermüller ihrerseits über die Brutalität des Films echauffierte, ist grundsätzlich akzeptabel; dass sie als ansonsten kompetente Journalistin aber frank und frei erklärte, dass man sich in der Theologie berechtigterweise seit dreißig oder vierzig Jahren bemühe, diese Gewalt, diesen Blutfaktor, aus der christlichen Religion zu entfernen und der Film nun all diese Bemühungen hintertreibe, möglicherweise sogar zunichtemache, zeigte vor allem eines, nämlich dass die Journalistin und promovierte Theologin offenbar ein reduziertes Bild des Christentums hat, wenn sie die brutalen Ereignisse der Kreuzigung am liebsten ausblenden möchte. War dann jener 7. April des Jahres 30 bloß ein ebenso fataler wie ärgerlicher Betriebsunfall der Geschichte?

Gibsons Film, der in seinem Plot ja eigentlich nichts anderes ist als eine cineastische Umsetzung eines mittelalterlichen Passionsspiels, ist gewiss nicht in einer Sternstunde der Filmkunst entstanden, aber mit der angeheizten Diskussion hat er unbestreitbar einen der Grundaufträge der Kunst, nämlich zur provozieren oder wenigstens eine Diskussion anzuregen, durchaus erfüllt. Und der Diskussion, wie man mit der blutigen Abschlachtung ihres Messias, des Sohnes Gottes, umgehen will, haben sich alle gläubigen Christen zu stellen.

Und Gibsons Film erfasste die öffentliche Meinung in ungeheurem Maß und letztlich in ähnlicher Weise wie 1993 Steven Spielbergs «Schindlers List» oder die Fernsehproduktion «Holocaust», die 1978 – ich erinnere mich noch sehr gut daran – die Schuldfrage der Judenverfolgung während der NS-Zeit in Deutschland neu und tiefgreifend lancierte.

Ich erinnere mich, dass ich in dieser Zeit mit meinem Film «Fremdes Land» in Bozen am Filmfestival zu Gast war und am ersten Abend war das Gesprächsthema unter den anwesenden Filmemacherinnen und Filmemachern mit dem damals eben lancierten Film «The Passion of the Christ» gegeben, wobei bei Weitem nicht alle, die mitredeten oder sich sogar über den Film echauffierten, diesen auch wirklich gesehen hatten. Ein Wort ergab das andere und die intensive Diskussion, die ich nachher mit der deutschen Schauspielerin Katja Riemann über Gibsons Passionsstreifen und überhaupt über dieses Thema führte, bleibt mir in bester Erinnerung. Der Film, vor allem dessen Thematik, bewegte offenkundig die Gemüter. Aber man sprach damals über eben jene Thematik nur deshalb so intensiv, weil der Film als äußeres Ereignis dazu provozierte.

Zwei Seiten einer Medaille

Dass der Blutfaktor im Zusammenhang mit der Schuld- und Sühne-Theorie Unverständnis zu erwecken vermag, ist für mich nachvollziehbar. Die Vorstellung, dass Gott durch das Abschlachten seines Sohnes und durch das Vergießen seines unschuldigen Blutes mit der Welt versöhnt worden sei, erscheint mir und mit mir vielen Zeitgenossen als ziemlich obskur, denn sie zeigt uns einen Gott, der zwei unversöhnliche Seiten zu haben scheint: Barmherzigkeit auf der einen, jedoch ein grenzenloses und unbarmherziges Gerechtigkeitsgefühl auf der anderen Seite.

Dennoch: Wer sich an der Gewaltdarstellung einer Kreuzigung stört, hat mit der eigentlichen christlichen Theologie nicht viel am Hut; der blutige, unvorstellbar brutale Akt der Kreuzigung ist und bleibt der mystische Höhepunkt im Leben und im kurzen Wirken Christi, er ist die dramaturgisch kaum zu überbietende Klimax und, wenn es auch für viele kaum nachvollziehbar sein mag, das alles entscheidende Moment in der christlichen Theologie, denn ohne eine Kreuzigung gibt es keine Auferstehung. Und der Auferstehungsglaube macht erst das Christentum aus und die Person Jesu zur einmaligsten Gestalt der Menschheitsgeschichte.

Der Blutfaktor, die Kreuzigung Jesu, mag für die einen tatsächlich ein Ärgernis sein. Aber sie ist eben zugleich ein unerklärliches, unrelativierbares Mysterium. Und sie ist letztlich Anstoß zur Suche nach dem eigentlichen Kern der Botschaft Jesu: War diese Kreuzigung ein tragischer Unfall, dann ist das Ärgernis umso größer. Gehörte sie zum Heilsplan Gottes, wie es die Christen glauben, dann muss sich weit mehr hinter diesem grausamen und brutalen Sterben Jesu verbergen als die Akzentuierung seiner Lehre und die Demonstration seiner beispiellosen Konsequenz. Was hatte es für einen Sinn, dieses Leiden, dieses Sterben? Reduziert man Jesu Wirken auf seine Lehren, seine Worte und seine Ratschläge, die zu einer besseren Welt führen, dann ist sein Kreuztod in der Tat ein Ärgernis, denn ein so drastischer Abgang des Lehrers wäre doch eigentlich überflüssig gewesen, wie die weltweite Verbreitung der Lehren des Buddha und des Propheten Mohamed beweisen: Ihnen nämlich blieb ein schreckliches Martyrium erspart; ihre Weisheiten erlebten und finden auch ohne ein blutiges Sterbedrama ihrer Stifter bis heute große Verbreitung und Akzeptanz auf der ganzen Welt.

Jesus spricht in den Evangelien davon, dass er gekommen sei, durch sein Leiden und Sterben die Welt zu befreien. Aber wovon? Von Arroganz? Verbohrtheit? Lieblosigkeit? Falschheit?

> Der Blutfaktor, die Kreuzigung Jesu, mag für die einen tatsächlich ein Ärgernis sein. Aber sie ist eben zugleich ein unerklärliches, unrelativierbares Mysterium.

Geiz und Gier? Dann wäre der Mann aus Nazareth allerdings auf der ganzen Linie gescheitert, denn nichts von alledem ist aus unserer Welt verschwunden. Doch Jesus spricht unverblümt und unverschlüsselt vom Kampf gegen die Macht der Finsternis (Joh. 14, 14–30), dem er sich zu stellen habe, damit die Tür offen würde für viele (aber nicht für alle?), zumindest für alle, die guten Willens sind und nach dem Willen Gottes handeln. Doch von welchem Kampf, von welcher Finsternis spricht Jesus da? Jesus stellt klar: Es gibt ihn, den Quell des Bösen, der Lüge und Niedertracht. Und es gibt ihn, den Ort, an dem «Heulen und Zähneknirschen» herrschen und es gibt nach seinen Worten auch ihn, den Schuldenturm, aus dem keiner entlassen wird, bis er den letzten Rappen, den letzten Cent, den letzten Schekel bezahlt hat (Mt. 5, 25 und Lk. 12, 58).

Man gilt schnell als Fundamentalist, wenn man nicht zur Gänze in den Relativierungskanon der heute mehrheitsfähigen Theologie einstimmen will. Dabei möchte ich im Gegenteil den Fundamentalisten zurufen, dass die Bibel keinesfalls wörtlich zu nehmen ist. Dabei will ich nicht einmal auf den Irrwitz des Kreationismus eingehen, der angesichts der heutigen wissenschaftlichen Erkenntnisse einfach nur ins Absurditätenkabinett gehört.

Das Alte Testament wörtlich und nicht metaphorisch zu interpretieren, würde bedeuten, dass Ehebrecherinnen nach wie vor zu steinigen sind, Frauen nach ihrer Niederkunft bei einem Jungen dreiunddreißig Tage, bei einem Mädchen sogar sechsundsechzig Tage als unrein zu gelten haben und schließlich gleichermaßen, dass weiterhin und ohne Unterlass Schafe und Ziegen geschlachtet und deren Fleisch verbrannt werden müsste, zum Wohlgefallen des universalen Schöpfers. Kein christlicher Fundamentalist ist hoffentlich bestrebt, solcherlei archaische Bräuche wieder einzuführen. Und mag in der alttestamentlichen, archaischen Gesellschaftsordnung der Bronzezeit die gleichgeschlechtliche Liebe mit dem Tod bestraft worden sein, so lässt uns Jesus über diese Thematik nichts ausrichten: Die Behauptung «God hates fags», wie amerikanische Evangeliumsfanatiker immer wieder postulieren, wird mit keinem einzigen Jesus-Wort gestützt.

Noch schwieriger werden wörtliche Betrachtungen der Bücher Exodus und Josua und der Chroniken zur Zeit der Richter und Könige (es wurde im zweiten Teil des Buches bereits erwähnt): Unmissverständlich erzählt uns die Bibel hier nämlich immer wieder vom Holocaust, den die Hebräer in der späten Bronze- und frühen Eisenzeit erscheckend effizient und ganz nach damaliger Kriegssitte unter den besiegten Völkern anrichteten. Es bleibt zu hoffen, dass diese Genozid-Anordnungen nicht wirklich vom Schöpfergott an die Verantwortlichen ergingen, sondern vielmehr als damals übliche Kriegsgräuel ins kollektive Gedächtnis eingegangen sind. Ansonsten bliebe Gott, Jahwe, Adonai, der Ewige für uns, die wir in der christlichen Ethik erzogen wurden, unbegreiflich und unverständlich.

Das Zeichen des Tiers

Das vielleicht am schwersten verständliche Buch der Bibel, es wurde im ersten Buchteil im Kapitel «Apokryphen» bereits erwähnt, ist wohl die Johannes-Offenbarung. Sie liefert uns die umfangreichsten und zugleich rätselhaftesten Höllenbetrachtungen und die in ihr enthaltenen Bilder speisen in großem Umfang die Vorstellungen von Hölle und Teufel in unserer Kultur. Das Buch der geheimen Offenbarung berichtet uns aber vor allem von der Endzeit, wenn die Mächte des Lichts und der Finsternis den finalen Kampf austragen. Es wird von schlimmen Drangsalen berichtet, die über die Menschen der Endzeit kommen und von der letzten eschatologischen Schlacht «Armageddon», in der die Heere Christi und die des Satans zum endgültigen Kampf gegenüberstehen.

Die Johannes-Offenbarung ist aber wahrscheinlich auch die am meisten mit Konspirationstheorien in Verbindung gebrachte Schrift des Neuen Testaments. Und genau darin liegt die Krux dieses Buches: Die Texte der neutestamentlichen Apokalypse für bare Münze zu nehmen, ist bei der offensichtlichen Symbolhaftigkeit des Textes nicht nur naiv, sondern bisweilen brandgefährlich; etwa dann, wenn die Verbohrtesten der evangelikalen Rechten in den USA der Johannes-Offenbarung entnehmen, dass das Reich Gottes erst kommen könne, wenn das jüdische Volk über den Berg Zion herrsche, weswegen sie nicht nur die militanten Siedler in Israel vorbehaltlos unterstützen, sondern sich, wie einer dieser gefährlichen religiösen Fanatiker tatsächlich vor einer Fernsekamera erklärte, jederzeit an einer Sprengung der islamischen Al Aksa-Moschee auf dem Tempelberg (Zion) beteiligen würden, um damit die Wiederkunft Christi zu forcieren. Denn damit würde – glauben christliche Fanatiker – das dritte in der Johannes-Offenbarung erwähnte Zeichen eintreffen, das zur Wiederkunft Christi führe. Das erste Zeichen, nämlich die Rückkehr des Gottesvolkes Israel in die Heimat, sehen sie in der Gründung des Staates Israel 1948 bestätigt, das zweite Zeichen, die Rückeroberung Jerusalems, sehen sie in Israels Sieg im Sechstagekrieg 1967 erfüllt.

Ich habe zwar bereits im ersten Teil («Apokryphen») davor gewarnt, die Prophezeiungen der Johannes-Offenbarung ungefiltert zu interpretieren oder sogar für bare Münze zu nehmen. Dennoch enthält das letzte Buch des Neuen Testaments verblüffende Weissagungen und einige beunruhigende Zukunftsprognosen, die einen beschäftigen könnten, wenn man sich erst einmal auf die Apokalypse des Johannes eingelassen hat. Einigermaßen erstaunen kann uns dieses Buch etwa im vierzehnten Kapitel, das uns eine düstere Zukunftsvision die Endzeit der Welt beschreibt. Der Antichrist, das «Tier», taucht auf und das Übel nimmt seinen Lauf:

Das Zeichen bestand aus dem Namen des Tieres oder der Zahl für diesen Namen. Dazu braucht man Weisheit. Wer Verstand hat, der kann herausfinden, was die Zahl des Tieres bedeutet, denn sie steht für den Namen eines Menschen. Es ist die Zahl sechshundertsechsundsechzig. Das Tier hatte alle Menschen in seiner Gewalt: Große und Kleine, Reiche und Arme, Sklaven und Freie. Sie mussten sich ein Zeichen auf ihre rechte Hand und ihre Stirn machen. Nur wer dieses Zeichen hatte, konnte kaufen oder verkaufen.

Warum sollte aber gerade diese Stelle interessant oder erstaunlich sein?

In der Prophezeiung müssen dereinst also alle Bürger ein «Zeichen» tragen. Und wer das Zeichen verweigert, darf «weder kaufen noch verkaufen», also am öffentlichen Leben letztlich gar nicht mehr teilnehmen. Dies wiederum wird am Ende nicht nur zu einer sozialen, sondern zwangsläufig auch zu einer wirtschaftlichen Katastrophe führen. Es scheint, dass laut der Johannes-Weissagung der Bürger, die Bürgerin letztlich also kaum eine wirkliche Wahl haben wird, will er oder sie nicht die drastischen Konsequenzen auf sich nehmen und zum mutigen Märtyrer werden.

Bei aller Vorsicht, wenn es um die Interpretationen kryptischer Texte geht: Eine Parallele erscheint offensichtlich: Mit der Erfindung und Etablierung des weltweiten digitalen Netzes – wir wollen nun die drei Buchstaben für die Abkürzung des *World Wide Web*, «www», nicht gleich mit den drei Sechsen des Tieres gleichsetzen – ist de facto eine umfassende Kontrolle aller Bürgerinnen und Bürger zumindest theoretisch tatsächlich in den Bereich des Möglichen gerückt. Der Chip im Mobiltelefon ermöglicht zum Beispiel, jede und jeden an jeder x-beliebigen Stätte zu orten. Der nächste Schritt, nämlich anstelle eines papierenen Passes den Menschen einen Datenchip mit allen wichtigen Identitätsangaben einzupflanzen, so wie das bereits bei Hunden geschieht, ist schon längst angedacht und wird wahrscheinlich schon bald zur Disposition stehen. Den meisten Menschen wird ein solcher Chip wahrscheinlich sogar durchaus praktisch erscheinen, denn man hätte den Pass, die ID oder den Fahrausweis stets auf sich und hätte sich nicht mehr ständig um seine Ausweispapiere zu kümmern. Dass die Behörden nicht müde würden, zu betonen, dass damit die Welt auch noch sicherer geworden sei, versteht sich von selbst und die zunehmende Desensibilisierung der Menschen, wenn es um virtuelle Angelegenheiten geht, würde diese Entwicklung zusätzlich begünstigen. Dass dabei gleich alle Angaben zur Gesundheit, vielleicht auch gleich zur Kreditwürdigkeit, womöglich sogar das gesamte Vorstrafenregister oder sämtliche politischen Aktivitäten und Zugehörigkeiten in diesem ID-Chip mitgeliefert werden könnten und damit nicht bloß der gläserne Patient, sondern sogar der völlig transparente Mensch geschaffen würde, wäre möglicherweise für viele gar nicht wirklich schlimm, denn wer nichts Schlimmes getan hat, so hört man immer wieder auf geäußerte Bedenken, der habe auch nichts zu verbergen.

Der Chip unter der Haut birgt an sich noch keine Gefahr, aber wenn man das Ganze weiterspinnt, kommt man durchaus ins Grübeln. Totalitäre Systeme installieren sich oft schleichend, nämlich dann, wenn die nötigen Voraussetzungen geschaffen sind. Propaganda und gezielt eingesetzte Information bzw. Desinformation – in einem Krieg stirbt die Wahrheit bekanntlich zuerst! – trimmen die Bevölkerung auf Linie und die völlige Kontrolle und Gleichschaltung der Bürgerinnen und Bürger ist dann jeweils die letzte und endgültigste Maßnahme, um ein neues Reich, eine neue Welt zu schaffen.

Oder sind das bloß Verschwörungsphantasien? Vielleicht. Aber wäre der brave ‹Biedermann› im berühmten Theaterstück von Max Frisch wenigstens dann misstrauisch geworden, als die sich bei ihm einnistenden Brandstifter immer mehr Benzin und Brennmaterial herbeikarrten, hätte man sein Haus vielleicht nicht abgefackelt. Vielleicht behalten wir bei allem Vertrauen dennoch besser stets das gesamte Puzzle vor Augen. Oder, um es mit dem Autor Seth Eisenberg zu sagen: «It looks like shit, smells like shit, and feels like shit, you don't actually eat it to know it's shit.»

Das Kind im Bad

Was ist nun also von den mysteriösen Passagen des Neuen Testaments zu halten? Und wie sind überhaupt die Texte zu werten und zu interpretieren, die ein für unsere moderne, postaufklärerische Zeit kaum genießbares, aber in den Evangelien im Grunde genommen denkbar einfaches und unmissverständliches Weltkonzept von Gut und Böse zeigen? Und wie sind die Textpassagen zu beurteilen, in denen Jesus über den Teufel als gefallenen Engel spricht, der «von Anfang an ein Mörder und Lügner war» und die Seelen der Menschen mit sich hinab in die Finsternis zu reißen sucht?

Es steht uns heute in unserer westlichen Kultur zum Glück frei, uns ein eigenes Weltbild zu zimmern, sogar eine eigene Religion zu basteln. Dagegen ist nichts einzuwenden oder, um es mit dem Preußenkönig Friedrich dem Großen zu sagen: «Jeder soll nach seiner eigenen Façon glücklich werden.» Und so verhält es sich auch, wenn der streitbare, 2001 verstorbene Theologe und Alttestamentler Herbert Haag sich ein Leben lang bemühte, die Figur des Satans aus der christlichen Theologie abzuschaffen – und dies erst noch mit der sowohl theologisch als auch historisch unhaltbaren Behauptung, Jesus selbst und seine Lehre machten die Figur des Teufels obsolet im christlichen Glauben. Haag begründete seine Position damit, dass in der jüdischen Glaubensvorstellung der Teufel weniger der Urheber des Bösen und der Feind Gottes sei, als vielmehr in dessen göttlicher Ratsversammlung als Ankläger fungiere, so wie es uns im Buch Hiob geschildert wird. Die Dämonen hingegen, so führte Haag in einem Fernseh-Interview aus, gehörten damals im Judentum gar nicht zum satanischen Tross, sondern seien vielmehr als die gefallenen Seelen der Helden der Vorzeit (Gen. 6, 3) verstanden worden, die den Verbindungen von Engeln und Menschentöchtern entstammten. Im Interview begründete der Tübinger Professor seine Bemühungen, den Teufel abzuschaffen, damit, dass Jesus selbst nur gerade ein einziges Mal vom Satan gesprochen habe, nämlich als er von seiner Vision erzählte, in der er den Satan wie einen Blitz vom Himmel habe fallen sehen.

> Der Chip unter der Haut birgt an sich noch keine Gefahr, aber wenn man das Ganze weiterspinnt, kommt man durchaus ins Grübeln. Totalitäre Systeme installieren sich oft schleichend, nämlich dann, wenn die nötigen Voraussetzungen geschaffen sind.

Seltsamerweise scheinen die meisten Theologen die Passage bei Lukas 10, 18, nämlich die Vision vom gefallenen Teufel, in Jesu Gegenwart oder sogar in die Zukunft zu verlegen und sie erkennen darin bereits das fixfertige Endergebnis der Heilsgeschichte: Den gewaltigen, tiefen und endgültigen Sturz des Widersachers (vgl. zweiter Teil: «Der Widersacher»). Doch warum sollte der Satan als Fürst der Hölle ausgerechnet vom Himmel stürzen? Wenn die Stelle bei Lukas 10,18 denn schon theologisch interpretiert werden soll, so meine ich, dass Jesus vielleicht vielmehr Luzifers einstigen Sturz aus der Schar der Engel und aus dem Himmel gemeint haben könnte, wie ihn das zur Zeit Jesu populäre Buch Hennoch berichtet. Und demnach könnte diese Passage im Lukas-Evangelium gar nicht von einer eigentlichen Vision Jesu erzählen, sondern sich vielmehr auf eine Feststellung Jesu beziehen: Wenn Jesus nach christlicher Theologie nämlich von Anfang an war oder zumindest der Erstgeschaffene Gottes ist, so müsste er in theologischer Deutung in entsprechender Weise auch Zeuge des biblischen Engelssturzes gewesen sein, der vor Äonen die dunkle Herrschaft Satans begründete. Seltsam erscheint, dass Jesus als von Gott erstgeschaffenes Wesen im gesamten Alten Testament nirgends auftritt, wenn man einmal vom mysteriösen Besuch Gottes im Zelt Abrahams bei Mamre absieht, in dem sich der Allerhöchste in drei Besuchern manifestiert (Gen. 18, 1–33), eine Szene, in der geneigte Kreise mitunter eine Anspielung auf die Dreifaltigkeit Gottes erkennen.

Dass Jesus allerdings nur im Zusammenhang mit dieser Blitzvision vom Satan selbst gesprochen hat, ist nicht nur eine grobe Untertreibung, sondern schlicht eine Unterschlagung: Die Synoptiker erzählen von Jesu Versuchungen durch den Teufel in der Wüste. Dieses Ereignis könnte man ja noch als literarische Beifügung verstehen, doch Matthäus und Lukas zitieren Jesus während einer Auseinandersetzung mit Gesetzeslehrern und lassen ihn den Priestern sagen, dass der Satan niemals sich selbst austreibe oder sich selbst bekämpfe.

> Wer den Satan nur bei den Synoptikern vermutet, wird bei Johannes mit einem drastischen Teufelsportrait belehrt, das Jesus dort zeichnet.

Wer den Satan nur bei den Synoptikern vermutet, wird bei Johannes mit einem drastischen Teufelsportrait belehrt, das Jesus dort zeichnet:

«Warum versteht ihr denn nicht, was ich sage? Weil ihr es nicht vertragen könnt, meine Worte anzuhören. Ihr seid Kinder des Teufels, der ist euer Vater, und nach seinen Wünschen handelt ihr. Er ist von Anfang an ein Mörder gewesen und hat niemals auf der Seite der Wahrheit gestanden, weil es für ihn keine Wahrheit gibt. Wenn er lügt, so entspricht das seinem Wesen; denn er ist ein Lügner, und alle Lüge stammt von ihm.» (Joh. 8, 44)

Das klingt nicht danach, dass Jesus den Teufel bloß für Gottes Staatsanwalt hält, auch wenn diese Variante sich ewas genießbarer anhören würde. Doch geht es nicht darum, was wir gerne sehen, hören oder lesen möchten. Klar, eine Weltbühne, ein Kosmos, ein Universum, in dem es keinen Platz für das konkretisierte und leibhaftige Böse gibt, ist ein angenehmerer und unbeschwerterer Ort. Doch ob wir es wollen und glauben möchten oder nicht: Jesus hat sich und die Welt in jedem Fall und unmissverständlich als duales System begriffen: Die Welt des Lichts, die vom Vater kommt. Und die Welt der Finsternis, die vom Teufel, dem Widersacher Gottes, beherrscht und regiert wird – selbst wenn das Böse im christlichen Glauben tröstlicherweise keine Macht über das Reich Gottes hat und im christlichen Dualismus der Teufel keinen Gegengott und die Hölle kein himmlisches Antikonzept darstellt. Das Licht, die Liebe und die Macht Gottes obsiegen am Ende, weil ihre konstruktive Kraft größer ist als die Kraft von Bosheit und Finsternis. Um es noch krasser auszudrücken: Das Böse existiert nur deshalb, weil Gott diesem erlaubt zu existieren.

Es ist deshalb egal, ob wir dieses Faktum ausblenden möchten oder sogar aus möglicherweise plausiblen Gründen eine Existenz des Satans in Abrede stellen: Jesus für die Nichtexistenz des Teufels als Kronzeugen hinzuzuziehen, steht schlicht im Widerspruch zu den Fakten und ist grundsätzlich reine (wenn vielleicht auch gut gemeinte) Manipulation, indem man nämlich Menschen ohne vertiefte theologische Kenntnisse unter Vorgaukelung angeblich historischer oder theologischer Beweise ein bestimmtes Welt- oder Glaubensbild vorsetzt und damit in gewissem Sinne letztlich sogar aufzwingt.

Für Jesus, wie ihn uns die Evangelien schildern, scheint der Sachverhalt erschreckend klar und man kann es nicht hinweg- oder kleininterpretieren: Im Konzept des Neuen Testaments ist die materielle Welt die Spielwiese des Satans und die Seelen der Menschen sind seine Beute. Etwas anderes zu behaupten bedeutet, die neutestamentlichen Schriften dem heutigen Zeitgeist anzupassen, zumindest neu zu interpretieren. Dabei ist für den Beobachter die Verwirrung scheinbar grenzenlos, etwa wenn radikal evangelikale Kreise im Papst sogar den Antichristen sehen, während dieser sich – vielleicht etwas zu anmaßend – als

Stellvertreter Christi bezeichnet und in der katholischen Kirche die einzig legitime nachapostolische Glaubensinstitution erkennen will.

In vielen Belangen anders verhält es sich allein bei den vier Evangelien des Neuen Testaments, die das Leben Jesu erzählen. Zwar sind auch sie nicht frei von Widersprüchen und gewisse Passagen sind schwer hinzunehmen. Dennoch beschreiben die vier verhältnismäßig knappen Berichte eine Ethik, die weder gefährlich ist, noch zur totalitären Intoleranz aufruft. Nie hat Jesus seine Jünger aufgefordert, jene zu verfolgen oder zu bestrafen, die ihm, Jesus, nicht folgten. Das Äußerste, was Jesus durch seine Jünger jenen, die ihn ablehnen, angedeihen lässt, ist, ihnen den Rücken zu kehren, den Staub von den Füßen zu schütteln und ihnen den Segen zu verweigern (Mk. 6, 7–13). Nie, nicht ein einziges Mal, gibt Jesus Anweisungen, wie in den irdischen Gefilden mit Halunken, Gotteslästerern oder Verbrechern umzugehen ist. Es gibt kein Strafen- und Bußregister und statt der Steinigung einer Ehebrecherin schlägt der Rabbi aus Nazareth den Selbstgerechten bekanntlich vor, zuerst vor der eigenen Türe zu kehren. Jesus verlangt weder strenge Riten noch fromme Sprüche, weder harte Askese noch kompromisslose Kontemplation, um Gott gefällig zu sein. Und es gibt grundsätzlich nichts, womit man sich zielsicher den Himmel verdienen könnte. Jeder kann straucheln und jeder kann gerettet werden. Ohne Ausnahme. Oder, wie der Theologe und Kirchenhistoriker Albert Gasser es im Film ausdrückt: Der Mensch kann sein Heil durchaus verspielen.

Jesu Botschaft ist weder Jurisprudenz noch Politwissenschaft und es gibt weder 613 Religionsvorschriften mit zweitausend weiteren Kommentargesetzen, noch hat Jesus uns das religionspolitische Programm einer Scharia hinterlassen. Sein Vermächtnis ist allein der Urgrund menschlicher Vernunft und pragmatischer Bodenhaftung. Was nützt es, fragte der deutsche Philosoph Michael Hampe in einem Radio-Interview, über das Gute in der Welt nachzudenken, während man es dabei verpasst, seine kranke Mutter zu besuchen? Und es bleibt schließlich der Verantwortung des Einzelnen überlassen, sich seinen eigenen Platz im Gefüge zu suchen. Und über alle in Milde zu urteilen, weil dasselbe Urteil, das man über andere spricht, einen später selbst ereilen könnte. Verzeihen und Vergebung gewähren. Und annehmen. Dies und nichts weniger ist die Botschaft.

Die andere Seite

Aber das ist nur die eine Seite der Medaille.

Marianne Fredriksen zeichnet in ihrem Maria Magdalena-Roman einen fröhlichen Jesus, der als Frohnatur die Menschen erheitert und Verständnis und grenzenlose Empathie ausstrahlt. Dies alles halte ich für teilweise zutreffend, aber dennoch für romantisch verklärt und naiv, auf jeden Fall für reichlich reduziert. Denn es gibt eben auch den anderen Jesus, den Jesus nämlich, der mit finstern Drohungen und düsteren Schilderungen von verheerenden Apokalypsen aufwartet, der frei heraus sagt, dass er nicht nur die Liebe, sondern auch Feuer und Schwert bringe und dass er selbst, wenn er dereinst zu Gerichte sitze, den Frevlern und Sündern nicht vergeben werde.

Jesus ist (ich versuchte das verschiedentlich schon im zweiten Teil des Buches zu skizzieren) nicht der lässige Popstar, der einfach über Konventionen, Traditionen und religiöse Vorschriften hinweggeht und eine offene und lockere Welt ohne Bindungen und Verpflichtungen propagiert. In der Schar ist, es wurde bereits erwähnt, auch nicht unbedingt kumpelhaftes Schulterklopfen angesagt: Jesu Jünger nennen ihren Rabbi respektvoll «Rabbuni» – was dem Begriff «Herr» oder «Meister» nahekommt. Jesus ist sich seiner Autorität durchaus bewusst und lässt sie die Menschen seiner Umgebung spüren. Er weist Menschen ohne Angaben von Gründen ab und Verwandten und Nahestehenden, die ihn nicht verstehen wollen, kehrt er einfach den Rücken zu (vgl. zweiter Teil: «Das Vermächtnis»; «Personal Jesus»). Und Jesus hebt, wie wir gesehen haben, die Sabbatruhe keineswegs auf (zweiter Teil: «Wehe den Gesetzeslehrern»), und punkto Ehescheidung sind seine Ansichten so rigoros, dass es Angst macht. Bei Verfehlungen zeigt sich Jesus ebenso mild und nachsichtig wie hart und nachtragend. Man sei besser dran, mit einem Mühlestein um den Hals ins Wasser geworfen zu werden, als die Frau des Nächsten auch nur zu begehren. Denn durch das Begehren allein sei schon der Ehebruch vollzogen. Und dieser liegt auch beim Rabbi aus Nazareth offenbar nicht drin. Es hilft nur bedingt, dies mit den sozialen Umständen von damals zu erklären, die bei einer Scheidung, es wurde im zweiten Teil des Buches erwähnt, eine Frau praktisch recht- und schutzlos dastehen ließ. Und doch vergibt er als Christus einer Ehebrecherin, als deren Ankläger, einer nach dem anderen, ihre Steine fallen lassen und von dannen ziehen.

Wer mag, so fragt man sich, noch beim angekündigten Gericht bestehen, wenn Jesus selbst das Begehren der Frau eines anderen als Ehebruch einstuft? Nicht besser ergeht es auch jenen, welche die «Kleinen» in ihrem Glauben an ihn erschüttern

> Dennoch beschreiben die vier verhältnismäßig knappen Berichte eine Ethik, die weder gefährlich ist, noch zur totalitären Intoleranz aufruft.

(Mt. 18, 6). Und wer seine «Talente» aus Furcht oder gar Faulheit ungetreulich verwaltet, der wird von Haus und Hof verjagt und damit letztlich vom Angesicht Gottes (Lk 19, 12–27 und Mt. 25, 14–30). Am schlimmsten aber trifft es all jene, die das Vertrauen in den Sohn Gottes zerstören: Auch für sie wäre das Ertrinken mit einem Mühlestein um den Hals noch das Beste, was ihnen widerfahren kann. Jesu Worte sind unmissverständlich:

Wenn dich deine Hand zum Bösen verführt, dann hau sie ab. Es ist besser für dich, nur mit einer Hand bei Gott zu leben, als mit beiden Händen in die Hölle zu kommen, wo das Feuer nicht ausgeht... (Mk. 9, 43/44)

Jesus weiß um die Schwierigkeit des Weges. Doch statt Beruhigungspillen zu verteilen, setzt er noch eins drauf: Die Tür zum Paradies ist schmal und eng und nur wenige werden eingelassen (Lk. 13, 24). In diesem Kontext nimmt sich der Blutfaktor der Kreuzigung verständlicher aus. Die blutige Grausamkeit einer Kreuzigung spricht Klartext und mag darauf verweisen, dass Jesus nicht auf Kuschelkurs war und es hier nicht um ein besseres Leben, sondern um wesentlich mehr geht. Am Kreuz, so lässt sich Jesus, so lassen sich später auch die Apostel vernehmen, entscheidet sich das Schicksal der Welt, die weit mehr als den Planeten und die darauf lebenden Menschen meint. Als absurder Unfall wird die Hinrichtung

> **Jesus weiß um die Schwierigkeit des Weges. Doch statt Beruhigungspillen zu verteilen, setzt er noch eins drauf.**

auf Golgotha zumindest in den Evangelien und in den Schriften der einstigen Weggefährten, sogar in den Weissagungen der Propheten hunderte Jahre zuvor nicht gedeutet.

Die Gedanken sind frei und deren Interpretationsmöglichkeiten sind viele. Wer sich aber eine andere Deutung zusammenreimt oder das Ereignis auf Golgotha als tragischen Zwischenfall relativiert, mag das tun, wenn er will. Er bewegt sich aber klar jenseits der Interpretationen von Jesu Zeitgenossen, wie sie in den Evangelien zu finden sind.

Und was ist mit dem Friedensfürst, dem Christus der Liebe?

Es gibt bei allen Warnungen, Drohungen und Apokalypsen auch den anderen, den sanftmütigen Jesus von Nazareth. Dieser will Erbarmen und Liebe. Und er lässt uns hoffen: Ihr selbst habt es in der Hand:

Was ihr dem geringsten Menschen tut, das habt ihr mir getan.» (Mt. 25,40)

Zwar ist die Seligkeit grundsätzlich ein Akt von Gottes Gnade. Er allein und mit ihm Christus, so sagen es die Evangelien, kann sie all jenen schenken, denen er sie geben will, etwa dem Schächer zur Rechten, der mit Jesus gekreuzigt wird und Jesus bittet, sich seiner zu erinnern, wenn er als König komme. Denn nicht wir haben Gott und seinen Sohn erwählt, so sagt ein selbstbewusster Jesus, sondern Gott und sein Sohn haben uns erwählt (Joh. 15, 16). Doch hängt es weitgehend von uns ab, d. h. dass wir womöglich durch aktives Handeln ein schlechtes Karma durchaus abzuarbeiten vermögen. Von einer calvinistischen Vorbestimmung ist demnach zumindest in den Evangelien und in den Worten Jesu nichts zu finden.

Die Widersprüchlichkeit in der Person und im Charakter dieses Jesus von Nazareth lässt sich dennoch weder relativieren noch wegdiskutieren. Doch ist es eben auch diese Widersprüchlichkeit, die diesen Mann, diese Figur, diesen Messias so interessant und vielschichtig macht. Paul Verhoeven sagt im Film-Interview, dass er Jesu Gleichnisse für Meilensteine einer universellen Ethik halte, die an Klarheit und Innovation unübertroffen seien. Jesus spricht tatsächlich oft in Geschichten und Gleichnissen, dies aber nicht, weil er die Menschen für Idioten hält, denen man Lebensweisheiten nur durch Lehr- und Moralgeschichtchen verabreichen kann. Im Gegenteil fordern Gleichnisse eine weit größere intellektuelle Auseinandersetzung und Reflexion als das Aufstellen und Befolgen von Geboten und Verboten. Und sie zwingen uns, eine eigene Position einzunehmen. Sie erlauben uns, uns in die Figuren hineinzudenken und uns selbst in ehrlicher Selbsteinschätzung den Platz in der jeweiligen Geschichte einzuräumen. Es bleibt jedem selbst überlassen, mit welcher Figur er oder sie sich identifizieren möchte: mit den gleichgültigen Leviten, mit dem mitfühlenden Samaritaner oder mit dem hilflosen, verletzten Mann, der durch die ihm angedeihende Hilfe die Nächstenliebe des Amaritaners annehmen kann und durch die Hilfe eines eigentlich verachteten Nachbarn Genesung findet. Und eine von Jesu unmissverständliche Maxime zeigt jener gewaltige Spruch, wonach wir im Falle eines «Jüngsten Gerichts» zu unseren eigenen Richtern werden könnten: «Nach dem Maß, nach dem ihr urteilt, werdet ihr verurteilt werden.» Oder in den Worten Jesu:

»Verurteilt nicht andere, damit Gott euch nicht verurteilt. Denn euer Urteil wird auf euch zurückfallen, und ihr werdet mit demselben Maß gemessen werden, das ihr bei anderen anlegt.» (Mt. 7, 1–2)

Die Freiheit des Geistes

Prüft alles, das Gute behaltet.
Paulus von Tarsus (1. Thess 5,21)

Der anfechtbare Glaube

Wir kaufen heute zum Glück weder Ablässe, noch können wir uns einen Platz im Himmel mit irgendwelchen abstrusen Vorleistungen oder Anzahlungen reservieren. Die meisten sind der religiösen Maßregelungen schlicht überdrüssig und wir haben es satt, uns von institutionellen Glaubensexperten oder selbst ernannten Religionslehrern gängeln und bevormunden zu lassen. Darum ist es heute bei vielen Intellektuellen – zumindest in Mitteleuropa – weit opportuner, in religiösen Fragen oder in der Bibelexegese allein und bisweilen sogar in extremer Weise der historisch-kritischen Methode zu folgen und den Evangelien nur mit intellektueller und wissenschaftlicher Skepsis zu begegnen, selbst wenn man damit inzwischen diesbezüglich, genau wie im modernen Feuilleton-Journalismus, den heute verfügbaren Tatsachen eher hinterherhinkt: Der heutige Stand der Forschung ergibt nämlich überraschenderweise zunehmend ein anderes Bild als das evangeliumskritische, an das wir uns schon weitgehend gewöhnt haben.

Es geht dabei überhaupt nicht darum, was ich persönlich denke, empfinde oder glaube. Vielmehr geht es darum, die Quellen und die Faktenlage zu betrachten und diese auch in entsprechender Weise vorurteilsfrei zu respektieren und sich den Folgen der Erkenntnis zu stellen. Wissen wir,

> Der heutige Stand der Forschung ergibt ein anderes Bild als das evangeliumskritische, an das wir uns schon weitgehend gewöhnt haben.

ob Galileo Galilei durch seine astrologischen Entdeckungen nicht in eine Glaubenskrise geriet? Können wir ermessen, was Kopernikus bei der (Wieder-) Entdeckung des heliozentrischen Weltbildes empfunden hat? Und was mag Giordano Bruno empfunden haben, als er am 17. Februar 1600 in Rom unerträglichste Hinrichtungsmarter auf sich genommen hat, um für die Freiheit der Gedanken einzustehen?

Doch überlegen wir uns anders herum: Wo stünden wir ohne diese mutigen Menschen? Was wäre unsere Kultur ohne die nüchterne und vorurteilslose Suche nach Wahrheit und Redlichkeit? Und wo stünden wir mit unserer Kultur heute, wenn sich nicht kühne Menschen gegen den herrschenden Zeitgeist mit seinen Lehrmeinungen gestellt hätten und dafür zum Teil drastische Konsequenzen auf sich nahmen? So gesehen war die radikal kritische Theologie und Exegese der vergangenen hundert Jahre ihrerseits auch eine notwendige und letztendlich absehbare Angelegenheit, stellte sie sich doch mit kühner Entschlossenheit gegen die zementierten, in großen Teilen längst verkrusteten und von Frömmelei übertünchten kirchlichen Lehrmeinungen. Dass in diesem Eifer schon mal das Kind mit dem Bad ausgeschüttet wurde, ist nur verständlich.

Ich erinnere mich an den Archäologie-Thriller «The Body» von John McCord von 2001, in dem ein gelehrter Geistlicher, gespielt von Antonio Banderas, vom Vatikan in geheimer Mission nach Jerusalem geschickt wird, um in aller Stille Nachforschungen anzustellen, da es berechtigte Anhaltspunkte gab, dass man das Grab Christi gefunden hatte. Dies allein hätte den Vatikan nicht in helle Aufregung versetzt – wäre das Grab leer gewesen! Der von Banderas gemimte Pater Matt Gutierrez, als katholischer Mönch von Jesu leiblicher Auferstehung natürlich überzeugt, findet in der Grabhöhle prompt die Gebeine eines Gekreuzigten aus den Dreißigerjahren des ersten Jahrhunderts, der die Spuren der Nagelung und im Brustbereich das viereckige Loch eines eingedrungenen römischen Pilums aufweist. Und damit nicht genug: Selbst der Schädel des Skeletts weist Spuren einer Dornenkrönung auf. Und natürlich – wir ahnen es – setzt der Vatikan alles daran, diese archäologische Sensation zu verschleiern, denn was wäre die christliche Religion ohne ein leeres Grab? Auch als sich am Ende des Films herausstellt, dass es sich bei den gefundenen Knochen einwandfrei nicht um die Gebeine Christi handelt – der Jesuit erkennt, wie anfällig und anfechtbar der Glaube ist. Und das auch stets bleiben wird.

Der Jesus der Geschichte

Wer sucht, findet nicht immer, was ihm gefällt. Und wer forscht, mag Dinge entdecken, die ihn zweifeln, verzweifeln lassen. Aber genau dieser intellektuellen Ehrlichkeit sollte sich die Wissenschaft, die Theologie und überhaupt das Denken unseres Kulturkreises verpflichtet fühlen, ist es doch gerade dieses Bemühen nach intellektueller Redlichkeit, die unsere Welt und unser Denken freier und letztlich besser gemacht hat.

Während der Realisierung der Filmvorlage bzw. des Drehbuchs wurde ich von verschiedenen Lektoren gefragt, weshalb ich dermaßen kleinlich auf Datierungen herumreite, «zumal von der Existenz Jesu von Nazareth streng historisch genommen einzig seine Existenz an sich und seine Kreuzigung verbürgt seien.» Doch wenn dies tatsächlich die zeitgenössische Meinung von Theologie und Exegese ist, dann steht das Christentum in seinem Selbstverständnis wahrlich auf tönernen Füßen und Exegeten sollten sich ernsthaft Gedanken machen, womit sie ihre Zeit verplempern. Denn statt mit Akribie die Evangelien zu durchforsten, die dann letztlich doch nicht mehr als mythologische Märchen wären und im besten Fall ein paar mystische Legenden erzählten, könnten sie ebenso gut und mit selbigem Anspruch auch «Ali Baba und die vierzig Räuber» erforschen, um dort nach geistreichen Moralansätzen oder brauchbaren Metaphern zu suchen.

Wenn bei einer solchen kritischen Lehrmeinung die Existenz und die Kreuzigung Jesu dann trotzdem als historisch unbestreitbares Faktum gelten, dann doch bloß, weil dies von römischen und jüdischen und im Übrigen in der Mehrheit am Christentum nicht interessierten oder diesem skeptisch, sogar feindlich gesonnenen Historikern wie Tacitus, Philo oder Josephus berichtet wird. Wer weiß, vielleicht hätte ein Historiker wie Tacitus weit mehr über diesen Christus zu berichten gewusst, doch unterließ er es, da er erwiesenermaßen dieser Bewegung äußerst ablehnend gegenüberstand. Diesen Jesus von Nazareth wenigstens zu erwähnen, war andererseits natürlich unerlässlich, denn Jesu Existenz gänzlich zu übergehen – und das wusste ein intelligenter Mann wie Tacitus natürlich –, hätte ihn wiederum als schlecht informierten Historiker dastehen lassen.

Es gibt aber auch andere Ansichten in der Welt der Bibelwissenschaften. Bevor ich mit diesem Projekt begann – ich habe es bereits zu Beginn dieses Buches erwähnt – wurde mir von einigen Theologen geraten, die Evangelien durchaus und ohne grundsätzliche Bedenken als Informationsquelle zu verwenden, zumindest solange es keine anderen Dokumente zu einem in den Evangelien berichteten Ereignis gebe. Und solange keine anderen historischen Quellen den biblischen Darstellungen klar widersprächen, seien die Evangelien auch aus wissenschaftlicher Sicht durchaus als historische Quellen zu akzeptieren. Immerhin sei, so der englische Sachbuchautor Nick Page in seinem Buch «Die letzen Tage Jesu – Protokoll einer Hinrichtung», niemand so nahe dabei gewesen wie die Jünger Jesu selbst und die Evangelisten, die zumindest die Jesu Jünger als Augenzeugen gekannt haben dürften.

Jahrhundertelang bestimmten Religion und Glaube die Wissenschaft und es konnte nicht sein, was nicht sein durfte. Heute scheint das Pendel in die andere Richtung zu schlagen und eine Triage bei all den publiken Thesen und Theorien wird selbst für die Experten in Natur- oder Geisteswissenschaften immer schwieriger. Während nun die bibelkritischen Forscher jahrhundertelang an den Pranger gestellt wurden, haben sich heute die kritischen Methoden, die Evangelien zu lesen und zu interpretieren, weitgehend durchgesetzt.

Skeptiker wie Paul Verhoeven oder der deutsche Theologe Gerd Lüdemann, der als Neutestamentler das gesamte Neue Testament für mehr oder weniger erfunden hält und weder von einer Schöpfung aus dem Nichts noch von einer Auferstehung etwas wissen will, mögen zur christlichen Exegese erfrischende, sogar konstruktive Impulse beisteuern, jedoch sagt mir mein eigenes Gefühl, dass da bisweilen weit über das Ziel hinausgeschossen wird, eben beispielsweise dann, wenn selbst von gemäßigteren Theologen behauptet wird, dass lediglich die Existenz und das Ereignis der Kreuzigung Jesu als historisch belegt gelten könnten. Dieser Ansatz ist dermaßen

> *Während nun die bibelkritischen Forscher jahrhundertelang an den Pranger gestellt wurden, haben sich heute die kritischen Methoden, die Evangelien zu lesen und zu interpretieren, weitgehend durchgesetzt.*

radikal, dass, wäre man bei der Beurteilung der gesamten Historie, insbesondere der antiken Geschichte, ähnlich restriktiv, nur noch schemenhafte Fragmente von Ereignissen und Personen – egal ob von Ramses, Sokrates, Alexander, Cäsar, Augustus oder Nero – übrig blieben.

Eben deshalb sollte alles nicht nur einer kritischen, sondern auch einer objektiven Betrachtung unterzogen werden, einer Betrachtungsweise, die sich nicht um den zeitgenössischen Geschmack oder um modische Strömungen kümmert. Eben genau so, wie es der christliche Missionar und Völkerapostel Paulus bereits schon vor fast zweitausend Jahren in seinem ersten Brief an die Thessalonicher fordert:

Prüft alles, das Gute behaltet.

Eine bessere Welt

Seid Vorübergehende.
Thomas-Evangelium, Logion 42

Was würde Jesus heute sagen?

Und was gibt es zum Schluss an Positivem zu sagen?

Vielleicht, dass unsere Welt dank dem Mann aus Nazareth in anderen Belangen besser geworden ist. Ich erinnere mich, wie ich vor bald fünfzehn Jahren von zwei Zeugen Jehovas bei ihrer Quartier-Missionsarbeit aufgesucht wurde. Da es in Strömen regnete, lud ich sie auf einen Kaffee ein. Kaum war der Kaffee aufgetischt, begannen sie – es war natürlich zu erwarten – in missionarischer Inbrunst auf mich einzureden: Ob ich denn nicht sehe, wie schlecht es um die Welt bestellt sei? Alles werde doch von Jahr zu Jahr schlimmer und schlimmer. Ich entgegnete, dass ich keinen Schimmer hätte, wovon sie da sprächen. Schöne alte Zeit, in der man, wie der Schweizer Rockpoet Polo Hofer einst in einem seiner Texte frotzelte, noch an einer einfachen Grippe gestorben ist!

«Die Welt ist schlechter geworden? Wie bitte?», fragte ich.

«Ja, ganz offensichtlich!», erwiderten sie.

«Bullshit! Die Welt ist sogar besser geworden!», gab ich zurück. Ungläubig sahen mich beide mit großen Augen an und bekamen dabei die Kekskrümel beinahe in den falschen Hals.

> «Bullshit! Die Welt ist sogar besser geworden!», gab ich zurück. Ungläubig sahen mich beide mit großen Augen an und bekamen dabei die Kekskrümel beinahe in den falschen Hals.

«Habt ihr denn eine Ahnung, wie unsere Welt zum Beispiel im Mittelalter ausgesehen hat?», fuhr ich fort und lieferte sogleich die einschlägigen Stichworte: Folterungen, Massenhinrichtungen, Inquisitionen und Hexenverbrennungen. «Oder das 18. und 19. Jahrhundert, in denen die Jünglinge auf Napoleons Schlachtfeldern buchstäblich verreckten! Und was ist mit der grauen Masse der Menschen, die bis zum meist frühen Tod in Fabriken schufteten und selbst Kinder zwölf bis vierzehn Stunden sieben Tage die Woche in die Gruben der Bergwerke geschickt wurden, rechtlos, bloß einen Hungerlohn, Krankheit und eine unheilbare Staublunge vor Augen?» Von der Sklaverei, von den Schlachtfeldern von Verdun, Stalingrad und Omaha Beach wollte ich gar nicht erst anfangen.

«Ehm... Nun ja... aber die heutige Moral...», insistierten die beiden Missionare.

«Die Moral? Natürlich, wir haben moralische Defizite. Aber gemessen an früheren Zeiten?»

«Über fünfzig Prozent Ehescheidungen gibt es inzwischen in den Industrienationen!», wandten sie ein.

«Aha? Ist es denn besser», erwiderte ich, «wenn zwei Menschen unglücklich aneinandergekettet bleiben müssen, nur um keinesfalls die Konventionen zu verletzten? Oder wenn er säuft wie ein Loch und sie schlägt... muss sie gehorsam bleiben, während ihr Leben in Frust und Trauer dahinwelkt?»

«Was würde Jesus heute sagen?», fragt der deutsche CDU-Politveteran Heiner Geissler 2003 in seinem gleichnamigen und lesenswerten Buch und stellt damit eine spannende Frage. Die Zeugen Jehovas beklagen genauso den angeblich verkommenen und gottlosen Zustand der Welt wie die Hardcore-Katholiken der Pius-Bruderschaft. Doch wäre Jesu Ärgernis über die freizügigen Oberflächlichkeiten in unserer heutigen europäischen, liberalen Gesellschaft größer als seine Zustimmung zum Umstand, dass wir Menschen ein Staatswesen organisiert haben, in dem alle Bürger im Grundsatz gleiche Rechte haben und nicht mehr der Willkür von Richtern, Statthaltern und Regenten unterworfen sind? In dem die Todesstrafe abgeschafft und Folter in jeder Form nicht nur geächtet, sondern verboten ist und in dem in der Gesetzgebung der römische Justizgrundsatz «In dubio pro reo» bisweilen fast bis zum Exzess zur Anwendung kommt? In dem auch für Randgruppen gesorgt ist und kaum jemand zu hungern braucht? In dem auch alten Menschen ohne soziales Netz ein geregeltes Maß an Würde zukommt und jede und jeder medizinisch behandelt wird, selbst wenn er arm und mittellos ist?

Ich finde: Die Welt, zumindest in Europa, ist – bei allen Bedenken – nach dem Zweiten Weltkrieg besser geworden; ganz offensichtlich hatte man die Lehren aus der katastrophalen Tragödie gezogen. Tatsächlich gibt es seit bald siebzig Jahren auf europäischem Boden keinen Krieg mehr – wenn wir einmal von den Bürgerkriegen im Balkan und Nordirland absehen, die allerdings als grausames Nachspiel des Zweiten Weltkriegs oder, im Fall des nordirischen Konflikts, als trauriger Epilog des Kolonialerbes zu werten sind. Siebzig Jahre ohne Krieg in Europa? So etwas hat es wahrscheinlich tatsächlich auf unserem Kontinent in der gesamten historisch fassbaren Menschheitsgeschichte noch kaum je gegeben.

Es herrscht überdies bei uns absolute Glaubens- und Religionsfreiheit und an den Stammtischen darf selbst über Politiker, Machthaber, kurz über Gott und die Welt, (noch) nach Herzenslust gelästert werden, ohne dass jemand ernsthafte Repressalien zu befürchten hat. Wir haben zudem wenigstens in Europa ein vergleichsweise mehr oder weniger anständig funktionierendes Sozialwesen eingeführt und mit der Altersrente ist auch für die betagten Mitmenschen gesorgt. Das Grundgesetz setzt die Würde jedes einzelnen Menschen in den Mittelpunkt und auf den Rechtsstaat ist weitestgehend Verlass. Zustände, von denen Thomas Müntzer, Michael Kohlhaas, selbst Jean-Jacques Rousseau höchstens träumen konnten. Und wer heute trotzdem jammert, tut es doch eigentlich auf einem sehr hohen Niveau.

Dies gilt freilich nicht für die ganze Welt. Immerhin: Nach dem Zweiten Weltkrieg wurde die United Nations Organization (UNO) ins Leben gerufen. Zugegeben, sie erweist sich immer wieder als zahnloser Tiger und mit dem Vetorecht der fünf Siegermächte des Zweiten Weltkriegs (USA, England, Frankreich, Russland und China) sind Entscheidungen oft verzerrt und ungerecht. Denn nur so ist zu erklären, dass sich bis heute die Herren George W. Bush, Dick Cheney oder Donald Rumsfeld nicht schon längstens vor dem UN-Sondertribunal in Den Haag für den völkerrechtswidrigen Irak-Krieg zu verantworten haben. Dasselbe gilt selbstverständlich für den als russischen Präsident getarnten Diktator Vladimir Putin, der in der russischen Teilrepublik Tschetschenien jahrelang von der Welt und der UNO ungehindert Massaker an Massaker reihte. Und es stimmt, nur durch das verantwortungslose Veto der Sicherheitsratsmitglieder Russland und China konnte das sinnlose Blutvergießen in Syrien 2011 und 2012 nicht gestoppt werden. Und dennoch: Mit dem Bestehen der UNO sprechen die Nationen immerhin miteinander und es wurden durchaus Konflikte verhindert oder beendet und damit großes Blutvergießen und unsägliche Leiden in den betroffenen Bevölkerungen verhindert. Vielerorts bringe man nicht einmal mehr ein paar Familienmitglieder an einen Tisch, in der UNO fänden immerhin 192 Länder und Staaten zum Dialog zusammen, meinte in einem Fernseh-Interview der ehemalige Schweizer Bundesrat Joseph Deiss, der 2010/2011 als Präsident der UNO-Vollversammlung die Konferenzen leitete.

Und immer wieder ist es zu beobachten: Es gibt eine aktive und weltweite Solidarität der einfachen Bürgerinnen und Bürger, die Millionen von Franken, Euro oder Dollars spenden, um von Krieg und Umweltkatastrophen gebeutelten Betroffenen zu helfen. Foltern, ich erwähnte es, ist inzwischen in weiten Teilen der Welt geächtet und die USA mussten während der Bush-Ära mit der sich in Kuba befindenden Militärbasis Guantanamo einen allerdings reichlich faulen Trick einfallen lassen, um die afghanischen Kriegsgefangenen als sogenannte «feindliche Kombatanten» entgegen der Genfer Konvention und der US-amerikanischen Verfassung foltern zu können. Und dies bedeutet aber eigentlich nichts anderes, als dass die Folterung als politisches oder juristisches Instrument allmählich die frühere allgemeine Akzeptanz und Legitimation zu verlieren scheint. Und das ist nicht wenig, zumindest ein Anfang.

Ein Blick zurück

Halten wir uns demgegenüber die Welt zur Zeit Jesu vor Augen:

Rom beherrscht den gesamten Mittelmeerraum. Rom ist zwar so etwas wie ein Rechtsstaat, doch die rechtlichen Garantien gelten nur für die schätzungsweise eine Million Menschen im Reich, die ein römisches Bürgerrecht haben. Tatsächlich kann Paulus, der das römische Bürgerrecht besitzt, eine Anhörung am kaiserlichen Hof in Rom einfordern, als er in der Provinz Palästina vor Gericht steht. Und sogar in den Wirren der Christenverfolgung unter Nero wird Paulus eine standesgemäße Exekution zuteil: Im Gegensatz zu seinen jüdischen Glaubensbrüdern darf er als Jude mit römischem Bürgerrecht nicht gekreuzigt werden; sein Kopf fällt vermutlich um 66 oder 67 n. Chr. unter der Axt des Henkers.

Mit unseren heutigen Rechtsvorstellungen hatte das römische Staatswesen allerdings wenig zu tun:

Kinder etwa waren fast nahezu rechtlos und durften vom Vater bis zum zweiten Lebensjahr

> *Mit unseren heutigen Rechtsvorstellungen hatte das römische Staatswesen allerdings wenig zu tun.*

EINE BESSERE WELT

straflos getötet werden, wenn sie dem Familienoberhaupt missfielen. Sklaven waren das uneingeschränkte Eigentum des Besitzers und durften ebenfalls nach Belieben behandelt – geschlagen, vergewaltigt oder sogar getötet – werden. Und Sklaven gab es im römischen Reich viele, lebte doch jeder dritte Einwohner der Stadt Rom in Sklaverei.

In den Sportarenen wurden ebenso blutige wie tödliche Schaukämpfe geboten: Menschen wurden zur Ergötzung des johlenden Pöbels wilden Tieren – Tigern, Löwen und Bären – zum Fraß oder zur Massakrierung vorgeworfen und die römischen Cäsaren ließen den Mob mit immer grausameren Inszenierungen unterhalten: Hinrichtungen aller Art wurden als Massenspektakel in den Arenen vollstreckt, wobei Kaiser Claudius es besonders liebte, zwei kampfunerfahrene Delinquenten bis zum Tod gegeneinander kämpfen zu lassen.

Gladiatoren waren nicht nur gut durchtrainierte Kampfmaschinen, sondern auch die kostspieligen Popstars der Antike und ihre Sterberate war nicht so hoch wie früher allgemein angenommen. Doch unter dem stotternden und hinkenden Kaiser Claudius änderte sich das: Zunehmend zeigten die Daumen nicht zu Boden (was eine Aufforderung bedeutete, den Besiegten zu verschonen), sondern Richtung Hals, worauf dem Besiegten unter Gebrüll und Applaus des bluttrunkenen Publikums das Schwert in den Hals Richtung Herz gerammt wurde.

> *Das Recht zur Steinigung hatte übrigens auch ein Vater, wenn er einen unfolgsamen und störrischen Sohn zu haben glaubte.*

Als Kaiser Titus schließlich das gigantische Kolosseum – antikes Sinnbild für die Vergnügungslust der Menge –, während hundert Tagen einweihen ließ, wurden immer blutigere Gewaltorgien veranstaltet: Sklaven und Verurteilte mussten in tödlichen Reenactments antike Schlachten nachstellen, wobei auch mal die Arena geflutet wurde, um eine spektakuläre Seeschlacht zu inszenieren. Bei den Einweihungsfeiern des Kolosseums wurden martialische Zweikämpfe geboten und an einem einzigen Tag fünftausend Tiere abgeschlachtet, womit der Boden der Kolosseum-Arena wahrscheinlich der blutgetränkteste Flecken unserer Erde sein dürfte. Ein geradezu krankhaftes Faible für Gladiatorenkämpfe hatte der römische Kaiser Commodus, Sohn des legendären, kultivierten und weisen Marcus Aurelius; Commodus' Vorliebe ging so weit, dass er sich sogar selbst in der Arena mit den Kämpfern maß. Das tat er allerdings nie, bevor nicht die Waffen seiner Kontrahenden vorher manipuliert worden waren. Diesbezüglich zumindest bleibt Ridley Scotts «Gladiator» mit Russel Crowe in der Hauptrolle – ein im Übrigen nicht deklariertes Remake des Monumentalfilms «The Fall of the Roman Empire» von Anthony Mann aus dem Jahr 1964 – nahe an der historischen Wahrheit. Die Römer aber sahen in den bluttriefenden Darbietungen ein geradezu erzieherisches Mittel: Die Arena diente als Ventil, in denen das Volk seinen Blutdurst und seine Aggression passiv und für die staatliche Ordnung gefahrlos und vor allem kontrollierbar ausleben konnte. Durch die amerikanische Fernseh-Serie «Spartacus» (ein trashiger Stil-Verschnitt der kultigen Frank Miller-Comic-Verfilmung «300» von Zack Snyder), die im römischen Gladiatorenmilieu spielt und in ihrer Inszenierung an Gewaltexzessen nichts auslässt, wurde mir einmal mehr in drastischer Weise die brutale Perversität der antiken römischen Gesellschaft bewusst. Wer sich also die martialische Grausamkeit, welche die auf den ersten Blick kultiviert erscheinende römische Kultur stets umgab, drastisch und durchaus authentisch vor Augen führen will, sei die erste Staffel dieser TV-Serie wärmstens empfohlen.

Galt Augustus noch als tugendhafter Herrscher (seine sexuellen Abnormitäten lebte er vorwiegend im Verborgenen aus), so waren die Perversionen seines Nachfolgers Tiberius schon bald berühmt und berüchtigt. Auf Capri badete er mit Lustknaben, die man zynischerweise «Fischchen» nannte. War aber der Herrscher ihrer überdrüssig, wurden sie über die dreihundert Meter hohen Klippen, auf denen die Villa des Imperators erbaut war, hinuntergestoßen. Der Tiberius-Nachfolger auf dem Kaiserthron, Calligula, ließ die noch am Leben gebliebenen Lustknaben allesamt umbringen, bevor er sich an den Ehefrauen der Adeligen vergriff. Das Leben am Hof wurde alsbald lebensgefährlich.

Nero indessen trieb Wahnsinn und Willkür auf die Spitze: Bei ihm war am Ende nicht einmal die gesamte Oberschicht des römischen Reiches sicher; um seine ehrgeizigen Baupläne zu finanzieren, ließ er Hunderte von Vermögenden töten (oder er ließ sie sich gleich selber umbringen), um an ihren Reichtum zu kommen. Die unter ihm durchgeführte Christenverfolgung nach dem Brand Roms im Juli des Jahres 64 – es folgten später weitere Pogrome –, gehört zu den weiteren dunklen Kapiteln in der Geschichte dieses Herrschers, der sich nicht nur als Gott, sondern auch als begnadeter Dichter und Sänger verstanden hat.

Es bleibt schließlich anzumerken, dass nach heutigen politischen und ethischen Parametern das gesamte Prinzip Rom einen für unsere Begriffe einzigen Unrechtsstaat darstellte, der seinen Reichtum allein durch ständige Kriegführung, also durch die Plünderung und Versklavung der Nachbarn – erlangte. Es ist dies nicht die einzige offensichtliche Parallele zwischen dem antiken Rom und dem nationalsozialistischen Deutschland zwischen 1933 und 1945.

Und wie sah die Welt damals aus in Palästina?

In Jesu Heimat, in Judäa, herrschte das römische Gesetz, doch kamen weitere religiöse Gesetze hinzu, etwa der martialische Brauch, Ehebrecherinnen zu steinigen. Und die strenge Priesterschaft im Gottesstaat Israel machte, wie wir bereits gesehen haben, durchaus Gebrauch vom Recht, Todesstrafen in religiösen und sittlichen Angelegenheiten auszusprechen. Das Recht zur Steinigung hatte übrigens gemäß dem mosaischen Gesetzesbuch Deuteronomium auch ein Vater, wenn er einen unfolgsamen und störrischen Sohn zu haben glaubte (Deut. 21,18–21).

Es war unbestreitbar eine grausame Welt und mit der alttestamentlichen Maxime «Auge um Auge, Zahn um Zahn» durchaus zu beschreiben. «The Law of the Jungle» und das Recht des Stärkeren regelten allein die Welt und die Würde des Menschen existierte nicht einmal als Idee. Entsprechend war das Leben eines Menschen oft keinen Schekel, keinen Denar, noch nicht einmal eine Sesterze wert.

Dies war die Welt, in die Jesus von Nazareth hineingeboren wurde und Jesu Ansätze von gegenseitigem Respekt, von Liebe und Empathie waren in der von Jesus geforderten radikalen Form tatsächlich atemberaubend neu und entsprachen weder der herrschenden Rechtspraxis noch den Wertvorstellungen der damaligen Menschen. Und dies ist ein weiterer Grund, in Jesus nicht einfach bloß ein «Kind seiner Zeit» zu sehen.

Unheilvolle Tendenzen

Was also würde Jesus heute sagen? Was würde er zur europäischen sozialen Marktwirtschaft, zur Demokratie, zur sozialen Wohlfahrt sagen? Und zum Rechtsstaat, der alle Bürger zumindest dem Buchstaben nach gleichmacht?

Ohne in Selbstgefälligkeit zu verfallen, darf man feststellen, dass wir in vielem viel erreicht haben. Doch jede Errungenschaft steht fortwährend zur Disposition, alles Erreichte will konsolidiert und verteidigt werden. Es bleibt deshalb die Frage, ob wir diesem positiven Prinzip jetzt und in der Zukunft überhaupt weiterhin treu bleiben wollen. Und da stimmen mich einige Zeichen der Zeit leider pessimistisch; die Indizien sind evident, dass anstelle einer christlichen Ethik das Recht des Stärkeren nicht nur wieder vermehrt Einzug hält, sondern sich sogar zunehmend in Kultur und Gesellschaft etabliert. Einige kritische Beobachtungen:

Wir erleben eine Zeit, in der der Sozialdarwinismus offenbar nicht bloß längst salonfähig geworden ist; mehr noch, wir erleben eine Zeit, in der dieser schleichend zur beherrschenden Sozialmaxime wird. Dass wir uns beispielsweise angeblich eine umfangreiche medizinische Versorgung aller Bürger nicht mehr leisten können (weshalb ältere Menschen nach Möglichkeit sogar aus den Krankenkassen gedrängt werden) erscheint erstaunlich, wenn man die horrenden Rüstungsausgaben in den USA oder die irren Milliardensummen betrachtet, welche etwa die Regierungen der gesamten westlichen Welt zur Rettung ihrer Bankensysteme plötzlich aus dem Hut zaubern konnten.

> Wir erleben eine Zeit, in der der Sozialdarwinismus offenbar schon längst salonfähig geworden ist.

Um unser irdisches Leben um einige wenige Jahre zu verlängern, werden exorbitante Summen an Forschungsgeldern investiert und die körperliche Gesundheit wird zunehmend nicht nur zur nationalen Aufgabe, sondern zur nationalen Bürgerpflicht; eine Pflicht, die Raucher, Fettleibige, ja sogar bloße Genießer bald nicht nur als suspekt, sondern sogar als subversiv erscheinen lassen. Wir erleben offensichtlich eine Zeit, in der in unseren Schulen jegliche spirituelle, sogar die geisteswissenschaftliche Erziehung, ich erwähnte es bereits, zugunsten der von der Wirtschaft und den ihr politisch zugewandten Kräften stetig lauter eingeforderten Naturwissenschaften sowie einem grassierenden Fremdsprachenwahn geopfert werden. Eines scheint nämlich klar: Die Wirtschaft von heute interessiert sich kaum für Ethik und Philosophie; sie fordert funktionstüchtige Kettenglieder, kühle Rechner und kalkulierbare Rationalisten. Wir erleben deshalb eine Zeit, in der die Kinder, wie der österreichische Schauspieler und Kabarettist Roland Düringer kürzlich in einem seiner Auftritte meinte, statt Bildung bloß Ausbildung erführen, damit sie mit dem nötigen Rüstzeug ausgestattet würden, um später selbst im Hamsterrad des Molochs «ihrem Herzkasperl entgegenzuhurteln».

Das Resultat einer stetig weiter voranschreitenden «Ökonomisierung der Bildung», wie es der einstige Ministerpräsident von Schleswig-Holstein, Björn Engholm, in einer TV-Diskussion ausdrückte, ist nicht nur ein immer stärker festzustellender Verlust an Allgemeinbildung, sondern auch eine zunehmende spirituelle Verwahrlosung von Abgängern unserer Bildungsanstalten. Das Verständnis für spirituelle Zusammenhänge bleibt offensichtlich zunehmend auf der Strecke und Kinder erhalten in unseren teuren Bildungsanstalten kaum mehr das Rüstzeug, sich effektiv und in objektiver Weise mit Glaube und Religion auseinanderzusetzen.

Entsprechend das Verständnis in der gesamten Gesellschaft: Es ist beileibe keine bahnbrechend neue Feststellung, dass die sakralen Feste inzwischen vom Zeitgeist mehr oder weniger samt und sonders profaniert und säkularisiert worden sind: Ostern ist das Fest der bunten Eier und süßen Schokoladenhasen und bereits eine Mehrheit vermag möglicherweise kaum mehr zu erklären, was eigentlich Pfingsten überhaupt bedeutet – außer einem zusätzlichen Tag Urlaub. Noch heikler wird es beim Wiegenfest Christi, das inzwischen schon längst zum Tannen-, Geschenk- und Familienfest umfunktioniert wurde: Das wirklich Pikante am Weihnachtsrummel ist, dass der Buchstaben x nun einmal unbestreitbar einer Christus-Verleugnung gleichkommt, wenn nämlich aus Christmas schleichend das immer populärere X-mas wird. Offenbar scheint es kaum jemanden zu stören.

> Das wirklich Pikante am Weihnachtsrummel ist, dass der Buchstaben x nun einmal unbestreitbar einer Christus-Verleugnung gleichkommt.

Ich bin zwar kein Freund von Tendenzen, Jesus und seine Botschaft vor einen politischen oder ökonomischen Karren zu spannen, aber das, was da in den heutigen Teppichetagen der Finanzhäuser und Pharmakonzerne passiert, hat kaum mehr etwas mit den Ideen und Prinzipien Jesu zu tun, denn es widerspricht allem, was Jesus in seinen Gleichnissen von den Menschen fordert – und dies nicht nur in der Episode, in der Jesus feststellt, dass eher ein Kamel (oder Schiffstau) durch ein Nadelöhr komme als ein Reicher ins Himmelreich.

Wie schlecht eine Wirtschaft außer Rand und Band, eine Ökonomie, die rücksichtslos reiner Gewinnmaximierung verpflichtet ist, funktioniert, zeigte nicht bloß der Crash von 1929, der letztendlich die ganze Welt in den Zweiten Weltkrieg stürzte, ein Krieg, der über 50 Millionen Menschen das Leben kostete. Dennoch scheint die Zeit der Exzesse nicht enden zu wollen: Der Wettbewerb beherrscht unser Denken und macht die Menschen zu Konkurrenten, nicht zu Brüdern. John Lennons im Song «Imagine» geäußerter Traum von einer «Brotherhood of Men» scheint weit entfernt, und dafür sind für einmal weder Glaube noch Religion verantwortlich. Dass immer weniger immer mehr und immer mehr immer weniger besitzen – Tendenz steigend! – heizt den Ofen weiter an. Auch wenn es überzogen sein mag, unsere Zeit allein mit Begriffen wie «Raubtierkapitalimus» (Jean Ziegler) und nomadisierenden «Heuschrecken» (Franz Müntefering) zu umschreiben oder allein mit der maßlosen Gier dekadenter Banker und zockender Manager zu charakterisieren: Hatte nicht eine übertriebene Selbstsicherheit in den Neunzigern auf dem gesamten Globus mit dem «Shareholder Value» einen Neoliberalismus installiert, der, wie bereits erwähnt, beileibe nicht mehr das Wohl möglichst vieler Menschen, sondern die alleinige Gewinnmaximierung weniger im Sinne hatte?

Selbst der Finanzcrash im Sommer und Herbst 2008 belehrte die globale Ökonomie keines Besseren, und die Politik – zu einem wesentlichen Teil mit den Exponenten dieser Konzerne offensichtlich verfilzt – verweigert eine Korrektur der Wirtschaftssysteme dermaßen beharrlich, dass man bisweilen schon ins Grübeln kommt. Noch obskurer wird es, wenn sich augerechnet jene Wirtschaftsvertreter am World Economic Forum (WEF) in Davos anheischig machen, jene Probleme zu lösen, die sie in ihrer Maßlosigkeit und verblendeten Gier selbst verursacht haben. Noch regt sich kaum Widerstand auf den Straßen und die Occupy-Bewegung mit ihren harmlosen Camping-Happenings vermag kaum jemanden wirklich zu beeidrucken. Und wenn die protestierenden Camper lästig sind, werden sie von der Polizei vertrieben, von der Staatsmacht also, die doch von den «belagerten» Tycoonen eigentlich verachtet, im Grunde genommen wegen den Steuern sogar angefeindet werden. Berthold Brecht kommt einem da unweigerlich in den Sinn, der einst meinte, dass es ein geringeres Verbrechen sei, eine Bank auszurauben, als eine zu gründen.

Die Kapitulation der Politik vor der Hochfinanz geht inzwischen sogar so weit, dass die europäischen Staaten mit Milliarden von Hilfsgeldern an Griechenland bereits drei Jahre nach dem Crash von 2008 die zockenden Banken ein weiteres Mal aus dem Dreck zogen. Der Leidensdruck im Volk indessen scheint offenbar klein genug zu sein und die meisten werden im immer schneller drehenden Rad sowieso ständig so auf Trab gehalten, dass zu grundsätzlichen Betrachtungen die Luft nicht mehr reicht. Dass dabei zwischenmenschliche Beziehungen zunehmend auf der Strecke bleiben, liegt auf der Hand. Burn-outs sind inzwischen keine allgemein belächelten Zusammenbrüche von Weicheiern, vielmehr sind sie zu einem beunruhigenden Phänomen geworden.

In den letzten zehn, fünfzehn Jahren sind die Tendenzen stetig alarmierender und eine Deflation, die weit über die Währung hinausgeht, ist nicht mehr zu leugnen. Zwar haben beispielsweise in der Schweiz alle alle Hände voll zu tun, doch ist der Wert der Arbeit rapide gesunken. Zwar scheinen Kunst und Kultur omnipräsent zu sein, aber leider so inflationär, dass sie kaum noch jemanden zu bewegen vermag. Was heute aktuell ist, ist morgen vergessen. Nichts scheint mehr einen Wert zu haben. Auch hier: Tendenz steigend.

Wie kocht man einen Frosch bei lebendigem Leib, ohne dass er aus der Pfanne springt? Indem man das Wasser nur langsam erhitzt. Das wechselwarme Tier wird es erst nicht merken – bis es gekocht ist. Ist es also polemisch zu behaupten, die «One Percenters» der superreichen Klasse habe den anderen 99 Prozent der Bevölkerung den Krieg erklärt? Genau das wenigstens behauptet der milliardenschwere Wirtschaftsmagnat Warren Buffett:

Es ist Klassenkampf, alles klar, aber es ist meine Klasse, die reiche Klasse, die Krieg führt. Und wir werden ihn gewinnen.

Dass Bürgerinnen und Bürger schließlich von den komplexen Umständen von Politik und Ökonomie offenbar krass überfordert sind, zeigt der Umstand, dass sich zumindest der einfache Mann der Straße in den USA in beunruhigend hoher Zahl aus freien Stücken in der Tea Party-Bewegung zum willfährigen Steigbügelhalter der Oligarchen macht, die es offenbar verstehen, ihre eigennützigen Pläne mit viel religiösem Pathos und patriotischem Klimbim als rechtschaffen zu verkaufen.

Trotz aller Indizien, die wie bei allen Verschwörungstheorien wie Zahnräder ineinanderzugreifen scheinen, möchte ich dennoch an einem finsteren Plan irgendwelcher geheimen Verschwörungszirkel zweifeln, welche angeblich die Weltherrschaft zu erlangen suchen. Im Gegenteil bezweifle ich, dass die Führungsschichten in Washington, London oder Brüssel das Glasperlenspiel der komplexen Ökonomie noch zu durchschauen vermögen, geschweige denn, dass sie es beherrschen. Zumindest das konzeptlose Gewurstel rund um den Euro spricht Bände. Es würde mich deshalb nicht wundern, wenn der installierte und wild grassierende Neokapitalismus sie alle nicht mehr loswird, jene Geister, die man einst so euphorisch rief. Und so schippert der weltwirtschaftliche Supertanker – durch seine schiere Masse unfähig zum kleinsten Kurswechsel – wahrscheinlich stracks der nächsten, un-

vermeidlichen Krise zu, die aber leider am Ende nicht die Mächtigen und Vermögenden, sondern, wie immer, vor allem die Armen und Schwachen existenziell treffen wird: Die Zeche bezahlen bekanntlich immer die Kleinen, die vergessen und namenlos in der Geschichte untergehen.

Dass diese unsägliche Situation, in der offensichtlich kräftig auch weiterhin von unten nach oben verteilt wird, in entsprechender Weise letztlich auch nur für einige wenige äußerst profitabel ist, erscheint erschreckend offenkundig und reizt zu wilden Spekulationen: Gibt es ihn also vielleicht doch, den Geheimplan einer Verschwörungsoligarchie? Spielen sie tatsächlich, die Kräfte der verschworenen Mitglieder von Geheimzirkeln, etwa der ominösen Bilderberg-Gruppe, die sich aus Kreisen der einflussreichsten Politiker und Wirtschaftsmagnaten rekrutiert und die sich über allfällige Beschlüsse oder beschlossene Pläne nach außen dezidiert und beharrlich ausschweigt? Oder steht am Ende einfach bloß die blanke Gier des mächtigen Bankhauses Goldmann Sachs hinter den Entwicklungen, das mit Macht und Einfluss ganze Regierungen in der ökonomischen Geiselhaft zu halten scheint? Un-

> *Dass dieser Gesundheitswahn allmählich nicht bloß die Züge einer sich neu etablierenden Religion aufweist, wird allem Anschein nach bewusst oder unbewusst ausgeblendet.*

vergessen bleibt die Szene in Oliver Stones Film «Wall Street», in welcher der von einem einmal mehr brillant aufspielenden Michael Douglas verkörperte Finanzspekulant Gordon Gecko seinem Adepten (gespielt von Charlie Sheen) und seinen Shareholdern das einzig wahre Erfolgsmotto verkündet, das jede christliche Ethik und all unsere konventionellen Moralvorstellung über Bord wirft: «Gier ist gut!»

Wie verbreitet und selbstverständlich Maßlosigkeit inzwischen geworden ist, offenbart sich nicht bloß an den unanständigen Boni von Brokern und Bankern. Man braucht gar nicht bis zur New Yorker Wall Street zu gehen: Dass ein Schweizer Notenbankchef mit einer Million Jahresgehalt offenbar sein Insiderwissen nutzte und nebenbei (und entgegen den von ihm selber geäußerten Grundsätzen) kleinere Devisengeschäfte nach dem Motto: «Kleinvieh macht auch Mist» tätigte, passt ins Schema und auch der Rücktritt des besagten Philipp Hildebrand im Januar 2012 ändert nichts an Tendenz, System und Praxis.

Die Welt ist eine Brücke

Blenden wir zum Schluss für einmal die mögliche bipolare Struktur des Spirituellen aus und vergessen das ökonomische und weltpolitische Rauschen im Hintergrund. Konzentrieren wir uns am Ende unserer Reflexionen auf Jesus von Nazareth, sein Wirken und seine Botschaft und besinnen wir uns zum Schluss noch einmal auf die positiven Errungenschaften, die unsere christlich geprägte Gesellschaft hervorzubringen vermochte. Stellen wir uns in diesem Kontext der Frage, was Jesus sagen würde, wenn er durch unsere Straßen ginge, in unseren Hotels abstiege, in unseren Gaststätten einkehrte, Kultur- und Sportfeste, Rockkonzerte besuchte? Dass er dies tun würde, bezweifle ich nicht, denn sein Konzept war es, dort zu sein, wo die Menschen waren. Was würde er also zu unseren Errungenschaften sagen? Zu fließendem Wasser, zum Mikrowellenherd und einem Fernsehen mit «57 channels and nothin' on», wie es Bruce Springsteen bereits 1994 in einem seiner Songs ausdrückte?

«Seid Vorübergehende!», wäre vielleicht seine Antwort. Und er würde uns auffordern, keine Schätze zu sammeln, die schließlich doch verrotten. Vielleicht fände er, dass wir bequem geworden sind und uns unser alltäglicher Luxus gleichgültig gemacht habe für das Wesentliche. Womöglich würde Jesus uns mit Nachdruck die Bergpredigt vor Augen halten, die von uns immer wieder wegen ihres tröstlichen Wellness-Effekts so gerne zitiert wird:

Sammle keine Reichtümer hier auf Erden! Denn ihr müsst damit rechnen, dass Motten und Rost sie zerfressen oder Einbrecher sie stehlen. Sammelt lieber Reichtümer bei Gott ... Denn euer Herz wird immer dort sein, wo ihr euren Reichtum habt. (Mt. 6, 19–21)

«Das letzte Hemd», so der Volksmund, «hat keine Taschen.» Doch birgt andererseits das gesicherte Dasein nicht auch Chancen, nämlich gerade durch eine gewisse soziale Sicherheit sich auf das Wesentliche konzentrieren zu können, ohne dabei gleich den gesellschaftlichen und beruflichen Absturz und damit den berühmt-berüchtigten Bettelstab zu riskieren? Basiert nicht auch das Prinzip eines Klosters auf der Sicherung der einzelnen Existenz? Hätten uns die Benediktiner-Klöster, etwa jene in St. Gallen, Engelberg oder Einsiedeln, diese umfangreichen Schätze an religiösen und kulturellen Errungenschaften hinterlassen können, wenn sich jeder Mönch in seinem Scriptorium erst einmal während sechs von sieben Tagen um die Sicherung seiner rudimentärsten Bedürfnisse hätte kümmern müssen? Wären wir dann im Besitz jenes gewaltigen Erbes aus zweitausend Jahren, das unsere europäische Kultur so unendlich bereichert und befruchtet hat? Es ist eine Mär, dass der Reichtum prinzipiell den Menschen verderbe und der französische Philosoph und Existenzialist E. M. Cioran merkte einmal treffend an, dass der raffgierige Reiche und bodenlos Arme sich in vielem gleichen würden; auch der arme Schlucker richte in der Regel alle sein Sinnen darauf, sich Geld zu beschaffen, um sich mit allen Mitteln aus seiner wirtschaftlich misslichen Lage zu befreien.

Noch etwas würde Jesus von Nazareth womöglich beargwöhnen: unser zunehmend materialistisches Verständnis von Welt und Existenz. Das vorrangige, sogar das einzige Ziel muss offenbar sein, das Ende des irdischen Lebens so lange wie nur möglich hinauszuzögern. Selbstredend, dass Angewohnheiten, die dieser Maxime angeblich zuwiderlaufen, zunehmend gesellschaftlicher Ächtung anheimfallen. Derweil wird ungehindert und unreflektiert einem Fitnesswahn gehuldigt, der sich sogar in der Höhe der zu entrichtenden Krankenkassenbeiträge niederzuschlagen beginnt. Fettleibige belasten das System, wer aber fit ist, ist ein nützlicheres Glied in der Gesellschaft und wer gesund ist, fällt keinem zur Last! Dass dieser Gesundheitswahn allmählich nicht bloß die Züge einer sich neu etablierenden Religion aufweist, sondern erschreckende Parallelen zum Körperkult der Nazi-Ideologie offenbart, wird allem Anschein nach bewusst oder unbewusst ausgeblendet.

Ein guter Freund und Berufskollege – ein tiefgläubiger und erzkonservativer Katholik – meinte einst in einer Diskussion, dass genau darin eine der Schwierigkeiten des Modernismus läge: Im Lichte des Glaubens nämlich gehe es nicht um das Leben an sich als Selbstzweck, sondern um dessen Bestimmung: darum, wofür das eigene Leben stehe und wofür es schließlich gelebt und möglicherweise hingegeben werde. Eine interessante Betrachtungsweise, nicht nur im Hinblick auf den Karfreitag, sondern auch mit dem Fokus auf alle anderen Aufopferungen, etwa das eigene Leben für andere aufs Spiel zu setzen, womöglich zu verlieren, oder auf die Martyrien, die Jesu Anhänger auf sich nahmen, nehmen und nehmen werden. Man mag dies begrüßen oder ablehnen, im Sinne Jesu von Nazareth, wie ihn die Evangelien uns schildern, ist es allemal.

Nichts ist so eindeutig, wie es auf den ersten Blick scheint. Und die Welt und – vor allem – die Natur des Menschen ist alles andere als einfach gestrickt. René Descartes' 1637 formulierte und inzwischen weltberühmte Maxime «Cogito, ergo sum» steht am Anfang. Eine andere Sache ist, was der Mensch zu denken gewillt oder imstande ist.

Im Mai 1601 lässt der indische Großmogul Akba in seiner Residenzstadt Fathpur Sikri, hundertfünfundsiebzig Kilometer südlich von Delhi, an der linken Seite des Hauptportals eine Inschrift anbringen:

Jesus, über dem Friede sei, hat gesagt:
«Die Welt ist eine Brücke. Geht über sie hinüber –
aber lasst euch nicht auf ihr nieder.»

EINE BESSERE WELT

Menschensohn

Jesus macht es uns nicht einfach. Er lässt, wie es der U2-Sänger Bono einmal ausdrückte, den bloßen Propheten nicht durchgehen. Er ist der Menschensohn, er selbst ist der auserwählte Sohn Gottes. Er selbst verkörpert das göttliche und ewig während Prinzip. Und ihm, seinem geliebten Sohn, überlässt der Vater das Gericht. Jesus selbst entscheidet, wer Gott schauen darf und ins Paradies eingehen wird.

Nach dem Maße, nach dem du urteilst, wirst du selbst beurteilt und verurteilt werden.

So zumindest sahen ihn jene, die ihm begegnet und gefolgt sind und so sah sich der Mann aus Nazareth offenbar auch selbst, und diesen Anspruch entschärft kein Deutungs- oder Relativierungsversuch. Doch vielleicht geht es Jesus vielmehr um das kosmische Prinzip, das im Menschensohn aus Nazareth in diese Welt kam und uns einen Schöpfer zeigte, der gütig ist und verzeiht – solange wir selber gütig und versöhnlich sind.

Eine interessante Episode erzählt uns das Markus-Evangelium, in der Jesus und seine Schar in einem Dorf in Samaria nicht aufgenommen werden. Die Jünger sind empört und die «Donnersöhne» Johannes und Jakobus offenbaren einmal mehr ihr feuriges Temperament:

«Herr, wenn du willst, lassen wir Feuer vom Himmel fallen und vernichten sie.» Jesus kehrte sich ihnen zu und wies sie zurecht: «Habt ihr vergessen, welcher Geist euer Leben bestimmen muss?» (Lk. 9, 51–56)

Jesus sagte, er sei nicht gekommen, das Gesetz aufzulösen, sondern zu erfüllen. Auge um Auge, Zahn um Zahn? Vielleicht. Im übertragenen Sinn: Nach dem Maße, nach dem du urteilst, wirst du selbst beurteilt und verurteilt werden.

Im gnostisch beeinflussten Thomas-Evangelium zeigt sich ein Jesus, der sich ganz und gar als kosmisches Prinzip versteht.

Ich bin das Licht, das über allem ist.
Ich bin das All: das All ist aus mir hervorgegangen, und das All ist zu mir (zurück)gelangt.
Spaltet ein Holz,
Ich bin da,
Hebt einen Stein auf,
und ihr werdet mich dort finden.
Thomas-Evangelium (Logion 77)

Es ist nicht die Erfüllung von kleinlichen Vorschriften und Gesetzen, die zur Seligkeit führen. Vielmehr sind es der Wille und die Kühnheit der «Vorübergehenden» und die redliche Suche, die zur Vervollkommnung führen. Was immer passiert – das göttliche Prinzip ändert sich nicht. Und darum ist Er der Weg, die Wahrheit und das Leben. Und darum, so sagen die Evangelien, führt kein Weg zu Gott – außer durch ihn: Jesus von Nazareth.

«Ich bin der Weg, die Wahrheit und das Leben.
Niemand kommt zum Vater außer durch mich.
Wenn ihr mich erkannt habt, werdet ihr auch meinen Vater kennen.
Jetzt kennt ihr ihn und habt ihn gesehen.»
Jesus von Nazareth (Joh. 14,6–7)

Epilog

Could We Start Again Please?
(Tim Rice/Andrew Lloyd Webber; «Jesus Christ Superstar»)

Auf meinem Tisch liegt das Filmsoundtrack-Album «Jesus Christ Superstar». Einer meiner Lieblingssongs darauf findet sich auf ‹Disc Two›, Track 7: «Could We Start Again Please»; 2:44 Minuten. Es ist einer der schönsten und besten Popsongs, den ich kenne, ein Lied, dessen Melodie, Text und Interpretation mich, je nach Stimmung, tatsächlich immer wieder zu Tränen rührt:

Jesus ist in Gethsemane verhaftet worden, Petrus hat bereits zwei Tracks vorher seinen Meister verleugnet und Herodes Antipas einen Song zuvor seine geschmacklosen Witze gerissen und die Dinge nehmen ihren Lauf. Und dann, bevor die

> «Warum hast du für dein Kommen bloß eine so rückwärtsgewandte Zeit und dazu noch in einem solch seltsamen Land gewählt?»

dramatische Passion einsetzt, wird eine traumartig anmutende Szene in den Film eingeschoben: Mary Magdalena steht auf einem Berg, blickt auf eine sandige Ebene. Dort geht Jesus ins Unbekannte, wendet sich kurz um, lächelt. Mary singt, während in ihrem Gesicht deutlich eine fast verzweifelte Enttäuschung zu sehen ist:

I've been living to see you
Dying to see you but it shouldn't be like this.
This was unexpected, what do I do now?
Could we start again please?

I've been hopeful so far
Now for the first time I think we're going wrong
Hurry up and tell me, this is all a dream
Or could we start again please?

Peter kommt hinzu und setzt ein, seltsam nüchtern, auch ohne irgendwelche Reue zu zeigen, seinen Meister kurz vorher verleugnet zu haben.

I think you made your point now
You've even gone a bit too far to get your message home
Before it gets too frightening, we ought to call a halt
So could we start again please?

Ein bisschen herumziehen mit diesem ungewöhnlichen Mann, das war aufregend und lehrreich. Und alle, die mit ihm unterwegs waren, standen im Glanz seines Ruhms, der jeden Tag größer und größer wurde. Nach jedem Wunder, das er tat, setzte ihr Meister gleich noch eins drauf. Größer, wunderbarer, spektakulärer! «You've got the power and the glory!» Wohin hätte das nicht alles noch führen können? Der Mann hätte ein König werden können, denn er hatte Charisma und Macht und die Massen wären ihm gefolgt. «You've got the power and the glory!»

Wie sollte man das alles verstehen? Ihr erhoffter Messias wurde verhaftet und nun harrt er in einem Loch seines Prozesses, an dessen todbringendem Ausgang kaum jemand mehr Zweifel hegt.

Es war so schön! Hätte es nicht einfach so weitergehen können? Wie viele wundersame Dinge hätten sie noch zusammen erleben können? Und wie viele kluge Worte hätte ihr Meister noch gesprochen? Mit welchen weisen Lehren wären sie und mit ihnen die ganze Menschheit noch beschenkt und bereichert worden? Die Welt hätten sie mit ihm aus den Angeln heben können! Nein, so konnte es doch nicht enden! Nicht nach allem, was geschehen war! Können wir das Rad nicht einfach etwas zurückdrehen? Den großen Traum von Neuem träumen? *Could we start again please?*

Es kommt, wie es kommen muss: Der Pöbel schreit, die Peitsche zerfetzt Jesu Rücken und Pilatus wäscht die Hände im Wasser der Unschuld. Und während Jesus sein Kreuz nach Golgotha trägt, erscheint in einer weiteren, traumartig inszenierten Sequenz Jesu Verräter Judas, der sich im Film keine zehn Minuten vorher verzweifelt an einem Baum aufgehängt hatte. Er tanzt im mäßig geschmackvollen Glamour-Kostüm und singt mit eindringlicher Stimme. Offensichtlich hat er Erkenntnisse über den Lauf von Zeit und

Geschichte, aber wie Mary und Peter bleibt auch er in seiner gewohnt subjektiven, irdischen Perspektive, hat auch in einer anderen Daseinsebene kaum mehr Klarheit gewonnen über das, was da geschehen war. Judas zeigt dieselbe Haltung, die er schon am Anfang des Films gezeigt hatte: Immer wenn er Jesus anschaue, so Judas mit anklagender Stimme in «Heaven on Their Minds», verstehe er nicht, warum er die Dinge so habe außer Kontrolle geraten lassen.

«Warum hast du für dein Kommen bloß eine so rückwärtsgewandte Zeit und dazu noch in einem solch seltsamen Land gewählt?», will Judas nun von seinem einstigen Meister wissen. «Wärst du heute gekommen, dir wären sämtliche Mittel der Massenkommunikation zur Verfügung gestanden. Bitte versteh mich nicht falsch, ich möchte es nur einfach wissen.» Dann setzt der Chor der sich hinzugesellenden Las Vegas-Engel ein und hebt zum Refrain an, der längst zum zeitlosen Hit geworden ist:

Jesus Christ, Jesus Christ!
Who are you? What have you sacrificed?
Jesus Christ, Superstar!
Do you think you're what they say you are?

«Und was meinst du denn so zu deinen Kollegen auf dem Gipfel der Geschichte?», bohrt Judas in der zweiten Strophe weiter. Wer hat denn in ähnlicher Weise so erfolgreich seine Ernte einfahren können? «Kommt Buddha dir gleich? Und kann Mohammed tatsächlich einen Berg versetzen oder war das auch bloß PR? Hast du es wirklich so gemeint, wie du es sagtest oder war's ein Fehler? Oder dachtest du, dein erbärmlicher Tod würde alle Rekorde brechen?»

Jesus antwortet nicht, denn er ist damit beschäftigt, sein schweres, grobschlächtiges Kreuz auf den Kalvarienberg zu tragen. Derweil sind die Las Vegas-Engel zum flippigen Gospelchor angewachsen und repetieren die Fragen, die den eingängigen Refrain prägen. Und während der Song sich langsam im Fade Out verflüchtigt, bemächtigen sich die Kalaschnikow tragenden Römer Jesu und nageln ihn ans Kreuz, während das Gelächter des Pöbels losbricht, als hätten sich Hunderte von Möven, Krähen und Geier auf dem Richtplatz versammelt. Dann verstummen die Gaffer und ein gespenstisches Summen begleitet Jesu letzte Worte.

Jesus hat seinen Geist schließlich in die Hände seines Vater gelegt und im Off erklingt das epische und symphonische John Ninteen Forty-Nine. Das Spiel ist beendet und die Spieler besteigen denselben Bus, der sie zu Beginn des Films in die Wüste Negev brachte. Die Gesichter der Darsteller verraten, dass es mehr war als bloß ein Passionsspiel in der Wüste. Den Darstellern von Mary, Peter, Pilatus, Herodes, Kaiphas und Hannas und schließlich des Judas, ihnen allen ist anzusehen, dass auch in und mit ihnen etwas geschehen ist.

> Die Gesichter der Darsteller verraten, dass es mehr war als bloß ein Passionsspiel in der Wüste.

Alle sind sie nun eingestiegen und der Bus fährt, eine Staubwolke zurücklassend, in den Abend hinaus. Nur der Jesus-Darsteller bleibt zurück, ist nicht mit den anderen eingestiegen, um wieder in den Alltag des modernen Lebens einzutauchen. Sein Weg muss ein anderer sein:

«Im Hause meines Vaters sind viele Wohnungen. Wäre es nicht so, hätte ich es euch nicht gesagt. Ich gehe, um euch einen Platz zu bereiten. Und wenn ich gegangen bin und euch einen Platz bereitet habe, komme ich wieder und werde euch mit zu mir nehmen, damit, wo ich bin, auch ihr seid. Und wohin ich gehe – den Weg dahin wisst ihr.»

Thomas sagte zu ihm: «Herr, wir wissen nicht, wohin du gehst. Wie können wir den Weg wissen?»
Jesus sagte zu ihm:
«Ich bin der Weg, die Wahrheit und das Leben. Niemand kommt zum Vater außer durch mich. Wenn ihr mich erkannt habt, werdet ihr auch meinen Vater kennen. Jetzt kennt ihr ihn und habt ihn gesehen.»
(Joh. 14, 2 – 7)

Literatur

Alt, F. (1989).: Jesus – Der erste neue Mann. München: Piper.

Bamm, P. (1968).: Alexander der Große. Klagenfurt: Verlag Buch und Welt.

Bulgakow, M. (1940).: Der Meister und Margarita. München: Deutscher Taschenbuch Verlag dtv

Castaneda, C. (1973).: Die Lehren des Don Carlos. Frankfurt a. M.: Fischer.

Cioran, E.M. (1979).: Die verfehlte Schöpfung. Berlin: Suhrkamp.

Conolly, P. (1976).: Die römische Armee. Nürnberg: Tessloff.

Davis, H. (1968).: The Beatles. Berlin: Hannibal.

Drewermann, E. (2010).: Wir glauben, weil wir lieben. Düsseldorf: Patmos.

Ebner, M. (2007).: Jesus von Nazareth. Katholisches Bibelwerk.

Eco, U. (1988).: Das foucaultsche Pendel. München: Carl Hanser.

Engelheart, M., Durieux, A. (2006).: AC/DC – Maximum Rock'n'Roll. München: Heyne.

Etzold, E. (1990).: Hat es Judas je gegeben? NDR-3-Glaubenssachen, 15.04.1990, 20 Minuten.

Ex Libris (Hrsg.). (1987).: Chronik der Schweiz. Zürich: Ex Libris.

Faithful, M. (2009).: Autobiografie. München: Planvalet Verlag.

Von Franz, M.-L. (2010).: Die Visionen des Niklaus von Flüe (6. Auflage) Einsiedeln, Daimon.

Fredrikson, M. (2001).: Maria Magdalena. Frankfurt a. M.: Fischer.

Foster, Ch. (2006).: Die Akte Jesus. Augsburg: Weltbild.

Gasser, A. (2008).: Kleine Kirchengeschichten. Zürich: TVZ.

Gasser, A. (2010).: Auch so ein Alt-Achtundsechziger! Erlebnisse eines Zeitzeugen. Schweizerische Zeitschrift für Religions- und Kulturgeschichte (S. 9–38).

Geissler, H. (2003).: Was würde Jesus heute sagen? Reinbek: Rowohlt.

Gibson, S. (2009).: Die letzten sieben Tage Jesu. München: CH. Beck.

Greber, J. (1932).: Der Verkehr mit der Geisterwelt Gottes, seine Gesetze und sein Zweck – Selbsterlebnisse eines katholischen Geistlichen. Teaneck N.J.: Johannes Greber Memorial Foundation, Teaneck N.J.

Hearting, E. (1952).: Geronimo. Einsiedeln: Waldstatt Verlag.

Herder Verlag (Hrsg.) (1965).: Die Bibel. Freiburg: Herder, 1965

Jens, W. (1989).: Ich, ein Jud – Verteidigungsrede des Judas. Rudolstadt: Burgart-Presse.

Jeremias J. (1983).: Unbekannte Herrenworte. Gütersloh: Gütersloher Verlagshaus.

Keller, W. (1955).: Und die Bibel hat doch recht. Berlin: Ullstein.

Kerény, K. (1992).: Die Mythologie der Griechen. München: Deutscher Taschenbuch Verlag dtv.

LaHaye, T. & Jenkins, J. B. (1995).: Left Behind. Tyndale House Publishers Inc.

Markert, Ch. (1985).: I Ging – Das Buch der Wandlungen. München: Goldmann.

Meier, P. (1997).: Ich Bruder Klaus von Flüe. Zürich: Amman.

Moody, R. A. (1977).: Leben nach dem Tod. Reinbek: Rowohlt.

Page, N. (2011).: Die letzten Tage Jesu. München: Pattloch.

Pattloch (Hrsg.) (1995).: Die Apokryphen. München: Pattloch

Phillips, R. (2010).: Demons & Spiritual Warfare. Charisma House.

Ranke-Graves, R. (1947).: Ich, Claudius, Kaiser und Gott. Wien: Verlag Donauland.

Ratzinger. J. – Benedikt XVI. (2007).: Jesus von Nazareth. Freiburg: Herder.

Richards, K. (2010).: Life. London: Little, Brown Book group.

Rinser, L. (1083).: Mirjam. Frankfurt a.M.: Fischer.

Schami, R.: Die Frau, die ihren Mann auf dem Flohmarkt verkaufte. München: Carl Hanser.

Schwab, G. Guggenmos, G. (Bearb.) (2009).: Die schönsten Sagen des klassischen Altertums. Ravensburg: Ravensburger Buchverlag.

Sanchez, T. (1993).: 30 Jahre mit den Rolling Stones. Köln: vgs.

Seewald, P. (2009).: Jesus Christus. München: Pattloch.

Stanford, P. (2000).: Teufel. Berlin: Insel Verlag.

Stenning, P. (2005).: Two Sides To Every Glory. Chrome Dreams.

Stuttgarter Bibelanstalt (Hrsg.) (1969).: Die Gute Nachricht. Stuttgart: Stuttgarter Bibelanstalt.

Thiede, C. P. (2003).: Jesus – Der Glauben, die Fakten. Augsburg: Sankt Ulrich.

Thiede, C. P. (2004).: Jesus und Tiberius – Zwei Söhne Gottes. München: Luchterhand.

Trachtmann, P. (1977).: Die Revolverhelden. Netherland: Time Life Books.

Uderzo, A. & Goscinny, R. (1967).: Asterix und die Normannen. Dagaud.

Verhoeven, P. (2008).: Jesus of Nazareth. Zürich: Pendo.

Williams, P. (1992).: Bob Dylan: Forever Young. Heidelberg: Palmyra.

de Wohl, L. (1955).: Longinus, der Zeuge. Olten: Walter Verlag.

Wrembek, Ch. (2008).: Die sogenannte Magdalenerin. Leipzig: St. Benno.

Dank

Ich danke all jenen, die das gesamte Projekt und namentlich dieses Buch finanziell unterstützt haben:

Trudy und Hans-Heini Gasser / Elisabeth und Hugo Berchtold-Gasser / Stefan und Lisette Gasser-Stoffel / Claudia und Jürg Jedelhauser-Gasser / Ernest Schilliger / Albert Sigrist / Hansjörg und Edith Zurgilgen-Rohrer / Josef Meier-Haag / Ruth und Christoph von Rotz / Alice und Patrick Klaus Gasser-Grainger / Jörg und Patricia Gasser-Stübi / Albert Sigrist / Marlies Seyfarth / Herbert Gasser / Hubert Rüedi / Adriano Imfeld / Marco Steinger & das Kopierzenter Sarnen / Christian Sutter & Evoq Communication, Zürich / André und Erika Küchler-Imfeld & Wohnidee, Luzern / Lotteriefonds des Kantons Obwalden / Kulturförderung des Kantons Graubünden / Ernst Göhner Stiftung / Kirchengemeinde Lungern.

Mein Dank geht auch an meine Sparringpartner, mit denen ich das Buch in allen Phasen seiner Entstehung immer wieder besprechen konnte: *Elisabeth Zurgilgen, Albert Gasser, Erwin Imfeld* und *Peter Ming*, sowie den Verantwortlichen von Schweizer Radio und Fernsehen SRF, namentlich *Christa Miranda, Norbert Bischofberger, Urs Augstburger* und *Judith Hardegger*.

Ein besonderer Dank geht an den Weltbild Verlag, insbesondere an *Lukas Heim* sowie an *Thomas Uhlig*, an mein Team bei den Dreharbeiten in Israel, in Deutschland, in den Niederlanden und in der Schweiz: *Silvio Gerber*, *Danny Ming* und *Helena Rogozinski* und an das Museum *Augusta Raurica* in Augst BL. An *Corinne Rossi* und *Peter Gassmann* und dem Team von Praesens Film, an *Valerio Bonadei*, Filmbüro Zürich, *Flavio Gerber* und *Jorin Gerber* und dem ganzen Team der Filmgerberei, Zürich, für die großartige und kreative Zusammenarbeit, *Victor Pelli*, *Claudio Faeh*, *Gerhard Pfister* und *Florian Ast*, sowie einen herzlichen Dank an *Albert Gasser*, *Doro Pesch* und *Norbert Bischofberger* für ihre Bereitschaft, diesem Buch ein Vorwort zu schreiben.

Ich danke schließlich all meinen Interview-Partnern: *Paul Verhoeven, Albert Gasser, Christina Aus der Au, Perry Schmidt-Leukel, Holger Strutwolf* und *Eugen Drewermann* und allen Darstellern im Film: *Gerhard Halter, Julia Meade, Bruno Gasser, Patrick Meade, Riodi Halter, Adrian Halter, Lisa Seiler, Michèle Küttel, Sophie Krummenacher, Roger Christen, David Schaub, Lidia Schaub, Francis de Andrade, Alex Simon, Frank Pokorny, Reto Bigler, Heiko Schmidt-Hildebrand, Christian Waehren, Nicolas Burgunder, Nicolas Haehling von Lanzenauer, Ernst Spichtig, Rolf Läubli, Niklaus Kaufmann, Klaus Renggli, Philipp Knut Heiniger, Max Reho, Chris Blaser, Riodi Gasser, Emil Meier, Josef «Longo» Spichtig, Bernhard Vogler, Albert «Maggi» Bürgi, Albert Sigrist, Christian Sutter.*

The Making of Jesus Christ
Eine dokumentarische Spurensuche

«Best Documentary» at Nevada Film Festival
In competition at Warsaw International Filmfestival
Official Selection South Appalachean International Filmfestival, Nashville
Official Selection Green Bay Filmfestival

Der bekannte Schweizer Filmemacher und Rockmusiker Luke Gasser hinterfragt das Phänomen Jesus von Nazareth und folgt den Spuren eines Mannes aus unbedeutenden Verhältnissen, der zur unbestreitbar einflussreichsten Persönlichkeit der Menschheitsgeschichte wurde. Dabei geht der Film systematisch und konsequent an die wichtigen Fragen heran: Was für ein «Film» ist damals gelaufen? Ein geschickt inszeniertes Drama, eine Tatsachen-Doku oder eine fulminante Reality-Soap? Der Filmemacher besucht die Originalschauplätze und Persönlichkeiten, die sich mit der Materie befasst haben: Den bekannten Hollywood-Regisseur *Paul Verhoeven* («Basic Instinct») etwa oder *Eugen Drewermann*, einer der prominentesten deutschsprachigen Theologen. Eindrücklich und authentisch inszenierte Reenactments arbeiten mit Elementen des Spielfilms und machen «The Making of Jesus Christ» zu einem einzigartigen und spannenden dokumentarischen Essay.

Der Film behält das gesamte Mosaik der Jesus-Geschichte im Auge und schafft einen ungewöhnlichen, ganzheitlichen Zugang zur Person und zum Mythos Jesus von Nazareth. Dabei respektiert der Film die Schwierigkeit, einfache und eindeutige Antworten zu finden. Antworten, die bei einer solchen Materie letztlich immer eine subjektive Interpretation bleiben müssen. Die starken emotionalen Momente, die den Film dennoch prägen, verleihen «The Making of Jesus Christ» eine eigene und ganz besondere Tiefe.

 Spannend und sehr gut recherchiert packt dieser Film. Auf der Suche nach der Wahrheit analysiert Luke Gasser die Evangelien wie kaum ein anderer.

Florian Ast, Produzent & Rockmusiker

Wir schätzen Luke Gassers ungewöhnlichen Zugang zur Figur und Geschichte von Jesus von Nazareth.

Redaktion «Sternstunde» des Schweizer Fernsehens

Swiss rock musican and filmmaker Luke Gasser takes us on a fascinating research adventure. He tries to get a look behind the greatest story ever told, one which has captured the minds of millions.

28. Warsaw International Film Festival 2012 (Catalog)